KB267470

오직 여호와의 율법을 즐거워하여 그 율법을 주야로 묵상하는 자로다.

저는 시냇가에 심은 나무가 시절을 좇아 과실을 맺으며 그 잎사귀가 마르지 아니함 같으니

그 행사가 다 형통하리로다. (시편 1:2-3)

복 있는 사람

오직 여호와의 율법을 즐거워하여 그 율법을 주야로 묵상하는 자로다.
저는 시냇가에 심은 나무가 시절을 좇아 과실을 맺으며 그 잎사귀가 마르지 아니함 같으니
그 행사가 다 형통하리로다. (시편 1:2-3)

에이미 필러의 주석은 성경을 통해 하나님께서 말씀하신다는 신념에서 시작한다. 신학적 사색이 전편에 흐르면서도 목회적 함의에 대한 집요한 관심을 놓치지 않는 이 주석은 '신앙 형성'(Spiritual Formation)을 지향하는 시리즈의 의도를 잘 담아낸다. 본래의 역사적 상황 아래 본문을 이해하려는 노력에 그치지 않고 그 속에서 드러나는 주요 신학적 주제를 진지하게 다루며, 더 나아가 그것이 당시 독자들과 오늘의 신자들에게 어떤 의미와 무게로 다가오는지 끊임없이 묻는다. 히브리서 신학의 중심은 그리스도론이고, 그 핵심에는 아들이며 대제사장이신 예수의 십자가와 부활, 승천이 있다. 필러는 구약의 말씀과 새 언약이 교류하며 연결되는 방식에도 특별한 관심을 기울인다. 엉킨 실타래를 풀어내는 어머니의 손길처럼, 필러는 차분한 관찰과 섬세한 필치, 적절한 해설을 더해 자칫 길을 잃기 쉬운 히브리서의 깊고 넓은 세계를 선명히 그려 낸다. 히브리서를 더 깊이 깨우치고 그 깨우침을 통해 하나님께 더 가까이 나아가고자 하는 이들에게 이 책은 오래도록 든든한 동반자가 되어 줄 것이다.

권연경 숭실대학교 기독교학과 교수

이 책은 참고할 만한 히브리서 주석이 많지 않은 현실에서 가뭄에 단비와 같은 귀한 선물이다. 이 책은 단순한 해석 정보를 넘어 성도와 공동체를 형성하는 것을 목표로 하는 시리즈의 취지를 훌륭하게 구현하고 있다. 그동안 히브리서는 주로 그리스도의 대제사장직이라는 틀로 이해되어 왔다. 그러나 에이미 필러는, 이전의 연구에서 대제사장직과 더불어 그리스도의 아들됨과 하나님의 가족이라는 주제가 히브리서 전체의 신학을 조직하는 핵심 축임을 밝히는 중요한 공헌을 한 바 있다. 이 독창적인 통찰은 이 책 전반에 자연스럽게 녹아 있다. 필러는 히브리서를 하나님의 가족의 틀 안에서 읽으며, 공동체와 정체성의 차원을 새롭게 조명한다. 저자가 말하듯이 "확신을 품고 성숙해 갈 것을 권면하는 이 서신은 가족이라는 틀 안에서 들을 때 가장 선명하고 힘차게 울려 퍼진다"는 것을 독자들은 확인하게 될 것이다. 가족 개념은 하나님과 아들의 관계, 삼위 하나님과 성도의 관계, 그리고 성도 사이의 연대를 아우르는 실마리가 되며, 히브리서가 말하는 성숙과 인내, 신실함의 의미를 오늘의 공동체가 어떻게 구현해야 하는지에 대한 방향을 제시해 준다. 이 주석은 학문적으로 탄탄하면서도, 예리한 신학적 질문과 따뜻한 목회적 통찰이 자연스럽게 어우러져 있다. 히브리서의 신학과 공동체 형성에 관심이 있는 모든 독자에게 추천한다.

김규섭 아신대학교 신약학 교수

히브리서의 복잡한 형식과 낯선 내용은 독자들이 선뜻 이 책에 다가가지 못하게 하는 주된 이유다. 서신인지 설교인지 권면인지, 구약성경의 내용인지 신약성경의 내용인지, 많은 것들이 뒤섞여 있어서 책의 의도를 찾는 것이 쉽지 않기 때문이다. 그러나 이 주석에서 에이미 필러는 '무엇'의 문제뿐 아니라 '왜'의 문제까지 세심하게 살피며, 히브리서가 오늘날 우리에게 말하고자 하는 바를 충분히 전달해 준다. 이는 히브리서의 많은 이야기들 속에서 무엇보다 필러가 놓치지 않으려는 공동체에 대한 관심 때문인 듯하다. 저자는 우리를 히브리서 공동체에게로 데려갈 뿐 아니라 히브리서 이야기를 통해 믿음을 쌓았던 수많은 사람들에게로 데려가 함께 믿음을 생각하고, 우리가 왜 히브리서를 읽어야 하는지, 어떻게 하나님을 만나야 하는지 고민하게 한다. 그것은 결국 흔들지 않는 믿음의 길을 찾아가는 여정으로 우리를 이끈다. 그 순례길 속에서 우리는 먼저 고난의 길을 걸어가신 예수의 십자가를 만나고, 마침내 그분을 일으키신 하나님을 본다. 이렇게 우리의 삶과 그들의 삶이 중첩되면서, 우리는 어느새 설레는 마음으로 결단하게 하는 히브리서 이야기 안에 들어가 있다. 저자는 자연스럽게 본문의 흐름을 따라 의미를 찾아갈 수 있도록 적절한 정보와 설명을 제공한다. 그 안내를 따라가다 보면 이 책이 주석서라는 것을 잠시 잊을 정도로, 저자는 주석서의 무거움을 덜어 주려 노력한다. 타인의 도움을 통해서가 아니라 자신의 눈으로 성경을 읽고 생각하며 삶의 문제를 스스로 헤쳐 나가려는 이들에게, 이 책은 좋은 길잡이가 될 것이다. 또한 이 책은 믿음이 무엇인지, 어떻게 믿음을 지킬 것인지, 누구와 함께 이 믿음의 길을 갈 것인지를 깨닫게 할 것이다.

김호경 전 서울장로회신학대학교 신약학 교수

저자 에이미 필러 자신이 말한 것처럼 히브리서를 신학적이지 않은 방식으로 해석하기는 불가능하다. 이 주석에는 몇 가지 중요한 신학적 전제가 깔려 있다. 하나는 히브리서를 교회의 책으로 보는 것이다. 히브리서는 단지 헬라어로 기록된 고대 문서가 아니라, 예수 그리스도를 믿는 이들이 읽고 깨달아 신앙의 유익을 얻도록 마련된 설교다. 또 다른 전제는 히브리서가 정경의 큰 맥락 안에 놓여 있다는 확신이다. 저자는 히브리서에 인용된 구약성경 구절들을 히브리서 신학을 구성하는 퍼즐 조각으로 보고, 구약성경의 일차적 맥락과 히브리서의 이차적 맥락을 절묘하게 조화시킨다. 바울 및 다른 신약성경 저자들과 수시로 대화하며 히브리서의 독특한 주장을 신약신학의 어울림으로 가다듬는다. 이 주석 전반에는 여성으로서, 히브리서로 박사 학위를 받은 전공자로서, 그리고 미국 성공회 사제로서 필러의 학문적 엄밀함과 신학적 상상력, 목회적 감수성과 윤리적 책임감이 고르게 녹아 있다. 근사한 신학적 풍미를 지닌 이 책을 통해 독자들은 성경 주석의 색다른 맛을 경험할 수 있을 것이다.

조재천 전주대학교 선교신학대학원 신약학 교수

에이미 필러 **히브리서 주석**

Commentaries for Christian Formation

Hebrews

Amy Peeler

에이미 필러

히브리서 주석

에이미 필러 지음
김기철 · 노종문 옮김

에이미 필러 히브리서 주석

2025년 12월 11일 초판 1쇄 인쇄
2025년 12월 25일 초판 1쇄 발행

지은이 에이미 필러
옮긴이 김기철·노종문
펴낸이 박종현

(주) 복 있는 사람
주소 서울특별시 마포구 연남동 246-21(성미산로23길 26-6)
전화 02-723-7183(편집), 7734(영업 · 마케팅)
팩스 02-723-7184
이메일 hismessage@naver.com
등록 1998년 1월 19일 제1-2280호

ISBN 979-11-7083-309-3 03230

Hebrews, Commentaries for Christian Formation Series
by Amy Peeler

Copyright © 2024 by Amy Peeler
Originally published in English under the title
Hebrews by Wm. B. Eerdmans Publishing Company
Grand Rapids, Michigan 49546, U.S.A.
All rights reserved.

This Korean translation edition © 2025 by The Blessed People Publishing Inc., Seoul,
Republic of Korea.
This Korean edition published by arrangement with Wm. B. Eerdmans Publishing Company
through rMaeng2, Seoul, Republic of Korea.

이 한국어판의 저작권은 알맹2를 통하여 Wm. B. Berdmans Publishing Company와 독점 계약한 (주)
복 있는 사람에 있습니다. 신저작권법에 의하여 한국 내에서 보호받는 저작물이므로 무단 전재와 무단 복
제를 금합니다.

일러두기

이 책에 인용된 성경은 주로 '개역개정판'을 따랐으나, 독자의 이해를 돕기 위해 저자가 70인역이나
사역을 제시한 경우 번역하여 별도 표시했다.

저의 책이 한국어로 소개되어 참으로 영광스럽고 깊은 감사의 마음이 듭니다. 우리는 지리적·언어적 한계 속에서 살아가지만, 창조주 하나님께는 어떤 한계도 없습니다. 지구 반대편에 있는 여러분과 저는, 히브리서가 펼쳐 보이는 하나님 말씀의 아름다움과 능력을 사랑하는 마음으로 한 형제자매가 되었습니다.

제가 초기 기독교 시대에 나온 복잡한 설교인 히브리서 연구에 몰두한 주된 이유 중 하나는, 이 책이 이스라엘 예언자들이 전한 하나님 말씀과 예수 그리스도의 인격 안에 나타난 하나님 말씀의 일치성을 탁월하게 보여주기 때문입니다. 저는 늘 성경을 가르치는 교사가 되기를 꿈꾸었고, 그 일을 잘하기 위해서는 정경 성경의 반쪽만 연구해서는 안 된다는 사실을 알고 있었습니다. 두 언약의 말씀 모두 하나님께서 주신 것이기에 어느 것도 놓칠 수 없었습니다.

비록 저는 신약학자로 부름받았지만, 히브리서를 공부하는 동안 늘 구약성경에 담긴 수많은 약속에 가까이 다가설 수 있었습니다. 히브리서는 하나님의 음성, 곧 강렬하면서도 부드럽게 도우시는 그분의 말씀을 듣도록 저를 깨우쳐 주었습니다. 히브리서를 통해 이스라엘 백성 가운데 하나님의 거룩한 임재가 머물도록 은혜를 베푸신 하나님을 보았고, 예수 그리스도의 인격과 삶 안에서 드러난 하나님의 거룩한 임재의 신비를 배울 수 있었습니다.

나아가 히브리서는 하나님의 아들이 육신을 입기 이전과 육신을 입고 이 땅에서 사역하시던 때, 그리고 이후의 시대를 살아가는 모든 신자가 '시간을 초월한 성도의 교제'를 통해 하나님의 가족이 된다는 사실을 깨닫게 해주었습니다. 이 주석을 읽는 한국의 독자들도 히브리서가 선포하는 통일되고 생명력 넘치는 하나님 말씀에서 저와 같은 힘을 얻기를 진심으로 기도합니다.

하지만 히브리서는 단지 성경신학적 일관성만을 보여주는 문헌이 아닙니다. 제가 이 책에 매료된 또 다른 이유는, 히브리서가 하나님에 관해 말하는 방식이 성경의 어떤 책과도 다르기 때문입니다. 초기 교회는 히브리서의 익명성 때문에 고심했지만, 이 책이 펼치는 그리스도론의 강력한 능력은 정경에 포함되는 길을 열어 준 주요 요인이었습니다.

히브리서는 단 두 장에 걸쳐 아들의 영원한 신성과, 고난을 경험하신 그분의 인성을 해석학적으로 명료하고 시적으로도 아름답게 선포합니다. 저자는 이처럼 견고한 그리스도론을 기초로 삼아, 그리스도를 대제사장으로 선언하는 놀라운 신학적 그림을 그려 냅니다. 제사장이 거룩한 공간(처음에는 성막, 이후에는 성전)에서 피의 제사를 바침으로써 하나님께서 속죄의 길을 여신다는 유대교 신앙의 핵심 주제는 여러 신약 문헌에서 희미하게 드러나지만, 이를 철저하게 다루는 책은 히브리서뿐입니다.

히브리서 저자는 그리스도의 삶과 죽음, 부활과 승천에 비추어, 이 복잡한 제사 제도를 재해석하는 거대한 과제와 씨름합니다. 한 반역자의 죽음이 실은 궁극의 대제사장이 자신을 희생 제물로 드린 사건의 시작이었던 것입니다.

히브리서 저자가 이러한 그리스도론의 체계를 다듬은 이유는, 지적으로 놀라운 성취를 이루거나 칭송받기 위함이 아니었습니다. 그는 본질적으로 깊은 심성을 가진 목회자였습니다. 그는 신자들이 그리스도가 대제사장이시며, 그들을 위해 중보하시는 분이라는 사실을 깨닫기를 간절히 원했습니다(그들을 직접 방문할 계획이었음에도 절박한 마음에 먼저 글을 보낼 정도였습니다). 그만큼 중요한 문제였기 때문입니다.

신자들은 박해 가운데 그리스도에 대한 신앙고백을 포기하고 싶은 유혹에 시달리고 있었습니다. 그렇기에 저자는 단도직입적으로 말합니다. "그리스도는 하나님께로 가는 유일한 길입니다. 그분을 통해서만 생명을 얻을 수 있습니다." 그리스도께서 바라시는 것은 그분을 굳게 신뢰하며 인내하는 것입니다. 그러나 그분은 우리가 우리 자신의 힘으로 인내하리라고 기대하지 않으십니다.

하나님의 영원하신 아들은 이 땅에서 죽음을 겪으셨고, 하나님 우편으로 돌아가 영원한 주권으로 다스리고 계십니다. 이 사실을 아는 이들은 그리스도를 의지하여 인내할 수 있습니다. 그리스도의 사역은 이미 완수되었고, 그분의 상속은 확실히 성취되었습니다. 그리스도께 우리의 시선을 고정하는 한, 우리는 이 경주를 끝까지 달려갈 수 있습니다.

히브리서는 마르지 않는 샘과 같습니다. 모든 공동체가 초기 교회 신자들과 동일한 박해를 당하는 것은 아니지만, 우리는 모두 하나님의 원수들의 계략과 싸우고 있습니다. 그러므로 그리스도께서 제사장 사역을 통해 계시하신 하나님의 은혜와 진리를 늘 기억해야 합니다.

한국의 모든 독자들이 교회에 선물로 주어진 이 히브리서에서 은혜와 진리를 풍성히 길어 올려, 각자의 삶 깊은 곳에 가득 채울 수 있기를 기도합니다.

2025년 12월

에이미 필러

이 주석 시리즈^{Commentaris for Christan Formation}는 하나님의 백성을 향한 하나님 말씀의 핵심 목표인 믿음의 형성에 기여하기 위해 집필되었다. 주해에 초점을 맞춘 주석 시리즈도 있고, 설교나 교육 또는 적용에 중점을 둔 주석 시리즈도 있다. 하지만 이 시리즈는 이 모든 목표를 통합하여 설교와 교회 교육을 뒷받침하고, 그 결과 믿음 안에서 신자들을 빚어내도록 교회를 섬기는 건전한 신학적 주석을 제공하고자 한다.

우리는 모든 신자에게 성경을 들고 읽으라고 권면하지만, 다른 이들의 인도 없이도 말씀의 역사가 쉽게 일어날 것이라 생각하지는 않는다. 이러한 인도의 기초는 신자들을 모든 진리 가운데로 인도하시고,[요 16:13] 예수의 말씀과 행적을 생각나게 하시는[요 13:26] 성령이다. 성령은 헌신적인 주석가들의 작업을 통해 이 일을 성취하시기도 한다. 사도행전 8장에 나오는 에티오피아 내시처럼, 우리는 가르쳐 줄 사람 없이는 성경을 이해하기 어려울 때가 있음을 안다. 따라서 이 주석 시리즈는 사도행전의 빌립이 했던 역할을 한다. 즉 잠정적 독자들에게 교회의 복음이 명확히 드러나도록 본문을 설명하는 것이다. 주석 각 권은 독자들이 교회의 정경적 유산, 특히 구약성경과 신약성경, 그리고 에큐메니컬 신조들과 대화할 수 있도록 돕는 것을 목표로 한다. 더욱이 신학적 주석이라면 성경이 예배, 교리문답, 선교, 경건 생활에서 수행하는 다양한 역할을 고려하여 독자의 문화적 배경 내에서, 그리고 독자의 문화적 배경을 위해 신학적 이해와 거룩한 삶을 함양해야 한다. 그리스도인들이 신실한 삶을 살아가고 하나님과 이웃에 대한 사랑을 심화시키는 데 도움이 되지 않는 주석은 올바른 신학적 주석이라고 할 수 없을 것이다.

이를 우리의 임무라고 생각하므로, 우리는 '신학적 주석'이라는 표현을 이루는 두 단어('신학'과 '주석')를 모두 진지하게 간주한다. 이 주석의 저자들은 성경이 신학을 형성하는 방식 및 신학이 성경을 형성하는 방식에 주의를 기울이면서, 넓은 의미에서 신학적 관심사와 교회의 실천을 해석 작업의 최전선에 두고자 노력한다. 최근에 출간된 많은 주석서들은 역사학적 연구에 기반한 주석 작업을 대다수의 주석 독자들의 상상력을 북돋우는 신학적·도덕적·목회적 관심사와 구분한다. 이러한 구분은 오늘날 신학교에서 발견되는 바, 성경 과목을 신학 과목들과 분리시켜 가르치는 전형적인 상황을 그대로 반영한 것이다. 우리는 주해와 신학적 성찰을 분리하는 현대적 경향에서 최대한 멀어지려고 한다. 신학은 주해의 결과물도 아니며, 다른 방법론에 의해 수행되는 주해로부터 분리될 수 있는 개별적 요소도 아니다. 주해는 그 자체로 신학을 수행하는 하나의 방법이다.

이러한 관점은 신자들이 성경을 해석할 때 가질 수 있는 질문과 관심사를 제한하지 않는다. 우리는 이 시리즈의 저자들에게 특정한 해석 방법론을 요구하거나 기대하지 않는다. 이 시리즈에 통일성을 부여하는 것은 성경 해석이 그 자체로 목적은 아니라는 공통된 확신이다. 신실한 믿음, 기도, 실천, 그리고 하나님과 이웃을 향한 깊은 사랑, 이런 것들이 바로 그리스도인을 위한 성경 해석의 목적이다. 그리스도인으로 빚어감을 위한 이 주석 시리즈는 독자들의 삶과 예배가 그리스도를 닮게 하고, 독자들에게 하나님에 대한 지식을 전하며, 그들로 하여금 깊은 소명 의식을 가지고 교회의 세계 선교에 참여할 힘을 얻을 수 있도록 성경을 해석한다.

나는 내 신앙의 모태인 침례교회와 신실한 모범과 격려를 아끼지 않은 부모님 덕분에 성경 애독자가 되었다. 일찍이 히브리서를 읽었지만, 이 서신이 내 마음을 처음으로 사로잡은 것은 고등학교 시절로 기억된다. 그때 다음 구절을 만났다. "우리가 진리를 아는 지식을 받은 후 짐짓 죄를 범한즉 다시 속죄하는 제사가 없고 오직 무서운 마음으로 심판을 기다리는 것과 대적하는 자를 태울 맹렬한 불만 있으리라."히 10:26-27 그때 나는 하면 안 되는 줄 알면서도 남의 험담을 했고, 보호자 없이 볼 수 없는 영화를 몰래 보았고, 죄인 줄 뻔히 아는 일을 저지르는 등 여러 잘못을 범했다. 이런 일들이 나의 구원에 어떤 영향을 미쳤을까?

내가 다니던 기독교 계통 고등학교에 지혜로운 선생님이 한 분 있었는데, 그분은 나에게 낙담하지 말고 계속 성경을 읽으라고 격려했다. 나는 앞의 성경 구절에서 말하는 죄가 또래의 유혹에 굴복하는 것이 아니라 믿음의 도리를 배반하는 것히 10:29임을 깨달았다. 그에 더해 신약성경을 통틀어 나에게 가장 확신을 주는 구절을 여럿 발견하기도 했는데, 물론 히브리서에도 있다. 그 구절들 가운데 핵심이 바로 히브리서 10:14이다. "그가 거룩하게 된 자들을 한 번의 제사로 영원히 온전하게 하셨느니라." 나는 히브리서를 통해 하나님은 우리가 유한하며 유혹에 쉽게 넘어진다는 사실을 잘 알고 계신다고 배웠다. 그 때문에 하나님은 메시아이신 예수의 제사장직을 통해 완전을 향해 나아가는 길을 열어 주셨으며, 그 결과 우리는 끊임없이 성화를 향해 자라 갈 수 있다. 초보적인 교훈이지만,

나는 진심으로 이 교훈을 배울 필요가 있었다. 다시 말해 그리스도인들은 해서는 안 되는 일, 곧 죄를 범할 수 있지만, 그리스도를 통해 죄의 용서를 구할 수도 있다.

나의 히브리서 사랑은 교육을 받는 기간 내내 이어졌으며, 성경 연구 분야에서 진로를 정할 때가 되자 나는 당연하다는 듯이 히브리서 학자가 되기를 선택했다. 대학생을 가르치고 싶다고 마음먹게 되면서, 나는 이 서신이 히브리 성경의 많은 본문을 인용하고 신약성경의 다른 책들과도 공명共鳴하고 있기에 나를 두 성경에 묶어 두리라는 것과, 하나님의 구원의 장엄한 이야기를 학생들 앞에 펼쳐 보일 나의 능력에 도움이 되리라는 것을 알았다. 사실 내가 히브리서를 택한 데는 영적인 이유보다 실제적인 동기가 더 크게 작용했다. 바울 서신이 더 매력적이긴 했지만, 그 분야는 이미 연구자가 차고 넘쳤다. 그 무렵 히브리서 연구 분야는 다시 활기가 넘치기 시작했으며, 새내기 학자가 목소리를 낼 여지도 충분해 보였다. 이 서신을 다루는 연구 공동체는 학식이 깊은 데다 개방적이었다. 내가 참석했던 성서학회Society of Biblical Literature, SBL의 히브리서 분과 첫째 회기에는 젊은 여성 학자 몇 명이 함께 참여했다. 그중에 파멜라 아이젠바움Pamela Eisenbaum과 가브리엘라 제라르디니Gabriella Gelardini가 있었다. 로기아Logia, 글로벌 여성 신학 네트워크—옮긴이의 슬로건처럼 나는 스스로 꿈꾸는 사람이 될 수 있으리라는 가능성을 느꼈다. 그 모임 속에서 나는 그렇게 변화한 모습을 그려 볼 수 있었다. 내가 성서학회에 참석한 첫 시간에 에릭 메이슨Eric Mason과 조지 거드리George Guthrie는 바쁜 일정에도 나를 만나 주었고, 조지는 출판사 사람들에게 나를 소개하기도 했다. 나는 드디어 내가 있을 공동체를 찾은 기분이었다.

히브리서를 연구하고 가르치는 일을 이어 오면서, 나는 이 서신의 복잡한 논증이 어떻게 하나님의 신실하심을 아름답고 힘차게 드러내는지 이해하도록 도와줄 길잡이가 필요함을 깨달았다. 주석서 집필을 제안받았을 때, 이 작업이 바로 그런 길잡이를 마련하고 동시에 나의 견해를 더할 수 있는 기회가 되리라 생각했다.

히브리서의 특정 논제에 집중한 논문이나 주제가 제한된 글과 달리, 주석 작업에서는 일관되고 철저한 연구를 통해 전체를 조망할 수 있었다. 물론 모든 사람이 나처럼 히브리서에 매료되는 것은 아니다. 오히려 이 서신을 꺼리는 이들도 있다. 그러나 나는 히브리서에서 얻은 깨달음과 해석 공동체의 경험을 바탕으로, 다른 이들도 그 안에서 말씀하시는 하나님의 음성을 들을 수 있도록 돕고 싶었다. 박물관의 도슨트처럼 나는 독자들이 이 서신의 아름다움을 발견하는 길을 제시하고 격려할 수 있기를 바란다. 나의 목표는 독자들이 나의 말에 매달리는 것이 아니라, 이 작품 앞에 오래 머물며 그 깊이를 음미하도록 이끄는 것이다.

이 시리즈의 편집자인 롭 월Rob Wall과 스티브 파울Stephen Fowl에게서 신학적인 히브리서 주석서를 집필해 달라는 공식 제안을 처음 받았을 때, 나는 이렇게 물었다. "어떻게 비신학적인 히브리서 주석서를 쓸 수 있겠어요?" 이 질문은 내가 신학을 연구하는 긴 여정 속에서 쌓아 온 구체적인 경험에서 비롯된 것이다. 학부 시절부터 박사 과정에 이르기까지, 나는 언제나 '이 본문이 하나님과 하나님과의 관계에 비추어 세상에 대해 무엇을 말하는가'라는 물음과 씨름해 왔다. 신학적 해석은 내가 숨 쉬는 공기와도 같았다. 이 주석 시리즈Commentaries for Christian Formation는 내가 교회와 그리스도교 연구 기관에서 가르치는 일을 감당하며 추구하고자 했던 해석 작업과 정확히 맞아떨어졌다. 이 시리즈의 핵심 목적은 교사들, 곧 작은 모임의 지도자, 교수, 목회자, 영적 인도자, 멘토, 부모 등이 히브리서에서 주님을 새롭게 발견하고 믿음을 굳게 세우도록 돕는 데 있다. 더 나아가 그들을 통해 가르침을 받는 이들의 믿음 또한 더욱 깊어지게 하는 데 있다.

신학적 주석서를 집필하는 일은 나의 타고난 성향과 맞아떨어지긴 했지만, 다른 한편으로는 지금까지 의문의 여지가 없던 나의 사유 과정을 새롭게 인식하고 설명하고 더 깊이 살펴보는 작업이 필요했다. 그런 사유 과정이 늘 쉽지는 않았지만, 그 과정을 거치면서 나의 희망 사항이기도 한 더 좋은 신학 해석자가 될 수 있었다.

히브리서를 일관되고 깊이 있게 그려 내기 위해 내가 사용한 가장 기본적인 방법은 이 서신을 천천히, 여러 차례 읽는 것이었다. 먼저 본문이 하나님과 세상에 대해 무엇을 말하는지 살펴보고, 그 내용을 나의 개념에 따라 정리했다. 이어서 옛 해석자들의 글을 읽고 이를 바탕으로 글을 써 나가며 주석을 확장했다. 그다음에는 최근의 연구 성과를 참고하여 놓친 부분이 없는지 확인한 뒤 다시 한번 철저히 글을 다듬었다.

나에게 중요한 일은 이 분야의 거장들에게 배우고, 통찰력 있는 해석자들의 목소리에 귀 기울이는 것이었다. 원고 일부를 제출할 때마다 담당 편집자 롭 월Rob Wall 은 성실히 응답해 주었고, 때로는 글의 구성과 기법에 관해 조언을 건네기도 했다. 그를 통해 나는 신학적 주석이라는 장르에서 다른 세대의 지혜를 듣는 일이 특히 중요함을 깨달았고, 이를 의무감이 아닌 기꺼운 마음으로 따르며 큰 유익을 얻었다.

그러나 이전 시대 주석자들이 남겨 놓은 귀중한 통찰은 너무나 많았기에, 나의 주석은 그들에게서 가져온 단편들로 가득 차게 되었다. 나는 그들의 글을 담아내려는 열의에 사로잡혀 오히려 자기 목소리를 잃었을 뿐 아니라, 진심으로 읽지 못한 채 인용 자료로만 삼는 경우도 있었다. 결국 나는 많은 자료를 수박 겉핥기식으로 읽기보다, 적은 분량일지라도 깊이 집중하여 읽는 것이 더 중요하다는 사실을 깨닫게 되었다.

히브리서가 신자들에게 주는 가장 큰 선물 가운데 하나는, 그 복잡성 때문에 독자들이 공동체 안에서 함께 공부하도록 동기 부여를 한다는 점이다. 이러한 공동 학습은 히브리서가 정경 성경 저자들의 공동체와 연결되는 데서 시작된다. 히브리서를 연구하는 이들은 저자가 인용하는 이스라엘의 이야기를 깊이 읽고 신약성경의 다른 책들과 비교하면서, 그 모든 증언이 그리스도 안에 나타난 하나님의 신실하심을 어떻게 드러내는지 살펴야 한다.

히브리서는 주요 기독교 교리의 기초가 되는 개념들을 다루기 때문에, 교회사 전반에 걸쳐 지속적인 영향을 미쳐 왔다. 이 서신은 앞선 전통에서 벗어나지 않으면서도 뒤따라오는 증언과 단절되지 않기에 고립될 수 없다. 따라서 히브리서를 가장 잘 이해하는 길은 혼자 읽는 것이 아니라, 놓치기 쉬운 연결 고리를 함께 발견하도록 이끌어 주는 이들과 힘을 합하는 것이다.

네 번째 집필 단계에서는 편집자의 조언을 충실히 반영하여, 길고 복잡한 문장의 모난 부분을 다듬고 글 전체의 일관성을 높였다. 내가 1장의 네 번째 수정본을 제출하자, 편집자는 통찰력 있는 평가를 보내왔는데, 나로서는 쓰린 마음으로 받아들일 수밖에 없는 것이었다. 그는 이렇게 말했다. "당신은 '무엇', 곧 본문이 하나님에 관해 말하는 바가 무엇인지는 잘 밝혀 주었습니다. 하지만 '하나님이 왜 중요한가, 그리고 하나님이 어떤 의미를 지니는가'에 대해서는 아직 말하지 않는군요." 편집자는 내가 줄곧 형용사들, 종종 기교적인 형용사를 사용하면서도 그 의미를 규정하지는 않는다고 지적했다. 예를 들어, 나는 히브리서 1:1을 주해하며 이렇게 썼다. "히브리서 저자가 속한 전통에서는 하나님의 소통하심, 곧 하나님이 '말씀하셨다'는 사실을 하나님이 어떤 분인지 보여주는 일관되고 중대한 특성으로 여긴다." 이에 편집자는 되물었다. "이 특성이 중대하다는 것은 무엇을 말하는가요?" 그의 질문은 내가 신학을 단지 서술할 뿐, 실제로 신학을 하고 있지는 않다는 지적이었다.

나는 그의 말을 듣기가 거북했다. 원고를 거의 마무리했다고 생각했는데, 의미 있는 신학적 주석 작업은 시작조차 하지 않은 셈이 되었기 때문이다. 처음에는 인정하기 어려웠지만, 결국에는 그가 옳다는 결론에 도달했다. 나는 내 글쓰기가 자료를 충실히 모으고 때로는 멋지게 정리하는 스타일임을 알고 있다. 그러나 그런 자료를 가치 있고 참고할 만한 것으로 바꾸기 위해서는 현명한 독자의 진솔한 평가가 필요했다.

나는 '왜 중요한가, 그리고 그 의미는 무엇인가'라는 물음에 답하려 애쓰면서 자연스레 신약성경의 다른 저자들에게 관심을 넓히게 되었다. 신학적 주석은 인간 저자와 신적 저자 모두를 다루기에, 본문에서 신적 저자가 인간 저자를 통해 하시는 말씀을 살피는 일은 반드시 필요하다.

이처럼 신학적 주석을 집필하는 긴 과정을 거치면서 나는 몇 가지 원칙을 발견했다. 첫째, 신학적 주석은 서둘러서 될 일이 아니라는 사실이다. 나는 이것이 옳다고 생각하는데, 이런 유형의 저술은 정형화된 틀에 따라 진행되는 것이 아니기 때문이다. 각 구절의 단어와 구문을 세밀히 분석하고 역사적 맥락과 문맥을 검토하며, 주요 주석가들의 견해를 참조하는 등 모든 자료를 하나로 묶은 뒤 다음 구절로 넘어가는 방식은 내가 보기에 바람직하지 않다. 그런 작업은 배경을 다루는 데 필요한 예비 단계에 불과하며, 연구 자체는 아니다. 나는 본문에 생명력이 있다고 믿는다. 그 본문의 저자, 곧 인간 저자와 신적 저자가 살아 있기 때문이다. 즉 이미 몸을 떠나 주님과 함께 거하는 신비 안에 있는 인간 저자와, 내가 바라는 것보다 더디게 움직이시는 신적 저자, 이 둘 모두가 여기에 관여한다. 어쩌면 이 모든 것은 나의 역량 부족에 대한 신학적 변명일지도 모른다. 그러나 나처럼 여러 차례 원고를 수정하지 않아도 되는 복된 저자들조차도 좋은 글, 특히 하나님에 관한 좋은 글을 쓰는 데는 시간이 필요하다고 생각한다.

시간을 만드신 하나님에 관한 글을 쓰는 일은 인내와 불굴의 용기, 그리고 성숙함을 요구한다. 이 사실은 나의 다른 저술 작업에서도 확인된다. 나는 이 책을 집필할 만한 인격체가 될 필요가 있었다. 그 과정을 질러가는 길은 없다. 반드시 시간이 든다.

둘째, 우리의 신앙 전통에서 신학적 주석은 공동체가 함께하는 작업이라는 점이다. 나의 해석에서 출발한다고 해서 잘못될 일은 없다. 나 역시 기여할 만한 것이 있기 때문이다. 그러나 거기서 멈추었다면 충실한 신학적 주석이 될 수 없었을 것이다. 하나님은 진실로 장엄하시고, 우리가 받은 그분의 말씀은 너무도 풍요로워서 누구도 혼자서는 그 전체를 이해할 수 없다. 우리는 다양한 시간과 장소에서 다양한 관점에 따라 말하는 많은 주석가들을 필요로 한다. 하나님은 그분의 광대한 말씀과 지성적으로 씨름하는 이들을 통해 더 많은 것을 드러내기 원하신다. 우리는 주석가들의 합창을 들으며 그 유익을 누리고, 동시에 그 합창에 한 목소리로 참여하기도 한다. 끝없이 깊은 하나님의 계시에 초점을 맞추는 신학적 주석은 다양한 해석을 수용한다. 하나의 최종적이고 명확한 해석은 있을 수 없기 때문이다.

이 사실은 세 번째 원칙으로 이어진다. 본문의 풍요로움은 신학적 해석 작업이 훨씬 더 깊은 의미로 파고들도록 요구한다는 것이다. 이 책의 편집자는 계속해서 나에게 '왜 중요한가, 그리고 그 의미는 무엇인가'라는 질문을 붙들라고 요청했는데, 그가 옳았다. 다른 한편, 우리는 결코 본문의 가장 깊은 의미에 이를 수 없다는 사실을 인정하는 데서 위안을 얻는다. 나는 언제나 더 많은 글을 쓸 수 있었지만, 본문에 대해 최종적 결론을 내릴 능력이 없기에 여기서 멈출 자유, 곧 더 쓸 수 있더라도 글을 끝맺을 자유를 선택했다.

히브리서는 셀 수 없을 만큼 다양한 방식으로 그리스도인으로서 나의 삶을 형성했으나, 그중에서도 특히 몇 가지 깊고 지속적인 방식이 유익했음을 밝히고자 한다. 첫째, 히브리서와의 동행은 내가 기도를 멈추지 않도록 굳건히 붙들어 주었다. 하나님은 나보다 더 정확히 내 마음을 꿰뚫어 보시는 분이며, 예수 그리스도의 단번의 희생으로 내가 그분께 나아갈 길이 열렸음을 알기에, 이제는 은혜의 보좌 앞에 담대히 나아갈 용기를 낼 수 있었다.^{히 4:16} 만물에 대한 하나님의 주권과 그분이 인간에게 베푸시는 긍휼로 인해, 나는 꼭 필요한 순간마다 자비와 은혜를 얻게 되리라는 확신을 갖게 되었다.

나의 기도가 합당하지 못하거나 내가 도저히 기도할 수 없는 순간에도, 예수께서 나를 위해 기도하신다는 사실을 믿는다.^{히 7:25} 이것이 나를 자라게 하고 하나님과의 선하심을 아는 지식을 더욱 깊게 해준 두 번째 방식이다. 나는 홀로 혹은 다른 이들과 함께 기도하기 위해 일어설 때마다, 인간의 기도가 이미 진행 중인 하나님과의 대화에 참여하는 것임을 깨닫는다.

하나님은 아들의 인격을 통해 그분의 참 생명에 이르는 중보자를 허락하셨다. 아들의 기도는 지혜와 은혜로 충만하여 결코 부족함이 없다. 부활로 승리한 아들은 하나님 우편에 앉아 중보하신다. 히브리서를 통해, 그리고 특히 데이비드 모핏^{David Moffitt}의 히브리서 연구에 힘입어, 나는 주님의 승천을 나의 그리스도론의 주요한 특성으로 수용하게 되었다.

하나님 아들의 기도가 지혜롭고 은혜롭듯이, 하나님의 행사도 지혜롭고 은혜롭다. 세 번째이자 마지막으로, 히브리서는 나에게 다음과 같은 사실을 거듭 상기시켜 주었다. 내가 경험한 모든 일, 특히 예수 그리스도에 대한 믿음을 고백함으로써 겪게 된 어려움들은 결코 하나님의 부재를 의미하지 않는다. 물론 그것은 지난 역사에서 우리 형제자매들이 받은 핍박에는 감히 미치지 못한다. 그러나 이러한 경험은 하나님께서 나의 형편을 헤아리지 않으신다는 증거가 아니라, 오히려 하나님의 임재의 증거이자 내가 성숙해 갈 가능성을 그분이 인정하신다는 표지다.

이 확신이 힘이 되어 나는 박해를 받을 때 "기뻐하고 즐거워하라"^{마 5:12}는 예수의 명령을 따를 수 있었다. 믿음의 경주는 결코 쉽지 않지만 값진 일이다. 하나님은 그 과정에 합당한 선한 계획을 세우셨고, 이미 최종 결과를 확증하셨다. 안락함을 좇는 유혹이 신자들을 사로잡을 때, "우리도 그의 치욕을 짊어지고 영문 밖으로 그에게 나아가자"[히 13:13]는 진리의 말씀은 주님을 따라 힘겹고 곧은 길을 선택할 용기를 준다. 주님이자 형제인 메시아 예수는 먼저 그 길을 걸으셨고, 우리도 같은 길을 걷도록 도우신다. 그분을 굳게 의지하며 따를 때, 우리는 모든 성도와 함께 영광스러운 하나님의 산에 이르게 될 것이다.

휘튼 칼리지Wheaton College와 나쇼타 하우스 신학교,Nashotah House Theological Seminary 노던 신학교Northern Seminary에서 함께 히브리서를 탐구했던 많은 학생들, 그리고 내가 속한 성 마가 성공회 교회를 비롯해 여러 교회들에서 히브리서를 공부하며 기쁨을 나누었던 교우들에게 깊은 감사를 드린다. 그들의 질문과 통찰 덕분에 나는 히브리서에 담긴 교훈의 진수 속으로 더 깊이 들어갈 수 있었다.

그 과정에서 연구 조교들의 도움도 컸다. 원고 마감 주간에는 메간 스티덤,Megan Stidham 베키 밀러,Becky Miller 로라 하워드,Laura Howard 벨 브라이언트,Belle Bryant 조쉬 맥퀘이드,Josh McQuaid 애디슨 림Addison Ream이 힘을 모아 헌신적으로 도왔다. 지난 몇 년간 대체주의나 언약 등의 주제들을 다룬 앤디 이버슨Andy Iversen의 진지한 연구는 내가 히브리서를 일관되고 신중하게 이해하는 데 기여했다. 집필 막바지에는 케빈 존슨Kevin Johnson이 예리한 눈으로 문장이 보다 명료하게 다듬어지도록 힘을 보탰다.

책 전반에서 많은 히브리서 연구자들의 글을 인용할 수 있었던 것은 큰 은혜다. 다만 책의 구조상 그 가운데 일부만 밝히는 것을 양해 바란다. 이 책에서 데이나 해리스Dana Harris의 이름은 몇 차례만 언급되지만, 나는 그녀의 헬라어 본문 연구에 깊이 감사하고 있다. 또한 연구자들의 글뿐 아니라, 지닌 브라운Jeannine Brown이 이끄는 주석 집필 모임에서 함께 기도하고 깨우침을 얻으며 이루 말할 수 없는 유익을 누렸다.

어드먼스 출판사Eerdmans와 함께한 시간은 처음부터 끝까지 놀라움과 감사의 연속이었다. 롭 월Rob Wall과 스티븐 파울Stephen Fowl은 물론, 트레버

톰슨Trevor Thompson도 끈기 있게 이 작업을 살피며 아낌없이 지원했다. 제임스 어니스트James Ernest와 셰인 화이트Shane White의 유머와 든든한 손길은 나의 시야를 넓혀 주었고, 이 책을 구상할 때 기대했던 것 이상을 성취하도록 도왔다. 내가 가장 염려했던 퇴고 작업은 라이언 데이비스Ryan Davis의 세심한 협력 덕분에 즐겁게 마무리할 수 있었다. 로렐 드레이퍼Laurel Draper가 조판 교정 과정에서 보여준 친절과 배려에도 깊이 감사드린다.

고된 집필 과정 중에도 나의 삶을 지탱하는 일상의 질서들은 흔들리지 않고 유지되었다. 그 덕분에 나는 히브리서를 기록한 초기 설교자에게서 듣고 배우는 일에 전념할 수 있었다. 내가 다니는 FTX 크로스핏 체육관의 모든 분들에게 감사드린다. 특히 조 윌먼Joe Willmann에게서 존 W. 클라이니히John W. Kleinig의 레위기와 히브리서 주석을 선물로 받아 나의 에큐메니컬한 시각을 넓힐 수 있었다. 그에게 특별한 감사를 전한다. 또한 휘튼 칼리지Wheaton College 공동체와 많은 친구들, 그리고 나의 가족에게도 깊은 감사를 드린다. 특히 나의 어머니 팸Pam과 나의 아이들 케이트,Kate 맥슨,Maxson 킨드레드Kindred가 나의 삶과 사유에 보태 준 빛은 이루 다 말할 수 없다. 나의 가장 친한 친구이자 든든한 지지자인 랜스Lance에게도 감사한다. 그는 집필 마지막 주간에 여러 날 밤늦도록 함께해 주었다.

이 책의 집필을 처음 제안받은 2017년부터 원고를 완성한 2023년 말까지, 하나님은 나를 여러 차례 정상으로 이끄셨고 때로는 끔찍한 광야를 지나게도 하셨다(이 두 가지를 동시에 경험한 적도 있다). 히브리서는 그 모든 과정을 하나님의 신실하심이라는 깃발 아래 해석할 수 있게 해준 도구였다. 앞서간 지혜롭고 신실한 이들로부터 물려받아 이 책에 담은 자료들이, 독자 여러분의 믿음의 경주에 길잡이가 되기를 기원한다.

2023년 모든 성인의 날에

약어표

AB	Anchor Bible
ACCS 10	Heen, Erik M., and Philip D. W. Krey, eds. *Hebrews*. Ancient Christian Commentary on Scripture, New Testament 10. Downers Grove, IL: InterVarsity Press, 2005.
2 Bar.	2 Baruch
BCP	(1979) Episcopal Church. *The Book of Common Prayer and Administration of the Sacraments and Other Rites and Ceremonies of the Church: Together with the Psalter or Psalms of David according to the Use of the Episcopal Church.* New York: Seabury, 1979.
BDAG	Danker, Frederick W., Walter Bauer, William F. Arndt, and F. Wilbur Gingrich. *Greek-English Lexicon of the New Testament and Other Early Christian Literature.* 3rd ed. Chicago: University of Chicago Press, 1999.
CBQ	*Catholic Biblical Quarterly*
1 Clem.	1 Clement
1 En.	1 Enoch
2 En.	2 Enoch
Herm. Mand.	Shepherd of Hermas, Mandates
Herm. Sim.	Shepherd of Hermas, Similitudes
JBL	*Journal of Biblical Literature*
Jub.	Jubilees
LNTS	Library of New Testament Studies
LSJ	Liddell, Henry George, Robert Scott, Henry Stuart Jones. *A Greek-English Lexicon.* 9th ed. with revised supplement. Oxford: Clarendon, 1996.
LW	*Luther's Works*
NA^{28}	*Novum Testamentum Graece,* Nestle-Aland, 28th ed.
NETS	*A New English Translation of the Septuagint.* Edited by Albert Pietersma and Benjamin G. Wright. New York: Oxford University Press, 2007.
NICNT	New International Commentary on the New Testament
NovTSup	Supplements to Novum Testamentum
NPNF [1]	*Nicene and Post-Nicene Fathers, Series 1*

NPNF[2]   *Nicene and Post-Nicene Fathers, Series 2*

Odes Sol.   Odes of Solomon

RBS   Resources for Biblical Study

RCS 13   Rittgers, Ronald K., ed. *Hebrews, James.* Reformation Commentary on Scripture, New Testament 13. Downers Grove, IL: IVP Academic, 2017.

SNTSMS   Society for New Testament Studies Monograph Series

WA   *D. Martin Luthers Werke: kritische Gesamtausgabe(Weimarer Ausgabe)*

WBC   Word Biblical Commentary

WUNT   Wissenschaftliche Untersuchungen zum Neuen Testament

서론

이 주석은 나의 삶 전체를 떠받치는 근본적 확신, 곧 성경은 하나님의 선한 말씀이라는 믿음 위에서 빚어졌다. 성경에 포함된 문서들은 매우 복잡한 과정을 거쳐 형성·수집되었으며, 그 과정은 철저히 인간의 손을 통해 이루어졌다. 히브리서는 그 복잡성이 특히 두드러지게 나타난다. 예수 그리스도를 따르는 이들은 바로 이런 문서들을 통해 하나님의 음성을 듣는다.

나는 역설적으로 보이는 이 믿음, 곧 하나님께서 인간의 글 모음집을 통해 거룩한 계시를 주기로 선택하셨다는 믿음을 받아들인다. 이것이 바로 하나님께서 일하시는 방식이다. 하나님은 피조물을 돌보는 일에서 율법의 시행, 예언자들의 선포에 이르기까지, 그리고 무엇보다 성육신에 이르기까지 인간과 함께, 인간을 통해 일하신다. 그러므로 성경 본문이 이런 방식으로 우리에게 전해졌다는 사실은 결코 놀라운 일이 아니다.

오랫동안 "히브리인들에게 보낸 서신"이라고 불렸던 이 문서는 인간에 의해 기록되어 하나님의 거룩한 성경에 포함된 책이다.[1] 히브리서와 관련해 아직 해결되지 않은 문제가 많지만, 이 문서가 예수에 대한 믿음을 고백한 사람이 같은 믿음을 가진 공동체에게 보낸 편지라는 사실은 분명하다. 저자는 그리스도에 대한 공통된 신앙고백을 근거로 수신자들에게 더욱 성숙하게 자라날 것을 권면한다. 이러한 권고는 오늘날 예수를 믿고 이 편지를 읽는 모든 신자에게 동일하게 적용된다.

히브리서는 하나님께서 말씀하시는 것을 듣고 그 메시지를 받아들이는 사람들, 하나님을 더욱 깊이 알고 온전히 신뢰하기를 원하는 사람들을 향한 설교다. 초기 그리스도인들은 십자가에 달려 죽으시고 부활하신 나사렛 예수가 하나님의 영원한 아들이며, 하나님 우편에 앉아 그분을 따르는 이들을 위해 중보하고 그들이 하나님과 영원히 함께 거하도록 이끄신다는 신앙을 확고히 고백했다. 히브리서는 바로 이 신앙고백을 위협하는 모든 도전에 맞설 수 있게 공동체를 무장시키기 위해 기록된 것이다.

이 말이 가리키는 바는 다음과 같다. 즉 초기 교회 안에서 형성된 히브리서를 연구하려는 사람은, 이 긴 설교가 탄생한 인간적 상황에 주의를 기울일 때 하나님의 음성을 더욱 풍성하게 들을 수 있다. 더욱이 이 문서가 증언하는 하나님의 소통하심God's communication은 초기 교회 상황에서 이루어졌으나, 그 상황에만 국한되지 않는다. 후대 독자들이 당시의 세부적 상황을 알지 못한다 해도, 그것이 하나님을 제한하지는 못한다. 하나님의 소통하심은 인간의 말을 통해 이루어진다. 하나님은 어떤 환경에서든 인간의 말을 사용하며, 수많은 목적에 적합하게 그 영향력을 확장하실 수 있다. 히브리서를 펼치는 독자들은 그 안에서 하나님의 말씀을 듣게 되며, 그 말씀이 자신들에게 유익하리라는 확신을 가질 수 있다. 하나님의 말씀은 각 사람의 필요를 아시는 성령의 인도에 따라 때로는 훈계로, 때로는 격려로 다가온다.

이 특별한 사역은 도전과 위로라는 두 가지 유형의 말씀을 통해 이루어지는데, 히브리서에는 이 두 가지가 모두 뚜렷하게 나타난다. 또한 독자들은 하나님의 소통하심이 일방적으로만 이루어지지 않고, 반드시 응답을 요구한다는 사실을 알게 된다. 이는 본문 말미에 회중이 하나님께 드리는 기도에서 분명히 드러난다.히 13:6

우리는 스스로 말씀을 읽는 것에 더해, 하나님의 말씀에 귀를 기울이도록 돕는 다른 동료 신자들이 필요하다.히 3:13 주석은 공동체가 대화를 나누는 한 가지 방식이다. 나는 성년이 되고 나서 이 서신뿐만 아니라, 이 서신과 씨름했던 다른 주석가들과도 오래도록 대화를 이어 왔다. 이 책을 읽는 이들이 각자 기도로 경험하는 대화뿐만 아니라, 여전히 생명이 넘치는 이 오래된 설교에 관해 다른 이들과 나누는 대화에서도 도움을 얻게 되기를 바란다. 그런 바람을 담아, 내가 경험한 대화 중 일부를 여기에 공개한다. 영원한 대제사장이신 하나님의 아들을 통해 드러난 하나님의 신실하심을 기리는 이 설교를 공부하면서, 우리 모두가 우리를 도우시는 하나님^{히 13:6}을 더욱 온전하게 예배할 수 있기를 기원한다.

히브리서의 신학

히브리서에 관한 많은 부분이 여전히 미지의 것으로 남아 있지만, 한 가지는 분명하다. 저자는 자신의 공동체에게 하나님은 신뢰할 수 있는 분이라는 진리를 전하고자 한다. 그의 표현대로 "약속하신 이는 미쁘시다." ^{히 10:23; 11:11} 현재 공동체의 어려운 처지를 고려한 저자는, 그들이 하나님을 신뢰하며 미래로 나아가도록 격려하기 위해 과거에 하나님께서 약속을 성취하신 일들을 상기시킨다. 그는 이스라엘 백성을 향한 하나님의 신실하심을 강조하고, 아브라함과 그의 가정에 대해 자세히 관찰하며,^{히 2:16; 6:13 – 16; 11:8 – 22} 특히 이스라엘의 주님이신 아들 예수에게서 성취된 하나님의 약속을 선포한다.

이것은 바울이 주장한 바와 일치한다. 그는 이방인들이 예수 그리스도 안에 있는 하나님의 약속을 신뢰할 수 있는 이유는, 하나님께서 이스라엘과 맺은 언약에 신실하셨기 때문이라고 말한다. 히브리서 저자도 하나님께서 아브라함의 자손^{히 2:14}인 이스라엘 백성과 맺으신 새 언약을 성취함으로써 그분의 한결같은 신실하심을 보여주셨다고 역설한다.^{히 8:1 – 10:18} 결국 영원하신 아들, 십자가에서 죽고 다시 다신 예수는 하나님이 참으로 신뢰할 만한 분임을 가장 힘있게 증언한다.

그리스도론

히브리서의 중심은 유대인의 메시아이신 예수다. 하나님의 광채이신 예수는 하나님께서 신뢰할 만한 분임을 지극히 선명하게 드러내 보인다. 뒤에서 자세히 설명하겠지만, 히브리서가 익명의 저술이라는 사실은 이 서신의 그리스도론이 지닌 능력에 전혀 걸림돌이 되지 않는다. 초반부터 저자는 아들의 두 가지 본성에 대한 논의를 전개한다. 1장에서는 아들이 창조자이자 주님으로서 하나님과 맺는 영원한 관계를 다루고, 2장에서는 그 아들이 인간의 몸을 입고 인간의 삶을 온전히 경험한 일을 묘사한다. 이 두 장은 장엄한 서사의 시작에 불과하다. 이어서 저자는 영원한 아들이 제사장직이라는 인간의 직무를 맡게 된 사실을 설명하며,[5:1-5] 서신 한가운데서 상당한 분량을 이 주제에 할애한다. 그리고 끝부분에서는 예수를 "어제나 오늘이나 영원토록 동일하신 분"[13:8]으로 선포한다.

　히브리서 저자의 견해가 신약성경의 다른 저자들과 일맥상통한다는 점에서, 신약 문서에 기초한 그리스도론은 히브리서 없이도 충분히 가능했을 것이다. 그러나 히브리서 저자의 목소리가 없었다면, 그리스도론은 지금과 같은 명료함과 활력을 얻지 못했을 것이다.

　히브리서 저자는 "두 본성" 그리스도론이 싹트는 데 독특한 방식으로 기여했다. 나는 전에 집필한 책에서 히브리서가 말하는 예수의 아들됨의 독특성을 관심 있게 다루었다.[2] 그 책이 출간된 뒤 나는 다른 주석가들에게서 배운 바에 따라 나의 관점 일부를 수정했으나, 히브리서 저자가 하나님의 말씀을 부모와 자식의 관계라는 틀에서 보았다는 생각은 그대로 유지했다. 달리 말해, 저자는 예수의 계시에 비추어 하나님의 소통하심 전체가 "아들의 형태로 나타났다"고 보았다. 이는 독자들에게 (아버지이신) 하나님의 본성뿐만 아니라 (하나님의 가정에 속한 자녀인) 그들 자신의 정체성을 깨닫게 하는 틀을 제공한다.

우리는 하나님과 관계를 맺는 존재이며, 그 영원한 관계가 가족 관계로 설명될 수 있음을 안다. 하나님께서 성령의 가르침을 통해 자신을 아버지와 아들로 계시하기로 선택하셨다는 사실을 아는 지식은 기독교 신앙에서 핵심적이다. 심판자[12:23]이자 주님이신 하나님은 우리에게 가까이 오셔서 큰 은혜를 베푸시며 우리의 아버지가 되신다. 영원히 출생하신[eternally begotten] 분인 아들은 인간을 구속하기 위해 사람이 되셨고, 특정한 나라,[2:16] 특정한 지파,[7:14] 특정한 가정 안으로 들어와 그들을 품으셨다. 그 결과, 동일하게 살과 피를 가진 모든 인간이 하나님의 가족이 되는 길이 열렸다.

확신을 품고 성숙해 갈 것을 권면하는 이 서신은 가족이라는 틀 안에서 들을 때 가장 선명하고 힘차게 울려 퍼진다. 히브리서는 예수를 하나님의 아들로 이해하는 관점과 그 관점에서 형성된 신학에 크게 기여했다. 그러나 사실 히브리서 저자는 예수의 아들됨을 강조하는 신약성경의 다른 저자들과 의견을 같이한다. 이 주석 전반에 걸쳐서 나는 이러한 일치점들을 주의 깊게 다루는 한편, 하나님의 자기 계시가 아버지와 아들과 성령에 의해 이루어진다는 주장과 관련해 히브리서가 남긴 독특하고 값진 기여를 탐구할 것이다.

히브리서를 지탱하는 그리스도론의 핵심 기둥 가운데 하나는 그리스도의 대제사장직이다. 이 주제와 관련해 저자는 신약성경의 다른 저자들과 비교할 때 매우 독특한 견해를 보여준다. 다른 저자들은 이 제사장 직무를 간접적으로만 언급한다. 예컨대 바울은 가끔 제사 이미지를 암시하는 표현을 사용하며,[롬 3:25] 일부 주석가들은 복음서 안에서 제사장적 주제를 포착하기도 한다.[3] 그러나 히브리서는 하나님이자 동시에 인간이신 그리스도가 대제사장이라고 명시적으로 선포하는 유일한 성경 문헌이다. 히브리서는 인간 제사장으로서 중보 사역을 감당하신 그리스도가, 누구도 흉내 낼 수 없는 방식으로 하나님과 인간 사이를 중재하신 분이라고 말한다. 저자의 확고한 주장에 따르면, 이 제사장은 모든 제사장이 그렇듯이 인간 가운데 선택받은 분이지만,[히 5:4] 단지 하나님 가까이 있거나 하나님의 대리자로 섬기는 데 그치지 않는다. 그분 자신이 육신을 입은 하나님이기 때문이다.

그리스도의 중보는 그분의 인격뿐 아니라 그분이 독특한 존재로서 수행하신 사역에서도 비교할 수 없을 만큼 탁월하다. 모든 제사장이 희생 제물을 바치지만, 자기 자신을 희생 제물로 바친 이는 오직 그분뿐이다.[9:14] 그러므로 그리스도는 희생 제사를 반복하지 않고 단 한 번만 드리신다.[9:26] 이는 히브리서 저자가 말하는 바[9:27] 모든 사람이 한 번 죽는 것은 정해져 있듯이, 그리스도의 죽음 또한 오직 한 번 드려진 희생 제물이 되었기 때문이다. 더욱이 그리스도는 인간의 손으로 지은 장막[9:11, 24]이 아니라 하나님의 보좌 앞에서[8:1] 제사장 직무를 수행하신다. 그리스도의 희생 이전에 유대인이 드린 희생 제사는 부정한 백성 가운데 거룩하신 하나님께서 임재하실 길을 열었으며, 동시에 아들이 바치게 될 최종적이고 유일무이한 제사를 예표했다.

이처럼 죄를 위해 단번에 드려진 희생 제사는, 히브리서의 설명에 따르면 죽음의 권세를 무너뜨리는 사건이었다.[2:14] 지난 10여 년 동안 이 주제는 히브리서 연구에서 매우 활발한 해석 논쟁을 불러일으켰다. 그동안 학자들은 주로 이 희생이 이루어진 장소와 그 결과에 관심을 기울여 왔다. 특히 데이비드 모핏이 자신의 논문을 개정해 출간한 히브리서의 속죄와 부활의 논리는 이 서신의 구원론에 새로운 관심을 불러일으켰다.[4]

이 책을 읽는 독자들은 내가 모핏의 주장을 창의적으로 수용했음을 쉽게 알아챌 것이다. 그러나 정확히 말해, 나는 십자가가 히브리서의 중심이라고 단언한다. 십자가는 인간의 몸을 입은 하나님의 아들이 죽으신 곳이다.[12:2] 십자가는 그분이 당하신 고난의 정점이자, 그분의 희생 제사에 필수적인 죽음이 일어난 자리다.

그러나 십자가만으로는 구원이 충분히 완성되지 않는다. 히브리서 저자는 예수의 부활을 언급하며,[13:20] 그분이 하늘에 계신 아버지 하나님 앞에 나타났다고 밝힌다.[9:24] 예수는 부활 후 하늘로 올려졌기에, 그분이 하나님 앞에 나타난 사건은 그분의 자기희생이 완결되었음을 뜻하는 것으로 해석하는 것이 가장 합당하다. 히브리서 저자는 죄와 죽음의 연관성을 바울만큼 명확하게 설명하지는 않는다.[롬 5:12-21] 그러나 내가 보기에 그의 논리적 전개는 결국 그런 연관성을 전제한다. 이는 히브리서 저자와 바울의 사유 사이의 친밀성을 강조하는 이들에게는 놀라운 일이 아니다. 죄를 용서하고 죽음의 속박에서 구원을 성취한 사건이 바로 아들의 죽음이다.

그렇다고 해도 예수는 부활 이전, 곧 무덤 속에 계실 때는 사람을 죽음에서 건져 낼 수 있는 위치에 있지 않았다. 그분은 친히 죽음을 겪고 그것을 물리친 후에야, 만물을 다스리는 영원한 주권을 누리게 하시겠다는 하나님의 약속[시 8편; 히 2장]을 성취할 수 있었다. 히브리서 저자의 논지에 따르면, 이스라엘의 제사 제도가 보여주듯이 죄와 그 결과에 대해 최종적이고 충분한 제물이 드려지려면 예수는 반드시 "죽으심으로 죽음을 물리쳐야" 했다. 하나님 앞에 선 예수의 몸은 그분이 드린 최종적이고 완전한 희생 제사를 영원히 기억하게 한다. 십자가에 달려 죽고 육신으로 부활하신 그분은, 형제자매들이 그분이 온몸으로 감당한 제사장 사역의 유익을 누릴 수 있도록 지금도 간구하신다.[7:25]

이러한 그리스도론에 비추어 볼 때, 히브리서의 근간을 이루는 신학적 목표의 본질을 좀 더 정확히 파악할 수 있다. 저자는 막연히 약속을 지키시는 하나님의 능력을 신뢰하라고 권고하는 것이 아니라, 구체적으로 하나님께서 죽은 자를 일으키시는 능력의 하나님이라는 사실을 믿어야 한다고 강조한다. 이것이 바로 기독교 신앙, 곧 죽음을 마주하면서도 살아 계신 하나님의 능력을 신뢰하는 믿음의 모습이다.

부활이라는 주제는 이 서신 전체를 관통한다. 어떤 곳에서는 명시적으로 드러나고, 또 어떤 곳에서는 암시만 되지만, 신앙을 설명하는 모든 대목에 이 주제가 깃들어 있다. 저자가 독자들에게 촉구하는 믿음은 부활하신 대제사장을 굳게 붙잡는 믿음이다. 이러한 신학적 목표로 인해 저자는 자신의 권면 속에 히브리 성경을 철저히 통합한다. 따라서 이 주석은 두 가지 작업을 목표로 삼는다. 첫째이자 가장 중요한 것은, 저자가 히브리 성경 본문을 어떻게 다루는지 자세히 설명하는 것이다. 그는 어떤 본문을 포함시킬지 선택한 뒤, 독특한 방식으로 독자들이 그 본문에 주목하도록 이끈다. 설교자인 저자는 성경 본문을 특별한 목적에 맞추어 자신의 설교에 포함시킨다. 둘째, 나의 주된 관심은 이 주석의 독자들이 저자가 통합한 성경 본문들을 포함해 히브리서 설교 전체를 읽고 이해할 수 있도록 돕는 데 있다.

더욱이 히브리서는 정경 성경에서 고립된 책이 아니라, 저자가 인용한 다른 책들을 포함한 더 큰 모음집 가운데 하나다. 따라서 내가 본문을 다루면서 두 번째 목표로 삼는 것은 독자들로 하여금 히브리서에 인용되거나 암시된 본문의 전체 맥락에 주의를 기울이게 하는 것이다. 나는 신약성경에서 히브리 성경을 암시하는 본문을 찾아내고, 나아가 그 본문이 유래한 더 넓은 배경을 탐구하는 훈련을 받아 왔다.[5] 이 훈련은 여러모로 유익했다. 이 주석에서 나는 독자들이 이런 배경에 관한 이야기들을 원래의 맥락에 비추어 살펴볼 것을 권한다. 나는 그 이야기들 가운데 히브리서 본문과 공명하는 요소를 주목하여 다룬다. 그 이유는 영적 유익과 성숙을 위한 연결 고리가 되는 자료들을 제시함으로써, 다양한 인간 저자들을 통해 말씀하시는 총괄 저자 하나님을 성경 독자들이 신뢰하도록 돕기 위함이다.

간단히 말해, 히브리서 저자의 설교와 그가 인용한 본문을 대화를 통해 이해하는 것은 '그리스도인으로 빚어감'이라는 목표에 기여한다. 이것은 나의 경험에서 비롯된 확신이다.

유대교 신앙과의 관계

히브리서 어디를 읽어도 분명하게 드러나듯이, 저자는 모세오경과 예언서와 성문서 없이는 설교를 할 수 없었을 것이다.[6] 그럼에도 저자는 하나님의 율법을 거의 언급하지 않으며, 그 가치를 낮게 평가하는 듯 보이기도 한다. 대표적으로 히브리서 7:18-19("전에 있던 계명은 연약하고 무익하므로 폐하고 율법은 아무것도 온전하게 못할지라")과 8:13("새 언약이라 말씀하셨으매 첫 것은 낡아지게 하신 것이니 낡아지고 쇠하는 것은 없어져 가는 것이니라")이 그 예다.

히브리서는 유대인을 공격하고 박해하는 일에 이용된 신약 문서 가운데 하나다.[7] 어떤 이들은 히브리서를 비롯한 성경 본문에서 하나님께서 유대인을 버리고 그 복을 교회에 넘겼다는 증거를 찾으려 하지만, 본문을 깊이 읽어 보면 이는 사실이 아니다. 만일 하나님께서 유대인을 포기하셨다면, 하나님은 더 이상 신뢰할 수 없는 변덕스러운 신이 되고 만다. 그렇게 인정한다면, 하나님께서 언젠가 히브리서를 읽는 독자들에게도 똑같이 행동하지 않으시리라는 보장은 없다.

주석가들은 이 반유대주의적 해석을 근거 없다고 비판하는 데서 멈출 것이 아니라, 히브리서의 특정 본문이 악한 동기와 끔찍한 행위에 이용되는 방식에 적극 대응해야 한다. 이런 논의는 흔히 큰 논란을 불러일으킨 용어인 대체주의supersessionism를 앞세워 자주 전개된다.[8] 나는 히브리서 저자를 다음과 같이 이해한다. 초기에 예수를 믿었던 모든 이들처럼 저자는 자신이 유대인임을 분명히 한다. 그는 나사렛 예수가 이 땅에 사시

다가 로마인에게 십자가 처형을 당했으나, 하나님의 능력으로 죽음에서 일으켜지신 유대인 메시아라고 믿고 그분을 따랐다. 저자는 히브리 성경에 계시된 대로 하나님께서 은혜로 이스라엘 백성을 택하고 그들과 함께하셨다고 확신한다.

히브리 성경과 그 안에 담긴 사건들은 하나님의 영원한 아들이 인간의 몸을 입으실 때 일어날 일을 미리 보여준다. 하나님께서 히브리 성경을 통해 자신의 성품과 일하시는 방식을 드러내지 않으셨다면, 예수를 만난 이들은 그분과 그 사역을 이해할 수 없었을 것이다. 따라서 저자가 이스라엘의 성경과 그 백성을 부정했다면, 그는 자신이 나온 뿌리를 끊어 버린 채 모순 속으로 떨어졌을 것이다. 그러므로 히브리서 저자는, 예수가 하나님께서 아브라함의 후손에게 주신 약속을 뛰어넘거나 대체한 것이 아니라 성취했다고 이해한다.[9]

다른 한편, 만약 히브리서 저자가 어떤 유대인을 만났는데, 그가 예수를 메시아로 인정하지 않고 하나님께 나아가기 위해 예수의 희생에 의지하기보다 율법과 희생 제사(이것이 여전히 성전에서 이루어지고 있다고 가정할 때)를 고집한다면, 저자는 그 종교적 관행이 구원의 문제에서 효력이 있다고 인정하지 않았을 것이다.

바울과 마찬가지로 히브리서 저자도 유대인들이 그리스도를 통해 주신 하나님의 약속을 멀리서나마 긍정하면서, 종말의 때에 이르러 그리스도께 복종하게 될 가능성(롬 11:26을 해석하는 한 방식)을 받아들인다.[10] 그러나 유대인들이 메시아 예수를 적극적으로 거부하면서도 여전히 하나님의 가족 안에 남을 수 있다고는 보지 않는다.

유대인들이 신뢰해야 할 희생 제사는, 아들 예수가 아버지 하나님께 드려서 받아들여지고 효력을 발휘한 바로 그 희생 제사다. 즉 하나님의 보좌 앞에서 아들이 자기 몸과 피로 이루신 자기희생뿐이다. 예수는 유대교를 폐하고 대체하신 것이 아니라, 히브리 성경에 제시된 약속들을 성취함으로써 율법의 몇 가지 주요 관례를 폐하고 대체하셨다. 히브리서 저자는 유대인의 메시아 예수 안에서 배타적인 구원 사건이 발생했다고 주장한다.[11] 다시 말해, 그는 하나님께서 이스라엘 백성에게 주신 약속을 결코 포기하지 않으면서도 예수 그리스도의 희생만으로 충분하다는 견해를 분명히 한다. 홀로코스트 이후의 세상에서 히브리서를 올바르게 이해하기 위해서는, 이 성경을 해석하는 과정에서 유대인과 기독교인 사이에 겸손하고 진지한 대화가 필요하다. 이러한 대화는 양쪽 모두가 신실하게 섬기는 하나님의 주권과 지혜 앞에서 상호 존중과 이해로 하나될 때 가능하다.

정경에서 히브리서의 위치

기독교 성경에 히브리서가 포함된 것을 당연하게 여겨서는 안 된다. 초기 주석가들도 히브리서의 익명성을 문제로 인식했으며, 회개와 관련된 엄격한 경고는 많은 그리스도인들에게 우려를 불러일으켰다. 그럼에도 외적 요소와 내적 요소, 이 두 가지가 히브리서가 공격을 견뎌 내고 성경에 포함되는 길을 열었다.

첫째, 히브리서는 항상 바울의 영향권 안에 있었으며, 때로는 가장자리로 밀려났으나 결코 완전히 벗어나지는 않았다. 이 주석에서 바울 서신과의 여러 일치점을 다룰 때 분명해지겠지만, 나 역시 이러한 연관성이 확실하다고 본다. 둘째, 히브리서는 자체의 신학적 강점을 근거로 성경에 포함되었다. 교리 논쟁이 일어날 때 히브리서는 아들의 영원한 신성을 공고히 했고, 삼위일체 신앙을 세우는 데 필요한 중요한 근거를 제공하는 문서로 인정받았다.

결국 히브리서는 저자가 누구인지 알 수 없고, 그 안에 담긴 준엄한 경고가 이해될 만한 맥락도 불분명했음에도 성경 안에 자리 잡았다. 그 이유는 이 책이 신중하게 다듬어진 경외심 어린 하나님 이해를 제시하며, 하나님에 대한 귀한 믿음으로 독자들을 이끄는 지침을 담고 있기 때문이다.

히브리서의 존재를 확인시켜 주는 가장 초기 문서는 1세기 말 클레멘스Clement의 첫 번째 서신이다.[12] 고린도 교회에 보낸 서신에서 클레멘스는 히브리서의 고유한 표현을 사용해, 예수가 대제사장으로서 인간의 연약함을 도우시며 천사보다 뛰어난 이름과 영광을 지니셨다고 말한다. 더 나아가 그는 히브리서 1장의 '카테나'catena, 성경 구절이나 권위 있는 저자의 글을 사슬처럼 엮어 설명하는 주석—옮긴이 가운데 세 구절을 인용한다.클레멘스 1서 36.1-5 따라서 클레멘스는 히브리서를 확실히 알고 있었다.

약 1세기 후에 히브리서는 현존하는 가장 오래된 바울 서신 모음집인 파피루스 사본 46P46에 등장하며, 분량으로 보아 로마서 다음에 놓인다. 이 사본은 히브리서가 바울 사상의 영향권 안에 있음을 보여주는 동시에, 히브리서가 권위 있는 기독교 문헌으로 자리 잡는 데 결정적인 역할을 했다.

히브리서는 파피루스 사본뿐 아니라 주요 언셜체 사본Uncial manuscripts, 대문자로 기록된 초기 헬라어 성경 사본—옮긴이에도 전해진다. 시내 사본Sinaiticus과 알렉산드리아 사본Alexandrinus은 본문 전체를 담고 있고, 바티칸 사본,Vaticanus 에브라임 사본,Ephraemi Rescriptus 클라로몬타누스 사본Claromontanus에는 상당한 분량이 보존되어 있다. 옛 라틴어,Old Latin 콥틱,Coptic 시리아Syriac 역본에도 이 서신이 포함되어 있다.[13] 초기 주석가들은 신앙을 여정으로 보는 개념이나 그리스도의 제사장직과 같은 히브리서의 주제들을 중요하게 다루었다.

알렉산드리아의 클레멘스Clement of Alexandria와 오리게네스Origen는 히브리서를 자주 인용했지만, 저자를 밝히지 않은 것은 바울답지 않다고 보았다. 그들은 바울이 익명을 고집한 이유를 겸손함에서 찾거나, 자신이 이방인의 사도로 부름받았기에^{롬 11:13} 유대인을 대상으로 글을 쓰는 일에 따를 수 있는 논쟁을 피하려 했기 때문이라고 추정했다. 두 사람은 히브리서의 언어가 바울의 다른 서신들과 다르다는 점을 지적하며, 이 서신이 바울이 히브리어로 쓴 것을 누가 또는 로마의 클레멘스가 헬라어로 번역한 것이라고 보았다.[14]

한편, 히브리서는 회개 관련 내용 때문에 여러 논란에 휘말렸다. 2세기 중반, 로마에서 저술된 『헤르마스의 목자』는 회개에 대한 히브리서의 엄격한 이해를 충실히 다루지 않았다. 저자는 많은 분량을 회개 문제에 할애하며, 세례 이후에도 종말이 이를 때까지 회개가 가능하다고 주장했다.『헤르마스의 목자』, 명령 4.3.1 –7; 비유 9.26.5 –6 반대로 교회 내에서 경계적 위치에 있던 몬타누스주의자들은 회개가 불가능하다고 주장했고, 이를 히브리서 해석을 통해 확증하려 했다. 한때 이 집단에 동조했던 테르툴리아누스^{Tertullian}는 간음이나 배교와 같은 죄에는 회개가 불가능하다고 단언했다.『겸손에 관하여』20 히브리서가 이단적 집단의 지지를 받았다는 사실은 이 서신을 정경에 포함시키는 데 장애가 되었다.

더 중요한 사례는 데키우스 박해기^{Decian persecution, 249 –250}다. 당시 주교였던 노바티아누스^{Novatian}는 위협 앞에서 그리스도를 부정한 이들의 복권을 막기 위해 히브리서를 이용했다. 반면에 카르타고 주교 키프리아누스^{Cyprian}는 신앙을 저버린 이들에게도 회복의 여지가 남아 있다고 보았으며, 일정한 회개 기간을 거쳐 신앙에 대한 헌신을 다시 입증해야 한다고 주장했다.[15] 이처럼 여러 논란 가운데 키프리아누스는 히브리서를 인용하지 않았고, 몬타누스주의^{Montanist}를 반대한 로마교회 장로 가이우스^{Gaius}는 저자의 권위를 문제 삼았다.[16] 무라토리 단편^{Muratorian Fragment}에 히브리서가 빠져 있다는 점도 이 단편 목록의 편찬자들이 히브리서를 정경으로 인정하지 않았다는 증거로 받아들여졌다.[17]

4세기 중반, 아리우스^{Arius}가 히브리서를 인용하기 시작하면서 저자 문제와 회개 이해는 상대적으로 덜 시급한 주제로 밀려났다. 아리우스는 아들의 출생이 특정한 날에 있었다고 말하는 구절[1:5]과 하나님께서 그를 "만드셨다"(3:2의 문자적 번역)고 말하는 구절에 주목했다. 그는 이를 근거로 아들이 하나님의 피조물 가운데 첫째라는 주장을 뒷받침하려 했다.

이에 아타나시우스 Athanasius는 히브리서에서 아버지와 아들의 확고하고 영원한 관계를 확인했다.[1:3; 13:8] 아리우스가 히브리서를 자신의 주장에 동원했지만, 이 서신의 복잡한 논증은 영원한 아들의 두 본성을 강력히 지지하며, 삼위일체론과 두 본성 그리스도론 같은 기독교 핵심 교리를 세우는 데 필수적인 토대가 되었다. 히브리서의 그리스도론이 드러내는 강렬한 빛은 회개 문제를 다루는 본문을 상대적으로 퇴색시켰다.

암브로시우스 Ambrose는 문제의 본문이 두 번째 세례를 금지하는 것이지, 회개의 모든 기회를 막는 것은 아니라고 주장했다.『회개에 관하여』 2.2 이 해석은 오랫동안 해결책으로 수용되었다. 더불어 제사장직을 강조하는 히브리서의 대목은 성직 제도와 성찬례를 희생 제사로 이해하는 전통이 정립되는 데 중요한 자원이 되었다.[18]

아타나시우스, 아우구스티누스, Augustine 히에로니무스 Jerome는 히브리서를 영감으로 기록된 성경으로 인정했으며, 상황에 따라 바울 서신 모음에 포함시키거나 주변부에 두기도 했다.[19] 히브리서는 아타나시우스의 『부활절 서신』 39번에서 언급되는데, 이 서신은 그리스도인들이 신약성경이라 부르게 된 문헌 목록을 최초로 제시한 자료다. 397년, 카르타고 공의회 Council of Carthage에서 영감으로 기록된 것으로 합의한 문헌 목록에도 히브리서가 포함되었다. 이때부터 히브리서는 기독교 성경 안에서 확고한 자리를 차지하게 되었다.

그러나 이것이 히브리서가 언제나 환영받았다는 뜻은 아니다. 칼뱅 John Calvin은 히브리서의 권위를 둘러싼 논쟁에서 반대자들의 주장을 검토한 뒤 이렇게 결론지었다. "하나님의 교회와 우리 자신이 이처럼 엄청난 자산[히브리서]을 빼앗기지 않도록 그 소유권을 굳게 지켜야 합니다."[20] 다른 한편, 히브리서의 놀라운 가치를 인정한 루터^{Martin Luther}도 회개의 길을 막아 버리는 듯한 대목에 큰 곤란을 겪었으며, 결국 히브리서를 "제2경전"에 해당하는 책으로 제쳐 놓았다.[21]

히브리서의 수용 과정은 상황의 변화 속에서 신앙인이 하나님의 말씀을 어떻게 이해해야 하는지 보여주는 본보기다. 성경의 어떤 부분은 혼란을 일으키거나 때로 해로운 해석을 낳기도 한다. 어떤 부분은 중요하지 않게 보이거나 지나치게 사소해 보이기도 하고, 초기 청중을 넘어 다른 이들에게는 별다른 영향을 끼치지 못하는 경우도 있다. 그러나 시간이 흐르면서 진리의 영은 잘못된 해석을 바로잡고 어두운 곳에 빛을 비춘다. 신학적 필요와 문화적 상황이 변함에 따라, 무기력해 보이던 본문들이 새롭게 활기를 띠기도 한다. 하나님은 이 본문들 속에 신뢰할 수 있는 계시를 담아 두셨고, 진지하게 탐구하며 인내할 줄 아는 해석자는 그 속에서 평범한 눈에는 가려져 있던 보화를 발견하게 된다.

히브리서는 처음부터 주변부에 놓일 운명이었다. 현재 정경 내에서도 가장자리에 위치한다. 그럼에도 앞선 바울 서신의 구원론과 밀접하게 연결되며, 희생 제사의 차원을 덧붙여 우리 가운데 오신 하나님의 메시아를 새롭게 이해하는 길을 열어 준다. 이러한 메시아 개념은 고대 세계의 종교들에 널리 퍼져 있었지만, 바울 서신에서는 상대적으로 빈약하게 드러난다. 동시에 히브리서는 정경 내 위치에서 그 뒤를 잇는 서신들에 나타나는 여러 주제를 미리 제시한다. 예를 들면 고난을 그리스도인의 신실함을 드러내는 표지로 보거나, 그리스도를 중재자로 높이는 사상이 그러하다.[22] 이처럼 히브리서는 주변부에 위치하여 그 양편에 있는 두 부류의 서신들 사이에서 정경적 대화를 촉진한다.[23] 히브리서가 누리는 영예조차 그 주변성을 드러낸다. 4세기 후반 이후 정경 내 위치는 변하지 않았지만, 누가와 요한, 바울과 같은 신학적 거인들과 어깨를 나란히 하지는 못했다. 신약성경에서 가장 뛰어난 서신으로 히브리서를 꼽는 이는 드물다. 그러나 나는 이 주석을 통해 독자들이 히브리서가 기독교 신학의 형성에 얼마나 필수적이었는지, 그리고 왜 이 책이 그리스도인들이 끝까지 신실하게 살아가도록 격려하는 데 꼭 필요한 책으로 여겨져 왔는지 깨닫기를 바란다.

이 주석 시리즈가 내게 허락한 기회를 통해, 나는 히브리서가 지속적으로 대화한 히브리 성경과의 연결 고리를 집중적으로 살필 것이다. 더 나아가 다른 신약성경과의 연관성도 함께 탐구할 것이다. 나는 이 모든 문헌의 공통 저자가 신실하고 선하신 하나님이라고 믿는다. 따라서 나는 독자들이 내가 밝혀낼 연결 고리를 숙고하는 한편, 각자 다른 해석의 가능성도 모색해 보기를 바란다.

배경

히브리서에 저자가 명시되지 않았다는 사실은 이 서신의 기원과 성격을 둘러싼 모든 불확실성의 출발점이 된다. 누가, 언제, 어디서, 누구를 향해 썼는지도 알 수 없으며, 설교로 시작해 서신으로 끝나는 독특한 구조는 장르 규정마저 어렵게 만든다. 이로 인해 생겨난 공백은 다양한 해석으로 메워졌고, 그 설득력은 해석자마다 크게 엇갈린다.

저자

히브리서의 저자를 둘러싼 논의는 온갖 추측으로 가장 복잡하게 얽혀 있다. 앞서 언급했듯이 알렉산드리아의 클레멘스와 오리게네스 같은 동방 교부들은 대체로 이 서신을 바울과 연관 지었다. 다만 히브리서가 다른 바울 서신과 뚜렷이 구별된다는 점을 지적하며, 누가가 바울의 글을 번역했을 가능성을 포함해 여러 주장을 제시한 주석가도 있다. 서방에서 히브리서를 높이 평가한 테르툴리아누스는 저자를 바나바로 보았는데, 그가 사도들의 사상을 전했다고 믿었기 때문이다.[24] 히브리서의 엄격한 언어를 거부한 이들은 바울이 히브리서를 저술했을 리가 없다고 여겼다.[25] 히브리서가 정경으로 받아들여진 이후 많은 이들이 의문을 제기했음에도, 이 서신은 계속해서 바울의 영향권 안에 머물러 있었다.[26]

오랜 세월 많은 학자들이 그랬듯이, 나 역시 바울이 직접 히브리서를 저술했다는 주장을 받아들이지 않는다. 문체와 어휘 면에서 분명한 차이가 있기 때문이다. 바울과 히브리서의 문체 차이는 다른 이해에 도달하게 만들지만, 신약성경의 분량이 상대적으로 적다는 점에서 이를 결정적인 반박 근거로 삼기는 어렵다. 나의 눈에는 두 가지 주장이 가장 설득력 있다.

첫째, 신약성경의 책들은 서로 다른 성경 인용 방식을 사용한다. 바울은 히브리 성경을 글로 기록된 성경("성경에 이르되")이라고 말하는 데 반해, 히브리서 저자는 말씀, 특히 하나님의 말씀이라고 지칭한다. 이처럼 대비되는 용어는 완전히 상반되지는 않지만 주목할 만한 차이점이다. 둘째, 이 주장은 나의 해석에서 훨씬 더 큰 비중을 차지한다. 나는 바울이 부활하신 주님과의 만남을 그렇게 쉽게 포기했으리라고 생각하지 않으며, 이런 이유에서 바울이 저자라는 주장을 인정하지 않는다. 히브리서 저자는 자신이 복음을 주님께 직접 들은 것이 "아니라", 주님께 복음을 들은 이들로부터 전해 들었다는 사실을 다른 주제를 논하는 중에 무심코 인정한다.[히 2:3] 달리 말해, 수사학적인 면에서 저자의 이 진술은 논란의 여지 없이 사실임을 보여준다.

물론 바울도 예수에 대한 증언을 전해 받았다고 언급한 적이 있지만,[고전 15:3] 히브리서 저자의 이 말은 그가 성육신하신 예수에게서 한 걸음 더 멀리 떨어져 있었음을 보여준다. 바울이라면 다메섹 도상에서 부활하신 주님과의 만남이나 아라비아에서 받은 영적 훈련,[갈 1:11-17] 셋째 하늘에서 겪은 일[고후 12:1-5]을 그렇게 무심하게 언급하지 않았을 것이다. 실제로 바울은 사역의 상당 부분을 자신이 하나님께 직접 복음을 들었다는 사실[갈 1:1]을 변호하는 데 할애했다. 열두 사도와 다른 자격 요건에도 불구하고 자신이 사도임을 주장했던 것이다. 반면에 히브리서 저자는 예수와의 친밀성을 증명하는 일에는 관심이 없다.

높이 들린 그리스도론,[히 1장; 13:8; 빌 2장; 골 1장] 언약에 나타난 하나님의 약속의 일관성,[히 8-10장; 갈 3장; 롬 4장] 굳건한 믿음의 인내[히 12:1-13; 고전 9:24-27]와 같은 가르침처럼 히브리서와 바울 문헌 사이에는 여러 유사성이 발견된다. 그러나 이러한 점을 고려하더라도, 히브리서 저자를 바울 자신이라기보다 바울과 가까운 인물로 보는 것이 가장 합당하다.[27] 나는 이 서신을 바울과 관련이 있는 복음 사역자들 가운데 한 사람이 썼을 것으로 추정한다.

사실 바울과 가까운 인물이 히브리서를 썼다는 견해는 일찍부터 제기되었다. 앞서 언급했듯이 초기에 저자로 거론된 인물은 누가와 클레멘스, 바나바다. 또 다른 후보로는 실라가 있는데, 그가 저자라면 디모데와의 연관성[히 13:23; 행 17:14-15; 18:5; 고후 1:19; 살전 1:1; 살후 1:1]을 설명할 수 있을 뿐 아니라, 실라가 관여한 베드로전서[벧전 5:12]와 히브리서 사이의 유사성도 해명할 수 있다.

한편, 일부 학자들은 히브리서 저자의 익명성과 바울과의 연관성을 근거로 저자가 여성일 가능성을 제기했다. 특히 바울의 동역자로서 복음을 전하고 가르치는 일에 힘썼던 브리스가(브리스길라)가 지목되었다.[행 18:2, 18, 26; 롬 16:3; 고전 16:19; 딤후 4:19] 20세기에 들어 아돌프 폰 하르낙Adolf von Harnack은 브리스가가 남편 아굴라와 함께 이 서신을 집필했을 가능성을 제기하면서, 그렇다면 저자가 청중과 자신을 구분해 "우리"라고 부른 표현[히 6:9; 13:18]이 설명된다고 보았다.[28] 약 1세기 후에 루스 호핀Ruth

Hoppin은 브리스길라가 저자라고 주장하면서, 신실한 자의 목록에 여성이 포함되어 있다는 사실히 11:11, 23, 31, 35과 가정과 관련된 주제들, 히브리서 전반에 흐르는 분위기를 그 근거로 제시했다.[29] 철학 전통에서는 여성과 얽히는 것을 수치로 여겼으며,[30] 기독교 문헌이 여성의 가르침을 금했던 것을 고려하면 브리스길라가 익명으로 남아야 할 이유는 충분했다. 기독교 역사에서 여성 저자들이 대체로 익명성을 준수해야 했던 현실에 비추어 이 주장은 지지를 얻었다.[31] 오리게네스의 유명한 말처럼[32] 이 서신을 누가 썼는지 하나님만이 아신다면, 예수를 따랐던 사려 깊고 영감 넘치는 다른 사람들처럼 브리스길라도 저자 후보로 충분히 고려될 수 있다.[33]

루터는 아볼로가 저자일 가능성을 최초로 제기했다.[34] 사도행전 18장에 나오는 아볼로의 모습은 우리가 히브리서를 읽고서 그려 볼 수 있는 저자의 특성과 일치한다. 아볼로는 알렉산드리아 출신의 유대인이었는데, 그곳에서 그는 "하늘에 있는 것"히 8:5을 강조하는 유대 해석자들과 가까웠던 것으로 보인다. 아볼로는 히브리 성경을 잘 알고 있었고 수사학에도 능통했다. 그는 동료 유대인들과 교류하면서 성경을 근거로 예수가 메시아라는 사실을 논증하곤 했다.행 18:24-28 아볼로는 바울이 활동한 곳을 여행하면서 신앙에 대해 가르치는 일을 했다.고전 1:12; 3:4-22; 4:1-6; 16:12[35] 신약성경에 등장하는 인물 가운데 아볼로는 익명의 히브리서 저자로 보기에 가장 적합한 특성을 지닌다. 그렇다면 히브리서는 브리스길라가 아니라 그녀의 제자인 아볼로의 작품이라는 뜻이다. 그러나 아볼로가 브리스길라와 아굴라에게 신앙 교육을 받았다는 점행 18:26을 고려하면, 이 서신에 그녀의 영향력이 스며 있음을 부인할 수 없다.

나는 브리스길라 저자설을 지지하는 일부 논증이 여성주의적 편견에 사로잡혀 있음을 잘 알고 있다. 여성이라고 해서 반드시 감정에 민감하거나 가족 문제에 더 집중한다는 전제는 설득력이 없으며, 남성 역시 충분히 가족 문제에 깊은 관심을 가질 수 있다. 이러한 시각과 더불어 아볼로에 대한 묘사와의 내적 연관성을 고려할 때, 나는 히브리서 11:32에 사용된 남성형 분사("말하려면")를 근거로 저자가 남성일 가능성이 높다고 본다.

물론 여성 저자의 익명성과 관련해 내가 제기한 논점을 감안하더라도, 다른 결론에 이르는 해석자들 역시 존중받아야 한다. 만일 하나님 나라에서 브리스길라가 직접 나의 생각을 바로잡아 준다면, 나는 기꺼이 나의 판단이 잘못되었음을 인정할 것이다.

히브리서 저자는 서신을 받은 공동체에는 잘 알려진 인물이었겠지만, 그의 이름은 초기 교회의 기록에서 일찍이 사라진 것으로 보인다. 그렇다면 이름이 전해지는 초기 그리스도인들 가운데서는 히브리서 저자를 찾을 수 없다는 결론에 이르게 된다. 나는 히브리서 저자와 나 자신 사이에 아무런 '연결 고리'가 없다는 사실에 당황할 때가 많았다. 10년 넘게 히브리서를 깊이 연구하면서도 이 서신의 저자에게는 동지애를 거의 느끼지 못했다. 나의 부족함 때문일 수도 있겠으나, 히브리서보다 훨씬 적은 시간을 들여 읽은 바울 서신들과 비교하면 그 차이는 놀랍기까지 하다. 나는 바울에게 친밀감을 느끼며, 하나님 나라에 이르면 그와 토론할 수 있기를 간절히 바란다.

그와는 달리 히브리서 저자에 관해서는 여전히 백지상태나 다름없다. 그러나 나는 이 인물의 침묵에 당황하기보다는, 청중의 시선을 철저히 하나님께로 이끄는 그의 방식에 깊은 감명을 받았다. 저자가 누구든 나는 그와 전혀 친밀감을 느끼지 못하면서도, 그의 글을 매우 깊이 사랑한다. 그는 목회 지도자가 걸어야 할 모범적이고 실제적인 길, 곧 세례 요한의 말처럼 그리스도가 흥하시도록 자신을 낮추는^{요 3:30} 길이 무엇인지 잘 보여준다.

하나님의 말씀을 전하는 일은 전하는 이의 인격이 아니라 말씀의 내용 자체에 달려 있다. 명성과 추종은 언제나 기독교 지도자들을 유혹해 왔으며, 특히 아볼로라면 그의 뛰어난 수사학적 재능 때문에 유혹이 더욱 강했을 것이다.[고전 1:12; 3:4] 그러나 히브리서 저자의 경우 그를 기억하던 공동체와 함께 개인적 명성은 사라졌지만, 하나님 나라를 위해 끼친 그의 영향력은 지금도 이어지고 있으며 오히려 더 깊어지고 있다. 나는 저자에 관한 몇 가지 단서를 살펴보고, 그가 속했던 공동체와 그들의 신앙을 세우기 위해 저자가 애쓴 일을 논할 것이다. 그러나 무엇보다도 저자가 간절히 원했던 것, 곧 하나님의 말씀에 우리의 초점을 맞추는 일에 힘쓸 것이다.

장르

히브리서 저자가 누구이든, 그가 멀리 떨어져 있는 동료 그리스도인들에게 글을 쓰고 있다는 점은 분명하다. 다만 그가 남긴 글의 장르에 대해서는 여전히 논쟁이 있다. 나는 이 주석 전체에서 히브리서를 가리키는 표현으로 '설교'와 '서신'이라는 두 용어를 병행해 사용할 것이다. 두 용어 모두 적절하며, 저자의 의도를 이해하는 데 도움이 되기 때문이다. 신약성경에 속한 이 문서는 변화를 촉구하는 일종의 웅변으로 기획되었고, 이를 읽게 될 공동체와 함께하지 못함으로 인한 애틋한 관심으로 가득하다.

　무엇보다 독자들은 히브리서가 귀 기울여 듣도록 의도된 문서임을 분명히 기억해야 한다. 히브리서는 서신의 일반적 특징인 인사말로 시작하지 않는다. 그 대신 말씀하시는 하나님을 찬미하는, 힘이 넘치고 수사적으로도 아름다운 긴 문장으로 서두를 연다.

　이 서신은 시종일관 수사적 양식과 기법을 활용하여 청중에게 인내할 것을 권면한다.[36] 주제의 반복은 가르침에 유익하며, 특히 귀로 듣는 청중에게 도움이 된다. 히브리서 저자는 자신의 글을 권면의 "말"[히 13:22]이라고 정의하면서, 청중이 자신이 선별하고 다듬은 말을 통해 하나님의 말씀을 듣게 되기를 바란다고 밝힌다. 이 용어는 주의 깊게 이해할 필요가 있다. 나는 당시의 설교가 훗날 많은 기독교 공동체에서 행해진 설교들과는 상당히 달랐으리라고 확신한다. 학자들이 회당의 관례에 대해 밝혀 낸 바에 따르면, 회당 예배는 45분간의 독백이 아니라 예언적 증언을 바탕으로 성경 본문을 함께 나누는 공동체적 대화가 중심이었다.[37] 따라서 히브리서의 낭독 역시 대화를 이끌어 내기 위해 의도된 것이었다. 공동체의 신앙을 세우고자 애쓴 저자이기에, 청중이 그의 권면을 듣고 나서 서로 대화하며 함께 배우기를 바란 것은 지극히 자연스러운 일이다.

공동체로부터 멀리 떨어져 있던 히브리서 저자는 이 권면을 직접 전할 길이 없어 글로 부칠 수밖에 없었다. 마지막에 언급된 여행 계획[13:19, 23]과 문안 인사[13:24]는 서신의 전형적 특징을 보여준다. 초기 주석가들이 지적했듯이 히브리서를 서신으로 읽어 보면, 저자가 공동체를 직접 가르칠 때까지 기다리지 못하고 글을 보냈음을 확인할 수 있으며, 동시에 그가 품고 있던 긴급한 관심이 분명하게 드러난다. 이들은 가능한 한 빨리 선하신 하나님의 신실하심에 대해 듣고 확신해야 했다.

저자는 이미 공동체의 상황을 잘 알고 있었기에 직접 만날 때까지[13:19] 기다릴 수 없었고, 그래서 자신의 설교를 서신에 담아 보냈다. 그렇게 해서라도 공동체가 믿음 안에서 미래로 나아가도록 격려하기를 바랐다. 바울이 뵈뵈 편에 로마서를 보냈던 것처럼[롬 16:1-2] 히브리서 저자도 누군가에게 이 글을 전달해 달라고 부탁했을 것이며, 그가 본문을 낭독하고 청중의 질문에 답할 준비까지 하게 했을 것이다. 저자는 하나님의 말씀이 자신이 기록한 글뿐 아니라, 그것을 낭독하고 해석하는 이의 목소리와 지식을 통해서도 전해질 수 있다고 믿었다. 그는 심었고 다른 누군가가 물을 주었으나, 자라게 하시는 이는 오직 하나님이다.[고전 3:6-8]

히브리서의 장르와 관련해 마지막으로 살펴볼 점이 있다. 히브리서는 복음을 전하는 글이라기보다 제자도를 다루는 글이다. 저자는 이미 그리스도를 믿음으로 고백한 이들을 대상으로 글을 쓴다.[히 3:1; 4:14; 10:23; 13:15] 그들은 그리스도의 주권을 인정하고, 그분의 인간성도 받아들였다. 새로운 것은 그리스도가 제사장이시라는 진리이며, 그들은 이에 대해 더 깊이 배워야 했다. 그렇기에 히브리서 저자는 설교의 상당 부분을 이 주제에 할애한다.

저자가 예수에 관해 이 모든 주장을 펴는 이유는, 독자들이 하나님을 더욱 신뢰하여 마지막 날까지 고난 가운데서도 인도하실 분임을 믿게 하려는 것이다. 하나님은 사람들을 구원으로 이끌기 위해 어떤 도구라도 사용하실 수 있다. 그러므로 히브리서의 원래 목적이 따로 있었다 해도, 복음 전도의 도구로 사용하는 것을 막을 수는 없다. 나는 신앙에 이르도록 이끄는 본문과 이미 가진 신앙을 성장시키는 본문 사이에 엄격한 경계를 긋지 않는다.

그러나 히브리서의 청중이 이미 오래전부터 예수를 믿었고[5:12] 그 신앙의 진실함을 입증했으며,[6:10; 10:32–34] 이 도전적인 말씀에 순종하여 더욱 성숙한 단계로 나아갈 준비가 되어 있다는 사실을 기억한다면, 우리는 히브리서의 복잡성에 덜 당황할 수 있을 것이다. 나 역시 이와 비슷한 청중, 곧 하나님을 더 깊이 알기 원하며 신실하고 열매 맺는 신앙으로 자라가기를 소망하는 신자들과 이 주석을 나누고자 한다.

청중

2세기 테르툴리아누스가 "히브리인들에게 보낸 서신"이라는 명칭을 처음 사용했음에도, 이 서신의 독자들의 인종적 구성과 문화적 배경은 여전히 분명하지 않다.[38] 이전의 연구들에 따르면, 히브리서 저자는 예수께서 언약의 약속을 성취하고 희생 제사를 더 이상 필요 없게 만들었다는 사실을 근거로 독자들에게 유대교로 돌아가지 말라고 경고한다. 그러나 최근 학계는 저자가 실제로 그런 경고를 한 적이 없다는 점에 주목한다.[39] 예수 운동에 참여한 이들에게는 출신 배경과 상관없이 히브리 성경을 깊이 살피는 일이 중요했다. 바울이 이방인 공동체에게 보낸 서신들에서도 히브리 성경이 자주 인용된다는 사실이 이를 잘 보여준다.고전 10장; 갈 3-4장

　최근 학계는 인종 문제를 히브리서 6:1-2에 언급된 "초보" 목록과 관련해 좁혀서 다루어 왔다. 몇몇 주석가들은 이 목록이 이방인이라면 새롭게 배워야 하는 것이지만, 유대인이라면 태어나면서부터 익히 알고 있는 개념이라고 지적했다.[40] 그러나 최근에는 이에 도전하는 해석이 등장하면서 히브리서 6:1에 사용된 "터" 비유의 의미가 새롭게 재검토되고 있다. 마커스 마이닝어Marcus Mininger는 "터"가 기초적인 일, 곧 학습자가 넘어서야 할 "젖"6:12을 가리키는 것이 아니라 지속적인 구조의 영구한 부분을 뜻한다고 주장한다. 마이닝어는 히브리서 저자가 독자들에게 옛 언약의 요소들, 곧 반복적인 회개와 하나님에 대한 신앙, 세례 위에 믿음을 세우지 말라고 촉구한다고 본다. 주목할 점은, 저자가 굳이 "그리스도에 대한 신앙"이라고 말하지 않았다는 것이다. 그는 이를 두고, 독자들이 유대인이었기에 메시아이신 예수가 빠진 터로 되돌아가서는 안 된다고 해석한다.[41]

　예수 그리스도의 복음이 헬레니즘화한 유대 세계에 전해지고, 다시 로마 제국 전역으로 확산되면서 각 지역의 유대교 신앙은 복음에 대해 다양한 반응을 보였다. 복음을 받는 이의 인종적·종교적 배경은 그가 복음을 어떻게 수용하고 삶에 적용하는지에 큰 영향을 끼쳤다. 그러므로 수신자의 인종적 정체성을 확인하는 일은 저자가 글을 쓰게 된 상황을 재구성하는 것과 밀접한 관련이 있다. 유대인이나 이방인 청중이 직면했

을 시험에 대한 해석에는 차이가 있을 수 있지만, 그 결과는 비슷했다. 즉 그리스도를 주로 고백함으로 인한 박해를 피하려는 것이다. 수신자들의 상황을 가장 분명히 보여주는 진술은 서신의 뒷부분에서 찾아볼 수 있다.

전날에 너희가 빛을 받은 후에 고난의 큰 싸움을 견디어 낸 것을 생각하라. 혹은 비방과 환난으로써 사람에게 구경거리가 되고 혹은 이런 형편에 있는 자들과 사귀는 자가 되었으니 너희가 갇힌 자를 동정하고 너희 소유를 빼앗기는 것도 기쁘게 당한 것은 더 낫고 영구한 소유가 있는 줄 앎이라. 그러므로 너희 담대함을 버리지 말라. 이것이 큰 상을 얻게 하느니라.[10:32-35]

너희가 죄와 싸우되 아직 피흘리기까지는 대항하지 아니하고.[12:4]

너희도 함께 갇힌 것 같이 갇힌 자를 생각하고 너희도 몸을 가졌은즉 학대받는 자를 생각하라.[13:3]

수신자들은 자신들이 믿음 때문에 곤경에 처했다는 사실을 알고 있었다. 반면에 5장의 책망에 따르면, 그들은 단순히 성숙하지 못한 상태에 있는 것처럼 보인다.

때가 오래되었으므로 너희가 마땅히 선생이 되었을 터인데 너희가 다시 하나님의 말씀의 초보에 대하여 누구에게서 가르침을 받아야 할 처지이니 단단한 음식은 못 먹고 젖이나 먹어야 할 자가 되었도다. 이는 젖을 먹는 자마다 어린 아이니 의의 말씀을 경험하지 못한 자요.[5:12-13]

하지만 저자가 보기에 그들의 믿음이 성숙하지 못한 이유는 편안함에

젖어 나약해진 것이 아니라 끊임없는 박해를 당했기 때문이다. 그들은 크게 슬퍼할 일을 겪었고,[12:11] 저자는 이를 하나님의 연단으로 받아들이기를 원한다. 공동체 가운데는 전에 옥에 갇혔던 이들이 있고,[10:34] 지금도 갇혀 있는 이들이 있다.[13:3] 저자가 계속 인내를 권면하는 까닭은 그들이 게으른 것이 아니라 싸움에 지쳤기 때문이다. 그는 그들이 맞서 싸우는 가운데 하나님께서 허락하신 이 훈련에 제대로 응답하지 못할까 염려한다. 그들이 맞서 싸우는 죄[12:4]는 곧 포기하는 죄다. 저자는 계속해서 이렇게 말한다.

단단한 음식은 장성한 자의 것이니 그들은 지각을 사용함으로 연단을 받아 선악을 분별하는 자들이니라.[5:14]

저자는 십자가에 달려 죽으시고 부활하여 높이 오르신 메시아 안에서 온전히 드러난 하나님의 신실하심을 찬미하는 데 힘을 기울인다. 그는 이 귀한 말씀을 선포하며, 공동체가 박해로 흔들릴지라도 이를 무시하지 않도록 경계한다.[10:32–39; 12:3–11] 다시 말해 그의 경고는 혼란 속에서 신앙고백을 잊고 낙심한 이들을 향한 것이 아니라, 고난 가운데 그리스도에 대한 믿음을 굳게 지키는 일이 과연 가치 있는지 깊이 고민하는 이들을 겨냥한다. 그는 그리스도의 위엄을 찬미하며, 그들도 그 위엄을 바라보도록 촉구한다. 그렇게 함으로써 박해에 굴복할 여지를 차단하려는 것이다. 십자가에 달린 메시아를 고백하는 일을 포기하고, 거짓 신을 예배하거나 이스라엘의 하나님 예배로 되돌아가는 길이 그들에게는 고통을 피할 손쉬운 방법처럼 보였을 것이다.

오늘날 히브리서를 읽는 그리스도인들은 최초의 독자들보다 훨씬 다양한 상황에 처해 있다. 그리스도에 대한 믿음을 고백함으로 심한 핍박이나 수치를 겪는 이도 있고, 그렇지 않은 이도 있다. 그러나 이 권면의 말은 성령의 능력으로 살아 역사하시는 하나님의 말씀을 통해, 어떤 상황에서든 믿음을 지키며 성숙해져 가도록 독자들을 끊임없이 촉구한다. 그리스도가 사망을 물리치셨기에 세상 권세를 잃은 마귀[히 2:14-15]는 여전히 신실한 이들을 공격하고, 하나님의 선하심을 의심하도록 유혹한다. 이는 처음에 뱀이 사람에게 던졌던 의심의 질문과 다르지 않다.[창 3:1] 내가 이 주석에서 하려는 일은 하나님의 주권을 분명히 드러냄으로써, 다양한 고난과 시험 속에 있는 독자들에게 히브리서가 증언하는 선하신 하나님의 영광을 보여주고, 덧없는 것들의 무가치함을 밝히는 것이다.

저작 연대

히브리서 저자가 누구를 독자로 삼았으며, 이 설교를 쓰게 한 그의 상황이 어떠했는지 판단하는 일은 저작 연대를 추정하는 문제와 밀접하게 관련된다. 신약성경 연구에서 흔히 기준점이 되는 사건은 주후 70년 로마 군대에 의한 예루살렘 성전의 파괴다. 이 사건은 유대인들을 경악하게 했을 뿐 아니라, 예수를 유대인의 메시아로 따르던 이들(그들의 인종적·종교적 배경과 무관하게)에게도 큰 충격을 주었다.

예루살렘 성전이 무너진 날은 여러 신약 문헌의 해석에 영향을 끼쳤으며, 특히 히브리서의 해석에 큰 영향을 미쳤다. 히브리서가 성전에서 이루어진 제의를 성찰하는 데 상당한 분량을 할애하기 때문이다. 물론 저자는 '성전'이라는 용어를 직접 사용하지 않는다. 하나님과 만나는 장소를 가리킬 때는 성경이 묘사하는 대로 "장막"이라고 언급한다.[8:2, 5; 9:2-3, 6, 8, 11, 21; 11:9; 13:10]

그럼에도 성전이 여전히 건재하여 제 기능을 수행하던 시기(70년 이전)와, 성전이 파괴되어 속죄 사역이 중단된 이후 이 설교를 들을 때는 느낌이 분명히 달랐을 것이다. 실제로 일부 유대 문헌에 따르면, 유대인의 담화는 성전이 파괴된 뒤에도 여전히 성전의 기능을 현재 시제로 표현했다.[42] 히브리서 저자는 모든 사람이 목격한 고통스러운 사건을 굳이 언급해서 아직 아물지 않은 패배의 상처를 건드릴 필요가 없다고 생각했을 수도 있다.[43] 나에게는 이 사건에 대한 침묵이 히브리서가 70년 이전에 쓰였을 가능성을 뒷받침하는 근거로 보인다. 특히 저자가 옛 언약이 끝나 가고 있다고 말하는 대목[8:13]과 관련해, 만일 히브리서가 70년 이후에 기록된 것이라면 이미 옛 언약이 끝났다고 언급하지 않는 점이 이상해 보인다. 히브리서가 이스라엘의 격동기에 쓰였는지, 아니면 충격적인 상실의 시대에 쓰였는지와 상관없이, 그 가르침은 두 상황 모두에 대응할 수 있다. 메시아의 좌정, 곧 그분이 하나님 우편에 앉아 계신다는 사실은, 하나님께서 폭풍을 다스리실 뿐 아니라 상실 속에서도 승리를 이루시는 분임을 선포한다.

장소

지리적 위치를 보여주는 단서는 히브리서 13:24에 단 한 번 등장한다. "이달리야에서 온 자들도 너희에게 문안하느니라." 그러나 저자가 이 서신을 이탈리아에서 쓰고 있는지, 이탈리아에 있는 동포들에게 쓰고 있는지, 혹은 이탈리아 출신 사람들과 함께 다른 지역에서 또 다른 지역으로 쓰고 있는지 여부는 확정할 수 없다. 일부 학자들은 "예루살렘"과 "영문 밖"이라는 표현을 근거로, 저자가 로마 지배하의 팔레스타인에 있는 그리스도인들을 향해 이 서신을 쓴 것이라고 보기도 한다.[44] 로마와 관련된 클레멘스의 첫 번째 서신에 최초로 인용된 히브리서 본문들과 히브리서에 나타나는 도회적 정황[45]은 분명하게 로마가 수신지임을 가리킨다. 예수의 치욕을 짊어지고 영문 밖으로 나가라는 부름은, 독자들에게 공동체의 안락함을 벗어나, 경계선에 서 계신 예수께로 나아가 그분의 급진적 삶의 방식을 따를 것을 촉구한다.

히브리서의 신비로움이 주는 유익

어떤 독자들은 히브리서의 배경이 분명하지 않다는 점에 당황할지도 모른다. 그러나 나는 오랜 시간 이 서신을 연구하면서, 이 문제가 주해의 깊이나 영적 유익에 장애가 된다고 느낀 적이 없다. 히브리서는 특정한 사람이 특정 시점에 특정 공동체의 긴박한 요청에 응답하고자 기록한 문서다. 동시에 이 풍성한 말씀은 역사의 특수한 토양에서 맨 처음 돋아난 새싹에만 유효한 것이 아니다. 어느 시대, 어느 장소에서든 독자들은 이 말씀의 뿌리를 온전히 이해하지 못하더라도 그 열매를 맛볼 수 있다. 교회가 하나님의 말씀으로 받은 이 서신은 참으로 살아 있고 능력 있는 말씀이다.4:12

그러나 이 주석의 독자들 가운데는 배경에 관한 논의가 더 자세하기를 바라는 이들도 있을 것이며, 내가 잠정적으로 내린 결론을 끝까지 밀어붙인 데 대해 실망하는 이들도 있을 것이다. 내가 다소 불가지론적인 결론에 이른 사실이 이 서신을 읽을 독자들에게 장애가 되지 않기를 바란다. 히브리서는 그 기원이 오래도록 불분명했음에도 스스로 깊이와 권위를 증명해 왔다. 배경을 확실히 알 수 없는 상황에도 성령은 이 설교를 통해 권면의 사역을 충분히 이어 가실 수 있다.

히브리서와 그리스도인의 양육

이 주석 시리즈는 믿음의 양육이라는 공통된 목표를 추구하는데, 히브리서는 이 목표를 이루기 위한 풍성한 자원을 제공한다. 그러므로 우리는 이 복잡한 본문을 끈기 있게 살펴야 한다. 히브리서는 우리가 순종해야 할 말씀을 담고 있기에, 계속 귀 기울여 듣고 선포해야 할 설교라고 할 수 있다. 나는 히브리서를 향한 나의 오랜 사랑과 연구 결과를 이 한 권에 담았다. 히브리서에서 하나님의 음성을 구하는 이들 곁에 이 주석을 세워 힘을 보태는 것, 그것이 나의 기도다. 히브리서의 모든 구절은 이런 목적을 이루는 데 유익하지만, 믿음의 양육에 특별히 도움이 되는 몇 가지 주제는 미리 설명해 둘 필요가 있다.

하나님께 가까이 나아감

사망에서 생명으로 나아가는 길이 열렸고, 휘장 안에 들어간 한 인간이 하나님의 보좌에 앉으심으로써 나머지 인류를 위한 선구자가 되셨다.[2:10; 6:19; 10:19-20] 그러므로 하나님께 가까이 나아가는 일은 히브리서가 가르치는 그리스도인 양육의 중심 주제가 된다. 은혜의 보좌 앞에 담대히 나아가 하나님을 가까이하는 일[4:16]은 그리스도의 사역으로 인해 모든 사람에게 활짝 열렸다. 제의적 성격이 강한 이 서신에서 모든 이들이 대제사장이신 그분을 따라 제사장의 직무를 감당하며 하나님의 성소로 나아가 섬기도록 초대받는다는 사실[9:14; 12:28]은 참으로 놀랍다. 히브리서는 베드로처럼 "왕 같은 제사장"[벧전 2:9]이라는 표현을 사용하지 않지만, 모든 신자가 제사장이 된다는 주장에 분명히 호응한다. 오직 한분 온전한 대제사장이 계시고 우리가 모두 그분께 속해 있다면, 하나님께 가까이 나아가는 복은 모든 신자에게 열려 있다.

하나님께 가까이 나아감이 언제, 어떻게 이루어지는지는 훨씬 복잡한 문제다. 저자는 히브리서의 설교를 듣는 이들이 지금 하나님께 나아갈 수 있다고 여기는 듯한데, 나는 이 가르침이 기도를 가리킨다고 본다. 동시에 이 서신 전체를 관통하는 여행 모티프는 광야 세대의 관점에서 보든,[히 3-4장] 경주 은유로 보든[히 12장] 그들이 아직 하나님을 만나는 목적지에 이르지 못했음을 전제한다. 그러므로 하나님께 가까이 서게 될 종말론적 희망은 여전히 남아 있다.

히브리서 저자는 흔히 "이미/아직 아니"[already/not yet]라는 도식으로 알려진 원리를 따라 논지를 전개한다. 이것은 신앙의 여러 내용을 혼란스럽게 뒤섞었다는 증거가 아니다. 오히려 그의 주장은 설교 전체에 걸쳐 일관성을 지니며, 특히 몸의 부활에 대한 초기 기독교의 믿음과도 일치한다. 설교를 듣는 이들은 보이지 않는 것을 신뢰하는 믿음의 눈으로,[11:1] 예수께서 하나님 우편에 앉아 그들을 위해 간구하신다는 사실을 안다.[7:25] 그러므로 어떤 궁핍한 형편에서도 흔들림 없이 하나님께 나아갈 수 있다.[4:15-16]

그들은 산 아래서 정상을 올려다보는 이들처럼, 천상의 기쁨으로 가득한 하나님 나라에 가까이 있다.[12:22-24] 산을 오르기 시작한 사람에게 정상은 멀게만 보이지만, 이 공동체는 아들의 인격을 통해,[1:2] 성령이 날마다 새롭게 전하는 성경적 계시를 통해 산 위에서 울려 퍼지는 하나님의 음성을 직접 듣는다. 그렇기에 그들은 훨씬 더 정상 가까이에 있는 것이다. 바울이 신명기를 인용해 말하듯이, 이 믿음의 말씀은 멀리 있지 않고 가까이 있다. 즉 그들의 마음과 입에 있다.[롬 10:8] 그들이 공동체를 이루어 형제이신 예수의 아버지를 찬양할 때, 예수께서 가르치신 대로 하나님의 이름을 선포할 때,[히 2:11-12] 앞선 성도의 권면을 깨달을 때[11:39-12:2] 하나님은 그들 곁에 계신다. 그분은 그들이 믿음의 시련을 감당하고 죄와 맞서 싸우며, 지금 당하는 치욕을 견디는 데 필요한 모든 것을 베풀어 주신다.

예수는 죽은 자들 가운데서 몸으로 부활하고 하나님과 함께 거하는 영원한 처소에 들어가셨다. 그들도 예수처럼, 더 정확히 말해 사망을 이긴 예수를 힘입어 사망을 물리칠 때 그와 같은 길을 걷게 된다. 그때 그들은 영원히 하나님과 함께 거할 것이다. 지금 하나님께서 그들 가운데 계시다고 해서 부활의 소망이 불필요해지는 것은 아니다. 또한 하나님께서 현존하신다고 해서 흔들리지 않는 나라가 오리라는 진리를 믿는 믿음이 불필요한 것도 아니다.[12:26-28] 그들은 신실한 소망을 품고 하나님의 도우심을 의지하며, 하나님과 함께하는 영원한 안식을 향한 여정에 나선다.

5장과 12장에 나오는 여행 모티프와 성숙에 관한 논의는, 히브리서가 가르치는 믿음이 단순한 감정에 머무르지 않고 행동으로 드러나는 신뢰라는 것을 분명히 보여준다. 히브리서에서 제자도는 능동적이며 많은 희생을 요구한다. 이 서신의 수신자들은 함께 모여 예수를 메시아이자 하나님으로 고백했기에 외부 사람들로부터 조롱을 당했고, 앞으로도 당할 것이다.[10:32-34; 13:13] 음욕과 탐욕이 만연한 세상에서 믿음을 지키고, 가난한 이들이나 믿음 때문에 박해받는 이들을 돕는 것[13:1-5]은 결코 쉬운 일이 아니다.[12:5-11] 그럼에도 그들은 지금 하나님의 현존 안에 살고 있으며, 영원토록 하나님과 함께 거할 미래의 소망을 품고 있기 때문에 믿음의 경주를 끝까지 달릴 수 있다.[12:1-2]

경고 본문들

히브리서의 제자도에 대해서는 더 자세한 설명이 필요하다. 나는 처음에 히브리서의 경고 본문들, 곧 사람이 하나님의 은혜에서 떨어져 나갈 수 있다는 준엄한 진술[2:1-4; 3:6, 14; 4:11; 6:4-6; 10:26-31; 12:15-17] 때문에 이 서신에 끌렸다. 아니, '사로잡혔다'고 말하는 편이 더 정확할 것이다. 수천 년 동안 교회는, 히브리서 저자가 한 번 배교하여 떨어져 나간 그리스도인은 다시는 돌이킬 기회가 없다고 주장하려는 것인지 고민해 왔다. 그의 이러한 진술은 흔히 예수의 가르침과 철저히 배치되는 것으로 여겨졌다. 예수는 하나님을 탕자를 다시 받아들이는 아버지로 묘사하셨고,[눅

15:11-32 그분 자신도 가장 사랑하는 제자이자 동시에 배신자인 베드로를 다시 받아 주셨기 때문이다.막 14:53-65; 마 26:57-68; 눅 22:54-71; 요 18:13-27; 21:1-14

지금까지 히브리서를 연구해 오면서 나는 이 경고 본문들에 대해 두 가지 결론에 이르렀다(물론 그 복잡한 특성 때문에 여전히 더 배워야 할 필요가 있다는 점도 인정한다). 첫째, 히브리서는 믿음 안에서 인내하기 위해 공동체가 필수적이라고 역설한다. 저자는 교회 출석과 구원을 동일시하지 않는다. 그러나 동시에 그리스도를 주로 고백하는 믿음은 결코 혼자 힘으로 자라날 수 없다고 가르친다. 그리스도를 따르는 사람이라면 누구나 마음의 속임수에 넘어가지 않기 위해 하나님의 현존을 향해 나아가는 여정에 동행하는 모임에 속해야 한다.

즉 그리스도인의 양육을 위해서는 마음을 터놓을 수 있는 공동체, 나도 다른 이들을 알고 다른 이들도 나를 알아주는 공동체가 필요하다. 이 공동체는 서로에게 책임을 지며, "쓴 뿌리"에서 돋아나는 싹을 뽑아 내라는 권면히 12:15에 기꺼이 귀 기울일 줄 아는 공동체다.

공동체의 마음을 다잡기 위해 저자는 대제사장 예수가 이루신 하나님의 구원에서 떨어져 나갈 때 맞게 되는 끔찍한 결과를 여러 차례 생생하게 묘사한다. 그는 만일 그들이 상상할 수도 없는 일을 저지른다면, 다시 말해 그리스도를 고백함으로써 이미 누리고 있는 구원의 삶을 거부한다면, 어떤 결과를 맞게 될지 알려 주기 위해 그와 대비되는 상황을 그려 낸다. 훗날 히브리서를 읽는 독자들은 당연히 누군가가 떨어져 나갔다가 다시 돌아오기를 원한다면 어떻게 되는지 물을 것이다. 그러나 이런 질문은 저자에게 결코 중요한 쟁점이 아니었다는 사실을 아는 것이 이 본문들을 해석하는 데 큰 도움이 된다. 저자는 배교 상황을 언급할 때마다 사실상 청중에게 "이런 일은 너희에게 일어나지 않았다"6:9-10; 10:32-34; 12:22-24고 강조하기 때문이다.

따라서 나의 두 번째 결론은, 이 본문들이 공동체에게 주어진 '경고'이지 실제로 일어난 일을 기록한 것이 아니라는 것이다. 저자의 공동체는 구원에서 떨어져 나간 적이 없지만, 그는 이처럼 대비되는 현실을 제시함으로써 그들이 중보자 예수 그리스도만으로 충분하다는 사실을 깨닫도록 돕고자 했다.

히브리서 저자는 아직 곁길로 벗어나지 않은 이들에게 글을 쓰면서, 회개한다고 해서 다시 하나님께 돌아갈 수는 없다고 단호히 주장한다. 설교의 논지에서 볼 때, 그가 이렇게 강조하는 이유는 배교자가 거부한 그리스도의 사역은 결코 반복될 수 없기 때문임이 분명하다. 히브리서는 일관되게 이 불가능성을 선포한다. "우리가 이같이 큰 구원을 등한히 여기면 어찌 그 보응을 피하리요."2:3 저자에 따르면 다시 새롭게 하여 회개하게 하는 일은 불가능하며,6:6 다시 속죄하는 제사도 존재하지 않는다. 오직 두려운 마음으로 심판을 기다리는 일만 남는다.10:26-27 에서는 눈물을 흘리며 구했으나 회개할 기회를 얻지 못했다.12:15-17 열정만으로는 불가능한 일을 이룰 수 없다. 나는 주해 작업을 통해 이 경고 본문들이 그리스도의 희생 제사가 결코 반복될 수 없음을 말하고 있다고 결론지었다. 만일 그 희생 제사를 거부한다면, 그분의 사역은 다시 이루어질 수 없다. 사망은 이미 정복되었기에 그분이 다시 그 속으로 들어갈 수 없기 때문이다.

다른 한편, 떠났다가 다시 "그리스도께" 돌아오기를 원하는 이들을 어떻게 다룰지는 전적으로 하나님의 손에 달려 있다. 히브리서는 이러한 상황을 직접 논하지 않는다. 그러나 성경의 다른 책에서는 순종하지 않는 백성을 향해 종일토록 손을 벌리시는 하나님롬 10:21, 70인역 사 65:2 인용이나, 모든 사람에게 긍휼을 베풀고자 백성을 불순종 가운데 두시는 하나님롬 11:32을 증언한다. 그러므로 회개하고 그리스도를 통해 하나님의 가족으로 돌아오기 원하는 자를 하나님께서 거부하신다고 생각하기는 매우 어렵다. 이것이 정경 성경 전체의 증언에 합치하는 결론이다.

따라서 주석가들은 히브리서 저자가 제시하는 경고 양식을 최대한 신중하고 현명하게 사용해야 한다. 무거운 죄를 자각하고 하나님께 나아가기를 원하는 섬세한 영혼은, 히브리서가 강조하는 대로 예수께서 성취하신 완전하고 유효한 사역을 신뢰함으로써 위로를 받아야 한다. 반대로 하나님의 은혜를 오해하여 그것을 자기 마음대로 믿거나 말거나 할 면허쯤으로 여기는 이들은, 아들의 값비싼 사역 가운데 나타난 하나님의 거룩하심을 가볍게 여기며 믿음의 고백을 하찮게 취급할 뿐이다. 이런 사람들에게는 하나님의 은혜를 멸시하지 말라는 경고가 반드시 필요하다. 그리스도 안에서 얻는 구원 외에 다른 구원은 없다. 만일 어떤 사람이 그리스도에게서 떨어져 나간다면, 그는 하나님의 정의에 따라 자기가 거부한 행동에 합당한 결과를 감당해야 한다. 사람이 죽은 뒤에는 심판이 있으며,[9:27] 그리스도는 구원을 완성하기 위해 곧 다시 오실 것이다.[9:28] 그러므로 믿음을 잠시라도 쉬는 것은 결코 안전한 선택이 아니며, 다시 돌아올 기회를 잃을 수도 있다. 히브리서 저자는 그 모든 결과를 하나님의 손에 맡긴다. 그의 소명, 동시에 미래의 모든 해석자에게 맡겨진 과제는, 하나님께서 예수 그리스도의 죽음과 부활을 통해 구원을 베푸셨다는 메시지를 전하는 일이다. 이 구원을 고의로 거부하고 그리스도와 그분을 주로 고백하는 동료 신자들과의 관계를 스스로 부정하는 자는, 구원을 이루는 그리스도의 회생 제사에서 벗어나 하나님의 심판의 자리로 떨어질 것이다.

히브리서는 신자들에게 필요한 위로와 적절한 경고를 풍성히 제시한다. 19세기 주석가 엘리자베스 런들 찰스Elizabeth Rundle Charles는 이런 요소들을 하나로 묶어 다음과 같이 설명한다. "히브리서는 성육신, 수난, 죽음, 부활, 그리고 '휘장 너머' 세상으로의 승천으로 이어지는 복음서 이야기의 연속이다. 이 서신은 수신자들이 실제로 겪는 곤경과 위험, 시험과 인내에 대해 지극히 인간적이고 진지한 공감으로 가득하다. 비인격적인 논문처럼 딱딱하지 않고, 언제나 부드럽고 온유하게 경고하며, 그들을 부르고 책망하고 격려한다. 시험당하는 이들은 앞서 시험당하신 큰 대제사장께로 부름받고, 책망받은 아들들은 '고난을 통해 완전케 되신' 아들께로 부름받는다."[46] 모든 독자가 이 서신에 담긴 풍성한 보화에서 각자의 목양적 상황에 필요한 도움을 발견하기를 바란다.

결론

처음부터 그랬듯이 히브리서는 저자의 정체를 밝히지 않은 채 우리에게 다가와 실존적인 만남을 일으킨다. 우리는 히브리서에서 저자의 됨됨이나 첫 수신자들의 정체성을 알기보다, 그 안에서 말씀하시는 하나님에 관해 듣는다. 하나님은 만물이 무너지고 흔들리지 않는 나라만 남게 되기 전에,[12:26-28] 곧 "오늘"이라고 불리는 날에 어느 시대, 어느 상황에 처해 있든 모든 독자에게 이 옛 설교를 통해 말씀하신다.

이날, 곧 "오늘"은 성령이 아들을 통해 하나님의 말씀을 전하시며 믿음의 응답을 촉구하는 날이다. 그렇게 응답하는 데 아무리 큰 희생이 따른다 해도, 믿음은 말씀하시는 하나님을 신뢰하며 그 신뢰에서 살아갈 힘을 얻는다. 우리는 인간으로 오셔서 죽고 다시 살아나신 분, 곧 살아 계신 대제사장으로 섬기는 영원한 아들 안에 계시된 하나님의 신실하심을 깨닫는다. 그리고 그 위에 삶을 세웠던 해석자 세대와 동지애를 느낀다. 또한 우리가 히브리서를 읽으며 품는 의문들이 새로운 것이 아니라는 사실에서 위안을 얻는다. 우리는 과연 이 저자가 자신의 공동체를 향해 품었던 뜨거운 애정을 제대로 이해한 것일까? 혹시 하나님을 자비로운 예수 뒤에 숨어 냉소를 보내는 냉정한 심판자로 오해하고 있지는 않은가? 반대로 하나님을 무관심한 분, 말씀하신 대로 행동하지도 않고 심판할 때도 대수롭지 않게 넘기는 분으로 생각하고 있지는 않은

가? 어느 것도 히브리서를 올바르게 이해한 것이 아니다. 우리는 참으로 하나님을 경외하고, 예수 그리스도를 통해 우리 아버지가 되기로 선택하신 만인의 심판자 하나님을 굳게 신뢰하면서 바른길로 달려가기를 힘써야 한다.

만물보다 거짓된 것이 인간의 마음이기에,[렘 17:9] 하나님의 진리를 굳게 붙잡으려면 다른 신자들의 통찰이 필요하다. 그들은 우리가 놓치기 쉬운 전혀 다른 시각에서 하나님을 바라볼 수 있기 때문이다. 이 주석 시리즈의 목적은 성경을 연구하는 이들을 돕는 데 있다. 그러므로 독자들이 이 히브리서 주석을 개인적 성숙을 위해 공부하든, 수업이나 설교 준비를 위한 보조 자료로 활용하든, 나는 독자 여러분이 학습한 것을 다른 이들과 토론하며 그들의 견해에 귀 기울이기를 권한다. 초기 기독교 시대에 나온 이 설교는, 여행길에 나선 그리스도인들이 서로 지지해 주는 일이 꼭 필요하다고 강조한다. 그렇기에 이 설교를 공부하는 최선의 방법 역시 다른 이들과 함께하는 것이다. 그럴 때 우리는 더욱 세밀히 듣고 더욱 명확히 볼 수 있다. 나아가 보좌에 앉으신 분, 곧 하나님의 광채이자 크신 선구자께서 친히 길을 열고 우리를 그리로 초청하신다는 확신에 이르게 된다. 그분이 그 길을 열었다는 사실은, 약속하시는 하나님이 참으로 신실한 분이라는 진리를 보여주는 가장 확실한 증거다.

히브리서 주석

높이 들리신 아들

"히브리인들"에게 전해진 것으로 알려진 이 설교는 처음부터 독자의 관심을 사로잡으며 하나님의 사역과 성품을 감동적으로 묘사한다. 저자는 네 구절에 걸친 서두를 기교 있게 다듬어, 자신이 잘 알고 사랑하는 청중을 향해 말한다. 그는 그들과 신학적 관심과 지식을 공유하고, 더 나아가 가족과 같은 관계를 맺고 있다고 가정한다. 무엇보다 중요한 것은 저자와 청중이 하나님에 관해 의견을 같이한다는 점이다. 이 공통된 믿음을 바탕으로 그들은 동일한 본문인 히브리 성경과 동일한 인물, 곧 유다 지파에서 나신 예수[7:14]를 한분 하나님의 계시로 받아들인다. 청중은 예수를 하나님의 아들로 고백하므로, 저자가 설교 서두에서 전하는 진술에 공감했을 것이다. 이렇게 시작 부분에서 충분한 공감대를 형성함으로써, 저자는 이후 청중에게 하나님께서 그들을 위해 행하신 놀라운 일을 귀하게 여기며 인내하라고 권고할 기초를 마련한다.

이 첫 문장은 청중이 이미 아는 사실을 반복하는 데 그치지 않고, 아들이 맡으신 제사장적 소명을 장엄하게 드러낸다. 이 주제는 히브리서의 청중에게 낯선 영역일 뿐 아니라, 신약성경 전체에서도 독특한 것이다. 다시 말해 이 설교는 공유된 신학을 전제로 하면서도, 하나님은 신실하시며 특히 성경의 언약에 신실하신 분이라는 사실을 확실히 깨달아야 하는 공동체를 대상으로 한다. 저자에게 예수의 제사장 직분은 하나님의 신실하심을 보여주는 가장 중요한 증거다.

첫 문장의 토대는 "말씀하신 하나님"[1:1]이라는 간단한 표현이지만, 화려한 도안처럼 다채로운 구절들이 이 토대를 둘러싸고 있다. 저자는 먼저 옛적에 하나님께서 말씀하신 일을 간략히 언급한 뒤[1:1] 2절에서 아들을 소개하고, 이어서 긴 문장을 통해 그분이 곧 하나님의 말씀임을 설명한다. 그는 하나님의 아들이신 말씀의 포괄적인 특성을, 완전을 상징하는 숫자 7에 맞추어 일곱 가지로 풀어낸다.[1:2-4]

이 장엄한 본문은 이스라엘의 하나님이 침묵하시는 분이 아님을, 그리고 그분의 말씀이 시간 속에 들어오신 영원한 아들의 인격을 통해 가장 완전하게 드러났음을 선포한다. 여기서 저자는 이 설교의 핵심 주제 두 가지, 곧 하나님의 소통하시는 성품과 "아들"이라는 칭호의 복합적 의미를 소개한다. 이 고백은 초기 그리스도인들이 이스라엘의 하나님에 대해 고백했던 바를, 영원하시되 육신을 입으신 아들의 정결케 하는 사역을 통해 새롭게 해석한 것이다. 따라서 이 짧은 서두는 교회의 하나님 이해, 곧 삼위일체론과 그리스도론 형성에 핵심적 역할을 했다.[1] 도입부에서 저자가 빚어낸 아름다움은 수세기에 걸쳐 성찰할 만한 깊이를 지닌다. 그러나 저자가 이런 논의로 글을 시작한 이유는 신학적 정교함만을 위한 것은 아니다. 그는 구원이 오직 아들이 성취하신 일과 그분에 대한 흔들리지 않는 믿음에 달려 있음을 청중이 확신하며 살아가기를 원했다.

저자는 긴 첫 문장에서 아들의 위엄을 통해 드러난 하나님의 계시를 찬미한 뒤, 이어지는 단락[1:5-14]에서는 히브리 성경을 통해 하나님께서 직접 말씀하시도록 한다. 처음에는 저자가 아버지에 관해 말했다면, 이제는 아버지께서 친히 발언하시는 것이다. 성경 본문들을 엮은 이 '카테나'는 저자가 앞에서 전개한 아들에 대한 논의를 지지하면서도, 미묘한 차이를 더해 독특한 뉘앙스를 형성한다. 저자는 앞서 아들을 논할 때와 마찬가지로 여기서도 일곱 개의 본문을 선택하여, 아들의 "완전한" 위엄을 형태와 내용 양면에서 단언한다.

한데 엮인 이 성경 본문들은 아들을 천사와 비교한다. 처음에 예언자와 비교했던 것과 마찬가지로, 이 단락은 저자가 비교 기법^{σύγκρισις}을 확대해 사용하는 예를 보여준다. 널리 알려진 수사적 장치인 이 기법은 두 대상을 비교하여 그중 하나가 더 우월함을 주장할 때 사용된다. 히브리서에서 이런 비교는 단순히 부정을 긍정으로 대체하는 방식이 아니다. 오히려 하나님께서 주신 좋은 것과 그보다 훨씬 더 좋은 것을 대비시키는 구조로 제시된다. 저자는 예수와 천사 사이의 여러 유사성을 인정하면서도, 아들이 천사보다 우월함을 분명하게 드러내는 것을 주된 목표로 삼는다.

현대 독자들 가운데는 이런 비교 방식이 사용된 데 놀라고, 또 히브리서 첫 장에서 천사가 계속 중요한 자리를 차지하고 있다는 점에 의아해하는 이들이 있을 것이다. 오늘날 신학이나 신앙의 담론에서는 천사가 자주 언급되지 않기 때문이다. 그러나 히브리서 저자의 경우, 적어도 첫 장에서는 아들을 설명하는 데 천사가 중심축이 된다. 주제에 대한 관심 때문에 아들이 천사보다 우월하다는 사실이 저자가 반드시 강조해야 할 핵심이었던 것이다.

천사가 등장하는 이유에 대해 몇 가지 타당한 설명이 가능하다. 저자는 천사를 통해 전해진 언약[2:2]과 비교하여, 아들이 세운 언약이 훨씬 더 뛰어나다고 주장한다. 천사는 인간 앞에 잠시 모습을 드러내는 영적 존재이지만,[1:7] 아들은 육신을 입고 오셨다.[2:14][2] 천사는 창조된 세계의 가장자리에 위치하는데, 만일 아들이 천사보다 뛰어나다면 그가 있을 자리는 그 경계선의 안쪽, 곧 하나님이 계시는 영역뿐이다.[3] 어떤 설명이든 히브리서의 이어지는 논지와 맞닿아 있다면, 이 단락뿐 아니라 서신 전체를 해석하는 데 도움이 된다. 저자는 성경 본문들을 하나님의 말씀으로 제시하고, 이를 근거로 하나님께서 천사에게는 결코 하지 않으신 일들을 아들을 위해 행하셨다고 주장한다.

2장에서는 아들이 육신을 입으셨을 때 잠시 천사보다 낮아지셨으나, 죄를 정결케 하는 사역을 마치신 뒤[1:3] 이제 천사들 위에 앉아 계심을 분명히 밝힌다. 이 '카테나'는 히브리 성경에 기록된 하나님의 말씀을 인용하여 영원하신 아들이 본래부터 존재하셨음을 증언하고, 동시에 성육신하신 아들이 천사들과 더 나아가 모든 피조물 위에 높이 들리셨다고 선포한다. 아들의 높이 들리심은 이어지는 열두 장에서 전개될 논증의 주춧돌이 된다. 하나님의 아들인 그분은 만물을 창조하고 영원토록 다스리실 분이므로 예배를 받기에 합당하다.

아들을 주로 고백하는 이들은 지극히 높으신 그분의 영광 앞에서, 자신들을 위해 겸손히 육신을 입고 중보하신 그분을 경외한다. 또한 그들의 미래가 그분의 권위 아래 있음을 확신하게 된다. 아들은 하나님의 말씀이 신뢰할 만하다는 사실을 보여주는 최고의 증거이며, "거룩하게 함을 입은 자들"도 형제요 주님이신 그분처럼 하나님과 함께 거하는 목표에 이르게 되리라는 것을 보장하는 증표다.[2:3; 7:14]

1:1-4 하나님의 말씀이신 아들

[1]옛적에 선지자들을 통하여 여러 부분과 여러 모양으로 우리 조상들에게 말씀하신 하나님이 [2]이 모든 날 마지막에는 아들을 통하여 우리에게 말씀하셨으니 이 아들을 만유의 상속자로 세우시고 또 그로 말미암아 모든 세계를 지으셨느니라. [3]이는 하나님의 영광의 광채시요 그 본체의 형상이시라. 그의 능력의 말씀으로 만물을 붙드시며 죄를 정결하게 하는 일을 하시고 높은 곳에 계신 지극히 크신 이의 우편에 앉으셨느니라. [4]그가 천사보다 훨씬 뛰어남은 그들보다 더욱 아름다운 이름을 기업으로 얻으심이니.

히브리서 저자가 속한 전통에서는 하나님의 소통하심, 곧 하나님께서 "말씀하신다"는 사실을, 하나님의 본성을 드러내는 일관되고 중요한 특성으로 여긴다. 온 우주의 하나님이신 이스라엘의 하나님은 말씀으로 피조물을 지으셨고,[창 1:4-26] 아브라함과 언약을 맺으셨으며,[창 12:1-3] 율법을 선포하고 기록하셨다.^{출 31:18} 다시 말해, 생명은 하나님의 말씀을 통해 존재하게 된다.

"옛적에" 하나님은 여러 방식으로 말씀하셨는데, 본문은 이를 두운을 활용한 언어유희로 "여러 부분과 여러 모양으로"라고 표현한다. 여기 쓰인 '폴리메로스'πολυμερῶς와 '폴리트로포스'πολυτρόπως는 단일성과 대비되는 다양성을 뜻하며, 하나님의 말씀이 특정한 한 가지 방식으로 고정되지 않았음을 드러낸다. 이어서 저자는 하나님께서 언약 백성에게 말씀하신 일에 초점을 맞춘다. 조상들은 예언자들을 통해 하나님의 말씀을 들었는데, 각 예언자는 자신이 처한 상황에 맞게 다양한 방식으로 말씀을 전했다. 히브리서 저자는 자신이 인용하는 시편 저자들과 지혜 문헌 기록자들에게도 예언자적 권위를 부여함으로써 이 다양성을 한층 확장한다. 시편 저자들과 지혜 문헌 기록자들 역시, 하나님께서 말씀으로 불러 세운 언약 백성에게 전하고자 하신 바를 전했으므로 그들도 예언자로 간주할 수 있다.

예언자들은 시대적 상황, 문화적 배경, 그리고 개인적 기질에 따라 형성된 존재로서 하나님의 메시지를 각자 고유한 목소리로 전달한다. 이는 하나님의 계시가 철저히 인간적인 매개를 통해 선포된다는 사실을 분명히 보여준다. 하나님은 사람이 들어야 할 말씀을 들고 그가 있는 자리로 찾아오신다. 따라서 저자가 두운법이라는 수사적 기교를 사용해 하나님의 말씀을 설명하는 것은, 하나님께서 인간의 언어에 맡기신 말씀이 헤아릴 수 없을 만큼 깊고 넓다는 사실을 드러낸다. 이 풍성함은 다양성을 기뻐하시는 하나님의 성품을 보여주며, 그 성품은 자연 속에서도 분명하게 드러난다. 더욱이 이 다양성은 모두 하나님에게 뿌리를 두고 있기에 일관성을 지닌다. 비록 저자가 뒤에서 한분 아들에게 나타난 말씀의 단일성을 강조하기는 하지만, 히브리서 전체에 기록된 하나님의 신실하고 자비로우신 말씀과 행위는 이러한 아름다운 다양성을 보여준다. 그리고 이는 한분 하나님의 인격에서 비롯되는 다양한 요구에 응답하는 것이다.

히브리서의 청중은 예전에 예언자들에게 말씀을 들었던 세대와 마찬가지로 청종하는 공동체를 이룬다. 하나님은 "조상들에게" 말씀하셨다. 친족을 가리키는 이 용어는 말씀을 받은 이들이 한 가족에 속한다는 것을 뜻한다.[4] 그들은 아들이 계시된 이후에 살고 있기에 그들의 시대는 "이 모든 날 마지막"이다.[5] 아들의 오심으로 시작된 과정은 만물이 그분의 발아래 놓이게 될 때 완성된다.^{시 110:1; 히 1:13에서 처음 인용됨} 이 공동체는 아들의 오심과 궁극적인 통치 사이의 중간 시기를 살아가고 있다. 그들은 이 권면과 그 안에 담긴 이스라엘의 성경 전통을 기억함으로써 예언자들의 다성적^{polyphony} 음성에서 유익을 얻을 수 있으며, 실제로 그렇게 될 것이다. 그러나 이 다성 교향곡은 이제 하나의 선율 속에 수렴된다.

그들은 하나님께서 한분의 자격으로, 곧 "아들"의 인격을 "통해" 말씀하시는 시대에 사는 큰 특권을 누리게 되었다. 저자는 예언자들의 말이 어떻게 하나님의 아들인 말씀의 계시와 일치하는지 보여주는데, 이는 하나님께서 처음부터 아들을 통해 말씀하시려 했다는 사실을 확인해 주는 증거가 된다. 아들이신 말씀, 곧 하나님께서 낳으신 분 안에 있는 말씀은 예언자들을 통한 소통 방식이 실패한 것에 대한 대응이 아니라, 모든 소통 방식이 지향해 온 궁극적 목표다.

말씀이 가진 힘과 아름다움을 논하기에 앞서, 저자가 왜 이런 방식으로 글을 시작했는지 살펴볼 필요가 있다. 히브리서는 흔히 "히브리인들에게 보낸 서신"으로 분류되지만, 신약성경의 다른 서신이나 고대 세계의 일반 서신과는 전혀 다른 형식으로 시작한다. 저자는 자기 자신이나 수신자들에 대해, 곧 그들이 어디에 있고 어떤 관계에 있는지에 대해 아무런 정보도 제공하지 않는다. 어쩌면 서신의 첫 장이 일찍이 소실되어 문헌적 정보가 남지 않았을 수도 있다. 혹은 신학적 이유나 시대적 상황 때문에 저자가 의도적으로 그러한 일반적 요소를 배제했을 가능성도 있다. 무엇보다 설교 전체에서 "듣는 일"이 강조된다는 점을 고려할 때, 이 글은 본래 구두로 전할 목적으로 쓰였으나 저자가 공동체로부터 멀리 떨어져 있었기에[13:18-19] 부득이하게 서신에 담아 보낸 것으로 보는 것이 가장 타당하다.

이러한 서신으로서의 특성은, 파피루스 사본 46에 가장 완벽한 형태로 실려 있는 히브리서 초기 사본이 왜 바울 서신과 어깨를 나란히 하는 서신인지 설명하는 한 가지 근거가 된다. 신학적으로 볼 때, 저자가 글의 첫머리에서 자신의 신원을 밝히지 않은 이유는 하나님만이 참된 저자라는 점을 드러내려는 의도일 수 있다. 즉 저자는 첫 문장에서 뒤로 물러남으로써 하나님의 말씀이 전면에 부각되게 만들고 싶었다는 것이다. 물론 말씀을 기록하고, 독자들에게 어떤 성경 본문을 들려줄지 선택하는 것은 저자의 몫이다. 그러나 히브리서 저자는 독자들에게 명료한 가르침을 전하려 애쓰면서도, 자기 목소리를 하나님의 목소리 아래 겸손히 복속시킨다. 이는 그리스도교 신앙에 관해 가르치는 사명을 맡은 자라면 누구나 본받아야 할 모범이다. 저자는 이 공동체가 하나님이야말로 현재까지도 말씀해 오셨으며, 앞으로도 영원토록 그러실 분임을 깨닫고 그분의 말씀에 귀 기울이기를 바란다.

히브리서 저자가 살던 당시의 공동체와 그 뒤를 이어 살아가는 모든 독자에게 하나님은 아들을 통해 말씀하셨다. 저자는 여기서 매우 중요한 칭호인 '아들'을 처음 사용하지만, 정관사는 붙이지 않는다. 문맥상 '그 아들'the Son을 가리키는 것이 분명하지만, 이 구절은 "'한 아들'a Son을 통하여 우리에게 말씀하셨으니"라고 번역하는 것이 가장 적절하다.

하나님께서 침묵하지 않고 말씀하시기를 선택하신 일, 그리고 사람들의 다양한 필요에 응답하고자 예언자들을 통해 소통하신 일은 그분의 돌보시는 성품을 드러낸다. 그러나 아들의 모습으로 나타난 말씀은 훨씬 더 친밀한 차원을 보여준다. 정관사 없는 명사는 하나님께서 지금 하시는 말씀의 "특성"을 드러낸다. 저자가 아들을 설명할 때 밝히듯이, 하나님께서 아들을 통해 하시는 말씀을 듣는 이들은 곧 하나님을 만나고 그분의 음성을 들을 수 있다. 예언자들이 하나님의 성품을 신실하게 드러냈고 아들이 그것을 확증했으나, 아들은 하나님의 본성을 누구와도 비할 수 없이 탁월한 방식으로 보여준다.

1:2b-4의 감동적인 본문은 아들을 상속자, 창조자, 하나님의 영광의 광채, 만물을 붙드시는 분, 죄를 정결하게 하시는 분, 지극히 크신 분, 그리고 다시 상속자로 선포한다. 저자는 이 속성들 각각을 통해, 그리고 전체를 하나로 엮어 아들에 관한 진리를 드러낸다. 아들은 하나님의 소통하심이자 하나님의 게시다. 우리가 아들의 말씀을 들을 때 곧 하나님의 음성을 듣는 것이다.

이 공동체뿐 아니라 이 서신을 읽는 사람들 가운데 하나님의 신실하심 때문에 고민하는 이가 있다면, 지극히 높으시고 영원하신 아들을 바라보아야 한다. 그분은 지금 "이 모든 날 마지막"에 우리에게 알려지셨다. 믿음을 굳게 세우는 들음은 아들에 관한 이 설명에 귀 기울이는 데서 시작된다.

명료한 신학적 구조를 세우려는 시도 가운데, 이 일곱 구절을 나누어 아들의 다양한 본성을 각각 구분해 설명하고 싶은 유혹이 있을 수 있다. 실제로 몇몇 구절은 아들의 신성이나 인성 어느 한쪽을 더 선명하게 드러내지만, 히브리서의 관점에서 두 본성은 한 인격 안에서 일치를 이루므로 나눌 수 없다. 아들이 인간의 몸을 입고 오신 이후의 시대에는 모든 사람이 아들의 인간적인 삶을 렌즈로 삼아서 하나님의 성품, 곧 하나님이 말씀하시고 행하신 모든 것을 알게 된다. 본문이 제시하는 아들에 대한 통합된 이해는 문법적으로나 신학적으로 모두 적합하다. 본문의 진술에 따르면 아들에게는 과거와 현재와 미래가 있지만, 행동하거나 존재하거나 영향을 받는 모든 일에서 언제나 그분이 주체가 되신다.

아들은 언제나 하나님과 친밀한 관계를 이루며 하나님과 함께 일해 오셨고, 따라서 아들은 하나님이 어떤 분인지 표현하는 방식이 된다. 그러나 하나님의 백성은 마지막 날에 비로소, 몸을 입으신 하나님의 영원한 아들을 통해 말씀하시는 하나님에 대해 깨닫게 될 것이다.

'아들'이라는 하나의 칭호가 저자가 주장하려는 모든 것을 포괄한다.[6] 이 칭호는 아들과 하나님의 비할 데 없이 친밀하고 영원한 관계를 드러낼 뿐 아니라, 아들이 이스라엘의 왕조 전승을 성취했음을 분명히 보여준다. 또한 아들은 하나님의 성품을 나타낸다. 즉 하나님은 아들을 통해 자신을 가장 분명히 계시하시고, 자신을 아버지로 알리기로 선택하신 분이다. 저자가 청중에게 하나님을 그들의 아버지로 모시도록 권면하는 것은, 그들이 믿음을 잃지 않도록 용기를 북돋는 중요한 방법 가운데 하나다.

"만유의 상속자"라는 아들의 지위는 그분이 하나님과 아버지-아들 관계에 있음을 보여주는 첫 번째 증거다. 히브리서가 기록되던 당시의 문화에서는 출생이나 입양을 통해 유언자의 자녀가 된 사람이 상속자가 되었다. 아버지 하나님께서 아들을 이 지위에 '세우셨다'는 표현은 하나님의 베푸시는 성품을 드러낸다. 즉 하나님께 속한 것을 아들에게 주겠다고 약속하신 것이다.

그러나 이어지는 문장을 보면, 하나님의 베푸심이 무조건적인 은혜의 행위만은 아님이 드러난다. 하나님은 받을 자격이 없는 이에게는 유산을 허락하시지 않는다. 아들에 관해 서술된 모든 내용을 살펴보면, 하나님은 아들이 이미 만물 위에 지극히 높으심에도 불구하고 그분을 상속자의 자리에 세우셨다.[τίθημι] 초기 주석가들은 이 구절이 혼동을 일으킬 수 있음을 잘 알고 있었다. 따라서 7세기 신학자 포티우스[Photius]는 이렇게 경고한다. "히브리서 저자는 여러분이 '상속자'를 혈통이나 본성에 따라 정해지는 것이 아니라, 은혜나 호의에 의해 세워지는 것으로 해석하지 못하도록 아들이 (하나님의) 영광의 광채시라는 말을 덧붙인다."[7]

저자가 부정과거 동사[aorist]를 사용해 하나님께서 "세우셨다"라고 말한 것은, 아들이 상속자의 자리에 세워진 사건이 시간 속에서 일어난 일임을 가리킨다. 그러나 이어지는 문맥에서는 시간 밖에서 일어난 일을 언급하므로, 아들을 세우신 것은 시간이 만들어지기 이전에 이루어진 영원한 일로 볼 수 있다. 하나님은 피조물이 존재하기도 전에 아들에게 만물을 주기로 약속하셨다. 상속자는 유산을 기대하는 자로 정의할 수 있다. 따라서 본질적으로 상속자가 된다는 것은 미래에 대한 기대를 포함한다. 아들은 창조 이전에 이미 상속자로 세워졌기에, 자신이 짓고 또 물려받을 창조 세계를 기대하셨다.

다른 한편, 이 구절은 아들이 성육신하여 행하신 사역을 가리킨다고 볼 수도 있다. 그렇다면 이는 영원한 분이면서 동시에 인간의 몸을 입은 아들을 위해 하나님께서 하신 일을 설명하는 것으로 이해하는 것이 적절하다. 하나님은 아들에게 육신을 입게 하시고, 그분이 영원한 아들로서 언제나 누려 온 그 자리에 세우셨다.[8] 일반적인 유산 상속 방식과는 달리, 아들은 아버지가 죽을 때가 아니라 자신이 죽을 때 상속을 약속받는다. 저자가 뒤에서 자세히 설명하듯이, 만물은 아들이 창조하고 붙드시는 것이기에 존재하는 모든 것은 언제나 아들에게 속한다. 이 창조와 보존의 사역은 아들이 하나님의 아들로서 하나님과 맺은 확고한 관계를 근거로 한다.

간단히 말해, 하나님은 창조 이전부터 영원한 아들을 만유의 상속자로 세우셨다. 동시에 아버지 하나님은 성육신한 아들을 이미 아들의 소유인 만물의 상속자로 세우셨다. 하나님은 성육신한 아들에게 이미 그분이 붙들고 있는 모든 것을 주기로 약속하신 것이다.

이 첫 번째 설명에서 저자는 아들이라 불리는 분에 대해 복잡하면서도 이중적인 사실을 드러낸다. 즉 아들과 하나님의 관계가 영원함과 새로움, 두 차원을 동시에 품고 있다는 점을 처음으로 암시한다. 청중이 최근에야 자신들 가운데 오신 분으로 듣고 목격한 아들[2:8–9]은, 실상 그들이 알기 훨씬 전부터 이미 그들을 다스려 오신 바로 그 아들이었다.

이와 달리 두 번째 단언은 시간이 시작되기 이전에 발생한 일과 관련되기에, 시간과 연관 지어 설명하기가 가장 쉽다. 이 아들은 하나님께서 "그로 말미암아 모든 세계를 지으셨느니라"고 말씀하신 바로 그분이다. 이 구절에서 '세계'로 번역된 '아이오나스'αἰῶνας는 시간적인 용어로서 여러 시대 또는 세대를 가리킨다.[9] 아들은 모든 시대보다 앞서 존재했으며 모든 시대가 존재하게 하는 통로다. 이는 시간이 시작되기 전부터 아들이 하나님과 함께 계셨음을 뜻한다. 캐빈 로우Kavin Rowe의 표현에 따르면, 2절의 세 번째 부분인 이 구절은 기독교 전통이 아들이 영원하시다는 신앙고백을 확정하도록 "신학적 압력"을 가한 고전 본문 가운데 하나다.[10] 몹수에스티아의 테오도루스Theodore of Mopsuestia의 주장에 따르면, 이 구절은 아들을 영원한 존재이자 "시작이 있는 모든 세계의 원인"으로 선포한다.[11]

또한 이 용어는 시간 안에 있는 만물을 포괄한다.[12] 아들은 만물의 창조에 관여했기에, 만물에는 그분의 손길이 남아 있다. 그러나 피조물에 새겨진 흔적은 둘이 아니라 하나다. 아들의 증거를 보는 것은 곧 하나님의 증거를 보는 것이기 때문이다. 아버지는 말씀하시고 아들은 그 말씀으로 존재한다. 창조는 아들을 통해 이루어진다.

뒤에서 아들의 신적 영광을 설명하는 부분에 비추어 볼 때, 창조 사역에서 아들이 아버지의 표현으로 나타난다는 사실은 분명하다. 그러므로 하나님께서 "그로 말미암아" 모든 세계를 지으셨다고 말하는 것은 적절하다. 이는 유대교 저자들이 하나님의 지혜나 말씀에 대해 설명했던 방식과도 유사하며, 본문이 인격이신 아들을 하나님의 대리자로 제시한다는 점에서 지혜 전승과도 일치한다.[13]

나아가 히브리서 저자는 하나님께서 이 아들로 말미암아 모든 세계를 창조하셨다고 강조한다. 가족 관계를 나타내는 이 용어는 아들이 하나님에게서 나온 비실체적인 발현이 아니라, 하나님과 인격적 관계를 맺고 있는 분임을 보여준다. 아들이 하나님의 창조 사역에서 매개 역할을 했다고 해서 아버지보다 열등한 존재가 되는 것은 결코 아니다. 뒤에서 '카테나' 를 보면, 아버지가 아들을 가리켜 완전한 창조자라고 부르신다.[1:10] 이에 대해 크리소스토무스는, 하나님 아버지가 아들로 말미암아 창조하셨다는 것은 곧 '아들을 창조자로 낳으셨다'는 의미라고 인상적으로 해석했다.[14]

아들이 창조의 능동적 통로라는 사실은 아들이 아버지에게서 나왔음을 보여줄 뿐, 아들의 본성이 하나님보다 열등하다는 뜻이 아니다. 리처드 보컴[Richard Bauckham]이 분명히 말했듯이, "예수는 하나님이 아니고서는 하나님의 일을 할 수 없다."[15] 아버지와 아들이 하나라는 사실은 다음에 나오는 진술에서도 거듭 확인된다.

세 번째 단언("이는 하나님의 영광의 광채시요")은 목록의 형식상 한가운데에 놓일 뿐 아니라 아들의 본성을 밝히는 핵심 내용을 담고 있다. 2절에서는 하나님께서 아들을 위해, 아들을 통해 일하시며, 이어지는 3–4절에서는 아들이 친히 일하신다. 그러나 3절에서 아들은 단순히 "존재"하신다. 아들을 서술하는 분사 '온'ὤν은 목적어나 행위 동사가 아니라 존재 동사다. 아들은 존재하는 분이며, 그 존재는 하나님과의 관계 속에서 규정된다.

이 단언은 아들을 높이 드러내는 데 중요한 역할을 한다. 아들은 하나님의 '형상'χαρακτήρ이다. 여기서는 바울 서신[롬 8:29; 고전 15:49; 고후 4:4; 골 1:15]에서 사용된 '형상'εἰκών이 아니라, '광채'ἀπαύγασμα라는 단어와 함께 각인처럼 보다 본질적인 '형상'을 뜻하는 단어 '카라크테르'χαρακτήρ를 사용한다. 아들은 광채로서 하나님의 영광을 환히 드러내신다. 아들은 형상, 곧 각인으로서 하나님을 정확히 반영하신다. 화폐학 용어를 빌리면, 아들은 하나님을 입증할 권위를 지니신 분, 곧 "진품을 확인해 주는 표식"이다.[16]

하나님을 지칭하는 데 사용된 "영광"δόξα과 "본체"ὑπόστασις라는 두 용어는 아들이 하나님의 속성 가운데 일부만 보여주는 분이 아니라 근본적으로 하나님 자신임을 가리킨다. 영광은 하나님 현존의 증거다.^{출 24:16 – 17:} ^{33:18; 40:34; 민 12:8; 시 24편} 이와 같이 히브리서 저자는 신학적으로 중요한 용어인 "본체"를 사용하여 하나님의 본성과 존재를 규정한다.

이 구절은 저자가 처음부터 하나님 아버지에 관해 말해 온 내용을 확증한다. 하나님은 숨어 계시지 않는다. 그분은 만물을 창조하셨고 예언자들에게 말씀을 입혀 주셨으며, 또한 아들을 통해 말씀하시며 피조물과 기꺼이 소통하셨다.

청각적 계시에 더해, 3절의 첫 부분은 아들이 하나님에 대한 시각적 계시임을 강조한다. 하나님의 영광은 아들 안에서 광채로 드러나고, 하나님의 본체는 아버지의 형상이신 그분 안에서 모습을 나타낸다. 아들을 만나는 것은 곧 이스라엘의 하나님을 만나는 것이다. 하나님은 침묵하지 않으실 뿐 아니라 자신을 감추지도 않으신다. 아들 안에서 하나님은 광채로 현현하시며 그분의 참모습을 보이신다.

히브리서 저자가 창조 사역에서 아들의 역할을 논할 때와 마찬가지로, 여기서 아들을 묘사하는 표현들은 그가 접했을 유대 문헌 속에도 등장한다. 하나님을 완전하게 반영하는 아들은 하나님의 지혜나 말씀처럼 세상을 창조하고 붙드는 일에 참여하신다.[17] 인격적이고 관계적인 용어인 "아들"을 모든 내용을 아우르는 표제로 사용함으로써, 저자는 "지혜"나 "말씀"이라는 용어가 암시할 수 있는 비인격적 차원의 "하나님의 성품"과 아들을 구분하고 있음을 주목할 필요가 있다. 존 웹스터^{John Webster}가 말했듯이, "하나님께서 아들을 통해^{ἐν υἱῷ} 말씀하신다는 것은 그분이 친히 말씀하신다는 뜻이기에, 우리는 하나님의 존재 안에 어떤 반복이나 구별이 있다고 생각할 필요가 있다."[18]

하나님에 관해 올바로 말하고자 힘썼던 초기 주석가들에게 이 구절은 매우 유용했다. 이 말씀은 하나님과 아들의 영원한 관계를 확인해 준다. 둘 중 하나가 없으면 다른 하나도 존재할 수 없다. "등잔이 나타남과 동시에 그 등잔의 불빛이 환히 빛난다.……이 구절[히 1:3]에서 아들은 아버지에게서 나오며, 아버지는 아들 없이는 결코 존재할 수 없다. 영광이 광채 없이 존재하기란 불가능하기 때문이다."[19]

또한 이 구절은 아들이 아버지에 대한 신실하고 신뢰할 만한 계시임을 단언한다. 몹수에스티아의 테오도루스는 이렇게 말한다. "히브리서 저자의 주장에 따르면, 그리스도는 하나님의 본성을 정확하게 보여준다. 그러므로 당신이 하나님의 본성을 어떤 것으로 이해하든, 그리스도의 본성은 그분과 동일하다고 보아야 한다. 그리스도의 본성은 하나님의 본성과 조금도 다르지 않으므로, 하나님의 본성을 완전하게 드러낸다."[20] 참된 계시라는 사실 외에도, 빛과 각인에 빗댄 이 설명은 구분해서 이해할 필요가 있다. 두 종류의 영광이 있는 것이 아니라, 영광과 그 영광의 광채가 있을 뿐이다. 두 개의 본체가 있는 것이 아니라, 하나님의 존재와 그 존재에 대한 아들의 각인이 있을 뿐이다. 이 구분에는 등급의 차이가 존재하지 않는다. 아들은 아버지를 온전하고 참되게 계시하므로, 아들을 더 낮거나 더 높다고 말하는 것은 적절하지 않다.

아들은 신적인 행위를 통해서도 하나님을 드러내신다. 아버지처럼 아들도 말씀하시며, "그의 말씀", 곧 '레마'[ῥῆμα]는 "능력의 말씀"이다. 그분의 말씀은 만물을 "붙드시기에" 충분할 만큼 능력이 있다. 이 구절은 하나님을 창조자이자 "붙드시는 분"으로 고백하는 유대인의 믿음을 반영한다. 저자가 바로 뒤 1:7에서 인용하는 70인역 시편 103편[개역개정은 시 104편—옮긴이]은 이러한 믿음을 잘 보여준다.

(주께서) 땅에 기초를 놓으사 영원히 흔들리지 아니하게 하셨나이다.……여호와께서 샘을 골짜기에서 솟아나게 하시고 산 사이에 흐르게 하사 각종 들짐승에게 마시게 하시니……그가 가축을 위한 풀과 사람을 위한 채소를 자라게 하시며 땅에서 먹을 것이 나게 하셔서, 사람의 마음을 기쁘게 하는 포도주와 사람

의 얼굴을 윤택하게 하는 기름과 사람의 마음을 힘 있게 하는 양식을 주셨도다.

하나님은 언제나 피조물을 친밀하게 돌보신다. 그분이 아들을 통해 말씀하시며 자신을 계시하셨기에, 아들은 만물을 붙드는 사역에서도 언제나 하나님과 함께하신 것이 분명하다. 이 구절에서도 아버지와 아들의 상호 관계가 뚜렷이 드러난다. 아들은 "그의" 능력으로 만물을 붙드는데, 여기서 쓰인 남성 대명사는 아버지를 가리킬 수도 있고 아들을 가리킬 수도 있다. 독자들은 이를 통해 아들이 자신의 활동을 통해 하나님의 행위를 계시한다는 사실을 깨닫게 된다. 아버지와 아들의 능력은 동일한 신적 능력이며, 따라서 두 능력 사이에는 아무 차이가 없다. 크리소스토무스는 이렇게 주장했다. "'아버지는 명령하시고 아들은 순종했다'라고 말하는 자는 이단이다. 창조와 보존의 사역은 모두 참으로 크고 놀라운 일이며, 탁월한 능력의 확실한 증거이기 때문이다."[21]

그와 동시에 이처럼 상호적이고 강력한 능력은 세심한 돌봄 속에서 나타난다. 루터는 여기서 하나님의 행위를 "하나님께서 지으시고 돌보아야 할 대상에 대한 온유하고 모성적인 보살핌"이라고 설명한다.[22] 물론 아버지와 어머니 모두 온유할 수 있다. 루터의 주장에서 흥미로운 점은 아버지와 아들의 신적 능력을 규정하는 방식이다. 그것은 행위가 끝난 뒤 손을 떼는 하나님의 명령이 아니라 붙들어 주시는 능력의 말씀이며, 보살핌과 지지를 통해 드러나는 강력한 말씀이다. 그러므로 루터가 하나님의 친밀한 보호하심에 대해 설명하면서 "젖을 먹이는" 어머니를 떠올린 것도 일리가 있다. 구체적으로 드러난 아들의 능력을 경험하는 것은 곧 세심한 보살핌으로 표현된 아버지 하나님의 능력을 경험하는 일이다.

히브리서 저자는 아들과 아버지의 관계를 시간 이전 혹은 시간을 초월하는 차원에서 논한 뒤, 이어서 "죄를 정결하게 하는 일을 하시고"라는 구절로 넘어가 시간 속에서 일어난 사건을 다룬다. 이 정결은 시편 저자의 소망[70인역 시편 18:13; 50:4]이며 하나님께서 언약 백성에게 기대하신 것[사 53:10; 렘 40:8]이고, 순교자의 상급[마카베오 4서 17:21]이며, 또한 성경 전반에서 반복적으로 제시되는 제사장 사역의 열매다.[출 29:36; 30:10; 34:7; 레 12:8; 14:19, 31; 16:30; 욜 1:5 등]

이 구절에서 저자는 곧 깊이 다루게 될 아들의 제사장 직무를 처음으로 언급한다. 정결하게 하는 아들의 사역은 하나님께서 백성이 거룩함을 지키도록 은혜로 주신 율법과 긴밀히 연결된다. 율법이 죄의 문제를 다루는 데 집중했던 것을 고려하면, 하나님의 아들이 그 정결의 사역을 이어 가신다는 사실은 전혀 놀랍지 않다. 저자는 간결한 표현으로 독자들에게 앞으로 전개될 것을 기대하게 하지만, 이 시점에서는 정결의 방식에 대해 구체적으로 밝히지 않는다. 바로 이 간결성이 아들의 성취를 더욱 두드러지게 한다. 아들은 죄를 정결하게 하는 사역을 "완전히 이루셨다."

아들은 자신에게 맡겨진 사역을 완수하신 뒤 이제 자기 자리에 앉으신다. 3절 마지막 부분의 "앉으셨느니라"는 구절에는 아들의 사역을 묘사하는 데 유일하게 사용된 정형 동사 '에카티센'ἐκάθισεν이 등장한다. 아들에 대한 일곱 가지 설명 가운데 문법적으로 가장 단순한 이 서술은 겉보기에 다소 평범해 보인다. '앉다'라는 행위 자체는 특별히 주목할 만한 것처럼 보이지 않는다. 그러나 언제나 그렇듯이 맥락이 중요하다. 여기서 앉으셨다는 것은 아들의 사역이 완결되었음을 뜻한다. 그분은 죄를 정결하게 하는 사역에서 더 이상 할 일이 없다. 아들이 앉으셨다는 말은 나태함이나 무위無爲를 가리키는 것이 아니라 놀라운 성취와 충만함을 나타낸다.

자리에 앉는다는 것은 능력의 표지이기도 하다. 아들은 "높은 곳에 계신 지극히 크신 이의 우편에" 앉으셨다. 히브리 성경에서는 "지극히 높으신 분"이라는 표현이 하나님을 가리키는 일반적인 칭호가 아니지만, 독자들은 저자가 누구를 가리키는지 전혀 의문을 품지 않는다. 하나님만큼 높으신 분은 없으며, 누구도 하나님처럼 위대하지 않다. 하나님을 가리키는 이 칭호는 멜기세덱이 아브라함을 만나는 이야기에서 가장 많이

등장하는데, 이 사실이 분명 저자의 관심을 끌었을 것이다.[23]

아들이 우편에 앉으셨다는 표현은 자연스럽게 아들을 하나님의 능력과 연결한다. "오른쪽"은 강한 능력을 묘사할 때 사용되는 용어다.^{히브리서 저자에게 가장 큰 영향을 끼친 시 110:1을 비롯해 출 15:6과 70인역 시 17:35도 참조} 이 용어는 아들과 높은 곳에 계신 지극히 크신 분을 구분하지만, 이것이 아들이 아버지보다 열등하다는 뜻은 결코 아니다. 크리소스토무스는 이렇게 설명한다. "아들은 아버지의 보좌에까지 오르셨다. 그러므로 아버지가 높으시듯이 아들도 높으시다. '함께 앉는 것'은 동등한 존엄을 뜻할 뿐이다.……만약 아들이 열등하다는 것을 보여주려 했다면, '우편'이 아니라 '왼편'이라고 말했을 것이다."[24]

유대교 저술에서는 보좌가 오직 하나뿐이라고 주장하는 것도 사실이다.[25] 그러므로 아들은 신적 능력 안에서 동일한 보좌에 계시며, 하나님의 일하시는 권세, 곧 하나님의 손으로서 행하신다고 볼 수 있다. 저자는 다시 한번 아들의 능력 있는 사역을 보는 것이 곧 하나님의 사역을 보는 것임을 강조한다. 이러한 아들의 계시는 특히 불의한 일을 겪었거나,^{히 10:32-34} 지금도 고난을 겪으며 이 설교를 듣는 이들에게 힘과 확신을 준다.

이 시점에 아들이 가장 높은 보좌에 올랐다고 해서 이제껏 자기 몫이 아니었던 자리를 차지한 것은 아니다.[26] 하나님의 영원한 빛이며 창조자, 붙드시는 분인 아들은 하나님의 보좌에 갑자기 등장해 다스리는 것이 아니다. 그러나 상황이 바뀐 것은 확실하다. 본문에서 밝히듯이 아들은 죄를 정결하게 하는 사역을 이루기 위해 인간의 몸을 입었으며, 그 사역을 마친 뒤에 비로소 다스리신다. 이제 아들은 육신을 입은 채로 자신에게 속한 자리로 돌아오셨다.

이 일곱 가지 진술 가운데 첫 번째 단언은 아들이 만물을 상속받는다는 것이다.^{2절} 하나님은 아들을 만물 위에 세우시고 그 모든 것보다 뛰어나게 하셨다. "만물의 상속자"라는 표현은 이를 확인해 준다. 히브리서 저자는 마지막 단언에서도 다시 아들을 상속자로 언급하며, 이번에는 그분이 피조물의 한 계층인 "천사"보다 훨씬 뛰어나다는 점에 초점을 맞춘다.[4절] 앞에서 저자는 아들이 하나님을 반영하는 관계를 "존재론적" 특성으로 설명했지만, 여기서는 아들이 그런 의미에서 천사보다 뛰어나신 "존재"라고 말하지 않는다. 그 대신 아들은 천사보다 훨씬 뛰어나게 "되셨다."[γενόμενος]

동사 '기노마이'[γίνομαι]의 부정과거 형태는 변화를 가리킨다. 특히 이 분사가 "앉으셨느니라"[3절]나 "기업으로 얻으심이니"[4절]와 같은 과거 사건에 대한 동사적 서술과 연결될 때는 더욱 그러하다. 아들은 죄를 정결하게 한 뒤 신적 능력의 자리에 앉을 때 천사보다 훨씬 뛰어나게 되셨다. 그러나 아들은 본래부터 천사보다 뛰어나신 분이다. 천사는 창조된 존재이지만,[7절에 인용된 70인역 시 103:4] 아들은 창조자기 때문이다. 하나님의 광채이자 각인인 아들은 천사와 달리 하나님에게서 나오셨다.

따라서 아들이 보좌에서 다스리실 때뿐 아니라, 그분이 천사보다 뛰어나게 되셨다고 말할 때 드러나는 속성은 사실 영원 전부터 지니셨던 것이다. 정확히 말해 아들은 죄를 정결하게 하신 뒤 천사보다 훨씬 뛰어나게 되셨지만, 본질적으로는 언제나 천사보다 뛰어나신 분이다. 이러한 주석적 논의는 교회 안에서 한 인격 안에 두 본성이 있다는 그리스도론으로 정리되었다. 즉 영원토록 천사보다 뛰어나신 아들이 "자신의 몸으로" 천사보다 뛰어나게 되신 것이다.

저자는 이처럼 아들이 천사보다 뛰어나게 되신 것에 대해 "그들보다 더욱 아름다운 이름을 기업으로 얻으심이니"라고 진술함으로써 이름을 상속 자격과 연관시킨다.[27] 아들이 천사보다 높이 보좌에 앉으신 사건과 마찬가지로 여기서도 분명히 새로운 일이 일어났다. 아들은 정결하게 하는 사역을 마친 뒤 보좌에 앉으실 때, "하나님의 아들"이라는 칭호를 기업으로 받으신다. 이 칭호는 유대 문헌에서 주로 메시아, 곧 기름 부음을

받은 이에게 주어지는 영예로운 칭호다.[28]

하지만 그분이 성취한 새로움은 '그분 자신에게는' 새로움이 아니다. 그분은 언제나 아들이라 불리기에 합당한 이로서, 언제나 하나님과 친밀한 관계 안에 계셨다. 그분은 하나님의 존재를 공유하며, 그로 인해 하나님께 합당한 영광과 영원성, 그리고 행위를 지니신다. 그러나 이제 죄를 확실히 해결하신 까닭에, 때가 되어 "하나님의 아들"이라는 칭호가 새로운 의미와 함께 더해졌다. 즉 하나님 아버지의 영원한 광채이신 아들은 이제 메시아로서 아들이 되신 것이다.[29]

이제 아들은 만물 위로 높아지신다. 시간 밖에서 영원히 소유하셨던 만물을 이제 시간 안에서 다스리는 존귀한 분으로서 자기 자리에 앉으신 것이다. 저자는 이 마지막 단언을 근거로 아들의 불변성과 동시에 변화를 함께 주장한다. 아들은 아들로서 아버지의 일을 수행하며, 이를 통해 하나님 안에 있는 영원한 관계적 특성을 드러냈다. 더 나아가 인간으로서 이 계시의 사역을 완성하셨다.

이 구절을 통해 저자는 하나님의 아들을 통한 계시 이야기의 씨앗을 뿌린다. 그 씨앗을 가꾸는 데는 열세 장이 필요하고, 열매를 거두는 데는 수천 년이 걸리게 된다. 따라서 이 주석의 독자들은 설교의 나머지 부분에서 이러한 개념들이 어떻게 전개되는지 유심히 살펴야 한다. 그러나 지금 이 시점에는 여기서 드러나기 시작한 신적 계시의 본질을 명확히 하는 것이 무엇보다 중요하다.

좋은 시가 그러하듯이, 뒤에 오는 구절은 앞선 구절을 다시 음미하도록 자극한다. 3절에서 아들을 묘사하는 다섯 번째 단언은 바로 "죄를 정결하게 하는 일을 하시고"라는 진술이다. 이 마지막 때에 계시된 아들은 하나님을 알게 하시기에, 아들의 계시 "방식"이 중요하다. 하나님을 드러내시는 아들은 죄를 정결하게 하신 아들과 동일한 분이다. 십자가에 달려 수치스럽게 죽고,[12:2] 능력 가운데 부활하여 영원한 생명에 이르신[13:20]

아들의 인간적 육신을 통해 하나님의 아름다움과 권능과 참된 본성이 드러났다. 하나님은 "이 아들"과 "그의" 이야기 전체를 통해 환한 빛 가운데 자신을 나타내셨다. 아들이 죽음 앞에서 부르짖은 일[5:7]과 십자가에 달리신 일[12:2]을 통해 하나님은 자신을 보이셨다. 또한 아들이 영원 전에 창조하고 영원토록 다스리는 일을 통해서도 그분의 참된 모습을 드러내셨다.

바울은 하나님의 본체이신 분이 종의 형체를 가졌다고 주장하고,[빌 2:6-7] 요한은 영원한 로고스가 육신이 되셨다고 선포하며,[요 1:14] 마가는 왕이 십자가에서 죽으셨다고 강렬하게 묘사한다.[막 15:18-39] 히브리서 저자 또한 죄를 정결하게 하고자 기꺼이 죽음을 견디신 아들에게서 하나님의 음성을 듣고 그분의 형상을 본다고 증언한다. 히브리서 저자가 유대 문헌과 그 주제들에 익숙했다는 점을 고려하면, 이 공동체가 하나님께서 그들에게 말씀하신다는 사실을 알고 있었다는 것은 새로운 일이 아니다. 그러나 그들은 하나님께서 함께하신다는 확신을 잃어버린 것으로 보인다.[5:11-14: 12:5-11]

고난과 십자가 죽음 가운데서도 그들을 품고 원수를 물리쳐 승리를 거두신 아들에게서 드러난 하나님의 계시는 그들에게 생명을 불어넣는다. 그로써 하나님께서 그들이 직면한 큰 어려움을 아시고 돌보시며 해결해 주신다는 지식에 이르게 한다. 하나님은 "이 아들"을 예비해 두셨다가 이제 아들의 삶을 통해 분명히 말씀하신다. 이로써 그들은 하나님의 말씀을 들을 수 있게 되었다.

1:5-14 하나님께서 아들에게 하신 말씀

5하나님께서 어느 때에 천사 중 누구에게 너는 내 아들이라. 오늘 내가 너를 낳았다 하셨으며 또다시 나는 그에게 아버지가 되고 그는 내게 아들이 되리라 하셨느냐. 6또 그가 맏아들을 이끌어 세상에 다시 들어오게 하실 때에 하나님의 모든 천사들은 그에게 경배할지어다 말씀하시며 **7**또 천사들에 관하여는 그는 그의 천사들을 바람으로, 그의 사역자들을 불꽃으로 삼으시느니라 하셨으되 **8**아들에 관하여는 하나님이여, 주의 보좌는 영영하며 주의 나라의 규는 공평한 규이니이다. **9**주께서 의를 사랑하시고 불법을 미워하셨으니 그러므로 하나님 곧 주의 하나님이 즐거움의 기름을 주께 부어 주를 동류들보다 뛰어나게 하셨도다 하였고 **10**또 주여, 태초에 주께서 땅의 기초를 두셨으며 하늘도 주의 손으로 지으신 바라. **11**그것들은 멸망할 것이나 오직 주는 영존할 것이요 그것들은 다 옷과 같이 낡아지리니 **12**의복처럼 갈아입을 것이요 그것들은 옷과 같이 변할 것이나 주는 여전하여 연대가 다함이 없으리라 하였으나 **13**어느 때에 천사 중 누구에게 내가 네 원수로 네 발등상이 되게 하기까지 너는 내 우편에 앉아 있으라 하셨느냐. **14**모든 천사들은 섬기는 영으로서 구원받을 상속자들을 위하여 섬기라고 보내심이 아니냐.

저자는 부정적인 대답이 예상되는 질문을 던진다. "하나님께서 어느 때에 천사 중 누구에게⋯⋯(그런 말씀을) 하셨으며." 시편 2:7은 히브리서에서 하나님께서 직접 하신 말씀으로 인용되는 히브리 성경 본문들 가운데 첫 번째다. 여기서 하나님의 말씀은 직접 그분의 아들을 향한다. 이른바 이 제왕시帝王詩는 하나님과 수신자의 친밀한 관계를 강조한다. 그분은 하나님의 아들이기에 그 이름이 천사보다 뛰어나다.

앞서 4절의 단언("그가 천사보다 훨씬 뛰어남은 그들보다 더욱 아름다운 이름을 기업으로 얻으심이니")은 아들이 천사보다 높임을 받은 이유를, 그분이 뛰어난 이름을 상속받았기 때문이라고 밝힌다. 5절의 인용을 이끄는 인과 접속사 '가르'γάρ는, 뒤이어 나오는 본문이 아들의 뛰어남과 직접적으로 관련이 있음을 보여준다. 시편에서 인용한 첫 구절("너는 내 아들이라")은 그분을 높이 올린 이름이 "아들"υἱός임을 보여준다. 아들은 인간의 죄를 정결하게 하심으로써 타락의 문제를 해결하셨고, 그 결과 천사보다 높이 하나님 우편에 앉아 하나님께 대적하는 세력을 물리치는 왕으로 다스리신다. 이처럼 높아진 신분에 걸맞게 그분은 기름 부음을 받은 메시아를 가리키는 이름, 곧 "하나님의 아들"υἱὸς θεοῦ을 상속받는다.

이 해석은 처음 두 인용문이 이스라엘 왕을 지칭하는 본문이라는 사실을 진지하게 수용한다. 시편 2편은 '기름 부음을 받은 자'χριστός와 하나님이 그분의 나라를 세우시는 일에 대해 노래한다. 두 번째 인용문은 나단이 다윗에게 전한 약속으로,삼하 7:14 하나님께서 다윗을 위해 집, 곧 그의 자손을 번성케 하시겠다는 말씀이다.[30] 제2성전기에 활동한 다른 유대교 집단도 이 본문을 깊이 다루었는데, 예를 들어 사해 두루마리4QFlor와 4QTestim[31]가 이를 증명해 준다. 그러므로 저자는 기름 부음을 받은 자를 통해 공의로운 이스라엘 나라를 재건한다는 널리 퍼진 희망을 받아들인 것으로 보인다.

다른 한편, 그분이 상속받은 이름이 "아들"이라고 보는 해석에는 몇 가지 난제가 따른다. 한 가지 난제는 히브리 성경에서 천사도 하나님의 아들로 불리기 때문에,창 6:2 – 4; 시 29:1 '휘오스'라는 용어만으로는 그분과 천사를 확실하게 구분할 수 없다는 점이다.[32] 더욱이 일부 유대 문헌은 천사가 고귀한 인간을 섬긴다는 믿음을 기록하고 있지만,[33] 이는 유대교의 메시아 문헌에서 일반적인 주제가 아니다. 마지막으로, 히브리서 1:6에서 인용하는 본문70인역 신 32:43은 원래 하나님 예배를 촉구하기 위한 것이다.

이러한 이유와 몇 가지 다른 이유로 인해 일부 해석자들은 이 거룩한 이름이 그분을 하나님의 "아들"인 천사와 구별해 주는 유일한 이름이라고 주장했다. 그 이름은 그분을 확고하게 천상의 무리 위에 세우고, 그분이 그들에게 예배를 받을 자격이 있음을 보여준다.[34] 뒤에 이어지는 두 인용문에서는 아들이 "하나님"θεός, 1:8과 "주"κύριος, 1:10라는 신명神名으로 불린다. 따라서 하나님의 아들이 이 거룩한 이름을 물려받는다고 보는 것이 히브리서 1장 전체의 맥락에 가장 적합한 해석으로 여겨진다.

이 견해는 여러 가지 장점이 있지만 동시에 난제를 낳는다. 처음 네 구절이 분명히 밝히듯이, 아들은 창조 이전부터 이미 하나님의 본성과 긴밀히 결합되어 있었다. 그렇다면 높임받는 특정 시점에 이 신명을 상속받는다는 것은 모순된다. 아들과 하나님의 관계는 시간 속에서 새롭게 형성된 사건이 아니기 때문이다. 하나님이신 아들은 하나님과 함께 시간을 창조하신 분이지, 어느 날에 이르러 하나님의 이름을 새롭게 상속받을 분이 아니다.

더 나아가 하나님께서 신명을 사용해 아들을 부르는 인용문[1:8; 1:10]은 각각 미래와 과거의 차원에서 아들의 영원성을 증언한다. 이는 아들이 죄를 정결하게 한 뒤 본성이 변했다는 뜻이 아니라, 본래부터 하나님과 하나이신 아들의 영원함을 드러내는 것이다.

이러한 이유로 나는 "아들"이라는 칭호가, 영원한 아들이 육신을 입고 부활하여 하나님 우편에 앉으시고 천사보다 뛰어나게 될 때 상속받은 '이름'ὄνομ이라고 확신하게 되었다. 그분은 사역을 완수한 뒤 "하나님의 아들"이라는 메시아 칭호를 얻으신다. 그러나 이 칭호는 단순히 부활 후에 새롭게 주어진 것이 아니라, 그분과 하나님의 영원한 관계로 말미암아 언제나 지니셨던 이름이다. 그분이 높이 들리실 때, 하나님께서 "너는 내 아들이라"고 말씀하심으로써 아버지와 아들의 영원한 관계가 다시 확인된다. 이는 고대 즉위식에서 왕이 자기 아버지와의 관계를 선포하던 관습과 같은 맥락으로 이해할 수 있다.[35] 아들이 "인간으로서" 죄를 정결하게 하는 사역을 성취함으로써 이 관계가 다시 새롭게 선포된다. 로버트 제이미슨Robert Jamieson의 말을 따르면 "아들은 아들이 되었다."[36] 그분은 앞서 기름 부음을 받아 활동한 지도자들과는 전혀 다른 차원에서 "아들"이라는 통치자 칭호를 받는다. 영원토록 하나님에게서 나신 그분은 이제 완전히, 그리고 최종적으로 하나님의 원수를 물리치는 사역을 마치고 "하나님의 아들"이라는 영예로운 칭호를 얻으신다.

이후에 이어지는 인용문들은 신적이고 영원하신 아들이 언제나 지니고 계셨던 특성—예배를 받으시기에 합당한 분,[1:6] 영원토록 하나님으로서 높으신 분,[1:8] 만물을 창조하신 주님[1:10] —이 이제 하나님께서 메시아로 보좌에 앉히신 인간 아들에게도 해당한다는 사실을 분명히 보여준다. 언제나 주 하나님이며 하나님의 아들이던 분이 이제는 하나님의 아들 메시아가 되신 것이다.

저자는 '이름'을 뜻하는 '오노마'의 단수형을 사용하여 두 가지 사실을 드러낸다. 첫째, 아들은 하나님의 영원한 아들만이 할 수 있는 일을 행하셨다. 둘째, 아들은 하나님과의 관계 속에서 늘 거룩한 이름을 가진 분만이 할 수 있는 일을 행하심으로써, "하나님의 아들"이라는 메시아 칭호를 상속받으셨다. 이러한 영광은 저자가 하나님께서 천사가 아니라 아들에게 "너는 내 아들이라"고 말씀하시는 구절을 인용하는 데서 뚜렷이 드러난다.

이 서신을 읽는 이들에게 아들의 이중적 본성은 근본적인 격려가 된다. 오래 기다려 온 왕이 하나님의 언약대로 유대 민족 가운데서 나오셨다. 그러나 그분은 잠시 존재하는 세상의 정치적 적수를 물리친 것이 아니라, 피조물 전체의 근본 문제인 죄와 그 결과인 죽음을 정복하셨다. 그분은 하나님이 계신 보좌로 나아가는 길을 열어, 다른 인간도 그 길을 따라 들어갈 수 있도록 하셨다.[6:19-20; 10:19-20] 이 존귀하신 아들에 관한 계시는 동시에 하나님에 대한 계시다. 다윗의 후손이신 이 아들이 곧 영원한 아들과 동일한 분이기 때문이다. 이처럼 하나님은 친히 인간의 드라마에 개입하시고 그 역사를 근본적으로 바꾸신다.

이 '카테나'[1:5-14]의 첫 번째 단언은 그리스도론적 함의가 크기 때문에, 나머지 인용문들에도 빛을 비춰 준다. 시편 2:7에서 하나님은 "오늘 내가 너를 낳았다"라고 말씀하신다. "아들"이라는 칭호는 부모-자식 관계를 드러내는 말이면서, 동시에 그분이 '신명'[神名]을 지니신 분임을 가리킨다. 따라서 영원토록 하나님과 함께 계신 아들이 특정한 날에 비로소 하나님과 관계를 맺었다고 보는 것은 불가능하다.

이 구절에서 "오늘"이라고 번역된 '세메론'[σήμερον]은 히브리서에서 포괄적인 용어로 사용된다. 예컨대 3장과 4장에서 이 단어는 하나님께서 임재하여 말씀하시는 시대 전체를 가리킨다.[3:7, 13, 15; 4:7] 마찬가지로 여기서 "오늘" 역시 시간 밖에서, 신적인 출생을 통해 아들이 아버지와 맺는 영원한 관계를 가리킬 수 있다. 루터의 지적대로 아우구스티누스는 "오늘"을 신적인 출생에 대한 표현으로 이해했다. 따라서 루터는 "오늘"이 곧 '영원히'를 의미한다고 설명한다.[37] 이와 유사하게 아퀴나스는 "이 출생은 시간에 속한 것이 아니라 영원한······'오늘' 곧 영원에 속한 것이다.······이 출생은 항상 있다. 그러므로 완전하다"라고 말한다.[38] '아들'이라는 말은 그분이 메시아 칭호가 요구하는 소명을 수행했음을 확증한다. 그렇다면 특정한 날의 출생은, 인간 메시아로서 그분이 높임받을 때 아들이라는 이름을 상속받은 것과 일치한다. 바로 그날에 아들은 통치하는 메시아라는 특별한 역할로 "출생"한 것이다.

히브리서의 논증이 전개되면서 분명해지겠지만, 아들이 죄의 문제를 해결하기 위해 인간의 몸을 입지 않았더라면, 죄를 정복한 뒤 다스리는 왕으로 오르실 수 없었을 것이다. 이 진술은 성육신의 사실을 전제로 한다. 다시 말해 하나님의 뜻은 아들에게 인간의 몸을 입히심으로 성취되었고, 이는 어머니 마리아의 자발적 헌신을 통해 이루어진 것이다.[39] 루터는 '세메론'을 다음과 같이 해석했다. "우리는 '오늘 내가 너를 낳았다'라는 구절이 그리스도의 두 가지 출생을 가리키는 것이라고 이해할 수 있다.······이 말씀을 인간적 출생을 가리키는 것으로 이해한다고 해서 틀린 것은 아니다."[40] 아들로서 영원토록 하나님과 관계를 맺은 분, 곧 영원히 출생하신 분이 피조물 한가운데 태어났으며, 죽고 부활하신 후에 메시아로 출생했다(세움받았다)는 것이다.

저자는 잘 알려진 왕권 본문[41]에서 가져온 두 번째 인용문을 "또다시"라는 말을 사용해 덧붙임으로써 그것이 하나님의 참된 말씀이라는 점을 강조한다. 이 인용문은 나단이 다윗과 나눈 대화에서 나온 것으로, 하나님과 그분이 말씀하시는 대상 사이의 친밀한 관계를 보여준다. "나는 그에게 아버지가 되고 그는 내게 아들이 되리라." 두 존재는 가족 관계로 하나가 되며, 서로 유사한 본성과 동등한 권위를 지닌다. 이로써 아들은 천사와 구별되며 더 높은 자리에 선다.

이 인용문은 시간적 차원에서 그 관계의 미래성을 드러낸다. "나는……되고 그는……되리라." 본래 이 말씀은 예언자 나단이 다윗에게 아들 솔로몬에 관해 말한 것으로, 솔로몬이 장차 왕이 될 때 일어날 일을 가리킨다. 그러나 히브리서에서는 이 관계가 이미 성취되었고,[1:2-3] 이름도 이미 상속되었다고 선언한다. 따라서 이 인용문은 본래부터 참된 것이 이제부터 영원토록 지속된다는 의미를 담는다. 이어지는 인용문들은 이 왕이 영원히 다스리신다고 선포한다. 독자들은 최근에 계시된 이 관계가 과거에도 존재해 왔으며 앞으로도 끝없이 이어진다는 확신이 들게 된다. 그들을 섬기기 위해 오신 분, 하나님의 임재 안에 거하는 최초의 인간이 하나님과 친밀한 관계를 이루며 언제나 그들 가운데 계신다.

히브리서 저자는 이 주장을 바탕으로, 구원자께서 항상 살아 계셔 그들을 위해 간구한다[7:25]는 사실을 상기시키며 독자들을 위로한다. 더 나아가 그는 뒤에서 그들을 하나님의 자녀라고 부르는데,[1:14; 2:10] 여기서 아들의 인격 안에서 하나님과 맺는 영속적 관계의 틀이 마련된다.

저자는 두 번째로 "또다시"(6절을 시작하는 말)개역개정은 "또"—옮긴이를 사용하여 하나님께서 아들에게 하시는 말씀을 이어 간다. 이 두 번째 구절[6절]에 나오는 인용문은 '모세의 노래'70인역 신 32장[42]를 떠올리게 하는데, 서두에서 저자는 아들에게 '맏아들'πρωτότοκος이라는 다른 가족적 칭호를 부여한다. 이 칭호는 아들이 속한 다윗 계보의 유산과 관계있다. 그분은 제왕시인 시편 89:28에서 말하는 상속자이자 맏아들이다. 신약성경에 익숙한 독자들은 누가복음에서 하나님의 아들이 마리아의 '맏아들' 곧 '프로토토코스'눅 2:7, 첫아들로 태어난 일과 천사의 무리가 그분을 맞아 하나님을 찬양한 일을 떠올릴 것이다. 이 칭호는 그분을 하나님 및 인간과 친밀한 관계를 맺는 자리에 세운다. 그분은 태어났으며,^{τίκτω} 이 사실이 그분을 바로 앞$^{히 1:5}$에서 언급된 신적인 아버지와 연결한다. 하나님의 아들을 태어난 분이라고 생각하는 것이 혼란을 일으키기도 하지만, 1장 전체에서 밝혀지는 '아들'의 이중적 의미는 이 문제를 해석하는 데 도움을 준다. 태어난다는 것은 단지 그분이 하나님과 부모-자식 관계에 있다는 사실을 보여주는 한 가지 방식이다. 히브리서는 이 관계가 영원토록 존재한다고 밝히며, 그렇게 볼 때 이 출생은 시간 속에서 이루어진 것이 아니라 영원한 사건이다. 더욱이 그분은 맏아들로 태어난 인간으로서 죽음을 정복했으며, 지금은 하나님의 임재 안에 육신을 입고 좌정하신다. 그분은 영원히 태어났을 뿐 아니라 인간으로 태어났으며, 이제 새롭게 '태어나' 메시아로서 다스리신다.

아들의 모든 '탄생'은 그분이 하나님 우편에 앉는 데 필수적이지만, 히브리서의 진술이 일관된 시간 순서를 유지한다면 "그(하나님)가 맏아들을 이끌어 세상에 다시 들어오게 하실 때"라는 구절이 가리키는 시간과 장소는 아들의 영원한 출생이나 베들레헴 출생보다는 보좌에 오를 때 가장 잘 부합한다. 여기서 하나님께서 아들을 "이끌어 들어오게" 하신다는 말은, 2:10에서 하나님께서 그분을 구원의 창시자로 이끄신다는 것과 연결된다. 하나님께서 아들을 높이 들린 자리로 이끄시는 것은 저자가 다른 곳에서 "세상"^{οἰκουμένη}이라는 말을 사용한 데서도 확인된다. 2장에서 저자는 장차 올 세상$^{2:5}$에 관해 말하면서, 그 세상은 높이 오르신 인간인 그리스도가 다스리시며 또 앞으로도 다스리실 것이라고 주장한다. 히브리서는 '오이쿠메네'(영역)를 단순히 '땅'을 가리키는 일반적 용법^{70인} $^{역 시 9:9; 17:16; 18:5; 23:1; 32:8; 48:2; 49:12; 71:8; 76:19}$보다 포괄적인 의미로 사용한다. 구체적으로 저자는 '오이쿠메네'라는 말로 별개의 영적 세계가 아니라 물리적 우주에 영향을 미치는 하나님의 영역을 묘사한다. 히브리서는 눈에 보이는 현재의 창조 세계에서 도피하는 것을 옹호하지 않으며, 오히려 하나님께서 만물을 구속하고 변화시켜 아들이 만물을 아무런 저항 없이 다스릴 수 있을 때를 기대한다.

아들은 '태어난' 분[τίκτω]일 뿐만 아니라 '맏이'[πρῶτος]로 태어난 분이다. 이 사실은 뒤에서[1:14] 곧 다루게 될 하나님의 다른 자녀들과 그분의 관계를 밝혀 준다. 하나님의 아들은 다른 자녀들을 위한 본보기가 된다. 하나님은 그들도 그분의 임재를 향해 나아가는 길로 인도하신다.[2:10; 4:9; 6:18-20; 10:19; 12:1] 그와 동시에 그분은 맏아들로서 다른 자녀들과 구별된다. 신명기 32장에 있는 이 말씀의 본래 맥락에서는 하나님께서 말씀하시는 것이 아니라 다른 화자가 하나님에 관해 말한다. 모세는 하늘의 군대에게 하나님을 예배하고 그분의 존귀하심을 찬양하라고 촉구한다. 히브리서의 경우 하나님께서 천사들에게 맏아들을 경배하라고 명하신다. 이 단락에서 인용된 여러 성경 본문들은 왕과 관련된 것으로 다윗의 계승자를 가리키지만, 신명기 32:43은 예외다. 이 구절에서 하나님은 모세가 하나님께 드린 찬양이 하나님의 아들에게도 마땅히 돌려져야 한다고 말씀하신다.

종교개혁 시대의 목회자 파이트 디트리히[Veit Dietrich]는 이렇게 말했다. "사도는 '너희 신들과 천사들은 모두 아들에게 경배할지어다'라는 구절을 인용하여 덧붙였다. 그런데 성경은 분명히 '너희는 주 하나님을 경배하고 오직 그분만을 섬겨라'라고 말한다. 우리가 그리스도를 경배해야 한다면, 당연히 그분이 하나님이라는 결론에 이른다."[43] 맏아들은 보좌에서 하나님의 다른 자녀들이 받을 수 없는 것을 받으며, 많은 이들의 맏이로서 그분이 받는 경배는 다른 이들에게 큰 영향을 끼친다. 그리고 그들은 그분이 다스리는 나라에 참여하게 된다.[히 12:28]

70인역 시편 103:4을 인용한 이 구절("바람을 자기 사신으로 삼으시고 불꽃으로 자기 사역자를 삼으시며")은 아들과 천사를 비교하는 역할을 하며, 동시에 여기에 인용된 다른 본문들과 몇 가지 차이를 드러낸다. 나는 이 단락[1:5-14]의 제목을 '하나님께서 아들에게 하신 말씀'이라고 달았으나,

이 인용문은 그 제목에 해당하지 않는다. 예외가 규칙을 입증한다. 이 인용문에서 하나님은 아들에게 말씀하시는 대신 천사에 "관해서" 말씀하신다. 따라서 나는 "또 천사들에 관해서는……라고 하셨으되"라고 번역했다. 이에 반해 아들에 관한 진술은 히브리서 1:6을 제외하고는 모두 직접적인 대화 형식으로 제시된다.

대화 형식 외에도 여기 시편은 하나님께서 "천사들을 (바람으로) 삼으신다^{ποιῶν}"고 말씀하는 데 반해, 1:2은 아들로 "말미암아"$^{δι' υἱοῦ}$ 모든 세계를 지으셨다고 말한다. 이 차이는 뛰어남에서 비롯된 구별을 뜻한다. 천사는 창조되었으나 아들은 그렇지 않다.[44] 이 시편은 하나님께서 그분의 목적을 이루기 위해 자연의 요소들을 사용하신다는 사실을 보여준다. 히브리서 저자는 이 주제를 강조하고자, 천사가 '바람' 곧 '프뉴마'^{πνεῦμα}와 '불꽃'$^{πῦρ φλόγα}$으로 창조되었다고 말한다. '프뉴마'는 바람이든 영이든, 어느 쪽으로 번역하더라도 그 유한하고 실체 없는 성격을 드러낸다.[45]

천사는 하나님께서 명하시는 곳이면 어디든 나타나며, 때로는 구체적인 모습으로 등장하기도 하지만,[13:2] 아들과는 달리 몸을 취한 적은 없다.[2:14] 천사는 '불꽃'으로 하나님의 임재를 드러내고,[12:18, 29] 하나님의 심판 사역에 참여하기도 한다.[10:27] 하나님의 사역자로서 천사는 소통과 섬김의 자리에서 산들바람처럼 부드럽게, 혹은 불꽃처럼 강렬하게 하나님의 명령을 수행한다.

저자는 히브리서 1:14에서 천사를 "섬기는 영"$^{λειτουργικὰ πνεύματα}$이라고 부르는데, 이는 시편 저자의 용어를 상기시킨다. 이 표현은 여기서 인용된 두 구절을 조합한 것이며, 아들과 천사 사이의 한 가지 공통점을 보여준다. 즉 이 둘은 모두 인간을 '섬기는 자'라는 것이다. 하나님은 인간의 유익을 위해 필요하다면 어떤 수단이라도 사용하신다. 천사는 구원받을 상속자들을 섬기라고 보내심을 받았고,[1:14] 아들은 하나님의 참된 장막에서 속죄와 중보 사역으로 섬기신다.[8:2, 6] 그러나 천사는 영으로든 불꽃으로든, 인간이 아닌 피조물의 일부로서 그 일을 수행한다.

그러나 오직 인간이 되신 아들만이 보좌에 앉아 섬김의 사역을 계속하신다. 제왕시에 속하는 70인역 시편 44:6-7의 인용문 다음 구절[8절]에서 하나님은 아들의 "보좌"에 관해 말씀하신다. 상속받은 이름에 대해 논할 때 언급했듯이, 많은 해석자들은 여기서 처음으로 하나님을 가리키는 말로 쓰인 '테오스'θεός를 호격으로 본다. 즉 하나님께서 아들을 "하나님이여"라고 부르신다는 것이다. 이 구절의 본래 맥락에서 시편 저자는 왕을 칭송하면서 최고의 존칭을 사용해 그를 하나님의 대리자로 일컫는다. 물론 이스라엘은 그들의 왕을 신격화하는 일을 거부했다.[46]

만일 이 본문을 하나님께서 영원토록 자신과 관계를 맺어 온 바로 그 아들에게 말씀하신 것이라면, 이 칭호는 존칭이면서 동시에 사실을 가리킨다. 이 칭호가 하나님을 가리킨다는 점은 이어지는 "주의 보좌는 영영하며"라는 구절에 의해 확증된다. 시편 저자는 왕의 아들들이 대를 이어 그 보좌를 물려받아 다스릴 것이기에 보좌가 영원히 지속되리라고 믿었다. 이는 하나님께서 왕의 자손에게 약속하신 말씀에 근거한 소망이었다. 그러나 히브리서에서는 청중이 이미 알고 믿는 진리, 곧 아들이 결코 다시 죽지 않으시기에 오직 아들만이 홀로 영원히 이 보좌 위에 앉으실 수 있다는 진리가 강조된다.

지난 인류 역사를 보면, 임기 제한 없는 왕위는 대개 부작용을 낳곤 했다. 그러나 여기서 말하는 통치자는 의로운 하나님의 본성을 그대로 반영하기에, 그 영원한 주권적 권세가 오용될 위험이 전혀 없다. 시편의 표현 자체가 그의 통치에 흠이 없음을 확증한다. '규'는 왕권 행사의 상징으로, 본문에서 왕은 자신의 나라를 위해 내린 결정을 언제나 공평하게 실행한다. 그는 의를 사랑하는 마음으로 정의롭게 다스리며, 반대로 불의를 미워한다. 시대와 장소를 막론하고 불의한 통치자에게 고통받는 이들에게, 선을 사랑하고 악을 미워하시는 분이 지극히 높은 보좌에 영원히 좌정하신다는 사실은 참으로 큰 위로와 인내의 힘이 된다.

하나님은 승천한 아들에게 보좌를 내어 주셨을 뿐 아니라, 아들의 의로움을 보시고 그 의로움 때문에 아들의 왕권을 입증하는 절차로 기름을 부으셨다. 이 본문은 예수에게 기름 부음을 받은 자, 곧 '그리스도'라는 영예로운 칭호가 사용된 첫 사례다(물론 이 표현은 3:6에 처음 등장한다). 교회사가 카이사레아의 유세비우스 Eusebius of Caesarea 는 기름 부음이 왕과 제사장, 때로는 예언자에게도 시행되었다는 사실을 잘 알고 있었다. 그래서 그는 이 구절에서 예수의 역할, 곧 하나님께서 말씀을 전하라고 보내신 아들이자 왕, 그리고 대제사장을 엿볼 수 있는 단서를 찾아낸다.[47] 이 시편시 45편의 첫 행처럼 이 구절의 첫머리에 나오는 '테오스'θεός는 호격으로 쓰여, "하나님이여, 주의 하나님께서……주께 기름을 부으셨나이다"라는 의미로 이해할 수도 있다. 하나님의 존재 안에 인격적 관계가 있음을 강조하는 히브리서 저자에게, 이 구절은 한분 하나님 안에서 이루어지는 풍성한 중첩으로 받아들여진다.

여기서 아들에 대해 "즐거움의 기름"이라는 표현이 사용된다. 이 독특한 어구는 히브리 성경에서 이곳 외에는 전혀 나타나지 않는다. 즉 제사장이나 왕에게 기름을 붓는 데 일반적으로 쓰이지 않은 표현이다. 일부 주석가들은 "즐거움"이라는 표현에서 기쁨을 주시는 하나님의 인격, 곧 성령을 읽어 낸다. 이 해석은 70인역 시편 50:14("주의 구원의 '즐거움'ἀγαλλίασιν 을 내게 회복시켜 주시고 자원하는 심령을 주사 나를 붙드소서")의 평행구에 의해 뒷받침된다. 종교개혁 시대 주석가 루카스 오시안더Lucas Osiander 는 이렇게 말했다. "그분은 즐거움의 기름, 곧 하나님이신 성령으로 기름 부음을 받았다. 성령은 자기의 은사를 아낌없이, 풍성하게 사람의 아들에게 부어 주셨다."[48] 성령에 대한 암시가 뚜렷하지 않더라도 "즐거움"이라는 표현은 왕의 즉위를 경축하는 성격을 지닌다. 죄를 정결하게 하는 사역이 이미 성취되었기에 기뻐할 이유가 충분하다. 저자가 12장에서 묘사하는 하나님

의 거룩한 도성은 바로 그런 기쁨이 넘치는 축제의 자리다.[12:22]

이러한 경축의 의미는 9절 마지막 행을 해석하는 데 도움이 된다. 시편은 아들이 자기 동류들보다 "뛰어난"[παρά] 방식으로 기름 부음을 받았다고 말한다. 앞에서 아들을 하나님의 다른 아들인 천사와 비교한 맥락에 비추어 보면, 이는 아들이 천사보다 뛰어남을 밝히는 또 다른 방식이다. 양쪽 모두 하나님의 뜻을 행하지만, 아들은 천사가 결코 누릴 수 없는 방식으로 왕위에 오른다. 또 양쪽 모두 인간을 섬기지만, 아들만이 기름 부음을 받은 인간 왕이자 제사장의 자격으로 그 일을 한다.

그러나 히브리서의 나머지 부분에서 '동류'를 뜻하는 단어 '메이토코스'[μέτοχος]는 메시아 예수와 운명을 같이하는 사람들을 가리킨다.[3:1, 14: 6:4: 12:8] 예수에게는 그들이 동반자가 된다는 사실이 기쁨이었다.[12:2] 하지만 그분이 기름 부음을 받을 때 그들은 그 자리에 있지 않았다. 적어도 눈에 띄는 방식으로는 함께하지 못했다. 다시 말해, 그분은 그들과 나란히 기름 부음을 받은 것이 아니라, 그들을 넘어서서 기름 부음을 받으셨다.[49] 따라서 그분의 기름 부음 받으심은 성령을 받는 일이나, 그분을 따르는 이들이 소명에 합당하게 기름 부음을 받는 것보다 훨씬 더 뛰어나다. 그 이유는 그분이 시간으로 보아 첫째, 곧 하나님과 함께 다스리는 첫 인간이기 때문이다. 아들은 성도보다 뛰어나기에 그들을 넘어선다. 성도도 나라를 상속받겠지만,[12:28] 아들은 왕위에 오른다. 그들도 제사장의 일을 하겠지만,[12:28: 13:15] 오직 그리스도만이 대제사장으로 지명된다. 시간과 질의 두 차원에서 아들이 지닌 뛰어남은 성도가 하나님 나라에 들어가 하나님을 섬기게 되는 근거가 된다. 죽음의 위협이나 정서적·정신적 싸움의 무게로 인해 궁지에 몰린 독자들에게, 영원하고 의로우며 기쁨이 충만한 왕이 만물을 다스리는 권세를 가지셨다는 사실은 말할 수 없이 큰 힘이 된다. 동시에 그분의 나라에 이르러 궁극적 목적을 이루게 되리라는 확신을 심어 준다.

10-12절에서 저자는 70인역 시편 101:26-28을 인용해 하나님의 말씀을 해석한다. 1:2에서 처음 언급된 대로, 아들이 참여한 창조 사역은 영원한 과거에서 영원한 미래에 이르기까지 아들의 적극적인 행위로 이루어진 것이다. 이 시편에서 억압 아래 있는 사람은 주님을 신뢰하며 부르짖는다. 하나님의 불변하심은 삶의 끊임없는 불안에 맞서는 방패가 된다. 시편 저자는 26-28절에서 계속해서 하나님께 직접 아뢰며 기도한다.

히브리서 저자는 이 본문을 인용하면서, 신명기 32:43을 인용한 6절과 마찬가지로 인간이 하나님께 드리는 찬양을 변형시킨다. 즉 영원하신 하나님께 드린 고백을, 이제 인간의 몸을 입은 아들에게 하나님께서 선포하시는 말씀으로 바꾼다. "주여, 태초에 주께서." 여기서 호격 "주여"κύριε는 앞 구절의 호격 "하나님"θεός에 상응한다. 하나님 아버지는 보좌에 앉은 아들이 언제나 합당하게 하나님이라 불려 오신 바로 그분임을 선언한다. 그분은 주님이시다.

이 진술은 시간적 관점에서 아들이 곧 하나님이심을 선언한다. 창조가 시작되기 전에 이미 아들은 존재하셨다. 영원히 피조물을 다스리실 왕[8절]은 "땅의 기초를 두신" 분이다. 하나님은 아들에게 "하늘도 주의 손으로 지으신 바"라고 말씀하신다. 3:4에 대한 논의에서 볼 수 있는 것처럼, 뛰어난 건축가인 아들이 아버지와 함께 손수 땅의 기초를 놓고 하늘을 지으셨다고 말하는 것이 적절하다. 저자는 1:3에서 그랬듯이 온 우주에 아들의 손길이 담겨 있다고 강조한다.

그러나 아들의 흔적이 남아 있는 것들도 아들 자신처럼 영원하지는 않다. 창조된 것은 "멸망할" 것이며, "옷과 같이 낡아지리니……옷과 같이 변할 것"이다. 창조된 모든 것은 왔다가 가고, 옷처럼 닳아 없어지며 변한다. 과학도 이러한 변화를 확인시켜 준다. 가령 인간의 몸에서 세포가 끊임없이 교체되는 과정을 생각해 보라. 아들은 이 변화 과정에서도 주도적 역할을 하신다. 성경은 말한다. "(너희가) 의복처럼 갈아입을 것이요."

히브리서 저자는 시편에서 인용한 구절들을 근거로 피조물 자체가 소멸된다고 주장하려는 것이 아니다. 시편 본문은 오히려 아들의 붙드시는 능력을 뒷받침하는 증거로 사용된다. 이 때문에 저자는 피조물이 본질상 영원하다고 보는 모든 사상과 충돌한다. 앞서 진술했듯이 만물은 아들의 능력 있는 말씀으로 지탱된다.[13] 피조 세계의 많은 것들이 사라진다 해도, 아들은 더욱 많은 것들이 새롭게 생겨날 것임을 보장하신다.

저자가 인용한 시편은 이러한 규칙적인 새로워짐을 말하는 것이지, 아들이 모든 물질을 파괴한다거나 하나님의 뜻과 무관하게 멸망이 일어난다고 말하는 것이 아니다. 피조물은 멸망하지만 동시에 부활에 이른다. 아들이 친히 인간의 몸을 입으신 것은 인간만이 아니라 모든 피조물을 위한 본보기다. 12:26-27에서 언급되듯이 큰 진동이 있더라도 흔들리지 않는 것들은 남아서 그분에 의해 지탱될 것이다. 창조 질서의 끊임없는 변화, 그리고 마지막에 피조물이 정결하게 되는 사건은 자연을 향한 하나님의 변함없이 은혜로운 성품을 보여주는 증거가 된다.

이 시편은 아들을 소멸하는 피조물들 옆에 나란히 놓고 "오직 주는 영존할 것이요……주는 여전하여 연대가 다함이 없으리라"고 말한다. 이 시편은 히브리서 13:8("예수 그리스도는 어제나 오늘이나 영원토록 동일하시니라")과 유사하게 아들의 존재가 변함없으며 능력으로 충만하다고 선포한다. 그런데 놀랍게도 저자는 아들이신 분이 변화를 "겪었다"고 단언한다. 마지막 날에 그분은 죄를 정결하게 하고 하나님 우편에 앉으신다. 그분은 하나님의 아들이라는 영예로운 칭호를 상속받는데, 이는 그분이 영원한 존재로서 하나님의 아들인 것과는 다른 것이다. 1장 전체는 일관되게 다음과 같이 주장한다. "그분과 하나님의 관계는 변함이 없으며, 그런 영원한 신적인 관계에 따라 그분은 자기에게 맡겨진 하나님의 뜻을 기꺼이 성취한다. 그리고 그분은 새로운 일을 겪고서 마침내 메시아 칭호를 받는다." 이제 아들은 육신을 입은 주권자로서 만물을 다스리는데, 이 만물은 그분이 창조주로서의 신적 권리로 영원토록 소유하던 것이다. 이 시편 저자처럼 삶을 위협하는 문제로 근심하는 독자들이 있다면, 그들은 구속자이신 예수께 의뢰할 수 있다. 그분은 영원토록 만물을 다스리는 주님이다.

마지막 부분히 1:13에 인용된 70인역 시편 109:1은 몇 가지 이유로 이 자리에 놓인 것으로 보인다. 첫째, 이 인용문은 예수 전승에도 등장한다.마 22:44; 막 12:36; 눅 20:42 또한 사도행전과 바울 서신 같은 초기 기독교 문헌에도 반복해서 언급된다.행 2:35; 고전 15:25 따라서 이 본문을 인용한 것은 공동체가 공유하던 믿음을 재확인하거나, 이미 그들을 하나로 묶어 주던 신앙고백을 명시하려는 목적이 있었을 수 있다. 히브리서 저자는 이후에도 이 본문을 여러 차례 인용하거나 암시한다.히 8:1; 10:13; 8:1에 대한 논의 참조 그리스도인들은 바로 이 본문을 통해 자신들이 주님으로 고백하는 아들이 유대인들이 오랫동안 기다려 온 다윗의 후손임을 선언했다.

둘째, 이 인용문은 저자가 1장에서부터 계속 주장해 온 그리스도의 주권적 지위를 확인해 준다. 파이트 디트리히는 이 본문을 1:3과 연결 지어 이렇게 설명한다. "하나님 우편에 앉는다는 말은 하나님과 동등한 권위를 가지고 만물을 통치하는 것을 뜻한다."[50] 크리소스토무스는 다음과 같이 말한다. "아버지가 아들에게 행해진 일들에 대해 분노하시는 것도 아버지의 주권과 동등한 존엄, 영광에 속한 일이지, 연약함을 나타내는 것이 아니다."[51] 하나님은 아들의 원수를 갚으실 것이며, 육신을 입은 하나님의 아들을 대적하는 세력은 인간 전체를 대적하는 것이다. 궁극적인 승리와 함께 모든 형태의 속박으로부터의 자유가 보장된다.

저자는 이 인용문을 제시하면서 "어느 때에 천사 중 누구에게……라 하셨느냐"라는 물음을 덧붙여 아들과 천사의 지위를 비교하도록 유도한다. 저자는 아들을 천사와 비교함으로써 일관되게 아들의 주권을 강조한다. 천사의 무리는 보좌를 에워싸고 하나님을 섬기며, 땅에서는 하나님의 명령을 수행한다.14절; 2:2 그럼에도 그들은 하나님으로부터 권세 있는 자리에 앉도록 부름받은 적이 없다. 육신을 입은 아들은 죄를 정결하게 하는 사역을 마치셨기에, 권세 있는 자리에 "앉아 있으라"는 하나님의 말씀을 듣고 하나님 "우편" 그 자리에서 영원토록 다스리신다.

마지막으로, 70인역 시편 109:1은 약속이라는 요소를 도입한다. 아들이 보좌에 앉으셨지만 원수들은 여전히 남아 있다. 하나님은 아들에게 "내가 네 원수로 네 발등상이 되게 하기까지" 앉아 있으라고 말씀하시며, 결국 원수들이 아들에게 복종할 것임을 약속하신다. 이 약속은 2:8에 인용된 70인역 시편 8:7에서 하나님께서 인간에게 확언하신 말씀을 떠올리게 한다. 사도 요한에 따르면 인간으로서 아들은 이제 상처입은 발을 가졌고,[요 20:27] 하나님은 그 발아래 원수들을 던져 넣으신다. 그러나 이 사건은 미래의 일로 남아 있다. 모든 것이 아들에게 속하는 이유는 아들이 영원한 상속자이자 만물을 창조하고 붙드는 분이며, 죄의 문제를 해결하여 피조물을 되찾으셨기 때문이다.[2:14 - 15 주석 참조] 아들의 사역으로 원수들의 패망은 이미 확정되었다. 그러나 원수들의 공격이 여전히 계속되기에 청중은 믿음의 싸움[3-4장]과 박해,[10:32 - 34] 죽음[12:3 - 4]에 직면한다.

아들은 상속자로서 받은 유산이 원수들의 공격과 그로 인한 상처에서 자유롭게 되는 날을 기다리신다. 이것이 아직 남아 있는 약속이다. 아들의 주권은 이미 확립되었지만, 아직 완전히 실현되지 않았다. 그렇다면 이 중간 시기를 살아가는 우리에게 던져진 물음은 이것이다. 우리는 과연 지금 어떻게 살아야 하는가? 이 질문이야말로 히브리서 저자가 목회자로서 제시하는 권면의 중심이다.

이 단락의 마지막 질문("모든 천사들은 섬기는 영으로서 구원받을 상속자들을 위하여 섬기라고 보내심이 아니냐")은 독자들의 시선을 다시 천사에게 돌리며, 아들이 천사보다 뛰어남을 확증한다. 천사와 아들을 나란히 비교할 때 아들의 우월성이 더욱 분명히 드러난다. 앞서 언급한 대로 아들은 인간의 유익을 위해 섬기시는 분이다.[8:2, 6] 이것이 하나님께서 아들을 인간에게 보내신 이유다.[3:1] 히브리서 저자가 마가복음[10:45]이나 요한복음 13장처럼 아들의 섬김을 직접적으로 묘사하지는 않지만, 단번에 성취되고 지금도 효력을 지닌 제사장 사역은 분명 섬김의 행위다.

섬기는 영인 천사와 비교할 때 차이는 두 가지로 요약된다. 첫째, 천사는 수가 많지만 주님은 오직 한분이다. 둘째, 천사는 영이지만 아들은 몸을 입으셨다. 속죄 사역을 완수하신 그분만이 하나님의 보좌에 앉으실 수 있다. 하나님이자 메시아이신 아들만이 그 사역을 감당할 자격을 지닌다. 천사에게는 그러한 자격이 없다.

아들이 천사보다 높임받으셨다는 사실을 말하는 것이 곧 천사를 부정적으로 보는 것은 아니다. 천사는 하나님의 백성을 구원하는 일에서 중요한 역할을 담당한다. 특히 율법을 전달하는 일에서 천사가 맡은 역할은 뒤에서 다시 언급된다.[2:2] 히브리서 1장의 끝에서 저자는 천사가 "구원받을 상속자들"을 위해 섬긴다고 말한다. 구원을 '상속'으로 설명하는 것은 아들과 인간을 연결하려는 저자의 일관된 의도를 보여준다. 아들이 상속자로 지명되었으므로[1:2] 인간도 역시 상속자다. 인간은 천사의 섬김에 힘입어 앞에 놓인 구원이라는 유산을 향해 흔들림 없이 나아간다.

아들의 원수는 아직 그분의 발아래 완전히 복종하지 않았다. 그러므로 천사는 고난 가운데 있는 이들을 돕는다. 히브리서 저자는 천사의 가치를 인정하면서도 그들이 아들과 경쟁하지 않는다는 점을 분명히 한다. 천사와 아들은 한 팀을 이루어 피조물을 이롭게 하려는 하나님의 뜻을 실행한다.

1장에서는 성경의 암시와 하나님께서 친히 하신 말씀을 통해 존귀하게 높여지신 아들에 대해 논했다. 이 주제는 복잡하지만 단순한 신학 이론이나 학문적 논의에 그치지 않는다. 오히려 그것은 하나님께서 인간에게 다가와 인간의 구속을 완성하신, 그 소통하심의 탁월한 본보기다. 그러므로 어떤 형편에 있든 독자들은 선을 이루시려는 하나님의 의지가 변함없음을 알기에, 흔들리지 않고 부르심을 따라 인내하며 나아갈 수 있다.

겸손하신 아들

히브리서 저자는 신학적 아름다움의 정수를 담은 서두에서, 메시아로 높이 올려지신 영원한 아들 안에서 계시된 말씀을 통해 하나님의 주권과 은혜를 선포했다. 이때 인간에 대한 언급이 전혀 없는 것은 아니지만, 초점은 확고히 하나님의 사역에 맞추어져 있었다. 그러나 2장에 들어서면서 시선은 하나님께 귀 기울이는 사람들, 곧 저자 자신과 그의 청중인 공동체로 옮겨진다. 첫 구절은 앞선 내용과의 연관성을 확인하면서 동시에 새로운 초점을 명확히 한다. 저자는 청중(그리고 자신)에게 들은 말씀을 더욱 주의 깊게 붙들라고 권면한다. 1장에서 전개된 모든 논지가 이 권면을 뒷받침한다.

그들은 이미 하나님의 말씀을 들었으며("하나님이……우리에게 말씀하셨으니"), 하나님께서 가장 뛰어난 아들 안에서 말씀하셨기에[1:2] 그 음성에 귀 기울여야 할 필요성은 더욱 커졌다. 이를 강조하기 위해 저자는 과거 하나님께서 말씀하신 일과 지금 말씀하시는 일을 비교한다. 그리고 현재 이루어지는 하나님의 소통하심을 두 가지 측면에서 설명한다. 첫째, 삼위일체적 특성이다. 그는 "주",[2:3] "하나님",[2:4] "성령"[2:4]을 언급하며 이를 드러낸다. 둘째, 구체적인 특성이다. 인간은 이 소통에서 단순한 수신자[2:4]일 뿐 아니라 전달자[2:3]로 부름받는다.

저자는 과거에 그들 가운데 이루어진 구원에 대해 설명한 뒤, 이제 현재와 미래에 이루어질 구원의 의미를 다룬다. 시편 8편(본문 일부가 히 2:5-7에 인용됨)에 나타난 하나님의 계획은, 인간이 온 피조 세계를 영광스럽게 다스리는 것이다. 그러나 이 계획은 완전히 실현되지 못했으며, 저자는 그런 현실의 원인으로서 죽음과 죄의 세력을 지목한다.[1:3; 2:9, 14-15, 17]

하나님은 예수를 보내 얽힌 문제들을 해결하신다. 저자는 인간을 주제로 다루는 시편을 특히 예수에게 가장 적합한 설명으로 받아들인다. 예수는 고난을 겪고 죽으신 뒤 만물을 온전히 다스리는 권세를 얻으셨다.[2:8-10] 저자는 먼저 예수께서 인간과 맺으신 가족적 관계에 초점을 맞추고, 아들이 성경을 인용해 스스로 그 관계를 설명하신다고 말한다.[2:12-13] 이어서 그는 아들이 혈과 육을 지녔기에 유혹과 죽음을 겪었으나, 결코 죄와 죽음에 패배하지 않으셨다고 선포한다. 오히려 아들은 죄와 죽음을 정복하셨다.[2:14-15] 이로써 아들은 자신의 형제자매들, 곧 하나님의 언약 가족에 속한 사람들을 안전히 인도하신다. 그들을 죄와 사망에서 건져 내어 하나님의 영광스러운 나라로 이끄신다. 여기서 저자는 처음으로 아들의 사역을 대제사장적 임무로 규정한다.[2:17-18]

2:1-4 유념하라

[1]그러므로 우리는 들은 것에 더욱 유념함으로 우리가 흘러 떠내려가지 않도록 함이 마땅하니라. [2]천사들을 통하여 하신 말씀이 견고하게 되어 모든 범죄함과 순종하지 아니함이 공정한 보응을 받았거든 [3]우리가 이같이 큰 구원을 등한히 여기면 어찌 그 보응을 피하리요. 이 구원은 처음에 주로 말씀하신 바요 들은 자들이 우리에게 확증한 바니 [4]하나님도 표적들과 기사들과 여러 가지 능력과 및 자기의 뜻을 따라 성령이 나누어 주신 것으로써 그들과 함께 증언하셨느니라.

저자는 앞에서 다룬 내용을 확실히 이어 가기 위해 첫 문장을 "이것 때문에"[2:1. 개역개정은 "그러므로"―옮긴이]라는 말로 시작한다. 여기서 "이것"은 하나님께서 아들 안에서 하신 말씀을 가리킨다. 즉 만물을 창조하시고 인간과 소통하며 관계를 이어 오신 그분이, 아들 안에서 인격적으로 나타나신 바로 그 하나님이라는 사실을 드러낸다. 이 계시는 옛적부터 인간과 함께하며 말씀하셨던 하나님께서 포괄적이고 영원한 승리를 이미 확고히 하셨음을 보여준다. 하나님께 귀 기울이는 일은 언제나 필요했지만, 죄가 정결하게 되고 원수의 패배가 확실해진 지금, 그 필요성은 더욱 커졌다. 아들을 통해 주신 하나님의 메시지에 귀 기울이는 것 외에 이 승리에 이르는 다른 길은 없다.

1장과 2장은 하나님께서 언약 백성에게 도움을 베푸셨다는 주장을 공유한다. 하나님은 구원받을 상속자들에게 천사를 보내 섬기도록 하신다.[1:14] 그들이 구원을 기다리며 시험당할 때, 하나님은 시험당한 아들[2:18]을 '돕는 이'[ἀπόστολος, 3:1]로 보내신다. 천사들을 통해, 그리고 이제 아들을 통해 이루어지는 하나님의 도우심은 그분이 베푸시는 은총의 일관성을 입증한다. 이 진술은 아들이 천사보다 뛰어나다는 것을 말할 뿐만 아니라, 천사가 아들의 경쟁자가 아닌 하나님의 일에서 아들의 동역자라는 사실을 보여준다. 이렇게 볼 때 천사의 도움도 커다란 복이긴 하지만, 온전히 인간의 조건 속으로 들어오신 분의 도움에는 결코 견줄 수 없다.

서신의 첫 두 장을 잇는 두 번째 연결 고리는 1:14의 진술에서 찾아볼 수 있다. 하나님은 구원의 상속을 약속하셨고, 그 약속을 기다리는 이들은 천사의 섬김을 받는다. 그러나 동시에 저자는 구원이 아직 상속되지 않았음을 분명히 한다. 구원은 여전히 미래의 사건이다. 따라서 아들과 그분을 따르는 이들은 모두 아들이 시작하신 일이 완성되어 원수들이 그 발아래 놓이고,[1:13] 구원이 성취되기를[1:14] 기다리고 있다. 그들은 천사의 섬김을 받으면서도 미래의 성취에 이를 때까지 굳건히 인내해야 한다.

이러한 이유로 저자는 "들은 것에 더욱 유념하라"[2:1]고 권면한다. 여기서 '유념하다'는 단순히 나쁜 일을 피하려고 주의하는 것[마 16:6; 눅 12:1]일 뿐 아니라, 좋은 일에 온전히 마음을 두는 태도[행 8:6; 16:14]까지 포함한다. 그들이 들은 메시지는 무엇보다도 좋은 소식이기에 마땅히 마음을 집중해야 한다. 저자는 이 첫 번째 권면에서 '무엇을 해야 하는가'를 제시하고, 이어 3장에서는 '어떻게 해야 하는가'를 가르친다.

저자는 "유념하라"는 권면을 강조하며, 듣는 일에 실패할 때 어떤 결과를 맞게 될지 분명히 밝힌다. 불확실한 시대를 사는 이들이 주의를 집중하지 않으면, 굳게 붙잡아야 할 것을 놓치고 "흘러 떠내려가"[παραρρυῶμεν] 큰 대가를 치르게 된다. 이 동사는 신약성경에서 드물게 쓰이는 표현으로, '흐르다'라는 뜻의 동사 '레오'[ρέω]에서 파생되었다.[흐르는 물, 요 7:38; 70인역 사 44:4] 저자가 12장에서 인용하는 잠언 3:21에서도 이 말은 능동태로 등장한다. "내 아들아, 완전한 지혜와 근신을 지키고 이것들이 네 눈앞에서 떠나지[παραρρυῆς] 말게 하라." 그러나 히브리서에서는 수동 가정법으로 쓰여 '우리가 흘러 떠내려가지 않도록'이라는 의미가 된다.

이는 곧 청중이 스스로 들은 것을 버리려 하지는 않더라도, 굳게 붙잡지 않으면 결국 주변에 휩쓸려 신앙에서 멀어질 수 있음을 경고한다. 저자는 강한 어조로, 믿음에는 중립적이거나 정체된 태도가 있을 수 없다고 주장한다. 정신을 차려 유념하든지, 아니면 휩쓸려 뒤처지든지 둘 중 하나뿐이다.

이 진술은 우리가 믿음을 어디에 두고 있는지 돌아보게 하는 자극제가 된다. 동시에 경고가 불필요한 죄책감으로 흐르지 않도록, 저자는 1장에서 선포된 아들에 관한 선하고 능력 있는 말씀으로 다시 시선을 돌린다. 이 말씀은 고난과 핍박의 세력[10:32-39; 12:3-11; 13:3]이 아무리 강해도 등을 돌릴 수 없을 만큼 복되고 고귀한 메시지다. 결국 이 경고는 외부의 유혹으로 신앙고백이 흔들리고, 고난 속에서 그리스도를 굳게 붙들 가치가 있는지 저울질하는 이들을 겨냥한다. 아직 구원을 상속받지 않은 그들이들은 것을 굳게 붙잡아야 한다는 것이다. 저자는 그리스도의 위엄을 찬양하고 복음에 유념하라고 촉구하면서, 청중이 박해에 굴복할 가능성을 가능한 한 차단하려 한다.

그러나 인간의 본성은 기이하게도 스스로를 파괴하는 쪽으로 기울곤 한다. 그래서 저자는 "더욱"이라는 비교 표현을 덧붙이며, 아들에 관해 들은 내용을 굳게 붙잡아야 한다고 강조한다. 이 말씀은 과거 하나님께서 주신 메시지보다 훨씬 더 중요하다. 이런 비교는 서신에 처음 나오는 단언과 연결된다. 하나님께서 예언자들을 통해 주신 말씀도 귀하고 반드시 필요했지만, 아들을 통해 주신 말씀에 비할 수는 없다. 아들은 하나님의 존재에 광채와 형상으로 참여하시는 분이며,[1:3] 영원한 창조자이자 붙드시는 분이다.[1:2, 3, 8-12] 그러므로 아들을 통한 계시는 하나님을 더욱 완전하게 드러낸다. 이로써 예언자들의 말이 사라지거나 불필요하게 된 것은 아니다. 오히려 그들의 말은 아들의 계시를 이해하는 토대가 된다. 나아가 아들의 삶 속에서 드러난 하나님의 말씀을 통해 해석되며, 지금도 꼭 필요하고 유용한 것으로 남아 있다.

아들을 통해 주신 하나님의 말씀을 저버리는 것은, 천사가 전한 말씀을 따르지 않는 것보다 훨씬 더 심각한 결과를 낳는다. 우리는 그 말씀을 더욱 굳게 붙잡아야 한다. 이 구절을 통해 히브리서가 암시하는 한 가지 사실이 드러난다. 하나님은 때때로 천사를 말씀의 매개자로 삼아 인간과 소통하셨으며, 따라서 천사를 통해 주신 말씀은 예언자를 통해 주신 말씀[1:1]을 보충하는 또 다른 방식이었다. 그 대표적 사례가 하나님께서 시내산에서 모세에게 주신 율법이다.[출 20-35장] 1세기에 활동한 일부 주석가들에 따르면 이 율법은 천사를 통해 전달되었다. 바울은 갈라디아서 3:19에서 이를 언급하며, 사도행전 7:30, 38, 53에도 같은 전승이 반영되어 있다.[1]

이 말씀은 사람들에게 권위 있고 중대한 것으로 인정받음으로써 "확증"되었다.[2:3] 말씀에 순종하지 않는 이들은 반드시 "마땅한 보응을 받았다." 이스라엘은 우상을 섬기지 말라는 첫 번째 계명[출 20:4]을 어기고 금송아지를 만들어,[출 32장] 율법의 엄중함을 거리낌 없이 시험했다. 저자는 그들이 범한 불순종의 성격을 "모든 범죄함"παράβασις과 "순종하지 아니함"παρακοή이라는 두 단어로 설명한다. 신약성경에서 '파라바시시스'παράβασις는 언제나 율법과 관계있다. 범죄함이란 모래 위에 그어 놓은 선을 넘어서는 것을 뜻하기 때문이다. 이스라엘은 하나님께 직접 율법을 받았음에도 순종하지 않았다. 두 번째 용어는 듣는 일의 중요성을 강조하는데, 이것이 설교의 첫 부분 전체에 걸쳐 등장하는 주제다.[히 2:1, 3: 3:7, 15-16: 4:2, 7] 그리고 '파라쿠오'παρακούω는 듣기는 해도 순종하지 않음을 뜻한다.

이스라엘이 첫 번째 불순종의 대가로 받은 벌은 혹독했다. 그들은 자기들이 만든 금송아지를 먹어야 했으며,[출 32:20] 3천 명이 죽임을 당했다.[출 32:28] 야훼께서 백성을 치셨다.[출 32:35] 히브리서 저자는 이 벌이 "마땅한" 것이라고 본다. 구속과 생명을 주시는 하나님을 거부한 자는 사망의 참화에 직면할 수밖에 없다. 하나님을 떠난 결과는 무덤과 같다. 저자가 볼 때 천사들이 전한 말씀에 노골적으로 불순종하는 죄, 곧 하나님께서 금하신 일을 행하는 것이 그런 결과를 초래했다면, 아들 안에서 이루어진 하나님의 소통하심에 맞서는 행위는 비록 작은 일일지라도 마땅히 심판을 받아야 한다.

저자는 하나님의 아들이신 말씀을 거부하는 태도를 과거 이스라엘의 불순종과는 다른 용어로 묘사한다. 이스라엘은 하나님의 계명을 '넘어가고'παράβασις 그 말씀을 듣고도 순종하지 않았지만,παρακοή 이 공동체는 "등한히 여기는" 태도를 보였다. 이는 적극적인 거부라기보다 떠나가거나[마 22:5] 하찮게 여기는 것[딤전 4:14]에 가깝다. 그러나 하나님께서 언약을 지키지 않는 이스라엘을 등한히 여기신 것처럼,[히 8:9: 70인역 렘 38:32] 등한히 여김은 결코 가벼운 잘못이 아니다.

이는 겉으로는 수동적인 반응처럼 보이지만, 아들을 통해 주어진 메시지의 무게를 생각하면 훨씬 더 심각한 위반이다. 그들이 하나님의 아들 안에서 들은 말씀을 등한히 여긴다면 결국 '큰 구원'을 잃게 될 것이다. 이 구원은 천사들의 섬김을 받으며 상속되리라 기대되는 것이며,[1:14] 죄를 정결하게 함[1:3]과 아들의 나라에 들어가는 것을 포함한다. 아들의 나라는 끝이 없으며, 마침내 원수들이 더는 위협하지 못할 날이 올 것이다.[1:13] 그러므로 이 구원을 등한히 여기는 자에게는 피할 길이 없다. 저자는 단호하게 묻는다. "우리가 이같이 큰 구원을 등한히 여기면 어찌 그 보응을 피하리요."[2:3] 12장에서 저자는 율법을 받은 세대가 심판을 피하지 못했음을 다시 상기시키며, 아들의 구원을 등한히 여긴 자는 더욱 엄중한 심판이 있을 것임을 확증한다.[12:25]

저자는 아들이 이루신 구원의 위대함을 강조하기 위해, 그 구원이 전해진 방식을 상세히 설명한다. 모세가 천사를 통해 율법을 받은 것과 달리, 이 큰 구원은 세 가지 신적 증언을 통해 청중에게 이르렀다.

첫째, 이 구원은 "처음에 주께서 말씀하신 것"[2:3]이다. 1장에서 저자는 하나님이 영원한 창조자요 왕이신 아들을 통해 말씀하셨다고 선포했다. 이어서 2장에서는 바로 그 아들이, 이 큰 구원이 임했음을 가장 먼저 선포한 분이라고 밝힌다. 저자는 1:10에서 70인역 시편 101편을 인용하며 아들을 "주"^{κύριος}라고 부른 것처럼, 여기서도 동일한 칭호를 사용한다. 또한 그는 7:14에서 아들이 유다 지파에서 나셨다고 언급하고, 13:20에서는 부활을 논하면서 다시 이 칭호를 사용한다. 흥미롭게도 저자는 히브리 성경에서 하나님 아버지를 가리킬 때 쓰인 "주"라는 칭호[7:21; 8:8-11; 10:16, 30; 12:5-6]를 아들에게도 적용한다. 즉 인간의 삶을 살아가시며 하나님의 구원의 기쁜 소식을 전하신 예수께 이 칭호를 붙인 것이다. 이 대목은 저자가 사복음서 전승을 포괄적으로 인식하고 있음을 보여주는 첫 사례다.

둘째, 그 말씀은 주님께서 말씀하시는 것을 들은 사람들을 통해 널리 퍼져 나갔다. 저자는 그 말씀을 "들은 자들이 우리에게 확증"했다고 말한다.[2:3] 율법의 말씀이 확증되었던 것처럼[2:2] 이 구원도 '확증'βεβαιόω 되었다. 즉 그리스도께서 구원의 소식을 전하도록 보내신 사람들이 저자와 그의 공동체에게 확증해 주었다. 이 구원의 소식은 그것을 듣고 삶이 변화된 사람들에 의해 전달되었다. 그들은 주님께서 그들에게 선포하신 구원의 기쁜 소식의 생생한 증거를 제시했다. 학자들은 "들은 자들"이 주님에 관한 메시지를 들은 것인지[2], 아니면 직접 주님께 말씀을 들은 것인지[3]를 두고 논쟁을 벌여 왔다. 후자가 더 설득력 있는 해석으로 여겨진다.

주님을 부인했다가 회개한 베드로,[요 18:25 – 27; 21장] 귀신 들림에서 치유된 막달라 마리아,[눅 8:2] 불신앙에서 돌이킨 예수의 형제 야고보[요 7:5; 고전 15:7]와 같은 사람들을 떠올릴 수 있다. 천사들이 하나님의 말씀을 모세에게 전했던 반면, 아들이 전도자로 파송한 이들은 구원의 말씀을 이 공동체에 전했다. 이 큰 구원은 수천 년 동안 하나님께서 소통해 오신 바와 일치하며, 이어지는 진술에서 확인되듯이 그들 한가운데 제시된 하나님의 증거에 의해 확증되었다. 따라서 전도자로 파송된 이 사람들은 주님과 연결되었다고 보는 것이 옳다. 그들은 주님께서 이루신 구원의 증인이기 때문이다.

마지막으로, 하나님은 그들이 전한 메시지를 여러 증거로 입증하시며 그 권위를 확증하신다. 하나님은 이 구원의 메시지를 "표적σημεῖα과 기사τέρατα와 능력δυνάμεις", 그리고 자신의 뜻에 따라 성령이 나누어 주신 은사들로 증언하셨다. 이 삼중 구조는 바울 문서에서도 세 차례 등장한다.[롬 15:19; 고후 12:12; 살후 2:9] 이는 특별한 수사적 조합이라기보다, 하나님의 은사가 지닌 거룩하고 은혜로운 능력을 일반적으로 표현하는 방식이다. 사도행전과 다른 서신들에서 확인되는 바, 아들을 통한 구원 메시지의 계시와 수용은 은밀하거나 숨겨진 방식으로 이루어지지 않았다. 하나님께서 행하신 일은 강력하고 확실하며, 오류 없는 신적 방식으로 드러났다.

이 구절에서 말하는 하나님의 은사들 가운데 마지막, 곧 "성령이 나누어 주신 것"은 다른 모든 것을 가능하게 하는 은사다. 히브리서는 성령이 하나님의 백성에게 말씀하시는 사역을 강조한다.[3:7; 9:8; 10:15] 따라서 본문은 성령을 하나님께서 큰 구원을 증언하시는 한 가지 방식으로 제시한다. 이 표현이 속격으로 쓰인 점을 고려하면 은사들은 성령으로부터 주어진 것이라고 볼 수 있으며, 동시에 하나님께서 큰 구원을 받은 이들에게 성령을 부어 주신 것으로 이해할 수도 있다.

이 두 번째 해석은 사도행전의 증언과도 잘 맞는다. 초기 교회는 성령이 임하실 때,[행 2:18-19, 38-43] 그리고 성령이 그들의 사역에 동행하실 때[행 4:30; 5:12; 6:8; 14:3; 15:12] 표적과 기사를 경험했다. 이는 공동체가 성령에 참여한다는 히브리서의 주장과 정확히 일치한다. 비록 성령의 사역을 언급하는 경우가 많지는 않지만, 그러한 언급은 공동체의 삶을 지탱하는 강력한 기반을 형성한다. 히브리서에서 성령은 인간이 하나님의 구원에 참여할 길을 여신다. 아들이 자신을 구원의 제물로 드리도록 이끈 분도 성령이다.[9:14] 그러므로 성령에 참여하는 것은 회개의 표지들 가운데 하나이며,[6:4] 아들을 거부하는 것은 곧 은혜의 성령을 욕되게 하는 일이다.[10:29] 신약성경의 다른 저자들[롬 8장; 행 2장; 요 14장; 벧전 1장]과 마찬가지로, 히브리서 저자는 성령의 선물을 통해 인간이 하나님의 생명에 참여할 수 있다고 주장한다.

마지막 구절에서 저자는 하나님의 은혜와 그분이 인간과 관계 맺기를 원하시는 마음을 강조한다. 이 큰 구원은 하나님의 '뜻을 따라' 다양한 방식의 증언으로 계시되었다. 10장에서 다시 다루겠지만 아들은 하나님의 뜻을 이루기 위해 오셨고,[10:7, 9] 인간의 성화가 곧 하나님의 뜻이다.[10:10]

성화를 이룰 때에만 인간은 주님을 볼 수 있으며,12:14 하나님의 뜻을 행할 수 있다.10:36; 13:21 하나님은 거룩함을 잃은 인간을 버리지 않으시고, 오히려 그들이 회복되도록 필요한 모든 것을 부어 주셨다. 이 회복이 바로 구원이다.

후대 전통의 용어로 말하면, 이 첫 번째 권면은 하나님의 구원을 삼위일체적이며 동시에 육화된 것으로 묘사한다. 아버지와 아들과 성령은 이 큰 구원을 전하실 때 여러 방식을 사용하신다. 청중은 다른 이들을 통해 이 구원을 듣고, 공동체의 말과 행동 속에서, 다시 말해 하나님의 거룩한 현존으로만 설명할 수 있는 사건들을 통해 그 구원이 드러나는 것을 보게 된다.

그러나 만일 이 모든 증언을 거부한다면, 그들은 구원을 상속받기를 기다리지 않는 자들과 같은 운명을 피할 수 없다.1:14 저자는 독자들이 '왜 하나님에게서 멀어지려 하는가'라는 문제를 자문하게 만든다. 외부의 압력은 그들을 하나님의 말씀에서 멀어지게 하지만, 저자는 그들을 다시 소통의 공동체 안으로 불러내어 더욱 굳건히 묶는다. 아들을 통해 주어진 구원에 꾸준히 마음을 두는 것은 선하고 바른 일이며, 동시에 깊은 기쁨을 낳는다.

2:5 – 18 우리와 우리의 구원을 위해

⁵하나님이 우리가 말하는 바 장차 올 세상을 천사들에게 복종하게 하심이 아니니라. ⁶그러나 누구인가가 어디에서 증언하여 이르되 사람이 무엇이기에 주께서 그를 생각하시며 인자가 무엇이기에 주께서 그를 돌보시나이까. ⁷그를 잠시 동안 천사보다 못하게 하시며 영광과 존귀로 관을 씌우시며 ⁸만물을 그 발 아래에 복종하게 하셨느니라 하였으니 만물로 그에게 복종하게 하셨은즉 복종하지 않은 것이 하나도 없어야 하겠으나 지금 우리가 만물이 아직 그에게 복종하고 있는 것을 보지 못하고 ⁹오직 우리가 천사들

보다 잠시 동안 못하게 하심을 입은 자 곧 죽음의 고난 받으심으로 말미암아 영광과 존귀로 관을 쓰신 예수를 보니 이를 행하심은 하나님의 은혜로 말미암아 모든 사람을 위하여 죽음을 맛보려 하심이라. ¹⁰그러므로 만물이 그를 위하고 또한 그로 말미암은 이가 많은 아들들을 이끌어 영광에 들어가게 하시는 일에 그들의 구원의 창시자를 고난을 통하여 온전하게 하심이 합당하도다. ¹¹거룩하게 하시는 이와 거룩하게 함을 입은 자들이 다 한 근원에서 난지라. 그러므로 형제라 부르시기를 부끄러워하지 아니하시고 ¹²이르시되 내가 주의 이름을 내 형제들에게 선포하고 내가 주를 교회 중에서 찬송하리라 하셨으며 ¹³또다시 내가 그를 의지하리라 하시고 또다시 볼지어다. 나와 및 하나님께서 내게 주신 자녀라 하셨으니 ¹⁴자녀들은 혈과 육에 속하였으매 그도 또한 같은 모양으로 혈과 육을 함께 지니심은 죽음을 통하여 죽음의 세력을 잡은 자 곧 마귀를 멸하시며 ¹⁵또 죽기를 무서워하므로 한평생 매여 종노릇하는 모든 자들을 놓아 주려 하심이니 ¹⁶이는 확실히 천사들을 붙들어 주려 하심이 아니요 오직 아브라함의 자손을 붙들어 주려 하심이라. ¹⁷그러므로 그가 범사에 형제들과 같이 되심이 마땅하도다. 이는 하나님의 일에 자비하고 신실한 대제사장이 되어 백성의 죄를 속량하려 하심이라. ¹⁸그가 시험을 받아 고난을 당하셨은즉 시험받는 자들을 능히 도우실 수 있느니라.

저자가 방금 설명했듯이, 하나님의 율법을 전달한 천사들은 과거에 상당한 권위를 누렸다. 그들이 전한 율법을 어기면 마땅히 징벌이 뒤따랐다. 그러나 이제 마지막 날, 곧 장차 올 시대가 가까운 이때 하나님은 천사들보다 높은 지위에 한 인간을 세우셨다. 따라서 저자는 "하나님이 우리가 말하는 바 장차 올 세상을 천사들에게 복종하게 하심이 아니니라"라는 구절로 다음 단락을 연다.

저자는 이 영역을 가리켜 '오이코메네'^{οἰκουμένη}라고 부른다. 신약성경에서 이 "세상"은 세상 전체(땅)와 그 안에 사는 사람들^{마 24:14, 눅 21:26, 계 12:9}을 가리키거나, 특정 집단의 사람들에게 중요한 세상의 영역을 묘사하는 말로 사용된다.^{눅 2:1, 행 11:28} 이 용어를 사용함으로써 아들이 다스리는 세상을 순수하게 '영적으로'만 해석하는 것은 차단된다. 저자는 아들의 통치에 그들이 아는 물질세계가 확실히 포함된다고 설명한다.

저자는 이것이 "우리가 말하는" 그 세상이라고 언급하는데, 이는 이미 이 세상에 관해 논한 적이 있음을 뜻한다. 이 5절과 1:6에서 사용된 '오이코메네'는 서로 의미를 밝혀 준다. 이 세상은 한분 하나님(아버지와 아들)께서 창조하신 세상이자,[1:2, 10] 몸을 입고 높이 오르신 아들이 지금 하나님 우편에 앉아 다스리는 세상이다.[1:3, 6, 8-9] 그러나 이 세상은 단순히 현재만이 아니라 미래적 성격도 지닌다. 그것은 "장차 올 세상"이기 때문이다. 독자들이 이 글을 읽을 당시에도 아들은 이미 하나님 우편에서 세상을 다스리고 계셨다. 하지만 "장차 올"이라는 형용사구는 아직 실현되지 않은 부분이 있음을 시사한다. 이 미래상은 아버지께서 아들에게 원수들이 굴복할 때까지 기다리라고 명하신 것[1:13]과 일치한다. 그렇다고 해서 원수들이 결국 복종하게 되리라는 사실이 의심되는 것은 아니다.

이런 복종이 천사들이 아니라 아들에게 일어난다는 것을 설명하기 위해, 저자는 인간이 누리는 존귀한 지위와 관련해 하나님을 찬양하는 시편 8편을 인용한다. 그는 출처를 분명히 밝히지 않고 "누구인가가 어디에서 증언하여 이르되"라고 말하는데, 이는 독자들이 이미 이 본문을 잘 알고 있었음을 보여준다. 한두 구절만 언급해도 청중은 곧바로 본문의 출처를 알았을 것이다.[4] 여기서 저자의 수사학적 솜씨가 드러난다. 그는 청중이 시편을 자신만큼 잘 알고 있다고 전제함으로써 그들을 높이고, 동시에 시편 8편을 증거로 제시해 자신의 진술에 신뢰와 무게를 더한다. 또한 인간 화자에 집중하지 않음으로써, 청중의 시선을 시편 저자가 서술하는 하나님의 행사 자체에 더욱 집중하도록 이끈다.

이 시편은 하늘 위로 지극히 높으신 주님을 찬양하는 것으로 시작한다.[70인역 시 8:2, 개역개정 8:1 — 옮긴이] 주님의 위엄이 '높이 들렸다'[ἐπαίρω, 수동태]라는 표현은, 저자가 방금 아들을 "주"[1:10]라 부르고 뒤에서 그분을 하늘 위로 오르신 주로 묘사하는 것[4:14: 7:26]과 일치한다. 시편의 처음 구절들이 그리스도론 주제와도 긴밀히 연결되지만, 저자는 하나님께서 인간에게 관심을 두신다는 사실에 감탄하는 중간 부분을 인용한다. 특히 70인역 시편 8:4은 저자가 1장에서 인용한 70인역 시편 101:22과 언어적 유사성(하늘, 일, 손가락/손, 세우다)을 공유한다. 하나님은 인간을 잊지 않고 '기억하시며'[μιμνῄσκομαι] '돌보신다.'[ἐπισκέπτομαι] 그래서 시편 저자는 "사람이 무엇이기에 주께서 그를 생각하시며"[70인역 8:5, 개역개정 8:4 — 옮긴이]라고 묻는다.

인간의 정신은 모든 것을 기억하지 못하기에 특정한 정보를 일깨워 주는 일이 필요하다. 그러나 하나님께는 이러한 한계가 없다. 하나님은 만물을 능동적으로 붙드시는 분이다.[히 1:3] 성경 저자들이 하나님께서 기억하신다고 표현할 때, 이는 곧 하나님께서 인간에게 자비를 베푸신다는 사실을 드러내는 방식이다.[눅 1:54, 72: 23:42][5] 시편 저자와 히브리서 저자 모두 하나님께서 기억하신다는 것은 인간을 향한 적극적 관심을 뜻하는 것이라고 주장한다. 그러므로 이 평행구[6절]는 하나님께서 인간을 '돌보신다'는 사실을 강조한다. 이 돌봄은 단순히 살피는 데 그치지 않고, 그렇게 살핀 대상에게 선을 행하는 것까지 포함한다.[마 25:36; 눅 1:68; 행 15:36; 약 1:27] 이 구절은 하나님께서 은혜로 모든 피조물을 붙드신다는 진리[히 1:3]가 인간에게도 구체적으로 적용된다는 사실을 확증한다.

간단히 말해 이 시편과 히브리서는 인간에게 초점을 맞춘다. 시편 저자는 하나님께서 한 개인에게 쏟는 관심에 놀라워한다. 이 인용문과 그에 대한 히브리서 저자의 논의는 신약성경의 번역에서, 특히 성별 관련 용어를 다루는 일에서 가장 흥미롭고도 도전적인 부분의 하나다. 헬라어 본문에서 시편 저자는 먼저 단수형 '안트로포스'[ἄνθρωπος]의 본질에 대해 묻고, 이어서 '휘오스 안트로푸'[υἱὸς ἀνθρώπου, 人子]에 대해 묻는다. 그렇기에 각 행의 끝에 나오는 단수 대명사들은 그 선행사와 문법적으로 일치한다. 단수 대명사들 역시 남성형이다.[6]

고대 언어에서 흔히 그렇듯이 남성 단수형은 모든 인간을 대표하므로, 본문은 여성을 포함하는 의미로 번역할 수 있다. "사람 ^{ἄνθρωπος}이 무엇이기에 주께서 그를 생각하시며 사람의 아들 $^{υἱὸς\ ἀνθρώπου}$이 무엇이기에 주께서 그를 돌보시나이까." 그러나 저자는 몇 가지 이유로 이와 다른 번역을 택했다.

첫째, 이 시편과 히브리서는 남성과 여성 모두를 대상으로 기록되었다. 창조 때 하나님께서 남성과 여성 모두에게 하나님의 형상 $^{imago\ Dei}$을 부여하셨다는 점을 고려하면, $^{창\ 1:26-27}$ 이스라엘의 신앙은 결코 남성만을 위한 것이 아니다. 현대 언어 환경에서도 'man'은 더 이상 인류 전체를 포괄하는 표현으로 사용되지 않는다. 따라서 첫 번째 '안트로포스'를 '인간' ^{human}으로 옮기는 것은 문법적으로도 적절하며, 모든 사람이 하나님의 형상을 지녔다는 사실을 오늘의 독자들에게 더 잘 전달한다. 반면에 완전히 포괄적인 번역, 곧 "인간 ^{humanity}이 무엇이기에 주께서 그들을 생각하시며 인간의 자식 $^{children\ of\ humanity}$이 무엇이기에 주께서 그들을 돌보시나이까"라는 식의 번역은 받아들이기 어렵다. 히브리서 저자가 이 시편을 사용하는 목적은 예수, 곧 "그의" 경험과 대표성을 드러내는 데 있으므로, 남성형 용어인 '아들'과 '그'는 그대로 유지되어야 한다. 하나님은 '그'를 생각하고 돌보신다. 그러므로 모든 사람은 하나님의 구속적 돌보심 안에 포함되며, 인간 창조를 향한 하나님의 영광스러운 뜻을 물려받을 수 있다. 이러한 그리스도론적 관점에서 두 번째 행은 '사람의 아들' $^{son\ of\ a\ human}$로 번역해야 한다. 이 표현은 복음서에서 예수를 가리키는 칭호인 '사람의 아들' $^{Son\ of\ Man}$과도 호응한다. 이는 동시에 예수가 한 남자의 아들이 아니라, 마리아라는 여자의 아들이라는 점을 밝히는 마태와 누가의 탄생 이야기를 긍정할 여지를 남겨 둔다.

다음으로 시편 저자는 하나님께서 인간을 영예의 서열에서 천사보다 조금 낮은 지위에 두셨다고 주장한다. 이 시편은 적은 양을 뜻하는 '브라키 티'ᵝʳᵃᵡⁱ ᵗⁱ라는 표현을 사용한다.개역개정은 "잠시 동안"―옮긴이 이 '적음'은 인간이 천사와 매우 가깝다는 것을 가리키는 긍정적인 표현이다. 따라서 그 지위는 하나님께서 각 인간에게 영광과 존귀의 관을 씌워 주시는 자리다. 하나님은 천사를 제외한 모든 피조물을 인간의 발아래 복종시키셨다.

히브리서 저자는 강조와 침묵을 통해 이 의미를 확장한다. 첫째, 그는 자신이 인용한 마지막 구절을 강조한다. 저자는 '복종하다'ʰⁱ⁰ᵗᵃᵛᵛᵚ와 '만물'ᵗᵃ̀ ᵖᵃ́ᵛᵗᵃ라는 말을 각각 두 번씩 사용한다. 한 번은 긍정적으로("만물로 그에게 복종하게 하셨은즉"), 또 한 번은 부정적으로("복종하지 않은 것이 하나도 없어야 하겠으나") 사용한다. 결론은 분명하다. 그 어떤 것도 하나님의 주권을 벗어나 존재할 수 없다.

이러한 포괄성에 대한 강조는 저자가 인용하지 않은 시편 구절들에도 빛을 비춘다. 그는 70인역 시편 8:6a("주의 손으로 만드신 것을 다스리게 하시고")를 생략하는데, 이어지는 7 -8절에서 그 구절은 여러 짐승을 가리키는 것으로 나타난다. 저자가 이 구절을 뺀 이유는 짐승의 목록만으로는 아들의 주권을 충분히 드러내지 못하기 때문이다. 아들은 아담과 하와처럼창 1:28 -30 단순히 동물과 식물을 다스리는 데 그치지 않는다. 그는 만물, 곧 모든 인간과 모든 천사까지도 다스리신다. 하나님의 아들로서 보좌에 앉아 다스리시는 그분의 주권에서 벗어날 수 있는 것은 아무것도 없다.

아들의 주권은 이미 확립되었으나, 지금은 눈에 보이지 않는다. "지금 우리가 만물이 아직 그에게 복종하고 있는 것을 보지 못하고."²·⁸ 설교의 흐름에 따라 이제 세상을 다스리시는 아들의 주권을 본격적으로 탐구할 시점에 이르렀다. 저자는 만물이 아들에게 복종하게 되었지만,²·⁸ 그 복종이 아직 분명히 드러나지 않았다고 말한다. 따라서 이 구절에서는 아들과 관련해 이 세상이 어떤 위치에 있는지가 앞으로 더 분명히 드러나게 되리라는 점만을 추정할 수 있다.

그러나 원수들이 아직 아들의 발아래 놓이지 않았다고 말하는 히브리서 1:13[시 110:1 인용]이나, 세상을 "장차 올" 것으로 묘사하는 히브리서 2:5에 비추어 볼 때 "복종했지만 아직 감추어져 있다"라는 해석만으로는 충분하지 않다. 오히려 저자는 이 본문들을 통해 만물이 아직 아들에게 복종하지 않았음을 시사한다. 따라서 핵심 문제는 원수들이 실제로 아들에게 복종하게 될 것인가 하는 점이다.

이 난제를 풀어낼 한 가지 길은 히브리서가 강조하는 하나님의 말씀에 주목하는 것이다. 시편 8편과 110편이 증언하듯이, 하나님께서 복종을 선포하셨기에 그 복종은 이미 보장된 것이다. 원수들을 포함한 만물이 아들의 발아래 놓이게 되고, 그분께 복종하지 않는 것은 하나도 없을 것이다.[2:8] 그러나 지금은 그것이 눈에 보이지 않는다. 아직 그 말씀이 온전히 성취되지 않았기 때문이다. 원수들은 여전히 활개치며 악을 행한다. 이 해석은 현재의 고난을 허상으로 치부하지 않고 실제적인 현실로 인정한다는 장점을 지닌다. 당시의 독자들이나 오늘날 신자들이 겪는 고통은 실재한다. 다만 그들이 그리스도의 완전한 통치를 보지 못하는 이유는 만물이 아직 전적으로 복종하지 않았기 때문이다. 그럼에도 하나님께서 그 복종을 약속하셨으므로, 아들의 통치는 이미 확정된 사실이다. 세상이 아들에게 완전히 복종하는 것은 단지 시간 문제일 뿐이다.

저자와 그의 청중은 주위 사람들의 삶이 무너져 가는 현실 속에서 만물이 인간에게, 곧 그들의 주님이신 아들에게 복종하는 모습을 볼 수 없었다. 그러나 그들은 희미하게나마 어떤 사실, 더 정확히는 어떤 한 인물을 알게 되었다. "오직 우리가……예수를 보니." 이어서 저자는 정교하게 구성된 9절을 통해 이 복종의 주제를 간결하게 드러낸다. 그는 시편을 다시 인용하면서, 거기에 묘사된 인간의 존귀한 지위를 예수께 적용한다. "천사들보다 잠시 동안 못하게 하심을 입은 자……영광과 존귀로 관을 쓰신 예수."

그러나 시편이 예수께 적용되는 방식은, 그분이 창조 세계에서 천사들과 모든 짐승 위에 계신 존귀한 존재임을 단순히 선포하는 데 그치지 않는다. 오히려 저자는 이 시편을 통해 예수의 역동적인 이야기를 전개한다. 즉 그는 시편의 부정과거 동사를 완료형 분사로 바꾸어 아들의 이야기로 재구성한다.

9절은 아들이 하나님과 함께 다스리는 자리에서 이 세상으로 내려와 인간이 되신 사건으로 시작한다. 히브리서 1장이 분명히 밝히듯이, 아들은 본래 천사보다 낮은 분이 아니었다. 오히려 아들은 천사를 지으신 분이기에[1:2,7] 그들보다 높은 지위에 계신다. 그러나 죄를 정결하게 하기 위해 이 땅에 오셨을 때, 아들은 스스로 천사보다 낮은 자리에 기꺼이 서셨다. 인간에게는 항상 참인 조건이 아들에게는 시간적 의미로 잠시 동안 βραχύ τι만 참이 되었던 것이다.[7] 아들은 육신을 입고 사는 동안 천사보다 낮은 인간의 자리로 뛰어드셨다. 하지만 이것은 아들의 이야기에서 끝이 아니다. 이제 그분은 하나님 우편에 앉으시고 천사들 위로 높아져, 영광과 영예의 관을 쓰신다.[1:4-5]

이 진술의 한가운데 저자의 핵심 주장이 놓인다. "우리가……예수를 보니."[2:9] 히브리서에서 '예수'라는 이름이 처음 등장하는 자리다.[이후 3:1; 4:14; 6:20; 7:22; 10:10, 19; 12:2, 24; 13:8, 12, 20-21] 이 호명은 그분의 구체적 인간성, 곧 그분이 유대인 남성으로 오신 사실을 분명히 한다. 저자가 1장에서 선포한 아들의 장엄하고 신적인 위엄은, 1세기 로마-팔레스타인에서 살고 가르치고 죽은 예수에게 그대로 적용된다. 아버지와 함께 창조하고 만물을 붙드는 아들이 인간으로서 치욕스러운 죽음의 자리까지 낮아지셨다. 문장 한가운데 "죽음의 고난 받으심으로 말미암아"라는 구절이 중심축이 되어, 아들이 천사보다 낮아지심과 영광과 존귀의 관을 쓰심을 함께 설명한다. 그 고통스러운 죽음은 그분의 참된 인간성을 입증하는 동시에, 영광의 보좌로 오르는 길이 되었다. 즉 그분이 어떻게 "죄를 정결하게 하는 사역"[1:3]을 이루셨는지 밝혀 준다.

그분은 높이 들려 하나님 우편에 왕으로 앉아 계신 바로 그분이다. 그래서 저자와 공동체는 이제 "예수를 본다"[2:9]라고 말할 수 있다. 이는 설교 전반에 반복되는 '보다'의 강조와 맞닿아 있다.[2:8-9; 3:9, 12, 19; 8:5; 9:28; 10:25; 11:1, 3, 5, 7, 13, 23, 27; 12:14, 25; 13:23][8] 이 표현은 저자가 12장에서 믿음의 경주에서 예수를 바라보라고 권면하는 것[12:2]과 유사하다. 그러나 여기서 말하는 '봄'은 단순히 대상을 시각적으로 보는 것이 아니라, 예수를 깊이 묵상하는 것을 뜻한다. 공동체는 여전히 구원을 완성하기 위해 다시 나타나실 예수를 기다리고 있기 때문이다.[9:28]

직접 그분을 볼 수는 없으나 믿음의 눈, 곧 보이지 않는 것을 보는 눈[11:1-2]은 성도에게 능력을 부어 준다. 그 눈은 예수가 이루신 큰 구원을 굳게 붙잡게 한다. 이는 히브리서의 첫 독자들뿐 아니라 이후의 모든 독자에게도 해당하는 사실이다. 신실한 이들은 예배와 기도에 참여하거나, 성경과 기독교 역사 속 환상 체험에 대한 증언을 통해 예수의 높이 오르심을 알 수 있다. 그들은 예언자를 통해 주어진 하나님의 말씀과 일치하는 방식으로, 아들에 관한 말씀, 곧 자신들에게 전해진 구원[2:1-4]을 받아들였다. 따라서 아들의 통치에 눈을 고정해야 한다는 것을 안다. 인간으로 태어난 영원한 아들은 다른 인간과는 구별되는 방식으로 왕위에 오르셨다. 앞서 언급했듯이, 그분의 주권은 땅 위에만 있는 것이 아니라 만물과 천사들에게까지 미친다. 그분은 "죽음의 고난 받으심으로 말미암아" 비할 데 없는 주권의 자리에 앉으셨다.

9절의 마지막 부분에서 저자는 아들의 죽음이 모든 사람에게 영향을 끼쳤다는 사실을 강조하며, 그분의 죽음이 인류 전체를 대신한 죽음이었다고 주장한다. 아들이 고난을 견디신 것은 "모든 사람을 위하여 죽음을 맛보려 하심" 때문이다. 여기서 '맛보다'라는 동사 '게워마이'γεύομαι

는 원래 소량의 음식을 먹는 것을 뜻하지만,[마 27:34; 요 2:9] 은유적으로는 어떤 일을 온전히 경험하는 것을 뜻한다(실제로 마 16:28, 막 9:1, 눅 9:27, 요 8:52에서는 죽음의 경험을 묘사하는 데 사용된다).

저자는 예수께서 죽음을 실제로 겪으셨다는 점을 전혀 의심하지 않는다. 그러나 동시에 '맛보다'라는 표현을 사용함으로써, 그분이 죽음 가운데 오래 머무르지 않으셨음을 암시한다.[9] 이 구절은 예수의 죽음을 사람들이 애도했다는 사실뿐 아니라, 그 죽음이 '모든 사람'을 위한 죽음이었다는 점을 근거로 삼는다. 이는 예수의 죽음이 그분 자신을 넘어 다른 이들에게도 영향을 미쳤음을, 설교에서 처음으로 명시적으로 밝히는 대목이다. 즉 이것은 모든 사람을 대신한 아들의 죽음이 실제로 영향을 끼쳤다는 포괄적인 진술이며, 설교가 이어지면서 그 의미와 함의가 점차 드러나게 될 것이다.

또한 저자는 이 죽음이 "하나님의 은혜로 말미암은"[10] 죽음이라고 주장한다. 여기서 '은혜'라는 명사는 여격으로 사용되었다. 따라서 아들이 죽음을 맛볼 때 하나님의 은혜가 함께했다는 의미에서 연합의 여격dative of association 으로 볼 수 있다. 하지만 그보다는 아들이 죽음을 맛보게 된 수단을 가리키는 일반적인 수단의 여격dative of means 으로 보는 것이 더 타당할 것이다. 이처럼 이해하는 것이 저자가 하나님과 관련해 '은혜'라는 말을 사용하는 방식과 일치한다. 은혜란 하나님께서 그분과 분리된 어떤 '것'을 주신다는 뜻이 아니라, 하나님의 보좌,[4:16] 하나님의 성령,[10:29] 언약 백성을 향한 하나님의 목적[12:15]처럼 하나님과 밀접하게 관련된 실체들을 통해 나타나는 그분의 자비를 가리킨다. 예수께서 겪으신 죽음은 하나님의 은혜로 말미암아, 달리 말해 하나님의 은혜로우신 섭리에 따라 이루어졌다. 놀랍게도 하나님의 선하고 자비로우신 성품이 예수의 고난과 죽음이 일어나도록 허락했다. 이 주장은 저자가 나중에 아들의 고난[5:7 – 9]과 그분을 따르는 이들의 고난[12:5 – 11]을 설명할 때 중요한 기준이 된다. 아들이 만인을 위해 죽으시도록 허락된 것은 하나님의 은혜이지 변덕이나 경멸이 아니다. 2장의 나머지 부분에서는 예수께서 시편 8편의 이야기를 살아 내셨고 지금도 그대로 사시는 까닭에, 그 시편이 선포하는 내용이 모든 인간에게 실현될 수 있음을 설명한다.

저자의 시편 8편 해석에 따르면, 예수는 죽음의 고난을 통해 모든 인간에게 영향을 끼친 영화로운 인간이다. 이어지는 10절에서도 저자는 이러한 포괄성을 강조한다. 그는 하나님을 "만물이 그를 위하고 또한 그로 말미암은 이"[2:10]라고 묘사한다. 즉 하나님은 '만물'의 목표δι' ὅν이시며, 동시에 그 '매개자'δι' οὗ이시다.[11] 하나님은 만물을 존재하게 하셨으며, 하나님 자신의 기쁨과 영광을 위해 그 일을 하셨다. 히브리서는 만물을 창조하시고 모든 것을 그분의 권위 아래 조화시키는 것이 하나님의 뜻이었다고 주장한다.

하지만 하나님의 관심이 광대하다고 해서 개별 인간을 향한 친밀한 돌보심이 소홀해지는 것은 아니다. 만물을 창조하신 하나님은 구원의 길에서 "많은 아들들을 이끌어 영광에 들어가게 하시는" 일을 행하신다. 이는 일반적이면서도 구체적인 차원을 함께 담고 있는 시편 8편의 주제와 맞닿아 있다. 즉 지극히 크신 창조주 하나님은 전 인류를 돌보시는 동시에 개별 인간을 돌보시는 분이다.

저자는 여기서 처음으로 하나님과 관계 맺는 모든 인간(예수는 제외하고)을 '아들들'이라 부른다. 앞서 구원받을 '상속자들'[1:14]이 천사의 섬김을 받는다고 언급했을 때 이미 그 관계가 암시되었지만, 여기서는 '하나님의 아들'Son과 다른 '아들들'sons의 연관성이 분명히 드러난다. 영광으로 인도받는 이들은 '아들들'로 불리며, 이 명칭은 그들이 고백한 구원의 메시지와 하나님과 맺은 관계적 정체성을 일치시킨다.

나는 이러한 그리스도론적 연관성을 분명히 드러내기 위해 배타적인 남성형 용어를 그대로 유지했다. 이 명칭은 공동체 안의 여성들을 배제

하지 않으며, 오히려 그들을 남성 신자들과 함께 맏아들 되시는 분과 결속시킨다.[12]

하나님께서 아들들을 "이끌어……들어가게" 하신다는 진술은 다시 가족 관계를 상기시킨다. 이 설교에서 하나님은 네 차례 사람들을 이끄신다.[1:6; 2:10; 8:9; 13:20] 그분은 맏아들을 두 차례 세상으로 들어오게 하시고,[1:6] 죽은 자들 가운데서 일으키신다.[13:20] 8장에서는 예레미야의 예언을 인용하여, 하나님께서 이스라엘 백성을 이집트의 종살이에서 건져 내신 일을 상기시킨다. 이 진술에는 가족적인 친밀함이 배어 있는데, 이스라엘이 곧 이집트에서 불러내신 하나님의 아들이었기 때문이다.[호 11:1] 따라서 히브리서 2:10에서 하나님을 아들들을 이끄시는 분으로 묘사하는 것은 그분을 아버지의 모습으로 제시하는 것이다.

하나님은 아들들을 이끌어 '영광에' 들어가게 하신다. 이 인도하심의 목적은 시편이 노래하는 소망과 같다.[히 2:7; 70인역 시 8:6] 하나님은 그들을 정하신 목적지로 이끄시고 영광의 관을 씌우신다. 1장에서 이미 하나님과 아들에 대해 숙고한 결과, 하나님께서 인간에게 두신 목적이 자신의 영광스러운 현존에 참여하게 하는 일임이 드러났다. 영원한 아들은 언제나 그 영광의 광채였고, 이제는 인간으로서 모든 인류를 위해 마련된 영광 속으로 발을 내디디셨다. 선하신 아버지 하나님은 아들이 개척한 길을 따라 그들을 이끄셔서, 마침내 하나님의 영광스러운 현존에 이르게 하신다.

이어서 저자는 아들이 걸으신 길을 상기시킨다. 하나님께서 많은 아들들을 이끄시는 것은 "그들의 구원의 창시자를……온전하게 하시는" 일과 직접 연결된다. 이 구절은 히브리서에서 하나님 존재의 참된 반영인 아들이 온전하게 '되신다'고 말하는 세 본문 중 첫 번째다.[5:9; 7:28도 참조]

아들은 하나님의 광채[1:3]이므로 본질적으로 불완전할 수 없다. 그러나 그분의 동류인 인간은 하나님께서 모든 이를 위해 정해 두신 목표, 곧 시편 8편에서 드러나는 피조물 위에 군림하는 고귀한 영광에는 이르지 못한다. 그러므로 아들이 참된 구원의 인도자요 창시자가 되려면, 다시 말해 구원을 계획하고 실행하며 가능하게 하는 분이 되려면, 스스로 온전하게 되는 과정을 거쳐야 했다. 그분은 온전하게 되어야 했다. 인간 구원의 참된 인도자가 되기 위해 모든 것을 성취해야 했다. 그리고 그것은 오직 "고난을 통하여" 그분의 사역을 완수함으로써만 가능했다.

그들이 하나님께서 계획하신 영광에 이르지 못한 지금의 상태에서 벗어나려면 구원이 필요하다. 그러므로 아들은 '그들의 구원'의 원인이자 인도자가 되신다. 구원이란 단순히 어떤 것에서 벗어나는 일만이 아니라, 동시에 무엇을 향해 나아가는 일이다. '창시자'ἀρχηγός라는 표현은 아들이 죄를 정결하게 하고,[1:3] 죽음을 극복하며,[2:9] 영광에 이르는 길을 여셨음을 뜻한다.[2:10] 하나님과 아들은 이 모든 일을 '고난을 통하여' 행하셨다. 말씀으로 만물을 창조하신 하나님께도 이 일은 신속한 결단으로 처리할 수 있는 단순 업무가 아니었다. 구원은 아들의 고난, 곧 죽음의 고난[2:9]을 통해 이루어졌다.

저자는 아버지와 아들이 이처럼 함께 일하신 것을 가리켜 '합당하다'ἔπρεπεν라고 선언한다. 예수께서 죽음을 맛보고 고난을 겪음으로써 온전한 구주가 되셨기에, 많은 이들이 그분의 손을 붙잡고 영광에 이르는 길로 나아갈 수 있다.

저자는 아들과 그분을 따르는 이들을 "거룩하게 하시는 이와 거룩하게 함을 입은 자들"[2:11]이라고 부른다. 영광에 이르는 구원의 길은 곧 거룩함의 길이다. 구원의 창시자인 예수는 거룩하게 하시는 분이 되고, 아들들은 거룩한 사람으로 거듭난다. 거룩함은 히브리서의 핵심 개념 가운데 하나다. 거룩함은 하나님의 성령과 하나님의 영역[2:4; 3:4; 6:4; 8:2; 9:2–3; 10:19]을 특징짓는 요소이며, 이 서신의 수신자들[3:1]을 포함해 아들에 대한 믿음을 고백하는 모든 사람에게 주시는 선물이다.[6:10; 10:10, 14; 13:12] 거룩함은 하나님을 만나고 그분과 함께 거하는 데 반드시 필요한 특성이다.[12:14] 저자는 성장과 성숙의 필요성을 강조하지만,[5:11-14; 12:5-11] 성화의 성장은 하나님의 사역과 뜻에 따라 가능하다는 점을 전제한다. 영원한 아들이 우리와 같은 인간이 되시고 인간성을 공유하셨다는 말은, 아들이 그분을 믿는 이들과 성화까지 함께 나누신다는 뜻이다.

거룩하게 하시는 분과 거룩하게 된 사람들은 "다 한 근원에서"[ἐξ ἑνός, 2:11] 나왔다. 시편 8편이 보여주듯이, 앞에서 다룬 초점은 예수가 인간과 공유하는 공통 운명이다. 따라서 "한 근원"은 아담이나 인류 전체를 가리킨다고 보는 것이 자연스럽다. 예수는 어머니 마리아를 통해 하나님의 다른 아들딸들과 혈통을 공유하신다. 저자는 여기서 아들을 창조자로 이해했을 가능성도 있다. 그는 아들을 "만물이 그를 위하고 또한 그로 말미암은"[2:10] 분으로 설명하기 때문이다. 즉 예수와 인간의 공통 근원은 창조주 하나님이시다. 이때 하나님은 창조주일 뿐 아니라, 1:5에서 밝히듯이 '아버지'로서 아들과 상호 관계 안에 계신다. 예수와 다른 모든 이들이 인간으로 창조되었으나, 아들이 오심으로써 이제 그들은 창조주 하나님을 아버지로 알게 되었다. 단수로 표기된 '한 근원'[11절. 헬라어 원문은 간단히 '하나'(ἐν)로 되어 있다─옮긴이]은 그들이 예수와 연결되어 있음을 보여준다. 예수와 그들은 인간성뿐만 아니라, 창조자이며 이제 아들을 통해 '그들의' 아버지로 계시되신 하나님과의 관계에서도 서로 연결되어 있다. 단수 표현인 '한 근원'은 이러한 모든 관계를 포괄한다.

"그러므로 형제[13]라 부르시기를 부끄러워하지 아니하시고."[2:11] 아들은 인간의 조건뿐 아니라 하나님의 가족에도 기꺼이 참여하셨다. 그 결과 그분은 인간과 형제자매 관계임을 부끄러움 없이 선포하신다. 아들이 인간성을 취하기 위해 잠시 천사보다 낮은 자리로 내려가야 했다는 사실[1:5-13; 2:5-9] 때문에, 어떤 이들은 그분이 인간성과의 연결을 부끄러워 했을 것이라 생각한다.

그러나 이러한 생각은 두 가지 점에서 옳지 않다. 첫째, 이 가족은 하나님의 뜻으로 세워진 것이기에 결코 부끄러운 일이 아니다. 아들의 고난과 죽음은 하나님의 은혜로 허락된 것이며,[2:9-10] 이는 아들이 하나님의 영광과 사역과 이름에 참여하는 길이었다. 구원은 삼위일체 하나님의 일치된 뜻과 행위로 이루어졌으므로, 아들은 자신이 계획하신 것을 성취하는 데 전혀 부끄러움이 없었다. 둘째, 아들의 인간 형제자매들은 약속된 영광을 향해 나아가고 있다. 그들이 완전하게 되어 피조 세계를 다스릴 것은 이미 확정된 일이다. 하나님께서 창조하시고, 아들의 사역으로 거룩하게 된 인간을 그분은 자신의 형제자매라 담대히 선언하신다. 아직 가야할 길이 남아 있지만, 예수는 그들이 하나님의 크신 뜻에 따라 약속된 영광에 이르게 될 것을 아신다. 존귀하신 주님께서 인간과의 관계를 부끄러워하지 않는다는 사실은 자기혐오와 씨름하는 모든 이들에게 큰 위로와 힘이 된다.

예수는 이제 그들의 인도자로서 하나님께 아뢴다. 2:12-13에서 인용하시는 히브리 성경 말씀은 모두 하나님을 향한다. 선포되시는 분도, 찬양받으시는 분도, 의지할 분도, 자녀를 주시는 분도 모두 하나님이다. 첫 번째 구절만 하나님께 직접 드리는 기도의 형식을 취하지만,[12절] 신학적 초점으로 볼 때 인용 전체는 하나님과의 대화로 이해된다.[14]

1장에서 아버지 하나님께서 그러셨던 것처럼, 예수도 히브리 성경을 인용해 말씀하신다. 그분은 먼저 70인역 시편 21:22("내가 주의 이름을 내 형제들에게 선포하고 내가 주를 교회 중에서 찬송하리라")로 시작하신다. 다른 시편에서도 화자가 '형제'라는 호칭을 쓰지만,[70인역 시 121:8] 이 본문은 복음서 전승과 직접 연결되기 때문에 특별히 중요하다. 마태복음[27:46]과 마가복음[15:34]에 따르면 예수는 십자가 위에서 이 시편의 말씀을 부르짖었고, 공관복음서 전체가 70인역 시편 21편을 인용해 군병들이 예수의 옷을 놓고 제비뽑기한 장면을 묘사한다.[70인역 시 21:18; 마 27:35; 막 15:24; 눅 23:34]

이 시편은 히브리서 저자가 강조하는 십자가 고난과 죽음[2:9-10]을 떠올리게 할 뿐 아니라, 그 후반부는 하나님의 구원에 대한 시편 저자의 소망을 환기한다. 시편 저자는 하나님께 울부짖었고, 하나님은 그 소리를 "들으셨다."[εἰσήκουσεν, 70인역 시 21:24] 이는 히브리서에서 아들의 부르짖음을 하나님께서 들으셨다는 언급[히 5:7]과 직접 연결된다. 나아가 시편 저자는 주님을 찾고 찬양하는 이들이 영원히 살게 되리라고 선포한다.[70인역 시 21:26] 그러므로 이 시편은 십자가와 부활을 동시에 상기시키는 이중적 역할을 한다. 마지막으로, 이 시편은 지극히 높으신 하나님께서 왕으로 다스리시고, 사람들이 그분 앞에 엎드려 경배한다고 선언한다.[70인역 시 21:29-30] 그 자리가 바로 하나님의 우편, 곧 예수께서 앉아 계신 곳이다. 시편 저자는 찬양을 통해 하나님의 가족을 확장한다.[70인역 시 21:28, 30, 31] 이 시편 전체를 알고 있는 이들에게는 히브리서 저자가 선택한 본문이 지닌 깊은 의미가 더욱 분명하게 드러날 것이다.

예수는 그분의 형제자매들에게 하시고자 하는 말씀을 하나님께 아뢴다. 아들은 자신과 비교되는 존재인 천사의 일을 수행하신다. "내가 주의 이름을 내 형제들에게 선포하고."[2:12] 이 말씀을 통해 아들은 자신을 메시지를 전하는 분으로 나타내신다.[ἀπαγγέλλω] 천사들이 율법의 말씀을 전했던 것처럼[2:2] 아들은 "주의 이름"을 전하신다. 1:4에서 아름답고 뛰어난 이름을 아들에게 부여한 것이 하나님의 이름을 가리킨다면, 여기서 예수는 하나님의 이름을 자신의 이름으로 선포하신다. 복음서 이야기에서 알수 있듯이, 예수의 성품과 하나님의 성품은 언제나 서로 얽혀 있다. 이는 하나님 영광의 광채이며 그 본체의 형상[1:3]이신 아들에게서 마땅히 기대할 수 있는 일이다.

이 시편은 예수의 선포를 노래로 표현한다. "내가 주를……찬송하리라."[2:12] 노래하는 행위는 예수의 말씀을 기쁨 가득한 찬양으로 바꾼다. 이는 저자가 12장에서 십자가를 설명하며 "그는 그 앞에 있는 기쁨을 위하여 십자가를 참으사"[12:2]라고 말하는 것과 같은 정서다. 예수는 하나님께 노래하며, 그 노래 안에서 하나님의 이름을 선포한다.

저자는 이 시편[70인역 시 21편]에서 두 행으로 된 시구를 인용하여 형제자매들을 '교회'[ἐκκλησία]라고 명시한다. 예수의 입술에 실린 시편은 그분이 교회 '중에'[ἐν μέσῳ] 계시다고 선포한다. 예수는 처음 그분의 복음을 들은 사람들[2:3] 가운데 계셨으며, 지금도 하나님 우편에 앉아 계시면서 그분을 따르는 이들 가운데 여전히 현존하신다. 비록 그 방식은 달라도 말이다.

사도행전과 다른 서신들에서 자주 사용되는 '에클레시아'[ἐκκλησία]는 히브리서에서 단 두 번 나온다. 하나는 여기 시편 인용문이고, 다른 하나는 하늘의 시온산 모임을 묘사할 때다.[12:23] 이 두 본문을 연결해 보면, 시온산 위에 모인 공동체와 이 서신을 받은 독자들의 관계가 자연스럽게 질문으로 떠오른다. 예수께서 하신 말씀의 '시기'와 관련해 이어지는 논의는 교회의 정체성에 관한 복합적인 의미를 드러낸다.

저자는 "또다시"[πάλιν]라는 도입구로 예수의 말씀을 두 가지 더 소개한다. 첫 번째 말씀은 "내가 그를 의지하리라"인데, 이는 최소한 두 곳, 이사야 8:17이나 사무엘하 22:30에서 온 것으로 추정할 수 있다. 두 번째 말씀이 이사야 8장에서 인용된 것으로 보아, 이사야서가 출처일 가능성이 크다. 70인역 시편 21편과 마찬가지로 이사야 8장도 여러 신약성경 저자들이 인용했지만,[롬 9:32-33; 벧전 2:8; 3:14-15] 히브리서 저자는 다른 저자들이 인용하지 않은 부분을 사용한다. 이사야 8:17은 하나님께서 열방과 이스라엘을 심판하시는 가운데, 하나님을 의지하기로 결단한 한 사람을 소개한다. 그리고 그에게서 태어난 자녀들이 시온산에 계신 '만군의 주',[κύριος σαβαώθ] 곧 하나님의 주권에 대한 표징이 된다.

고난 속에서 드러난 믿음과 그 안에서 굳건히 선 가족이라는 주제는, 히브리서 저자가 이 단락에서 전개해 온 논지와 긴밀히 연결된다. 다시 한번 반복되는 "또다시"[πάλιν]는 두 말씀을 구분하는 동시에, 양자의 연관성을 강조하고 차이점을 부각시킨다. 아들이 하나님을 의지하는 그때, 하나님께서 아들에게 자녀들을 주신다.

'의지한다'는 것은 아들의 인간성을 보여주는 강력한 증거다. 히브리서에서 이 단어가 쓰이는 모든 본문6:9; 13:17-18, 개역개정은 두 곳 모두 '확신하다'로 번역한다—옮긴이은 인간의 반응과 관련된다. 아들이신 예수는 "한 인간으로서", 심지어 고난과 죽음 가운데 있는 인간으로서 하나님을 의지하셨다. 이 첫번째 진술에서 우리는, 아들이 죽음의 고난을 통해 온전하게 되도록 아버지께서 허락하신 데2:9 대한 아들의 응답을 듣는다. 그분은 고난과 죽음을 맞닥뜨린 사람이 하나님을 의지할 수 있음을 몸소 입증하셨다.

이는 시련을 겪고 있거나 앞으로 겪게 될 청중10:32-35; 12:4에게 큰 위로가 된다. 그러나 본보기보다 더 중요한 것은, 아들이 하나님을 의지했기에 다른 이들도 그분처럼 신실하게 행할 수 있는 길이 열렸다는 사실이다. 아들이 고난과 죽음 가운데서 하나님을 의지했기에, 다른 이들도 하나님의 가족으로 불리고 거룩하게 변화되어, 신뢰하는 마음으로 영광을 향해 나아갈 수 있게 된 것이다.

아들은 죽음 가운데서도 하나님을 의지했으며, 그로 인해 자기에게 맡겨진 하나님의 자녀들과의 결속을 선언할 수 있었다. "볼지어다. 나와 및 하나님께서 내게 주신 자녀라." 여기서 '자녀'라는 말은 3:6에서 언급되는 '집'의 이미지, 곧 아들이 맡게 될 하나님의 집을 암시한다. '파이디온'παιδίον은 보통 어린아이를 가리키지만, 그렇다고 이 말로 그리스도를 믿는 이들을 얕잡아 부르는 것은 아니다. 오히려 이 말이 담고 있는 '작음'의 뉘앙스는 다스리는 아들의 위대함을 더욱 두드러지게 한다. 아들에게 비추어 볼 때 자녀들은 부족하기에 그분께 의지해야 한다.

더 나아가 문법적으로 중성인 '파이디온'παιδίον을 사용한 것은 저자가 성性 포괄적인 언어로 소통할 수 있는 역량과 의지를 보여준다. 이는 앞서 나온 '아들됨'의 표현 안에 여성도 온전히 포함시키려는 의도가 있었음을 확인시켜 준다.

그렇다면 저자는 아들의 이 말씀("볼지어다. 나와 및 하나님께서 내게 주신 자녀라")은 언제 이루어진다고 보았는가? 가장 명확한 배경은 성육신하신 아들의 생애다. 아들은 하나님께서 주신 구원을 전하는 가운데[2:3] 하나님의 이름을 선포하고 그분을 찬양하셨다. 또한 하나님을 의지하며 감사하는 마음으로 "하나님께서 내게 주신 자녀"라 불리는 이들과 깊은 일체감을 나누셨다. 특히 히브리서 2:13b은 요한복음 17:6의 언어와 강한 유사성을 보여준다. 십자가 처형 장면에 70인역 시편 21편이 인용된 사실은, 이 말씀 전체에 더욱 분명한 성육신적 의미를 부여한다. 예수는 죽음을 맞는 순간에도 하나님을 의지했으며, 부활 이후에는 하나님의 은혜로 많은 이들을 자신에게로 이끄셨다.

저자의 설명[2:3]에 따르면 공동체는 그 사건을 직접 경험하지 못했다. 그렇다면 만약 저자가 이 말씀을 오직 예수의 지상 생애와만 연결한다면, 청중은 대화에서 소외될 수밖에 없다. 그러나 저자는 이 말씀을 예수의 현재적 사역과도 연결한다. 예수께서 이 땅에서 하신 말씀에 더해, 지금도 하나님 우편 보좌에 앉아 하나님과 대화를 이어 가고 계신다고 상상할 수 있기 때문이다.

앞서 언급했듯이 70인역 시편 21편은 십자가 처형과 밀접하게 연결될 뿐 아니라, "영원히 살아 있는 마음"$ζήσεται$ $ἡ$ $καρδία$ $αὐτοῦ$ $εἰς$ $αἰῶνα$, 70인역 시 21:26이라는 표현으로 부활을 상기시킨다. 예수는 죽었으나 이제 살아나셔서, 하늘에 기록된 장자들의 교회$ἐκκλησία$, 히 12:23에서 하나님을 영원히 찬양하신다.

지상에 사는 공동체는 그 하늘의 공동체에 속해 있기 때문에,[11:39 – 12:1 참조] 아들이 하나님께 아뢰는 말씀을 들을 특권을 누린다. 이제 아들은 하나님께서 그들에게 말씀하시는 중개자[1:2]로서 하나님의 이름을 그들에게 선포하시며, 동시에 하나님께 드리는 아들의 찬양을 그들이 듣게 하신다. 그들은 아들이 신실한 대제사장으로서, 하나님께서 만물을 그분의 발아래 두실 때를 기다리며 계속해서 하나님을 의지하는 모습을 본다. 히브리서가 기록되기 수십 년 전 예수를 따랐던 최초의 제자들뿐 아니라, 이 설교를 처음 들은 공동체 역시 예수의 형제자매이자 하나님께서 그분에게 주신 자녀들이었다. 아버지와 아들 사이의 신뢰와 존경으로 이루어진 대화는 지금도 이어지고 있으며, 그 대화 속으로 예수의 첫 제자들과 히브리서의 청중이 함께 초대된다. 시대를 초월하여 신자들은 예수께서 지극히 높은 보좌에 앉아 계심을 고백해 왔다. 이 고백은 예수의 말씀이 지금도 계속되고 있으며, 그분을 믿음으로 고백하는 이는 누구든 그분의 가족으로 받아들여진다는 사실을 선포한다.

하나님께서 아들에게 자녀들을 선물로 주신 일은 깊고 친밀한 관계 속에서 이루어졌다. 아들이 기꺼이 인간의 조건 안으로 들어와 자신을 내어 주셨기에 그들은 그분의 선물이 되었다. 이어지는 문단은 예수에 대해 이렇게 말한다. 여기서 저자는 위에서 인용한 이사야서 본문의 '파이디온'을 다시 사용한다. "자녀들παιδίον은 혈과 육에 속하였으매 그도 또한 같은 모양으로 혈과 육을 함께 지니심은"2:14 자녀들이 혈과 육에 속해 있으므로, 예수도 동일한 조건을 취하신 것이다. '혈'αἷμα과 '육'σάρξ을 결합한 표현은 인간의 조건을 설명하는 한 방식이다.마 16:17; 고전 15:50; 갈 1:16; 엡 6:12 따라서 하나님께서 주신 자녀들은 단순히 소유해야 할 대상이 아니라, 아들이 친히 같은 인간이 되심으로써 형제자매로 삼으신 사람들이다.

아들이 인간의 몸을 입은 것은, 인간의 조건 가장 밑바닥까지 내려와 출생과 삶뿐만 아니라 죽음조차 감당하려는 자발적 의지였다. 저자는 이 복잡한 문장의 나머지 부분에서 예수의 죽음이 끼친 영향에 대해 대담한 주장을 펼친다.

먼저 저자는 하나님을 대적하는 권세들에게 끼친 영향을 강조하면서 이렇게 말한다. "죽음을 통하여 죽음의 세력을 잡은 자 곧 마귀를 멸하시며."[2:14] 히브리서 저자는 여기서만 '마귀'를 언급하지만, 다른 신약성경 저자들은 이 단어를 사용해 하나님의 원수를 묘사한다. 마귀는 예수를 유혹하며,[마 4:1-11; 눅 4:2-13] 속임수, 질병, 거짓말, 살인, 증오, 압제 등 다양한 방식으로 하나님의 백성을 공격한다.[마 13:39; 25:41; 눅 8:12; 요 6:70; 8:44; 13:2; 행 10:38; 13:10; 엡 4:27; 6:11; 딤전 3:6-7; 딤후 2:26; 약 4:7; 벧전 5:8; 요일 3:8, 10; 유 1:9; 계 2:10; 12:9, 12; 20:2, 10]

히브리서 저자는 당시의 일반적인 인식에 따라 마귀가 가진 죽음과 관련된 권세에 초점을 맞춘다.[15] 동시에 저자는, 창조주이며 지극히 크신 왕이요 만물을 붙드시는 분[1:3]인 하나님께서 생명과 죽음을 다스리는 궁극적 권능을 지니시므로[16] 마귀가 행사하는 권세에는 한계가 있음을 분명하게 밝힌다. 마귀가 행사하는 가장 치명적인 힘은 두려움이다. 저자는 그리스도의 죽음이 인간에게 미치는 영향을 설명하면서, 인간을 가리켜 "죽기를 무서워하므로 한평생 매여 종노릇하는 모든 자들"[2:15]이라고 일컫는다.[17]

인간은 평생 죽음의 공포에 사로잡혀 살아가며, 바로 이 두려움 때문에 마귀가 인간의 자유를 억누른다. 인간은 죽을 수밖에 없는 존재인데, 그때는 언제인가? 그때가 오기 전에 인간은 온전한 삶에 도달할 수 있는가? 또 죽음은 어떤 방식으로 다가오는가? 고통스럽게, 아니면 공포에 휩싸여서? 죽음의 경험은 시대와 문화에 따라 여러 방식으로 표현되었으나, 모든 인간은 죽음의 운명에 대한 두려움과 싸우며 살아간다. 바로 이처럼 죽음의 그림자 아래 살게 만드는 것이 마귀의 권세다.

두려움으로부터의 해방이라는 주제는 아프리카계 노예 출신으로 기독교로 개종한 존 제[John Jea]의 삶 속에서 생생하게 드러난다. 그는 복음을 전했다는 이유로 주인에게 폭행을 당할 때 히브리서 2:15을 인용하며 믿음을 고백했다. 이를 두고 리사 보웬스[Lisa Bowens]는 이렇게 설명한다. "두려움은 죽음이 인간을 속박하는 힘 가운데 하나다. 그러나 존 제는 죽음을 두려워하기를 거부했고, 죽음을 물리침으로써 승리를 거두었다."[18]

이는 히브리서가 선포하는 진리가 실제 삶 속에서 능력 있게 적용된 사례다. 히브리서의 복음은 예수의 죽음을 통해 마귀와 그의 권세가 "멸망했다"는 것이다. 원수인 마귀는 이미 패배했으며, 머지않아 예수의 발 아래 완전히 굴복하게 될 것이다.[1:13] 이 서신의 첫 독자들뿐 아니라 현대 독자들에게도 죽음의 두려움은 여전히 사라지지 않았다. 그러나 예수의 생명에 참여한 이들에게는 죽음이 더 이상 지배력을 행사할 수 없다. 칼뱅은 이렇게 격려한다. "마귀가 여전히 요동하며 우리를 무너뜨리려 하지만, 그의 권세는 이미 박탈되었고 무력화되었다. 우리가 싸워야 할 적수가 우리를 대적할 힘이 없다는 사실을 아는 것보다 더 큰 용기를 주는 일은 없다."[19]

예수는 마귀를 물리침으로써 종노릇하던 자들을 해방시켰다. 그분은 그들을 두려움의 속박에서 끌어내어 자유롭게 하셨다. 이제 그들은 그들이 믿는 주님께서 죽음을 이기셨기에 더 이상 죽음을 두려워하지 않는다. 이에 대해 크리소스토무스는 이렇게 힘 있게 말한다. "이 공동체 사람들은 고난 속에서도 죽음을 두려워하지 않기에 더욱 뛰어나다. 다른 이들이 평안한 삶을 누리는 듯 보일지라도, 죽음의 두려움은 그들의 즐거움마저 좀먹는다." 그는 이어서 묻는다. "어느 처지가 더 나은가? 감옥에 갇혀 날마다 처형을 기다리며 음식을 먹는 삶인가, 아니면 장차 하늘 나라에서 왕관을 쓰게 되리라는 소망으로 기꺼이 수고하고 애쓰는 삶인가?"[20] 답은 자명하다.

참으로 놀라운 사실은, 예수께서 마귀의 권세 앞에 무릎 꿇으심으로써 오히려 마귀를 물리치셨다는 점이다. 아퀴나스는 예수께 죄가 없으셨기에 죽음이 그분을 지배할 힘이 없었다고 설명한다. 마귀가 자신의 권세를 예수께 행사한 순간, 오히려 "자신의 힘을 상실할 수밖에 없었다."[21] 하지만 이 주장은 마귀가 죽음의 "두려움"뿐 아니라 죽음 그 자체의 권세까지 지녔다고 가정하는 듯하다. 만일 그렇다면 본문이 신학적으로 인정하기 어려울 만큼 지나친 힘을 마귀에게 부여하는 결과가 될 것이다. 그러나 히브리서는 마귀의 힘을 과장하지 않는다. 이 설교가 강조하는 핵심은 단순하다. 예수께서 죽음을 통해 마귀와 그의 권세를 깨뜨리셨고, 그 결과 죽음의 두려움에 얽매인 모든 사람을 구원할 수 있게 되었다는 것이다. 나아가 히브리서 5장에서 보듯이, 예수는 실제 죽음에 수반되는 감정들을 기꺼이 겪으셨다.[5:7-8] 그분은 죽고 다시 살아남으로써, 그분을 믿는 자들에게 죽음은 더 이상 두려움의 대상이 아님을 보여주셨다.

이 공동체는 여전히 죽음을 맞이해야 하지만,[12:4] 더 이상 죽음의 끈질긴 지배력을 두려워할 필요가 없다. 예수께서 원수의 권세를 깨뜨리고 죽음에 대한 비굴한 두려움을 제거하셨기에, 인간은 원수의 지배에서 풀려날 수 있다. 아들의 사역과 죽음, 그리고 부활을 통해 드러난 바와 같이, 하나님께는 죽음이 영원한 관계를 가로막는 장애물이 되지 못한다. 시편 8편을 인용하며 시작된 예수의 인간성에 대한 설명은, 결국 그분의 죽음과 그분이 죽음을 물리치신 사건에 초점을 맞춘다. 예수는 몸을 입고 두려움 가득한 인간의 상황 속으로 들어와 죽음과 맞서 죽음을 이김으로써, 그분의 형제자매들을 마귀의 지배에서 해방시키셨다.

지금까지의 논의에 따르면, 청중은 아들이 죽을 수밖에 없는 운명 앞에서 두려워하는 인간을 돕기 위해 오셨다는 사실을 분명히 깨닫게 된다. 따라서 저자는 "이는 확실히 천사들을 붙들어 주려 하심이 아니요"[2:16]라고 덧붙인다. 여기서 "붙들어 주려"라고 번역된 '에필람바노마이'$\epsilon\pi\iota\lambda\alpha\mu\beta\acute{\alpha}\nu o\mu\alpha\iota$는 긍정적인 의미에서 신체적 접촉을 동반하는 행동을 묘사할 때 자주 사용된다.[마 14:31; 막 8:23; 눅 9:47; 14:4] 예수는 인간의 몸을 입고 오셔서 천사가 아니라 인간을 "붙들어 주신다." 그분은 천사가 아니라 죽을 수밖에 없는 인간을 돕기 위해 육신을 취하셨다. 예수는 우리를 품에 안아 주시는 분이다.

청중은 아들이 "아브라함의 자손을 붙들어 주려 하심이라"는 사실도 분명히 깨달아야 한다. 이 말씀은 예수께서 아브라함 언약에 속한 이가 되셨다는 것을 뜻한다. 저자는 이와 비슷하게 7:14에서 예수께서 유다 지파로부터 나신 것이 "분명하다"고 말하며, 그분의 민족적 정체성을 확인한다.[22] 그분이 구체적으로 유대인으로 나신 것은 전 인류에게 구원의 손길을 확장하는 방법이다. 예수는 아브라함 언약, 곧 아브라함의 자손을 통해 땅의 모든 족속이 복을 받게 되리라는 약속^{창 12:3}의 성취다. 이처럼 저자는 제사장을 통해 이루어진 옛 복에 초점을 맞춘다. "그러므로 그가 범사에 형제들과 같이 되심이 마땅하도다. 이는 하나님의 일에 자비하고 신실한 대제사장이 되어 백성의 죄를 속량하려 하심이라."^{2:17}

17절은 연결사 "그러므로"^{ὅθεν}로 시작한다. 주석가들은 저자가 앞서 전개한 모든 논의와 이 종합적 진술 사이의 논리적 연관성을 정확히 간파했다. 저자는 다른 곳에서도 여러 차례 '호덴'을 이와 같은 방식으로 사용한다.^{3:1; 7:25; 8:3; 9:18} 여기서 이 용어가 지닌 장소적인 의미 역시 간과해서는 안 된다. 예수는 아브라함의 자손들을 끌어안음으로써 그들 가운데 속했고, 이처럼 특정한 혈통과 역사 안에 속한 한 인간으로서 모든 사람과 동일하게 되셨다.

예수는 대제사장으로 섬기기 위해 인간이 되셨다. 2:17에 사용된 수동태 부정사 '같이 되심'^{ὁμοιωθῆναι}은 이 사건이 하나님 아버지께서 행하신 일임을 밝히며, 2:9-10에서 언급된 "하나님의 은혜"와 "온전하게 하심"을 다시 강조한다. 하나님은 아들을 모든 면에서 인간 형제자매들과 같게 하셨다. 동시에 아들은 하나님 자신으로서 피조물을 위한 하나님의 계획을 품고 계셨기에, 인간과 똑같이 되는 것은 강요된 일이 아니라 아버지와 더불어 기꺼이 선택하고 실행하신 일이었다.

아들이 '범사'^{κατὰ πάντα}에 그분의 형제자매들과 같이 되신 일은 몸과 감정을 모두 아우르는 포괄적인 방식으로 이루어졌다. 저자는 예수께서 단지 혈과 육만 취하신 것이 아니라, 자신의 뜻과 의지로도 하나님을 신뢰했다고 밝힌다.[2:13] 아들의 몸과 믿음은 그분의 대제사장 직무의 기초가 되었으며, 이 직무는 긍휼과 신실함으로 수행된다. 저자에게 긍휼ἔλεος은 하나님의 보좌와 깊이 연결되어 있다.[4:16] 긍휼은 이스라엘의 하나님을 특징짓는 핵심적 성품으로서,[출 20:6; 34:6; 신 5:10; 70인역 시 20:7; 시 20:7(시편 전체에 약 150회 등장)] 하나님의 광채이신 그분[히 1:3]이 긍휼을 보인다는 것은 놀라운 일이 아니다. 설교 전체에 일관되게 드러나듯이, 아들은 자신이 대제사장으로서 대변하는 이들을 향해 깊은 공감과 은혜, 곧 긍휼을 한없이 베푸신다. 또한 저자는 아들의 제사장 사역이 영원하며, 그분은 이 사역에 있어서 언제나 "신실하신"πιστός 분이라고 선포한다. 그분은 하나님을 의지하여 인간의 몸을 입고 죽고 부활하여 보좌에 올랐으며, 이제 그분의 원수들이 복종하게 될 때를 기다리신다. 아들이 하나님께 신실했다는 것은, 그분을 주로 고백하는 이들 또한 곤경에 처했을 때 하나님을 신뢰할 수 있음을 뜻한다.

이어서 저자는 그리스도의 제사장직의 목적을 설명하면서, 인간이 처한 곤경에 대해 언급한다. 아들은 자비롭고 신실한 대제사장으로서 "하나님의 일"τὰ πρὸς τὸν θεόν에 신실하게 임하여, "백성의 죄를 속량하려"εἰς τὸ ἱλάσκεσθαι τὰς ἁμαρτίας τοῦ λαοῦ 하신다.[2:17] 이 문장의 구조는 아들의 중보 사역을 압축적으로 보여주며, 그분의 제사장직이 단순히 상징적 직분이 아니라 실제로 죄를 제거하고 화해를 이루는 사역임을 드러낸다.[23] 아들은 하나님 앞에서 대제사장 직무를 수행할 뿐 아니라, 인간의 죄라는 근본 문제를 해결하는 사역을 감당하신다. 이는 이미 아들이 죄를 "정결하게 하셨다"[1:3]고 선포한 내용과 언어적으로 긴밀하게 연결된다. 아들은 몸을 입으신 대제사장으로서 인간의 죄를 용서하고 속량하기 위해 하나님께로 나아가셨다. 여기서 사용된 동사 '힐라스코마이'ἱλάσκομαι는 '속죄하다, 화목하게 하다'라는 의미로, 제사 제도와 관련이 있는 용어다. 이 단어의 신학적 의미는 오랫동안 논쟁의 대상이 되어 왔으며, 주류 해석자들은 이를 죄의 제거 또는 하나님의 진노를 달래는 행위라는 두 축에서 이해해 왔다.[24]

그러나 히브리서에서 이 단어는 2:17 외에 오직 9:5에만 나타나며, 그 본문에서는 속죄소 덮개와 관련하여 공간적이고 제의적인 맥락에서 이해될 가능성이 있다. 나는 '제거'나 '달램' 가운데 어느 하나를 선택하는 것이 실제로 어떤 유익을 주는지 의문스럽다. 이 진술은 서신 초반부에 자리하며, 이후 저자는 아들의 대제사장 사역이 죄를 어떻게 해결하는지 길게 설명할 것이다. 현시점에서 저자의 의도는 분명하다. 즉 구체적인 원리를 밝히지는 않지만, 예수 그리스도께서 죄의 문제를 해결하신 것은 하나님의 변함없는 긍휼의 표현이자 신뢰할 수 있는 구원 행위라는 점을 강조하고 있다.

이 진술은 죄와 죽음의 연관성을 드러낸다. 저자는 죽음과 그에 대한 인간의 두려움이 왜 존재하는지에 대한 절실한 물음에 아직 명확한 답을 주지 않았다. 이제 아들이 죄를 속량하려 하신다는 선포와 함께 그 대답이 제시된다. 만일 아들이 죽음을 겪음으로써 죽음을 물리치고 자신의 제사장직으로 속죄를 성취하신다면, 이 둘 사이에는 분명한 연결점이 존재한다. 실제로 히브리 성경의 몇몇 흥미로운 본문은 죄와 죽음의 직접적인 관련성을 암시한다.출 10:17과 신 21:22의 율법, 사 53:12의 고난받는 종의 노래, 겔 33:14, 갈 3:13의 신학적 본문 등 지금까지 저자는 죄와 죽음을 따로 다루었지만, 여기서 처음으로 그 둘을 함께 논한다. 인간은 본질적으로 죄와 죽음의 얽힘 속에서 살아가기에, 아들은 제사장으로서 죽고 다시 살아남으로써 죽음을 물리치는 속죄 사역을 수행하신다.

히브리서는 죄와 죽음의 연관성을 주장한다는 점에서 다른 신약성경 저자들과 공명한다. 야고보는 두 차례에 걸쳐 죄의 끝이 죽음이라는 진술로 이 둘의 관계를 강조한다.약 1:15; 5:20 이 개념은 바울의 주요 저작, 특히 로마서에서 가장 분명하게 드러난다. 바울은 로마서에서 죄가 죽음에 이르는 과정을 명확하게 진술한다.롬 5:12, 21; 6:16, 23; 7:5, 13; 고전 15:56 참조 히브리서는 구체적인 원리를 밝히지는 않지만, 그 진술이 바울의 견해와 충돌하는 것은 아니다. 죄와 죽음의 실재에 대한 히브리서의 우주적 관점은 독특하면서도 신약성경의 정경적 사고에 속한다.

하나님을 의지하는 자비로운 대제사장인 아들은 "시험을 받아 고난을 당하셨다." 히브리서 저자는 2:9에서 시편 해석을 반복한다. 이 공동체의 고난을 주관하시는 하나님의 주권12:5-11과 아들의 삶과 죽음과 부활을 주관하시는 아버지 하나님의 주권을 나란히 놓고 보면, '시험을 받는다'라는 표현은 훈련과 양육, 온전하게 됨이라는 의미로 이해되어야 한다. 그러나 하나님께서 허용하신 시험에는 죄의 유혹에 노출되는 일도 포함된다. 물론 야고보가 말하듯이약 1:13 하나님은 죄를 짓도록 직접 시험하시는 분이 아니다. 그는 시험이 일어나는 자리가 인간의 인격이라고 설명한다(약 1:14도 죄와 죽음을 연결한다). 히브리서 저자는 악한 마음3:12을 다루는 곳에서는 내적 위험을 인정하지만, 여기서는 앞서 다룬 내용을 바탕으로 하나님의 원수들이 아직 멸망하지 않은 세상에서 하나님께서 유혹을 경험하도록 허용하신다는 점을 강조한다.

이 시험에는 고난과 죽음의 시험이 포함되지만, 그것이 아들이 생애 마지막에 겪은 일만을 가리키는 것은 아니다. 4:15은 아들이 인간의 모든 일에 시험을 받으셨기에 인간의 연약함을 동정하실 수 있다고 말한다. 따라서 본문들이 언어적으로 서로 연결되어 있다는 점에서, 18절에서 언급하는 아들의 시험과 고난은 인간의 조건 전반을 포괄한다. 이 단락이 죽음과 죽음에 대한 평생의 두려움에 초점을 맞추는 만큼, 예수께서 마지막에 겪으신 시험은 오히려 인간 삶 전체에 빛을 비춘다. 아들의 시험이 포괄적인 만큼 그분의 긍휼도 한층 넓어진다. "그가 시험을 받아 고난을 당하셨은즉." 어떤 시험을 겪든 아들은 "시험받는 자들을 능히 도우실 수 있다." 그분은 그들을 능히 도우실 수 있을 뿐 아니라 기꺼이 도우신다.[25] 제사장으로서 죄를 정결하게 하시는 아들의 사역은 긍휼히 여겨 도우시는 목회적 사역과 연결된다.

2장의 마지막 두 구절에서 저자는 예수께서 신실하심으로 고난과 죽음을 통과하여 죄를 해결했다는 사실을 배경으로, 아들의 긍휼과 도우심을 논한다. 그분의 제사장적 희생은 인간으로서 생명을 내어 주는 큰 대가를 치른 것이었다. 아들은 자신의 생명을 바치는 행위를 통해 인간을 자유케 하고 하나님과 그분의 백성 사이에 화해를 이루었을 뿐 아니라, 백성과 깊이 공감하는 능력도 얻게 되었다.

히브리서 2:5-18은 일관된 논증을 제시한다. 이 단락 전체는 인간이 어떻게 영광 가운데 통치할 수 있는지에 대해 논한다. 그러기 위해서는 죽음과 죄를 물리쳐야 한다. 이 일을 이루고자 그리스도는 인간을 위해 인간이 되셨다. 그분은 지금도 다스리고 계시며, 그렇기에 우리도 그분과 하나됨으로써 다스리게 될 것을 확신할 수 있다. 우리가 영광에 이르는 이 구원의 길을 계속 걸어갈 때, 그리스도께서 우리와 함께하시며 능히 도움을 주신다.

광야

이 설교의 저자는 회중이 하나님의 말씀을 들을 수 있도록 자신의 말을 정제한다. 먼저 1장에서는 영원한 아들의 위대함을 선포하고, 이어서 성육신하신 아들이 친히 자신과 인간의 연합 및 구원에 관해 말씀하신다.[2:12-13] 2장에서는 시편 8편에 언급된 대로 아들이 인류를 위한 하나님의 계획을 성취했음을 예수의 말씀을 통해 설명하고 다른 권면으로 넘어간다. 저자는 1장에서 하나님의 말씀을 살핀 뒤 "들으라"[2:1-4]고 권면한 것처럼, 여기서는 아들의 말씀을 살핀 뒤 "신뢰하라"고 권면한다.

3:1-6에서 저자는 2:1-4에서처럼 청중에게 그들이 들은 메시지를 유념하라고 경고하는 대신, 그 메시지의 주님께 주의를 기울이라고 촉구한다. 저자는 사도이자 대제사장인 예수의 위대함을 강조하기 위해 예수를 모세와 비교하는데, 두 사람 모두 하나님의 집에서 존귀히 여겨진다는 유사점과 그 집에서 각자가 누리는 지위의 차이점을 함께 설명한다. 그는 하나님의 말씀을 인용하여, 그리스도 안에 있는 소망의 확신과 자랑을 굳게 붙들 것을 권면한다. 3:8-11에서는 성령이 시편 95편을 통해 말씀하시며, 나아가 그 시편 안에서 하나님께서 친히 말씀하신다고 진술한다. 3:7-4:13에 걸쳐 저자는 시편 95편을 다섯 차례 인용하고, 창세기 2:2도 함께 인용한다. 그리고 이 본문들을 그의 청중에게 직접 적용한다.

가장 긴 첫 번째 인용문[3:7b-11]에서 저자는 개인과 공동체의 영적 건강에 주의를 기울인다. 두 번째 인용문[3:15, 시 95:7b-8]에서는 불신앙과 불순종의 죄를 거부하라고 촉구한다. 세 번째[4:3]와 네 번째[4:5] 인용문은 모두 시편 95:11에서 가져온 것으로, 히브리서 4:4에서 인용된 창세기 2:2과 결합하여 하나님께서 안식하셨다는 사실과 그 안식의 복됨과 필요성을 강조한다. 마지막으로, 저자는 시편 95:7을 다시 인용하여[4:7] 다윗이 이 말씀을 기록한 때를 밝힌다. 결론적으로 그는 하나님의 안식은 여전히 열려 있으며, 자신과 청중이 서둘러 그 안식에 들어가야 한다고 주장한다.[4:11]

저자는 시편 95편에서 이스라엘 역사를 회상하며 경고하는 내용을 근거로 삼아, 자신과 청중을 옛 세대가 걸었던 것과 닮은 '광야'로 데려간다. 모세가 백성을 이끌고 광야를 지나갔듯이, 그리스도도 같은 길을 가셨다.[2:10; 12:2; 13:13 참조] 저자는 모세와 이스라엘의 옛 세대가 하나님께서 주시는 안식의 땅에 들어가지 못했다는 사실을 상기시키면서, 예수를 따르는 이들에게는 더 나은 희망이 주어졌다고 말한다. 이미 안식에 들어간 예수께서 그분을 따르는 이들을 그 길로 이끄실 수 있기 때문이다. 이 단락은 저자가 서신 전반에 걸쳐 반복하여 전하는, "앞으로 나아가라"는 권면과 일치한다.[1] 저자는 신자들이 그들 앞에 놓인 소망과 현실의 길목에서 마주치는 도전을 자각하도록 창조적인 비전을 제시한다. 이 도전을 넘어서기 위해서는 이미 그들을 구속하셨을 뿐만 아니라 앞서 들어갈 그 목적지로 이끄실 분에 대한 끈질긴 믿음이 필요하다.

이 단락[3:7 – 4:13]은 성령을 통해 하나님께서 하시는 말씀을 여러 차례 제시한 뒤, 하나님의 말씀의 놀라운 능력을 묘사하며 끝맺는다. "들으라"는 경고는 듣지 않는 자들이 맞게 될 두려운 결말과 맞물려, 회중으로 하여금 대제사장 예수가 필요하다는 사실을 깨닫게 하는 길을 연다. 이 단락 전체를 통해 믿음과 하나님의 안식이 일관되게 강조된다.

3:1 – 6 집을 주관하는 아들

¹그러므로 함께 하늘의 부르심을 받은 거룩한 형제들아, 우리가 믿는 도리의 사도이시며 대제사장이신 예수를 깊이 생각하라. ²그는 자기를 세우신 이에게 신실하시기를 모세가 하나님의 온 집에서 한 것과 같이 하셨으니 ³그는 모세보다 더욱 영광을 받을 만한 것이 마치 집 지은 자가 그 집보다 더욱 존귀함 같으니라. ⁴집마다 지은 이가 있으니 만물을 지으신 이는 하나님이시라. ⁵또한 모세는 장래에 말할 것을 증언하기 위하여 하나님의 온 집에서 종으로서 신실하였고 ⁶그리스도는 하나님의 집을 맡은 아들로서 그와 같이 하셨으니 우리가 소망의 확신과 자랑을 끝까지 굳게 잡고 있으면 우리는 그의 집이라.

설교 전체에서 저자는 주제를 항목별로 나눠 나열하지 않고, 여러 개념을 서로 연결하여 전개한다. 이 3장은 "그러므로"라는 말로 시작한다. 저자는 영원한 하나님이며 동시에 높이 오르신 아들 예수에 관해 주장한 내용을 근거로 청중에게 응답할 것을 요청한다. 그러한 응답을 이끌기 위해 그는 먼저 그들 자신이 누구인지 상기시킨다. 지금까지 저자가 그들에게 부여한 정체성은 "하나님의 말씀을 받은 사람들"이라는 호칭 하나에 국한되어 있었다. 이 호칭은 저자가 하나님께서 그들에게 말씀하셨다고 선포할 때[1:2; 2:1, 3–4] 염두에 두었던 것이다. 그런데 이제 처음으로 저자는 그들을 직접 부르며, 세 가지 중요한 정체성을 부여한다.

첫째, 그들은 한 식구인 "형제자매들"[3:1, 개역개정은 "형제들"—옮긴이]이다.[2] 그들은 예수께서 기꺼이 말을 건네 주시는 이들[2:11–13]이며, 하나님께서 영광으로 이끄시는 아들들[2:10]이자 자기 몫의 유산을 기다리는 자녀들[1:14]이다. 둘째, 그들은 하나님의 거룩하게 하시는 사역의 수혜자, 곧 "거룩한 사람들"이다. 이 호칭은 거룩하게 하시는 분이 성별하신 사람들의 무리에 그들도 포함된다는 확신을 담고 있다.[2:11]

마지막으로, 그들은 "함께······부르심을 받은 사람들"이다. 저자는 3:14에서 그들을 "그리스도를 고백하는 사람들"개역개정은 "함께 참여한 자"—옮긴이이라고 부르며 다시 이 용어를 사용한다. '함께하는 사람들'을 뜻하는 '메토코이'μετοχοί는 히브리서에 자주 등장하지만,1:9; 3:1, 14; 6:4; 12:8 신약성경 전체에서는 누가복음 5:7에 단 한 번 등장한다. 이 말은 '의기투합한 사람', '함께 참여한 사람', '동역하는 사람'을 가리킨다. 저자는 이 호칭을 사용하여, 그들이 그리스도를 고백함으로 '하늘의 부르심'ἡ ἐπουράνιος κλῆσις을 받았다는 것을 확신시킨다. 장소(하늘)와 음성(부르심)이라는 두 요소는, 이 부르심이 하늘에 계시는 아들을 통해1:3 하나님의 말씀으로 그들에게 전해진 초청임을 보여준다.

저자는 이러한 정체성, 곧 그들이 한 가족이며, 거룩하고, 하늘의 계시에 참여한 사람들임을 분명히 밝힘으로써 그들이 예수와 연결되어 있다는 것을 확증한다. 예수는 그들의 형제이며, 그들을 거룩하게 하시는 분이자 하나님 우편에서 하나님의 말씀을 전하여 그들을 하나님께 나오도록 초청하시는 분이다. 그러므로 그들이 박해를 당하거나 낙심하여 신앙의 위기를 맞고 있다면, 신앙고백을 통해 부여된 정체성을 다시 기억하게 하는 것이 무엇보다 중요하다.

이렇게 규정된 공동체의 정체성에서 자연스럽게 저자의 권면이 흘러나온다. 그들은 예수와 연결되어 있으며, 따라서 그분이 그들의 비전의 중심에 놓이는 것이 마땅하다. 이는 저자가 바로 앞에서 예수를 시험받는 자들을 능히 도울 수 있는 분으로 묘사한 것2:17-18에 비추어 볼 때 더욱 그렇다. 만일 그들이 예수 외에 다른 데로 관심을 돌린다면, 그분의 공감 어린 도움을 받을 수 없다.

저자는 "깊이 생각하라"κατανοέω, katanoeō고 권면하는데, 이 말은 '인식'과 '성찰'이라는 두 가지 의미를 포함한다. 그들은 예수를 바라보았으며,2:9 이제 그분에 대해 깊이 생각해야 한다. 이를 돕기 위해 저자는 예수를 가리키는 두 가지 칭호를 제시한다.

첫째, 예수는 "사도"이시다. '보내다'라는 뜻의 동사 '아포스텔로'ἀποστέλλω의 명사형 '아포스텔로스'ἀπόστολος는 '보냄받은 사람'을 뜻한다. 이 용어는 보냄받은 사람과 보내는 사람의 관계를 나타내며, 동시에 임무를 내포한다. 즉 보내는 이는 특정한 목적이 있기에 그를 파송하는 것이다. 복음서는 예수께서 사도들을 지명하여 보내셨다고 기록한다.마 10:1-5; 막 3:13-19; 눅 6:12-16 바울 역시 여러 차례 자신을 사도라 부른다.고전 1:1; 4:9; 9:1-2, 5; 15:9; 고후 1:1; 갈 1:1, 17; 엡 1:1; 골 1:1; 살전 2:7; 딤전 1:1; 2:7; 딤후 1:1, 11; 딛 1:1 히브리서는 신약성경에서 예수를 사도라 부르는 유일한 문헌이지만, 그분이 하나님께 보냄을 받았다는 점에서히 10:7 이 칭호를 적용하는 것이 옳다. 이 칭호는 혈과 육을 지닌2:14 영원한 아들1:2, 8, 10-12이 하나님에게서 오신 분이라는 사실을 확증한다. 아들은 메시지1:2이면서 동시에 구원을 선포하고 그 결실을 이루신 사도다.2:3, 10 또한 그분은 "대제사장"이며, 인간의 죄라는 뿌리 깊은 문제를 해결하고 인간이 시험당할 때 도우시는 분이다.2:17-18 저자는 이런 여러 가지 역할의 통일성을 강조하면서,[3] 그 역할들을 인간과 하나님 사이를 중재하기 위해 오신 그 한분께 적용한다.

저자는 예수가 "우리가 믿는 도리"의 중심이 되신다고 말한다. 사도이자 대제사장이신 예수는 목회자인 저자와 그의 청중으로부터 떨어져 계신 분이 아니다. 이 훈계는 2:1-4의 권면을 바탕으로 한다. 2장에서는 청중이 듣고 받은 말씀에 유념해야 한다는 경고가 나오는데, 여기 3장에서는 그들이 그 말씀을 전한다. 그들은 들었고 들은 것을 확증했다. 이 확증은 삼위일체 하나님께서2:3-4 아들에 관해 증언하신 것을 믿음으로 고백하거나 동의하는 말로 이루어진다.

그들은 예수께서 하나님에게서 나와 대제사장 직무를 맡으신 분임을 고백한다. 저자는 '예수'라는 이름을 설명하면서, 그분의 영원한 과거(하나님께 보냄받은 사도)와 영원한 미래(영원한 대제사장),7:28 참조 그분의 인성을 함께 강조한다. 그리고 그분이 유다 지파에서 혈과 육을 받아 태어난 분임을 상기시키며,[7:14] 그분이 그들을 위해 수행하신 중보자 역할에 주목하도록 이끈다. 이 진리를 통해 그들은 예수와 그 사역에 대해 들었으며, 이를 진리로 고백했기에 이미 새로운 정체성을 소유하고 있음을 확신할 수 있다.

저자는 청중이 예수를 깊이 생각함으로써 하나님에 대한 믿음을 굳게 지키기를 바라며, 예수가 하나님께 "신실"했음을 상기시킨다. 앞 문단에서는 예수가 신실한 자세로 자신의 대제사장 사역을 수행하셨음을 강조했다.[2:17] 여기서도 동일하게 소명이 강조되는데, 이는 저자가 하나님을 묘사하는 방식에서 분명히 드러난다. 하나님은 예수를 '세우신 분'^{ποιέω}이다. 이 단어 자체는 아들이 하나님에 의해 창조되었다는 뜻으로도 이해될 수 있으며, 실제로 아리우스주의자들이 이 용법을 지지했다.[4] 그러나 히브리서의 맥락에서는 두 가지 다른 의미가 더 타당하다. 첫째, 저자는 이 용어를 사용하여, 하나님께서 예수를 대제사장 직무에 세우셨음을 가리킨다. 방금 예수를 대제사장이라 부른 저자는 앞 문단[2:17-18]에서 그분의 대제사장으로서의 자격을 논했으며, 5장에서는 그 직분이 예수 스스로 취한 것이 아니라 오직 하나님께 부르심을 받은 것임을 분명히 밝힌다.[5:4-5]

둘째, 하나님께서 예수를 세우셨다는 말씀은 그분을 만물의 상속자로서 왕의 직무[1:2]에 세우시고, 1장, 특히 13절에서 강조하는 것처럼 지극히 높으신 분의 우편에 앉히셨다는 것을 뜻한다. 그러므로 여기서 '포이에오'^{ποιέω}는 아들의 존재를 창조한 것이 아니라, 아들이 메시아적 상속자이자 대제사장으로 세움받은 사건과 관련된다. '포이에오'는 어떤 직무에 임명하는 일을 가리키는 말로 해석하는 것이 가장 적합해 보인다. 하지만 나는 '세우신'이라는 말을 사용하여 예수의 사역이나 책무, 직분과 같은 부분적인 요소만을 언급하는 데 그치지 않고, 직무와 관련된 그 말의 더 깊은 의미까지 살펴보려고 한다. '하나님의 부르심'^{vocale}에 응답하는 것은 한 사람의 삶의 방향을 완전히 바꾼다. 모세는 불타는 떨기나무에서 하나님의 부르심을 받았으며, 그의 평생의 삶뿐만 아니라 운명에 이르기까지 모든 것이 바뀌었다. 하나님께서 아들을 부르신 일이 아들의 존재나 계획에 '변화'를 일으켰다고 말하는 것은 옳지 않다.[10:5-10] 오히려 그 부르심은 하나님의 영원한 계획을 이루는 것이며, 성육신 전에는 예시되었을 뿐 실현되지 않았던 일을 받아들이는 것이다. 하나님께서 아들을 불러 직무에 세우신 것은 총체적인 특징을 지니며, 그런 까닭에 예수를 따르는 이들은 하나님께서 그들을 불러 세우시고 준비시키는 일도 똑같이 포괄적일 것이라고 예상할 수 있다.

이 용어가 지닌 직무 관련 의미 외에 실용적인 특성도 간과할 수 없다. '포이에오'^{ποιέω}는 '행하다' 또는 '만들다'를 뜻한다. 고대 저자들은 이 말을 어떤 것을 만들어 내는 행위, 곧 존재하지 않는 것을 존재하게 하는 행위를 묘사할 때 사용했다. 하나님은 예수에게 직무를 맡기신 데 더해, 예수를 혈과 육, 더 정확히는 육신으로 지으셨다. 이 혈과 육은 저자가 앞 단락에서 대제사장 직무를 감당하기 위해 예수께서 반드시 갖추어야 할 조건으로 제시한 것이다.

주목할 점은 저자가 예수의 영원하고 관계적인 신적 정체성을 나타내는 칭호인 '아들'이 아니라, 1세기 유대인 남성으로서의 이름 '예수'를 사용한다는 사실이다. '예수'는 그분을 지으신 하나님, 곧 그분을 '사람'으로 지으시되 나사렛 마리아의 자원하는 육신을 통해 그 혈과 육을 창조하신[눅 1:26-38] 하나님께 신실했다.

뒤에서 모세와 비교하는 것에 비추어 볼 때, 예수의 인성에 초점을 두는 것은 적절하다. 예수는 "모세가 하나님의 온 집에서 한 것과 같이"[3:2] 신실하게 행하셨다. 이스라엘의 지도자인 모세가 하나님의 집에서 신실했듯이, 유대인 중보자인 예수 또한 하나님의 집에서 신실하게 섬기셨다. '집'은 흔히 특정한 가문을 가리키지만,[출 19:3; 레 10:6] 더 나아가 이스라엘 전체 백성을 아우르는 의미로 확장될 수 있다. 본문의 "온"이라는 표현은 '포함'을 강조한다고 보는 입장과 '제외'를 강조한다고 보는 입장이 공존하며 논쟁의 대상이 되고 있다.[5]

나는 그 말이 둘의 대조를 더욱 선명하게 한다는 점에서 '포함'의 의미로 이해한다. 즉 이스라엘의 온 집에서 모세가 영예로운 인물로 여겨졌다면, 예수는 그보다 훨씬 더 크고 놀라운 영광을 받으셔야 마땅하다. 저자가 말하는 "집"은 하나님께서 "내 집"이라 말씀하신 민수기 12:7을 암시한다. 저자는 5절에서 이 구절을 직접 인용한다. 이로써 그는 설교 전체에 걸쳐 전개할 가족이라는 주제를 처음으로 소개한다.

예수와 모세의 유사점을 살핀 저자는, 그것을 근거로 둘 사이의 차이점을 다룬다. "그는 모세보다 더욱 영광을 받을 만한 것이"[3:3] 있다. 두 사람 모두 신실하지만, 예수는 더 큰 영광을 받으실 자격이 있다. 이는 집 지은 자가 지어진 집보다 더 큰 영예를 누리는 것과 같다. 저자는 집의 구체적인 구조에는 관심이 없다. 집은 예수를 설명하는 상징적 사례로 사용된다. 그는 "집마다 지은 이가 있으니"[3:4]라는 단순한 사실을 근거로 자기 관심사인 하나님의 집, 곧 하나님의 백성에 대해 설명한다. 그리고 이 맥락에서 예수와 모세가 모두 이 집에서 신실하게 섬겼다고 언급한 뒤, 마지막으로 예수가 이 집을 다스리시는 분임을 밝힌다.[3:6]

4절에서 저자는 자신의 궁극적 비전을 최대한 드러내며 "만물을 지으신 이는 하나님이시라"고 선포한다. 그는 영광과 존귀의 관을 쓰신 아들의 포괄적 주권을 언급한 2장[2:7-8]과, 아들이 만물의 창조에 참여하셨다고 밝힌 1장[1:3]을 토대로 예수의 영광이 모세의 영광을 "훨씬" 능가한다고 주장한다. 아들과 모세가 모두 신실하게 행함으로써 영광을 받지만, 예수는 집을 다스리는 지위에 계시기에 훨씬 더 큰 영광을 누리신다. 이 내용은 3:6에서 다시 언급된다. 더 나아가 하나님께 지음받은 인간 예수는, 하나님의 지극한 영광을 공유하는 아들과 동일하신 분이다. 그분은 아들로서 하나님과 함께 "만물"을 지으셨기 때문이다. 예수는 하나님의 영원한 아들로서 하나님과 함께 만물을 세우셨기에 더 큰 영광을 받으셔야 한다. 간단히 말해 아들 예수는 창조자이시므로, 피조물인 모세보다 당연히 훨씬 더 영광스러운 분이다. 모세가 하나님의 집에서 특별히 섬긴 것과 비교할 때, 아들이 누리는 영광이 더욱 크다는 사실이 분명해진다.

저자는 모세의 탁월한 지도력을 강조하는 민수기 12:7을 인용한다. "모세는……하나님의 온 집에서 종으로서 신실하였고."^{히 3:5} 이 구절은 모세가 에티오피아 여인을 아내로 맞은 일로 그의 형제자매인 아론과 미리암에게 비방을 받은 사건과 관련이 있다. 이 상황에 대한 다른 정보는 없지만, 하나님께서 그들에게 하신 말씀은 모세의 신실함만이 아니라 더 중요한 사실, 곧 하나님께서 모세와 친밀하게 소통하신다는 점을 드러낸다. 하나님은 모세가 볼 수 있는 모습으로 나타나 그와 "대면하여"^{민 12:8} 말씀하셨으며, 모세는 그로 인해 주님의 영광을 알아본다.

이 진술은 하나님께서 모세에게 "나를 보고 살 자가 없음이니라"^{출 33:20}고 말씀하신 다른 본문과 모순되지 않는다. 민수기는 하나님께서 모세와 대화할 수 있는 방식으로 자신의 신적 본성을 계시하셨다고 말한다. 이는 하나님에 대한 참된 계시이지만, 하나님의 전 존재를 온전히 드러낸 계시는 아니다. 완전한 계시는 인간이 결코 눈으로 파악할 수 없다.[6]

하나님께서 모세에게 드러내기로 작정하신 모습이 장차 성육신하게 될 아들의 형상이었는지, 다시 말해 "그는 보이지 아니하는 하나님의 형상"^{골 1:15}이요 "그의 얼굴은 하나님의 영광을 비추는 빛"^{고후 4:6}이라고 하신 말씀처럼 아직 몸을 입지 않았으나 장차 이루어지게 될 것의 형상이었는지 궁금해하는 이들이 있을 것이다. 어떤 형태로 이루어졌든지, 하나님을 만난 일은 모세에게 믿을 수 없을 정도로 큰 영예였다. 그리고 하나님의 종인 모세의 역할은 그가 보고 들은 일의 증인이 되는 것이었다. 이는 모세가 토라의 배후에 있는 저자로서 존경받는 지위와도 부합한다.[7]

저자는 모세의 "증언"이 미래를 가리키는 것이라고 말한다. 모세는 "장래에 말할 것"에 대해 증언한다. 모세의 헌신적인 삶은 구약성경에 기록되어 있고, 그가 했던 말도 기록되어 예언자들에 의해 거듭 인용되었다. 이제 히브리서 저자는 모세의 말을 자기 공동체를 향한 말씀으로 가져온다. 오랜 세월 이어져 온 모세의 증언은, 모세와 예수를 비교하는 틀에서 볼 때 아들 예수를 가리키는 예언적 증언 가운데 하나다. 모세가 존경받는다면, 저자의 증언이 가리키는 아들은 훨씬 더 크게 존경받아 마땅하다. 모세가 하나님의 말씀을 들었다면, 아들은 곧 그 말씀이시다.[1:2] 모세가 하나님의 영광을 보았다면, 아들은 그 영광의 광채이시다.[1:3]

이 설교를 듣는 이들은 하나님의 종 모세에게만 초점을 두지 말고, 메시아인 "그리스도"를 깊이 생각해야 한다. 저자는 이 서신에서 처음으로 아들 예수를 가리켜 '크리스토스', Χριστός 곧 메시아라는 칭호를 사용한다.[3:6] 아무런 사전 설명 없이 쓰인 이 칭호는, 이 공동체가 처음 예수를 믿은 이들에게서 구원의 메시지를 들었을 때 이미 받아들인 것으로 보인다.

이 기름 부음 받은 왕(1:9에 인용된 70인역 시 44편에서 불린 이름)은 종으로서가 아니라 "아들로서" 신실하셨으며, 하나님의 집에서가 아니라 "하나님의 집을 맡은 이로서" 신실하셨다. 저자는 모세와 비교하여 아들 예수가 궁극적 주권의 지위에 있음을 거듭 강조한다. 둘은 모두 이스라엘 백성에 속하기에 이 집과 가족은 그들의 것이기도 하다. 그러나 동시에 하나님께서 이 가족을 선택하시고 구속하시고 보존하셨기에 이 집은 궁극적으로 하나님께 속한다. 아들은 아버지와 함께 만물을 창조하셨으므로 이 가정을 주권적으로 다스리신다. 창조 사역뿐 아니라 이 가정을 붙들고 도우신 분도[2:16] 아들이기에, 그분은 이 집을 자신의 것으로 품으셨다. 인간이며 동시에 하나님인 아들의 본성으로 인해 이 집은 아들에게 속한다. 아들은 종이 결코 가질 수 없는 집에 대한 상속권을 갖는다. 더욱이 저자는 이미 하나님께서 아들을 만유의 상속자로 지명하셨다고 밝힌 바 있다.[1:2] 따라서 "그의"[3:6]라는 소유 대명사는 아버지 하나님과 이 집을 다스리시는 아들 하나님 모두를 가리키는 것으로 보는 것이 옳다.[8]

이 회중은 그리스도께 귀를 기울일 때 그분의 집이 된다. 저자는 그리스도와 관련해 자신과 그의 회중을 가리켜 "우리는 그의 집"[3:6]이라고 말한다. 그들은 그리스도께서 지으시고 구원하신 공동체의 일원이다. 이 주장은 앞에서 그들의 정체성을 "아들들"로 규정한 진술[2:10]을 지지한다. 그들 가운데는 모세처럼 종으로서 아들의 집에 속한다고 여기는 이도 있을 수 있다. 하지만 그들은 더 높은 지위로 올려졌다. 모세 역시 그렇다고 볼 수 있다. 모세는 신실한 사람으로서,[11:24-29] 이제 하나님의 산 위에 거하는 "장자들"의 모임에 속한다.[12:23] 그들은 모두 기름 부음 받은 아들인 예수가 다스리시는 하나님의 집에 속한 자녀들이다.

저자는 이 큰 확신에 다음과 같이 조건을 덧붙인다. "우리가 소망의 확신과 자랑을 끝까지 굳게 잡고 있으면."[3:6] 독자들은 이처럼 '조건'을 다는 말이, 특히 이 설교 전체에 걸쳐 나오는 경고 본문에 비추어 볼 때 위협적이라고 느낄 것이다. 하지만 이 '조건'은 인간의 믿음의 굳건함이나 결핍을 따지는 것이 아니라, 그리스도의 신실하심이라는 튼튼한 토대를 가리킨다. 좌절이나 낙심, 또는 하나님께 진지하게 질문하거나 탄식을 쏟아 내는 것은 잘못이 아니다. 이 모든 것은 고난 가운데 있는 공동체가 실제로 겪었던 일이다. 굳게 잡는 것의 반대는 고의로 떨어져 나가는 것이다.[9]

그들이 맏아들의 권위 아래 머물 때만 이 집의 일원이 될 수 있다는 것은 당연하다. 아들이 전하시는 메시지에 귀 기울이고,[2:1-3] 그분을 깊이 생각하며[3:1] 굳게 붙잡을 때 그들은 '확신'을 얻을 수 있다. 이는 그분이 만물을 다스리시기 때문이다. 그럴 때 그들은 "소망의······자랑"을 얻게 되는데, 만물이 그분께 복종할 것이기 때문이다.[1:13] 간단히 말해 그들은 그들 자신을 확신과 소망의 근거로 삼아서는 안 된다. 오직 '그분'을 굳게 붙잡아야 하며, 그런 그들에게 그분은 확신과 소망의 능력을 주신다. 저자는 이 사실을 3:14과 10:23에서 다시 강조한다.

복되게도 이 격려는 히브리서의 첫 독자들에게만 해당되지 않는다. 메시아 예수에 관한 구원의 말씀을 듣고 믿음으로 고백한 사람이라면 누구나 그분과 그분의 주권을 의지할 수 있다. 그렇게 하는 사람은 누구나 소속감 및 정체성과 함께 소망을 발견한다. 이어지는 긴 주석 단락에서는 모든 세대가 그리스도를 굳게 붙잡을 때 피해야 할 일의 사례가 제시된다.

3:7-4:13 불신

[7]그러므로 성령이 이르신 바와 같이 오늘 너희가 그의 음성을 듣거든 [8]광야에서 시험하던 날에 거역하던 것 같이 너희 마음을 완고하게 하지 말라. [9]거기서 너희 열조가 나를 시험하여 증험하고 사십 년 동안 나의 행사를 보았느니라. [10]그러므로 내가 이 세대에게 노하여 이르기를 그들이 항상 마음이 미혹되어 내 길을 알지 못하는도다 하였고 [11]내가 노하여 맹세한 바와 같이 그들은 내 안식에 들어오지 못하리라 하였다 하였느니라. [12]형제들아, 너희는 삼가 혹 너희 중에 누가 믿지 아니하는 악한 마음을 품고 살아 계신 하나님에게서 떨어질까 조심할 것이요 [13]오직 오늘이라 일컫는 동안에 매일 피차 권면하여 너희 중에 누구든지 죄의 유혹으로 완고하게 되지 않도록 하라. [14]우리가 시작할 때에 확신한 것을 끝까지 견고히 잡고 있으면 그리스도와 함께 참여한 자가 되리라. [15]성경에 일렀으되 오늘 너희가 그의 음성을 듣거든 격노하시게 하던 것 같이 너희 마음을 완고하게 하지 말라 하였으니 [16]듣고 격노하시게 하던 자가 누구냐. 모세를 따라 애굽에서 나온 모든 사람이 아니냐. [17]또 하나님이 사십 년 동안 누구에게 노하셨느

냐. 그들의 시체가 광야에 엎드러진 범죄한 자들에게가 아니냐. [18]또 하나님이 누구에게 맹세하사 그의 안식에 들어오지 못하리라 하셨느냐. 곧 순종하지 아니하던 자들에게가 아니냐. [19]이로 보건대 그들이 믿지 아니하므로 능히 들어가지 못한 것이라. [4:1]그러므로 우리는 두려워할지니 그의 안식에 들어갈 약속이 남아 있을지라도 너희 중에는 혹 이르지 못할 자가 있을까 함이라. [2]그들과 같이 우리도 복음 전함을 받은 자이나 들은 바 그 말씀이 그들에게 유익하지 못한 것은 듣는 자가 믿음과 결부시키지 아니함이라. [3]이미 믿는 우리들은 저 안식에 들어가는도다. 그가 말씀하신 바와 같으니 내가 노하여 맹세한 바와 같이 그들이 내 안식에 들어오지 못하리라 하셨다 하였으나 세상을 창조할 때부터 그 일이 이루어졌느니라. [4]제칠일에 관하여는 어딘가에 이렇게 일렀으되 하나님은 제칠일에 그의 모든 일을 쉬셨다 하였으며 [5]또다시 거기에 그들이 내 안식에 들어오지 못하리라 하였으니 [6]그러면 거기에 들어갈 자들이 남아 있거니와 복음 전함을 먼저 받은 자들은 순종하지 아니함으로 말미암아 들어가지 못하였으므로 [7]오랜 후에 다윗의 글에 다시 어느 날을 정하여 오늘이라고 미리 이같이 일렀으되 오늘 너희가 그의 음성을 듣거든 너희 마음을 완고하게 하지 말라 하였나니 [8]만일 여호수아가 그들에게 안식을 주었더라면 그 후에 다른 날을 말씀하지 아니하셨으리라. [9]그런즉 안식할 때가 하나님의 백성에게 남아 있도다. [10]이미 그의 안식에 들어간 자는 하나님이 자기의 일을 쉬심과 같이 그도 자기의 일을 쉬느니라. [11]그러므로 우리가 저 안식에 들어가기를 힘쓸지니 이는 누구든지 저 순종하지 아니하는 본에 빠지지 않게 하려 함이라. [12]하나님의 말씀은 살아 있고 활력이 있어 좌우에 날선 어떤 검보다도 예리하여 혼과 영과 및 관절과 골수를 찔러 쪼개기까지 하며 또 마음의 생각과 뜻을 판단하나니 [13]지으신 것이 하나도 그 앞에 나타나지 않음이 없고 우리의 결산을 받으실 이의 눈앞에 만물이 벌거벗은 것 같이 드러나느니라.

히브리서 저자는 청중에게 아들이 누구인지 깨닫고 굳건한 확신과 자랑 위에 서라고 권면한다. 그는 먼저 아들이 하나님께서 그들에게 주신 말씀[1:2]이라고 단언한다. 이와 같은 그리스도론적 사실을 근거로, 저자는 하나님의 음성 듣기를 찬미하는 시편으로 넘어가면서 "그러므로"[8:16]라는 말을 사용한다. 이 말은 여러 차례 쓰이지만 여기서 처음 등장하며,[6:1; 10:5; 11:12, 16; 12:12, 28; 13:12 참조] 앞서 언급한 내용과 뒤에 이어질 내용을 연결한다. 여기서 광야 세대는 하나님께서 말씀하실 때 어떻게 응답해야 하는지 보여주는 부정적 사례가 된다. 이어서 성령이 성경 본문을 통해 말씀하신다. "성령이 이르신 바와 같이."[3:7] 아버지 하나님과 아들에 이어서 이제 성령까지 말씀의 주체로 등장한다는 사실은 놀랍다.

아버지와 아들 사이에 알 수 없는 '누군가'가 시편 8편의 화자[히 2:6]로 등장하므로, 그 수와 순서가 체계적인 삼위일체 신학이라고 할 만큼 일목요연하지는 않다. 그러나 여기서 성령은 인격적으로 일하며 말씀하시는 사역을 수행한다. 신약성경의 다른 어떤 저자도 성령에게 이처럼 말씀하시는 역할을 맡기지 않는다. 바울은 사람이 성령을 의지해 말할 수 있다고 주장하고,[고전 12:3] 누가는 강한 바람 소리를 성령의 임재로 설명하지만,[행 2:2] 성령을 성경을 통해 말씀하시는 이로 소개하는 경우는 없다. 구약성경에서 성령은 사람들을 통해 말씀하시며, 오직 한 사람 에스겔에게만은 직접 말씀하신다.[겔 3:24; 11:5] 그런데 시편 말씀이 히브리서 안으로 들어오면서, 눈치채지 못하는 사이에 하나님에 관한 성령의 말씀이 곧 하나님께서 친히 하시는 말씀으로 전환된다. 저자는 거룩하신 하나님과 성령을 일치시키기도 하고 구별하기도 한다.[10] 여기서 니케아 신조("우리는 성령을 믿는다.……그는 예언자들을 통해 말씀하셨다")의 초기 흔적을 볼 수 있다.

성령은 시편 95편[70인역 94편]의 마지막 부분을 인용해 말씀하신다. 이 시편은 만물 위에 높으신 하나님의 주권을 찬양하면서, 그분이 이스라엘을 선택된 백성으로 삼으신 것을 크게 감사한다. 산보다 높고 바다보다 깊으신 권능의 하나님은 목자가 양을 알고 사랑하듯 이 백성을 친밀히 아시고 사랑하셨다. 히브리서 저자가 인용한 권면은 바로 이런 감사의 맥락에서 비롯된 것이다. 시편과 마찬가지로 저자는 예수를 모세보다 훨씬 더 탁월한 분으로 찬양한다.[3:1-4] 이는 예수가 언제나 하나님으로서 하나님과 함께 다스려 오셨기 때문이다. 또한 저자는 높이 오르신 아들이 청중을 친밀히 대해 주셨음을 강조하며, 그분이 인간이 되어 그들을 구속하시고 하나님 집의 일원으로 받아 주셨다고 말한다.

시편과 히브리서 모두에서 저자가 인용하는 권면의 토대는 하나님의 위대하심과 선택의 은혜다. 하나님의 존재와 그 행하신 모든 일을 고려할 때, 이스라엘 백성 중 일부가 하나님을 알지 못한 채 신뢰와 순종을 거부한 것은 매우 심각한 일로 드러난다. 저자는 자신과 그의 청중을 광야 세대와 상응하는 모습으로 묘사하면서, 그들로 하여금 자기 마음과 공동체 안에 잠재된 불신앙의 요소를 성찰하도록 촉구한다. 하나님께서 한 차례 은혜로 백성을 구속하셨다고 해서, 믿음이 계속해서 자라야 할 필요가 사라지는 것은 아니다.

그들과 하나님의 관계는 인용문의 첫 행에서 분명하게 드러난다. "(만일) 오늘 너희가 그의 음성을 듣거든."[3:7] '만일'이라는 표현은 이 편지의 맥락에 적합해 보이지 않는다. 저자는 하나님께서 말씀하시는 분으로서 지금까지 예언자들을 통해, 그리고 이제는 아들을 통해[1:2] "그들에게" 말씀하셨다고 이미 주장했다. 그들이 하나님께서 말씀하시는 것을 들을 기회가 있었다는 사실은 의심의 여지가 없다. 저자가 신경 쓰는 문제는 다만 그들이 어떻게 응답하는가이다. 이는 저자가 들음과 행함을 얼마나 밀접하게 연관 짓는지 보여준다.

시편은 하나님의 백성으로서 광야 유랑 세대를 피해야 할 사례로 제시하며, "광야에서 시험하던 날에 거역하던 것 같이 너희 마음을 완고하게 하지 말라"[3:8]고 권면한다. 이 인용문에 거듭 등장하는 부정적 표현은 그 세대에게 많은 문제가 있었음을 드러낸다. 하나님께 반항하거나 그분을 진노케 한 일은 예언자들이 비판한 다른 세대에게도 해당되지만,[호 10:5; 렘]

51:3; 겔 2:3 등 여기 인용된 것을 비롯한 다수의 시편은 이 특별한 세대가 이런 식으로 하나님을 자주 진노케 했다는 점을 강조한다.70인역 시 77편; 105편

죽음을 앞둔 모세는 자신이 이끌어 온 사람들이 두루 '반역했다'παραπικραίνω, 신 31:27라고 탄식한다. 예를 들어, 이스라엘은 이집트에서 구속받은 지 얼마 되지 않아 마실 물이 없자 하나님을 시험했다. 그들의 불평은 신학적 문제, 곧 주님께서 과연 그들 가운데 계신지 의심한 데서 비롯되었다.출 17:7 '거역'παραπικρασμός으로 번역된 말은 '쓰라림'을 뜻하는 '피크로스'πικρός와 관련된다. 말하자면 광야 세대는 하나님께 쓴맛을 안겨 드린 것이다. 이 시편은 신명기 6장의 진술을 반영한다. 거기서 모세는 약속의 땅에 들어가게 된 세대에게 이전처럼 주 하나님을 시험하지 "말라"고 경고한다.신 6:16

이 표현들이 그 세대의 끊임없는 불평과 반역에 초점을 맞춘다면, 저자는 이러한 경향을 바탕으로 시편 95편을 인용하여 그들 삶의 특정 순간을 지목한다. 즉 "광야에서 시험하던" 날에 그들의 완고한 마음이 드러났다. 이 시편은 그 세대가 하나님을 "시험하여 증험"3:9하던 그 순간을 주목하게 한다. 인용된 시편은 그들의 여정 가운데 결정적 순간, 곧 하나님께서 약속의 땅으로 인도하시리라는 사실을 의지하지 않았던 때에 초점을 맞춘다.민 14:20-25

그 땅은 기름진 곳이지만 거기에 사는 거주민은 강했다. 이스라엘 백성은 하나님께서 얼마든지 그 땅의 군대를 물리치고 그들의 조상에게 약속하신 땅으로 인도하리라는 것을 믿지 않았다. 그들은 계속해서 불평하며 하나님을 시험했고, 약속의 땅에 들어가기 직전에는 더욱 그러했다.

저자는 독자들이 광야 세대를 유난히 악한 세대로만 여기거나, 자기들은 그렇지 않다고 단정하지 못하도록 경계한다. 그는 광야 세대를 한 사례로 제시하여, 그들의 전철을 밟지 않도록 주의를 촉구할 뿐이다. 인간

이라면 누구나 하나님을 진노케 할 소지가 있기 때문이다.

저자는 이 시편을 인용하면서 자신의 관점에 따라 반역을 둘러싼 사건들에 초점을 맞춘다. 현존하는 시편 판본들에는 히브리서 저자가 3:10에 첨가한 연결어가 나오지 않는다. 시편 95편에는 "그들이 내가 행한 일을 보았다"라는 구절이 9절 끝부분에 나오고, 이어지는 10절은 "내가 사십 년 동안 그 세대로 말미암아 근심하여"로 시작한다. "사십 년"은 하나님의 진노가 지속된 기간이다. 그러나 저자는 "그러므로"[히 3:10]를 덧붙여 '사십 년'과 '진노'를 분리하고, 그 기간을 이 세대가 하나님의 행사를 목격한 시간으로 제시한다. "사십 년 동안 나의 행사를 보았다."

여기에는 하나님께서 자비로이 행하신 일들, 곧 그들의 고통을 보시고 기적적인 재앙을 통해 이집트에서 이끌어 낸 사건,[출 3:7–10] 더 나아가 출애굽 이전 노예 생활 가운데서도 그들을 붙들어 주신 일이 포함된다. 40년 동안 하나님께서 일하셨다는 사실은, 그들이 어려운 시절을 지나는 동안에도 하나님께서 늘 함께하셨음을 뜻한다. 그러므로 히브리서의 공동체 또한 이 말씀에 귀 기울여야 한다.[히 12:5–11][11]

그들은 하나님의 행사를 목격했음에도 마음을 완고하게 하여 하나님께 맞섰고, 그 결과 하나님은 "그러므로 내가 이 세대에게 노하여"[3:10]라고 응답하셨다. 하나님께서 그 세대에게 진노하신 이유는, 많은 것을 계시해 주셨음에도 그들이 여전히 그분을 신뢰하지 않았기 때문이다. 어떤 이들은 하나님의 진노[ὀργή]라는 표현에 당황할지도 모르지만, 이는 죄에 대한 하나님의 거룩한 반응을 묘사하는 한 방식이다.[레 26:30 참조] 이 진노는 나중에 서신에서 언급되는 하나님의 "소멸하는 불"[히 12:29]과도 유사하다. 반항이나 불신앙 같은 백성의 잘못된 행실에 전혀 응답하지 않는다면, 하나님은 냉담하고 무관심한 신에 불과할 것이다. 진노를 모르는 하나님은 정의로운 하나님도, 참되고 고귀한 사랑의 하나님도 될 수 없다.

광야 세대가 지닌 중대한 문제는 시편에 기록된 하나님의 말씀처럼

"그들이 항상 마음이 미혹되었다"는 데 있었다. 그들은 자신들에게 이루어진 구원과 보호하심 속에서 하나님의 행사를 분명히 보았다. 그러나 그들은 그 모든 일을 경험하고도 내면의 태도를 바꾸지 않았다. 저자가 지적하듯이 미혹된다는 것은 인간의 조건에 속한다.[5:2]

이 세대는 정탐꾼 열 명의 보고와 그 땅 거주민들의 장대한 체구에 위축되어, 하나님을 그들보다 작게 여겼다.[민 13:28, 32-34] 한 걸음 더 나아가 시편은 그들이 "내 길을 알지 못하는도다"라는 구절을 덧붙인다. 이는 그들이 하나님의 본성과 권능을 온전히 알지 못했음을 의미한다. 하나님께서 백성을 특별한 길로 인도하신다는 사실,[히 2:10; 12:1-2, 12-14] 그리고 아들이 하나님의 참된 길을 열어 놓으셨다는 진술[9:8; 10:20]에 비추어 볼 때 하나님의 길을 아는 것은 삶과 죽음이 걸린 문제다.

광야 세대는 하나님께서 이전에 행하신 일을 신뢰하지 못해 그분을 따르지 않았고, 결국 그들을 위해 예비된 곳으로 들어가지 못했다. 하나님은 "내가 노하여 맹세한 바와 같이 그들은 내 안식에 들어오지 못하리라"[3:11]고 응답하신다. 히브리서 저자는 아들의 제사장직을 논할 때 '맹세하다'라는 말을 중요하게 사용한다. 이 말을 처음 사용한 사례로 제시된 이 시편은 하나님의 징벌의 엄중함을 강조한다. 하나님의 말씀은 '하나님의' 말씀인 까닭에 그 자체로 권위가 있는데 거기에 맹세까지 덧붙인다. 불필요해 보이는 것까지 추가한 까닭은 말씀의 확실성을 보이려는 것이다. 그러므로 독자들은 하나님께서 이 약속을 반드시 지키실 것이라고 확신할 수 있다.

이러한 불신과 반역 행위가 그들이 이전에 여러 차례 품었던 의심과 어떻게 다른지 살펴보는 것은 유익하다. 그들은 마음을 완고하게 함으로써 그들을 노예로 삼은 자, 곧 하나님의 원수인 파라오와 비슷한 처지로 전락했다.[출 4:21; 7:3, 22; 8:19; 9:12, 35-10:1; 10:20, 27; 11:10; 13:15; 14:4, 8, 17] 그러나 그들이 그렇게 된 것은 하나님의 주권적 계획 때문이 아니라 스스로 반역을 택한 결과였다. 약속의 땅 앞에 이르렀을 때 그들은 하나님의 음성에 순종하기보다 목소리를 높여 부르짖었는데,[민 14:1] 이는 그들이 군중 심리에 휘말려 아래로 곤두박질쳤다는 증거다. 모세와 아론은 그들이 완강히 버티며 그 땅에 들어가기를 거부한 태도[민 13:31]를, 주님을 거역하는 행위로 해석했다.[민 14:9] 히브리서 저자도 3:12에서 청중에게 같은 잘못을 저지르지 말라고 경고한다. 이는 신앙 여정에서 멈추는 것이 곧 잘못된 방향으로 빠지는 것과 다르지 않다고 보는 저자의 생각과 일치한다.

하나님은 이 일을 열 번째 시험이라 말씀하시며,[민 14:22] 그 시험은 출애굽의 최종 목표인 약속의 땅에 들어가는 데[출 3:8] 초점이 맞추어져 있었기에 그들이 신뢰하지 못한 것은 심각한 결과로 이어졌다. 하나님은 즉시 그들을 멸하지는 않으셨으나, 불신한 옛 세대가 그 땅에 들어가지 못하고 죽게 하셨다. 광야 유랑 세대는 하나님께서 과거에 행하신 일로부터 장차 행하실 일을 신뢰하는 법을 배우지 못했으며, 그 결과 하나님과 함께 거할 수 없었다.

히브리서 저자는 시편 95편에 나오는 이 먼 과거의 이야기를 자신의 설교에 포함시켜 그것이 청중에게 '직접' 말하도록 한다. 즉 성령이 그들에게 말씀하시며 "너희 마음"을 살피시고, "너희 열조"의 이야기를 들려주신다. 말씀이 전해지는 때는 "오늘"이므로 더욱 생생하게 들려온다. 저자는 이스라엘 백성의 삶에서 결정적인 순간을 끌어와 청중을 위한 구체적인 교훈으로 제시한다.

하나님은 이스라엘에게 그러셨듯이 잘못을 범했다고 해서 곧바로 그들을 멸하진 않으신다.[5:11 – 14 참조] 그러나 그들이 하나님과 하나님의 길을 신뢰하지 못한 채 그분을 저버린다면, 그들 역시 그분의 임재 안에 들어가지 못하는 결과를 맞게 될 것이다.

이 시편은 하나님께서 가나안 땅에서 이스라엘 백성에게 주신 '안식'을 상기시킨다. 저자가 뒤에 이어지는 문단들에서 가나안 땅이라는 용어를 해석하는 방식을 고려하면, 이 말은 지리적 의미를 넘어 비문자적으로 적용될 수 있다. 이 시편이 민수기의 광야 이야기를 환기하지만, 시편 자체는 특정한 장소에 거주하는 것을 가리키지 않고 하나님의 임재와 행위, 혹은 그 부재로 규정되는 공간에 들어가는 것을 뜻하기 때문이다. 이는 시편 앞부분에서 예배자들을 하나님의 임재로 초청하는 구절[70인역 시94:6]과 맥을 같이한다.

히브리서의 청중이 이집트에서 해방된 세대가 저지른 잘못을 피하려면, 하나님께서 진정 어떤 분인지 알아야 한다. 따라서 앞의 두 장을 신학적이고 그리스도론적으로 더 깊이 설명할 필요가 있다. 저자는 그들이 하나님의 본성을 철저히 이해함으로써, 반역으로 이어지는 의심이 아니라 경외의 태도를 갖기를 원한다. 비록 3장이 새로운 단락처럼 보이지만, 여기서 다루는 권면은 앞서 언급된 아버지와 아들에 관한 신학과 직접 연결된다.

더욱이 하나님의 은혜로운 섭리로 인해 히브리서 청중에는 첫 공동체를 뒤따라 이 설교를 이어 받아 읽는 모든 이들이 포함된다. 성령이 전하신 하나님의 말씀이 아들 안에서 궁극적으로 계시된 마지막 날을 사는 사람들[1:2]처럼, 그리고 메시아의 재림을 기다리는 사람들[9:28]처럼 모든 그리스도인은 '광야에' 산다. 그러므로 모든 사람은 하나님의 본성과 사역에 대한 깊고 풍성한 설명을 들을 필요가 있다. 흔들리지 않는 하나님의 나라가 이루어질 때까지[12:26-28] 신학적 교리 교육은 그리스도인의 신실한 삶을 위한 토대가 된다. 하나님의 길을 알고 하나님의 행사를 보는 믿음의 눈은, 하나님의 안식을 향해 굳건히 나아가도록 붙들어 주는 안전장치가 된다.

저자는 인용문을 제시하고 곧바로 청중에게 "조심할 것이요"[3:12]라고 말한다. 즉 그는 자기 공동체가 광야 세대의 실패를 반복하지 않기를 바라며, "형제자매"인 그들에게 조심하라고 경고한다. 저자는 예수가 그들을 담대히 형제자매라 부르신 것[2:11 – 12]을 따라 이 무리의 정체성을 가족으로 규정한다. 예수가 "형제자매"라는 표현을 사용하신 이유는 그분 자신이 인간 가정에 속하셨기 때문이다.[2:17] 저자는 여기서 처음으로 이 표현을 사용하여 직접 독자들에게 말한다. 그들이 경계하지 않는다면 그들 가운데 일부, 곧 "너희 중에 누가"[3:12] 광야 세대처럼[3:10] 마음이 미혹될 수 있다. 저자가 공동체 내의 개개인에게 주의를 기울이는 데서 알 수 있듯이 그의 관심은 공동체 전체를 아우른다. 따라서 그는 각자 자기 마음의 상태를 살피라고 요청하면서도, 동시에 서로를 돌아보아 신뢰와 순종에서 퇴보하지 않도록 지켜 주라고 격려한다. 그만큼 상황은 심각하다.

그들이 경계해야 할 것은 "믿지 아니하는……마음"[ἀπιστία]이다. 이 시편이 상기시키는 광야 사건에 비추어 보면, 이런 마음은 하나님이 어떤 분이며 어떤 일을 하실 수 있는지 확신하지 못하는 태도를 뜻한다. 저자는 이런 자세를 '악한 마음'으로 단호하게 규정한다.

이는 사실 "살아 계신 하나님에게서 떨어지는 것"[ἀποστῆναι, 3:12]과 같은데, 이 표현은 민수기 14장에 나오는 불순종 이야기[ἀποστάτης, 민 14:9]를 상기시킨다. 구약성경은 여러 곳에서 하나님을 살아 계신 분으로 묘사하지만, 여호수아 3장에 등장하는 모습이 이 본문의 주제와 가장 가깝다. 거기서 여호수아는 하나님을 불신한 세대의 자손을 인도하여 마침내 약속의 땅으로 진입한다. 이어서 그는 하나님을 살아 계신 분으로 선포한다. "이리 와서 너희의 하나님 여호와의 말씀을 들으라.……살아 계신 하나님이 너희 가운데 계시사……이것으로서 너희가 알리라."[수 3:9 – 10]

하나님께서 그들 가운데 계심을 확인시켜 주는 증거는 원수를 물리치는 일이었는데, 그들의 조상은 그분이 그런 일을 하실 수 있다는 사실을 믿지 못했다. 곧이어 히브리서 저자는 여호수아가 백성을 최종적이고 완전한 안식으로 인도한 것은 아니라고 말한다.[4:8] 그러므로 여호수아가 언급한 "살아 계신 하나님"이라는 표현은 안식으로 들어가는 일을 가리킬 수도 있으나, 히브리서에서 처음 나오는 동사 '자오'$^{ζάω, 살다}$는 본문 전체에서 살아 계신 아들과 그분이 주시는 생명을 가리키는 것으로 보는 것이 가장 적절하다.$^{7:8, 25; 10:20}$

히브리서 저자의 목적은 청중이 아들을 통해 계시된 하나님의 본성을 신뢰하고, 부활하신 주님으로 영광을 드러낸 '살아 계신' 하나님을 의지하게 만드는 데 있다. 결국 여호수아의 이야기는 예수를 가리킨다.

유혹에 넘어가 살아 계신 하나님을 저버리려는 이들을 치유할 길은, 넓은 품으로 울타리가 되어 주는 공동체에 속하는 것이다. 이는 단순히 공동체의 모임에 참석하는 것이 아니라, 함께 예배하며 깊은 관계를 맺는 것을 말한다. '이와는 달리'$^{ἀλλά, 3:13, 개역개정은 "오직"—옮긴이}$ 하나님에게서 떨어져 나갈 위험에 맞서는 능력은 "피차 권면"하는 데 있다. '권면'^{παρακαλέω}은 서로 나누는 대화 속에서 이루어진다. 그들은 상대방의 유익을 위해 진실한 마음으로 서로 '부르고 말해야'^{καλέω} 한다. 이때 필요한 것은 긍정적이고 격려하는 말뿐 아니라 솔직하고 때로는 곤란한 말도 포함된다.

그들은 "매일" 이처럼 권면해야 한다. 이러한 권면은 수치와 박해를 당한 공동체에게 특히 필요했겠지만, 신자라면 상황에 상관없이 누구에게나 절실하다. 하나님을 의심하게 하는 유혹은 지금도 계속되고 있으므로, 날마다 다른 신자들을 의지해 보살핌받는 것은 매우 중요하고 반드시 필요하다.

이러한 격려는 "아직 오늘이라 일컫는 동안에"$^{3:13}$ 이루어져야 한다. 여기서 '오늘'이라는 말은 시편 95편에서 인용된 "오늘 너희가 그의 음성을 듣거든"$^{히 3:7}$의 첫 단어와 관련된다. 저자는 이 시편의 권유가 역사 속의 어느 하루만을 가리키는 것이 아니라, 하나님께서 말씀하시는 시대 전체에 미친다는 점을 분명히 한다. 동시에 그는 언젠가 더 이상 '오늘'이라고 부르지 않게 될 때가 이를 것임을 시사한다. 히브리서 12장이 묘사하듯이[12:27-28] 큰 진동이 일어난 뒤에는 만물이 끝에 이르고, 하나님의 음성에 응답할 기회는 완전히 사라진다. 이미 응답한 이들은 영원히 하나님과 함께 거하게 될 것이다.

그러나 지금 이 설교를 듣는 공동체는 여전히 하나님께서 말씀하시고 초청하시는 이 '오늘'에 속해 있다. 그러므로 더욱 주의를 기울여 하나님의 말씀을 듣도록 서로 권면할 수 있다. 그렇게 할 때 "너희 중에 누구든지 죄의 유혹으로 완고하게 되지 않게"[3:13] 된다. 시편이 경고하는 태도가 바로 이런 완고함이다.[히 3:8] 저자는 이 경고를 세 차례나 거듭 강조한다.[3:8, 15; 4:7] 그는 그들 가운데 누구도 기만적인 '죄의' 유혹에 빠진 채 그리스도 안에서 한 가족이 된 이들의 선한 충고에 마음을 닫고 완고해지지 않기를 바란다.

'유혹'은 흔히 좋아 보이는 것들, 곧 재물[마 13:22; 막 4:19]과 정욕,[엡 4:22] 논쟁,[엡 5:6; 골 2:8] 권력[딤전 2:14] 등과 얽혀 있다. 그런 것은 헛될 뿐 아니라 파괴적이다. 공동체의 구성원들은 재물이나 정욕을 앞세워 다가오는 유혹의 목소리에 귀 기울이다 넘어질 수 있다. 저자는 이루 말할 수 없이 귀한 일, 곧 살아 계신 하나님과 함께 거하며 그분께 순종하고 응답하는 일에 그들의 마음이 무뎌지지 않기를 간절히 바란다. 하나님의 길은 영광으로 끝나지만, 그 길을 걷는 동안에는 고난이 따르기 때문이다.

12-13절에서 저자는 위험한 길에 대해 설명한다. 죄는 (그릇된) 성공을 내세우며 유혹해 온다. 여기에 끌려 마음이 굳어진 사람은 많은 것을 약속하는 죄의 유혹에 귀 기울이다 더 궁핍해져, 하나님께 순종하고 마음을 열어 응답하는 일에서 점점 멀어진다. 결국 그 사람의 굳어진 마음은 악하게 되어, 하나님을 의지하지 않고 생명의 근원에서 떨어져 나간다.

이 위험한 길에 대한 저자의 설명 한가운데 그 길에서 벗어나는 방법이 놓여 있다.

12절: 너희 중에 누가 믿지 아니하는 악한 마음을 품고 살아 계신 하나님에게서 떨어질까 조심할 것이요

13a절: 오직 오늘이라 일컫는 동안에 매일 피차 권면하여

13b절: 너희 중에 누구든지 죄의 유혹으로 완고하게 되지 않도록 하라.

이런 재앙과 같은 일이 발생하지 않도록 저자가 제시한 길("매일 피차 권면하여")은 얼핏 가볍게 보일 수 있으나, 사실은 그가 경고한 일들 못지 않게 본질적이고 심각하다. 내가 한 지역의 여성 단체에서 강사로 초청 받았을 때, 그 단체가 한 해의 표어로 택한 본문이 바로 이 구절이었다. 어떤 사람은 이를 '증거 본문 찾기'prooftexting의 극단적 사례라고 여길지도 모른다. 음식과 교제를 나누며 봉사 활동을 논의하는 자리에서 마음을 북돋우려 선택된 짧은 구절이었으니 말이다.

그러나 나는 그들과 함께 본문의 문맥을 살펴보면서, 히브리서 저자가 이 구절을 악과 배교, 그리고 우리가 잘 아는 세상의 종말과 같은 엄혹한 주제들 가운데 배치하고 있다는 사실을 지적했다. 그리고 그들의 친절과 헌신, 진솔한 대화, 우정을 지켜보면서, 혹시라도 내가 그 모임에 대해 품었던 얕은 선입견이 전혀 근거 없다는 것을 깨달았다. 그들의 활동은 세상의 주목을 받지 못하고 연약해 보였으나, 사실상 이 구절의 핵심 의도를 실천하고 있었다. 그들은 진실하고 정직하며 효과적인 그리스도인 공동체를 이루고 있었다.

초기 교회도 겉보기에는 연약하고 보잘것없는 사람들로 이루어졌지만, 결국 세상을 뒤집어 놓았다.행 17:6 그 위험한 길에서 벗어날 수 있었던 방법은 믿기 어려울 만큼 공동체적 성격을 지녔다. 개인은 쉽사리 자기 기만에 빠지곤 한다. 죄는 이 땅에 속한 자들이 휘두르는 권력과 하나님에 관한 거짓말로 자기 신화를 꾸며 낸다. 광야 세대나 히브리서의 공동체, 그리고 오늘날 신자들에게도 이 권력은 두렵거나 혹은 매혹적인 것

이 사실이다. 그러나 예수를 따르는 이들에게 의심이 강력한 힘을 발휘하기 시작할 때는, 바깥에서 뚫고 들어와 바로잡아 줄 목소리가 꼭 필요하다. 그러므로 이런 모임의 구성원들은 서로를 깊이 알아야 한다. 서로에게 가까이 다가서야 하며, 어떤 모양으로든 "함께 모여" 대화를 나누는 것이 필요하다. 저자가 회중에게 "매일 피차 권면"하라고 말한 뜻은, 세상의 헛된 것들 한가운데 흔들리지 않는 하나님의 나라가 영광스럽게 세워지는 마지막 날까지 힘써 꾸준히 서로 간청하라는 것이다. 그날이 이를 때까지 배교를 피할 방법은 함께 모여 교제하는 일뿐이다.

저자는 이 훈계를 그들의 정체성 깊은 곳에 새긴다. 저자는 자신과 공동체가 누구인지 다시 한번 선명히 밝힌다(앞서 3:1에서 이미 언급했다). "우리가……그리스도와 함께 참여한 자."[μέτοχοι, 3:14b] 그는 공동체를 그리스도의 집이라고 부르면서 아들에게 적용한 칭호를 다시 사용한다.[3:6] 여기서는 자신과 공동체가 기름 부음 받은 자, 곧 메시아인 왕을 모시고 그분께 참여한다고 말한다. 이 칭호는 그분의 주권과 그 주권을 확증하는 하나님의 신실하심을 상기시킨다. 또한 그것은 하나님께서 그들을 위해 행하신 일을 드러내고, 이로써 그들이 계속 하나님을 신뢰하도록 이끄는 영예로운 칭호이기도 하다. 공동체가 그렇게 신뢰할 수 있다는 증거는, 이미 그 계시에 응답해 하나님의 가족의 일원이 되었다는 사실에서 분명히 드러난다.

그러나 저자가 조건처럼 덧붙인 "견고히 잡고 있으면"[3:14a]이라는 구절은, 방금 청중에게 허락한 것을 거둬들이는 듯 보인다. 다시 말해 우리는 "그리스도와 함께 참여한 자들"이지만 그것을 잃을 수도 있다는 말처럼 들린다. 이어지는 강한 경고 본문들[6:4-8; 10:26-31; 12:15-17]은 2:1에서처럼 다시 뜨겁게 불을 내뿜는다. 이 본문이 지닌 공동체적 시각은 경고의 본질을 드러낸다. 만일 이 본문이 개인에게만 초점을 맞추고 있다면, 인내의 동력은 한 개인이 버텨 내는 능력에 달려 있을 것이다. 그러나 복수

명사로 쓰인 '참여한 자들'[μέτοχοι]이 공동체를 세우는 일에 그리스도와 함께 참여한다는 뜻이라면, 그들은 날마다 피차 권면하는 공동체에 속할 때만 그리스도의 동료가 될 수 있다.

더욱이 그들은 "시작할 때에 확신한 것을……견고히 잡으라"는 권면을 받는다. 그들의 믿음은 복음을 듣고 응답하며, 공동체 안에서 하나님의 기사를 체험했을 때 시작되었다.[2:3-4] "끝까지 견고히 잡으라." 더 이상 "오늘"이라고 말하지 않게 될 때, 곧 목적지에 이르러 영원히 하나님과 함께 거하고, 더는 굳어진 마음을 이겨 내기 위해 귀 기울여 들을 필요가 없게 될 때가 바로 그 끝이다. 단편적인 내용을 하나로 묶어 보면, 이 구절은 개인에게 더욱 열심히 노력하라고 권면하는 것이 아님이 분명하다. 오히려 앞 구절들과 맥을 같이하면서, 그들이 기독교 공동체와 하나될 때 비로소 그리스도와 하나될 수 있음을 보여준다. 즉 감정의 문제가 아니라 교제의 문제다.

여기서 몇 가지 설명이 필요하다. 솔직히 말해 나는 전통을 수용하는 과정에서 나타난, 개인주의나 신앙의 형식적 엄격함을 지나치게 강조하는 불균형을 바로잡고자 한다. 그렇다고 해서 교회 출석이라는 형식적 행위가 만병통치약이라고 말하려는 것은 아니다. 오히려 그리스도인의 인내에는 개인적인 신앙과 공동체의 도움이 모두 필요하다. 저자는 개인들의 마음에 깊은 관심을 둔다. 그렇기에 "너희 중에 누구든지"라는 표현을 두 차례 반복한다.[3:12, 13] 그가 인용한 시편 구절에도 "마음"이라는 단어가 두 차례 나오며,[3:8, 10] 이 단락에서 두 차례 더 등장한다.[3:15; 4:7] 더 나아가 그 자신의 진술에서도 두 차례 개인의 마음을 강조한다.[3:12; 4:12] 70인역 예레미야 38장에서 인용한 구절[히 8:10; 10:16]—그의 설교에서 핵심적인 인용문—에서도 내면에 대한 강조가 두 차례 이루어진다.

은혜로 정결케 되고 강인해져 내적으로 건강한 삶을 사는 것은, 저자가 이해한 대로[10:22; 13:9] 믿음의 여정에서 반드시 필요하다. 히브리서에서 말하는 믿음은 친밀하고 굳건하게 하나님을 의지하는 사람들을 통해 드러난다. 히브리서 저자는 예수를 따르는 사람들이 "이상하게 뜨거워진 마음"을 가진 이들이라고 언급한 존 웨슬리의 유명한 진술을 떠올리게 한다.[12] 이런 점에서 저자는 바울과 잘 어울린다. 히브리 성경으로 훈련받은 바울 역시 마음을 하나님의 은혜를 받는 자리이자 자기 믿음을 살아 내는 자리로 이해했다.롬 5:5; 6:17; 10:8; 고후 1:22; 4:6; 갈 4:6; 빌 4:7 야고보도 악한 마음에 대해 경고한다.약 1:26; 3:14; 4:8; 5:5, 8 하나님과의 관계를 함양하는 일은 반드시 필요할 뿐 아니라 선한 일이기도 하다.

그와 동시에 이 본문은 정경 성경 전체와 기독교 전통이 그러하듯 개인 스스로는 이런 믿음을 실천할 수 없다고 주장한다. 우리가 경험으로 아는 것처럼 마음이 신실한 사람은 다른 이를 격려할 줄 알며, 자신이 어려울 때는 다른 이의 격려를 받아들일 줄도 안다. 활기찬 개인과 활기찬 공동체의 삶 사이에는 강력한 상호 의존 관계가 형성된다. 하나님은 인간을 서로를 필요로 하며 살도록 지으셨다. 공동체 예배에 참여하는 일도 중요하지만, 유혹을 확실히 막아 내려면 예배에 진실한 교제, 곧 성도 가운데 서로가 서로를 이해해 주는 포용성이 전제되어야 한다. 물론 이런 특성은 건강하고 존중할 줄 아는 공동체에서만 발견된다. 어떤 사람이 건강한 공동체를 만나지 못했다면, 그는 이를 두고 기도해야 한다. 하나님은 새 공동체를 주시거나, 아니면 그의 눈을 열어 뜻밖의 장소에서 예비된 도움을 발견하게 함으로써 응답하신다.

이어서 저자는 그가 인용한 시편의 첫 부분시 95:7 – 8을 다시 언급한다. "성경에 일렀으되 오늘 너희가 그의 음성을 듣거든." 지금이 바로 응답할 때다. 그들은 "오늘"이라는 시간 속에 살고 있다. 저자는 하나님께서 독생자 아들을 통해 말씀하신다1:2고 선언하며, 회중이 이 말씀을 여러 방식으로 듣고 있다고 말한다. 하나님은 성령을 통해 성경으로 말씀하시고, 또 그들 서로를 통해3:13 말씀하신다. 하나님은 그들을 결코 침묵 속에 내버려두지 않으신다.

그러므로 그들은 들음으로써 하나님의 말씀에 응답하고, "격노하시게 하던 것 같이 너희 마음을 완고하게 하지 말라"는 명령에 순종할 수 있다. 광야 세대처럼 이들은 서로 완고한 마음을 품고 불순종하도록 부추기지 않았으며, 상호 의존 관계 속에서 의지와 순종의 능력을 얻었다. 공동체는 선한 일을 이룰 수도 있지만, 반대로 악한 일을 행할 수도 있다. 역사가 보여주듯이 집단적 사고는 긍정적인 방향으로도, 끔찍한 방향으로도 흐를 수 있다.

시편 95편에서 두 번째로 인용된 이 본문은 광야 세대가 그릇된 길로 나아갔던 일을 상기시킨다. 그들은 한마음으로 결속된 공동체를 이루었지만, 그것은 불행한 결속이었다. 대다수가 하나님을 신뢰한 자보다 하나님을 의심한 자가 제시한 증거를 따랐기 때문이다. 이 경고는 뒤에서 저자가 공동체 안에서 문제를 일으키고 퍼뜨리는 사람들을 경계하고 내쫓으라고 권고하는 말씀[히 12:15]으로 이어진다. 공동체는 반드시 필요하지만, 그 일원이 되는 일은 신중히 결정해야 한다.

이어지는 몇 문장에서 저자는 광야 세대가 신뢰하지 못해 빚어진 사건을 성찰하며, 하나님의 행사와 그 세대가 하나님의 인도를 따라 약속의 땅에 들어가는 데 실패한 무기력한 행동을 선명하게 대조한다. "듣고 격노하시게 하던 자가 누구냐."[3:16] 그는 이처럼 날카롭게 질문한 뒤 "모세를 따라 애굽에서 나온 모든 사람이 아니냐"라는 긍정적인 답을 요구하는 물음으로 스스로 답한다.

하나님은 모세와 아론을 통해 재앙을 일으키셨고, 파라오가 완강히 저항하자 계속해서 재앙을 내려 이스라엘 백성을 기적적으로 구원하셨다. 히브리서의 공동체도 이 모습과 섬뜩할 만큼 닮아 있다. 그들 또한 노예 상태에서 구원받았고,[2:15] 하나님의 기적을 경험했으며,[2:4] 하나님의 말씀을 들었다.[1:2] 옛 세대가 그 모든 일을 경험하고도 여전히 하나님을 의지하지 못하고 시험했다면, 이 설교를 듣는 공동체 역시 그럴 수 있다는 가능성을 직시하고 이를 막아 내야 한다.

저자는 이스라엘 백성이 40년 동안 하나님의 행사를 목격한 것에 초점을 맞춘 앞의 인용문[3:9]과 비교하여, 17절에서는 약간 바뀐 의미를 덧붙인다. 여기서 저자는 "또 하나님이 사십 년 동안 누구에게 노하셨느냐"고 질문함으로써, 하나님께서 40년 동안 광야 세대에게 진노하셨다는 사실을 지적한다. 이처럼 인용문('그러므로'를 덧붙여 의미를 달리함. 개역개정은 "또"—옮긴이)과 그 설명에서 발견되는 차이점은 저자가 두 가지 사실을 모두 받아들인다는 것을 뜻한다. 광야 세대는 출애굽 때와 그 이전부터 하나님께서 공급하시고 붙들어 주시는 능력을 경험했으며, 또한 40년 동안 그분이 임재하여 심판하시는 것을 목격했다. 이 심판은 수십 년 동안 지속된 하나님의 진노의 결과였다. 여러 삶의 조건으로 인해 젊은 나이에 사망하는 일이 흔했던 시대에, 40년 동안 지속되었다는 것은 한 사람의 평생에 걸쳐 하나님의 진노가 있었다는 것을 말한다. 광야 유랑 세대가 직면한 현실이 그러했다.

하나님의 진노라는 개념은 설명이 필요하다. 자칫 이 개념은 하나님을 옹졸하고 변덕스러운 신으로 여기게 만들 수 있다. 그러나 하나님께 인간적 감정을 적용하는 것은 오히려 하나님의 성품을 드러내 준다. 하나님께서 자신이 불러 구속하시고 돌보신 이들이 의심하고 불순종할 때 전혀 반응하지 않으신다면, 오히려 하나님은 냉정하고 사람에게 무관심한 신처럼 보였을 것이다. 그러므로 하나님의 진노는 언약 관계를 보여 주는 증거다.

달리 말해 진노가 적절치 않게 표출될 수도 있지만, 어떤 상황에서는 진노만이 유일하게 "적절한" 반응이 될 수 있다. 전통 신학에서 말하는 하나님의 불수난성[不受難性, impassibility] 개념은 성경이 하나님께 적용하는 감정을 부정하지 않는다. 다만 하나님께서 드러내시는 감정은 피조물에 의

존한 수동적 반응이 아니라, 피조물에게 조건 없이 베푸시는 사랑에 따른 자유로운 표현이다.[13]

하나님의 의로운 진노는 심각한 결과를 낳았다. 저자는 그런 결과를 초래한 공동체의 행위를 지적하며 "범죄한 자들에게가 아니냐"[3:17]라고 묻는다. 알렉산드리아 사본의 필사자는 불신앙의 죄를 분명히 드러내기 위해 이 단어를 명시적으로 기록했다.[NA28, 661]

그들은 목숨으로 값을 치렀다. 즉 "그들의 시체가 광야에 엎드러졌다." 그들의 육신은 푸르른 약속의 땅에서 안식하지 못하고 광야에서 썩어 흩어졌다. 그들이 곧바로 죽음에 이른 것은 아니다. 하나님은 그들이 광야를 떠도는 동안에도 계속 먹이셨고, 그들의 자녀는 살아남아 약속의 땅에 들어가게 되었다. 하나님은 죽음으로 심판하실 때조차 은혜와 양식을 베풀어 언약 백성의 생명을 지켜 주셨다.

저자는 시편 구절을 다시 인용하고, 그들의 행위가 낳은 또 다른 결과를 지적하면서 연이어 질문을 던진다. "또 하나님이 누구에게 맹세하사 그의 안식에 들어오지 못하리라 하셨느냐. 곧 순종하지 아니하던 자들에게가 아니냐."[3:18] 그들이 신뢰하지 않고 불순종했기에, 대다수의 사본들은 여기서[3:18] '불순종'^{ἀπειθήσασιν}이라는 표현을 사용한다. 그러나 파피루스 사본 46은 '불신'^{ἀπιστήσασιν}이라는 표현을 사용한다. 사본 전승에서 '불신'과 '불순종'이 교차로 나오는 현상이 이 단락에서도 계속되며, 두 용어가 밀접하게 연결되어 있음을 확인시켜 준다.

이스라엘 백성은 약속의 땅에 들어가는 데 실패하여 하나님의 안식에 이르지 못했다. 그들의 거듭된 불신은 하나님을 따라 그 땅에 들어가기를 거부한 사건에서 절정에 이르렀으며, 결국 하나님의 진노와 심판을 맞게 되었다. 안타깝게도 그들은 하나님께서 정해 두신 목적지에 이르지 못하고 약속의 땅 바깥에서 죽었다.

저자는 공동체에게 "삼가 조심하라"$^{βλέπετε, 3:12}$고 권면했다. 그는 광야 세대의 실패를 지적하고 이처럼 결론 내린다. "이로 보건대^{βλέπομεν} 그들이 믿지 아니하므로 능히 들어가지 못한 것이라."[3:19] 그들은 믿음이 없었기 때문에 파괴적인 결과를 맞았다. 저자가 이 지점에서 끝맺는 것은 신학적으로 큰 의미가 있다. 하나님께서 이러한 결말을 맞게 하셨지만, 그것은 철저히 그들의 불신앙에 대한 대응이었다. 만일 그들이 믿음을 굳게 붙들었다면 결과는 달라졌을 것이다. 다시 말해 그들이 광야에서 죽은 책임은 오직 그들 자신에게 있었다.

하나님은 놀라운 기적과 권능으로 그들이 굳건한 믿음을 가질 수 있도록 하셨다. 출애굽 사건과 광야에서의 인도뿐만 아니라, 이제는 아들을 통해 계시된 하나님의 능력까지 체험한 히브리서 공동체에게는 얼마나 더 놀라운 능력을 부어 주시겠는가! 따라서 믿음을 지키는 일은 반드시 필요하다. 하나님께서 그 믿음을 지키는 데 필요한 모든 것을 공급하신다. 저자는 공동체가 하나님께서 이끄시는 여정에서 다른 결과에 이르기를 바라며,[2:10] 광야 세대 이야기를 들려준 것이다.

내가 개설한 히브리서 수업에서 만난 한 여학생이 이렇게 털어놓은 적이 있다. "제가 처음으로 이 서신을 제대로 읽어 보려고 했는데 결국 4장 중간에서 포기했어요." 저자의 논증을 따라가기가 너무 어렵다는 이유였다. 그 여학생의 말은 나 자신과 히브리서를 사랑하는 모든 이들에게, 이 말씀이 비록 매우 복잡할지라도 반드시 간직해야 할 말씀임을 다시금 상기시켜 주었다.[13:22] 내가 제시하는 이 간략한 주해가 난해하면서도 큰 울림이 있는 이 본문을 깊이 공부하려는 이들에게 작은 길잡이가 되기를 소망한다.

4장 앞부분에서 저자는 하나님께서 창조 일곱째 날 이후로 안식하셨다고 주장한다. 이는 하나님께서 전혀 활동하지 않으셨다는 뜻이 아니라, 안식을 통해 안식의 장소를 세우셨다는 뜻이다. 하나님은 인간이 이 안식의 장소에 들어와 그분과 함께 거하기를 원하신다. 광야 세대는 하나님의 초대에도 불구하고 믿음이 없어 그분의 안식에 함께 들어가지 못했다. 여호수아가 가나안 땅을 정복한 사건은 그 땅이 궁극적인 안식의 자리가 아님을 보여준다. 따라서 시편 95편은 하나님을 의지하여 영원하고 궁극적인 안식에 들어가기를 원하는 모든 사람에게 여전히 하나님의 초대가 유효함을 보여준다.

4장의 첫 구절은 "그러므로"라는 연결어로 시작한다. 저자가 3장에서 했던 경고에 비추어 볼 때 "우리는 두려워할지니"라는 권면은 합당하다. 그는 앞서 "유념하라",[2:1] "굳게 잡으라"[3:6, 14]고 권면했으며, 여기서는 처음이자 마지막으로 모두에게 두려워해야 한다고 경고한다. 저자는 이 훈계의 대상에 자신도 포함시키며, 선포하는 자신도 선포된 그 메시지를 들어야 함을 인정한다.

히브리서에는 두 가지 종류의 두려움이 등장한다. 하나는 백성이 굴복하지 말아야 할 원수에 대한 두려움이고,[2:15; 11:23, 27; 13:6] 다른 하나는 권능으로 행하시기에 마땅히 경외해야 할 하나님에 대한 두려움이다.[4:1; 10:27, 31; 12:21] 거룩하신 하나님은 죄에 합당한 보응을 내리시며, 우리는 이 사실을 잊어서는 안 된다. 그러나 여기서 저자가 말하는 것은 하나님 자체를 두려워하라는 것이 아니다. 동사 '포베오'$^{\varphi o \beta \acute{\epsilon} \omega}$의 목적어가 '테오스'$^{\Theta \epsilon \acute{o} \varsigma}$가 아님에 주목해야 한다. 저자가 강조하는 바는 사람이 하나님께 맞서 죄를 지을 때 겪게 될 결과를 두려워하라는 것이다. 이 구분은 하나님을 올바로 이해하는 데 결정적이다. 크고 거룩하신 하나님을 경배하는 것은 옳지만, 무엇을 두려워해야 할지 분별하는 것은 하나님을 두려워하여 떨거나 숨으려는 잘못된 태도를 막아 준다. 그런 태도는 저자가 의도하는 바와 정반대다.

이처럼 대비되는 태도는 결국 하나님을 신뢰하느냐 신뢰하지 않느냐의 차이에서 비롯된다. 이 단락에서 저자는 청중에게 불신의 길, 곧 하나님에게서 멀어진 사람들의 사례를 주의 깊게 살피라고 요청한다. 반대로 하나님을 신뢰하는 공동체의 구성원들은 두려워해야 할 대상이 불순종의 결과라는 사실을 안다. 달리 말해 그들은 하나님께 가까이 나아가지 않는 일을 두려워한다. 그러나 그들도 하나님을 신뢰하지 않는다면 건강하지 못한 두려움의 여러 증상에 빠져들 수 있다. 원수들이 하나님보다 강하다고 여기거나, 하나님은 약속을 이루실 능력이 없으며 선하지 않다고 여겨 두려워하는 것이다. 이런 두려움의 바탕에는 하나님을 무력하고 변덕스러운 분으로 보는 그릇된 생각이 깔려 있다. 꺼림칙하게 여기거나 공포를 일으키는 신에게는 아무도 다가서려 하지 않는다. 그러나 하나님의 깊은 능력과 선하심을 아는 사람은 기꺼이 그분께 나아간다. 이것이 저자가 이 단락에서 이스라엘과 함께하신 하나님의 거룩한 임재를 근거로 주장하는 신학적 개념이다. 아울러 이 시편은 매일 아침 드리는 기도문에 편입되어, 수많은 그리스도인들이 거기서 울리는 "오늘"의 외침을 들어 왔다.[14]

여기서 저자는 특별한 결과를 맞게 되는 경우, 곧 "너희 중에는 혹 이르지 못할 자가 있을까"[4:1]를 두려워하라고 권면한다. '이르지 못한다'는 것은 목표에 도달하지 못하는 상황을 가리킨다. 저자가 "그의 안식에 들어갈 약속이 남아 있을지라도"라고 말하는 데서, 그 목표가 하나님의 안식에 들어가는 것임을 알 수 있다. 저자는 시편 95편을 자신과 공동체에게 주어진 약속으로 해석한다. 이 시편은 하나님의 약속이 미완성에 그쳤다고 명확히 말하지 않는다. 오히려 이집트를 떠난 세대가 믿음을 지키지 못해 불행한 결말을 맞았다는 말로 끝난다. 그러나 히브리서 저자는 이 시편에서 하나님의 음성을 듣고 올바로 응답할 가능성이 강조된다는 점히 3:7-8; 70인역 시 94:7-8을 근거로, 안식에 들어갈 기회가 여전히 남아 있다고 이해한다. 하나님께서 지금도 인간에게 말씀하신다면, 곧 지금도 인간을 그분의 안식으로 초청하신다고 볼 수 있다.

4장의 나머지 부분에서 저자는 이 시편을 하나님의 약속으로 보는 견해를 뒷받침한다. 이 시점에서 저자는 하나님의 안식이 자신과 공동체에게 어떤 의미를 갖는지 아직 규정하지 않는다. 이에 대해서는 뒤에서 다루어진다. 다만 이 시편과 지금까지의 설명에 따르면 안식은 약속의 땅과 동일시되므로, 독자들은 "그들에게" 안식이 남아 있다는 주장을 의아하게 여길 수 있다. 이 부분도 저자가 따로 설명할 필요가 있다.

그 점을 설명하기 전에 저자는 자신과 청중을, 가나안 진입을 허락받은 광야 세대처럼 결단의 순간에 선 사람들로 묘사한다. 하나님의 안식에 들어가리라는 약속은 여전히 그들에게 미완성으로 남아 있다. 만약 그들이 광야 세대처럼 하나님을 불신하고 그 결과보다 원수들을 더 두려워한다면, 그들 가운데 일부는 하나님의 안식에 이르지 못할 것이다.

저자는 단순히 어떤 이들은 하나님의 안식에 들어가지 못한다고 말할 수 있었지만, 그러는 대신 '~로 발견되다'[4:1. 개역개정은 "……가 있을까"—옮긴이]를 뜻하는 '도케오'δοκέω라는 표현을 사용한다. 여러 판본들에서 이 말은 "……처럼 보인다"라고 번역된다. 하지만 이렇게 번역하면, 안식에 들어가지 못하는 일이 겉만 그럴 뿐 실제로는 아닐 수도 있다는 희망을 품게 한다. 그렇다고 해서 그 경고가 실제 결과를 가리키지 않게 된다는 뜻은 아니다. 광야 세대의 사례는 실제로 안식에 들어가지 못할 수 있음을 입증한다. 그럼에도 이러한 번역은 이것이 경고이지 확정된 결말은 아님을 가리킨다. 저자는 안식에 들어갈 것이라는 약속 자체를 강조한다. 즉 이 약속은 여전히 모두에게 열려 있다. 문은 아직 닫히지 않았다. 따라서 이것은 경고이지 확증이 아니라는 점을 강조하는 것도 중요하다. 그러나 나는 '도케오'를 "……로 발견되다"라고 번역하는 쪽을 택한다. 위험한 결과를 분명히 드러내 주기 때문이다. 결국 누군가가 하나님의 안식에 들어가지 못한다면, 그 악한 내면이 드러나고 불신앙이 만인 앞에 폭로될 것이다. 경고이긴 하지만, 이를 간과한다면 그 결과는 무시할 수 없다.

저자는 자신의 논점을 정당화하기 위해 광야 세대와 그의 공동체를 더 구체적으로 비교한다. "그들과 같이 우리도 복음 전함을 받은 자이나."[4:2a] 2절의 맨 앞에 나오는 '카이'[καί]는 강조로 이해하는 것이 더 적합하므로 "우리도"라고 번역하는 것이 옳다. 저자는 하나님께서 광야 세대에게 복음을 주셨듯이 우리에게도 복음을 주셨다고 말한다. 이 복음은 하나님의 사자들을 통해 전해졌다. 광야 세대에게는 여호수아와 갈렙이, 이 공동체에게는 주님께 구원에 관해 들은 이들이 전해 주었다.[2:3]

물론 복음의 세부적인 내용은 서로 다르지만, 여기서 강조되는 것은 하나님께 말씀을 들었다는 공통된 경험이다. 이 점은 설교의 첫 구절에서도 확인된다. 선조들과 이 공동체 모두 하나님의 계시를 들었으며, 그 계시는 곧 복음이다. 나는 선조들과 이 공동체의 공통점을 드러내기 위해 '유앙겔리스메노이'[εὐηγγελισμένοι]를 "복음 전함을 받은"이라고 번역했다. 하나님은 궁극적 복음을 주시는 분이며, 약속의 땅에서의 안식으로 초대받는다는 것은 그리스도를 따라 영원히 하나님과 함께하는 자리로 들어가는 지극히 선한 일을 말한다.

2절 뒷부분에서 저자는 두 공동체가 서로 구분되기를 바란다. 광야 세대도 말씀을 들었다. 하나님께서 말씀하셨고 그들은 들었으나, "들은 바 그 말씀이 그들에게 유익하지 못했다."[4:2] 달리 말해, 말씀이 그들에게 유익하지 못했던 까닭은 "그들이 말씀을 들은 사람들과 믿음으로 하나되지 않았기 때문이다."[개역개정은 "듣는 자가 믿음과 결부시키지 아니함이라"—옮긴이]

광야 세대는 말씀을 듣고 기꺼이 순종한 여호수아와 갈렙과 믿음으로 연합하지 않았기에 말씀에서 아무런 유익을 얻지 못했다. 여호수아와 갈렙만이 신실하게 응답했고, 나머지는 모두 불신앙을 드러냈다.[민 13:30–33; 14:6–9] 몇 구절 뒤에 여호수아에 관한 언급이 다시 나오므로,[히 4:8] 여기서 말하는 "말씀을 들은 사람들"에는 여호수아가 포함된다고 보는 것이 자연스럽다. 그러나 백성은 두 사람이 아니라 다른 열 명의 정탐꾼 편에 섰다. 그 결과 약속의 땅에 관한 복음의 말씀이 그들에게는 아무런 유익이 되지 못했다.[15] 여기서 믿음이 강조된다. 이 구절은 '피스티스'$^{\pi\iota\sigma\tau\iota\varsigma,\ 믿음}$라는 말이 처음으로 등장하는 지점이다. 하나님의 백성은 복음을 듣는 것만으로는 충분하지 않고, 그 복음에 믿음으로 응답해야 한다.

저자는 앞에서 "우리"를 복음 전함을 받은 자들이라고 규정했으며, 이제는 우리가 믿는 자들이라는 사실을 상기시키면서 "이미 믿는 우리들은 저 안식에 들어가는도다"$^{4:3}$라고 말한다. 여기서 분사 '믿는'은 부정과거 시제로 쓰였으므로 과거의 일을 가리킨다고 보는 것이 적절하다. 저자는 그들이 이미 고백한 믿음을 환기한다.$^{3:1}$ 즉 그들이 이미 듣고 응답했다는 사실을 전제하기에, "우리"가 듣고 응답한 자들로서 안식에 들어가고 있다고 주장할 수 있는 것이다.

언셜체 사본인 알렉산드리아 사본과 클라로몬타누스 사본은 여기서 접속법을 사용한다("들어가자"). 이는 그들이 아직 안식에 들어가지 않았다는 것을 보여준다는 점에서 의미가 있다. 그러나 직설법을 지지하는 증거가 더 유력하다. '들어가다'$^{\epsilon\iota\sigma\acute{\epsilon}\rho\chi о\mu\alpha\iota}$라는 동사가 직설법으로 쓰여 사실을 진술하고 있다. 또한 현재 시제로 쓰였는데, 이는 하나님의 안식에 들어가는 일이 고대하는 미래의 사건일 뿐 아니라 이미 그 과정을 지나고 있다는 사실을 드러낸다. 하나님께서 이끄셔서$^{2:10}$ 이미 그 길을 걷고 있다는 사실은, 그들이 완전하고 최종적인 안식을 향해 계속 나아가도록 격려하는 동력이 된다.

이어서 저자는 "그가 말씀하신 바와 같으니"$^{4:3}$라는 구절로 시작해 시편 95편을 다시 인용한다. 3:9에서 일인칭 화법으로 바뀐 데서 알 수 있듯이, 이 시편은 인용문이 하나님께서 하신 말씀임을 분명히 보여준다. 그러나 히브리서 저자는 이 인용문을 성령의 말씀으로 돌린다.$^{3:7}$ 만일 하나님의 말씀이 이제 아들을 통해 주어진다면, 이 서두에 나오는 주어 '그'는 하나님과 아들과 성령이라는 삼중의 요소를 함축한다.

여기서 인용된 "내가 노하여 맹세한 바와 같이 그들이 내 안식에 들어오지 못하리라"[4:3]는 이 시편을 세 번째 언급하는 것으로, 처음 인용문의 마지막 행에서 가져온 것이다.[히 3:11; 시 95:11] 저자는 자신과 청중이 믿음으로 안식에 들어갈 수 있다고 말하면서도, 광야 세대는 하나님의 말씀에 믿음으로 응답하지 않아 들어가지 못했다는 사실을 상기시킨다.

하나님께서 진노하여 맹세하신 일과 그들이 맞닥뜨린 결과를 거듭 언급하는 것은 단순한 경고가 아니며 동시에 안도감을 준다. 저자와 그의 청중은 그들이 들은 바에 믿음으로 응답했기에 광야 세대에 속하지 않는다. 들음에 믿음을 더할 때 안식에 들어가게 된다. 그들에게는 이미 들음과 믿음이 있으며, 그렇기에 지금 들어가는 길 위에 있다. 그러나 아직 완전히 들어가지는 않았으므로, 이 경고에 계속 귀를 기울이고 하나님께 신실하게 응답해야 한다.

다음으로 저자는 "세상을 창조할 때부터 '그 일'이 이루어졌느니라"[4:3b]고 말한다. 이로써 저자는 이스라엘 백성이 하나님의 구속과 심판[3:9]에서 경험했던 일들을 세상의 창조와 연결한다. 저자는 그들이 태초부터 하나님께서 행하시는 바를 알 수 있었다고 단언한다. 온 세상 만물을 통해 그들은 하나님께서 약속을 지키실 힘과 능력이 있다고 확신하게 되었다. 동시에 이 구절은 하나님의 일이 중단되었음을 분명하게 밝힌다. 광야 세대가 하나님의 안식에 들어가지 못한 이유는 안식이 아직 존재하지 않기 때문이 아니다.[16]

저자는 창세기 2:2의 헬라어 번역을 거의 그대로 인용한다. 다만 차이점이 있다면, 원문에서 사용된 남성 대명사 대신 명사 '테오스'[Θεός]를 사용한다는 점이다. "하나님은 제칠일에 그의 모든 일을 쉬셨다."[4:4] 이 인용문은 저자가 앞서 제시한 주장을 성경 본문에 근거해 뒷받침해 준다. 즉 하나님의 안식은 이미 존재하며, 하나님께서 하신 일들은 분명하게 드러나 있다는 것이다. 하나님은 창조 사역을 마치시고, 창조 일곱째 날부터 지금까지 안식하고 계신다. 창세기 2:2에서 말하는 "모든 일"은 바로 하나님의 창조 사역을 가리킨다. 이는 하나님께서 모든 활동 자체를 중단하셨다는 것이 아니라, 창조 세계를 조성하는 일이 그때 완성되었음을 의미한다.

이 사실은 피조물과 창조자 모두에 대한 신학적 통찰을 제공한다. 피조물은 하나님과 달리 영원하지 않으며, 이런 한계는 오히려 육신을 입으신 아들의 영원성을 더욱 부각시킨다.[히 1:3; 2:14] 피조물이 하나님의 손에 의해 변화될 수는 있지만,[1:10-12; 12:26-27] 하나님께서 만물을 다시 창조하는 일은 더 이상 일어나지 않는다. 창조 사역은 이미 완성되었기 때문이다.

이 맥락에서 '안식'의 의미는 창조자와 그분의 안식 행위에 비추어 새롭게 정의된다. 시편 95편에서 안식은 하나님께서 소유하신 '장소'로 묘사되지만, 창세기에서는 하나님께서 '친히' 안식하시는 것으로 나타난다. 히브리서 저자는 이 두 전통을 종합하여 안식의 의미를 단순한 장소 개념에서 영원한 실재로 확장할 뿐 아니라, 하나님께서 친히 참여하시는 사건으로 확대한다. 결국 이 서신의 공동체는 하나님께서 안식하시는 그곳으로 들어가는 여정 가운데 있는 것이다.

이스라엘 백성도 안식에 이르는 과정을 경험했으나 끝내 목표에 도달하지 못했다. 저자는 "또다시 거기에"[4:5]라는 표현을 사용하여 이 사실을 다시 상기시키고, 시편 95편으로 네 번째 시선을 돌려 "그들이 내 안식에 들어오지 못하리라"는 특별한 구절을 세 번째로 인용한다. 이 시편 말씀은 경고와 희망을 동시에 담고 있다. 그 기쁜 소식을 처음 들었던 이들은 하나님을 신뢰하지 않았기에 안식에 들어가지 못했다. 마찬가지로 저자의 공동체 역시 하나님을 믿지 않고 순종하지 않는다면 같은 운명을 맞게 될 것이다.

그러나 이 시편은 하나님의 영원한 안식을 밝히 드러내는 동시에, 하나님께서 끊임없이 우리를 안식으로 초대하신다는 사실도 전한다. 저자는 이를 근거로 "그러면……[그것이] 남아 있거니와"[4:6a]라고 주장한다. 여기서 '그것'은 안식과 초대 모두를 가리킨다. 따라서 그는 "거기에 들어갈 자들이 남아 있다"는 결론에 도달한다. 요컨대 저자가 강조하는 바는 하나님의 변함없으신 일관성이다. 과거에 인간을 안식으로 부르신 하나님은, 지금도 여전히 그 부름을 이어 가신다. 그러나 "복음 전함을 먼저 받은 자들은 순종하지 아니함으로 말미암아 들어가지 못하였으므로"[4:6b]라는 말씀처럼 광야 세대는 불순종으로 인해 실패했다. 이 사실을 고려하면, 하나님은 그 세대 이후 인간을 포기하실 수도 있었다. 하나님은 본래 아버지와 아들과 성령의 교통 안에서 완전하고 충만하시므로, 인간과 교제하실 필요가 없기 때문이다. 그럼에도 불구하고 윌리 제임스 제닝스 Willie James Jennings가 지적하듯이 하나님은 여전히 인간과 함께하시려는 열망을 간직하고 계신다.[17]

저자는 시편에서 성령이 하신 말씀을 통해 이 사실을 확인한다. 그는 시편을 따라 이렇게 선포한다. "오랜 후에 다윗의 글에 다시 어느 날을 정하여 오늘이라고 미리 이같이 일렀으되 오늘 너희가 그의 음성을 듣거든 너희 마음을 완고하게 하지 말라 하였나니."[4:7] 하나님은 이스라엘 백성에게 신실함과 순종, 그리고 유순한 마음을 요구하셨다. 민수기 32장에서 모세는 약속의 땅을 앞두고 백성이 불순종한 사건을 다시 언급하면서, 그 의미를 "마음을 완고하게 하지 말라"는 교훈으로 해석한다.[민 32:9] 그러나 백성이 그 땅에 들어가기 직전에는 하나님께서 직접적으로 "너희 마음을 완고하게 하지 말라"고 말씀하지 않으셨다. 이 명령은 오직 시편 95편에서만 한 번 주어진다.

따라서 이 말씀은 광야 세대에게 여러 차례 반복된 명령이 아니라 하나님께서 시편에서 처음으로 주신 말씀이며, 지금은 히브리서의 공동체 가운데 다시 울려 퍼지고 있는 말씀이다. 즉 광야 세대가 약속을 받았으나 들어가지 못한 이후 성령의 감화를 받은 다윗이 이 말씀을 처음 선포했고, 이어서 히브리서 저자가 같은 시편을 통해 또 다른 세대를 초청한다. 이로써 공동체는 시편에 기록된 불순종 이야기를 들으며, 마음이 완고해지지 않도록 막을 새로운 기회를 얻게 된다.[18]

달리 말해 이 시편의 능력은 다윗 시대에서 끝나지 않았다. 성령은 먼 과거에 다윗을 통해 말씀하셨듯이 지금도 다시 말씀하신다. 이제 성령은 시편을 다섯 번째 인용해 공동체에게 말씀하시는데, 특별히 "오늘 너희가 그의 음성을 듣거든 너희 마음을 완고하게 하지 말라"[4:7b]는 말씀을 세 번째이자 마지막으로 선포하신다. 저자가 앞서 이미 "거역하던 것 같이"[3:8]라고 말했기에 더 이상 과거 세대를 지적할 필요는 없다. 이제 초점은 오직 "오늘" 하나님의 음성에 귀 기울이는 이들에게 있다. 저자가 이 시편을 통해 성령의 말씀에서 깨닫는 핵심은 하나님께서 특별히 한 날을 정하셨다는 것이다. 그러나 이날은 단순히 24시간으로 제한된 기간이 아니다. 이 본문이 선포되고 그 말씀을 듣는 순간이 곧 "오늘"이다. 저자는 시편과 창세기의 증언을 토대로, 하나님께서 안식하시면서 동시에 신실한 이들을 안식으로 초대하신다고 주장한다. 광야 세대가 신실하지 못했을 때조차 하나님은 인간과 안식을 나누려는 뜻을 포기하지 않으셨다.

성령은 다윗을 통해 사람들을 다시 부르시고, 이어서 히브리서 저자를 통해 또 한 번 부르신다. 지금도 성령은 이 말씀을 듣는 모든 사람을 부르고 계신다. 그러므로 하나님의 음성을 듣는 자는 완고한 마음을 버리고 하나님의 능력과 선하심에 의지해 마침내 하나님의 안식에 들어가라는 권면을 받는다.

이처럼 하나님의 영원한 안식으로의 초대가 계속 이어지다 보니, 약속의 땅에 들어간 이들과 관련해 한 가지 의문이 제기된다. 8절에서 저자는 여호수아를 언급하며 이렇게 말한다. "만일 여호수아가 그들에게 안식을 주었더라면……." 청중은 이 구절을 들었을 때 아마도 속으로 '만일 예수$^{'Iησοῦς}$가 그들에게 안식을 주었더라면……'이라고 되뇌이며 미소 지었을 것이다. 왜냐하면 '예수'와 '여호수아'는 헬라어로 동일하게 '이에수스$^{'Iησοῦς}$로 표기되기 때문이다. 이스라엘 백성은 한때 여호수아의 인도를 받아 안식의 땅으로 들어갔다.[수 22:4] 그러나 히브리서 저자가 말하듯이 참된 안식은 그 땅 자체에 국한되지 않는다. 마찬가지로 이 공동체 역시 예수를 따라 광야와 같은 현실을 지나 하나님의 영원한 안식으로 들어간다.[19] 두 '예수'는 모두 시련을 겪으면서도 하나님께 신실했다.

여호수아를 예수의 예표로 보게 하는 유사점들은 동시에 두 인물의 차이를 두드러지게 드러낸다. 여호수아는 광야에서 백성과 함께 있었으나, 예수는 이미 안식의 자리에 계신다. 그러나 예수는 고난과 유혹, 박해와 죽음을 겪으며 인간의 조건이라는 광야를 스스로 통과했기에, 그분이 보좌에 앉으셨다고 해서 그 길의 투쟁이 그분과 무관하지는 않다. 그분은 그 여정을 몸소 감당해 내신 분이다. 예수는 스스로 약속의 땅에 들어가 그 확실성을 보증하셨다. 반면에 여호수아는 백성과 함께했지만 그들에게 참된 안식을 주지는 못했다. 또한 예수의 육체적 부재는 성령의 음성에 귀 기울이는 일이 무엇보다 중요함을 일깨운다.

둘째, 두 사람이 인도한 목적지가 다르다. 저자는 여호수아가 이스라엘을 인도해 들어간 안식이 시편이 말하는 궁극적 안식이 아니었다고 본다. 그 안식은 단순히 땅의 특정한 영역이 아니라, 하나님과 함께하는 영원한 안식이기 때문이다. 만일 여호수아의 인도로 백성이 이미 하나님의 안식에 들어갔다면, 성령이 그 후에 "다른 날을 말씀하지 아니하셨을 것"이다.[4:8b] 따라서 여호수아 시대 이후로 기록된 시편 자체가, 여호수아가 주었던 안식이 궁극적인 것이 아님을 보여주는 증거가 된다. 히브리서 저자가 성경 가운데 주석적·윤리적 난제가 가득한 부분인 '정복 시대'[20]를 다루기는 하지만, 그는 특정 지역이 공동체의 관심사가 아니라는 사실을 밝히려는 의도에서만 그 시대를 언급한다. 그들은 다른 이에게 폭력을 행사할 것이 아니라, 자신들에게 가해지는 폭력을 견디라는 권면을 받는다.[10:32 - 34; 12:1 - 11][21]

저자는 하나님께서 시편에서 말씀하신 내용을 근거로 "그런즉 안식할 때가……남아 있도다"[4:9a]라고 결론짓는다. 그는 이미 6절("그러면 거기에 들어갈 자들이 '남아 있거니와'")에서 사용했던 단어를 다시 사용한다. 흥미롭게도 시편 95편 자체는 안식이 여전히 남아 있으며, 하나님께서 사람들을 거기로 부르신다고 직접 말하지 않는다. 그 대신 시편은 안식이 하나님의 것임을 주장하며,[11절] 동시에 광야 세대처럼 완고한 행실을 피하라고 경고한다. 히브리서 저자는 이 두 요소, 곧 안식의 실재성과 마음의 완고함에 대한 경고를 결합하여, 지금도 안식이 열려 있고 여전히 주어져 있다는 복음을 선포한다.

안식은 특별한 무리, 곧 "하나님의 백성"[4:9]을 위해 남아 있다. 여기서 저자가 사용한 '라오스'[λαός, 백성]라는 단어는 서신의 처음[2:17]과 끝[13:12]에서처럼 일반적인 표현이 아니다. 이것은 언약 백성 이스라엘을 특별히 지칭하는 용례의 하나다.[5:3; 7:5, 11, 27; 8:10; 9:7, 19; 10:30; 11:25] 저자가 이방인의 포함 여부를 직접 논의하지는 않지만, 독자들은 아브라함에게 주어진 약속이 만민에게 이르도록 계획된 것[창 12:3]을 떠올릴 수 있다. 따라서 이 안식 역시 이스라엘 백성에게 주어졌을 뿐 아니라, 그들을 통해 만민이 함께 누릴 수 있는 것이라고 이해하게 된다.

이어서 저자는 성경 전체에서 단 한 번 등장하는 표현, 곧 '사바티스모스'[σαββατισμός, 안식일의 쉼]를 사용한다. 이 단어는 해석과 관련해 적지 않은 논쟁을 불러일으켰다. 저자는 이 안식을 단순히 정복을 통해 얻은 땅에 들어가는 것으로 이해하지 않는다. 하나님은 일곱째 날에 창조 사역을 마치고 쉬셨지만, 저자에 따르면 그 이후로도 그분은 여전히 말씀하시고 붙드시며 정결케 하는 일을 활발히 행하고 계신다.

따라서 '사바티스모스'가 하나님의 안식을 본떠 만들어진 말이라면,

이는 단순히 모든 행위를 멈추는 상태를 뜻하지 않는다. 오히려 동사 '사바티조'$\sigma\alpha\beta\beta\alpha\tau\iota\zeta\omega$가 가리키듯이, 세속적인 일을 내려놓고 하나님을 향한 축제적 예배와 찬양에 참여하는 것을 의미한다.[22] 안식일의 쉼은 단순히 아무 일도 하지 않는 상태가 아니다. 그것은 하나님의 뜻대로 선하게 지어진 창조 세계를 기뻐하며, 그 안식 속에서 하나님과 함께하는 것이다. 이러한 안식일 개념은, 히브리서 12장에서 말하는 창조된 세상이 무너지고 변혁되더라도 완전히 사라지지 않는다는 선언과 조화를 이룬다. 하나님은 창조 세계를 그분의 영원한 목적에 맞게 새롭게 이끌어 가신다. 그러므로 인간은 하나님께서 이루신 선하고 영원한 일을 함께 기뻐하고 축하하며 하나님과 동행하게 된다.

'안식일의 쉼'은 여전히 계속되고 있으며, 하나님의 백성은 그 안식에 들어갈 수 있다. 10절은 그 예를 들어 "이미 그의 안식에 들어간 자"라고 말한다. 그러나 여기에 쓰인 남성 대명사는 해석의 혼란을 낳는다. "그의 안식"은 누구의 안식인가? 그 자신의 안식인가, 아니면 하나님의 안식인가? 두 가지 모두 가능하지만, 이 단락이 하나님의 안식을 중심으로 전개되고 있다는 점에서 하나님의 안식으로 보는 것이 더 자연스럽다.

이어지는 구절은 인간의 안식에 초점을 맞춘다. "이미 그(인간)의 안식에 들어간 자는……자기의 일을 쉬느니라(안식하느니라)"는 표현은 반복적이지만, 두 번째 대명사 "그도"는 분명 인간을 가리킨다. 즉 "하나님께서 그분의 일을 쉬심과 같이 그도 자기의 일을 쉬느니라"는 것이다. 따라서 인간의 관점에서 보면, 10절은 하나님의 백성 가운데 어떤 사람이 하나님께서 베푸시는 안식에 들어가는 사례를 보여준다.

그러나 이것이 유일한 해석은 아니다. 그리스도론적 관점에서도 읽을 수 있다. 메시아 예수는 하나님 우편에 앉으실 때[1:13] 자기의 안식에 들어가셨으며, 모든 사역을 마치고 쉬셨다. 이 해석은 예수의 역할이 하나님의 안식에 들어가도록 해주는 '아르케고스'$\dot{\alpha}\rho\chi\eta\gamma\acute{o}\varsigma$ 곧 창시자[2:10]라는 점을 다시 밝혀 준다. 독자들은 반드시 두 관점 중 하나를 선택할 필요가 없다. 왜냐하면 그리스도가 안식에 들어가심으로써 다른 이들도 들어갈 수 있게 해주시기 때문이다. 여기서 나는 그리스도론적 관점을 따랐으며, 따라서 남성형 표현을 사용했다.

저자는 마지막으로 이렇게 권면한다. "그러므로 우리가……힘쓸지니."4:11 그는 안식에 대한 성찰을 마무리하면서 1인칭 복수형을 사용해 공동체가 하나되어 행동할 것을 촉구한다. 그의 표현 속에는 언어유희가 담겨 있다. "우리가 저 안식에 들어가기를 힘쓸지니." 이 구절은 곧 안식을 향해 힘껏 달려가자는 요청이다. "힘쓸지니"라는 동사는 헌신과 강인함, 그리고 신속함을 함께 강조한다. NRSV가 "온 힘을 다해 노력하자"로 번역한 것도 이 뉘앙스를 잘 살린다. 저자는 이 표현 속에 절박함을 담아 안식과 불순종의 길을 더욱 극명히 대비시킨다. 같은 동사가 사용된 6:11과 12장의 '경주' 은유 역시 이 절박함을 뒷받침한다.

히브리서 연구자들은 오랫동안 안식의 본질이 미래적 사건인지, 현재적 경험인지, 아니면 두 측면이 결합된 것인지에 대해 논의해 왔다. 본문은 미래적 측면을 분명히 보여준다. 이 공동체는 아직 하나님의 임재 안으로 들어가지 않았고, 일상의 일과 사역을 마치지도 않았다. 저자는 그들이 안식을 향한 "길 위에" 있다고 묘사한다. 믿는 자로서 안식에 들어가고 있지만,4:3 아직은 도달하지 못한 상태다. 그럼에도 저자는 그 길 위에 있다는 사실만으로도 하나님의 안식이 주는 유익을 부분적으로 누릴 수 있다고 본다. 특히 4:16에서 "은혜의 보좌"로 나아가는 모습이 이를 잘 보여준다. 정해진 안식일이나 절기 역시 하나님께서 하신 일을 본떠 주어진 부분적인 유익이라 말할 수 있다.

안식의 미래적 성격은 이어지는 훈계를 통해 더욱 확증된다. 저자는 그들이 "저 순종하지 아니하는 본에 빠지지 않도록"4:11b 간절히 호소한다. 그는 여전히 공동체가 신실한 아들을 따르기보다 믿음 없는 선조들의 길을 걸을까 염려한다. 믿지 않은 세대가 광야에서 "엎드러진"[πίπτω, 3:17] 것처럼, 이 공동체에도 누군가 불순종으로 넘어져 멸망하는 일이 없기를 바란다.

히브리서에서 말하는 복종은 단순한 행위가 아니라 총체적 개념이다. 즉 이스라엘의 하나님께서 계시하신 아들 예수가 육신을 입고 오셔서 십자가에 달려 죽으시고, 다시 살아나 아버지 우편에 오르셨다는 신앙을 고백할 때 비로소 참된 복종이 가능하다.[3:1; 4:14] 존 랜즈마[Jon Laansma]는 이를 다음과 같이 설명한다. "히브리서 저자는 본문 어디에서도 예수의 이름을 직접 언급하지 않지만, 본문 전체는 약속하시는 분, 곧 약속 자체이며 약속을 지키실 뿐 아니라 그 약속의 내용을 자기 안에 지니고 계신 분의 영광과 존귀를 확고히 드러낸다. 안식의 장소와 안식의 날이 되시며, 그것을 가져오시는 분은 바로 하나님께서 '아들'이라 부르시는 분이다."[23] 그분에 대한 신앙고백은 삶 속에서 신실한 결단으로 드러나며, 하나님의 인도하심을 따르고 함께 길을 걷는 동료들을 격려하는 일로 구체화된다. 간단히 말해 히브리서가 말하는 믿음은 교리적일 뿐 아니라 실천적이다.[24] 이는 히브리서만의 독특한 주장이 아니다. 바울과 야고보를 비롯한 여러 신약성경 저자들도 이것을 동일하게 강조한다. 교리와 행위를 분리하여 어느 한쪽을 우월하게 보려는 유혹은 성경 어디에서도 자리를 차지하지 못하며, 히브리서에서는 특히 그러하다.

"하나님의 말씀은 살아 있고 활력이 있어."[4:12] 히브리서에서 가장 널리 알려진 구절 가운데 하나다. 이 구절을 원래의 문맥에서 떼어 내 성경의 모든 교리에 적용하려는 유혹이 흔하지만, 그렇다고 완전히 잘못된 일은 아니다. 오랜 세월 동안 많은 이들이 증언했듯이 성경에 기록된 하나님의 말씀은 살아 있고 능력이 있음을 그 말씀 스스로 입증해 왔기 때문이다.

그러나 이 본문에서 저자가 강조하는 바는 단순히 성경의 일반적 권위가 아니다. 그는 성경 본문이 지닌 영구한 능력을 거듭 강조하면서, "오늘"이라 불리는 시간이 지속되는 한, 곧 우리가 아는 이 세상이 존재하는 한 하나님께서 여전히 말씀하고 계신다고 주장한다. 성령의 영감으로 기록된 성경을 통해 전해지는 이 말씀은 지금도 사람의 깊은 내면을 꿰뚫고 살피는 일을 행한다. 따라서 이 마지막 때에 참으로 은혜롭게도 하나님의 말씀이 인간을 향한 강력한 구속 사역을 수행하고 있다. 그것은 일시적인 현상이 아니라, "오늘"이 계속되는 한 우리에게 여전히 유효한 사건이다.

이 말씀의 적용은 단순히 성문화된 성경 말씀에 국한되지 않는다. 원래의 문맥에서 볼 때 12절은 저자가 설교 본문으로 삼은 시편을 가리킨다. 이 문장은 인과 접속사 '가르'γάρ로 앞 구절과 연결된다. 즉 "힘쓸지니"[4:11]라는 권면을 12절에서 구체적으로 설명하는 것이다. 광야 세대를 본받지 말라는 경고는 시편 95편의 말씀("오늘 너희가 그의 음성을 듣거든", 3:15)을 다시 떠올리게 한다. 성령은 하나님의 음성을 귀 기울여 듣고 응답하며 순종하라고 강력히 요구하신다. 12절이 시편 95편의 말씀에 초점을 두고 있다는 증거는 또 있다. 바로 '마음'을 언급하는 부분이다. 말씀은 마음의 생각과 뜻을 판단하는 능력을 지니며, 이는 시편에서 광야 세대의 마음이 문제 되었던 일[3:10]과 직접 연결된다. 하나님의 음성을 귀 기울여 듣는 자는 마음에서 우러나는 행동을 통해 응답하게 된다.

따라서 12절의 진술은 이 단락 전체의 요청, 곧 마음을 열어 하나님의 말씀을 듣고 순종하라는 호소와 일치한다. 저자는 시편을 근거로 매우 생생하고 단호하게 이 주제를 전개한다. 11절에서는 "저 안식에 들어가기를 힘쓰라"는 권면에 초점을 맞추었다면, 12절에서는 하나님의 행위, 곧 말씀의 살아 있는 능력으로 초점을 전환한다.

"[하나님의 말씀이] 살아 있고 활력이 있어." 저자는 "살아 있고"라는 표현을 문장 맨 앞에 두어 가장 두드러지게 강조한다. 말씀은 살아 계신 하나님[3:12]에게서 나오므로, 그 말씀이 "살아 있다"는 것은 당연한 일이다. 동시에 살아 계신 하나님의 말씀은 "활력이 있다." 다시 말해 실제로 효력을 발휘한다는 뜻이다. 이 표현은 히브리서 전체에서 이곳에 단 한 번 등장하며, 어떤 일을 실행하도록 하는 능력을 의미한다. 바울도 같은 단어를 사용해 자신의 사역[고전 16:9]이나 빌레몬의 믿음에 대한 소망[몬 1:6]을 표현한 바 있다. 저자는 이어서 이 활력이 구체적으로 어떻게 드러나는지 설명한다. 하나님의 말씀은 "좌우에 날선 어떤 검보다도 예리하다."[4:12] 그는 이 은유를 통해 하나님의 말씀이 사람의 가장 깊은 내면까지 꿰뚫고 파고드는 능력이 있다고 묘사한다.[25]

하나님의 말씀은 그 어떤 칼보다도 예리하고 깊이 꿰뚫는 능력이 있다. "혼과 영을……찔러 쪼개기까지"라는 표현은 흔히 쓰이는 병렬 구조를 떠올리게 한다. 신약성경에서 혼과 영은 자주 함께 언급되며, 서로 유사하지만 동일하지는 않은 것으로 묘사된다. 그러나 이 은유가 강조하는 것은 두 용어의 차이가 아니라 둘이 공유하는 내적 특성이다. 즉 혼과 영이 어떤 방식으로 얽혀 있든지, 하나님의 말씀은 그것을 꿰뚫고 들어간다. 이 두 용어는 인간을 단순한 물질적 존재가 아니라 살아 있는 존재로 만드는 생명의 본질을 가리킨다. 살아 계신 하나님의 말씀은 바로 그 인간 존재의 근원, 곧 생명의 깊은 뿌리까지 꿰뚫는 능력이 있다.

다음 병렬 표현인 "관절과 골수"도 눈에 보이지 않는 신체 내부 기관이므로, 하나님의 말씀은 내면 깊숙이 파고들어 감추인 것을 드러내는 능력을 가진다. 즉 사람을 살아 있게 하는 활력과 몸을 지탱하는 구조 모두가 말씀 앞에서 쪼개지고 드러난다. 그 결과 다른 이가 알 수 없는 마음의 내적 차원, 곧 사고를 가리키는 "생각"[ἐνθύμησις]과 계획을 가리키는 "뜻"[ἔννοια]까지도 분명하게 밝혀진다. 저자가 이처럼 장문의 권면을 하는 것은 공동체가 혹시 미혹되었는지,[3:10, 15] 악한 마음을 품고 있는지[3:12] 알 수 없기 때문이다. 그러나 살아 계시며 말씀하시는 하나님은 숨겨진 모든 것을 아시고 의롭게 심판하실 수 있다. 이는 뒤에서 하나님을 만물의 심판자로 일컫는 진술[12:23]과도 일치한다.

저자는 13절에서 이 진리를 더욱 강하게 선언한다. "지으신 것이 하나도 그 앞에 나타나지 않음이 없고." 모든 피조물이 하나님의 말씀 앞에 여실히 드러난다. 창조 세계에 속한 그 어떤 것도 숨겨져 있을 수 없다.ἀφανής 만약 이 단락을 이스라엘 백성에게만 한정해 적용할 것인지, 아니면 더 넓은 집단에 적용할 것인지 논할 여지가 있었다면 이제 그 문제는 사라진다. 말씀의 범위는 창조된 만물 전체를 아우르기 때문이다. "[하나님의] 눈앞에 만물이 벌거벗은 것 같이 드러나느니라."[4:13] 이 강렬한 이미지는 두 가지 장면을 떠올리게 한다. 하나는 레슬링 경기에서 이기기 위해 상대 선수를 거세게 압박하는 장면이고, 다른 하나는 이어지는 주제와 연결되는 것으로, 희생 제물을 잡아 제단에 올리는 장면이다.

일부 주석가들은 이처럼 벌거벗겨진 형편에서 히브리서의 청중은 단순히 듣기만 하는 것이 아니라 자기 말λόγος로 응답해야 한다고 주장하기도 한다. 이 구절은 흔히 "우리가 자기 말로 답해야 할 분께"라고 번역된다. 다시 말해, 하나님께서 외과의처럼 사람 속을 열어 모든 것을 간파하실 때 각자는 자기에 대해 설명해야 한다는 의미다. 그러나 내가 보기에 이 구절의 분위기는 그런 해석을 허락하지 않는다. 만약 청중이 레슬링 경기에서 상대에게 제압당해 패배하거나, 혹은 죄로 인해 희생 제물로 올려져 아무것도 할 수 없는 처지에 놓인다면 무슨 말을 할 수 있겠는가? 이 구절은 로마서 3장의 '카테나'와 맥을 같이한다. 거기서 바울은 모든 사람이 죄 아래 있음을 선언하며, 그에 대한 유일한 반응은 입을 닫고 침묵하는 것이라고 결론짓는다.[롬 3:19-20] 따라서 이 구절은 "우리가 자기 말로 답해야 할 분께"라기보다, "우리를 위하는 말씀, 곧 '로고스'λόγος인 분께"라고 옮기는 것이 훨씬 더 적절하다.[26]

저자는 모든 것을 꿰뚫어 보시는 하나님의 말씀에 초점을 맞춘다. 저자의 글 전체에서 중심 주제가 되어 온 것도 바로 이 하나님의 말씀이다. 이어서 그는 자신의 글쓰기 행위를 언급하면서, 다른 곳에서 그랬듯이[2:5: 5:11: 6:9] 여기서도 일인칭 복수를 사용해 그 과정을 지칭한다. 특히 "우리의"[4:13]라는 소유격 표현에 자신을 포함시켜 그 자신도 꿰뚫어 보시는 하나님의 말씀 바깥에 있지 않음을 강조한다. 하나님의 말씀이 먼저 그에게 임하고, 그는 그 말씀을 숙고하여 회중에게 전한다. 지금까지 하나님의 말씀을 설명해 온 그는, 이제 그 말씀이 자신과 공동체 모두에게 직접 말을 거는 순간을 드러낸다.

그들에게 위안이 되는 사실은 이것이다. 만약 누군가 마음 깊은 곳에 자신도 모르는 어둠이나 악이 숨어 있지 않을까 염려한다면, 하나님의 말씀이 그것마저도 밝히 드러내리라는 확신을 가질 수 있다. 반대로, 자신이 하나님을 신뢰하지 않는다는 사실을 숨길 수 있다고 믿는 이들에게는 무거운 심판이 따른다. 하나님의 말씀은 그 감춰진 것을 반드시 드러낸다. 말씀은 위로로 임하든, 심판으로 임하든 모두를 위한 것이다. 이 말씀은 시편에서 하나님이 하신 말씀, 더 넓게는 성경 전체에 기록된 말씀과 연결되지만, 동시에 여기서는 인격적인 말씀으로 생생하게 제시된다. 저자가 앞에서 성령과 아들이 각각 하나님의 말씀과 관계 맺는 방식을 보여준 것을 고려할 때, 여기서는 성령이나 아들, 혹은 그 둘 모두의 활동으로 이해하는 것이 적절하다. 저자는 청중에게 그들 자신이 이제 목이 베일 희생 제물이라고 상상해 보라고 말한다. 그때 하나님은 그 곁에 서서 그들 몸속에 있는 것을 드러낼 칼을 들고 계신다. 눈에 보이지 않는 하나님을 제사장이신 예수로 묘사한 것은 특히 적절하다. 바로 그 순간, 대제사장이신 그분을 신뢰하는 일이 무엇보다 중요하다. 그렇기에 저자는 이어서 대제사장의 덕목을 높이 찬미한다.

성공회 공동기도서에서는 "정결을 구하는 기도"Collect for Purity로 성찬 예식을 시작한다. 참석한 모든 사람이 아래와 같은 말로 함께 기도한다.

전능하신 하나님,

주님께서는 모든 사람의 마음과 소원을 다 아시고

은밀한 것이라도 모르시는 바 없사오니,

성령의 감화하심으로

우리 마음의 온갖 생각을 정결하게 하시어,

주님을 진심으로 사랑하고

주님의 거룩한 이름을 공경하여 찬송하게 하소서.

우리 주 예수 그리스도의 이름으로 기도하나이다. 아멘.[27]

이 기도 속에는 히브리서 4장의 울림이 선명하다. 나는 매 주일 "오늘"을 맞아 이 기도문으로 기도할 때마다 그 깊은 의미에 놀라곤 한다. 때로 나 자신이 수수께끼처럼 느껴질 때, 하나님께서 나를 아신다는 사실이 큰 위로가 된다. 미처 알지 못한 죄가 있다면 하나님께서 드러내시고 판단하신다. 내 마음속에 있어서는 안 될 추한 것들을 깨닫고 회개할 때도 있다. 그러나 그 순간에도 내 참모습보다 고상하게 보이려 애쓸 필요가 없다는 것을 알기에 오히려 위안을 얻는다. 가식은 불가능하고, 따라서 불필요하다.

히브리서 본문이 개인의 내면에 초점을 맞추지만, 그 개인은 공동체 속에 있다. 그래서 나는 이 기도가 다른 이들의 삶에서 어떻게 역사할지 생각하며 위로를 얻는다. 누군가와 불화하거나 신뢰하기 어려울 때도, 하나님께서 그들을 아신다는 사실에서 안식을 누린다. 그들에게 잘못이 있다면 하나님께서 판단하실 것이고, 내가 오해했다면 나로 깨닫게 하실 것이다. 결국 나는 모든 것을 아시는 하나님의 말씀 앞에서 위안을 얻는다.

경쟁에서 패배하거나 심지어 죽음의 위기에 놓인 사람이라면 자신의 운명을 결정하는 이가 선하고 의로운 분이기를, 다시 말해 히브리서가 말하는 "자비하고 신실한"[2:17] 대제사장이기를 간절히 바란다. 참으로 하나님의 말씀은 감춰진 것을 드러내는 사역을 하고, 예수는 제사장이 되어 주신다. 이러한 소망이 바로 그 사실 속에서 이루어진다. 이 기도문으로 기도해 온 많은 이들은 매주 하나님 앞에 드러난다는 것이 생각하는 것보다 훨씬 덜 두려운 일임을 깨달았다. 숨겨진 죄가 드러나지 않는 것이야말로 두려운 일이며, 그것은 하나님의 무관심을 의미할 뿐이다. 히브리서 4:13은 우리가 하나님의 말씀에 붙잡혀 있다고 말하지만, 실상은 그런 형편이 진정 놀라운 자유를 준다는 사실을 수많은 이들이 경험해 왔다.

대제사장

4:13에 나오는 '늘어뜨린 목'의 이미지는개역개정은 "벌거벗은 것 같이 드러나"—옮긴이

희생 제물과 그 곁에 선 제사장의 모습을 떠올리게 한다. 이러한 모습은 의롭고 자비로우신 분을 향한 간절한 소망을 불러일으킨다. 바로 이 의미심장한 장면 직후에 14절의 격려가 이어지는데, 이는 하나님의 살아 있고 활력이 있는 말씀에 관한 진술이 얼마나 큰 능력을 지니는지 분명히 보여준다.

14절에서 저자는 처음으로 제사장에 대해 본격적인 설명을 시작한다. 서두에서는 그의 공동체의 대제사장이신 예수의 위대함과 자비하심을 크게 칭송한다. 이 격려는 앞선 권면과 이어진다. 앞에서 그가 청중에게 하나님의 안식에 들어가기를 힘쓰라고 촉구했듯이,4:11 이번에는 은혜의 보좌 앞으로 담대히 나아가라고 격려한다.4:16 이어지는 5:1 – 4에서는, 이스라엘의 율법에 따라 모든 대제사장에게 해당하는 사실이 먼저 언급된다. 대제사장은 인간이라는 한계 속에서 하나님께서 맡기신 직무를 수행하면서 고결하고 탁월한 자질을 발휘한다. 이 진술은 예수의 제사장직을 이해하는 데 중요한 기준이 된다.

특히 5:5부터는 예수의 제사장직에 대한 논의가 본격화된다. 저자는 먼저 아버지 하나님께서 예수를 부르신 일을 다루고, 이어서 예수가 하나님께 드리신 기도에 대해 서술한다. 여기서 초점은 앞의 두 장에서 반복된 신적 대화에 놓여 있다. 하나님 아버지는 생명의 권세를 지니셨기에 아들의 간구에 응답하실 수 있었다. 그러나 그 응답에 이르기까지 아

들은 고난의 길을 통과해야만 했다. 예수가 겪으신 고난 이야기는 설교의 다음 단락을 준비한다. 그 단락에서 저자는 청중에게 예수를 따라 온전함으로 나아가는 험난한 여정에 동참할 것을 촉구한다.[5:11-14]

　마지막으로, 본문의 결론부[5:10]는 5:11-6:20의 권면 후에 다시 등장할 중요한 주제를 미리 언급한다. 그것은 곧 멜기세덱의 제사장직이며, 이 주제는 7장에서 집중적으로 다루어진다.

4:14-16 담대히 나아감

[14]그러므로 우리에게 큰 대제사장이 계시니 승천하신 이 곧 하나님의 아들 예수시라. 우리가 믿는 도리를 굳게 잡을지어다. [15]우리에게 있는 대제사장은 우리의 연약함을 동정하지 못하실 이가 아니요 모든 일에 우리와 똑같이 시험을 받으신 이로되 죄는 없으시니라. [16]그러므로 우리는 긍휼하심을 받고 때를 따라 돕는 은혜를 얻기 위하여 은혜의 보좌 앞에 담대히 나아갈 것이니라.

13절에서 묘사된 희생 제물의 강렬한 이미지는, 그 뒤에 이어지는 진술을 더욱 두드러지게 한다. 저자는 자신과 공동체가 하나님 앞에 숨김없이 드러나 있음을 보여주었다. 이처럼 연약하고 가련한 처지는 결코 유쾌하지 않다. 사람은 본능적으로 그런 자리에서 도망치고 싶어진다. 저자가 계속해서 떨어져 나가지 말라고 경고한 것을 고려하면,[2:1; 3:1, 6, 14; 4:11] 공동체 구성원 중 일부는 실제로 도피를 하나의 선택지로 여겼던 것 같다.

　덜 극단적인 태도는 모든 것을 꿰뚫어 보는 말씀 앞에 그대로 서 있으면서 침묵을 지키는 일이었을 것이다. 사람의 가장 깊은 곳까지 꿰뚫으시는 분 앞에 무슨 변명이 통하겠는가? 13절에서 저자가 초점을 맞춘 것은 바로 그 뚫고 들어오는 말씀의 힘이었다. 이제 14절 전반부로 넘어오면서 그는 예수의 본성을 밝히고, 공동체가 더 이상 침묵 속에 머물지 않게 한다. "우리가 믿는 도리를 굳게 잡을지어다." 오히려 그는 그들의 대제사장을 의지하고 하나님의 말씀에 귀 기울일 것을 강권한다. 여기서 저자는 처음으로 '붙잡다'라는 뜻을 가진 동사 '크라테오'^{κρατέω}를 사용한다. 그는 6:18에서 앞에 놓인 소망을 붙잡으라고 권면할 때 이 단어를 다시 사용한다. 이 동사가 지닌 분명한 뉘앙스, 곧 손으로 무엇인가를 단단히 움켜쥐는 행위는 이미 3:6, 14에서 사용된 '카테코'^{κατέχω}와 맥락을 같이한다.

그러나 이번 경우, 그들이 붙잡아야 할 것은 단순히 침묵 속의 결심이 아니라 언어로 드러낸 응답, 곧 그들이 입으로 동의한 "믿는 도리"(신앙고백)이다. 히브리서의 다른 용례에 비추어 보면, 이 신앙고백의 중심은 예수의 인격과 사역을 통해 계시된 하나님의 본성이다.[3:1: 13:15]

이 신앙고백에는 예수가 하나님으로부터 보내심을 받았고,[3:1: 10:5 – 10] 지금도 하나님 앞에서 그들을 위해 간구하신다는 진리[7:25]가 담겨 있다. 다시 말해 이 고백은 그들에게 소망을 주는 이야기[10:23]와 겹친다. 하나님 우편에 좌정하신 분을 토대로 삼은 이 고백은, 스스로 "외부인"이라고 인정했던 선조들처럼[11:13] 정치적 지도 체제에 의존하지 않아도 된다는 확신을 준다.

"믿는 도리"는 히브리서 저자가 강조하는 핵심 주제 가운데 하나로, 설교 전체에서 다섯 차례 등장한다.[3:1: 4:14: 10:23: 11:13: 13:15] 그중 두 곳[4:14: 10:23]은 전체 구조의 요약문에 속해 있다. 따라서 이 신앙고백은 히브리서 전체의 주제를 압축하는 역할을 한다. 결국 신앙고백은 하나님께 이르는 길을 객관적으로 제시한다. 아들이 죽고 부활하시고 보좌에 앉으신 사건을 통해 하나님께서 그 길을 열어 주셨다는 진리에 공동체가 동의하기 때문이다. 이 진리를 붙드는 한, 그들은 하나님께 나아가게 될 것을 확신할 수 있다. 즉 예수 그리스도로 말미암아 하나님께 나아가는 길이 그들 앞에 이미 마련되었음을 알기 때문이다.[더 자세한 논의는 10:23 주석 참조]

히브리서 4장은 믿는 도리를 굳게 붙잡는 것이 하나님의 은혜의 보좌로 나아가는 길을 열어 준다고 말한다. 이 단락에서 강조되는 것은, 하나님께서 그분 앞에 무기력하게 놓여 있는 이들을 여전히 부르셔서 자기에게로 나오게 하시는 놀라운 은혜다. 하나님은 그들이 어떤 이들인지 아시면서도 그렇게 계속 부르신다. 그들이 하나님께 나아갈 수 있는 길은 오직 한 가지다. 삼위일체 하나님께서 사람들 가운데 보내셔서 믿게 하신 자비로운 대제사장을 의지하는 것이다. 그들은 대제사장에 대한 믿음을 고백함으로써 자신이 누구인지, 하나님이 어떤 분인지, 그리고 어떻게 하나님께 나아갈 수 있는지 함께 고백하게 된다. 이 고백은 자신이 광야 한가운데 있음을 아는 이들에게 특히 중요하다. 저자는 독자들이 여전히 이 광야에 있다고 본다. 그들의 굳어진 마음은 유혹에 흔들리고 있으며,[3:12] 그렇기에 저자는 그들이 광야를 끝까지 견뎌 내도록 격려하기 위해 믿는 도리를 붙잡을 것을 촉구한다. 앞서 가신 대제사장을 신뢰하며 굳게 붙잡을 때, 그들은 흔들리지 않고 마침내 하나님의 안식에 들어가게 될 것이다.

교회는 그 역사 초기 몇 세기 동안 믿음으로 살아갔던 수많은 사람들에게 큰 빚을 지고 있다. 그들은 영감으로 기록된 성경이 증언하는 바, 예수 그리스도 안에 나타난 하나님의 계시를 귀히 여기며 그 거룩한 본문들을 신조로 다듬어 냈다. 신조는 복잡한 역사를 가지고 있으며, 오늘날까지 지속적인 영향을 미치는 인간의 말이다. 그러나 오랜 세월에 걸쳐 수많은 신자들이 믿음을 굳게 붙잡을 수 있도록 도왔다는 사실에서 그 가치를 입증한다.

나는 멀린스Rich Mullins가 연주하는 해머 덜시머망치로 현을 두드려 소리를 내는 사다리꼴 모양의 타악기—옮긴이 반주에 맞춰 부른 노래를 통해 사도신경을 배우며 자랐다.[1] 그 노래로 교리를 배웠을 뿐더러 "내가 그것(사도신경)을 만든 것이 아니라, 그것이 나를 만들었다"라는 진리를 내 정신과 마음에 깊이 새겼다. 지금 나는 주일마다 한목소리로 사도신경이나 니케아 신조를 고백하는 전통에 속해 있다. 입으로는 그 구절을 암송하고, 귀로는 다른 이들이 암송하는 것을 듣는다. 이처럼 거듭되는 고백은 나와 신앙고백의 유대를 약화시키지 않고, 오히려 기쁜 마음으로 더욱 단단히 결속하게 만든다. 우리는 주일마다 신앙고백을 통해 하나님은 주권자이시며 한량없이 은혜로우신 분임을 깨닫는다. 헤아릴 수 없이 크고 깊으신 분의 이야기, 나의 유한한 삶을 영원으로 이끄는 그분의 이야기 속에서 나 자신의 정체성을 확인한다. 신조를 암송하는 일은 또한 공동체 일치를 위한 토대가 된다. 여러 쟁점에 대한 나의 의견이 동료 신자들과 다를 수 있지만, 한분 삼위일체 하나님에 대한 믿음을 고백할 때 우리는 같은 안식을 향한 순례의 동반자라는 사실을 확인하게 된다. 비록 영적 유대를 표현하는 방식은 공동체마다 다를지라도, 신자들이 오랜 세월 지켜 온 단순하면서도 심오한 믿음으로 정규적으로 되돌아가는 일은 개인과 공동체가 끝까지 인내하도록 붙드는 중요한 수단이 된다. 이것이 바로 히브리서 저자가 주장하는 핵심이다.

　그들의 생각과 뜻이 벌거벗은 듯 드러날 때 취할 수 있는 올바른 길은 오직 한 가지다. 죄를 정결케 하기 위해 죽으신 분을 믿음으로 고백하며 그분과 하나되는 것이다. 예수가 어떤 분이신지 아는 참지식이 곧 그들의 신앙고백이 된다.[3:1] 저자는 마음 깊은 곳의 죄악을 해결해 줄 수 있는 분은 오직 예수뿐이라는 사실을 온 힘을 다해 가르친다. 그들이 예수를 그렇게 고백할 수 있는 이유는, 그분이 바로 "큰 대제사장"이시기 때문이다. 대속죄일[욤 키푸르]에 대제사장이 희생양을 잡듯이,[레 16:18] 예수가 목을 늘어뜨린 그들 앞에 서 계신다. 그러나 여기서 놀라운 반전이 일어난다. 제사장 자신이 죽임을 당하는 것이다. 마치 제사장이 희생 제물 위에 칼을 들이대다가 그 칼로 자신을 찌르는 모습과도 같다. 저자는 바로 이런 방식으로 예수를 묘사하면서 우리의 예상을 완전히 뒤집는다. 무엇보다도 그는 예수를 "큰 대제사장"이라고 일컫는다. '큰'이라는 형용사는 그분의 위엄을 찬미하게 하며, 동시에 다른 제사장들과의 차이를 부각시킨다. 구약성경에서 두 단어가 함께 쓰이는 경우는 극히 드물기 때문에, 구약

성경의 맥락에서 이 표현을 살펴보는 일은 의미가 있다.[2]

대제사장은 흔히 '큰 제사장'으로 불린다. 이 구절이 처음 사용된 레위기 21장에서는 큰 제사장에게 훨씬 더 높은 기준이 적용된다. 다른 제사장은 가족이 죽었을 때 그 시신과 접촉하는 것이 허용되지만, 대제사장은 어떤 시신도 가까이할 수 없었다. 대제사장은 누구 때문이든 자신을 더럽혀서는 안 된다.[레 21:10-11] 하지만 큰 대제사장이신 예수는 죽음에 가까이 다가가셨을 뿐 아니라, 스스로 죽음으로 뛰어들어 다른 편으로 나오셨다.

이스라엘의 율법에도 대제사장의 대속적 죽음을 언급한 사례가 나온다. 즉 무고한 사람을 살해한 자는 도피성으로 피신하여 대제사장이 죽을 때까지 머물러야 했다. 대제사장이 죽으면 그는 집으로 돌아갈 수 있었다.[민 35:28] 대제사장의 죽음이 죽음의 문제를 해결한 것이다.[3] 마찬가지로 큰 대제사장이신 하나님의 아들은 자신의 죽음을 통해 두려움의 굴레에서 사람들을 해방시키시고,[2:14] 영원히 하나님과 함께 거할 수 있게 해주신다.

저자는 이 표현을 통해 예수의 생애 전체에 제의적 의미를 부여한다. 예수는 인간이 되셨기에 사람들 가운데서 택한 제사장이 될 수 있었다.[5:1] 그분은 고난을 겪으셨기에 동정하는 자비로운 대제사장이 되셨다.[2:17-18; 4:15] 그분은 죽음을 맞으셨으나 다시 살아나 죽음을 물리치셨다.[2:14-15] 그 후에 하늘로 오르셔서 하나님 앞에 그분 자신을 속죄 제물로 바치셨고, 지금도 하나님 우편에서 우리를 위해 간구하는 제사장 사역을 계속하고 계신다.[7:25] 즉 예수의 제사장 사역은 인간으로 사신 그분의 삶 전체를 통해 이루어진다.

저자는 이어서 예수를 "승천하신"[4:14] 큰 대제사장이라고 부른다. 승천은 그분이 하나님 우편에 계심을 뜻한다. 예수는 창조의 영역을 지나[1:10] 하나님이 거하시는 곳에 앉으셨다.[8:1] 히브리서의 전개에서 이 일은 그분의 죽음과 부활 이후에 일어나며, 따라서 그분은 이미 죽음을 물리치신 분으로서 그곳에 들어가신 것이다.

마지막으로, 저자는 청중이 이미 알고 있는 사실을 다시 분명히 한다. 그들의 큰 대제사장은 다름 아닌 예수이시다. 예수는 하나님께서 보내신 "사도"[3:1]로 성육신하셨다. 그분은 천사보다 낮아졌고, 혈과 육을 지닌 채 모든 사람을 위해 죽으셨다. 그들의 눈앞에서 그분은 죽음의 고난을 겪으셨고, 바로 그 때문에 영광과 존귀의 관을 쓰셨다.[2:9] 이처럼 그들의 살아 계신 대제사장은 우리 가운데 사셨고, 죽었다가 다시 살아나신 분이다.

설교 첫머리에서 밝힌 대로[1:2] "하나님의 아들"은 인간의 몸을 입으셨고 그렇게 이 땅에서 사셨다. 이 칭호는 그분의 주권을 확인시킬 뿐 아니라, 그분이 인간을 죄와 죽음의 두려움에서 구속하는 사명에 충실하셨던 모습을 떠올리게 한다. 그분은 두려움과 속박의 원인인 죽음에 맞서 죽음을 철저히 겪으셨기에 '동정하는' 대제사장이 되신다.

하늘 보좌 우편에서 다스리는 영원하신 아들의 존엄은, 자칫 그분이 우리와 멀리 떨어져 계신 것처럼 느껴지게 할 수도 있다. 그러나 저자는 부정문을 사용해 자신의 논점을 분명히 한다. "우리에게 있는 대제사장은 우리의 연약함을 동정하지 못하실 이가 아니요."[4:15] 예수께서 죽음과 죽음이 불러오는 두려움을 경험하셨다는 것은 곧 그분이 인간이 겪는 모든 고난을 함께 경험하셨음을 뜻한다(그분이 죽음 앞에서 보인 솔직하고 감정적인 반응은 5:7에 기록되어 있다). 저자는 예수에 대해 '페이라조'πειράζω의 완료 분사형, 곧 "유혹을 받으신 이"라는 표현을 사용한다. 이 말은 넓게는 '시험'과 '유혹'을 모두 포함하지만, 여기서는 '유혹'으로 해석하는 것이 적절하다. 이는 저자가 "모든 일에 우리와 똑같이 유혹개역 개정은 "시험"—옮긴이을 받으신 이로되 죄는 없으시니라"고 말하며, '페이라조'를 죄와 직접 연결하기 때문이다.

예수는 죽음 앞에서의 연약함을 기꺼이 받아들이셨고, 유혹에 맞서는 일도 주저하지 않으셨다. 그분은 완전한 인간성을 경험하려는 뜻에서 은혜로 그렇게 행하셨다. 그 결과 예수는 죄의 문제를 해결하는 제사장으로 섬기셨을 뿐 아니라, 은혜로우신 아버지 앞에서 자신의 경험적 이해를 바탕으로 신앙의 여정에 나선 인간이 인내하며 죄와 싸우도록 돕는 중보자가 되셨다. 분명 아버지는 설득되실 필요가 없다. 아들이 구원을 이루기 위해 오신 것은 하나님의 하나된 뜻에 따른 것이기 때문이다. 그러나 아들만이 인간의 몸을 입고 인간의 조건을 경험하셨으며, 형제자매들이 걸었던 길을 직접 걸으셨으므로 그들을 위해 변호하실 수 있다.

1세기 유대인 남성 예수가 역사상 모든 인간이 받은 유혹을 동일하게 받으신 것은 아니다. 그러나 다양한 형태로 나타나는 유혹의 본질은 하나 곧 속임수이며, 예수도 그 속임수에 맞서셨다. 히브리서 저자가 보기에 그런 속임수의 중심에는 믿음을 버리라는 유혹이 자리 잡고 있으며,[4] 이에 관해서는 3장과 4장의 권면에서 자세히 다루었다. 중요한 사실은 예수와 우리 사이에 유사성ὁμοιότητα, 4:15은 있지만 둘은 완전히 같지 않다는 점이다. 예수가 받으신 유혹은 결코 죄로 이어지지 않았다. 그분은 우리의 연약함을 온전히 공감하면서도, 흠 없고 순결하신 대제사장으로 섬기셨다. 모든 시험을 받았으나 끝내 죄에 굴복하지 않으셨다. 그러므로 예수는 우리를 깊이 이해하고 동정하시는 분이며, 또한 구속을 이루기에 능하신 분이다.

저자는 청중에게 예수가 그들의 대제사장이시니 "은혜의 보좌 앞에 담대히 나아갈 것"을 권면한다.4:16 이 구절은 서신 전체에서 핵심적인 주제, 곧 '하나님께로 나아감'이라는 주제를 처음으로 선포한다.7:25; 10:1, 22; 11:6; 12:18, 22 여기서 사용된 동사 '프로세르코마이'προσέρχομαι는 '다가가다, 나아가다'라는 뜻으로, 앞서 3−4장에 나온 '들어가라'εἰσέρχομαι, 4:1, 3, 6, 10, 11는 권면을 바탕으로 한다. 즉 이 동사는 저자가 청중에게 요청한 바, 하나님을 향해 앞으로 달려가라는 초청을 압축적으로 보여준다. 저자가 그려내는 비전에 따르면 그들은 모두 하나님과 함께 거할 곳으로 나아가고 있으며, 그 여정 속에서 하나님의 평화를 누릴 수 있다.

그들은 이 길로 "담대히" 나아갈 수 있다. 히브리서에서 '담대함'은 두 번의 경고[3:6; 10:35]와 두 번의 권면[4:16; 10:19] 속에 등장한다. 이미 담대함을 지닌 그들은 이를 잃어버려서는 안 된다. 그들의 담대함은 대제사장의 성품과 그분의 효력 있는 사역에 근거하며, 이 효력은 아들의 본성에서 흘러나온다. 한편으로 그들은 높이 오르신 아들의 사역에 의지하여 담대할 수 있다. 다른 한편으로 그들의 담대함은 아들의 자비하심에 뿌리를 두고 있다. 아들은 그들의 창조자이며 내면을 꿰뚫어 보시는 말씀이자, 동시에 인간의 조건을 친히 경험한 분이기에 그들을 깊이 이해하신다. 그들은 자신들의 대언자인 그분을 힘입어, 결코 떨어져 나가지 않으리라는 확신 가운데 거짓 없이 하나님께 나아갈 수 있다.

그들이 바라보고 나아가는 특별한 장소는 바로 "은혜의 보좌"[4:16]다. 지금까지 히브리서에서 언급된 보좌는 주로 아들의 보좌였다. 시편 45편을 인용한 대목에서 하나님 아버지는 아들의 보좌가 영원하다고 선포하신다[1:8]. 또 다른 부분에서는 그 보좌가 곧 하나님의 보좌이며,[8:1; 12:2] 그 우편에 아들이 앉아 계신다. 따라서 아들과 아버지 모두에게 사용된 '보좌'라는 표현은 삼위일체 하나님이 함께 나누시는 주권을 드러낸다.

하나님의 보좌는 단순히 신적인 권능을 나타내는 자리가 아니다. 그것은 동시에 은혜의 보좌다. 하나님의 은혜로 인해 아들의 죽음은 다른 자녀들이 하나님께로 나아가는 길을 열어 주었다.[2:10] 또한 은혜의 성령은 그들을 하나님과의 관계 안으로 이끌었으며,[10:29] 그렇게 은혜는 그들이 바라보고 나아가는 목표가 된다.[12:15] 은혜는 구원으로 향하는 여정의 시작이자 끝이며, 그들이 이 보좌로 나아가는 길에서 날마다 경험하는 실제가 된다.[13:9, 25]

매 순간 은혜를 누릴 수 있다는 사실은 이어지는 구절에서 분명하게 드러난다. 저자는 그들에게 담대히 나아가라고 권면하면서, 그럴 때 "긍휼하심"을 입고 "때를 따라 돕는 은혜"[4:16]를 얻게 된다고 말한다. 은혜의 보좌에서 은혜를 얻는 것은 당연한 일이지만, 그들의 나아감은 단순한 사실 확인이나 은혜를 경험하는 데서 그치지 않는다. 그 보좌 앞에서 긍휼의 교환이 이루어진다. 하나님께서 긍휼을 베푸시고, 그들은 그 긍휼을 받는다. 모든 것을 아시는 말씀 앞에 설 때,[4:13] 그들의 인간적 불완전함이 드러나므로 반드시 긍휼이 필요하다. 저자는 이미 그들의 형제이신 하나님의 아들을 "자비하신 대제사장"이라고 부름으로써,[2:17] 그들이 이 긍휼을 받을 준비가 되어 있음을 강조했다. 인간의 조건을 철저히 경험하신 아들은 각 사람의 상황에 맞게 하나님의 긍휼을 받을 수 있도록 이끄신다.

마지막 16절은 이 긍휼이 미래에만 주어지는 것이 아님을 밝힌다. 그들이 받는 도움은 "때를 따라", 곧 필요한 바로 그 순간에 주어진다. 이 '도움'은 단순한 원조를 넘어, 하나님과 함께 보좌에 계신 대제사장이 베푸시는 지지를 포함한다. 그분은 직접 유혹을 겪으셨기에[2:18] 어떤 도움이 필요한지 아신다. 그들은 결정적인 때마다 이런 도움을 경험했고, 따라서 저자가 마지막에 성경을 인용하며 주님을 "그들을 돕는 이"[13:6]라 부르는 것은 매우 자연스럽다.

저자는 우리에게 이처럼 큰 대제사장이 계시다고 선포한다. 이 선언은 먼저 경외심을 불러일으킨다. 하나님의 말씀이며 대제사장이신 그분이 우리의 모든 것을 아시고 우리를 다스리시기 때문이다. 동시에 이 선언은 감사함을 불러일으킨다. 우리의 모든 것을 아시는 그분이 우리를 위한 희생 제물이자 대언자가 되어 주셨기 때문이다.

이 대목은 독자들에게 죄인과 세리의 비유[눅 18:9-14]를 떠올리게 한다. 하나님의 보좌 앞에서 위협이 되는 것은 오직 하나, 곧 은혜가 필요하지 않은 듯 가장하며 거짓된 태도로 서는 일이다. 그러나 자신의 연약함을 기꺼이 드러내어 고백하고 담대히 나아가는 자는, 인간의 조건을 결정하시고 친히 그 조건을 겪으신 하나님에게서 필요한 모든 것을 받게 된다.

5:1 - 10 제사장직의 비교

¹대제사장마다 사람 가운데서 택한 자이므로 하나님께 속한 일에 사람을 위하여 예물과 속죄하는 제사를 드리게 하나니 ²그가 무식하고 미혹된 자를 능히 용납할 수 있는 것은 자기도 연약에 휩싸여 있음이라. ³그러므로 백성을 위하여 속죄제를 드림과 같이 또한 자신을 위하여도 드리는 것이 마땅하니라. ⁴이 존귀는 아무도 스스로 취하지 못하고 오직 아론과 같이 하나님의 부르심을 받은 자라야 할 것이니라. ⁵또한 이와 같이 그리스도께서 대제사장 되심도 스스로 영광을 취하심이 아니요 오직 말씀하신 이가 그에게 이르시되 너는 내 아들이니 내가 오늘 너를 낳았다 하셨고 ⁶또한 이와 같이 다른 데서 말씀하시되 네가 영원히 멜기세덱의 반차를 따르는 제사장이라 하셨으니 ⁷그는 육체에 계실 때에 자기를 죽음에서 능히 구원하실 이에게 심한 통곡과 눈물로 간구와 소원을 올렸고 그의 경건하심으로 말미암아 들으심을 얻었느니라. ⁸그가 아들이시면서도 받으신 고난으로 순종함을 배워서 ⁹온전하게 되셨은즉 자기에게 순종하는 모든 자에게 영원한 구원의 근원이 되시고 ¹⁰하나님께 멜기세덱의 반차를 따른 대제사장이라 칭하심을 받으셨느니라.

"대제사장마다 사람 가운데서 택한 자."[5:1] 이 구절은 언뜻 자명한 사실처럼 들린다. 그러나 이것은 하나님께서 동식물보다 사람이 제사장직에 합당하다고 여겨 그를 택하셨다는 뜻이 아니다. 저자가 아들의 인간성을 강조해 온 흐름을 고려할 때, 이 표현은 훨씬 깊은 의미를 담고 있다. 대제사장은 당연히 인간이지만, 큰 대제사장이신 예수 역시 참된 인간이라는 사실을 잊어서는 안 된다. 아들은 혈과 육을 지니셨고,[2:14] 그렇기에 앞선 대제사장들과 마찬가지로 동료 인간을 위한 직분을 맡을 수 있었다.

여기서 사용된 동사 "택한"과 "임명되어"[5:1]는 수동태로, 대제사장을 세우는 주체가 하나님이심을 전제한다. 그러나 4절까지는 하나님의 행위 자체에 대해 자세히 말하지 않으며, 초점이 선택받은 대제사장들의 직무에 있다. 하나님은 인간 대제사장들에게 "하나님께 속한 일"을 수행하는 직무를 맡기신다. 저자의 언어는 대제사장이 중보자의 자리에 있음을 보여준다. 그는 하나님을 향해 πρὸς τὸν θεόν 서 있으며, 동시에 인간을 대표한다. 쉽게 말해 사람들 가운데서 택함받은 대제사장이 맨 앞에 서 있고, 앞에는 하나님이 계시며, 뒤에는 백성이 있는 장면을 그려 볼 수 있다. 그 중간에서 그는 하나님과 인간 사이를 이어 준다.

이러한 의미에서 예수 이전의 대제사장들은 자기 정체성을 철저히 중재자라는 기능 속에서만 이해할 수 있었다. 그들은 철저히 인간이었으며, 인간에 '불과'했다. 그러나 예수는 다르시다. 앞 장에서 본 대로 그분은 단순히 기능적으로만 중보자가 아니라 본질적으로 중보자이다. 예수는 완전한 인간일 뿐만 아니라 영원한 아들이자 완전한 하나님이다.

저자는 이러한 그리스도론 논의에만 머물지 않고, 더 나아가 하나님께 속한 '일'이 구체적으로 무엇인지 밝힌다. 대제사장은 중간 위치에 서서 "예물과 속죄하는 제사"를 드린다. 구약성경에서 '예물'과 '제사'는 서로 겹치는 용어다.레 2:1; 21:21; 민 7:13; 욥 20:6 둘 다 그것을 바치는 사람이 '비용을 지불한다'는 의미를 담고 있다. 용어가 다양하게 사용된 것은 이 일이 매우 빈번하게 이루어졌음을 보여준다. 하나님은 대제사장이 한 번만 아니라 여러 차례 반복해서 예물과 제사를 드리도록 명하셨다.레 1-7장 그러나 저자는 예수께서 오직 한 번 제사를 드리셨다고 강조한다.10:12; 하늘에 있는 것들을 정결케 하는 제사를 언급하는 9:23도 참조

예수와 다른 대제사장들이 공유하는 또 다른 유사성이 있다. 대제사장들은 모두 "속죄하는" 제물을 드린다. 저자는 서신의 첫 문장에서 아들이 죄를 정결케 하셨다고 선포한다.1:3 따라서 히브리서 저자에게 죄는 분명 사람을 부정하게 만드는 것이다. 죄는 하나님과 하나님의 백성 사이를 갈라놓기 때문에 반드시 속량되어야 한다.2:17에 대한 논의 참조 더욱이 죄는 사람을 유혹하여 넘어지게 만든다.3:13 히브리서의 사고 체계에서 죄의 실재와 그에 대해 반드시 어떤 조치를 취해야 한다는 필요성은 자명한 전제다.

죄로 인해 파괴된 현실 속에서도 다행히 제사장은 미혹된 사람들에게 은혜를 베풀 수 있다. 제사장은 "능히 용납할 수 있다."μετριοπαθέω, 5:2 이 단어는 저자가 4:15에서 예수의 행위를 묘사할 때 사용한 '동정하다'συμπαθέω와는 다른 표현이다. 저자는 이처럼 유사하지만 다른 단어들을 이어 사용함으로써 두 대상의 차이를 부각시킨다.[5] 제사장은 "무식하고 미혹된 자"에 대한 분노를 누그러뜨리고 그런 이들을 받아들일 수 있다. '무식하다'는 말은 잘못을 저지르면서도 그 사실을 알지 못한다는 뜻이다.행 17:30 율법은 이런 경우도 죄의 범주에 포함시키며, 이를 속죄하기 위해 제사를 드리도록 규정한다.레 4:13; 5:18; 22:14

또한 저자는 '미혹되다'라는 표현을 설명하기 위해 '방랑'을 뜻하는 단어를 사용한다.히 11:38. 개역개정은 "유리하였느니라"—옮긴이 이는 앞으로 나아가는 데 초점을 둔 이 설교에 잘 어울리는 이미지다. 죄에 빠진 사람은 이스라엘 백성이 그랬듯이3:10 길을 잃고 떠돌게 된다. '무식함'은 의도하지 않은 죄를 포함하지만, '미혹됨'은 악한 의도에 휘둘려 스스로 선택한 죄를 가리킨다. 어떤 사람이 스스로 미혹되어 불순종에 빠지고, 특히 하나님께서 정하신 길에서 벗어나 다른 길을 택한다면신 11:28 그에게는 분명 책임이 따른다. 이러한 죄를 위해서도 제사장은 제물을 드려야 했다.

인간 대제사장이 다른 사람에 대한 분노를 누그러뜨릴 수 있는 까닭은 "자기도 연약에 휩싸여 있기"5:2 때문이다. 다시 말해 그 자신도 종종 같은 잘못을 범하기 때문이다. 공통된 경험은 단순히 거리를 둔 온건함이 아니라 실제적인 동정심을 낳는다. 그러나 대제사장은 연약한 인간이자 자신의 죄성으로 괴로워하는 존재이기에, 다른 사람에게 온전히 공감하기는 어렵다. 이에 반해 예수는 유혹을 경험했을 뿐 아니라 그 유혹을 끝내 이겨 내셨다.4:15 그러므로 예수는 어떤 이기심에도 얽매이지 않고 온전히 공감할 수 있는 탁월한 능력을 지니신다. 저자는 인간 대제사장 안에 있는 죄성 때문에, 그들이 "백성을 위하여 속죄제를 드림과 같이 또한 자신을 위하여도 드리는 것이 마땅하다"^{5:3}고 지적한다. 이 과정은 레위기에서도 확인된다. "모세가 또 아론에게 이르되 너는 제단에 나아가 네 속죄제와 네 번제를 드려서 너를 위하여, 백성을 위하여 속죄하고 또 백성의 예물을 드려서 그들을 위하여 속죄하되 여호와의 명령대로 하라."^{레 9:7} 이것이 바로 예수와 다른 대제사장들 사이의 또 다른 중요한 차이다.^{7:27 참조} 예수는 죄가 전혀 없으시기에 자기 죄를 위해 제사를 드릴 필요가 없었다.

다른 한편, 저스틴 더프는 예수께서 입으신 몸의 성격을 다룬 그리스도론 논의[6]에서 이 구절을 예수에게도 적용할 수 있다고 주장했다. 예수는 도덕적 죄는 없으나 타락한 몸을 입어 "육체적 죄"를 취하셨으며, 따라서 그분도 자기 몸을 위한 제물을 드리게 되었다는 것이다.[7] 이 문단에서 히브리서 저자가 예수와 다른 대제사장들 사이의 연결 고리를 밝히고 있다는 점에서 이 해석은 상당히 설득력 있다. 더 중요하게, 이 해석은 타락 이후에 생겨난 인간의 조건 속으로 아들이 기꺼이 들어온 일의 깊은 의미를 밝혀 준다. 이처럼 그분이 품으신 은혜는 심오하다.[8]

마지막으로, 저자는 "이 존귀는 아무도 스스로 취하지 못하고"^{λαμβάνω, 5:4a}라고 말한다. 이는 1절에서 하나님께서 대제사장을 "택하셨다"^{λαμβάνω}고 말한 것과 대조된다. 대제사장의 직무는 그 스스로 차지한 것이 아니라, 하나님께서 택하시고 부르신 것에 응답하여 맡게 된 역할이다. 즉 대제사장은 "아론과 같이 하나님의 부르심을 받은 자"^{5:4b}이다. 이 거룩한 직무는 아론에게서 구체적인 형태로 시작되었다. 모세의 대변자로 택함 받은 아론^{출 4장}은 하나님께서 지명하신 첫 대제사장이 되었으며,^{출 28장} 그의 후손들도 그 직무를 이어받았다.^{출 28:39}

1세기 독자들은 얼마 전에 있었던 사건, 곧 야손과 메넬라우스가 이스라엘 대제사장직을 얻기 위해 안티오쿠스 에피파네스에게 뇌물을 바친 일을 기억했을 것이다. 그 사건은 저자가 여기서 말하는 교훈과 정반대였다. 비록 이 서신의 첫 수신자들이 그 사건을 알지 못했더라도, 본문의 요점은 분명하다. 제사장직은 스스로 원한다고 가질 수 있는 것이 아니라, 하나님께서 세우셔야만 맡을 수 있다는 것이다. 이스라엘에서 제사장으로 부름받는 것은 오늘날 성직자가 개인적으로 소명을 받는 것과는 달랐다. 그것은 특정 가문의 계보를 통해 이루어졌다. 아론의 아들들과 그 후손들이 택함받은 것도 선조 아론이 최초로 부름받았기 때문이다.

히브리서 7:3에서 저자는 예수가 속한 계보의 특징을 자세히 논한다. 예수를 따라 거룩한 곳에 들어가도록 허락받은 사람들은, 그 집의 맏형이며 그들을 가리켜 "자녀"2:13라 부르시는 분과 연결됨으로써 하나님을 섬기는 일에 동참한다. 결국 아론 계열에 속한 제사장이든 그리스도를 따르는 제사장이든, 그 직분은 스스로 선택하는 것이 아니라 그들이 속한 '가족'을 통해 하나님께 택함받는 것이다.

간단히 말해 히브리서 5:1 – 4은 그리스도에게도 적용되지만, 다른 제사장들에게 적용되는 방식과는 다르다. 그리스도 역시 사람들 가운데서 택함받아 하나님 앞에서 다른 이들을 대표하도록 임명되었다. 그러나 단순한 인간으로서 그렇게 된 것은 아니다. 그분도 속죄 제물을 드렸지만, 제사장들이 드리는 것과는 성격이 달랐다. 히브리서 저자는 그리스도가 자기를 위해 제물을 드렸다고 보는데, 그것은 그분이 죄를 지었기 때문이 아니라 타락한 인간 본성의 연약함을 끌어안았기 때문이다. 다른 제사장들과 마찬가지로 그리스도 역시 스스로 영예를 차지하지 않고 하나님께 부름을 받았다. 그러나 그분은 하나님과의 비할 데 없는 관계 속에서 부름을 받았다. 이것이 곧 이어지는 인용문5:5 – 6의 핵심이다.

5절은 "또한 이와 같이 그리스도께서"라는 말로 시작한다. 아론과 그 아들들이 스스로 영광을 취하지 않았듯이, 메시아인 예수도 그러지 않으셨다. 저자가 이 표현을 선택한 방식에는 몇 가지 의도가 담겨 있다. 그는 설교의 특정 부분에서 예수를 가리켜 다양한 칭호를 사용한다. 아들이라 부르기도 하고 예수라 부르기도 하며, 여기서는 "기름 부음 받은 자” 곧 메시아라 부른다. 구약성경에서 제사장과 왕은 모두 “기름 부음 받은 자”라고 불렸다.[레 21:10; 시 2:2] 아들은 두 역할 모두를 맡은 이로 하나님께 택함받았다. 왕과 제사장 직분의 결합이라는 주제는 결국 고대의 제사장이자 왕이었던 멜기세덱에 대한 논의로 이어진다.

저자는 멜기세덱 논의로 넘어가기 전에 메시아에 관한 중요한 진리를 밝힌다. 다른 신실한 대제사장들과 마찬가지로 메시아는 스스로 대제사장이 되기로 작정한 것이 아니라 하나님께 부름을 받았다. 헬라 제국 시대에 불의한 대제사장들은 뇌물과 권력으로 직분을 차지했으나, 그리스도는 그런 방식으로 영광을 얻지 않으셨다. 또한 자기를 영화롭게 하려고 대제사장이 되신 것도 아니다. 히브리서 저자가 보여주듯이, 그리스도가 대제사장이 되는 길은 영광이 아니라 고난과 수치와 죽음으로 점철되어 있었다. 그분은 그 길을 거쳐야 했다. 그러나 바로 그 과정을 통과한 뒤, 하나님은 그분을 부활과 승천으로 높이시고 영화롭게 하셨다. 그분은 하나님께서 다스리는 일을 맡기신 첫 인간 대표자로 섬김으로써 영광에 이른 것이다.[2:7, 9]

이 진술은 설교의 서두를 떠올리게 한다. 하나님 아버지는 영광의 원천이시며, 아들은 그 영광의 광채이시다.[1:3] 히브리서의 다른 대목에서도 같은 논지가 반복된다.[3:3; 13:21] 하나님은 인성을 입은 아들을 대제사장으로 세우시고 영화롭게 하셨으며, 영원토록 아들의 몫이던 영광을 인간의 몸을 입은 아들에게 주셨다.

하나님 아버지는 아들을 영화롭게 하셨고, 저자는 그 부르심을 하나님 자신의 말씀으로 제시한다. 그는 아버지께서 말씀으로 메시아를 대제사장으로 지명하신 사실을 밝히기 위해 시편 110편[5:6]을 인용한다. 그러나 그보다 먼저 청중에게 아버지께서 아들에게 하신 말씀을 상기시킨다. “너는 내 아들이라. 오늘 내가 너를 낳았도다.”[시 2:7; 5:5] 이 구절은 이미 1:5에서도 인용된 바 있다. 저자는 하나님과 제사장의 관계를 다루기 전에 다시 아버지와 아들의 관계를 상기시킨다. 따라서 아들과 제사장은 서로 다른 기능을 맡는 순차적인 역할이 아니라 하나의 인격 안에서 동시에 드러나는 실재다. 대제사장인 분이 곧 하나님의 아들이시다. 설교 서두에서 저자는 아들의 영원하고 영광스러운 신적 지위, 곧 그분이 창조자이자 상속자라는 사실을 밝힌 바 있다.[1:2. 거기서 설명한 아들의 유산 상속의 신적·인간적 의미 참조] 이제 그는 이 모든 신적 지위를 제사장으로 임명된 그분께 적용한다. 이어지는 몇 장에서 저자는 아들의 제사장직이 다른 모든 제사장직보다 뛰어남을 논증할 것이다. 이는 긴 논증에서 첫 단계에 불과하다.

아들과 하나님의 비길 데 없는 관계 때문에, 아들은 궁극적이고 최종적인 대제사장이 될 수 있다. 여기서 저자가 강조하는 것은 단순히 아들의 영원한 본성이 아니다. 이 대제사장은 아버지에게서 영광의 광채로 나오신 영원한 아들이며, 동시에 인성을 입고 인간이 되신 분이다. 화해를 이루시는 하나님의 뜻을 따라 아들이 인간이 되어 살고 죽음으로써, 그분은 궁극적이고 최종적인 대제사장으로 섬길 수 있게 되었다.

달리 말해 하나님의 아들이라는 신분은 곧 그분의 신성을 의미하며, 이 신성 때문에 그분의 제사장직은 우월성을 지닌다. 그러나 여기서 확인되는 사실은 이것 하나만이 아니다. 그리스도가 하나님의 아들이시라는 말에는, 그분이 인간이 되셨다는 사실과 만물의 정당한 상속자로서 하나님 우편에 앉으셨다는 사실(1:2에서 언급하고 2장에서 논증한 바 있다)이 함께 포함된다. 1장에서 저자는 하나님이자 인간이신 아들이 부활하여 높이 오르실 때, 하나님께서 "너는 내 아들이라. 오늘 내가 너를 낳았도다"[1:5]라고 말씀하셨다고 증언했다. 이제 5장에서 저자는 그 구절을 다시 인용하는데, 이번에는 시점 자체보다는 다음 두 가지 사실을 강조한다. 첫째, 메시아와 하나님의 관계는 그분의 제사장직을 더 뛰어나게 만든다. 둘째, 메시아와 인간의 관계는 그분의 제사장직을 가능하게 만든다.

아들과 하나님 사이의 독특한 관계를 바탕으로 아들의 제사장직을 이해할 때, 우리는 아들의 제사장 사역을 받으시는 하나님을 올바르게 볼 수 있다. 엘리자베스 런들 찰스는 이렇게 말한다. 예수는 "제사장이자 희생 제물이기도 하지만, 무엇보다도 먼저 아들로 보아야 한다. 그렇지 않으면 희생 제물을 화해를 이루는 사랑의 선물이 아니라, 냉정하고 진노한 권세자에게 바치는 제물로 오해할 수 있기 때문이다. 또한 제사장을 주저하며 방황하는 이들을 찾으시는 아버지에게서 보냄받은 분으로 보기보다, 망설이는 신에게 억지로 용서를 쥐어 내는 분으로 잘못 생각할 수 있기 때문이다."[9]

아버지께서 시편 2:7에서 아들에게 말씀하신 데 이어, 이번에는 시편 110편을 통해 다시 말씀하신다. 히브리서 저자는 두 인용문 모두를 하나님께서 메시아에게 직접 말씀하시는 형식으로 제시한다. 신약성경 저자들은 시편 110:1을 여러 차례 인용한다.[10] 히브리서의 독특한 점은 이 저자만이 시편 110편을 단순히 1절까지만 인용하지 않고, 계속해서 읽어 내려간다는 것이다. 그는 명시적으로 이 시편의 4절을 인용하여 메시아의 인격과 사역을 이해하는 데 결정적인 본문을 제시한다. "네가 영원히 멜기세덱의 반차를 따르는 제사장이라."[히 5:6] 하나님 아버지는 아들을 멜기세덱 계열에 속하는 영원한 제사장으로 세우셨다. 아들의 보좌가 영원한 것처럼[히 1:8] 그분의 제사장직도 영원하다. 아들은 멜기세덱의 반차를 따라 영원히 제사장으로 섬기신다.

이 구절은 히브리서에서 제사장-왕을 처음 언급하는 부분이며, 저자는 7장에 이르러서야 이 주제를 본격적으로 다룬다. 7장에서 그는 창세기 14장을 근거로 멜기세덱의 반차의 의미를 구체적으로 설명한다. 그러나 지금은 시편을 인용하여, 예수께서 이 마지막 날들에[1:2] 제사장직을 수행하셨지만 그 직분의 기원은 최소한 다윗 시대까지 거슬러 올라간다고 밝힌다. 이는 아들의 자격이 승천으로 새롭게 선언된 것이 아니라, 오래전 하나님께서 다윗을 통해 이미 선포하셨던 계획임을 다시 확인하는 것이다. 7장에서 더 분명히 설명하겠지만, 아들의 제사장직은 사실 아브라함 시대의 멜기세덱을 원형으로 한다. 다시 말해 예수의 제사장직은 새로운 주장이 아니라, 아브라함 시대로부터 이어져 온 하나님의 오랜 계획이다.

또한 저자는 예수가 대제사장이심을 일찍이 주장했지만,[2:17; 3:1; 4:14 – 15] 시편 110편은 단지 수신자가 제사장이 되리라는 사실만 언급한다는 점에 주목한다. 이후 본문(여기서 저자는 예수에 대해 제사장과 대제사장이라는 칭호를 모두 사용한다)에서 드러나듯이, 저자는 하나님께서 아들을 영원한 제사장으로 세우셨다는 말씀을 곧 영원한 대제사장직[5:10]에 임명하셨다는 말씀으로 이해한다.

시편에서 언급된, 그리고 그보다 훨씬 전에 계획된 영원한 제사장직의 약속은 아들이 성육신하기 전까지 실현되지 않았다. 저자는 아버지가 아들을 부르셨다는 사실을 확인한 뒤, 예수의 삶의 한 장면을 조명한다. "육체에 계실 때에"[5:7] 예수는 곡식이나 짐승을 제물로 바친 것이 아니라, 자신의 통곡과 눈물을 "간구와 소원"이라는 그릇에 담아 드렸다.

저자는 신약성경에서 흔히 '기도'를 가리키는 일반적인 표현 '데에시스'[δέησις, 간구]와 단 한 번 등장하는 '소원'이라는 뜻의 '히케테리아'[ἱκετηρία]를 함께 사용하여 이 장면의 강렬함을 드러낸다. 주석가들은 이 구절이 예수의 삶에서 어떤 순간을 가리키는지 밝히고자 했다. 겟세마네 동산의 기도나 십자가 사건, 심지어 광야 시험 장면을 떠올리는 이들도 있었다. 특히 여기에 쓰인 표현들(통곡과 눈물, 간구, 소원)은 모두 복수형으로, 이는 예수의 삶에서 그처럼 강렬한 기도의 순간이 여러 번 있었음을 보여 준다. 간절한 기도는 예수께서 육신으로 사셨던 삶 전반에 나타나는 특징이다.[11] 예수는 자신을 죽음에서 구원할 수 있는 분인 영원하신 아버지께 여러 차례 부르짖었다. 제사장인 아들은 마귀가 죽음의 권세로 지배하는 영역에 들어갈 때,[2:14] 아버지께서 생명의 권세로 죽음을 다스리신다는 사실을 잊지 않았다. 그렇기에 아들은 기도로 아버지께 부르짖었다.

아버지는 아들의 기도를 들으셨다. "그의 경건하심으로 말미암아 들으심을 얻었느니라."[5:7] 주석가들은 7절의 이 마지막 구절을 "그가 들으심을 얻고 또 [죽음의] 두려움에서 구원받았다"라고 번역할 수 있는지를 두고 논쟁을 벌였다.[12] 이 번역은 두 가지 점에서 적절하지 않다. 첫째, 인간의 조건 속으로 완전히 들어오신 아들은 죽음의 두려움에 기꺼이 뛰어들었다. 그분께 죽음은 결코 가벼운 문제가 아니었다. 앞서 살펴본 표현들은 그분이 죽음을 피하려 할 때 겪으셨던 극심한 고통과 두려움을 보여준다. 아들은 죽음을 두려워하고 비통해하셨다. 둘째, 그럼에도 아들은 더욱 하나님을 경외하셨다. 아버지를 전적으로 의지하고 신뢰했기에, 하나님의 주권 앞에서 죽음은 피해야 할 대상이 아님을 아셨던 것이다. 따라서 이 구절을 단순히 죽음으로부터의 구원으로 보는 해석은 옳지 않다. 그분은 죽음을 회피한 것이 아니라 철저히 죽음 속으로 들어가셨으며, 부활함으로써 죽음을 이기셨다. 하나님을 생명의 하나님으로 신뢰하는 믿음이 죽음을 뚫고 나가는 능력이 되었다.

히브리서 저자는 이러한 과정을 거친 예수를 두고 "그가⋯⋯배워서"[5:8]라고 말한다. 이는 예수의 지혜가 자라났다고 말하는 누가복음의 설명[눅 2:52]과도 일치한다. 여기서 배움은 시행착오나 죄로 인한 실수가 아니다. 저자는 예수께서 결코 죄 가운데 행하지 않으셨다고 분명히 밝히기 때문이다.[히 4:15] 바로 이어지는 "순종함을 배워서"라는 구절을 보면, 그분이 어떤 방식으로 배웠는지가 드러난다. 아들은 고난 가운데서도 순종하며, 하나님의 구원 계획에 자신을 기꺼이 내어 맡기셨다.[2:14; 10:7 참조] 그렇게 해서 아들은 인간의 몸을 입고 순종하는 것이 무엇인지 몸소 배우셨다.

복수형 관계대명사 '혼'[ὧν, 어떤 일들로부터]은 이 순종이 단회적 사건이 아니라 삶 전체에서 반복된 행위임을 보여준다. 아들은 살아가면서 쉽지 않은 순간마다 순종을 택하셨고, 그렇게 쌓인 순종의 습관으로 성품을 다듬으셨다. 그 결과 마지막 십자가의 순간에도 기꺼이 순종하실 수 있었다. 이처럼 반복된 순종을 통해 길러진 성품은 저자가 청중에게 심어 주려 했던 미덕이며,[5:13 – 14] 본문에서 예수는 그 모범으로 제시된다.

아들이 순종을 배우는 것은 인간으로서 당연한 의무다. 12:5 – 11에서 저자는 잠언 3:11 – 12을 인용하여 이 점을 일반적이고 폭넓은 전통에 근거해 논한다. 아들은 인간이 되셨으며, 그런 까닭에 인간이라면 누구나 겪는 체험적 학습 과정을, 특히 고난을 통해서까지 기꺼이 경험하셨다.

그러나 저자는 8절에서 독자들에게 하나님의 아들은 다르다는 사실을 상기시킨다. 이 구절은 "그가 아들이시면서도"라는 말로 시작한다. 1장에서 아들을 가리켜 말한 모든 내용이 여기에도 그대로 적용된다. 아들은 모든 것을 상속받을 자격이 있으며, 하나님의 현현으로서 영원하신 분이고 창조자이시며 예배받으실 분이다. 즉 그분은 하나님이시다. 이것이 이 본문이 강조하는 핵심이다. 아들은 하나님으로서 만물 위에 계신다.[1:2 – 3] 그렇기에 '배우다'라는 개념은 본래 하나님의 존재와 어울리지 않는다. 더욱이 하나님이신 아들이 "순종"을 배운다는 것도 쉽게 납득하기 어렵다. 아버지와 영원한 아들은 의지를 하나로 공유하시므로, 어느 한 분이 다른 분에게 순종한다는 것은 본래 가능하지 않기 때문이다.[13] 마지막으로, 하나님께서 "고난과 죽음을 통해" 순종을 배운다는 것은 분명 모순처럼 보인다. 거룩하시고 살아 계신 하나님께는 그런 일이 불가능하기 때문이다. 그러나 이 간결하면서도 힘 있는 문단은 교회가 그리스도론을 세우는 데 중요한 성경적 자원으로 사용되어 왔다. 지고의 창조자이신 하나님은 배우실 필요가 없고, 죽음을 통해 순종을 배우신다는 것도 이해하기 어렵다. 그럼에도 하나님의 아들은 배우셨다.

저자는 이 일이 "육체에 계실 때에"[7절] 일어났다고 증언한다. 이어서 8절을 이끄는 "비록……일지라도"[개역개정은 "그가 아들이시면서도"―옮긴이]는 1장에서 강조했던 '영원하시면서도 인간이 되신 아들'이라는 단일한 인격을 다시 상기시킨다. 아들은 육신을 입었을 때도 본래의 신적 속성을 잃지 않았다. 그분은 인간으로서의 경험을 하나님의 존재 안에 통합했다. 거룩하고 영원하신 아들이면서도, 인간으로서 고난을 겪으며 순종을 배우셨다. 하나님으로서는 얻을 수 없는 지식을 인간으로서 배우신 것이다. 따라서 저자는 세상을 창조하기 전 하나님과 함께 다스리던 아들이, 기꺼이 고난을 겪으시고 그 과정을 통해 순종을 배우셨다고 주장한다. 배우셨다는 사실 자체가 믿기 어려울 만큼 놀라운 은혜다. 부족함이 없고 지극히 높으신 하나님께서 기꺼이 배우셨다는 것은, 그분이 인간을 위해 얼마나 낮아지셨는지 보여주는 가장 큰 은혜의 표지다.

이 단락은 예수께서 하늘에 계시는 '연민'συμπαθέω 깊은 대제사장이라는 저자의 주장에서 시작되었다. 그분이 연민이 깊은 이유는 순종하기를 배우는 과정을 경험하고 완수하셨기 때문이다. 만일 다른(그리고 인간에 불과한) 이가 그렇게 했더라면, 그것은 용기를 북돋우는 본보기가 되었을 것이다. 하지만 하나님의 영원한 아들은 이런 경험을 통해 연민을 품게 되셨으며, 그렇기에 그분은 함께 고난을 겪는 참된 연민이 삼위일체 하나님의 바람이라는 사실을 보여준다. 독자들은 인간의 삶을 사신 영원한 아들을 통해 은혜의 보좌 앞으로 담대히 나아갈 수 있다. 그들은 하나님께서 친히 인간의 조건을 "안으로부터" 이해하고 변화시키기 원하셨다는 사실을 알기 때문이다. 그들은 거룩한 대제사장이 도우시므로 아들의 근원이신 아버지께 나아갈 수 있음을 안다. 이 대제사장은 그들 가운데 계시면서, 하나님의 거룩하고 겸손하고 자비로우며 인간을 부르시는 본성을 계시하신 분이다. 예수를 따르는 사람은 누구나 이 은혜로운 하나님께 믿음을 고백하면서 그분 앞으로 나아간다.

아들이 경험한 배움의 과정은, 그분이 어떤 의미에서 "온전하다"5:9고 말할 수 있는지 보여준다. 여기서 배움은 불완전한 상태에서 벗어나는 과정이 아니라 이미 의도한 것을 완수하는 과정이다. 아들은 육신을 입고 이 땅을 살아갈 때 끝까지 순종하심으로써 하나님의 뜻을 완수해 냈다. 그 결과 그분은 죄를 해결한 완전한 대제사장이자, 죽음의 굴레에서 유산을 되찾은 완전한 상속자가 되셨다.[2:14-15] 그분은 이렇게 완전한 제사장이자 왕으로서 하나님의 현존 안에 거하신다. 그분이 이 일을 자기를 위해 하실 필요는 없었다. 하나님이신 그분은 본래부터 아버지 하나님과 영원토록 함께하셨기 때문이다. 그러나 다른 이들을 위해, 곧 그들이 하나님과 함께 거할 길을 열기 위해 이 과정을 기꺼이 감당하셨다.

저자는 그 대상이 누구인지 분명히 밝히며, "자기(아들)에게 순종하는 모든 자"[5:9]라고 부른다. 아들이 '순종'[ὑπακοή, 5:8]을 행하셨듯이, 그분께 '순종하는'[ὑπακούω] 이들은 그분과 하나가 된다. 그럴 때 아들은 그들에게 "영원한 구원의 근원"이 되신다. 즉 아들은 하나님과 함께 거하는 자리로 사람들을 이끌어 영원한 구원을 누리게 하신다. 그분은 구원의 길을 열었을 뿐 아니라, 어떻게 그 길에 도달할지 보여주는 본보기가 되셨다. 그분은 영원토록 죄를 정결케 하는 제물로 자기를 드림으로써[1:3] 이 일을 이루셨다.

아들은 "멜기세덱의 반차를 따른 대제사장"[5:10]이라는 소명을 성취하셨다. 저자는 나중에 멜기세덱의 반차의 위엄을 자세히 다루겠지만, 여기서는 아들이 그 반차에 속하게 된 과정, 곧 고난과 배움에 초점을 맞춘다. 이 반차에 속한 제사장이 된다는 것은 제사장이 대표하는 사람들에게 연민을 가진다는 뜻이다. 저자는 공동체가 광야에서 믿음으로 인내하도록 격려하며, 예수도 유혹이라는 광야를 통과하셨음을 상기시킨다. 그러나 광야 유랑 세대와 달리 예수는 매 순간, 심지어 죽음 앞에서도 죽음을 이기는 생명의 권세를 지닌 하나님만을 의지하셨다.

저자는 예수께서 하나님께 제물을 드리고 기도하는 제사장 직무를 행하셨을 뿐 아니라, 자신의 독특한 제사장직을 더욱 효과적이고 연민 어린 방식으로 성취하셨음을 강조한다. 그리고 잠시 멈춰 청중을 향해 예수께서 고난을 통해 배우신 것처럼 그들도 같은 길을 따르라고 권면한다.

견고한 닻

소설의 한 장이나 드라마의 한 회가 긴장이 최고조에 이르렀을 때 갑자기 끝나는 것처럼, 히브리서도 멜기세덱의 반차를 따르는 예수의 제사장 직^{5:10} 논증을 중단하고 두 번째로 긴 권면^{5:11-6:20}에 들어간다. 저자는 멜기세덱에 관해 할 말이 많지만, 청중이 준비되어 있지 않아서 이후 7장에서 다시 말을 이어 간다. 그렇다고 해서 지금 청중을 포기하는 것은 아니다. 오히려 그들의 미성숙함^{5:11-12}을 정확히 지적하고, 앞으로 나아가야 할 비전을 제시한다. 그것은 분별력을 갖춘 성숙함이다.^{5:14; 6:15} 이 분별력은 신뢰에 뿌리를 두고 있으며, 바로 이것이 저자가 3장에서부터 시작된 권면을 통해 청중에게 길러 주려 했던 덕목이기도 하다. 따라서 5:11-14은 앞선 제사장직에 대한 성찰과 긴밀히 연결된다. 청중은 예수의 제사장직을 올바로 이해하기 위해 먼저 이 권면을 받아들여야 한다.

청중을 올바른 방향으로 이끌기 위해 저자는 먼저 그들의 출발점을 상기시킨다. 6장은 논쟁이 많은 본문인데, 그 이유는 시작 부분에 있다. 1-2절의 '초보적 원리' 목록은 유대교적일 수도, 기독교적일 수도 있고 혹은 일반적인 종교적 가르침일 수도 있다. 그러나 공동체가 어떤 시험을 겪든 핵심 메시지는 동일하다. 즉 믿음 안에서 인내하라는 것이다. 저자는 외견상 신실함과 관련된 행위와 사건을 나열한 뒤, 그리스도 안에서 드러난 하나님의 계시로부터 돌아서는 것이 얼마나 심각한 일인지 강력하게 경고한다.^{6:4-8} 거부의 죄는 아들을 통해 주어진 하나님의 선물에 비춰 볼 때 극악한 것이다. 구원에 이르는 다른 길은 존재하지 않는다. 경고의 마지막 부분에 제시된 자연 은유는 모든 것이 하나님의 손에 달려 있음을 분명하게 상기시킨다.[6:7-8]

경고의 강렬함 때문에, 이 시점에 분명 청중은 긴장하며 귀를 기울이고 있었을 것이다. 그렇기에 저자는 곧바로 따뜻한 격려의 말을 건넨다.[6:9-10] 그는 애정 어린 호칭으로 그들을 부르고 그들의 사랑의 행위를 언급하며, 그것이 구원의 증거라고 말한다. 그들은 아직 하나님의 심판에 이르는 선을 넘지 않았다. 이 좋은 소식에 비추어 그들은 지금의 미성숙함을 더욱 진지하게 받아들이고, 거기서 벗어나 아브라함이 보여준 깊은 믿음을 본받아야 한다.[6:11-12]

창세기에 기록된 아브라함의 삶은 그들이 성숙을 향해 자라 가면서 길러야 할 신실한 덕목이 무엇인지 분명히 보여준다.[6:13-15] 그에게 베풀어진 하나님의 은혜는 모든 언약 상속자에게 주어지는 은혜이며, 동시에 그것을 전달하는 수단이 된다. 하나님은 결코 변할 수 없는 그분의 뜻을 보이기 위해 아브라함과 그의 후손들에게 맹세하셨다.[6:16-17]

앞에서 날카로운 경고로 가득했던 이 단락은, 마지막에 이르러 말로 표현하기 어려울 만큼 강력한 소망으로 끝난다.[6:18-20] 저자는 움직이는 닻이라는 독특한 이미지를 사용해 이를 묘사하지만,[6:19] 결국 그들의 소망을 붙잡아 매는 끈은 예수라는 사실을 분명히 한다. 예수는 그들보다 앞서 가셨고, 지금은 대제사장으로 섬기고 계신 분이다.[6:20] 신실한 교사인 저자는 이 권면 단락을 통해 청중을 겸손하게 하면서도 격려한다. 그리고 마침내 예수의 독특한 제사장직 안에서 성취된 옛 약속들을 배울 준비를 갖추게 한다.

5:11 – 6:3 성숙한 믿음

11[멜기세덱]에 관하여는 우리가 할 말이 많으나 너희가 듣는 것이 둔하므로 설명하기

어려우니라. **¹²**때가 오래되었으므로 너희가 마땅히 선생이 되었을 터인데 너희가 다시 하나님의 말씀의 초보에 대하여 누구에게서 가르침을 받아야 할 처지이니 단단한 음식은 못 먹고 젖이나 먹어야 할 자가 되었도다. **¹³**이는 젖을 먹는 자마다 어린아이니 의의 말씀을 경험하지 못한 자요 **¹⁴**단단한 음식은 장성한 자의 것이니 그들은 지각을 사용함으로 연단을 받아 선악을 분별하는 자들이니라. **6:1**그러므로 우리가 그리스도의 도의 초보를 버리고 죽은 행실을 회개함과 하나님께 대한 신앙과 **²**세례들과 안수와 죽은 자의 부활과 영원한 심판에 관한 교훈의 터를 다시 닦지 말고 완전한 데로 나아갈지니라. **³**하나님께서 허락하시면 우리가 이것을 하리라.

11절의 서두에서 저자가 무엇을 가리키는지는 분명하지 않다. 전치사구 '페리 우'περὶ οὗ에 걸리는 관계대명사가 중성일 수도 남성일 수도 있으므로, "그것에 관하여는" 혹은 "그에 관하여는"으로 번역할 수 있다. 그렇다면 주제는 무엇인가? 제사장 직분인가, 멜기세덱인가, 아니면 예수라는 인물인가? 하나로 확정하기는 어렵다. 이 시점에서 설교가 다루는 주제들이 모두 긴밀히 연결되어 있기 때문이다. 따라서 나는 "이에 관하여는"이라는 번역을 택하고자 한다.

예수께서 멜기세덱의 반차를 따라 수행하시는 제사장 직분에 관해서는, 저자의 고백대로 "우리가 할 말이 많으나 설명하기 어렵다." 이 어려움은 단순히 주제 자체가 중요하고 이해하기 쉽지 않아서만이 아니다. 그것은 저자가 말하기에도, 또 회중이 듣기에도 무겁고 도전적인 문제이기 때문이다.

소통의 어려움은 듣는 공동체가 제대로 듣지 않기 때문에 발생한다. 말하기가 힘든 이유는, 저자가 언급했듯이 "너희가 듣는 것이 둔하기" 때문이다. 이는 서신에서 처음으로 등장하는 공동체에 대한 직접적인 비판이다. 이전까지 그는 "우리가 흘러 떠내려가지 않도록",**2:1** "혹 너희 중에 누가 믿지 아니하는 악한 마음을 품고"**3:12** 등처럼 가능성을 우려하는 정도로 경고했을 뿐이다. 그러나 이제 문제가 현실이 되었고, 공동체가 듣는 데 둔해졌기에 저자의 어조도 한층 직설적으로 바뀐다.

앞에서 "오늘 너희가 그의 음성을 듣거든"[3:7, 15; 4:7]이라는 말씀을 들어, 두 장에 걸쳐 들음의 중요성을 강조한 뒤에 이어지는 이 질책은 더욱 통렬하다. 그럼에도 저자는 희망을 완전히 거두지 않는다. 지금은 듣는 데 둔하지만(이 표현에는 게으름의 뉘앙스가 담겨 있다),[잠 22:29; 집회서 4:29; 11:12 참조] 아직 귀가 완전히 막힌 것은 아니다. 저자는 여전히 권면을 시도할 가치가 있다고 본다. 실제로 그는 이 권면 단락을 6:12에서 같은 단어("게으르지")로 끝맺으며, 거기서는 좀 더 격려하는 어조로 공동체가 게으르지 않기를 바란다고 말한다. 결국 저자는 그들이 지금의 둔한 상태에서 벗어날 수 있다고 확신한다.

몇몇 주석가들은 6:12과의 대조를 고려하여, 5:11의 진술을 단순한 수사적 장치로 간주한다. 즉 청중을 약간 비난하여 방어적으로 만든 뒤, 실제로는 그렇지 않음을 증명하려는 의도가 있다는 것이다. 그러나 자주 보여주듯이 저자는 공동체에 관한 사실을 진술하고 그것을 자기 바람과 대조시키는 경우가 많다. 따라서 이 구절은 단순히 수사적 장치라고 보기 어렵다. 오히려 저자는 공동체 안에서 실제로 드러나는 문제를 지적하면서도, 동시에 특정한 반응을 이끌어 내고자 그렇게 진술한다. 무엇보다 그들을 무능하다고 여기지 않기 때문에 이 시점에서 설교를 끝내지 않는다.

공동체의 둔함은 성장의 부진에서 분명하게 드러난다. "때가 오래되었으므로 너희가 마땅히 선생이 되었을 터인데……." 이 구절은 그들의 영적 연령을 가리킨다. 그들이 과거에 예수의 제자들로부터 복음을 들은 뒤[2:3] 충분한 시간이 지났으므로, 지금쯤이면 다른 이들을 가르칠 수준에 이르렀어야 했다. 디모데전서를 수신한 공동체에도 새로 입교한 자가 교사가 되어서는 안 된다는 권고가 주어지지만,[딤전 3:6] 구체적인 기간은 제시되지 않는다. 그러나 히브리서에서는 가르치는 능력이 공동체의 일부 구성원이나 특정 직분만의 과제가 아니다. 오히려 모든 수신자가 도달해야 할 이상으로 제시된다. 회심 이후의 시간을 고려하면, 그들은 이제 모두 선생이 되어야 했다.

가르칠 준비가 되어 있기는커녕, 그들은 여전히 "누구에게서 가르침을 받아야 할 처지"에 있다. 저자는 그들의 부족함을 강조하기 위해 여러 겹의 표현을 덧붙인다. 그들은 "하나님의 말씀의 초보에 대하여"^{저자 사역에 따르면 "하나님의 말씀의 초보에 대한 어떤 기본적인 것들"―옮긴이} 다시 가르침을 받을 필요가 있다. 이어서 저자는 그들이 얼마나 미숙한지 드러내기 위해 흔한 비유를 사용한다. 그들은 "단단한 음식은 못 먹고 젖이나 먹어야 할 자가 되었다." 여기서 저자는 "가르침을 받아야 할"과 "젖이나 먹어야 할"이라는 표현을 반복하여 그들의 의존적 상태를 강조한다. 또한 '되었다'라는 동사를 사용해, 시간이 충분히 흘렀음에도 그들이 아직도 초보 단계에 머물러 있음을 지적한다. 즉 듣지 않음으로 인해 그들은 마땅히 있어야 할 위치에 한참 못 미치고 있는 것이다.

이제 저자는 은유를 구체화하여 자신이 초점을 맞추는 '초보'가 무엇인지 밝힌다. "젖을 먹는 자마다……의의 말씀을 경험하지 못한 자요." 그렇다면 그들이 여전히 배워야 할 하나님의 말씀의 초보란 곧 의에 관한 말씀이다. 히브리서 저자는 멜기세덱의 이름을 "의의 왕"으로 번역할 것인데,^{7:2} 의에 대한 경험이 없다면 멜기세덱과 그의 반차를 따라 임명된 제사장-왕, 곧 의로 다스리시는 분^{1:9}에 대해 배울 준비가 되어 있지 않은 셈이다.

저자는 의와 믿음을 연결하는 하박국을 인용하며,^{10:38} 11:4, 7, 33에서 아벨, 노아 등 다른 성경 인물의 이야기를 통해 이 연결을 이어 갈 것이다. 따라서 의에 대한 경험 부족은 믿음 안에서 성숙해야 함을 달리 표현한 것이다. 그들은 자신들이 겪는 고난이 하나님의 주권과 선하심 안에서 이루어지고 있음을 올바로 인식해야 하며, 이를 통해 더 큰 의를 맺으며 성장하게 될 것이다.[12:11] 공동체가 믿음 안에서 의가 부족하다는 저자의 비판은, 서로를 살펴 신실함 가운데 인내하도록 하라는 앞선 권면[히 3~4장]과도 맥을 같이한다.

결국 "의와 믿음을 경험하지 못했다"는 것은 단순히 지식이 부족하다는 말이 아니다. 실제 삶에서 그것을 체험하지 못했다는 말이다. 의의 말씀은 단순히 들어야 할 말씀이 아니라 그 안에서 살아야 할 말씀이다. 그러나 이 말씀을 제대로 듣지 못하면 올바르게 응답할 수도 없다. 따라서 저자는 그들을 "어린아이"라고 부른다. 고대에도 오늘날에도 이것은 칭찬이 아니라 미성숙함을 지적하는 말이다.

성숙함과 미성숙함의 대조는 청중에게 무엇이 부족한지를 한층 분명히 드러낸다. "단단한 음식"은 젖먹이가 아닌 "장성한 자의 것"이다. 장성한 자들은 "지각을 사용함으로 연단을 받아 선악을 분별하는 자들"이다. 저자의 번역에 따르면 "그들은 훈련된 감각을 가지고 있으며, 성숙함으로 말미암아 선과 악을 분별한다." 저자는 청중이 바로 이러한 성숙함을 얻기를 바란다.

여기서 "성숙함으로 말미암아"는 '디아 텐 헥신'[διὰ τὴν ἕξιν]을 옮긴 것이다. 이때 '헥신'은 단순히 '습관'이나 '훈련 과정'이 아니라, 그 결과로서 드러나는 성숙한 상태를 뜻한다. 오래된 역본들은 종종 이를 "습관"으로 옮겼지만, 문맥상 더 적절한 뜻은 '훈련을 통해 이루어진 성숙함'이다.[1] 저자는 그들의 미성숙함이 결국 선과 악을 분별하지 못하게 할까 염려한다. 광야 세대가 그랬던 것처럼, 그들도 두려움에 사로잡힌 열 정탐꾼의 거짓 보고와 믿음의 눈을 가진 두 정탐꾼의 참된 보고를 가려내지 못할 수 있다. 히브리서가 말하는 '의'는 단순한 도덕적 행위가 아니라 올바르게 사는 것이며, 그 올바른 삶은 하나님의 성품에 대한 신뢰에서 비롯된다. 신실했던 믿음의 선진들이 그 길을 몸소 증언

했다.10:38: 11:4, 7, 33: 12:11, 23

이 경고는 3장에서 언급한 우려와 연결된다. 즉 하나님을 신뢰하지 못한 탓에 광야 세대가 불신앙의 길을 택했던 전례를 따를 수 있다는 것이다. 그러나 저자가 택한 교육 방식은 청중을 미성숙함의 죄책감 속에 머물게 두는 것이 아니다. 오히려 그는 청중을 하나님을 더 깊이 신뢰하는 자리로 이끌어 그 근본 원인을 다루고자 한다. 이는 모든 제자도를 위한 본보기다. 문제의 표면만 지적하는 데 멈추지 않고, 그 밑바닥에 있는 왜곡된 하나님 상을을 바로잡으려는 것이다.

어떤 번역을 읽는지에 따라 6장 시작 부분이 5장의 결론과 불협화음을 이루는 것처럼 보일 수도 있다. 앞에서 저자는 청중에게 여전히 초보적인 가르침이 필요하다고 말했다. 더욱이 그들은 아직 젖만 먹는 어린 아이의 상태다.5:12 그런데 여기서는 반대로 그리스도의 도의 초보를 버려야 한다고 말하는 듯하다. 그러나 나는 '아피에미'ἀφίημι를 '온전히 버리다'보다는 '그대로 두다'라는 의미로 해석하는 것이 더 적절하다고 본다. 저자는 "믿음의 기초"τὸν τῆς πίστεως θεμέλιον가 굳건히 남아 있고 강화되기를 원하기 때문이다. 이러할 때 그들은 성숙으로 나아갈 수 있다.[2] 그의 권고는 "그리스도의 도(말씀)의 초보를" 온전히 남겨두라개역개정은 "버리고"—옮긴이는 것이다.

이전 단락에서 말씀은 "하나님의 말씀"5:12이자 "의의 말씀"5:13이었다. 이 병행 구조는 하나님과 메시아의 유사성을 다시 보여준다. 하나의 말씀이 둘 모두와 연결되어 있는 것이다. 동시에 이 말씀은 메시아와 공동체의 관계를 드러낸다. 그들은 메시아가 다스리시는 집의 구성원이며,3:6 그분과 함께 참여한 자들이다.3:14 메시아를 계시하는 하나님의 말씀은 그들이 이미 듣고 받아들인 말씀이다.2:3 이제 필요한 것은 말씀을 새로 듣는 것이 아니라, 들은 바에 주의를 기울이고2:1 확신을 굳게 붙드는 일이다.3:1, 14: 4:14

따라서 이제 그들은 이 기초 위에 서서 "완전한 데로"(성숙으로) 나아가야 한다. 기초를 딛고 더 깊은 덕목을 향해 세워져 가는 이미지는, 이 설교 전체에 흐르는 두 가지 권면, 곧 견고함과 성장을 동시에 보여준다. 지면에 단단히 발을 붙인 역도 선수가 무거운 바벨을 들어 올릴 수 있는 것처럼 견고한 기초가 성장을 가능하게 한다.

여기서 '완전'(성숙)을 뜻하는 '텔레이오테스'^{τελειότης}는 전통적으로 기독교 교리에 대한 이해의 진보로만 해석되어 왔다. 그러나 히브리서가 강조하는 바에 따르면 성숙은 단순한 지식의 확장이 아니다. 그것은 올바른 이해와 함께 신실한 실천, 곧 지식과 행동을 아우르는 성숙이다. 나는 '완전함'이라는 번역에 거부감이 있다. 저자가 상정하는 그리스도인의 삶은 언제나 하나님과의 관계가 더 깊어져 가는 '도상의 삶'이기 때문이다. 이 용어는 여기와 골로새서 3:14에만 나오는데, 후자의 경우 사랑과 긴밀히 연결된다. 하나님과 다른 이들에게 올바르게 응답하는 것은 성숙한 믿음의 증거다. 아기를 대할 때와 달리, 저자는 청중에게 믿음과 지식과 행동, 다시 말해 하나님과 이웃과 자신에 대한 사랑에서 더 자라날 것을 요구한다.

저자는 그들에게 "터를 다시 닦지 말라"고 권면한다. 그는 이 터를 세 가지 쌍으로 설명하는데, 어떤 면에서 보면 순차적인 흐름을 가진다. 첫 단계는 "죽은 행실을 회개함과 하나님에 대한 신앙"이다. 회개란 어느 한 쪽으로부터 돌이켜 다른 쪽을 향하는 것이다. 이러한 행위/믿음 쌍은 바울 서신을 떠올리게 한다. 특히 "죽은 행실"이라는 표현은 주석가들로 하여금 히브리서 독자들이 이방인 출신의 그리스도인 개종자일 것이라고 추측하게 했다. 왜냐하면 저자가 유대인의 행위를 '죽은 것'이라 부르지는 않았을 것이기 때문이다.[3]

그런 다음 저자는 "세례들과 안수"에 대해 언급한다. 이는 보통 최초의 회개와 믿음 이후에 그 믿음의 표현으로서 이어지는 행위다. 여기서

'세례들'이 복수형으로 쓰인 점은 흥미롭다. 기독교는 단 한 번의 세례, 곧 그리스도의 죽음과 부활에 참여함을 나타내는 세례만을 행하기 때문이다. 안수는 치유를 연상시키기도 하지만, 동시에 사역을 위한 기름 부음을 의미하기도 한다.행 13:3; 딤전 5:22 마지막으로, 저자는 종말론적 주제인 "죽은 자의 부활과 영원한 심판"에 대해 언급한다.

이 터에 대한 묘사는 "그리스도의 도(말씀)의 초보"를 구체화하며 그리스도론적 가르침을 가리킨다. 그리스도에 관한 말씀은 그들이 이미 고백한 바3:1; 4:14와 일치한다. 회개와 믿음은 그 고백의 시작을 이룬다. 복수의 세례는 여러 사람이 동시에 받은 세례를 뜻할 수도 있다. 이어지는 "부활과 영원한 심판"은 저자가 다른 그리스도인들과 공유하는 신앙의 중요한 부분으로, 육체의 부활과 그에 따른 심판을 확신함으로써 영원한 삶 속에서 한 사람의 위치가 확정된다는 믿음을 보여준다.고전 15장; 롬 8장; 마 25장 이는 기독교 신앙의 핵심적인 미래 지향이다. 따라서 이 목록이 히브리서 독자들이 기독교 신앙을 처음 받아들일 때 가르치고 경험한 내용을 가리킨다면, 저자는 그들의 기초가 이미 존재하며 그것이 계속 유지되고 강화되어야 함을 강조하고 있다. 그러나 동시에 이런 기초적인 가르침이 그들이 머물러 있을 전부는 아니라고 지적한다.

동시에 이것은 한 번 동의하고 지나쳐 버릴 주제가 아님을 인식할 필요가 있다. 초기의 고백은 지금도 지속적인 믿음을 요구하며, 초기의 회개는 여전히 죄에 대한 단호한 거부를 요구한다. 이 모든 것은 단회적 사건인 동시에 끊임없이 이어지는 실제다. 세례와 안수는 그리스도인의 삶에서 중요한 순간에 일어난다. 세례는 단 한 번, 안수나 치유는 드물게 일어나지만 이 사건들은 오래도록 기억되어야 한다. 새로운 회중이 세례를 받거나 안수를 받을 때마다, 먼저 경험했던 이들은 그 경험을 다시 떠올리도록 권면받는다.

마지막 쌍의 주제 역시 믿음과 연결된다. 그리스도를 고백할 때 그들은 그분이 죽음을 물리치신 이임을 알았고, 그로 인해 죽음의 권세에서 자유를 얻었다.[2:14-15] 또한 그들 자신이 하나님의 심판대 앞에 서야 한다는 사실도 알았다. 그러나 그리스도를 고백한 이들은 하나님 앞에 설 때 자비로운 대제사장이 함께하실 것이다.[4:12-14 참조] 그러므로 그들은 최종적인 부활과 심판에 다가서면서, 자비로운 대제사장에 대한 소망을 더욱 굳게 붙든다.

비록 이러한 특징은 기독교적 맥락에서 의미가 있지만, 4-5절의 목록과는 대조적으로 이 목록의 어떤 것도 명시적으로 그리스도 중심적이지 않으며, 어떤 것은 기독교적 관행과도 잘 맞지 않는다. 예를 들어, 복수의 세례는 기독교적 가르침이 아니다. 저자는 9:10에서 "여러 가지 씻는 것"에 대해 언급하며, 그것을 레위 제사장 제도와 연결한다. 그는 이를 나중에 "손으로 만든" 것과 연결하는데, 이 점은 새 언약 제사장이 섬기는 성소와 대조되는 부분이다.[9:11, 24] 이러한 연관성과 기독교적 특징의 부재를 고려할 때, 일부 주석가들은 이 목록이 사실상 유대교적 개념을 가리키는 것이 아닌가 하는 의문을 제기했다.

터는 영구적이어야 하므로, 저자가 말하는 요점은 분명하다. 즉 이스라엘의 하나님이신 예수를 고백한 뒤에는 "또 다른" 터, 곧 예수가 없는 유대교적 터를 다시 놓아서는 안 된다는 것이다.[4]

유대교와 기독교 신앙은 많은 부분에서 기초를 공유한다. 예수가 유대인 메시아이기 때문이다. 그렇기에 저자가 여기서 말하는 선택지가 정확히 무엇인지 확정하기는 어렵다. 저자는 청중에게 예수를 고백하지 않는 유대인이 되지 말라고 경고하고 있거나, 혹은 믿음의 출발점에만 머물지 말라고 촉구하고 있을 수 있다. 어느 쪽이든 이 본문은 히브리서의 첫 청중을 넘어 이후의 독자들에게도 중요한 통찰을 제공한다.

실제로 기독교 공동체에 합류한 일부 사람들에게는, 자신의 신앙고백을 버리고 당시 문화에서 지배적인 종교로 돌아가려는 유혹이 있었을 수 있다. 그것이 조직된 다른 종교이든 혹은 막연한 영성이든, 메시아 예수에 대한 구체적이고 배타적인 주장을 약화시키고 싶은 충동이 일었을 것이다. 동시에 미성숙함으로 돌아가려는 또 다른 유혹도 있었을 것이다. 회심과 초기 믿음의 필요성을 반복해서 상기시키는 것만으로는 온전한 섬김이 되지 못한다. 안일함이나 무기력을 피하고 성장을 이루기 위해서는 더 깊고 성숙한 제자도의 길로 나아가야 한다. 따라서 이 본문은 비록 히브리서의 특정한 배경에 뿌리를 두고 있지만, 이후 시대의 독자들에게도 여러 상황 속에서 여전히 도전이 되는 말씀이다.

저자는 그들의 미성숙함을 지적하지만, 그 상태에 머무는 것은 결코 허용되지 않는다. 그의 바람은 청중이 메시아 예수에 대한 고백을 굳게 붙잡는 것이다. 저자는 그들이 신실하게 행하여 성숙함에 이르기를 바라며, 자신의 가르침을 계속 들으라고 호소한다. 그는 그들이 결국은 스스로 가르칠 수 있는 자로 성장하기를 원한다.[5:12] 그의 가르침은 하나님의 의로운 말씀, 곧 메시아에 관한 말씀을 전하는 통로가 된다. 교사로서 저자의 직분은 무엇보다도 독자들을 하나님과의 더 깊은 만남으로 이끄는 것이다. 사실 이는 모든 그리스도인 교사의 궁극적인 직분이기도 하다. 저자는 "하나님께서 허락하시면" 자신이 맡은 이들을 이끌어 갈 것이라고 말한다. 감사하게도 하나님의 분명한 뜻은 지속적인 성숙, 곧 하나님의 의를 알고 그에 맞춰 살아가려는 능력이다. 바로 이 때문에 하나님도 그들에게 말씀하시기를 멈추지 않는다.

6:4 - 8 불가능함

[4]한 번 빛을 받고 하늘의 은사를 맛보고 성령에 참여한 바 되고 [5]하나님의 선한 말씀과 내세의 능력을 맛보고도 [6]타락한 자들은 다시 새롭게 하여 회개하게 할 수 없나니, 이

는 그들이 하나님의 아들을 다시 십자가에 못 박아 드러내 놓고 욕되게 함이라. [7]땅이 그 위에 자주 내리는 비를 흡수하여 밭 가는 자들이 쓰기에 합당한 채소를 내면 하나님께 복을 받고 [8]만일 가시와 엉겅퀴를 내면 버림을 당하고 저주함에 가까워 그 마지막은 불사름이 되리라.

이 본문을 제대로 마주하려면 성숙함이 필요하다. 그러나 믿음이 연약한 이들이 이 말씀을 접하면, 자신이 지은 어떤 죄 때문에 이미 타락하여 결코 하나님께 돌아갈 수 없게 되었다고 두려워하는 경우가 많다. 하지만 만일 누군가가 믿음에서 떨어져 나갔을까 하여 마음 아파한다면, 하나님과의 관계를 걱정하는 그 마음이 아직 타락하지 않았다는 증거다. 반대로, 말씀을 아예 무시하거나 가볍게 여기는 태도는 또 다른 형태의 미성숙함일 수 있다. 이 본문은 교회를 향한 하나님의 계시의 일부이므로, 우리는 그 무게를 외면하거나 희석시켜서는 안 된다.

저자는 먼저 네 개의 분사 구문으로 한 무리의 사람들을 묘사한다. 첫째, 그들은 "한 번 빛을 받은" 자들이다. '빛'이라는 표현은 설교 첫 문장에서 아들이 하나님의 영광의 광채, 곧 하나님의 빛이라고 말한 대목[1:3]을 떠올리게 한다. 빛을 받았다는 것은 예수가 참으로 어떤 분인지 알게 되었다는 뜻이며, 이러한 깨달음은 이미 서신의 독자들에게 일어난 일이다.[10:32]

둘째, 그들은 "하늘의 은사를 맛본" 자들이다. 저자는 여러 차례 제사장이 드리는 예물을 언급했지만,[δῶρον, 5:1; 8:3 – 4; 9:9] 여기서 '은사'의 헬라어는 이와 관련은 있지만 구별되는 '도레아'[δωρεά]다. 이 말은 크고 풍성한 선물을 가리킬 때 사용되며,[에스드라1서 3:5; 지혜서 7:14; 16:25; 단 2:48; 11:39] 신약성경에서는 오직 하나님에게게서 오는 선물에만 쓰인다.[요 4:10; 행 2:38; 8:20; 10:45; 11:17; 롬 5:15, 17; 고후 9:15; 엡 3:7; 4:7] 히브리서에서도 마찬가지로 이 선물은 하나님께서 거하시는 영역인 하늘로부터 온다.[11:16; 12:22] 이는 또한 하나님께서 여러 표적과 능력, 그리고 성령이 나누어 주신 은사들을 통해 공동체 안에서 일으키신 일을 떠올리게 한다.[2:4] 그러므로 하늘의 은사를 맛보았다는 것은 단순히 조금 맛본 것이 아니라 온전히 참여했다는 말이며, 이는 예수께서 죽음을 맛봄으로써 죽음에 완전히 참여하신 것과 같다.[2:9]

셋째, 그들은 "성령에 참여한 바 된" 자들이다. 여기서 '참여'한다는 것은 동반자나 참여자가 되어 함께 연합한다는 의미다. 저자는 이 용어를 여러 차례 사용하여 공동체를 묘사했다.[3:1, 14] 실제로 그들은 성령의 말씀을 들었고,[3:7] 하나님에게서 성령을 받았다.[2:4]

마지막으로, 그들은 "하나님의 선한 말씀과 내세의 능력을 맛본" 자들이다. '맛보다'의 두 번째 언급에서도 참여의 언어가 이어진다. 이 경우에 그들이 맛본 것은 만물을 붙드시는 말씀,[1:3] 곧 하나님의 선한 말씀이다. 서신의 수신자들, 곧 아들을 통한 하나님의 소통하심을 받아들인 자들[1:2]은 지금 이 순간에도 그들에게 말씀하시는 하나님의 음성을 듣는다.[3:7–4:10] 또한 그들은 "내세의 능력을 맛본" 자들이다. 구체적으로 말해 만물을 붙드는 것은 하나님의 "능력"의 말씀이며,[1:3] 하나님께서 이 공동체에 주신 것도 바로 그 능력이다.[2:4] 이 능력은 아직 완전히 실현되지는 않았으나,[2:6] 아들의 통치를 통해 이미 세상에 침투해 온 내세의 능력이다.

이 목록의 구체적인 내용이 보여주듯이, 여기서 묘사된 무리는 어떤 먼 공동체가 아니라 바로 청중 자신임이 각 항목을 통해 드러난다. 저자는 '~하는 자들'이라는 가상의 3인칭 표현을 사용하지만, 실제로는 이 공동체에 그대로 적용된다. 그들은 이미 하나님의 빛과 은사, 성령과 말씀, 그리고 능력을 모두 받은 자들이다. 그렇기에 저자는 그들이 곧 이어질 경고의 직접적인 대상이 될 위험에 처해 있다고 본다.[5] 그는 그리스도를 거부하기로 선택한다면 직면하게 될 결과들을 그들 앞에 펼쳐 놓는다.

여기서 말하는 죄는 '타락하는 것'falling away이다. 이 말은 신약성경의 다른 본문에는 나오지 않지만, 에스겔서에서는 자주 쓰이며 하나님의 명령을 어기는 행위를 뜻하는 매우 부정적인 개념이다.겔 14:13; 15:8; 18:24; 20:27; 22:4 이 말은 우연한 실수가 아니라 의도적인 선택을 가리킨다. 이러한 의미는 이 단락뿐 아니라 서신 전체에 걸쳐 확인되며, 하나님에게서 '떨어지는 것'히 3:12이나 '뒤로 물러가는 것'10:38-39 같은 중대한 죄에 대한 경고로 이어진다.6 이 중대한 죄는 하나님께서 그리스도 안에서 마련하신 것에서 돌아서는 것, 곧 신뢰를 멈추는 일이다.3:19

그러나 의심 자체가 중대한 죄라는 뜻은 아니다. 이미 모든 것을 아시는 하나님 앞에서4:12-13 정직하게 영적 물음과 씨름하는 일은 오히려 중요한 신앙의 과정이 될 수 있다. 마가복음에서 한 사람이 자신의 불신앙을 솔직히 드러내며 예수께 도움을 구하는막 9:24 태도는 믿음의 일부다. 여기서 말하는 불신앙은 단순한 의심이 아니다. 그것은 복음의 진리를 받아들인 뒤에도 하나님의 백성에게서 떠나, 하나님에 대한 믿음을 생각과 삶 모두에서 단절하는 행위다. 다시 말해 배교의 죄를 가리킨다.7

만일 아들 안에서 하나님의 선물을 받은 자들이 돌아선다면, 저자는 그들을 "다시 새롭게 하여 회개하도록 할 수 없다"고 말한다. 이 말의 무게를 강조하기 위해 그는 단락을 '불가능하다'ἀδύνατον, 6:4라는 단어로 시작한다. 만일 그가 경고하는 대상이 예수 없는 옛 언약의 관습으로 되돌아가려는 자들이라면, 새 언약이 도래한 이후에는 옛 언약의 도구만으로는 회개로 새롭게 되는 것이 불가능하다고 말하는 셈이다. 저자의 평가에 따르면 옛 언약의 관습은 모두 그리스도를 가리키는 예표에 불과하다. 따라서 옛 언약으로 되돌아간다는 것은, 그리스도의 죽음과 부활을 기다리던 준비의 시대로 되돌아가는 것과 같다. 만일 그들이 박해를 피하려고 헬라나 로마의 종교로 돌아간다면, 거기에는 그들을 이스라엘의 하나님과 참된 구원의 관계로 이끌 능력이 전혀 없을 것이다.

다시 새롭게 하여 회개하도록 하려면 "하나님의 아들을 다시 십자가에 못 박아 드러내 놓고 욕되게 해야" 할 것이다. 만일 그들이 아들을 거부한다면, 그것은 하나님께 구원 사역을 다시 행하도록 요청하는 것과 같다. 즉 아들이 모든 이를 위해 다시 죽음을 맛보고,[2:9] 죽음의 권세를 가진 자를 또다시 물리치도록[2:14] 요구하는 셈이다. 그렇게 하는 것은 하나님의 아들에게 공개적인 수치와 죽음을 다시 겪으라고 강요하는 것이 된다.

그러나 앞서 설교에서 밝힌 것처럼 하나님의 아들은 육신을 입고 죽었으나 영원하신 분이다. 하나님은 아들의 기도를 들으시고 그분을 죽음에서 구원하셨다.[5:7] 이제 그분은 죽은 자들 가운데서 부활하셔서 영원한 제사장으로 하나님 우편에 앉아 계신다. 부활하고 승천하신 아들은 신적 본성 안에서뿐 아니라 인간적인 몸 안에서도 불멸하시므로 다시 죽을 수 없다. 이것은 그야말로 '불가능한' 일이다. 만일 누군가 아들을 거부하기로 선택한다면, 하나님의 영광에 이르는 다른 구원의 길은 존재하지 않는다. 그분은 불멸하시므로 구원의 길을 다시 열기 위해 죽을 수 없기 때문이다. 이 경고는 매우 강렬하고 두려운 것이지만, 하나님의 아들이신 예수 그리스도의 유일한 구원 사역을 선포하는 히브리서의 일관된 메시지와 완벽하게 일치한다. 요약하면, 죽었다가 살아나신 분이 다시 죽는다는 것은 불가능하다. 더욱이 그분을 "드러내 놓고 욕되게" 한다는 것은 이 공동체 안에서 그런 돌아섬이 공개적인 성격을 지녔음을 강조한다. 그들이 큰 대가를 치르고 공개적인 고백을 했으므로,[10:32-35] 이 아들의 공동체와 관계를 끊는 일 또한 공동체적인 파장을 가져올 것이다.

그런 다음 저자는 불가능성에 대한 주장을 보강하기 위해 자연의 이미지로 눈을 돌린다. 그리스도의 유일하고 충분한 구원에서 돌아서는 자들은 결국 심판에 직면한다. 그는 복음서의 '씨 뿌리는 비유'[마 13장; 막 4장; 눅 8장]를 연상시키려는 듯이, 서로 다른 작물을 내는 땅을 묘사한다. 작물이 자라기 전 단계에서 "땅이 그 위에 내리는 비를 흡수한다." 이때 땅이 할 수 있는 일은 거의 없다. 그저 내리는 비를 받아들이는 것뿐이다. 이 비는 4-5절에서 묘사된 하나님의 선물과 같다. 중요한 것은 하나님께서 주신 그 선물을 어떻게 사용하는지에 달려 있다.

　한 종류의 땅은 "합당한 채소를 낸다." 여기서 '내다'에 해당하는 헬라어 '틱토'^{τίκτω}는 본래 자녀를 낳을 때 사용하는 단어이며, 은유적으로 사용할 때도 생명의 생산을 내포한다.$^{약 1:15 참조}$ 이 땅은 "밭 가는 자들이 쓰기에 합당한" 초목을 내어, 양식이나 건축 자재를 제공한다. 이 생산적인 땅은 "하나님께 복을 받는다." 이미 하나님께서 비를 내려 복을 주셨으니, 이는 두 번째 복을 묘사하는 것이다. 즉 땅이 계속 유용한 초목을 내도록 비와 영양분의 형태로 하나님의 은총이 이어지는 것을 뜻하거나, 열매를 풍성히 맺히게 하는 하나님의 공급하심을 가리킬 수 있다. 신명기가 가르치는 것처럼 하나님께 순종하는 자는 풍성한 열매의 복을 받는다.$^{신 30:2-16}$ 좋은 땅이 좋은 산물을 내듯이 성숙한 믿음의 성장은 더 큰 성장으로 이어진다.

　다른 하나는 "가시와 엉겅퀴를 내는" 땅이다. 여기서 사용된 '엑페로'$^{ἐκφέρω, 밖으로 내놓다}$라는 표현은, '틱토'가 낳는 자와 태어난 자 사이의 연결을 전제하는 것과 달리 어떤 것이 자기 자리에서 옮겨져 조화를 깨뜨린다는 의미를 가진다. 즉 땅이 본래 생산하도록 의도된 것이 아닌 다른 산물을 내놓는 것이다. "가시와 엉겅퀴"는 아담과 하와의 불순종 이후 내려진 저주의 결과이며,$^{창 3:18}$ 호세아는 황폐함의 징표로 사용한다.$^{호 10:8}$ 이 산물은 땅에 기대하는 것과는 정반대의 결과로, 아무 쓸모가 없다. 이런 땅은 복이 아니라 저주를 받은 것이다. 그러나 저자는 그것이 단지 "저주함에 가깝다"고 말한다. 이는 두 가지 점에서 의외다. 첫째, 7절과 8절의 복과 저주의 대조 구조를 깨뜨린다. 둘째, 땅이 저주의 열매를 실제로 내고 있음에도 단지 "저주함에 가깝다"고 말하는 것이 의아하다. 그럼에도 그 위험은 심각하다. 가시와 엉겅퀴를 내는 땅의 결말은 "불사름"이기 때문이다. 불사름은 종말론적 심판의 상징으로, 하나님의 "소멸하는 불"을 가리킨다.단 7:11; 벧후 3:10-12

따라서 7-8절은 강력한 경고를 이어 간다. 아들 안에서 주어진 하나님의 선물에서 돌아선 자에게는 더 이상 자비로운 제사장이 없으며, 남는 것은 불로 임할 하나님의 심판뿐이다.10:27 참조 구원이 오직 아들 안에 참여함으로만 주어진다는 사실은 히브리서 전체, 나아가 신약성경 전체의 사상과 일치한다. 그러나 저자의 언어는 다른 해석의 여지를 남긴다. 이 본문이 불안을 일으키는 이유는 그리스도 안에서 구원의 배타성을 선포하기 때문이 아니라, 그분에게서 떠난 자가 다시 돌아올 가능성을 의심하게 만들기 때문이다. 그러나 '돌아올 수 있는가'라는 문제를 분명히 짚고 넘어가는 일은 중요한데, 이 질문이 저자와 공동체가 직접 던진 질문은 아니기 때문이다.다음 단락 6:9-12 참조 그럼에도 이 본문은 이후 시대의 독자들에게 끊임없이 그 질문을 불러일으켰다. 만일 본문이 살아 계신 하나님의 말씀으로서 그 질문을 허용하고 또 그에 대한 어떤 답을 제공한다면, 비록 이것이 저자의 사유 범위를 넘어설지라도 우리가 놀랄 필요는 없다.

가시와 엉겅퀴를 내는 땅은 저주에 '가깝지만' 아직 저주를 받은 것은 아니다. 쓸모없는 산물이 자동으로 저주를 불러오는 듯 보이지만, 본문은 그렇게 단언하지 않는다. 만일 가시와 엉겅퀴가 그리스도께 불순종하여 떨어져 나가는 것을 가리킨다면,6:6 그리스도가 죽음을 이기고 구원을 이루신 일을 다시 반복할 수 없다는 점에서 그로부터의 회개는 불가능하다. 새로운 사역이 일어나지 않기에 새로운 회개로의 회복 역시 불가능하다는 말이다. 그러나 땅이 스스로 가시와 엉겅퀴를 제거하고 유용한 열매를 맺기를 원한다면, 아직 저주가 확정된 것은 아니므로 변화의 가능성이 남아 있다. 누군가 떠났다가 다시 그리스도께로 돌아온다면, 이는 저주의 결과를 피할 시간이 남아 있다는 의미일 수 있다. 내가 보기에, 저자는 여전히 그리스도의 이미 완전한 사역으로 되돌아오는 회개만이 참된 회개라고 믿었을 것이다. 이는 그가 서신 전체에서 공동체를 인도하며 일관되게 강조해 온 메시지, 곧 대제사장이신 아들 안에 계시된 하나님을 굳게 붙들라는 요청과도 맞닿아 있다.

불사름의 언급 역시 이런 해석과 조화를 이룬다. 저주의 끝은 불사름이지만, 은유가 일관되다면 가시와 엉겅퀴를 태우는 일은 땅을 파괴하는 것이 아니라, 오히려 새 생명이 자랄 수 있도록 정화하는 과정일 수 있다. 하나님께서 이스라엘을 정화할 때 불을 사용하신 것처럼,[사 4:4] 바울도 고린도전서 3:13에서 이와 유사하게 심판을 설명한다. 따라서 하나님의 불, 곧 정화의 심판은 단순한 파멸이 아니라 거부와 불순종의 흔적을 제거하여 새롭게 하는 신적 행위일 수 있다.

히브리서의 이 부분을 가르치는 교사들은 세심한 주의를 기울여야 한다. 경고가 주는 충격에 무뎌져서는 안 된다. 그리스도에게서 돌아서는 것은 하나님의 복에서 돌아서서 하나님의 심판으로 들어가는 일이다. 그곳은 누구도 머물고 싶지 않은 공간이다. 그 안에서 죽음을 맞거나, 그리스도의 재림[9:28]을 앞당겨 만나고 싶은 사람은 없다. 잠시 동안 그리스도의 주되심에서 벗어나는 것이 자유롭게 느껴질 수 있지만, 그 끝은 확실한 파멸뿐이다.

다른 한편, 본문은 돌아선 자가 그리스도께 다시 사역을 행하시기를 요구하는 것은 허용하지 않지만, 그분이 이미 이루신 사역으로 돌아가는 것은 허용한다. 하나님의 불은 저주가 완전히, 최종적으로 임하기 전에 불순종을 정결하게 할 수 있다. 이러한 해석은 누가복음 13:6 – 9의 열매 없는 무화과나무 비유에 묘사된 하나님의 인내하심과도 맞닿아 있다. 하나님은 여러 번 기회를 주시며, 최후의 순간이 오기 전에도 시간을 허락하신다.

히브리서의 이처럼 날 선 경고조차도 신약성경 전체의 메시지와 조화를 이룬다. 신약성경은 심지어 그리스도와 하나님의 가족을 거부했을지라도 회개는 가능하다고 증언한다. 아들을 모독하는 죄,[마 12:32; 눅 12:10] 탕자의 비유,[눅 15:11 - 32] 베드로의 부인과 회복[막 14:53 - 65; 마 26:57 - 68; 눅 22:54 - 71; 요 18:13 - 27; 21:1 - 14]이 그 예다.

자연의 이미지를 통해 저자가 강조하는 것은 결국 하나님의 주권이다. 비를 내리시는 분도 하나님이고,[마 5:45 참조] 복을 주시는 분도 하나님이며, 저주의 때를 정하시는 분도 하나님이다. 히브리서 저자는 농부의 입장에서 말한다. 공동체의 지도자로서 그는 경작된 땅에서 좋은 열매가 맺히기를 원하며, 가시와 엉겅퀴가 자라지 않도록 돌보는 것이 그의 임무다. 그러나 궁극적으로 땅의 운명은 하나님의 손에 달려 있다.[8]

6:9 - 12 더 좋은 것들

[9]사랑하는 자들아, 우리가 이같이 말하나 너희에게는 이보다 더 좋은 것 곧 구원에 속한 것이 있음을 확신하노라. [10]하나님은 불의하지 아니하사 너희 행위와 그의 이름을 위하여 나타낸 사랑으로 이미 성도를 섬긴 것과 이제도 섬기고 있는 것을 잊어버리지 아니하시느니라. [11]우리가 간절히 원하는 것은 너희 각 사람이 동일한 부지런함을 나타내어 끝까지 소망의 풍성함에 이르러 [12]게으르지 아니하고 믿음과 오래 참음으로 말미암아 약속들을 기업으로 받는 자들을 본받는 자 되게 하려는 것이니라.

이어지는 9절은, 저자가 4 - 5절에서 청중의 경험을 묘사하는 표현을 사용했지만 그것이 확정된 결과가 아니라 단지 '경고'였음을 분명히 보여 준다. 그의 청중은 아직 타락하지 않았다. 그다음 대목에서 저자와 그의 동료들(아마도 13:24에 언급된 "이달리야에서 온 자들")은 이 공동체에 대한 확신을 드러낸다. 그들은 "우리가……너희에게는……확신하노라"고 말할 수 있었다. 확신을 나타내는 이 동사를 사용함으로써, 저자는 이들의 행동을 아버지를 신뢰하신 아들의 행동과 나란히 놓는다.[2:13] 그는 그들이 참되다고 믿고 그 믿음에 따라 그들을 평가한다. 즉 그들의 믿음의 증거를 언급하며 계속해서 가르침을 이어 감으로써, 그들이 여전히 그리스도 안에서 형제자매로서 배우고 성장할 수 있다는 신뢰를 드러낸다.

저자는 먼저 그들을 부르는 호칭에서 신뢰를 보여준다. 이 설교에서 단 한 번, 그는 그들을 "사랑하는 자들"이라 부른다. 무거운 분위기의 단락이 끝나고 들리는 이 다정한 호칭은, 청중이 하나님의 사랑을 입은 자들임을 상기시킨다.[1:9; 12:6] 이 따뜻한 확신은 "더 좋은 것"과 연결되는데, 곧 "구원에 속한 것이 있음"을 그들에게 확신시킨다. 아직 하나님을 저버리지 않았기에 그들은 여전히 구원의 길 위에 있다.[1:14; 2:3] 그는 "우리가 이같이 말하나"라고 덧붙이고, 그들이 그리스도를 고백함으로써 현재 하나님과의 관계 안에 분명히 서 있음을 의심하지 않는다. 앞선 본문의 강렬한 어조는 그들이 하나님을 떠나는 길에 들어서지 않도록 막으려는 수사적 장치였다. 이미 그 길을 걷고 있거나 너무 치우쳤다면, 경고 자체가 무의미했을 것이다. 결국 그는 그들의 미성숙함을 엄중히 책망했지만,[5:11-12] 배교에 대해서는 (비록 날카롭지만) 단지 경고만 했을 뿐이다.

자신의 확신을 더 구체적으로 보여주기 위해 저자는 그들의 과거를 돌아본다. 그들에게는 분명한 "행위"가 있었는데, 이는 이전에 버렸던 "죽은 행실"[6:1]과는 다른 것이다. 저자는 이 행위를 "하나님의 이름을 위하여 나타낸 사랑"으로 규정하며, 그것이 구체적으로는 "성도를 섬긴 것"으로 드러났다고 말한다. 이 점은 요한의 저작과 유사하다.[요일 2:5; 4:7] 즉 형제자매를 사랑하는 것이야말로 영원한 구원으로 향하는 하나님의 가족에 속해 있다는 표지다. 그들은 하나님의 사랑을 받은 것처럼 다른 이들을 사랑해 왔다. 더욱이 그들은 아들의 이름, 곧 경배받기에 합당한 이름[1:5]을 들었으며, 아들은 그 이름을 세상에 선포하신 분이다.[2:12] 그들은 하나님께서 거룩하게 하신 자들을 사랑함으로써,[2:11] 그 이름의 영광을 위해 살아 왔다. 여기서 말하는 성도의 범위가 정확히 어디까지인지는 분명하지 않지만, 믿음 때문에 박해를 경험했던 이들이 포함되는 것은 확실하다.[10:32-34]

그러나 저자가 그들의 구원을 확신하는 근거는 과거에만 있지 않다. 하나님의 이름 안에서 행한 그들의 사랑은 여전히 현재 진행형이다. "이제도 성도를 섬기고 있다." 다른 이들을 섬김으로써 그들은 하나님의 하늘 군대와 같은 일을 하고 있는 셈이다.[1:14] 이 비교는 그리스도인 공동체 안에서 겸손한 섬김이 얼마나 영예로운 것인지 보여준다. 섬김은 곧 천사의 일을 하는 것이다.

하지만 저자가 먼저 강조하는 것은 그들의 행위 자체가 아니라 하나님이다. 만일 하나님께서 그것을 주목하지 않으신다면 그들의 행위는 아무 의미가 없다. 그러므로 그는 "그들이" 행하고 있는 선한 일을 언급하기 전에 "하나님은 불의하지 아니하시다"라는 사실을 상기시킨다. 하나님은 그들의 행위를 "잊지 않으신다." 하나님은 그들의 현재와 잠재적 실패에 주의를 기울이실 뿐 아니라, 그들의 과거와 현재의 선한 행위에도 세심하게 주의를 기울여 오셨다.

저자와 그의 동료들이 바라는 것은 공동체가 멈추지 않고 계속 전진하는 것이다. 그는 열정 어린 어휘를 사용하여 자신이 "간절히 원하는" 바를 드러낸다. 3장과 4장의 경고와 마찬가지로 이번에도 그는 공동체 전체가 아니라 "너희 각 사람"을 직접 지목한다. 그들이 지금까지 사랑을 보여 왔다면, 이제는 그 사랑과 함께 "동일한 부지런함"[haste]을 끝까지 이어 가야 한다. 앞서 하나님의 안식에 들어가기를 "힘쓰라"[4:11]고 요청했던 것처럼, 여기서도 저자는 그들이 "끝까지 소망의 풍성함에 이르도록" 열심을 내기를 요구한다.

그가 강조하는 것은 조급하게 서두르는 것이 아니라, 앞으로 나아가는 길에서 흔들림 없는 집중과 열심을 보이라는 것이다. 이러한 태도가 바로 그들의 미성숙함을 극복하게 한다.[5:11-13] 저자는 그들을 "소망의 풍성함"을 향해 나아가는 사람들로 묘사한다. 소망은 이 설교 전체에서 중요한 주제다.[3:6; 6:11, 18; 7:19; 10:23; 11:1] 그는 청중이 소망 안에서 끊임없이 성장할 수 있다고 확신한다. 그리고 그 소망은 마침내 이루어질 것이다. 즉 그들이 목표에 도달하여 하나님과 함께 영광 가운데 거하게 되는 그날까지[2:10] 소망은 더 깊어지고 더 풍성해질 수 있다.

그가 바라는 전진의 속도는 12절에서 분명히 드러난다. 그는 청중이 부지런함을 보이고 "게으르지 아니할" 것을 요구한다. 이미 그는 그들이 듣는 데 둔해졌다고 지적했다.[5:11] 그 경고는 그들의 귀를 열고 게으름에서 벗어나 깨어 있음과 행동으로 나아가도록 하기 위한 것이었다. 저자는 '게으름'이라는 주제를 경고의 앞뒤에 배치함으로써, 그 사이의 긴밀한 연관성을 드러낸다. 만일 그들이 미성숙함에 머문다면 완전히 타락할 위험이 크다. 반대로 성숙을 향해 열심히 나아간다면 배교의 위험은 줄어든다. 이러한 격려와 교훈은 앞선 경고를 올바른 관점에 놓는다.

저자는 독자들에게 말한다. 하나님과의 관계를 염려하는 이들에게는 앞으로 나아갈 길을 보여주라. 그들의 과거와 현재 삶 속에서 드러나는 경건한 열매를 살펴보라. 그 열매를 주목하게 하여 하나님과의 더 깊은 관계로 이끌라. 학생이 교사의 높은 기대에 부응하듯이, 믿음에서 둔한 이들도 자신이 하나님 안에서 성숙할 수 있다고 믿어 주는 친구나 멘토가 곁에 있다면 충분히 그렇게 될 수 있다.

저자는 청중이 앞으로 나아가도록 격려하며, 그들이 "약속들을 기업으로 받는 자들을 본받는 자"가 되기를 바란다. 여기서 말하는 약속에는 구원의 상속,[1:14] 곧 하나님의 안식에 들어가는 약속[4:1]이 포함된다. 이 상속자들은 "믿음과 오래 참음으로" 약속을 얻었다. 믿음은 시작할 때만 필요한 것이 아니라,[6:1] 하나님의 안식을 향한 여정 내내 필요한 기초다. 이 여정은 평생 이어지며 삶은 여전히 완전하지 않기에,[2:8] 오래 참음이 요구된다. 저자에게 아브라함은 믿음과 인내라는 두 덕목의 가장 확실한 본보기다.

6:13 – 15 아브라함의 신실한 인내

[13]하나님이 아브라함에게 약속하실 때에 가리켜 맹세할 자가 자기보다 더 큰 이가 없으므로 자기를 가리켜 맹세하여 [14]이르시되 내가 반드시 너에게 복 주고 복 주며 너를 번성하게 하고 번성하게 하리라 하셨더니 [15]그가 이같이 오래 참아 약속을 받았느니라.

저자가 11장에서 열거하듯이,[11:13, 33, 39] 하나님께 약속을 받은 이들은 많지만[6:12] "하나님이 아브라함에게 약속하실 때"는 특별히 중요한 사례가 된다(이 점은 바울도 강조한다).[갈 3:18; 롬 4:21] 저자는 이 사건을 자주 인용하여, 아브라함과 맺으신 약속을 통해 드러난 하나님의 성품을 보여준다. 창세기 17:5에서 일어난 전환, 곧 그가 언약의 이름으로 '아브람'이 아닌 '아브라함'으로 불린다는 점을 기억하라. "약속을 지키시는 하나님"은 이 서신 전체를 관통하는 핵심적 확언이다.[6:17; 8:6; 10:23; 11:11; 12:26] 청중은 이미 하나님의 안식에 들어가리라는 약속을 받은 자들로서,[4:1] 그 신실하신 성품의 혜택을 누리고 있다. 이 약속된 상속에 대한 소망이 그들과 하나님의 관계를 지속시킨다.[6:17; 9:15; 10:36]

아브라함과 사라는 약속을 받은 자의 대표적 예시로 가장 자주 인용된다.[6:13, 15; 7:6; 11:9, 11, 17] 심지어 아브라함은 "약속을 가진 자"라는 독특한 호칭으로 불린다.[7:6, 개역개정은 "약속을 받은 그"—옮긴이] 청중은 경험을 통해 하나님이 신뢰할 만한 분임을 알았고,[11:11] 이 신실하심이야말로 그들이 굳게 붙들어야 할 하나님의 성품이다.[10:23] 결국 약속이라는 주제가 이처럼 반복되고 강조되는 것은, 저자가 청중이 하나님을 신뢰할 만한 분으로 알고 관계 맺기를 바라기 때문이다. 하나님은 아브라함에게 주신 약속을 확고히 하고 그분의 신실하심을 드러내기 위해 맹세로 보증하셨다.

이 대목은 예수께서 산상수훈에서 "아무도 맹세하지 말라"^{마 5:33~37}고 하신 말씀과 연결될 때 혼란을 줄 수 있다. 두 본문 모두 같은 맹세 관련 단어를 사용하기 때문이다. 그러나 실제로 두 본문은 동일한 요점을 드러낸다. 즉 오직 하나님만이 자기가 정한 약속을 지킬 성품과 능력을 가지셨다는 사실이다. 히브리서 저자는 이미 하나님의 맹세(믿음 없는 세대를 가나안 안식의 땅에 들이지 않겠다는 맹세) 본문을 인용한 바 있다.^{시 95:11/ 히 3:11, 18; 4:3} 이제 그는 아브라함의 경우를 들어 더 긍정적인 예를 제시한다. "가리켜 맹세할 자가 자기보다 더 큰 이가 없으므로 자기를 가리켜 맹세하여."^{3:13} 크리소스토무스는 하나님께서 친히 맹세하셨다는 사실에서 독자들이 느낄 수 있는 불편감을 짚는다. "인류는 본래 믿음을 갖기 어려운 종족이므로, 하나님은 우리 수준에 맞춰 소통하기 위해 자기를 낮추신다. 그러므로 우리를 위해 맹세하시는데, 비록 그분이 신뢰받지 못하는 것이 합당치 않아도 그렇게 하신다."[9] 하나님은 은혜로우시기에, 사실 그분의 존재와 행동만으로 충분했음에도 약속에 친히 맹세를 더함으로써 우리의 신뢰를 더욱 북돋우셨다.

이 경우에 하나님은 아브라함에게 약속하며 맹세하신다. "내가 반드시 너에게 복 주고 복 주며 너를 번성하게 하고 번성하게 하리라." 저자는 창세기 22장에서 이 구절의 도입부^{히 6:13; 창 22:16}와 말씀 자체^{히 6:14; 창 22:17}를 모두 인용한다. 이는 아브라함의 신앙 여정에서 가장 중요한 순간이다. 그는 방금 약속의 아들 이삭을 하나님께 기꺼이 바치려 했다. 그러나 야훼의 사자가 나타나 그의 손을 멈추게 했고,^{창 22:11~12} 바로 이 장면에서 야훼의 사자는 하나님을 대신해 1인칭으로 말씀하신다.

이 약속은 이전에 주어진 약속들의 반복이기도 하다. 하나님은 첫 만님에서 아브라함에게 복을 약속하시며, 그를 큰 민족으로 만들겠다고 말씀하셨다.^{창 12:2} 이어서 창세기 15장에서는 아브라함의 몸에서 난 자녀가 별처럼 많은 자손을 얻을 것이라고 약속하셨다.^{창 15:5} 그 약속은 창세기 17:1-21의 대화에서도, 창세기 18:10, 14의 신적 방문객들의 말씀에서도 반복된다. 그러나 창세기 22장은 특별하다. 오직 이곳에서만 하나님은 약속을 반복하신 뒤 맹세를 더하셨다. 또한 오직 이곳에서만 그의 자손이 바닷가의 모래처럼 많을 것이라고 말씀하셨다.^{창 22:17; 히 11:12 참조} 이 순간 하나님은 번성의 약속이 기적의 아들, 곧 이삭을 통해 이루어질 것을 확증하신다.

아브라함의 신뢰가 이삭을 바치는 사건에서만 드러난 것은 아니다. 희년서에 따르면, 그는 열 가지 시험을 통과했으며 이삭을 바친 사건은 마지막 시험이었다.^{희년서 17:17} 히브리서 저자도 11장에서 아브라함의 삶을 폭넓게 다루며, 단순히 이 사건 이상을 언급한다. 그 안에는 고향을 떠난 일, 타국인으로 산 경험, 자녀와 영원한 고향을 약속하신 하나님에 대한 신뢰가 포함된다.^{11:8-16}

그러나 6장에서 저자가 초점을 맞추는 장면은 이삭을 바치는 순간이다. 그는 먼저 아브라함의 태도와 덕목에 주목한다. "그가 이같이 오래 참아……." 저자는 아브라함이 하나님의 대표적 성품 가운데 하나인 '오래 참음'을 드러냈다고 평가한다.^{출 34:6; 민 14:18; 느 9:17; 시 86:15; 70인역 시 103:8; 욜 2:13; 욘 4:2; 지혜서 15:1} 이 성품은 구약성경 어디에서도 아브라함에게 직접 귀속된 적이 없지만, 그가 하나님께 훈련받기를 기꺼이 원했고 믿기 어려운 시험을 통과함으로써 지니게 된 성품이다.^{히 12:11}

아브라함은 오래 인내한 끝에 약속을 얻었다. 그러나 저자가 "약속을 받았다"고 할 때 염두에 둔 약속이 무엇인지는 분명하지 않다. 아브라함은 이삭을 돌려받는다.^{히 11:17-19 참조} 그는 아들을 하나님께 온전히 바칠 준비가 되어 있었지만, 결국 죽음의 위협 앞에서 아들을 되찾았다. 그러나 이삭만이 약속의 전부일 수는 없다. 첫째, 이삭은 복과 번성의 매개체일 뿐, 약속의 완전한 성취는 아니다. 그 한 아이는 별처럼 많은 자손의 보증으로서는 불충분하다. 둘째, 저자는 아브라함이 약속을 받은 다음에도 여전히 인내했다고 말한다. 창세기 22장에서 아브라함은 오랜 기다림 끝에 이삭을 얻었고, 이삭을 바친 뒤 다시 돌려받았다. 따라서 그는 아들 때문에 더 이상 인내할 것이 없었다.

그러므로 여기서 말하는 약속은 복과 번성의 약속 전체를 가리킨다. 그러나 아브라함은 생애 동안 그 성취를 보지 못했다. 다른 자녀들도 두었지만[창 25:1-6] 이들은 언약의 계보에 속하지 않았기에, 그는 겨우 야곱과 에서의 출생만 볼 수 있었다. 그러나 아브라함조차도 "하늘의 별, 바닷가의 모래"와 같은 수많은 자손, 곧 모든 민족을 복되게 할 만한 모습[창 22:17-18, 히 6:14 인용 직후 언급된 내용]과는 거리가 있었다. 따라서 그는 생전에 이 약속을 결코 얻지 못했다. 그가 인내한 끝에 약속을 얻었다면, 그것은 죽음 뒤에 경험한 성취였을 것이다. 바로 이 점을 저자는 11:39과 12:22-24에서 암시한다.

신실한 증인의 일원으로서 아브라함은 아들이 도우시는[2:16] 셀 수 없는 자손을 보았을 것이다. 따라서 그가 보여야 했던 인내는 단지 한때의 인내가 아니라 평생 지속된 인내, 더 나아가 온전함의 때를 기다리는[11:39] 죽음 이후까지 이어진 인내였다. 하나님의 맹세로 보증된 약속은 아브라함에게 오래도록 인내할 힘을 주었다. 그렇다면 하나님의 약속은 분명이 공동체가 끝까지 견뎌 낼 수 있도록 능히 붙들어 줄 것이다.

6:16-20 닻

16사람들은 자기보다 더 큰 이를 가리켜 맹세하나니 맹세는 그들이 다투는 모든 일의 최후 확정이니라. 17하나님은 약속을 기업으로 받는 자들에게 그 뜻이 변하지 아니함을 충분히 나타내시려고 그 일을 맹세로 보증하셨나니 ¹⁸이는 하나님이 거짓말을 하실 수 없는 이 두 가지 변하지 못할 사실로 말미암아 앞에 있는 소망을 얻으려고 피난처를 찾은 우리에게 큰 안위를 받게 하려 하심이라. ¹⁹우리가 이 소망을 가지고 있는 것은 영혼의 닻 같아서 튼튼하고 견고하여 휘장 안에 들어가나니 ²⁰그리로 앞서가신 예수께서 멜기세덱의 반차를 따라 영원히 대제사장이 되어 우리를 위하여 들어가셨느니라.

신학적 요점을 더욱 분명히 하기 위해 저자는 다시 일상의 예를 든다. "사람들은 자기보다 더 큰 이를 가리켜 맹세하나니." 맹세라는 주제에 대한 신약성경의 어조는, 적어도 인간의 경우에는 대체로 부정적이다. 예수와 야고보는 모두 맹세하지 말라고 가르쳤다.^{마 5:34; 23:16 – 22; 약 5:12} 헤롯은 후회할 맹세를 하여 요한의 죽음을 초래했고,^{마 14:7 – 9/막 6:23 – 26} 베드로는 강압에 못 이겨 맹세했으며,^{마 26:72 – 74} 유대인 축사가들의 맹세는 아무 효력이 없었다.^{행 19:13} 인간이 선한 목적을 위해 맹세한 예는 신약성경에서 찾아볼 수 없다.

그러나 하나님은 다르시다. 그분은 아브라함과 다윗에게 맹세하셨고,^{눅 1:73; 행 2:30} 히브리서가 다른 어떤 성경보다도 더 많이 기록하듯이 광야 세대^{히 3:11, 18; 4:3}와 아브라함,^{6:13} 예수^{7:20, 21, 28} 그리고 그분을 따르는 이들에게도^{6:17} 맹세하셨다. 구약성경에서 맹세는 훨씬 더 흔했고 용납되는 일이었으며, 필론의 경우처럼 선한 목적을 위해 사용하기도 했다.^{『꿈에 관하여』 1.12}¹⁰ 히브리서 저자는 이 관행을 명시적으로 권장하지는 않는다. 다만 그런 일이 있었음을 인정할 뿐이다. 그는 사람들 사이의 거래에서는 그것이 유익할 수 있다고 말한다. "맹세는 그들이 다투는 모든 일의 최후 확정이니라."

저자의 요점은 단순하다. 맹세는 문제를 종결시키는 힘을 지닌다는 것이다. 유한하고 오류를 범하기 쉬운 인간은 자신이 한 약속을 지키겠다는 뜻으로, 자신보다 더 위대한 존재를 내세운다. 만일 약속을 어기면 그 맹세는 법적 보증으로서 작동한다. 이는 오늘날 서명된 계약이 기능하는 방식과 매우 유사하다. 인간의 맹세도 효력이 있다면, 하나님께서 친히 맹세하실 때 그 맹세가 약속의 성취를 얼마나 더 확실하게 보증하겠는가. 하나님은 주권적이고 의로우신 그분의 성품을 걸고 맹세하시므로, 그 약속은 결코 깨질 수 없다.

17절에서 저자는 하나님께서 아브라함 외에 다른 이들에게 맹세하신 경우까지 논의를 확장한다. 그는 하나님께서 "그 일을 맹세로 보증하셨다"고 말하며 앞선 논의를 다시 불러온다. 문맥상 이 진술은 광야 세대에 대한 하나님의 맹세에도 적용될 수 있지만, 핵심 사건은 하나님과 아브라함의 대화로 보인다. 하나님은 맹세하실 때 직접적인 당사자만이 아니라, 성경을 통해 훗날 이 말씀을 들을 이들까지 염두에 두셨다. 즉 하나님은 "충분히 나타내시려고" 하셨다. 이는 당대의 상황을 넘어서는 더 큰 계획을 드러낸다.

하나님께서 맹세로 보증하신 목적은 "그 뜻이 변하지 아니함"을 보여주는 데 있다. 저자가 '뜻'이라는 말을 두 차례 사용한 것은 '나타내시려고'(βούλομαι)와 '그 뜻'(βουλή) ―옮긴이 하나님의 확고한 의지를 강조한다. 하나님은 자기가 원하는 것을 반드시 이루신다. 여기에 담긴 신학적 진리는 단순하다. 하나님 안에는 변함없는 단일성이 있다. 즉 소망이 먼저 있고 그다음 행동이 따르는 것이 아니라, 신적 계획이 존재하고 그 계획이 곧 실현을 보증한다. 하나님께는 어떤 서투른 계획도 이루지 못할 일도 없으므로, 그분의 뜻이 이루어지는 것을 막을 만한 것이 없다.

더욱 격려가 되는 것은, 하나님께서 그분의 뜻을 드러내기를 원하셨다는 두 번째 단어의 사용이다. 하나님은 행동하기로 작정하신 것을 인류에게 숨길 수도 있었지만, 이 경우에는 뜻을 실행할 뿐 아니라 드러내기를 원하셨다. 하나님의 뜻이 계시됨으로써 인류는 하나님을 더 깊이 알고 신뢰할 수 있게 된다. 인간 사회에서 맹세가 유용하게 사용되듯이, 하나님도 자신의 불변하는 뜻을 계시하며 "맹세로 보증(중보)"하셨다. 즉 계시에 맹세가 덧붙여진 것이다. 흥미롭게도 이것은 히브리서 저자가 '중보'와 관련된 단어를 처음 사용하는 예이며, 이후에는 예수를 '중보자'로 칭할 때 다시 등장한다.[8:6; 9:15; 12:24] 이러한 단어 선택은 의도적인 것으로 보인다. 하나님은 창조주와 인간 피조물 사이의 간격을, 인간이 이해할 수 있는 관행인 맹세로 메우셨다. 이 중보적 행위는 훗날 하나님 자신이 참된 중보자로 오실 것을 예시한다.

저자가 하나님의 맹세의 수혜자들을 묘사하는 방식은 그분의 성품을 드러낸다. 하나님은 "약속을 기업으로 받는 자들", 곧 아직 유업을 받지 못한 채 기다리는 이들에게 그분의 뜻이 변하지 않음을 보여주기로 작정하신다. 이들은 하나님의 말씀을 받았지만, 여전히 그 성취를 바라보며 살아가는 사람들이다. 따라서 이 구절은 하나님의 백성이 구원, 곧 하나님의 안식에 들어가리라는 약속[4:1]을 상속받을 자들이라는 1:14의 진술과 연결된다.

아브라함과 이삭의 이야기가 곧바로 이어지는 문맥 속에서 이 구절은 또 다른 의미를 가진다. 상속자들은 하나님의 자녀일 뿐 아니라 아브라함을 그들의 아버지로 여긴다.[1:2; 2:16] 이처럼 묘사되는 그들의 정체성은 하나님께서 아브라함에게 주신 복과 자손의 약속과 맞닿아 있다. 언약 가족의 상속자들로서 그들은 아브라함에게 주신 약속의 성취의 일부이며, 동시에 그 성취를 고대하는 자들이다. 그들은 셀 수 없는 자손의 일부로서 이미 약속의 실현을 맛보고 있다. 더 나아가 그 약속이 완전하게 성취될 날, 곧 아브라함과 함께 모든 이들에게 복이 되는 때를 기다리고 있다. 언약 가족에 속한 그들의 존재 자체가 하나님의 신실하심의 증거이자, 아직 남아 있는 약속의 성취를 향한 희망의 표지다.

약속이 완전하게 성취될 날이 도래할 때까지 그들의 신뢰가 자라도록, 하나님은 "두 가지 변하지 못할 것"을 보이신다. 주석가들은 이것이 무엇인지 여러 견해를 제시했으나, 가장 일관된 해석은 17절이 보여주듯 하나님의 뜻과 하나님 자신에게 기초한 맹세다. 이 두 가지가 하나님의 성품을 변할 수 없게 하므로 "하나님께서 거짓말하실 수 없는" 것이다. 저자가 건네는 격려는 놀랍다. 하나님께서 약속하셨다면 그것은 반드시 성취될 것이다. 비록 현재의 어려움이 하나님의 임재를 의심하게 할 수 있으나,[12:4-11] 저자는 그들이 붙들 수 있는 것을 제시한다. "우리에게 큰 안위를 받게 하려 하심이라." 그러나 '큰'[strong]이라는 표현조차 그가 말하려는 바를 담기에는 부족하다. 그들의 안위는 하나님의 존재에 근거하며, 또한 '그들을 위한' 것이다. 앞서 아브라함과 '상속자들'을 언급했지만, 여기서 약속은 공동체에게 인격적으로 적용된다.

18절에서 그는 자신과 청중을 "피난처를 찾는"(달아나고 있는) 자들로 묘사한다. 이는 히브리서에서 자주 등장하는 '앞으로 나아가는 움직임'을 나타낼 뿐 아니라, 저자가 조성해 온 긴박감을 더욱 부각시킨다. 피난처를 찾는다는 것은 무언가로부터 벗어나려 한다는 뜻이다. 그것은 죽음의 권세를 잡은 마귀의 지배일 수도 있고,[2:14] 과거의 박해자들일 수도 있다.[10:32-34] 무엇이 그들 뒤에 있든, 그들은 앞에 있는 확실한 무언가를 향해 나아간다. 그들은 그것을 '붙잡을'[개역개정은 "얻으려고"—옮긴이] 수 있다. 이 표현은 은유적으로도 쓰일 수 있지만,[골 2:19; 살후 2:15] 저자가 '접촉'과 관련된 용어를 택한 것은 그들이 도달한 대상의 견고함을 암시한다. 이는 이어지는 진술에서 분명해진다. 그들이 얻게 될 것은 "앞에 있는 소망"이다. 소망은 이 서신에서 후렴처럼 반복적으로 등장하는 중요한 주제이지만,[3:6; 6:11, 18; 7:19; 10:23; 11:1] 그 자체가 실체라기보다 원하는 목적지로 이끄는 수단이다. 따라서 독자들은 이 무형의 것을 어떻게 붙잡을 수 있는지 의문을 가질 수 있다.

그렇기에 저자가 소망에 관해 더 말하는 것은 자연스럽다. 19절에서 그는 소망을 매우 실체적이고 강력한 것, 곧 "닻"이라 부르며 "튼튼하고 견고하다"고 강조한다. '튼튼하다'에 해당하는 헬라어^{ἀσφαλῆ}는 영어의 동족어 '아스팔트'가 된다. 그는 방금 맹세에 의해 주어진 확신에 대해 설명하며 '확정' 또는 '견고함'$^{βεβαίωσιν,\ 16절}$이라는 용어를 사용한다. 이 흔들릴 수 없는 소망은 "영혼"을 고정시킨다. 영혼은 인간의 가장 깊은 부분으로, 하나님만이 보실 수 있는 영역이다.[4:12] 믿음의 흔들림이 시작되는 바로 그 자리에서, 영혼은 이 견고한 소망을 굳게 붙들 수 있다.

그런데 움직이지 않아야 할 닻이 다음 구절에서 앞으로 나아간다고 묘사되는 것은 특이한 부분이다. 닻이 안으로 '들어간다'는 표현은 앞서 저자가 하나님의 안식에 들어가는 것을 묘사할 때 열한 번 사용했다.[3:11, 16; 3:18 – 4:1; 4:3, 5 – 6, 10 – 11] 이제 "소망, 곧 영혼의 닻"$^{ἣν\ ὡς\ ἄγκυραν\ ἔχομεν\ τῆς\ ψυχῆς}$은 제의적 공간인 "휘장 안"으로 들어간다. 이곳은 휘장에 의해 차단된 공간으로, 구약성경 독자들에게는 성막의 지성소를 가리킨다.[출 26:33; 레 16:2] 설교 전체에서 저자는 하나님의 거룩한 임재를 설명하기 위해 '안식'과 '휘장 안'이라는 서로 다른 표현을 사용해 왔다. 바로 그곳이 영혼의 소망이 들어간 자리다.

20절에서 이 견고하면서도 움직이는 소망의 정체가 드러난다. 그것은 "앞서 가신" 분, 곧 "들어가신" 분 예수다. 저자가 소망을 묘사하기 위해 강렬한 어휘와 이미지를 사용했지만, 소망 자체는 여전히 손에 잡히지 않는 개념이다. 그러나 그 소망이 한 인격 안에 놓일 때, 그것은 붙잡을 수 있는 실체가 된다. 요한이 말한 대로 보고 만질 수 있는 것이 된다.[요일 1:1] 예수는 그들의 소망이며 구체적 대상이다. 그분은 앞서 가신 이로서 이미 하나님의 안식에 들어가 하나님의 임재 안에 거하며, 하나님 우편에 앉아 계신 인간이다. 그리고 그분은 "우리를 위하여" 이 성소에 들어가셨다. 저자는 이 '우리'라는 표현을 통해 자신과 그리스도를 고백하는 공동체를 지속적으로 연결한다.

우리의 대표자로서 예수의 들어가심은 두 차원을 지닌다. 첫째, 예수는 다스리는 인간 대표자로서[2:7-8] 다른 인간들에게 들어감과 다스림이 가능함을 보여주신다. 둘째, 예수는 아버지 앞에서 우리를 대표하는 중보자로서[4:14-15] 하나님이 계신 곳으로 나아가는 믿는 자들을 돕는다. 하지만 청중은 예수가 멀리 아버지 우편의 보좌에 앉아 계시기에 그분을 물리적으로 붙잡을 수 없다고 반박할지 모른다. 구원자가 하나님과 함께 계심과 동시에 구원받은 자들로부터 떠나 있다는 긴장은 신약성경 전체를 관통한다. 여기서 주목할 점은 저자가 청중이 이미 붙잡았다고 말하지 않고, 붙잡기 위해 앞으로 나아가고 있다고 단언한다는 것이다. 그들은 예수와 함께 부활한 몸으로 거하기 위한 길 위에 있으나, 아직 그곳에 도달하지는 않았다. 그러나 저자는 이 길을 계속 나아가는 이들에게 반드시 '장차' 도달할 것이라는 확신을 준다. 믿음에 대한 논의에서처럼 그는 과거를 상기시킴으로써 앞에 놓인 것에 대한 확신을 강화한다. 하나님은 아브라함과 같은 선조들에게 신실하셨고[6:13-15] 다른 신자들이 확증해 준 것처럼[2:3] 아들의 삶 안에서도 신실하셨다.

이러한 미래적 차원에 더하여, 비록 물리적으로는 붙들 수 없지만 지금 그들이 예수를 붙잡고 있다는 것도 사실이다. 앞서 가신 예수는 영혼의 닻이라는 이미지로 그들과 깊이 연결되어 섬기신다. 그분은 단지 가능성을 보여주는 본보기이거나, 자비롭고 능력 있으시지만 멀리 떨어져 계신 대표자가 아니다. 청중은 배가 닻에 고정되어 있듯이 예수와 연결되어 있다. 비록 이 본문에서 명시적으로 언급되지 않지만, 다른 신약 문서에 비추어 볼 때 교회는 예수와 그분의 백성 사이의 친밀한 결합을 성령의 사역으로 이해하게 될 것이다. 그리스도인들은 그분의 부활한 몸을 직접 만질 수 없지만, 성령의 은혜로운 능력으로 진정 그분과 연결되어 있다. 더욱이 그 연결은 세례, 성찬, 교제, 섬김과 같은 가시적 실재들 안에 드러난다.

예수께서 하나님 앞에 선 인간의 대표자이자 중보자이시기에, 저자가 이 시점에 예수의 제사장직을 다시 분명히 언급하는 것은 놀랍지 않다. 예수께서 거룩한 공간에 들어가셨을 때, 앞서 가신 그분은 "멜기세덱의 반차를 따라 영원히 대제사장이 되신 것"이다. 청중을 무기력함에서 깨우고[5:11–6:12] 흔들리지 않는 소망을 증언한 저자는, 이제 멜기세덱의 제사장 반차에 대한 위대하고 난해한 논의로 돌아갈 준비를 갖춘다.

멜기세덱의 반차

이제 저자는 5:6에서 시편 110:4을 인용하며 처음 언급했고, 6:20에서 다시 암시했던 주제인 멜기세덱 이야기로 돌아간다. 이 인물은 오늘날 독자들에게 낯설 수 있으나, 히브리서 저자에게는 결코 부수적인 존재가 아니다. 서신 첫 문장부터 저자는 그리스도의 제사장직("죄를 정결하게 하는 일", 1:3)에 대해 주장했고, 1장과 2장의 그리스도론적 토대는 그분의 대제사장 직분을 명시적으로 언급하는 데서 절정을 이룬다.[2:17] 앞에서 저자는 제사장직의 특징, 특히 예수의 제사장직[4:14 – 5:10]을 충분히 설명했으므로, 이제는 그리스도의 제사장직의 독특하고 강력한 실재를 보여주는 성경적 이미지인 멜기세덱에게 집중할 준비가 되었다. 구약성경에서 멜기세덱은 분량으로나 비중으로나 미미한 존재이지만, 히브리서 저자에게 그의 이야기는 그리스도의 제사장직 안에서 일하시는 하나님의 섭리의 일관성을 드러내는 해석학적 틀을 제공한다.

저자는 창세기 14장의 이야기를 몇 구절 인용하는 것으로 시작한다.[7:1 – 2] 그리고 아브라함이 가나안 군주들을 물리친 부분을 제외한 나머지 모든 요소에 대해 주석을 단다. 멜기세덱의 정체성은 2 – 3절과 8절 후반부에서 다루고, 십일조는 4 – 6절과 8 – 10절에서, 축복은 7절에서 다룬다. 저자는 이야기 속에 명시된 것과 그렇지 않은 것 모두에 주의를 기울임으로써, 7장 전체에서 다루게 될 중심 주제, 곧 그리스도의 제사장직의 본질로 돌아가기 위한 해석의 토대를 세운다.

저자는 시편 110:4의 확장된 논의를 통해 그리스도의 제사장직에 초점을 맞춘다. 이 구절은 그의 논증에 성경적 동력을 제공한다. 7:11 – 21에서는 하나님께서 맹세로 보증하신 증언과 유다 지파 출신을 위한 제사장적 소명의 성취가 어떻게 율법의 재해석을 요구하는지 보여준다. 하나님의 증언을 고려할 때 저자는 율법에 분명 불완전함이 있고, 율법은 결코 영구적 제도가 아니라고 결론짓는다. 이 놀라운 진술은 7장 마지막 부분에서 더욱 선명해지는데, 거기서 저자는 율법이 궁극적으로 가리켜 온 실재, 곧 살아 계신 영원한 예수의 제사장직을 찬양한다. 오직 그리스도만이 청중에게 완전한 구원의 소망을 주시며, 그 구원 안으로 이끄는 확신을 제공하실 수 있다.

저자는 예수의 제사장직 안에서 주어지는 이 모든 선한 것을 선포하면서, 새 언약을 소개하기 위한 길을 예비한다. 이 제사장의 살아 계심, 곧 하나님과 맺고 있는 독보적인 관계에서 비롯된 생명 덕분에 오직 예수만이 오랫동안 기다려 온 영원한 언약을 가져오실 수 있다.

7:1 – 3 멜기세덱

¹이 멜기세덱은 살렘 왕이요 지극히 높으신 하나님의 제사장이라. 여러 왕을 쳐서 죽이고 돌아오는 아브라함을 만나 복을 빈 자라. ²아브라함이 모든 것의 십분의 일을 그에게 나누어 주니라. 그 이름을 해석하면 먼저는 의의 왕이요 그다음은 살렘 왕이니 곧 평강의 왕이요 ³아버지도 없고 어머니도 없고 족보도 없고 시작한 날도 없고 생명의 끝도 없어 하나님의 아들과 닮아서 항상 제사장으로 있느니라.

멜기세덱을 세 차례 언급함으로써[5:6, 10; 6:20] 저자는 이제 그에게 온전한 관심을 기울인다. 그는 앞서 멜기세덱의 이름이 언급된 시편 110:4을 인용하고 암시했지만, 7장 서두에서는 이 인물이 등장하는 또 다른 유일한 구약 본문인 창세기 14:17 – 20을 인용한다. 그러나 이 본문의 내용을 모

두 인용하지 않고, 문맥의 순서도 달리하여 몇 구절만 선별한다.

히브리서 7:1 – 2	창세기 14:17 – 20
이 멜기세덱은 살렘 왕이요 지극히 높으신 하나님의 제사장이라. 여러 왕을 쳐서 죽이고 돌아오는 아브라함을 만나 복을 빈 자라. 아브라함이 모든 것의 십분의 일을 그에게 나누어 주니라. 그 이름을 해석하면 먼저는 의의 왕이요 그다음은 살렘 왕이니 곧 평강의 왕이요…….	아브람이 그돌라오멜과 그와 함께 한 왕들을 쳐부수고 돌아올 때에 소돔 왕이 사웨 골짜기 곧 왕의 골짜기로 나와 그를 영접하였고 살렘 왕 멜기세덱이 떡과 포도주를 가지고 나왔으니 그는 지극히 높으신 하나님의 제사장이었더라. 그가 아브람에게 축복하여 이르되 천지의 주재이시요 지극히 높으신 하나님이여, 아브람에게 복을 주옵소서. 너희 대적을 네 손에 붙이신 지극히 높으신 하나님을 찬송할지로다 하매 아브람이 그 얻은 것에서 십분의 일을 멜기세덱에게 주었더라.

아브라함 이야기 속에서 이 짧은 만남은 하나님께서 언약 당사자에게 끊임없이 복을 베푸신다는 사실을 보여주는 데 주된 목적이 있다. 예수의 제사장직 논의를 뒷받침하기 위해 히브리서 저자는 구약성경에서 비중이 크지 않은 이 장면을 핵심 근거로 삼는다. 그는 제2성전기 유대인 주석가처럼 이 뜻밖의 인물이 갑작스레 등장하는 점에 매력을 느꼈고, 독특한 방식으로 그 이야기를 자신의 그리스도론적 논증에 활용한다.[1] 저자는 이 본문에 관해 여섯 가지를 명시적으로 논한다. 즉 멜기세덱의 이름과 왕 칭호, "지극히 높으신 하나님의 제사장"이라는 하나님과의 독특한 관계성, 아브라함이 가나안 군주들과 전투를 마친 뒤 그를 만나게 된 배경, 아브라함에 대한 그의 축복, 마지막으로 아브라함이 그에게 십일조를 바친 일이다.[2]

히브리서의 축약된 이야기는 이스라엘 역사에서 왕 칭호와 제사장 칭호를 동시에 지닌 한 인물에게 주목한다. 이스라엘의 일부 왕들은 제사장적 행위를 하기는 했지만,^{대상 16:2} 70인역 시편 109편의 인물 외에는 누구도 동시에 두 칭호로 불린 적이 없다. 시편 109편에 등장하는 인물은 하나님 우편에 앉아 왕권을 가지며,[70인역 시 109:1] 동시에 제사장직도 부여받은 것으로 묘사된다.[70인역 시 109:4] 이 점에서 시편 109편의 인물 역시 멜기세덱처럼 두 가지 소명을 함께 지니고 있다.

또 다른 놀라운 사실은 하나님께서 아브라함을 부르시고 언약을 세우신 바로 그 시점에 멜기세덱이 이미 "지극히 높으신 하나님"을 섬기고 있었다는 점이다. 그의 배경 이야기는 아브라함처럼 자세히 전해지지 않지만, 본문은 하나님께서 멜기세덱에게도 자신을 드러내셨음을 암시한다. 본문이 하나님을 "지극히 높으신 분"으로 칭하는 점은, 히브리서 저자가 예수를 "높은 곳에 계신 지극히 크신 이의 우편에 앉으신 분"[히 1:3]으로 선포하는 것과 연결된다.

저자는 옛이야기를 다시 상기시킨다. 멜기세덱은 아브라함이 가나안 군주들을 물리치고 돌아올 때 그를 맞았다. 저자는 창세기 14장의 이야기를 들려주면서, 창세기 17:5까지는 "아브람"으로 불리던 그를 6장과 마찬가지로 언약의 이름 "아브라함"으로 부른다. 이 시점에 아브라함은 조카 롯을 돕기 위해 지역 분쟁에 개입했다. 당시 엘람 왕 그돌라오멜과 그의 동맹군은 두 차례 승리를 거둔 상태였다.[창 14:5, 10-11] 그러나 그돌라오멜은 롯을 구출하기 위해 분쟁에 개입한 아브라함에게 패배한다. 이 사건은 아브라함이 약속의 땅에서 병력을 몰아낼 힘을 가진 인물임을 보여준다.[3]

여기서는 '패배시키다'[defeat]가 '쳐서 죽이다'[slaughter]보다 더 적절한 번역으로 보인다. 아브라함은 단순히 학살한 것이 아니라, 그돌라오멜이 다른 민족들에게 했던 방식대로 그의 군대를 제압했기 때문이다.[창 14:5, 7] 그리고 그들이 아브라함에게서 도망칠 수 있었으므로[창 14:15] 전부 죽임당한 것은 아님을 알 수 있다. 흥미롭게도 이 대목은 히브리서 저자가 언급은 하지만 별도의 주석을 달지 않는 유일한 요소다. 아브라함에게 주신 하나님의 복의 약속을 떠올린 뒤[히 6:14] 이어지는 이 이야기는, 아브라함의 탁월한 능력을 통해 약속이 그의 생애 가운데 어떻게 실현되는지 보여주는 한 예로 제시된다.

이어서 저자는 아브라함이 구출 작전에서 회수한 "모든 것의 십분의 일"을 나눠 주었다고 말한다. 그런데 그는 현존하는 창세기 헬라어 본문에서 '주었다'라는 뜻으로 쓰인 '에도켄'ἔδωκεν 대신, 하나님의 선물을 설명할 때 사용한 '메리스모스'μερισμός, 히 2:4와 같은 어근의 동사ἐμέρισεν, 나누어 주었다를 택한다. 이 용어 선택은 아브라함의 행위를 하나님의 사역과 더 긴밀히 연결한다.

이처럼 저자는 이야기의 윤곽을 제시한 뒤, 이를 바탕으로 논증을 전개한다. 그는 먼저 창세기 본문을 인용하는데, 헬라어 역본이 그러하듯이 히브리어 이름을 그대로 옮겨와 1절에 "멜기세덱"이라고 표기한다. 이어서 2절에서는 멜기세덱을 다시 언급하고 그 이름이 "의의 왕"으로 번역된다고 설명한다. 멜기세덱의 칭호인 "살렘 왕"도 다시 언급하며, 마찬가지로 그것이 "평강의 왕"이라는 뜻이라고 덧붙인다.

신약성경의 다른 서신에서도 이런 식의 설명적 번역은 독자층이 이방인일 가능성을 시사하는 신호로 볼 수 있다. 실제로 일부 히브리서 주석가들은 이 대목을 청중이 히브리어를 이해하지 못했음을 보여주는 단서로 여긴다. 그러나 디아스포라 유대인 공동체 역시 히브리어와 단절되었을 가능성이 있다. 그렇기에 독자들의 민족적·언어적 배경이 어떠하든, 멜기세덱의 신원을 나타내는 표현은 저자가 설교 속에서 하나님과 그분의 백성을 묘사할 때 사용한 표현과 긴밀히 연결된다.

왕이신 아들은 '의'를 사랑하셨다.1:9 그 의가 청중이 자라 가야 할 덕목이며,5:13 마침내 그들을 하나님의 가족의 신실한 구성원답게 만든다.10:38; 11:4, 7; 12:11, 23 이처럼 하나님은 평강의 하나님이시므로,13:20 청중은 평화를 추구해야 한다.12:11, 14 그러므로 멜기세덱은 한편으로 먼 과거의 수수께끼 같은 인물이지만, 다른 한편으로는 하나님의 집에 속한 이들에게 친숙한 자질을 드러내는 인물이다.

멜기세덱의 이름과 왕 칭호에 대해 설명한 뒤, 저자는 더 많은 시간을 들여 그의 제사장직에 대해 성찰한다. 멜기세덱이 이스라엘 이야기에서 처음으로 등장한 제사장이라는 사실은 놀랍지만, 구약성경에 정통하고 제사장 문제에 큰 관심을 가진 저자가 그에게 주목한 것은 전혀 놀랍지 않다. 저자는 1-2절에서 창세기 본문을 거의 그대로 따르지만, 3절에 이르러 오늘날의 관점에서 보자면 본문에서 벗어난다. 더 정확히 말해 그는 이야기의 '정상'을 향해 더 올라가지 않고, 오히려 '골짜기'에 시선을 고정한다. 즉 그는 기록된 문장보다는 행간에 담긴 의미를 읽어 내는데, 이는 유대인 독자들에게는 낯설지 않은 해석 방식이다.[4] 그런 작은 역할을 맡은 인물에게 족보가 없다는 것은 이상한 일이 아니다. 그러나 바로 이 침묵을 짚어 내어 청중의 주의를 환기시킨 이가 히브리서 저자다. 저자의 해석에서 족보의 부재는 멜기세덱에게 "시작한 날도 없다"라는 의미를 부여한다. 저자는 창세기 본문에서 멜기세덱 생애의 다른 끝인 죽음을 언급하지 않은 점에 주목한다. 그는 이렇게 진술한다. 멜기세덱에게는 "생명의 끝도 없다."

따라서 이야기 속에서 멜기세덱은 "하나님의 아들과 닮은" 인물로 그려진다. 저자가 설교 서두에서 말했듯이 아들은 창조 이전부터 아버지와 함께 계셨으므로 시작도 없고,[1:3] 죽음을 이기셨으므로 생명의 끝도 없다.[1:8; 2:14-15] 그분의 보좌는 영원하다. 멜기세덱의 죽음에 대한 기록이 없는 까닭에, 성경은 그가 "항상 제사장으로 있을" 가능성을 열어 둔다. 그러나 이 진술은 곧바로 독자들을 혼란스럽게 만든다. 초기에 일부 주석가들은 멜기세덱을 역사 속에서 나타난 하나님의 아들의 현현으로 이해했다. 그가 실제로 그리스도의 현현이라면, 멜기세덱과 아들 사이의 유사점은 쉽게 설명된다. 실제로 의의 왕으로 나타나셨고, 하나님의 제사장으로 영원히 계시는 분은 아들 자신이기 때문이다.

하지만 이 해석에는 몇 가지 난점이 따른다. 첫째, 그것은 성육신 이전에 아들이 육체적으로 현현했다고 전제하는데, 히브리서 저자는 오히려 자신의 시대에 일어난 사건,[1:2; 2:3] 곧 인간의 몸을 입으신 아들의 현현에 집중하고 있다. 둘째, 아들이 어떻게 자기 자신과 닮을 수 있는가 하는 문제다.[3절] 따라서 저자는 두 구별된 존재를 비교하고 있는 듯하다.[5]

보다 최근의 발견은 멜기세덱을 하늘의 존재로 이해했던 또 다른 유대인들의 생각을 보여주며, 해석의 새로운 선택지를 열어 주었다. 특히 사해 두루마리 속에 보존된 유대 문헌의 관점을 따라, 어떤 이들은 히브리서 저자가 멜기세덱을 천사적인 인물로 간주했다고 본다.[6]

천사는 하나님의 사자이자 사역자이므로,[1:14] 만일 멜기세덱이 천사라면 그는 예수가 대제사장이신 동안에도 제사장으로 남아 있을 수 있다. 저자가 멜기세덱을 천사적인 인물로 여긴다면, 그에게는 육체적·인간적 시작이 없다고 말하는 셈이 된다. 또 다른 해석은 멜기세덱이 실제 역사 속 인물이지만 그의 죽음이 성경에 기록되지 않았다는 점에 주목한다. 즉 그는 영원히 하나님과 함께 거하며,[12:23] 제사장으로 섬기는[12:28; 13:15] 인간들의 반열에 합류했을 가능성이 있다는 것이다.

그러나 이 두 해석 모두 한계를 지니고 있다. 인간과 천사 모두 창조된 존재이며, 특히 인간은 족보가 있다는 점에서 "시작한 날도 없다"는 표현과 충돌하기 때문이다. 멜기세덱에 대한 문학적 해석은 또 다른 선택지로 남아 있다.[7] 창세기에서 멜기세덱 이야기가 전개되는 방식은 독자들에게 하나님의 아들에 관한 진리를 떠올린다. 히브리서 저자는 멜기세덱을 그리스도의 모습을 미리 보여주는 예표로 읽는다. 아들은 제사장이자 왕이며, 의와 평강의 하나님이시다. 하나님이신 아들은 시작도 죽음도 없다. 그러므로 아들에게는 "생명의 끝"이 없으며, 그분의 제사장직은 불멸하는 생명의 능력에서 비롯된다.[7:16] 아들에게는 죽음이 없으므로 그분의 제사장직은 영원히 계속된다.[7:23] 이 모든 면에서 멜기세덱 이야기는 그를 하나님의 아들과 유사한 존재로 묘사한다.

이는 저자가 이 이야기를 단순히 문학적 허구로 본다는 뜻이 아니다. 오히려 하나님께서 예언자들을 통해 말씀하시고 아브라함의 삶 속 신비로운 만남을 기록하셨으므로, 창세기의 이야기는 아들을 통한 하나님의 소통하심을 이해하도록 길을 예비한 것이다. 히브리서 저자는 멜기세덱이 아브라함을 만난 이야기를 다시 들려주지만, 그의 궁극적 관심은 멜기세덱 자체가 아니다. 그는 멜기세덱 이야기가 예수 이야기를 해석하는 데 어떻게 도움이 되는지 보여주기 위해 이 제사장-왕을 내세운다.

저자는 이 제사장-왕의 독특한 결합이 예수라는 인격 안에서 완전하게 드러난다고 주장한다. 1장에서 보듯이 그는 예수가 메시아, 곧 하나님의 아들이라는 칭호를 지니신다고 말한 다른 초기 고백자들과 같은 입장을 공유한다. 그러나 그는 멜기세덱을 통해 예수의 제사장직까지 덧붙여 강조함으로써, 예수에 대한 고백을 한층 더 풍성하게 만든다. 분명한 것은, 저자가 예수를 유일하고 유능하며 영원한 대제사장으로 선포해 왔다는 점이다. 따라서 멜기세덱은 결코 예수의 경쟁자가 아니며, 오히려 그분을 가리키는 이정표다.

7:4 – 10 아브라함과의 만남

4이 사람이 얼마나 높은가를 생각해 보라. 조상 아브라함도 노략물 중 십분의 일을 그에게 주었느니라. 5레위의 아들들 가운데 제사장의 직분을 받은 자들은 율법을 따라 아브라함의 허리에서 난 자라도 자기 형제인 백성에게서 십분의 일을 취하라는 명령을 받았으나 6레위 족보에 들지 아니한 멜기세덱은 아브라함에게서 십분의 일을 취하고 약속을 받은 그를 위하여 복을 빌었나니 7논란의 여지 없이 낮은 자가 높은 자에게서 축복을 받느니라. 8또 여기는 죽을 자들이 십분의 일을 받으나 저기는 산다고 증거를 얻은 자가 받았느니라. 9또한 십분의 일을 받는 레위도 아브라함으로 말미암아 십분의 일을 바쳤다고 할 수 있나니 ¹⁰이는 멜기세덱이 아브라함을 만날 때에 레위는 이미 자기 조상의 허리에 있었음이라.

이 목회자(히브리서 저자)는 회중이 "이 사람이 얼마나 높은지" 보기를 원한다. 이를 위해 그는 아브라함이 멜기세덱에게 십일조를 바치는 장면, 곧 창세기 본문의 마지막 부분으로 시선을 돌린다. 이 대목의 히브리어 문법은 십일조를 바친 이가 아브라함인지, 아니면 멜기세덱인지 모호하게 보일 수 있다. 그러나 저자는 아브라함이 멜기세덱에게 십일조를 바쳤음을 분명히 하며, 둘의 역할을 명확히 구분한다. 또한 그는 본문에 나오는 이름 '아브람' 대신 '아브라함'을 사용한다. 아브라함이라는 언약의 이름은 그의 지위를 높여 주는 동시에, 멜기세덱의 지위가 그보다 높다는 사실을 한층 더 부각시킨다.

저자는 아브라함이 십일조를 어디에서 취했는지 구체적으로 밝힌다. 즉 단순히 "모든 것"^{창 14:20; 히 7:2}에서가 아니라, 창세기 헬라어 본문에는 없는 표현인 "노략물"에서 취했다고 말한다. 또한 그는 아브라함을 "조상"이라 부르는데, 이는 후대 문헌에만 나타나는 칭호다.^{마카베오4서 7:19; 16:25} 이런 점에 비추어 볼 때, 저자는 이 이야기가 담긴 전승을 수용하는 동시에 자기 시대의 언어로 재구성했다.

그렇다고 해서 저자가 성경 본문을 무시한 것은 아니다. 오히려 그는 훌륭한 설교자답게 본문을 충실히 따르면서도 설교적 목적에 맞게 청중에게 익숙한 언어로 풀어낸다. 실제로 그는 2절에서 사용한 '나누다'^{μερίζω} 대신, 창세기 본문에 나오는 동사 '주다'^{δίδωμι}를 취해 원문과 일치시킨다.

창세기 본문을 재서술함으로써 저자가 전하려는 핵심은 분명하다. 존경받는 믿음의 조상이자 하나님의 언약 파트너인 아브라함조차 멜기세덱에게 십일조를 바쳤다는 사실이다. 이는 이 제사장-왕의 위대함을 강하게 시사한다. 그러나 설교의 목표는 멜기세덱을 높이는 데 그치지 않는다. 저자의 관심은 궁극적으로 멜기세덱 이야기를 통해 예수의 제사장직을 규명하는 것이다.

궁극적인 그리스도론적 목적을 위해 멜기세덱의 위대함을 증명하고자, 저자는 이스라엘 백성 가운데 행해지던 십일조 관행을 떠올린다. 멜기세덱이 십일조를 받은 것은, 제사장 직분이 부여된 "레위의 아들들"[8]의 후손이 십일조를 받은 것과 유사하다.수 18:7 그들은 "백성에게서 십분의 일을 취하라는 명령을 받았다." 그들은 이 영예를 스스로 취하지 않는다. 그것은 "율법에 따라" 주어진 것이며,신 26:12; 민 18:21 저자는 이 점을 '받다', '명령', 그리고 '율법'이라는 세 단어로 거듭 강조한다.

저자는 레위인과 멜기세덱의 차이를 강조하기 위해 이 점을 언급한다. 레위인은 십일조 제도를 동등한 자들 사이에서 분명히 규정하기 위해 율법을 필요로 했다. 그들은 자기 형제 백성으로부터 십일조를 거둔다. 레위인과 다른 지파의 구성원들이 '형제'인 까닭은, 그들 모두가 아브라함의 후손이기 때문이다. 따라서 성경은 그들을 "아브라함의 허리에서 난" 자들이라고 표현한다. 이는 그들이 동일한 선조를 공유한다는 사실을 직설적으로 보여주는 생물학적 표현이다.

반면에 멜기세덱과 아브라함은 형제가 아니다. 둘은 족보상 동등한 위치에 있지 않다. 히브리서 저자가 이야기의 행간을 주목하며 강조하는 바와 같이, 멜기세덱에게는 족보가 없기 때문이다. 창세기 본문은 그가 아브라함과 어떤 가족 관계를 공유한다는 단서를 전혀 주지 않는다. 멜기세덱은 그의 "족보에 들지 아니한" 자이다. 다시 말해 그는 레위인이 아니다. 더 나아가 저자는, 혹시 독자들이 '레위인도 십일조를 받으니 멜기세덱만큼 훌륭하다'라고 생각할 수 있다는 점을 짚고 넘어간다.

그러나 창세기 14장은 멜기세덱이 두 가지 면에서 레위인보다 우월함을 보여준다. 첫째, 멜기세덱은 "아브라함에게서 십분의 일"을 받았다. 그는 자녀들이 아니라 아버지 곧 족장에게서 십일조를 받은 것이다. 둘째, 레위인은 족보상 동등한 관계인 아브라함의 후손, 곧 자기 형제 이스라엘 백성에게서 십일조를 받는다. 십일조를 비롯한 제사장 직분에 관한 율법 규정이 그들을 형제 백성과 구별시킨다. 멜기세덱은 이와 다르다. 그는 족보상 구별되는 인물이기에 자기 '형제'가 아닌 아브라함에게서 십일조를 받았다. 즉 그는 십일조 사건 이전부터 이미 아브라함과는 다른 범주에 속해 있었다.

십일조를 받은 것에 더하여, 멜기세덱은 "약속을 받은" 아브라함을 위해 "복을 빌었다." 저자가 6장에서 말했듯이 아브라함은 하나님께서 언약 관계를 세우고 복을 약속하신 인물이다. 그런 아브라함을 위해 멜기세덱이 축복할 수 있었다는 사실은, 그가 아브라함과의 관계에서 얼마나 큰 권위를 지니고 있는지 다시금 보여준다. 또한 십일조와 축복에 관한 동사를 완료 시제로 표현한 것은, 이 사건이 단지 과거의 일이 아니라 지금도 계속 영향을 미치고 있음을 시사한다.

저자가 보기에는 낮은 자가 높은 자에게서 축복을 받는 것은 당연한 일이다. 이는 그에게 논란의 여지가 없는 사실이다. 물론 구약성경에 익숙한 독자라면 이렇게 반박할 수도 있다. '인간도 하나님을 축복하지 않았는가?' 실제로 노아가 처음 그렇게 했고,^{창 9:26} 시편에서는 그런 동일한 후렴구가 여러 차례 반복된다.^{시 16:7; 26:12; 34:1; 63:4; 66:8; 96:2; 103 - 104; 113:2; 115:18; 134:1 - 2; 135:19; 145} 겉보기에는 저자의 주장과 충돌이 있는 듯하다. 그러나 성경이 말하는 인간의 축복은 하나님께 대한 '보답'에 불과하다. 바울이 로마서 11:35에서 욥기 41:3^{마소라 본문 41:11}을 인용하듯이, 누구도 하나님보다 먼저 하나님을 축복할 수 없다. 인간은 단지 하나님께서 이미 주신 것을 돌려드릴 뿐이다. 이는 오늘날 예배 중 헌금 순서에 목회자가 선포하는 역대상 29:14의 말씀("모든 것이 주께로 말미암았사오니 우리가 주의 손에서 받은 것으로 주께 드렸을 뿐이니이다")과 공명한다.

그러나 멜기세덱의 경우는 다르다. 그는 아브라함을 축복함으로써, 하나님께서 아브라함에게 하신 방식과 유사하게 그를 대한다. 하나님은 아브라함에게 약속을 주셨고, 멜기세덱은 그에게 복을 빌어 주었다. 하지만 멜기세덱이 축복한 대상은 아브라함 개인이라기보다, 이야기 전체가 보여주는 대로 아브라함이 하나님과 함께 누리는 복된 상태다.[창 14:19] 이어서 그는 하나님께 보답의 찬송을 드린다.[창 14:20] 이렇게 볼 때 하나님과 멜기세덱 모두 아브라함에게 선한 것을 베푼 셈이다. 이러한 사실은 멜기세덱의 사역이 하나님의 사역과 닮았으며, 그의 축복이 하나님의 축복을 가리킨다는 점을 확증해 준다.

8절에서 저자는 이야기의 또 다른 차원을 비춘다. 그는 이렇게 말한다. "또 여기는(곧 레위인들의 경우에는) 죽을 자들이 십분의 일을 받는다." 레위인을 이런 방식으로 묘사하는 것은, 그들이 죽음을 두려워하며 종노릇 하는 인간[2:14-15]으로서 유한성 안에 있음을 강조한 것이다.[9:27] 그들은 다른 모든 인간과 마찬가지로 잉태의 순간부터 죽음을 향해 나아간다. 그러나 "저기는(곧 멜기세덱의 경우는) 산다고 증거를 얻은 자가 받았다." 멜기세덱 이야기에는 죽음이 전혀 언급되지 않으며, 그는 레위인과 정반대 되는 모습으로 묘사된다.

그들 각각의 종말이 어떻게 다른지 언급한 뒤 저자는 다시 삶의 다른 쪽 끝, 곧 그 시작점으로 시선을 돌린다. 그는 레위 자신도 창세기 14장의 사건과 연관되어 있음을 지적한다. "또한 십분의 일을 받는 레위도 아브라함으로 말미암아 십분의 일을 바쳤다고 할 수 있나니 이는 멜기세덱이 아브라함을 만날 때에 레위는 이미 자기 조상의 허리에 있었음이라." 5절에서 보았듯이 족보는 레위를 아브라함과 단단히 연결한다. 그런데 이로 인해 아이러니한 반전이 일어난다. 십일조를 받는 레위가 도리어 먼저 십일조를 바친 자가 된 것이다. 물론 저자는 레위가 이 일에서 한 개인으로 나선 것은 아님을 인정한다. 그러나 그가 아브라함과 연결

되어 있으며, 낮은 자리에 서 있다는 사실은 의심의 여지가 없다

저자의 세심한 창세기 읽기는 7:1에서 제기했던 요점, 곧 멜기세덱의 위대함을 확증한다. 그는 다름 아닌 아브라함에게서 십일조를 받으며, 하나님처럼 아브라함을 축복한다. 아브라함과 멜기세덱 사이의 우열 관계는 분명하다. 이 상호 작용에서 멜기세덱은 더 우월한 자이다(멜기세덱 〉아브라함). 히브리서 저자의 주석적·설교적 기교는 바로 여기서 빛을 발한다. 창세기의 이야기를 읽다 보면 멜기세덱은 대체로 매우 빠르게 지나치거나, 잠시 의아해하며 멈출 뿐 오래 머무르지 않는다. 이야기의 큰 흐름 속에서 그는 주인공 아브라함의 중요성을 드러내기 위해 등장하는 미미한 인물처럼 보인다. 그러나 히브리서 저자는 멜기세덱에 대해 무언가를 새롭게 지어내는 대신, 본문이 말하는 것과 말하지 않는 것, 곧 진술과 행간의 세부에 주목함으로써 설교적 목표를 청중이 깊이 숙고할 수 있도록 멜기세덱을 적절히 부각시킨다.

저자는 이 만남에서 멜기세덱과 아브라함의 관계를 주목하며, 관계의 불평등 속에서 레위인이 어떤 위치에 서 있는지 지적할 수 있었다. 아브라함은 레위인의 조상이므로 레위인은 아브라함과 함께하며, 따라서 멜기세덱보다 열등하다(멜기세덱 〉아브라함/레위인). 저자는 이야기를 이런 방식으로 다시 풀어냄으로써 레위인과 예수의 비교를 시도한다. 예수는 70인역 시편 109:4에 기록된 대로, 하나님께서 직접 그렇게 말씀하셨기 때문에 멜기세덱의 반차에 속하는 분이다(멜기세덱/예수 〉아브라함/레위인).

결과적으로 저자는 창세기의 이 짧은 기록으로부터 자신의 논증을 뒷받침하는 주석적 확증을 이끌어 낸다. 예수는 제사장이며, 그분의 제사장직은 비록 레위의 제사장직이 율법 안에서 하나님에 의해 세워진 것이라 하더라도 그것보다 우월하다. 그러나 그 우월성이 레위의 제사장직을 대체하는 새로운 직분이라는 데 있는 것은 아니다. 하나님께서 제사

장의 순서를 바꾸셨다는 어떤 증거도 제시되지 않는다. 오히려 저자가 창세기 14장에서 발견한 것은, 이 우월한 제사장직이 레위가 태어나기도 전에 이미 존재했다는 사실이다. 따라서 레위와 그의 계보에 속한 자들은 언제나 또 다른 제사장직에 경의를 표하며, 그 직분을 향해 나아가는 길을 가리키는 역할을 하도록 의도되었던 것이다.

7:11 – 28 제의법

11레위 계통의 제사 직분으로 말미암아 온전함을 얻을 수 있었으면 (백성이 그 아래에서 율법을 받았으니) 어찌하여 아론의 반차를 따르지 않고 멜기세덱의 반차를 따르는 다른 한 제사장을 세울 필요가 있느냐. 12제사 직분이 바꾸어졌은즉 율법도 반드시 바꾸어지리니 13이것은 한 사람도 제단 일을 받들지 않는 다른 지파에 속한 자를 가리켜 말한 것이라. 14우리 주께서는 유다로부터 나신 것이 분명하도다. 이 지파에는 모세가 제사장들에 관하여 말한 것이 하나도 없고 15멜기세덱과 같은 별다른 한 제사장이 일어난 것을 보니 더욱 분명하도다. 16그는 육신에 속한 한 계명의 법을 따르지 아니하고 오직 불멸의 생명의 능력을 따라 되었으니 17증언하기를 네가 영원히 멜기세덱의 반차를 따르는 제사장이라 하였도다. 18전에 있던 계명은 연약하고 무익하므로 폐하고 19(율법은 아무 것도 온전하게 못할지라.) 이에 더 좋은 소망이 생기니 이것으로 우리가 하나님께 가까이 가느니라. 20또 예수께서 제사장이 되신 것은 맹세 없이 된 것이 아니니 21(그들은 맹세 없이 제사장이 되었으되 오직 예수는 자기에게 말씀하신 이로 말미암아 맹세로 되신 것이라. 주께서 맹세하시고 뉘우치지 아니하시리니 네가 영원히 제사장이라 하셨도다.) 22이와 같이 예수는 더 좋은 언약의 보증이 되셨느니라. 23제사장 된 그들의 수효가 많은 것은 죽음으로 말미암아 항상 있지 못함이로되 24예수는 영원히 계시므로 그 제사장 직분도 갈리지 아니하느니라. 25그러므로 자기를 힘입어 하나님께 나아가는 자들을 온전히 구원하실 수 있으니 이는 그가 항상 살아 계셔서 그들을 위하여 간구하심이라. 26이러한 대제사장은 우리에게 합당하니 거룩하고 악이 없고 더러움이 없고 죄인에게서 떠나 계시고 하늘보다 높이 되신 이

라. **27**그는 저 대제사장들이 먼저 자기 죄를 위하고 다음에 백성의 죄를 위하여 날마다 제사 드리는 것과 같이 할 필요가 없으니 이는 그가 단번에 자기를 드려 이루셨음이라. **28**율법은 약점을 가진 사람들을 제사장으로 세웠거니와 율법 후에 하신 맹세의 말씀은 영원히 온전하게 되신 아들을 세우셨느니라.

멜기세덱과 아브라함의 만남은, 만일 구약성경이 그에 대해 더 이상 언급하지 않았다면 단순히 흥미로운 이야기로 그쳤을 것이다. 그러나 한 시편^{시 110:4}은 멜기세덱이 단순한 제사장이 아니라 반차를 가진 인물이며, 그 반차에서 영원히 설 자가 나올 것이라는 하나님의 약속을 증언한다. 이로써 멜기세덱 이야기는 그 자체를 넘어서는 지속적 함의를 지니게 된다. 그러므로 저자는 창세기의 멜기세덱 이야기를 구약성경의 또 다른 언급과 연결한다.

다음 단락에서 저자는 멜기세덱을 다시 언급하는 본문, 곧 70인역 시편 109:4(히 5:6에서 마지막으로 인용됨)로 돌아간다. 하나님께서 레위 계통의 제사장직이 확립된 뒤 멜기세덱의 반차를 따르는 다른 제사장에 대해 말씀하셨다는 사실은, 레위 계통의 제사장직이 궁극적인 것이 아님을 보여주는 사후적 표시다. 반면에 창세기에서의 만남은 사전적 표시로 볼 수 있다. 따라서 11절의 '텔레이오시스'^{τελείωσις}는 '완벽함'^{perfection}이라기보다는 '완결'^{completion, 개역개정은 "온전함"—옮긴이}의 의미로 이해하는 것이 적절하다. 왜냐하면 저자가 이어서 레위 방식의 제의가 내적 정화를 실현할 수 없음을 논하더라도, 여기서 초점은 각 제사장직이 갖는 효과의 지속성에 있기 때문이다. 그는 수사적 질문을 통해 이를 분명히 한다. "레위 계통의 제사 직분으로 말미암아 온전함을 얻을 수 있었으면……어찌하여 아론의 반차를 따르지 않고 멜기세덱의 반차를 따르는 다른 한 제사장을 세울 필요가 있느냐." 저자는 비현실 가정법을 사용하여 그 답을 명백히 제시한다.⁹ 수동태 부정사들(세움받다, 일컬어지다)^{개역개정은 각각 '세우다', '따}

르다'로 번역한다—옮긴이은 그것이 전적으로 하나님의 행위임을 드러낸다. 하나님께서 시편에서 또 다른 반차를 언급하신 것은 첫 번째 반차가 제사의 과업이 이루어야 할 목표에 도달하지 못했음을 의미한다.

만일 저자가 등식의 양변에 동일한 동사를 사용하여, 하나님께서 아론의 반차에 관해 "말씀하셨다"/하나님께서 멜기세덱의 반차에 관해 "말씀하셨다"라고 진술했다면, 두 반차의 비교는 훨씬 균형 잡힌 것이 되었을 것이다. 그러나 저자는 둘의 비교를 그렇게 단순히 표현하지 않는다. 하나님은 아론의 반차를 따르는 다른 제사장에 관해 말씀하지 않으셨다. 그 대신 저자는 한 제사장이 멜기세덱의 반차에서 '일으켜진다'ἀνίστασθαι, 개역개정은 "세울"—옮긴이라고 진술한다. 이 단어 선택은 놀랍고도 독창적이어서 우연한 변경으로 보기 어렵다. 오히려 그것은 부활의 암시[13:20]와 긴밀하게 조응하며, 저자가 곧 불멸하는 생명의 능력[7:16]에 관해 논할 것을 미리 예고한다.

이 비교의 맥락에서 저자는 율법과 제사장직이 긴밀히 연결되어 있음을 환기한다. "백성이 그 아래에서, 곧 레위 제사장직을 통해 율법을 받았다." 특히 성막 시대에 백성이 경험한 율법의 상당 부분은 성막을 위해 시행되었으며 제사장들을 통해 집행되었다.[출 19–40장] 따라서 제사장들이 율법과 밀접히 결부되어 있기에, "제사 직분이 바뀌었은즉 율법도 반드시 바뀔 수밖에 없다."[10] 저자는 자신의 수사적 구조를 통해서도 제사장직과 율법의 연관성을 보여주기 위해 다음과 같은 교대 패턴을 활용한다.

A 레위 '제사장직'의 완결성 부족

    B 백성이 그들 아래에서 '율법'을 받음

A 다른 한 '제사장'을 세울 필요성

    B 이는 '율법'도 반드시 바뀌게 함

'메타티테미'^{μετατίθημι}는 '제거' 혹은 '변경'을 의미할 수 있지만, 저자가 염두에 둔 변화의 성격은 이어지는 단락에 이르러서야 비로소 분명해진다. 이 시점에 저자가 시편 110:4을 염두에 두고 있다는 사실은 명백하다. 그는 "이것, 곧 멜기세덱의 반차에 관한 시편의 진술은 다른 지파에 속한 한 사람에 관한 것"이라고 말한다. 여기서 '속하다'^{μετέχω}라는 표현은 아들이 하나님의 다른 자녀들처럼 혈과 육에 참여하셨다는 저자의 확언[2:14]과 긴밀히 연결된다. 그런데 그 지파에서는 "한 사람도 제단의 일을 맡은 적이 없었다."

저자와 그의 청중이 보기에도 "우리 주께서는" 다윗의 지파인 "유다로부터 나신 것이 분명하다." 이 저자는 복음서[마 1:1; 9:27; 12:3, 23; 15:22; 20:30; 21:9; 막 10:48; 11:10; 눅 1:32; 18:38; 요 7:42] 및 바울[롬 1:3; 딤후 2:8]과 더불어, 예수를 다윗의 후손으로 고백하는 기독교 신앙을 공유한다. 특히 "유다 지파에서 나신" 혹은 "솟아나신"이라는 단어 선택은 흥미롭다. 이는 앞에서 언급한 '일으켜지다'와 연결되며, 부활과 승천이라는 주제에 대한 또 다른 확언으로 기능한다.

저자는 또한 모세가 "이 지파에 관하여는 제사장들에 대해 아무 말도 하지 않았다"고 반복적으로 강조한다. 물론 어떤 이들은 다윗이 제단을 쌓고 제사를 드렸던 예[삼하 24:25; 대상 16:2]를 떠올릴 수 있겠지만, 저자가 강조하는 것은 제정된 율법과 관련된 요점이다. 앞으로 이 설교가 속죄일 제사와 대제사장의 사역에 초점을 맞추게 된다는 점을 고려할 때, 이는 그에게 매우 중요한 논제다. 오직 한 지파만이 제사장직을 위해 구별되었고,[출 28-29장; 레 8-9장] 그 지파는 유다가 아니었다. 예수가 유다 지파 출신이라는 사실에는 의문의 여지가 없으며, 따라서 그분은 레위 제사장직의 범주 밖에 머무르게 된다.

저자의 언어 선택에는 부활에 대한 암시가 담겨 있을 가능성이 크다. 그는 계속해서 "더욱 분명한" 사실을 진술하기 때문이다. 여기서 '분명하다'κατάδηλον'는 14절의 '프로데론'πρόδηλον과 구별되는 표현으로, 아마도 명확성의 수준이 한층 더 강화되었음을 드러내려는 의도적 선택일 것이다. 즉 "멜기세덱과 같은 또 다른 제사장이 일어난 것을 보니, 그는 육신에 속한 한 계명의 법을 따르지 않고 오직 불멸의 생명의 능력을 따라 (제사장이) 된 것이 분명하다."

유대인들은 70인역 시편 109편에 기록된 하나님의 약속을 다윗의 자손에게 주어진 말씀으로 해석하곤 했다. 하지만 다윗이 유다 지파 출신이라는 혈통적 배경이, 그를 멜기세덱의 반차에 합당한 인물로 만들어 주지는 않는다.[11] 다윗이 "영원한" 제사장이 될 수 있는 유일한 길은 불멸의 생명을 소유하는 것뿐이다. 그러나 예수는 이 자격을 갖추셨다. 설교 서두에서 선포된 바와 같이특히 1:2, 3, 8, 11-12 그분은 본래부터 영원하신 아들이기 때문이다. 동시에 저자는 제사장이 인류를 대표하기 위해 반드시 사람들 가운데서 택함받아야 한다는 점을 분명히 했다.5:1 그러므로 영원하신 아들이 인간이 되고 죽고 다시 살아난 사건은, 그분이 이 약속을 성취할 수 있는 유일한 길이었다. 오직 성육신과 죽음으로부터의 부활을 통해서만 그분은 멜기세덱의 반차를 따르는 영원한 제사장이 되실 수 있었다.

창세기의 이야기에서 멜기세덱은 이를 예표적으로 드러낸다. 멜기세덱의 출생이나 죽음에 대한 언급이 전혀 없는 것은, 그의 반차를 따라 오실 분을 미리 지시하는 장치다. 즉 시작이 없는 영원한 아들로서, 부활 이후 결코 죽음을 보지 않는 성육신하신 아들로서 그분은 진정 시작도 끝도 없는 유일하신 분이다.13:8 참조 이제 시편의 증언이 분명해졌다. "네가 영원히 멜기세덱의 반차를 따른 제사장이라." 영원한 하나님인 그분이 다윗의 자손으로 오셔서 죽음을 이기고 부활함으로써 참으로 영원한 제사장이 되신 것이다.

이 제사장의 임명과 더불어 '제거'와 '도입'이 동시에 일어난다. 제거란 곧 "전에 있던 계명"의 폐지를 가리킨다. 저자는 방금 주님께서 육신에 속한 계명을 따라 오신 것이 아니라고 언급했다. 그분이 영원한 대제사장으로 임명되셨다는 사실은 그 계명이 더 이상 유효하지 않음을 입증한다. 제사장이 반드시 레위 지파에 속해야 한다는 규정은 그분의 경우에는 적용되지 않으며, 그분이 이제 대제사장으로 영원히 섬기게 되었으므로 그 계명은 불필요해졌다.

이전 명령이 "폐지되었다"ἀθέτησις는 진술은 12절의 율법이 "바뀌었다"μετατίθεται는 진술보다 더 강력하다. 저자는 이미 율법의 변경을 언급했으며, 아론 계열의 제사장직에 대한 규정 역시 율법에 포함된다. 그러나 단순히 "율법이 바뀌었다"는 진술은 하나님의 마음이 변덕스럽다는 인상을 줄 수 있으므로, 오히려 신뢰를 흔드는 결과를 낳을 것이다. 따라서 저자는 하나님에 대한 의심을 불러일으킬 수 있는 이 문제를 반드시 다루어야 했다.21절 주해 참조 그러나 여기서 제거된 것은 "율법" 전체가 아니라 특정 "계명"이라는 점을 유념해야 한다. 계명 가운데 하나를 적용하지 않는 것은 율법의 '변경'을 의미한다. 다시 말해 계명의 제거로 율법은 '변경'되었지만 결코 '폐지'되지는 않았다.

18절의 가장 도전적인 측면은 인과 관계를 드러내는 대목에 있다. 저자는 그 계명이 "연약하고 무익하므로" 폐지되었다고 덧붙이는데, 이는 자칫 유대 율법, 나아가 유대 민족 전체에 대한 비방으로 비쳐질 수 있다. 이어서 "율법은 아무것도 온전하게 하지 못한다"는 설명이 추가될 때, 이 문제는 더욱 복잡해진다. 그러나 앞뒤 문맥은 하나님께서 주신 율법을 전면적으로 부정하는 해석을 차단한다. 율법이 하나님에게서 나온 것이 아니라면, 저자는 애써 논증할 필요도 없이 단번에 무시할 수 있었을 것이다. 하지만 저자의 과제는 율법 수여와 아들을 보내신 일이 모두 하나님의 일관된 계획 안에 있음을 보여주는 데 있다.

따라서 이 단락의 초점은 율법 자체가 아니라 "불멸의 생명"에 맞추어진다. 레위 제사장직을 규정한 계명은 바로 이 점에서 연약하고 무익했다. 그 본성상 혈통에 기초한 제사장 규정은 죽음을 전제한다(23절에서 저자가 명시적으로 지적하듯이). 한 세대의 제사장이 죽으면 또 다른 세대로 대체될 수밖에 없다. 하나님께서 아론과 그의 레위 자손을 제사장으로 부르셨지만, 그들에게 불멸의 생명을 부여하지는 않으셨다.

그 제사장적 부르심은 아무리 귀하고 중요할지라도 죽음의 권세를 극복하지는 못했다. 따라서 바로 이 지점에서 저자는 "율법이 아무것도 온전하게 하지 못했다"라고 진술할 수 있었다. 이는 저자가 이 주제와 관련해 바울의 가르침^{롬 3:20-21; 8:3; 10:4; 갈 2:16}을 의식하고 있음을 보여주는 대목일 수도 있다. 율법은 제사장직에 관한 계명을 포함하여 본래 이스라엘에게 선한 것이었다. 율법은 하나님의 임재가 백성 가운데 머물도록 보장하는 역할을 했기 때문이다. 그러나 율법은 죽음의 문제를 해결하지 못했고, 오히려 죽음의 지배 아래에서만 기능했다.

긍정적인 측면에서 보면, 새로운 제사장이 임명되고 옛 계명이 폐지될 때 "더 좋은 소망"이 열리게 된다. 저자는 바로 이 소망을 통해 "우리가 하나님께 가까이 가느니라"고 선언한다. 이제 그들은 대제사장을 따름으로써 하나님과 함께 거하는 자리로 나아간다는 확실한 소망을 얻게 되었다.^{2:10; 6:18-20} 그분은 불멸의 생명으로 하나님과 함께 거하시고 그들에게도 참여를 허락하시므로, 그들 역시 부활을 통해 하나님과 함께하는 삶을 소망할 수 있다. 예수는 과거 율법을 준수하는 것만으로는 가능하지 않았던 하나님께로 가는 길을 열었다. 따라서 이 설교를 듣는 모든 이들은 이제 하나님께 가까이 나아갈 수 있는데, 이는 그들이 온전하게 되신 분께 참여함으로써 그들 자신도 온전해질 수 있기 때문이다.

저자는 6장 끝부분에서 마지막으로 다루었던 맹세에 관한 논의로 다시 돌아간다.^{13-20절} 그가 일관되게 진술해 온 예수의 제사장직은 이 과정을 결코 빠뜨리지 않는다. "또 예수께서 제사장이 되신 것은 맹세 없이 된 것이 아니니……." 여기서 저자는 6장에서 사용한 '호르코스'ὅρκος, 맹세 대신 '호르코모시아'ὁρκωμοσία, 맹세함라는 합성 명사를 사용하여 맹세 행위의 과정을 강조한다.6:13, 16, 17 이 확장된 표현은 명사 '호르코스'와 동사 '옴뉘오'ὅμνυμι, 맹세하다의 결합으로, 단순한 맹세보다 더 강조된 의미를 담고 있다. 아브라함에게 주어진 하나님의 맹세가 중요한 사례였지만, 예수께 주어진 하나님의 맹세는 그보다 훨씬 더 큰 무게를 지닌다.

예수와는 달리 "맹세 없이 제사장이 되었던" 이들이 있었다. 하나님은 아론과 그의 후손을 제사장으로 부르셨다.출 28:1 심지어 그들이 영원히 제사장직을 가질 것이라는 기록도 존재하지만,출 29:9, 28 하나님께서 아론을 제사장으로 임명하실 때 그렇게 맹세하신 적은 없다. 반면에 멜기세덱의 제사장직에는 바로 이 맹세라는 무게감 있는 요소가 추가되어 있다. "오직 예수는 자기에게 말씀하신 이로 말미암아 맹세로 되신 것이라." 주님은 "맹세하시고 결코 뉘우치지 아니하시리니 네가 영원히 제사장이라"고 말씀하셨다. 저자는 7장에서 아직 하나님을 명시적으로 언급하지 않았다. 그 대신 맹세의 반복적 언급을 통해 하나님의 임재를 암시해 왔으나, 이제 청중은 직접 야훼의 음성을 듣게 된다. 저자는 이 설교에서 세 번째로 70인역 시편 109:4을 인용하는데, 그는 이미 5:6로부터 이를 논하기 위해 준비해 왔다. 자주 인용되는 이 시편의 진술은, 하나님께서 "내 우편에 앉으라"고 부르신 바로 그분,1:13 하나님께서 완전한 주권을 약속하신 바로 그분, 곧 하나님의 아들이신 그분5:5 - 6에게 주어진다. 바로 이분에게 하나님은 제사장직을 맹세하시며, 그 임명을 후회하거나 뜻을 바꾸지 않으실 것이다.'바꾸다'라는 동사의 뉘앙스는 고후 7:8; 마 21:29, 32; 27:3 참조

하나님의 맹세라는 형식은 아브라함에게 주신 맹세의 예와 유사하다. 그때 하나님은 약속과 맹세를 모두 말씀하셨다.6:13 - 14 이 본문에서 하나님의 부르심과 맹세는, 청중에게 확실한 소망의 기초가 되는 두 가지 변하지 않는 사실을 떠올린다.6:18 사실 "네가 영원히 제사장이라"는 하나님

의 선언적 선포만으로도 충분하다. 그러나 "주께서 맹세하시고"가 더해짐으로써, 하나님께서 자신의 아들을 영원한 대제사장으로 임명하신 결정이 결코 변하지 않을 것임이 더욱 분명하게 드러난다.

그런데 저자가 말한 율법의 변경과 계명의 제거[7:12, 18]는, 특히 아론의 제사장직이 영원할 것이라고 선언한 구약성경의 진술[출 29:9, 28]을 고려할 때 해석상 난점을 제기한다. 하나님께서 약속하셨다가 취소하신 것이 아닌가 하는 의문은 당연히 제기될 수 있다. 바로 이런 우려 때문에 저자가 맹세를 언급하며 두 제사장직 사이의 차이를 강조한 것일 수 있다. 즉 예수를 위해서는 하나님께서 맹세하셨으나 아론을 위해서는 그러지 않으셨다는 것이다. 그러나 이 설명만으로는 충분하지 않아 보인다. 이전의 약속을 무효화하기 위해 맹세가 추가된 것인가? 본문의 흐름을 따라가 보면 저자는 단순히 맹세의 '우월성'을 강조하는 차원을 넘어, 새로운 방식으로 논증을 전개하고 있음을 알 수 있다.

그 난점에 대해 보다 일관성 있는 해석이 제시되기도 한다. 출애굽기 40장은 이렇게 기록한다. "너는 또 아론과 그 아들들을 회막 문으로 데려다가⋯⋯그들이 내게 제사장의 직분을 행하게 하라. 그들이 기름 부음을 받았은즉 대대로 영원히 제사장이 되리라."[출 40:12, 15] 이 제사장직의 영속성은 "그들의 세대" 안에서만 유효할 것이었다. 그러나 이제 마지막 날이 도래했고,[히 1:2] 장차 올 세상이 이미 침투해 있으므로[1:6; 2:5] 그들의 세대는 끝났다. 실제로 저자가 제사장으로 임명된 사람들을 언급할 때 현재 시제를 사용하는 것도 이와 연결된다.[7:28] 그는 예수 안에 참여하는 이들이 제사장적 사역을 감당한다고 상상한다.[12:28(섬김); 13:15(찬송의 제사)] 그러므로 레위와 아론의 계보에 속한 이들은 여전히 "영원히 제사장"일 수 있다. 그들은 더 이상 날마다 죄의 감염력을 막는 역할을 담당하지 않지만, 만일 그들이 하나님의 약속을 기다리던 신실한 이들 중 하나라면,[11:29] 영원한 대제사장이신 예수의 인도 아래 계속해서 섬길 수 있었을 것이다. 따라서 그들의 제사장직은 예수의 직분에 의해 단순히 '대체된 것'이 아니라, 오히려 그 안에 포함되고 완성된 것이라고 볼 수 있다.

가장 중요한 것은 저자가 '변경'과 '제거'라는 용어의 의미를 명확히 했다는 점이다. 저자는 레위 제사장직이 언약을 유지하는 데는 유익했지만 죽음은 결코 이기지 못했으며, 따라서 하나님은 그 직분이 세워지기 전부터 살아 있는 제사장직 안에서 완성될 것을 멜기세덱을 통해 미리 보여주셨다고 단언한다. 하나님은 맹세를 취소하시거나 뜻을 바꾸신 것이 아니다. 오히려 언약의 시작부터 아브라함과 레위의 계열과는 구별되는 반차 안에서 영원한 제사장직을 세우려는 의도를 보이셨다. 그 의도 안에서 하나님은 레위인을 불러, 거룩하지 않은 백성 가운데 거하시려는 자신의 열망을 제사장직을 통해 보여주셨다. 그리고 시대의 끝이 도래했을 때, 그 예시적 직분이 그리스도의 살아 있는 제사장직 안에서 성취되었다. 그 직분이 지속되는 이유는 그 예시적 성격이 예수의 사역 안에 포함되었기 때문이다. 그리스도의 제사장직은 처음부터 유일하게 영속적인 것이며, 다른 이들은 그분을 위해, 그분과 함께 섬긴다.

22절에서 저자는 하나님에게서 나온 이 신뢰할 만한 진술을 인용한 목적을 분명히 하기 위해 20절에서 시작한 논지를 완성한다. "이와 같이 예수는 더 좋은 언약의 보증이 되셨느니라." 이는 서신에서 '언약'이라는 용어가 처음으로 명시되는 대목이다. 이야기 전개에 앞서 멜기세덱을 미리 언급했던 것처럼, 저자는 이 '더 좋은 언약'에 대해 즉시 설명하지 않고 먼저 청중이 준비될 수 있도록 개념을 제시한다. 언약의 '더 좋음'은 직전의 '더 좋은 소망',[7:19] 곧 하나님께 가까이 나아갈 때 붙드는 소망과 연결된다. 언약은 관계를 세우고 유지하는 것이며, 또한 접근을 허용하는 소망과 관련되므로 언약이 하나님께 나아가도록 허락한다는 결론은 자연스럽다. 다시 말해 이 언약은 저자가 청중을 위해 염두에 두었던 "더 좋은 것들"[6:9]에 속한다. 예수는 바로 이 언약의 "보증"이 되신다. 6장 끝부분의 이미지처럼 그들이 들었고 지금 하나님 우편에 앉아 계신 육신을 입으신 주님은, 그들의 미래 소망을 붙드는 가시적 실재이자 장차 올 것의 닻이다. 그분은 이 언약이 약속하는 바의 확실한 보증이다.

언약이라는 주제를 본격적으로 다루기 전에, 저자는 다시 한번 예수와 다른 제사장들 사이의 대조를 시도한다. 언약을 언급한 뒤 다시 제사장직으로 돌아가는 것은, 이어지는 논증이 보여주듯이 두 개념이 서로 긴밀히 연결되어 있음을 나타낸다. 23절에서 그는 레위식 제도에서 "제사장 된 그들의 수효가 많은 것은 죽음으로 말미암아 항상 있지 못함" 때문이라고 지적한다. 여기에는 두 가지가 대조된다. 첫째, 예수는 단 한분이지만 레위 제사장은 다수다. 둘째, 그들은 죽지만 예수는 영원히 사신다. 바로 이것이 제사장을 임명한 계명의 연약함과 무익함이다. 그 계명은 제사장이 죽음을 극복하게 하지 못했다. 따라서 레위식 제도에서는 제사장이 죽을 때마다 새로운 이들이 그 직분을 이어 가야 했고, 그럼에도 직분 자체는 계속 유지되었다. 구약성경은 이를 문제 삼지 않지만, 저자는 여기에 새롭고 급진적인 해석을 제시한다. 즉 그는 청중에게 죽음은 당연히 받아들여야 할 것이 아니라, 반드시 구속받아야 할 현실임을 강조한다.

다른 한편, 단 한분이신 제사장 예수는 "영원히 계시므로 그 제사장 직분도 갈리지 아니한다." 이는 하나님께서 시편에서 맹세하신 바가 성육신과 부활을 통해 성취되었기 때문이다. 그분의 제사장직은 깨어지지 않을 것이며, 그분 또한 결코 그것을 버리지 않으실 것이다. '갈리지 아니하는'ἀπαράβατος이라는 묘사적 용어는 신약성경에서 이곳에만 한 번 사용되며, '깨어짐'이나 '떠남'을 뜻하는 반대어 '파라바토스'παράβατος는 마태복음 15:2−3과 사도행전 1:25에 나온다. 이러한 진술은 예수가 죽음과 부활을 통해 하나님에 의해 이 제사장 반차로 임명되었다는 1장의 진술과 조화를 이룬다. 그분은 부활 후에도 인성 안에 계시지만 더는 죽음에 종속되지 않는다. 바로 이러한 점 때문에 사람들 가운데 택함받은 예수는 결코 삶을 그칠 수 없는 것이다.

여기에는 유대 제사장직에 대한 신뢰 부족이 전제되어 있을 수 있다. 하스몬 왕조 시대에 드러난 부패는 예수의 제사장직에서는 결코 일어날 수 없다. 하나님은 뇌물로 매수할 수 없기 때문이다. 이 서신이 주후 70년 이후에 기록되었다면, 이 확신은 더욱 강화되었을 것이다. 예수의 제사장직이 침해될 수 없는 까닭은, 누구도 그분을 해하거나 그분이 섬기는 하늘의 성막을 습격해 불태울 수 없기 때문이다. 유대 제사장직의 불안정성과 중단으로 인한 좌절감을 고려할 때, 예수의 영속적인 제사장직에 대한 이 논점은 1세기 공동체에게 큰 의미를 지닌다. 시대와 상황을 막론하고 영적 지도자들, 곧 대제사장이신 예수와 일치하며 그분을 대표해야 하는 이들[13:17 참조]을 신뢰하기 어렵다고 느끼는 그리스도인들은, 설령 지도자가 예수의 기준에 미치지 못할 때도 예수의 권위 자체를 의지할 수 있다.

예수는 영원히 계시므로 "자기를 힘입어 하나님께 나아가는 자들을 온전히 구원하실 수 있다." 그러나 예수의 제사장직의 선함은 단순히 그분이 변함없으신 이라는 사실에만 있지 않다. 그 직분의 참된 선함은, 변하지 않는 그분의 인격에 기초하여 실제로 구원을 가져온다는 데 있다. 저자가 선포하듯이 그분은 "구원하실 능력이 있다." 청중은 이미 구원에 참여하고 있으며, 그 충만함을 향해 나아가고 있다.[1:14; 2:3, 10; 5:9; 6:9; 9:28] 그러나 히브리서에서 동사로 표현되는 구원 행위는 오직 하나님과 예수만이 하실 수 있다. 하나님은 예수를 죽음에서 구원하실 능력이 있고,[5:7] 예수는 인류를 구원하실 능력이 있다.[7:25] 예수는 하나님과 동일한 일을 행하신다. 하나님으로서, 죽음을 이기신 인간으로서 그분은 구원할 능력이 있기 때문이다.

5:9에서 예수는 "그에게 순종하는 자들"을 위한 영원한 구원의 근원이

되셨다. 여기서도 유사하게 저자는 예수가 특정한 그룹, 곧 "하나님께 나아가는 자들"을 구원할 능력이 있다고 진술한다. '나아감'은 저자가 이미 자신과 청중에게 촉구했던 행동이며,[4:16] 10:22에서도 다시 강조될 것이다. 그들은 홀로 하나님께 나아가는 것이 아니라, 그분을 "힘입어" 나아간다. 예수는 그들이 참여하는 분[3:1, 14]이며, 그들의 선구자,[2:10; 6:20] 제사장적 대표자이자 중보자이시다. 하나님께 가까이 나아가는 것은 본래 제사장의 사역이며,[레 9장; 21장; 민 16장] 이제 그분은 그들에게 하늘 보좌에 직접 접근할 길을 열어 주셨다.[히 4:16] 그들의 대제사장은 성소에 입장하는 그들이 자기를 따르도록 허락하신다.

저자는 예수께서 구원 행위를 "온전히" 하신다고 묘사한다. 그분의 구원 행위는 소진되지 않으며, 그 여정 끝까지 그들을 이끌 수 있다. 이는 하나님의 안식에 들어가기까지 아직 갈 길이 남은 이들에게 중요한 격려가 된다.[4:11; 12:2] 더욱이 그분의 구원은 포괄적이고, 그분의 부활 생명은 그들이 동일한 것에 참여하게 될 것을 의미한다. 영혼 구원이 기독교적 소망의 전부라고 생각하는 현대적인 영육 이분법은, 어떤 것이라도 히브리서가 여기서 묘사하는 것에는 미치지 못할 것이다. 이 설교는 그들이 예수의 길을 따를 때 그들 역시 몸의 구원을 상속받을 것임을 시사한다. 그분의 구원 행위는 공동체적이고 우주적이다. 즉 하나님께 나아가는 모든 이들은 피조물에 대한 주권자로 세워질 것이다.[시 8편/히 2:8] 이 구원은 개인의 덧없는 영혼 보존보다 훨씬 더 큰 구원, 견고하고 온전한 구원이며, 모든 하나님의 피조물을 위한 구원이다.

이 완전한 구원이 가능한 이유는 예수께서 항상 살아 계셔 그들을 위해 간구하시기 때문이다. 죽음이 결코 그분을 이길 수 없으므로, 예수는 영원한 제사장적 중보자가 되신다. 레위 제사장이 속죄를 위해 반복해서 희생 제사를 드렸다면, 예수는 그분 자신을 하나님께 드림으로써 단번에 그리고 영원히 그 일을 이루셨다. 그러나 하나님 앞에서 그분의 중재 사역은 거기서 끝나지 않았다. 제사장이 하나님 앞에서 백성을 대표하여 백성의 용서와 하나님의 임재의 지속을 위해 간구하듯이, 예수는 영원히 살아 계셔서 그 역할을 완전하게 감당하신다.[12] 노리치의 줄리안 Julian of Norwich은 예수의 피가 지닌 구원 효과를 그분의 승천하신 몸과 연결하는데, 이는 히브리서의 이 구절에 상응하는 것처럼 보인다. "그의 사랑받는 피, 그 소중하고 풍성한 피가 하늘로 올라가……그곳에서 그분 안에 계시며, 우리를 위해 흐르며, 아버지께 기도한다. 그 피는 필요로 하는 동안 있으며 앞으로도 계속 있을 것이다."[13] 예수의 영원한 생명은 그분을 통해 하나님께 나아가는 이들을 위해 간구하는 목적에 봉사한다. 간구는 하나님께 부르짖는 것을 말하며,롬 11:2: 에녹1서 9:3 기도와 적절하게 연관된다.[14] '만나다', '간구하다'라는 뜻의 '엔튝하노'ἐντυγχάνω는 구약성경에서 제사장의 행위를 묘사하는 데 사용되지 않는다. 그러나 그 기본 의미가 '함께 있음'이기 때문에,[15] 멀리 계신 것이 아니라 하나님 우편의 보좌에 앉아 하나님께 기도하시는 예수의 활동을 묘사하기에 특히 적절한 용어다.

바울은 하나님 아버지 앞에서 예수와 성령이 성도를 위해 간구하신다고 말하며 동일한 용어를 사용한다.롬 8:27, 34 이는 초기 기독교가 신적 중보에 대해 공통된 이해를 가지고 있었음을 보여준다. 더욱이 예수의 제사장 직분은 살아 있는 것이며, 그분의 죽음에 대한 승리는 자기를 따르는 이들도 죽음을 극복하도록 기도하게 한다. 그분은 하나님께 그들의 인내를 도우시기를 간구하는데, 이는 곧 하나님께서 원하시며 이미 실행하고 계신 계획이다.히 2:10: 12:5-11 예수의 간구는 마치 고집스러운 아버지를 설득해야 하는 것이 아니다. 오히려 그분은 아버지의 뜻과 일치하는 것을 구하며, 하늘에서 하나님께 직접 그렇게 하신다. 아버지와 아들이 이 공동체를 위하신다면, 누가 그들을 대적할 수 있겠는가? 저자는 그들이 믿음 안에서 인내하지 못할 가능성을 심각하게 우려하지만, 동시에 바로 그 인내를 도우시는 하나님의 능력을 확신한다.

아들의 영원한 생명은 그분의 간구가 영원히 계속될 것인가 하는 물음을 떠올리게 한다. 즉 하나님께 나아간 이들이 마침내 하나님의 안식에 들어가면, 여전히 그분이 이들을 위해 중보할 필요가 있는가? 죄와 죽음이 더 이상 문제가 되지 않더라도, 이 말씀은 영원 속에서도 성장할 가능성과 그 성장을 위해 끊임없이 중보하는 아들을 상상하도록 길을 열어 준다.

서신에서 두 번째로, 26절에서 저자는 적절성 논증을 전개한다. "이러한 대제사장은 우리에게 합당하니……." 그들이 이러한 대제사장을 받을 자격이 있다는 뜻은 아니다. 오히려 그들은 죽음의 종이었고,[2:14] 악에 기울기 쉬우며,[3:12] 아직 미성숙하다.[5:11-12] 이 합당함은 연약한 인간의 조건에서 비롯된다. 인간에게는 하나님 우편에서 그들을 위해 간구하며 온전히 구원하실 수 있는 분이 반드시 필요하기 때문이다. 저자는 이 대제사장을 묘사하기 위해 다섯 개 단어와 구절을 사용한다.

먼저 저자는 대제사장을 "거룩하다"고 표현한다. 이 거룩함을 나타내는 용어는 히브리서에서 이곳에만 나오지만, 다른 신약 문서에서는 경건한 자나 구별된 자를 지칭하며,[딤전 2:8; 딛 1:8] 하나님과 예수를 묘사하는 데도 사용된다.[행 2:27; 13:35/70인역 시 15:10; 계 15:5; 16:4] "악이 없다"라는 표현도 히브리서에 한 차례만 나오며, 악으로부터의 자유를 분명히 가리킨다. 이 말은 속임수에 쉽게 빠지는 순진함을 묘사할 수도 있지만,[롬 16:18] 히브리서에서는 연단을 통해 성숙함에 이른 상태, 곧 악을 분별하고 피하는 능력을 의미한다.[5:14] 대제사장은 이 점에서 언제나 올바른 선택을 했다. 마지막 특징은 "더러움이 없다"는 것이다. 악한 것에 의해 더럽혀지지 않았고, 하나님의 눈에 선한 것으로 충만하다.[13:4; 약 1:27; 벧전 1:4] 이 세 가지 표현은 4:15에서 이미 강조된 것처럼 예수의 죄 없으심을 나타낸다. 네 번째 표현도 동일한 맥락에 속하지만, 동시에 다음 개념으로의 전환을 이끈다. 그분은 "죄인에게서 떠나 계신" 이인데, 이것은 다른 모든 인간과 구별되는 그분의 거룩함을 강조할 뿐 아니라, 마지막 묘사에서 더 뚜렷해지는 그분의 '위치 변화'를 암시한다. 즉 예수는 "하늘보다 높이 되신" 분이다. 히브리서에서 "하늘(들)"이라는 표현은 종종 복수형으로 나타나며, 이는 유대교 전통에서처럼 신적 영역을 이루는 셋째 하늘의 거룩한 층들을 가리킨다.고후 12:2; 에녹2서 1 – 20장; 이사야 승천기 7 – 9장 그들의 대제사장은 그 모든 영역을 지나 마침내 하나님의 자리로 직접 들어가시며,9:24 참조 그곳이 바로 부활한 그분이 거하시는 곳이다.

예수의 거룩함과 위치를 강조한 다음, 저자는 다른 대제사장들과의 또 다른 비교를 통해 그분의 무죄함이라는 주제로 돌아간다. "그는 저 대제사장들이 먼저 자기 죄를 위하고 다음에 백성의 죄를 위하여 날마다 제사 드리는 것과 같이 할 필요가 없으니……." 자신과 백성을 위한 이중 절차는 속죄일에 대제사장이 행하는 사역으로,레 16:6 그 제사는 매일 드리는 희생 제사가 아니라 매년 한 번만 드리는 제사였다. 히브리서 저자는 이 사실을 분명히 알고 있다.9:7, 25; 10:1, 3 제사장은 부지중에 죄를 지을 수 있기에레 4:1 – 12 자신을 위해 제사를 드려야 했으며, 이는 언제든 생길 수 있는 일이었다. 더 나아가 서임敍任 제사는 제사장의 속죄를 위한 제물로 이해되었다.레 9:8 따라서 저자가 제사장이 "날마다 자신을 위해 제사를 드렸다"고 말하는 것은 실제 반복을 뜻하는 것이 아니라, 인간의 죄와 유한성 때문에 제사가 끊임없이 필요했음을 가리킨다."

이와 달리 그들의 대제사장은 "단번에 자기를 드려" 이 일을 행하셨다. 차이점은 두 가지다. 첫째, 그분이 단 한 번 드리신 제물은 단번에 그리고 영원히 충분하기에, 그분은 백성을 위해 반복해서 제사를 드릴 필요가 없다. 둘째, 그분은 죄가 없으시므로4:15 자신을 위해 제사를 드릴 필요가 없다.[16] 그 대신 그분은 자신을 제물로 드린다. 여러 사본에서 볼 수 있듯이 저자가 실제로 동사 '드리다'와 함께 전치사 '아나'ἀνά를 사용했다면, 그것은 '위로 향함'을 의미하므로 아들이 승천하실 때 자신을 살아 있는 제물로 드리셨다는 이미지와 잘 맞아떨어진다.

이제 저자는 제사장들 사이의 최종 대조를 시도하며, 7장의 논증을 요약한다. "율법은 약점을 가진 사람들을 제사장으로 세웠거니와 율법 후에 하신 맹세의 말씀은 영원히 온전하게 되신 아들을 세우셨느니라." 첫째, 그는 맹세에 관한 이전 논증을 다시 상기시킨다. 앞서 살펴본 대로 6:13~18; 7:20~21 맹세는 단순한 율법보다 강력하다. 더욱이 "율법 후에 하신" 맹세의 말씀은 율법이 영구적이지 않음을 드러낸다. 나아가 그 맹세는 율법 이전의 인물인 멜기세덱에 관한 것이므로, 율법이 주어지기 전부터 하나님의 계획 안에 멜기세덱의 반차가 자리 잡고 있었음을 보여준다.

둘째, 저자는 예수와 다른 제사장들이 공유하는 공통점, 곧 모두 임명되었다는 사실을 인정한다. 그러나 임명된 이들의 정체성은 본질적으로 구별된다. "사람들"과 "아들"의 대조는 예수가 하나님과 맺고 있는 독특한 관계를 부각시키며, 이는 어떤 제사장과도 비교할 수 없는 것이다. 1:5; 5:5

마지막으로, 사람들은 "약점"을 가지고 있지만 아들은 "영원히 온전하게 되신" 분이다. 약함은 인간의 조건으로서, 4:15; 5:2 죄에 얽매이고 죽음에 종속되어 있음을 의미한다. 예수를 제외한 모든 인간에게 이는 피할 수 없는 현실이다. 그러므로 다른 대제사장들은 보통의 인간과 다르지 않게 죄에 속박되어 있고, 그 결과 백성에게 실질적 도움을 줄 수 없었다. 그러나 아들은 온전히 완전하게 되신 유일한 분이다. 그분은 본래 영원한 하나님의 아들이자 죄 없는 인간으로서 항상 죄에 대해 완전했지만, 이제는 죽음에 대해서도 완전하게 되었다. 그렇게 그분은 "영원히" 온전하게 되신 것이다. 온전하신 그분이 하나님께서 맡기신 과업을 성취했으며, 10:5~14 참조 이제 부활한 몸으로 하나님과 함께 온전함의 영역에 거하신다.

예수는 청중의 상황과 뚜렷이 구별되는 제사장이다. 그분은 죄가 없고, 죽을 운명에 놓인 적도 없으며, 더 이상 땅 위에 계시지도 않는다. 그러나 이러한 구별은 그분을 멀리 계신 이로 만드는 것이 아니라, 오히려 참으로 능한 제사장으로 세운다. 이 제사장의 간구는 그들의 미래와 그 미래를 향한 여정에 실제적인 변화를 일으킨다.

그리스도인들은 수천 년 동안 예수의 제사장직 개념에 익숙해져 있지만, 히브리서 저자의 독창성을 결코 간과해서는 안 된다. 저자는 아들이 영원한 하나님이시며, 이 진리가 예수 그리스도의 생애와 죽음, 그리고 부활 속에서 계시되었다는 믿음에 철저히 헌신한다. 이러한 헌신으로부터 그는 구약성경을 새롭게 읽으며 제사장적 그리스도론을 발전시킨다.

만일 청중이 '하나님께서 레위 계열에서 예수로 제사장직을 바꾸신 것처럼, 다시 다른 직분으로 바꾸실 수도 있는가'라는 의문을 가진다면, 저자는 그것이 불가능하다는 두 가지 보증을 제시한다. 첫째, 하나님은 예수에게 맹세하셨으나 아론에게는 그러지 않으셨다. 둘째, 하나님께서 레위가 태어나기 전, 심지어 아론이 부름받기 전부터 이미 이 제사장직을 계획하셨다는 사실은 하나님의 신실하심을 더욱 확증한다. 멜기세덱의 제사장직은 언제나 영속적인 것으로 의도되었으며, 레위인의 직분은 그 영속적 직분의 성취를 가리키는 이정표에 불과했다.

새 언약

히브리서의 중심인 이 본문^{8:1-10:18}은 예레미야의 새 언약 예언을 두 번 인용하는 8:8-12과 10:16-17 사이에 놓여 있으며, 그리스도의 제사장직의 필요성과 그 효력을 제시한다. 이 부분이 중심부인 이유는 본문 중간쯤에 위치하기 때문이기도 하지만, 저자가 예수께서 하나님의 아들이자 대제사장이시라는 자신의 특징적 주장을 가장 공들여 논증하기 때문이다. 이 부분은 주해의 분량이 상당하지만, 함께 묶어 둔 이유는 구절 간의 관계와 논증의 흐름을 더 명확하게 파악하기 위해서다.

8장의 시작 부분은 지금까지 제시된 설교의 요점을 정리해 준다. 이 공동체에는 높이 들린 대제사장이 계시며, 그분은 섬기는 종이시다. 그분이 섬기는 '장소'가 1-5절에서 중요하게 다루어진다. 그분은 하늘 성소의 모형인 땅의 장막에서는 섬길 수 없고, 그 대신 하나님께서 세우신 참된 장막에서 섬긴다. 저자는 예레미야서 본문을 인용하여^{6-7절} 그분의 섬김이 지닌 '성격'을 강조한다. 즉 그분의 섬김은 더 나은 직분이다. 그분은 인간 제사장보다 뛰어난 제사장직을 행함으로써 더 좋은 언약을 중재하신다.

8-12절에서 저자는 70인역 예레미야 38:31-34^{마소라 본문 렘 31:31-34}을 인용하는데, 이는 신약성경 전체에서 구약성경을 가장 길게 인용한 사례다. 이 인용에서 하나님의 음성은 출애굽 이후 그분이 이스라엘 집과 유다 집과 맺은 언약의 실패를 분명히 지적한다. 즉 하나님의 백성이 그분의 언약을 지키지 않았다는 것이다. 그러나 이러한 실패에도 불구하고

하나님은 그 백성을 포기하지 않으시고, 새 언약으로 그 관계를 새롭게 하신다. 이 새 언약은 백성의 죄를 자비로이 기억하지 않으시고, 하나님의 법을 백성의 마음에 두어 그분과의 관계의 깊이와 범위를 근본적으로 새롭게 하신다는 내용을 담고 있다. 이어지는 13절에서 저자는 이 예언에 대한 자신의 해석을 제시한다. 즉 하나님께서 "새 언약"을 말씀하셨다는 것은 첫 번째 언약이 이미 낡았고, 낡은 것은 결국 사라지게 된다는 사실을 의미한다는 것이다.

히브리서 저자는 8장에서 두 언약을 비교 및 대조하는 하나님의 말씀을 소개한 다음, 9장에서도 동일한 논의를 이어 갈 것이다. 그는 먼저 거룩한 장막과 장막의 각 구역에 있는 기물에 초점을 맞춘다.[1-5절] 그는 구약성경이 장막과 기물을 묘사하는 세부 사항을 다루지 않았음을 인정한다. 하지만 구약성경은 독자들이 기본적인 그림을 그릴 수 있을 만큼은 충분히 진술하고 있다.

저자가 이런 이미지를 사용하는 목적은 장막 안에서 일어나는 활동[9:1-10]을 묘사하기 위함이다. 즉 제사장들의 매일의 직무와 대제사장의 연례 직무로는 참된 하늘 성소에 들어갈 수 없다는 점을 강조하려는 것이다. 지상의 제사장 사역은 인간의 양심이 아니라 육체의 정결을 위한 것이다. 이 제사는 영원한 효력을 지닌 것이 아니라, 오직 그리스도가 대제사장으로 오실 때까지 유효한, 임시적이고 제한적인 제사일 뿐이다.

다음 단락[11-15절]에서는 언약의 규례들을 비교함으로써 그리스도의 제사장 사역, 곧 그분이 어디서 무엇을 드리며, 이 제사가 어떤 효과를 내는지 강조한다. 저자는 새 언약의 놀라운 결과를 다시 언급하고,[15절] 이어서 죽음과 연관된 두 종류의 언약, 곧 인간의 유언[16-17절]과 첫 번째 언약[18-22절]을 비교한다. 이는 저자로 하여금 그리스도가 다시 하나님 앞에 나타나실 때[23-25절] 하늘 자체를 정결케 하시는 그분의 사역에 초점을 맞추게 한다. 그리스도의 단 한 번 나타나심과 영원한 나타나심은, 대제사장이 해마다 반복하여 제사를 드려야 했던 것과 뚜렷한 대조를 이룬다. 예수께서 자기 자신을 제물로 드릴 때 모든 인간과 마찬가지로 죽음의 과정을 통과해야 했기 때문에, 그분의 제사는 오직 한 번만 드려질 수 있었다.[26-27절] 28절은 이 단락 전체의 주제를 요약하면서 그리스도의 고난과 죽음, 그리고 부활 후 하나님 앞에 다시 나타나심을 재확인한다. 그리고 마지막으로, 모두가 간절히 기다리는 그리스도의 재림에 대한 소망을 덧붙인다.

10장에서 저자는 첫 언약 아래 있는 율법의 선함과 불충분함 사이에서 균형을 잡는다. 반복된 희생 제사는 하나님께 예배자들의 죄가 사라지지 않는 실재임을 상기시키는 역할을 했다. 이어서 저자는 하나님의 아들이 세상에 오실 때 그분의 입술로 말씀하신 시편 39편[70인역]의 일부[5-7절]를 인용한다. 시편 저자는 많은 예언자들처럼 하나님께서 진정 원하시는 것은 희생 제사가 아니라 순종임을 통찰하고 있다. 시편 39편의 헬라어 본문에서 하나님은 화자에게 한 몸을 예비할 것이라고 말씀하시기에, 이 시편은 성육신을 확증하고 그 행위가 어떻게 하나님의 뜻을 성취하는 과정의 시작인지 말해 준다. 저자는 이 시편을 거듭 언급하면서 희생 제사의 부정적 요소를 지적한다. 이와 함께 저자는 아버지의 뜻을 행하려는 아들의 "소망"과 아버지의 뜻을 성취할 것이라는 아들의 확신을 나란히 제시한다.[10:8-10] 마지막으로, 그는 하나님의 뜻이 궁극적으로 성화를 향하고 있음을 분명히 밝힌다.

그다음 저자는 이전의 희생 제사와 그리스도의 제사를 다시 한번 대조한다. 그는 여섯 가지 대조점을 제시하고,[11-12절] 그리스도의 희생 사역과 하나님 우편에 앉으심을 연결함으로써 시편 110:1을 또다시 암시한다.[13절] 이제 그리스도의 사역이 시작되었고 그에 대한 청중의 이해도 깊어졌기에, 저자는 청중이 예레미야의 예언을 통해 성령이 그들에게 말씀하시는 바를 들을 준비가 되어 있다고 판단한다. 그는 이 목적에 맞추어 인용문을 재구성한다.[15–17절] 저자의 마지막 진술은 간명하다. 즉 죄 사함이 있는 곳에는 더 이상 죄를 위한 제사가 필요 없다는 것이다. 제사 제도를 그리스도의 관점에서 심층적으로 분석한 이 본문은, 신약성경 전체에서 히브리서가 기여하는 가장 특징적인 신학적 통찰을 보여준다.

8:1–13 예레미야의 예언

[1]지금 우리가 하는 말의 요점은 이러한 대제사장이 우리에게 있다는 것이라. 그는 하늘에서 지극히 크신 이의 보좌 우편에 앉으셨으니 [2]성소와 참 장막에서 섬기시는 이시라. 이 장막은 주께서 세우신 것이요 사람이 세운 것이 아니니라. [3]대제사장마다 예물과 제사 드림을 위하여 세운 자니 그러므로 그도 무엇인가 드릴 것이 있어야 할지니라. [4]예수께서 만일 땅에 계셨더라면 제사장이 되지 아니하셨을 것이니 이는 율법을 따라 예물을 드리는 제사장이 있음이라. [5]그들이 섬기는 것은 하늘에 있는 것의 모형과 그림자라. 모세가 장막을 지으려 할 때에 지시하심을 얻음과 같으니 이르시되 삼가 모든 것을 산에서 네게 보이던 본을 따라 지으라 하셨느니라. [6]그러나 이제 그는 더 아름다운 직분을 얻으셨으니 그는 더 좋은 약속으로 세우신 더 좋은 언약의 중보자시라. [7]저 첫 언약이 무흠하였더라면 둘째 것을 요구할 일이 없었으려니와 [8]그들의 잘못을 지적하여 말씀하시되 주께서 이르시되 볼지어다. 날이 이르리니 내가 이스라엘 집과 유다 집과 더불어 새 언약을 맺으리라. [9]또 주께서 이르시기를 이 언약은 내가 그들의 열조의 손을 잡고 애굽 땅에서 인도하여 내던 날에 그들과 맺은 언약과 같지 아니하도다. 그들은 내 언약 안에 머물러 있지 아니하므로 내가 그들을 돌보지 아니하였노라. [10]또 주께서 이르시되 그날 후에 내가 이스라엘 집과 맺을 언약은 이것이니 내 법을 그들의 생각에 두고 그들의 마음에 이것을 기록하리라. 나는 그들에게 하나님이 되고 그들은 내게 백성이 되리라. [11]또 각각 자기 나라 사람과 각각 자기 형제를 가르쳐 이르기를 주를 알라 하지 아니할 것은 그들이 작은 자로부터 큰 자까지 다 나를 앎이라. [12]내가 그들의 불의를 긍휼히 여기고 그들의 죄를 다시 기억하지 아니하리라 하셨느니라. [13]새 언약이

라 말씀하셨으매 첫 것은 낡아지게 하신 것이니 낡아지고 쇠하는 것은 없어져 가는 것이니라.

저자는 새로운 논의를 위한 이 중요한 전환점에서 '케팔라이온'κεφάλαιον 이라는 단어를 사용한다. 이는 기본적으로 '머리'를 의미하는 다의어인 '케팔레'κεφαλή의 동족어이므로, 그가 "요점"headline이라고 번역한 것은 적절하다. 이 요점은 저자가 지금까지 개진해 온 논의의 요약이 될 것이다. 여기에는 분명 저자가 4:14에서 시도한 예수의 제사장직에 대한 논의가 포함된다. 그러나 예수의 제사장적 섬김은 그 이전에도 나타나므로,1:3: 2:9, 17: 3:1 이 구절을 히브리서 본문 전체의 요약으로 보는 것은 적절하다. 독자들은 1절에서 저자의 관심을 간결하게 진술한 대목을 보게 된다. 여기서 핵심은 "우리에게 이러한 대제사장이 있다"는 사실이다. 뒤따르는 내용은 청중이 모시는 특권을 누리게 된 분이 어떤 "종류"의 대제사장인지에 대한 저자의 강조다.

저자는 시편 110:1을 첫 번째 요점으로 활용하여, 이 대제사장을 자신의 사역을 마친 분으로 묘사한다. 그 증거는 그분이 "앉으셨다"는 사실에 있다. 앉는 행위는 어떤 성취를 나타낸다.왕의 좌정은 삼하 5:9 참조 그분은 상상할 수 있는 가장 큰 권능의 자리인 하나님 우편에 앉으신다. 이 모습은 하나님 경외에 관한 시적 표현으로 길게 묘사된다. "하늘에서 지극히 크신 이의 보좌 우편." 이는 저자가 하나님 우편을 언급하는 여섯 번 중 세 번째에 해당하며, 그 묘사는 모두 1:13에서 처음 인용된 시편 110:1에 근거한다. 1:13("내 우편에 앉아 있으라")은 가장 기본적인 형태를 보여준다. 8:1은 세 개의 수식어를 동원하여 그리스도가 좌정하실 보좌에 대해 설명한다. 이 구절을 제외하고는 히브리서에 등장하는 우편 보좌의 수식어는 두 개에 불과하다. 따라서 8:1의 우편 보좌는 저자가 가장 길게 풀어 쓴 표현이다.

시 110:1/히 1:13					내 우편에	앉아 있으라
히 1:3	높은 곳에 계신		지극히 크신 이의		우편에	앉으셨느니라
히 8:1	하늘에서		지극히 크신 이의	보좌	우편에	앉으셨으니
히 10:12		하나님			우편에	앉으사
히 12:2		하나님		보좌	우편에	앉으셨느니라

위의 표는 저자가 그리스도의 우편 좌정에 대해 설명하는 모든 사례인데, 8:1이 가장 완전한 형태라고 할 수 있다.

보좌는 분명 하나님의 권능을 나타낸다. 우편 보좌는 존귀와 권능의 자리다.[1:13 주해 참조] 성부 하나님께서 아들에게 영원한 보좌가 있다고 선언하셨으므로,[1:8] 아들이 하나님 보좌 우편에 앉으셨다는 진술은 그분이 성부 하나님보다 덜 중요한 분으로서 하나님 옆자리에 있다는 의미가 아니라, 성자가 성부와 공유하는 권능을 가리킨다. "우편 보좌"는 아들을 하나님의 광채와 본체의 형상[1:3]이자 완전한 하나님으로 묘사하는 다른 표현들과 맥을 같이한다. 그리스도는 신체에서 손이 하는 역할처럼 하나님의 능력을 행사하신다. 우편 보좌(하늘 보좌)는 성부와 성자가 하나님으로서 공유하는 보좌이며, 신실한 이들만이 그 앞에 나아갈 수 있다.[4:16] 여기서 저자는 그 보좌를 "지극히 크신 이의"of majesty 보좌로 묘사하는데, 이 표현은 자비와 권능을 드러내는 하나님의 속성을 가리킨다.[신 32:3: 대상 29:11; 시 78:11; 144:3, 6] 마지막으로, 저자는 그들의 대제사장이 하늘 성소에 이미 자리를 잡으셨다고 말한다. 저자는 그리스도의 제사장직에 관한 이 사실을 두 번이나 진술했지만,[4:14; 7:26] 여기서 다시 언급함으로써 그리스도의 사역 장소에 대한 집중적인 논의를 준비한다.

2절은 1절의 주장을 반복하면서 논의를 풍성하게 만든다. 그리스도가 보좌에 앉으시고 그분의 제사 사역은 영원히 완성되었지만,[9:26] 그분은 여전히 "섬기는 이"[minister]로 일하신다. 그들의 대제사장은 더 높을 수 없는 주권자 하나님의 보좌에 함께 계시지만, 한편으로 그분은 섬기는 종이다. '레이투르고스'[λειτουργός]는 모든 종류의 섬김을 가리키는 기본 단어이지만, 구약성경에서는 제의적 활동과 관련된다.[스 7:24; 느 10:39; 사 61:6] 히브리서 저자는 이 말을 천사들[1:7, 14]과 예수,[8:2, 6] 그리고 이스라엘의 제의[9:21; 10:11]에 적용한다.

저자는 대제사장이 섬기는 대상을 묘사할 때 "성소들"[the holies]과 "참된 장막"이라는 두 가지 표현을 사용한다. 히브리서에서 '하기오스'[ἅγιος]의 복수형[ἅγια]은 주로 성막의 거룩한 공간인 성소를 지칭하는 데 사용된다.[9:2, 3, 8, 12, 24, 25; 10:19; 13:11] 따라서 두 번째 구절은 저자가 염두에 둔 거룩한 공간이 '어느' 성소인지 분명히 한다. 그것은 "참된 장막"이며, "주께서 세우신 것이지 사람이 세운 것이 아니다." 주님이며 하나님이신 그분[1:10]이 자신이 지은 성소에서 섬기신다. 저자는 성막을 이런 방식으로 두 번 묘사하는데, 이 본문이 그중 첫 번째다.[9:24 참조] 이는 땅의 성막이 거짓된 것이라는 뜻이 아니다. 땅의 성막 역시 하나님께서 세우라고 명하신 것이다. 저자는 '참된'이라는 말을 '원본'[template]의 의미로 사용한다. 참된 장막은 땅의 장막을 세울 때 본으로 삼은 것이다.[8:5]

저자는 하나님께서 세우신 참된 장막을 더 구체적으로 설명하기 위해 예물과 제사의 개념을 도입한다. "대제사장마다 예물과 제사를 드리기 위하여 세워졌으므로", 아들이신 대제사장도 마땅히 "무엇인가 드릴 것이 있어야 한다." 이는 앞서 5장에서 밝혔듯이, 제사장이 예물과 제사를 드리기 위해 임명된 존재라는 사실을 재확인하는 것이다.[5:1] 여기서 저자는 구약성경에 자주 나오는 "예물"과 "제사"라는 두 용어를 함께 언급한다. 이것은 두 개념을 구분하려는 것이 아니라, 상호 보완적인 방식으로 제사 행위를 강조하려는 것이다. 실제로 예물은 곧 제사를 의미하며, 이는 레위기와 민수기 등 여러 본문에서 확인된다.[레 2장; 3:1, 6; 6:20; 7장; 21:6, 21;

민 5:15; 7장; 15:4; 70인역 욥 20:6; 사 66:20 특히 저자가 4절에서 단지 "예물"만 언급한 것과는 달리, 여기서는 "예물"과 "제사"를 함께 언급한다는 점이 중요하다. 이것은 그리스도가 하나님께 드려야 했던 것이 단순한 상징적 표현이 아니라, 실제로 값비싼 대가를 요구하는 희생이었다는 점을 상기시킨다. 영원한 대제사장의 사역은 단지 형식적인 제사의 반복이 아니라, 자기 자신을 드리는 결정적이고 단회적인 희생이었다. 더욱이 이 구절에는 중요한 신학적 통찰이 담겨 있다. 즉 영원한 대제사장이 등장하면서 인간 제사장의 역할이 대체되었음에도 불구하고, 하나님께서 이전에 세우신 제사 제도를 전적으로 폐기하지 않으셨다는 점이다. 제사장이 제물을 드리는 본질적 행위는 여전히 유지된다. 구약의 제사장이든 그리스도이든, 제사는 반드시 이 본질적 행위가 수반되어야 한다. 그러나 이런 연속성 속에도 결정적인 차이가 있다. 두 대제사장은 모두 제물을 드리지만, 그리스도의 제사는 인간 제사장의 제사와는 본질적으로 구별된다. 첫째, 그리스도의 제사는 그분 자신이 대가를 치르는 희생이다. 그리스도는 짐승이나 곡식 같은 제물이 아니라 그분 자신을 제물로 드렸다. 둘째, 그분의 제사는 땅의 성막이 아니라 하늘의 참된 성소에서 드려졌다는 점에서 구속사적인 전환점을 이룬다. 따라서 그리스도의 제사는 제사 형식을 완전히 폐기하지 않으면서도, 그 의미와 효력을 결정적으로 변화시킨 사건이다.

그러므로 "예수께서 만일 땅에 계셨더라면 제사장이 되지 아니하셨을 것이니 이는 율법을 따라 예물을 드리는 제사장들이 있기 때문이다." 이 진술은 그리스도가 땅에서 제의적 직분을 수행하지 않으셨음을 다시 한 번 강조한다. 저자는 여기서 그 이유를 구체적으로 밝히지는 않지만, 앞서 이미 두 가지 근거를 제시한 바 있다. 첫째, 율법의 규정에 따르면 제사장은 레위 지파, 특히 아론의 계열에서 나와야 한다. 그러나 그리스도는 레위 지파가 아닌 유다 지파 출신이므로, 율법적으로 제사장직을 수

행할 수 없다.[7:14] 둘째, 그리스도는 율법의 계승 구조에 따라 제사장이 된 것이 아니라, 시편 110:4에서 밝히는 바와 같이 하나님의 맹세로 세워진 영원한 대제사장이다.[7:28] 인간 제사장들과 달리 그분은 율법적 계보가 아닌 하나님의 직접적인 임명에 의해 제사장직을 수행하신다. 이러한 점에서 히브리서 저자에게, 예수가 예물을 드리는 제사장이 될 수 없었다는 사실은 해명해야 할 난점이 아니다. 오히려 이것은 저자의 주장을 뒷받침하고 논지를 심화시키는 데 핵심적인 신학적 근거가 된다.

땅의 제사장들은 율법에 따라 희생 제물을 드리는데, 그들이 섬기는 성소는 "하늘에 있는 것의 모형과 그림자"에 불과하다. 하늘에는 주님께서 친히 세우신 거룩하고 참된 성소가 있으며, 땅의 성막은 하늘 성소의 모형일 뿐이다. 그러나 이 '모형'은 무가치한 것이 아니다. 오히려 실재의 구조를 반영함으로써 사람들이 그 실재인 하늘 성소와 그 안에서 이루어지는 구속 사역을 더 잘 이해하고 올바르게 응답하도록 돕는 유익한 수단이 된다. 저자는 성막을 단순한 상징이나 폐기된 유물로 여기지 않고 깊이 연구함으로써, 그리스도의 죽음과 부활의 의미와 그 효력을 해석하는 토대로 삼는다. 따라서 '그림자'라는 표현 역시 땅의 성소에 대한 부정적인 평가가 아니다. 성경에서 '그림자'는 '모형'과 마찬가지로 더 큰 실재를 암시하고 그것을 바라보게 만드는 신학적 통로로 기능한다. 예를 들어 신약성경은 흑암[마 4:16; 눅 1:79]을 죽음의 상징으로, 반면에 베드로의 그림자[행 5:15]는 치유의 표지로 언급한다.

히브리서 저자는 하늘의 장막과 땅의 장막 사이의 관계에 대한 자신의 주장을 뒷받침할 분명한 성경적 근거를 제시한다. "모세가 장막을 지으려 할 때에 지시하심을 얻음과 같으니 이르시되 삼가 모든 것을 산에서 네게 보이던 본을 따라 지으라."[히 8:5/출 25:40] 하나님은 모세에게 하늘의 장막을 보여주시고, 그가 땅에서 장막과 기물을 만들 때 모든 것을 그 본을 따라 정확하게 재현하도록 명하셨다. 출애굽기 25장에서는 이러한 지침이 두 번 반복되는데,[25:9, 40] 이는 하나님께서 장막의 구조와 기물에 대한 세부 지시를 내리시기 전 이미 전체 설계가 '하늘의 원형'에 근거한 것임을 강조하는 부분이다. 땅의 장막은 단순히 상징적이거나 임시방편적인 구조가 아니라, 하나님께서 친히 계시하신 실재의 모형을 정밀하게 반영하는 복제물이다. 저자의 목적은 땅의 장막이 무가치하거나 보잘것없다는 점을 부각시키려는 것이 아니다. 그의 핵심 논지는, 구약의 제의 체계와 성막이 본질적으로 하늘의 실재를 가리키는 그림자이자 모형이었다는 데 있다. 따라서 그리스도의 사역은 단순히 이 그림자 속에서 이루어진 것이 아니라, 그 실재인 하늘 성소에서 성취된 영원한 구속 사역이다. 즉 이 모형은 하나님의 거룩한 영역과 궁극적으로 메시아가 그 안에서 드린 마지막 제사를 이해할 수 있는 그림을 제공한다.

그러나 땅의 장막이 선한 역할을 했다고 해서 그것이 하늘 성소와 동등하다는 의미는 아니다. 그림자는 긍정적일 수 있어도 그림자를 드리우는 실재와 비교할 때는 실재가 더 선호되어야 하는 것이 마땅하다.[골 2:17 참조] 다른 제사장들도 하나님께서 정하신 직분을 얻었지만, 그리스도는 인간 제사장의 직분을 넘어서는 "더 아름다운 직분"을 얻으셨다. 그리스도는 땅의 그림자가 아닌 하늘의 실재에서 섬기시기 때문에, 그들의 사역보다 훨씬 더 나은 섬김의 사역을 맡으셨다. 6절에서 저자는 섬김의 '장소'에서 섬김의 '영향력'으로 초점을 옮긴다. 그들 대제사장의 섬김이 뛰어난 것은, 그분이 "더 좋은 언약의 중보자"이시기 때문이다. 이처럼 그리스도의 섬김과 그분이 섬기는 언약은 밀접하게 연관되어 있다.

7장에서 '언약'이라는 용어가 처음 등장할 때, 저자는 예수가 더 좋은 언약의 보증이라고 주장했다.[7:22] 이제 그분이 이 언약의 보증인 이유가 분명해진다. 그분의 섬김은 바로 그 언약의 중보자가 되는 것이며, 이 더 좋은 언약 안에서 하나님과 인간 사이의 관계를 이어 주는 것이 가능한 일이 된다. 이제 저자는 그분의 직분에 대한 명확한 이해를 바탕으로, 앞서[7:22] 상세히 다루지 않은 섬기는 종으로서 그리스도의 사역에 청중을 집중시킨다.

그리스도로부터 온 이 언약은 하나님께서 "더 좋은 약속으로 세우신" 것이다. 저자는 율법은 옛 언약에, 약속은 더 좋은 새 언약에 연관 짓는 식으로 양분하지 않는다. 그 대신 옛 언약과 새 언약 모두 율법과 함께 약속을 지니고 있다고 주장한다. 하나님은 첫 언약 안에서 아브라함에게 약속하셨고,[6:13] 더 좋은 언약 안에서 예수가 영원히 제사장이 될 것을 약속하셨다.[시 110:4; 히 5:6; 7:17, 21] 첫 언약에서는 백성이 아브라함의 후손인 레위인을 통해 "율법"을 경험했고,[7:11] 더 좋은 언약 안에서도 백성은 하나님의 "법"을 경험할 것이다.[8:10; 10:16]

저자는 첫 언약이 신실하고 유익한 것이었지만 "흠이 있었다"고 주장한다. 그 근거로 저자는 예레미야를 통한 하나님의 말씀, 곧 "볼지어다. 날이 이르리니 내가……새 언약을 맺으리라"는 선언을 제시한다.[8:8] 하나님의 이 선언은 첫 언약이 완전하지 않았음을 전제한다. 저자는 이와 같은 논리를 반사실적 조건문을 통해 표현한다. "저 첫 언약이 무흠하였더라면 둘째 것을 요구할 일이 없었으려니와……."[8:7]

비록 저자가 여기서 첫 언약과 둘째 언약을 명시적으로 정의하지는 않지만, 앞서 "더 좋은 언약"을 언급한 점[8:6]과 이어지는 인용문이 "새 언약"을 주제로 삼는 점을 고려할 때, 이 진술이 옛 언약과 새 언약을 지칭하는 것임은 명백하다. 본문에 사용된 수동태 동사 '에제테이토'[ἐζητεῖτο, 요구되었다]는 요구의 주체가 하나님임을 암시하고, 이어지는 예레미야서 인용문은 실제로 하나님이 새 언약을 "세우시는" 분으로 나타난다. 흥미로운 점은 저자가 '자리' 또는 '기회'를 의미하는 헬라어 단어를 사용하면서 이 '요구됨'을 단순한 필요로 보지 않고, 하나님이 새 언약을 위한 '공간' 또는 는 '기회'를 마련하신 것으로 묘사한다는 것이다. 이러한 해석은 히브리서 12:17에서 동일한 단어가 '기회'의 의미로 사용된다는 점에서 지지를 받으며, 동시에 본문의 흐름에서 강조되는 핵심 주제, 곧 새 언약이 마음 속에 새겨질 것이라는, 내적 변화를 강조하는 구절[8:10]과도 잘 연결된다. 그러므로 여기서 '자리' 또는 '기회'는 단지 물리적 공간이 아니라, 하나 님께서 새로운 형태의 언약을 세우기 위해 의도적으로 열어 두신 구속 사의 전환점을 가리킨다고 볼 수 있다.

저자는 예레미야서 인용문을 하나님이 백성의 잘못을 지적하시는 맥 락에서 선포된 말씀으로 소개한다. 어떤 문제가 발생했고, 하나님은 그 것을 바로잡기 위해 말씀하신 것이다. 저자가 사용한 헬라어 본문에는 '이형'[variant]이 존재하는데, 이로 인해 번역자는 "하나님께서 그들에게서 αὐτούς 잘못을 찾으셨다"고 번역할지, 혹은 "하나님께서 그들에게αὐτοῖς 말 씀하셨다"고 번역할지를 결정해야 하는 상황에 놓인다. 대다수의 주석가 들은 후자를 지지하지만, 그렇다고 해서 백성에게 잘못이 없다는 결론이 도출되는 것은 아니다. 오히려 여격 대명사 '그들에게'αὐτοῖς를 따른다 해 도, 하나님께서 백성에게서 잘못을 찾으셨기 때문에 '그들에게' 말씀하 신 것이라고 이해할 수 있다. 다시 말해, 하나님의 말씀은 백성의 신실하 지 못함에 대한 응답으로 주어진 것이다. 실제로 이어지는 예레미야서 인용문은 백성이 하나님의 언약을 어겼다는 사실을 분명하게 밝힌다. 그 리고 히브리서 저자는 이미 3 – 4장에서 이스라엘 백성의 불신앙과 불순 종을 경고하며 동일한 문제를 강조한 바 있다. 따라서 하나님께서 '그들 에게서' 잘못을 찾으셨다는 해석은 문맥상 매우 타당하며, 하나님의 새 언약 선포는 바로 그 실패에 대한 응답으로 이해되어야 한다.

반면에 7절과 8a절은 옛 언약 자체와 백성 모두에게 문제가 있었음을 시사한다. 하나님은 "이 백성"과 "이 언약"을 함께 언급하여 양자가 긴밀 하게 얽혀 있음을 드러내신다. 즉 하나님은 전체 언약 체계 안에서 결함 을 보시고, 그 체계에 참여하고 있는 백성에게 말씀하신 것이다. 주목할 점은, 백성이 언약을 지키지 않았음에도 하나님은 그 백성을 포기하지 않으신다는 사실이다. 동시에 하나님은 언약에 명시된 율법 자체를 폐기하지도 않으신다. 그 대신 하나님은 그 율법을 담고 있던 언약의 형식, 곧 적용 방식과 관계 설정의 틀을 바꾸신다. 이는 하나님의 은혜와 오래 참으심이 단지 감정적 호의가 아니라, 일관된 구속사적 충실성에 기초한다는 점을 보여준다. 그러나 하나님께서 선언하신 변화는 단순한 조정 수준을 넘어선, 체계 전체의 근본적 전환이다. 이로 인해 히브리서 저자는 두 체계를 "첫 번째"(옛 언약)와 "두 번째"(새 언약)로 구분하여 설명하게 된다.

저자는 설교 전체에 걸쳐 하나님의 거룩하심과 그분의 절대적 주권에 대한 깊은 확신을 일관되게 역설해 왔다. 그러므로 하나님께서 "잘못을 발견하셨다"고 말할 때, 이는 하나님께서 뜻밖의 실수를 발견하고 당혹해하며 후회하셨다는 의미가 아니다. 오히려 저자는 하나님께서 처음부터 첫 언약의 한계와 결함을 아시고, 그 안에 이미 새 언약으로 향하는 길을 마련해 두셨다고 설명한다. 즉 첫 언약은 단지 일시적인 체계가 아니라, 궁극적으로 더 나은 언약을 지향하도록 의도된 체계였다. 모든 것이 하나님의 계획 안에서 '완벽하게' 배열되어 있었다. 첫 언약은 그 자체를 넘어서도록, 곧 그리스도를 통한 새 언약을 가리키도록 설계되었다.

부정적인 도입부에 이어서 저자는 70인역 예레미야 38:31 – 34을 인용한다. 이는 신약성경 전체에서 구약성경을 가장 길게 인용하는 본문으로, 저자의 신학 전개에서 결정적인 위치를 차지한다. 70인역 예레미야 38장은 광야를 배경으로 하고 있지만, 이 예언자가 말하는 대상은 히브리서 초반부3 – 4장에서 민수기와 70인역 시편 94편을 인용하며 언급한 출애굽 세대와는 구별된다. 예레미야가 말하는 '그들'은 이미 여호수아와 함께 약속의 땅에 들어가 나라를 세웠지만, 하나님께 신실하지 못하고 결국 그 땅에서 쫓겨나 포로 생활이라는 또 다른 '광야'로 추방된 이스라엘 백성이다. 예레미야는 이들에게 하나님께서 이미 정결케 하는 사역을 베푸셨으며, 그로 인해 그들이 회개하고 하나님을 찾으며 기도하게 되었다고 말한다.[70인역 렘 36:11-12] 백성은 하나님의 복이 임하는 자리인 '집'으로 돌아가기를 간구하고 있다. 예레미야는 바로 이러한 회복의 갈망 가운데 하나님께서 바닥으로 추락해 상처입은 자녀들을 다시 품기 위해 친히 광야로 "나가신다"고 선포한다. 이 장면은 하나님께서 언약에 불성실한 백성을 끝까지 포기하지 않으시고 다시 불러내는 은총의 행위를 감동적으로 묘사한다.

저자가 70인역 예레미야 38장을 언급하면서 시작하는 것은 다음과 같이 여러 가지 이유가 있다.

- "볼지어다. 날이 이르리니……." 하나님의 말씀은 미래를 내다본다. 이는 특정한 날들, 곧 예레미야에게는 미래이지만 히브리서 저자와 그의 청중에게는 현재인 마지막 날들을 가리킨다.[히 1:2]

- "주께서 이르시되……." 다음에 오는 내용은 하나님의 직접적인 말씀으로, 저자가 가장 자주 인용하는 유형의 본문이다.[2] 저자는 말씀하시는 하나님을 강조하기 위해 이 인용문을 제시한 것이다.

- "내가……맺으리라." 이 구절에서 말하는 '완성' 또는 '온전함'은 히브리서에서 일관되게 강조하는 주제다. 저자가 '완성하다'^{συντελέω}라는 특정한 단어를 사용하는 유일한 경우는 그리스도의 사역으로 이루어진 시대의 완성[9:26]을 가리킬 때다. 그가 이 부분에서 보여주려는 것은 새 언약의 완성 역시 예수의 사역에 의해 가능하다는 것이다. 구약성경의 헬라어 번역본 중 현존하는 대다수의 사본들은 여기서 '언약을 맺다'라는 뜻의 동사 '디아티테미'^{διατίθημι}를 사용한다. 이는 히브리서 저자가 동일한 개념을 전달하면서도, 본문의 핵심 주제인 온전함과 어울리는 다른 용어^{συντελέω}를 사용했음을 시사한다.[3]

• "이스라엘 집과 유다 집과 더불어……." 이 구절 역시 언약 백성을 향한 하나님의 신실하심을 보여준다. 하나님은 같은 백성, 곧 자기에게 여러 차례 반역했던 그 백성과 새 언약을 맺으시기 때문이다. 이것은 하나님의 자비로운 성품을 입증한다. 실제로 저자는 인용문 다음 구절에서, 하나님은 창조 세계가 무너질지라도 백성을 버리지 않으실 것이라고 확언한다.[70인역 렘 38:35] 예레미야서 인용문에서 "집"이라는 표현이 반복되는 것은, 저자가 앞서 밝힌 대로 백성이 하나님의 집을 이룬다는 사실(곧 아브라함의 자손이라는 언약 백성의 정체성)을 다시금 강조하기 위함이다.[히 2:16; 3:6; 10:21]

신약성경에 익숙한 독자들은 바울과 누가에게서 "새 언약"의 메아리를 들을 것이다. 마태[26:28]와 마가[14:24]는 예수의 잔을 "언약의 피"라고 기록하고, 히브리서도 출애굽기 24:8을 인용해 같은 표현을 사용한다.[9:20] 오직 누가만이 "이 잔은 내 피로 세우는 새 언약이니"라고 기록하는데,[눅 22:20] 이는 명백하게 예레미야가 선포한 새 언약에 대한 암시다. 바울은 고린도전서 11:25에서 주의 만찬을 언급하면서 누가와 정확하게 동일한 표현을 사용한다. 둘 다 예수의 죽음과 새 언약 사이의 연관성을 명시적이고 직접적으로 나타내지만, 예레미야의 새 언약을 폭넓게 적용하지는 않는다. 오히려 히브리서 저자는 정반대의 접근 방식을 취한다. 그는 예레미야서 본문을 여러 차례 인용하여, 예수의 피와[9:12, 14, 25; 10:19, 29; 12:24; 13:12, 20] 그 피가 예수의 제사장직에서 어떤 역할을 하는지와 관련해 다양한 측면에서 연결한다. 즉 저자는 예수의 말씀을 가져와 그 말씀이 지닌 배경과 그로부터 나타나는 효과를 풍성하게 풀어내고 있다.[4]

연속성과 변화 양 측면에 대한 논의를 더 진전시키기 위해 예언자는 "새 언약"을 다른 언약과 구별한다. "[그 언약은] 내가 그들의 열조와…… 맺은 언약과 같지 아니하다." 예언자는 출애굽이라는 결정적인 사건을 회고하며 새 언약을 묘사한다. 그날에 하나님은 자상한 부모처럼 말씀하신다. "[그날은] 내가 그들의……손을 잡고 애굽 땅에서 인도하여 내던 때다." 이스라엘 백성이 노예살이에서 구출된 뒤, 모세는 그들을 하나님의 산으로 인도했다.^{출 19장} 이때 하나님께서 백성과 언약을 맺으셨지만, 그 언약은 믿음의 인내를 낳지 못했다. 백성은 그분의 언약 안에 머물러 있지 않았다. 그들은 언약이 체결된 직후 금송아지를 만들었을 뿐 아니라,^{출 32장} 약속의 땅으로 들어가는 여정 내내 하나님에 대한 불신을 드러냈다. 그들은 언약 안에서 스스로 맺은 여러 약속을 줄곧 지키지 않았는데, 근본적인 이유는 그들이 하나님을 신뢰하지 않았기 때문이다. 하나님에 대한 신뢰 부족은 여러 가지 결과를 초래했다. 이 예레미야서의 말씀은 저자가 3-4장에서 광야 세대에 대해 길게 논의한 것을 상기시키지만, 그 문맥은 약속의 땅에 들어간 뒤에도 여전히 언약 안에 머무르지 못했던 미래 세대를 포함한다.

예언자 예레미야는 말씀하시는 이가 주님임을 다시 한번 강조한다. "내가 그들을 돌보지 아니하였노라. 또 주께서 이르시되." 이 구절은 백성에 대한 하나님의 좌절감을 부각시키는 역할을 한다. 하나님께서 하신 말씀은 반어적이다. 하나님은 백성에게 주의를 기울이기를 그치지 않으셨으며, 이는 두 가지 측면에서 사실이다. 첫째, 하나님은 그 세대에게 주의를 기울이시고, 그들의 믿음 없는 결정에서 비롯된 결과가 나타나도록 허용하셨다. 하나님은 그들의 믿음이 부족할 때 강제로 약속의 땅에 들여보내지 않으셨고, 또한 그분의 도우심 없이 땅에 들어가려는 그들의 열망을 지지하지 않으셨다는 의미에서 그들로부터 돌아서셨다.^{민 14:40-45} 하나님과 백성 사이에 분리가 생겼지만, 하나님 편에서 그들을 완전히 버리신 것은 아니다. 오히려 하나님은 자유와 그 자유에서 흘러나오는 결과를 은혜롭게 허용하셨다. 하나님의 '돌보지 않으심'은 두 번째 이유에서도 반어적 의미를 지닌다. 바로 다음 구절에서 하나님은 동일한 백성, 곧 이스라엘 백성과 새 언약을 세우겠다고 선언하시기 때문이다. 하나님은 이 공동체를 외면하지도, 홀로 내버려두지도 않으신다. 하나님은 "이스라엘 집"을 돌보지 않으신 적이 없다. 하나님께서 백성을 돌보지 않으신 이유, 곧 백성과 함께 거하지 않으신 이유는 하나님에 대한 믿음 부족 때문에 그들이 행하지 않았기 때문이다.

하나님의 슬픔이 백성의 선택에 대한 반응으로 강조되는 것 외에도, "주께서 이르시되"라는 어구의 반복은 새 언약을 세우시는 하나님의 능동적 행위를 부각시킨다. 히브리서 8:10과 예레미야 38:33[70인역]에서 하나님의 음성은 옛 언약을 떠올리는 데서 그치지 않고, 새 언약을 묘사하는 쪽으로 초점을 이동한다. 히브리서 8:8과 마찬가지로 8:10에서도 하나님은 장차 이스라엘과 언약을 맺을 때 그분이 하실 일을 직접 선포하신다. 그러나 두 구절은 개념은 동일하지만 용어와 표현 방식에서 차이가 있다. '새 언약'이라는 용어[히 8:8, 렘 38:31]를 다시 사용하지 않고, "내가……맺을 언약은 이것이니라"는 말씀으로 서술한다. 또한 '언약을 완성하다'[συντελέσω]라는 표현 대신 하나님의 선언적 말씀이 강조된다. 즉 예언자는 '언약'이라는 명사[διαθήκη]를 동사로 전환함으로써, 하나님의 주권적 행위와 그로 인해 창조되는 관계의 긴밀한 연관성을 드러낸다.

이 8:10에서 하나님은 "이스라엘 집"과 언약을 맺으시며, "유다 집"은 따로 언급되지 않는다. 그러나 이는 유다를 제외하는 것이 아니라, 하나님께서 야곱에게 주신 더 오래된 이름인 "이스라엘"[창 32:28]에 유다도 포함되어 있다는 의미다. 앞선 선포가 시간 표현으로 시작되었다면, 이번에는 "그날 후에"라는 말로 시간적 맥락을 잇는다. 히브리서를 읽는 이들에게 "지금"은 이미 마지막 날이므로,[히 1:2] 새 언약의 약속이 자신들의 시대에 성취되고 있다고 자연스럽게 기대하게 된다. 예레미야는 언약의 선포를 다시금 "주께서 이르시되"라는 어구로 마무리한다. 이 말은 하나님의 임재와 그분의 음성, 주권적 행위를 강조하면서 예언의 신적 권위를 더욱 확고히 드러낸다.

이 언약 안에서 하나님께서 하실 일은 "내 법을 그들의 생각에 두고 그들의 마음에 이것을 기록하리라"는 약속으로 나타난다. 하나님은 은혜로우신 분으로서, 이 율법을 이스라엘 백성에게 값없이 주신다. 이는 "하나님께서 내게 자녀들을 주셨다"는 예수의 고백[히 2:13]에서도 드러나듯이, 자신의 백성에게 먼저 다가오시는 하나님의 성품과 일치한다. 이 경우 하나님께서 주시는 것은 "내 법"이다. 이는 창조 세계가 번성하도록 주어진 율법에 담긴 '선[善]'을 새 언약 안에서도 계속 간직하겠다는 뜻이다. 즉 율법은 버려지거나 대체되는 것이 아니라, 새 언약에 포함되어 다시 주어진다.

그러나 율법 자체는 완전한 생명, 썩지 않는 생명을 줄 수 없다.[7:19] 율법은 반복되는 죄와 죽음의 현실 속에서 작동하지만, 그것을 근본적으로 끊어 내지는 못한다. 성육신한 하나님의 아들이 죽음을 통해 그 악순환을 깨뜨리신 것처럼,[2:14-15] 율법은 그러한 능력을 가지고 있지 않다. 그럼에도 율법은 창조주 하나님이 세상에 선을 이루기 위해 주신 것이기에 그 자체로 선한 목적을 지니며, 하나님의 백성에게 여전히 중요한 삶의 지침으로 남는다. 새 언약 아래서도 율법은 온전한 삶의 일부로 계속 작용한다.

사실 새 언약 안에서 율법은 이전보다 백성에게 더 가깝게 다가온다. 여호수아는 백성에게 율법을 지키고 마음[mind]을 다하여 하나님을 섬기라고 명령했고,[수 22:5] 신명기는 율법을 마음[heart]에 두라고 반복해서 강조한다.[신 6:6; 10:16; 11:18; 30:2, 10, 14] 그러나 새 언약에서는 하나님께서 친히 그들의 마음속에 율법을 두신다고 말씀하신다. 이는 율법을 따르는 능력조차 하나님께서 주신다는 뜻이다. 특히 신명기 30:6은 이 점에서 중요한 공명을 일으킨다. 이 구절에서 하나님은 백성의 마음을 정결케 하셔서, 그들이 마음을 다해 하나님을 사랑하며 살 수 있도록 준비시키신다. 히브리서 3-4장에 따르면 그들의 마음은 여전히 완전히 신뢰하지 못하는 상태이지만, 바로 그 연약한 마음에 하나님은 율법을 새기신다. 여기서 '새기다'라는 표현은 단순히 글자를 쓰는 것을 넘어, 표지판이나 동전, 기념비에 새기듯이 깊고 영구적인 기록을 뜻한다.[마 22:20; 막 12:16; 15:26; 눅 20:24; 23:38; 행 17:23] 즉 율법은 외적인 규범이 아니라 그들 내면 깊은 곳에 뿌리내려 삶 전체를 형성하는 기준이 될 것이다.

그 내적인 변화를 이루시는 하나님의 사역과 더불어, 하나님께서 처음부터 의도하신 바를 다시 확증하는 말씀이 이어진다. 하나님께서 이스라엘과 언약을 맺으실 때, 그 관계의 중심에는 '율법'과 '백성됨'이 있었다.[출 19:4-6] 하나님은 그분의 백성과 특별한 관계를 세우시고, 그들에게 삶의 지침으로서 율법을 주셨다. 예레미야서 본문의 앞부분에서도 하나님은 이를 분명히 말씀하신다.

> 에브라임은 나의 사랑하는 아들, 기뻐하는 자식이라. 내 말이 그의 안에 있으므로 내가 그를 반드시 기억하리라. 그러므로 내가 그를 위해 서두를 것이라. 내가 그를 반드시 긍휼히 여기리라.[70인역 렘 38:20]

새 언약은 출애굽 당시 하나님께서 백성에게 선포하신 말씀,[출 6:7] 그리고 율법 수여와 함께 주어진 약속,[레 26:12; 신 29:13] 곧 "나는 그들의 하나님이 되고 그들은 내 백성이 되리라"는 선언을 재확인한다. 당시 이스라엘 백성은 이 말씀으로 하나님을 찬양하며 노래했다.[시 94:7; 99:3] 그러나 이후에 그들이 언약에 불성실하게 되었을 때도, 하나님은 그들 마음에 율법을 새기심으로써 관계의 회복을 약속하신다.[5]

하나님의 회복 사역은 모든 이스라엘 백성과 함께할 것이다. "각각 자기 나라 사람과 각각 자기 형제를 가르쳐 이르기를 주를 알라 하지 아니할 것은 그들이……다 나를 앎이라." 이 서신에는 교훈이 가득하므로, 이 말씀이 쉽게 받아들여지지 않을 수 있다. 그러나 예레미야서 본문의 문맥을 보면 이 진술의 의미가 분명해진다. 예레미야는 여기서 어떤 교리를 말하는 것이 아니다. 즉 새 언약의 구성원들이 모든 신학적 지식을 갖게 된다는 뜻이 아니다. 그는 하나님의 구원 '경험'을 말하고 있다. 그들은 하나님이 그들을 광야에서 찾아내[70인역 렘 38:2-3] 치유하고 회복시키고, "집"으로 데려오신 분임을 알게 될 것이다. 그들 모두가 하나님을 알게 될 것은, 하나님의 그 행사가 과거 조상들이 겪었던 옛이야기가 아니라 그들 자신의 구원 경험이기 때문이다. 사람은 자신이 직접 겪은 일에 대해서는 가르침이 따로 필요하지 않다.

예언은 이러한 인식[γινώσκω]의 포괄성을 강조한다. "모든"은 "작은 자로부터 큰 자까지"를 포함한다. 하나님은 사람을 외모로 보지 않으신다. 이스라엘의 회복은 왕족이나 엘리트 지도자들만을 위한 것이 아니라 낮고 평범한 이들을 위한 것이기도 하다. 예레미야서 본문에서 하나님께서 회복의 증거로 강조하시는 것은 다름 아닌 용서다. 하나님께서 그들에게 자신을 분명히 나타내시므로, 그들은 모두 경험적으로 하나님을 알게 될 것이다. 이는 하나님께서 "내가 그들의 불의를 긍휼히 여기고 그들의 죄를 다시는 기억하지 아니하리라"고 말씀하셨기 때문이다. 예레미야서 전체에서 불의와 죄는 종종 다른 신들을 따르는 행위[렘 3:13; 11:10]와 그로 인해 깨어진 관계[렘 5장, 8장]를 함께 묘사하는 데 사용된다. 새 언약의 백성은 그들의 죄를 해결하신 하나님을 알게 될 것이다.

저자는 34절[렘 38:34]을 마지막으로 인용을 마친다. 예레미야서 본문의 다음 구절은 창조 세계가 무너지는 상황에도 이스라엘과 함께하실 하나님의 불변성을 말한다.[70인역 렘 38:35] 이는 만물을 진동시키시는 하나님과 흔들리지 않는 나라에 대한 저자의 성찰과 맞닿아 있다.[히 12:26-27] 그러나 저자가 죄를 잊으시는 하나님에 대한 말씀으로 인용을 끝맺은 것은, 히브리서가 용서에 초점을 두고 있음을 보여준다. 나중에 이루어진 편집이지만, 70인역 예레미야 38:34을 두 구절[히 8:11, 8:12]로 나눈 것은 죄 용서의 중요성을 강조하기 위한 것이다. 실제로 죄 용서는 히브리서 후반부에서 저자가 집중적으로 다루는 핵심 주제다.

예레미야의 이 예언은 아브라함의 자손들에게 놀라운 희망을 주었다. 히브리서 저자는 결론적인 진술에서 이 약속이 청중에게 어떤 의미를 갖는지 밝히기 시작한다. 하나님은 오래전에 예레미야를 통해 "새 언약"을 말씀하심으로써 "첫 것은 낡아지게" 하셨다. 첫 언약의 종결은 부패한 제사장들이나 로마의 압력 때문이 아니라, 이미 예언자 시대에 하나님께서 예고하시고 성취하신 일이다. 따라서 저자는 (이 설교의 시간적 배경이 60년대 이스라엘의 혼란기든, 70년대 예루살렘 성전의 파괴든) 하나님은 놀라지 않으신다고 청중을 위로한다. 옛 언약의 종결과 새 언약의 시작은 오래전부터 계획된 일이며, 정치적 위기나 인간의 실패로 촉발된 것이 아니라 "이 마지막 날"에 하나님께서 친히 이루기로 하신 구속의 경륜이다. 예레미야를 통해 주어진 하나님의 말씀은, 히브리서 저자가 더 나은 언약을 선포한 것이 그의 독창적인 생각이 아님을 보여준다. 예언자 시대 이후로 용서와 내면의 변화를 통해 하나님과 새로운 관계가 맺어질 것이라는 소망은 계속되어 왔다.

하나님은 '새것'이라 선언하심으로써 첫 언약을 '옛것'으로 만드셨으며, 저자와 그의 청중은 삶의 경험을 통해 "낡아지고 쇠하는 것은 없어져 가는 것"임을 알고 있다. 만일 그 선언이 예레미야 시대에 주어진 것이라면, 그 '낡아짐'은 오랜 시간에 걸쳐 진행 중인 셈이다. 당시의 수신자들뿐 아니라 오늘의 독자들까지 포함하여 히브리서의 말씀을 듣는 공동체가, 예레미야서 본문을 읽기 전에 반드시 고려해야 할 주제는 대체 신학supersessionism의 문제다. 『옥스퍼드 영어 사전』은 이를 "신약의 언약이 구약의 모세 언약을 대체하고, 하나님의 선택된 백성으로서 기독교 교회가 이스라엘을 대체했다는 믿음"이라고 정의한다. 히브리서의 언어는 이 정의와 깊이 관련되어 보일 수 있지만, 저자는 오히려 이와는 다른 논리를 제시하고 있다. 히브리서 저자는 모세 언약을 '옛것'으로, 하나님께서 약속하신 새 언약을 '새것'으로 묘사하지만, 사실 이 둘은 모두 구약성경 안에 제시되어 있다. 새 언약은 예언자 예레미야로부터 나온 것이다. 신약성경은 결코 구약성경과 단절될 수 없다. 오히려 신약성경의 많은 부분은 구약성경의 본문을 인용하고 그 안에 자신을 위치시킨다. 이 경우 더 중요한 점은, 옛 언약과 새 언약의 구별이 구약성경 자체 안에 이미 존재한다는 사실이다. 히브리서 저자는 단지 구약성경에 보존된 하나님의 말씀에 따라 그것을 선포하고 있는 것이다.

'새것'을 선포하는 것은 비교를 통해 이전 언약을 '옛것'으로 만들기 위함이다. 그러나 히브리서에서 중요한 핵심은, 저자가 "기독교 교회가 이스라엘을 대체했다"고 주장하지 않는다는 사실이다. 따라서 히브리서는 대체 신학을 옹호하는 전거가 될 수 없다. 이 새 언약은 이스라엘 집과 유다 집에 약속된 것이며,[8:8, 10] 저자는 자신과 그의 공동체를 이 공동체와 구별하지 않고 오히려 그 안에 포함된 것으로 본다.[1:1; 2:16; 3:6, 9] 그들은 첫 언약 아래 신실하게 살아간 이스라엘 백성과 연합되어 있다. 저자는 첫 언약과 그것이 규정한 하나님과의 관계 방식이 사라지고 있다고 주장한다. 그리고 8장은, 7:19에서 언급된 "더 좋은 소망"이 "더 좋은 언약"[7:22; 8:6] 안에서 실현되고 있음을 보여준다. 따라서 사라지는 것은 첫 언약이지, 하나님께서 두 언약 모두를 맺으신 이스라엘 백성이 아니다.

이것이 히브리서에 대한 나의 입장이며, 여기 제시하는 주해가 이를 뒷받침하기를 바란다. 동시에 그리스도인들은 지난 기독교 역사에서 유대인들에게 가했던 끔찍한 공격의 일부는 대체 신학에서 비롯된 신념에 근거했음을 인정해야 한다. 이러한 신념이 히브리서를 포함한 신약 문서에 의해 형성되어 온 것도 사실이다. 그렇기에 그리스도인 교사들은 자신이 속한 교회와 교실 그리고 공적 담론의 자리에서 이러한 본문들을 신중하게 다루며, 이스라엘 집을 향한 하나님의 언약적 신실하심이 지금도 계속되고 있음을 분명히 해야 한다. 히브리서는 첫 언약이 일시적이고 불완전함을 밝히면서, 그 불완전함이 하나님의 아들이며 유대인의 메시아이신 나사렛 예수를 통해 세워진 새 언약 안에서 완성되었다고 주장한다. 그리스도인들은 예수가 그리스도이시며, 그분을 고백하는 것이 하나님의 영원한 신실하심 안에서 영생을 누리는 유일한 길임을 확언할 수 있다. 동시에 하나님께서 이스라엘 집에 여전히 신실하시다는 사실도 함께 고백할 수 있다. 히브리서가 가르치는 믿음을 대체 신학이라 부르는 것은 적절하지 않지만, 그 메시지가 분명히 배타적이라는 점은 인정해야 한다고 나는 생각한다. 이스라엘을 향한 하나님의 신실하심과 예수 그리스도에 대한 믿음의 필수성을 함께 고백하는 일은, 바울이 로마서에서 말하듯이 하나님의 지혜의 깊이는 도무지 헤아릴 수 없다는 경탄으로 우리를 이끈다.^{롬 11:33 - 35} 바라건대 유대인과 그리스도인 학자들, 이웃들이 함께 모여 하나님의 영광을 찬미하고,^{롬 11:36} 과거의 아픔을 애통해하며, 확신과 은혜에 근거한 대화를 통해 서로 배우고 함께 살아갈 희망을 품게 되기를!

나는 독자들이 13절에 대한 해석 렌즈를 통해 새 언약의 약속을 다시 살펴보기를 바란다. 그렇게 할 때 그 약속의 모든 내용이 이 공동체 안에서 이미 열매 맺고 있음을 발견하게 될 것이다. 저자는 그의 청중에게 새 언약이 단지 미래의 소망이 아니라 현재의 실재라고 주장한다. 그들에게는 예레미야의 수신자들에게는 없었던, 그리스도의 사역을 통한 용서의 확신이 있다. 히브리서 8장의 마지막 구절에서 저자는, 새 언약의 약속이 "이 마지막 날"을 사는 이들에게^{1:2} 이미 도래했다는 자신의 확신을 선포한다. 예수 그리스도는 이 더 나은 언약의 보증이며,^{7:22} 그 언약을 중재하는 직분을 맡으셨다.^{8:6} 이러한 확신은 이후 몇 장에 걸쳐 점점 더 분명하게 드러날 것이다. 예레미야는 하나님께서 "내 법을 그들의 생각에 두고 그들의 마음에 이것을 기록하리라"고 하신 약속이 새 언약의 핵심임을 선포했으며, 히브리서 저자는 지금 그 약속이 실현되고 있다고 증언한다. 그들의 마음과 생각은 하나님의 말씀 앞에 드러난다.[4:12] 이는 예레미야서 인용문에서 말하는 "생각"mind과 "마음"hearts 모두와 깊이 연결된다. 하나님은 아들을 통해 그들과 소통하시며, 아들은 하나님의 인[印, seal]이기에 신자의 마음에 하나님의 뜻을 기록하는[8:10] 사역은 완전히 합당하다.[1:3] 구약 말씀과 이 목회자(히브리서 저자)의 가르침, 그리고 동료 신자들의 권면을 통해 그들의 마음은 불신앙과 죄의 완고함[3:12-13]에서 벗어나 변화될 수 있다. 이때 하나님은 "나는 그들에게 하나님이 되고 그들은 내게 백성이 되리라"고 말씀하신다. 이 공동체는 아들을 통해 하나님의 집[3:6]에 속한 자들, 곧 그분의 형제자매[2:11-12]가 되었고, 이는 그들이 하나님의 자녀[1:14; 2:10-13]로 부름받았음을 뜻한다. 그러므로 "각각 자기 나라 사람과 각각 자기 형제를 가르쳐 이르기를 주를 알라 하지 아니할 것이다." 그들 모두가 하나님을 인식하게 되기 때문이다.

예레미야의 청중이 그랬던 것처럼 히브리서의 청중도 하나님에 대해 따로 가르침을 받을 필요가 없다. 그 이유는 그들 모두 하나님을 경험적으로 알고 있기 때문이다. 그들은 하나님의 기적적인 구원과 회복을 직접 경험했다.[2:3] 그들은 하나님과 그분이 행하신 일을 안다. 이 경험은 "작은 자로부터 큰 자까지" 모두에게 해당된다. 여기서 "작은 자와 큰 자"는 초기 기독교 공동체에서 흔히 볼 수 있었던 경제적·사회적 다양성을 가리킬 수도 있고, 연령대나 영적 성숙도의 차이를 의미할 수도 있다. 어느 경우든, 모든 사람에게 하나님에 대한 내면적이고도 체험적인 인식이 주어졌다는 뜻이다. 이는 미성숙함으로 인해 책망받던 청중에게[5:11-14] 특별한 위로가 된다.

하나님께서 죄를 다루신다는 것은 히브리서 저자에게 중대한 약속이다. "내가 그들의 불의를 긍휼히 여기고 그들의 죄를 다시 기억하지 않으리라"는 말씀은, 마땅히 행해야 할 의[רדצ]에 이르지 못한 청중에게 큰 위로가 된다.[5:13] 그들은 긍휼이 풍성하신 대제사장 덕분에, 연약함과 부족함에도 하나님의 자비를 기대할 수 있다.[4:16] 하나님께서 죄를 기억하지 않으신다는 것은, 그들의 잘못을 모르신다는 뜻이 아니다. 오히려 하나님은 그들이 저지를 수 있는 불의와 죄를 분명히 아시며, 바로 그렇기에 이 서신을 통해 그들이 죄의 미혹[3:13]에 빠지지 않도록 교훈하고 계신다. 그러나 하나님은 그 죄에 대해 더 이상 주의를 기울이지 않기로 결정하셨다. 이 선언을 통해 저자는 하나님께서 기억하신다는 것은 단순한 회상이 아니라 '주의를 기울임'을 뜻한다는 점을 강조한다. 실제로 '밈네스코마이'^{μιμνήσκομαι}는 히브리서 2:6에서도 같은 의미로 사용되었다. 이 약속이 참된 이유는, 예수 그리스도가 이미 그들의 죄를 해결하셨기 때문이다.[1:3; 2:17; 4:15; 5:1; 7:27] 따라서 하나님께서 죄를 기억하지 않으신다는 이 선언은 청중에게 실제로 적용되는 은혜의 말씀이다.

동시에 나는 히브리서 공동체의 미래를 위해 여전히 중요한 과제가 남아 있음을 부정하지 않는다. 아들의 원수들이 아직 존재하고, 인간은 하나님의 뜻처럼 세상을 온전히 다스리지 못하며,[2:8-9] 죽음은 여전히 모든 인간에게 생명의 위협으로 다가온다. 이러한 현실 속에서도 이 공동체는 모든 것이 그들의 왕 같은 대제사장의 발아래에 놓이기를 기다리며, 예레미야 시대의 청중처럼 소망 가운데 살아간다. 저자는 하나님의 자비와 용서가 그리스도 안에서 이미 임했다고 선포하지만, 동시에 죄가 여전히 실재한다는 것도 인정한다. 이는 그들이 지금 새 언약의 시대에 살고 있지만, 그 언약을 끝까지 신뢰하기 위해 지속적인 격려가 필요하다는 결론으로 이어진다. 이것이 바로 저자가 긴 인용과 그에 대한 설명을 통해 전하고자 하는 핵심이다.

히브리서를 읽는 모든 미래의 독자 역시 이러한 격려를 받을 필요가 있다. 그리스도인들은 내주하시는 성령의 능력 안에서 하나님의 율법에 합당한 분별력을 공급받는 시대에 살고 있는 복된 자들이다. 모든 신자는 하나님과의 친밀한 관계 안에서 그분을 아는 특권을 누린다. 성경과 전례, 찬송을 통해 선포되듯이 죄는 그리스도 안에서, 하나님의 자비로 더 이상 기억되지 않는다. 그러나 혼란과 분열, 죄로 인한 실패 가운데 새 언약의 실재는 때로 믿기 어려울 때가 있다. 그렇기에 히브리서 저자가 전한 예레미야의 말씀은, 1세기 당시와 마찬가지로 오늘날 우리에게도 여전히 필수적이다. 우리는 모두 "새것이 도래했다"는 이 선포를 반복해서 들어야 한다.

히브리서 8장의 시작은 예수의 제사장직이 실행되는 장소에 초점을 맞춘다. 이제 예언자 예레미야의 예언을 인용함으로써 그 제사장직의 본질이 더욱 분명해진다. 예수의 제사장적 섬김은 새 언약을 중재하며, 하나님 백성의 삶 속에서 그 약속이 실현되게 한다. 성도가 언약의 혜택을 경험하고 그 중재를 받아들이는 과정은 인내와 믿음을 요구한다. 그리고 이는 저자가 6장에서 격려한 핵심 덕목들이기도 하다.[6:15]

9:1-5 첫 장막

1[그러므로] 첫 언약에도 섬김의 규례와 세상에 속한 성소가 있더라. 2예비한 첫 장막이 있고 그 안에 등잔대와 상과 진설병이 있으니 이는 성소라 일컫고 3또 둘째 휘장 뒤에 있는 장막을 지성소라 일컫나니 4금 향로와 사면을 금으로 싼 언약궤가 있고 그 안에 만나를 담은 금 항아리와 아론의 싹난 지팡이와 언약의 돌판들이 있고 5그 위에 속죄소를 덮는 영광의 그룹들이 있으니 이것들에 관하여는 이제 낱낱이 말할 수 없노라.

하나님께서 '새것'에 대해 말씀하신 예레미야의 예언 이후로, 첫 언약은 '옛것'으로 선언되었다.[히 8:13] 하나님의 아들이 세상에 오셔서 새것을 가능하게 하셨음에도, 히브리서 저자는 여전히 옛 언약의 장소와 전례를 묘사하는 데 시간을 들인다. 이는 그가 옛 언약의 '낡음'을 경멸하거나 무시하는 것이 아님을 분명히 보여준다. 옛 언약은 아들을 통한 하나님의 소통하심 가운데 드러난 계시의 시간 순서에 따라 자연스럽게 '옛것'이 되었다. 원문에 삽입된 '그러므로'[9:1]는 이 단락이 앞서 인용된 예레미야의 예언과 긴밀히 연결되어 있음을 보여준다. 저자는 첫 언약과 본질을 공유하면서도 동일하지는 않은 새 언약의 실재를 다루기에 앞서, 옛 언약 아래 있던 거룩한 공간에 대해 간략히 설명한다. 이 설명은 예레미야가 묘사한 두 언약에 대한 성경적 틀 위에 세워져 있으며, 여기에는 옛 언약 관련 요소들의 신학적 정리가 포함된다.

가장 신뢰할 만한 사본들에 따르면, 이 본문의 첫 단어는 '첫'이며 어떤 명사도 붙어 있지 않다. 그러나 몇몇 소문자 사본[minuscules, 주후 9-15세기 사이에 필사된 사본—옮긴이]과 불가타[Vulgate] 사본은 여기에 '장막'을 추가한다. 저자가 이후 두 개의 장막을 묘사할 것이기 때문에 이러한 추가는 충분히 설득력 있다. 한편 '첫'이라는 표현은 8:13에서 언급되고 8장 전체에서 논의된 첫 언약을 가리킬 수도 있다.[개역개정이 "언약"을 삽입한 것도 이러한 해석에 따른 것이다—옮긴이] 1절에서 '첫'에 대한 설명은 바깥쪽 장막과 안쪽 장막 모두 해당하므로, 여기서는 '언약'으로 이해하는 것이 가장 자연스럽다. 이 첫 언약은 섬김[ministry]을 위한 규례들, 문자 그대로 '의로운 것들'[δικαιώματα]뿐 아니라 그 규례들이 적용되는 장소, 곧 이 세상에 속한 성소를 포함하고 있었다. 여기 사용된 미완료 시제 동사 '에이켄'[εἶχεν]은 '가지고 있었다'라는 의미로 쓰이며, 그 장막이 더는 사용되지 않지만 과거 오랜 시간 동안 이스라엘 백성을 위한 섬김의 장소로 기능했음을 암시한다. 저자는 이 공간을 부정적으로 묘사하지 않는다. 오히려 질서 있고 의로운 공간으로 평가하며, 하나님께서 이 규례들을 통해 백성이 그분의 거룩하심을 받아들일 준비를 갖추도록 하셨음을 강조한다. 거룩하신 하나님께서 거룩하지 않은 백성 가운데 임재하기 위해 구체적인 지침을 주신 것은 참으로 큰 은혜가 아닐 수 없다.

저자는 이어서 첫 언약 아래 하나님과의 관계에 중심적인 역할을 했던 장막에 초점을 맞춘다. 이 문단에서 그는 장막을 동심원同心圓 구조로 묘사한다. 즉 바깥 장막과 안쪽 장막이 차례로 안으로 이어지는 구조다. 첫 번째 장막은 하나님의 지시에 따라 사람이 손으로 예비한 것이었다. 이 표현은 매우 긍정적이지만 동시에 인간의 행위를 강조하기에, 하나님께서 친히 지으신 하늘의 장막[8:2]과는 구별된다. 이 장막 안에는 성소를 밝히는 아름다운 장치인 등잔대가 있었다. 출애굽기 25:30-39은 이 등잔대를 순금으로 만든, 일곱 개의 등잔이 달린 정교한 기구로 묘사한다. 히브리서 저자는 다음으로 상床을 언급한다. 출애굽기에서는 상이 등잔대보다 먼저 등장하지만,[25:23-28] 히브리서에서는 등잔대 다음에 상이 나온다. 상 역시 순금으로 정교하게 제작되었으며, 하나님의 공급하심을 상징한다. 그 의미를 더욱 강조하기 위해 하나님은 상 위에 항상 진설병을 놓으라고 명령하셨다.[25:30] 이 모든 성소 기구는 백성이 준비하고 제작했지만, 임의로 만든 것은 아니었다. 오직 하나님께서 모세에게 성막을 지을 "모양"을 알려 주셨기 때문에 가능한 일이었다.[25:9, 40 참조] 우아하면서도 친밀한 분위기의 이 공간은 하나님과 백성의 대표자들이 만나는 장소였다.[6]

이 모든 것은 '성소'라 불리는 공간에 속하며, 성소는 둘째 휘장 너머에 있는 '지성소'라는 장막까지 포함한다. 이 지성소가 정확히 얼마나 거룩한 공간인지에 대해서는 해석상 논란이 있다. 왜냐하면 히브리서 9:2-3의 사본들은 문장 구조와 구절 구분 방식에서 서로 차이를 보이기 때문이다. 출애굽기의 용례를 따르면, 바깥쪽 장막은 '성소', 안쪽 장막은 '지성소'로 구분된다. 그러나 주석가 아트리지Attridge는 히브리서 저자가 민수기와 레위기의 전통을 바탕으로 이 명칭들을 다르게 사용할 수 있었음을 설득력 있게 논증한다. 다시 말해 히브리서의 용례는 단지 출애굽기 전통만이 아니라, 구약성경 전체에서 나타나는 다양한 제의 전통들을 함께 반영하고 있을 가능성이 있다.[7] 이러한 통찰은 내가 다소 느슨한 번역을 선택하도록 만들었다. 그러나 이러한 난점들이 본문 해석에 심각한 장애를 주는 것은 아니다. 히브리서 저자는 두 구역 안에 무엇이 들어 있는지 분명히 묘사하고 있기 때문에, 그가 각각을 지칭하기 위해 사용하는 정확한 용어나 구절 구분이 다소 모호하더라도 결국 장막의 두 구역을 의도하고 있음은 분명하다.

이것은 히브리서와 구약성경이 성소를 묘사하는 방식 사이에서 발생하는 유일한 본문상의 긴장은 아니다. 히브리서 저자는 둘째 휘장 뒤, 곧 지성소 안에 "금 향단"이 있었다고 언급한다. 그러나 출애굽기와 레위기는 이 향단이 첫 번째 장막인 성소에 위치한다고 기록한다. 이러한 차이는 일견 모순처럼 보일 수 있으나, 아트리지는 구약성경의 독자라면 향단이 지성소와 밀접하게 연결된 것으로 이해할 수 있음을 설득력 있게 설명한다. 히브리서의 신학적 흐름과 제의적 구조를 고려할 때, 이러한 배치는 단순한 기술상의 오류가 아니라 신학적 의도를 반영한 해석으로 볼 수 있다.[8] 향단이 어디에 위치하든 그것은 하나님 앞에서 드리는 제사의 지속성을 나타낸다. 이는 하나님이 그 향을 "주 앞에서 끊이지 않게 하라"[70인역 출 30:8]고 명령하셨기 때문이다.

묘사의 다음 부분은 논란의 여지가 없다. 히브리서 저자가 안쪽 장막에 사면을 금으로 싼 언약궤가 있다고 말하는 대목에서는 모든 사본이 일치한다. 성막 건축에 대한 초기 지시는 출애굽기 25장에 나타나며, 언약궤는 대제사장이 지성소에 들어가는 속죄일에만 희생 제의와 관련해 등장한다.[레 16장] 히브리서 저자가 이 의식에 특별한 주의를 기울이기 때문에, 그가 언약궤를 언급하는 것은 의미심장하다. 신약성경에서는 히브리서와 요한계시록만이 이것을 이스라엘 제의의 핵심 요소로 언급한다.[계 11:19]

저자는 이어서 언약궤 안에 무엇이 들어 있는지 구체적으로 밝힌다.

"만나를 담은 금 항아리"는 하나님이 이집트에서 구원하신 세대에게 베푸신 구원과 공급의 증표다.출 16:33 "아론의 싹 난 지팡이"는 하나님이 레위 지파를 제사장 직분으로 선택하셨음을 나타내며,민 17:8, 10 "언약의 돌판들"은 백성이 금송아지를 만들어 반역한 후 하나님이 모세에게 다시 주신 십계명을 담고 있다.출 32장 저자의 묘사는 궤 안의 내용물을 설명한 다음, 궤 위에 무엇이 있는지 언급하며 마무리된다. 그 위에는 "속죄소를 덮는 영광의 그룹들"이 서 있다. 이곳은 하나님이 "내가 거기서 너에게 알려지고 속죄소 위에서 내가 너에게 말하리라"70인역 출 25:22고 말씀하신 자리다.

이 이 간략한 목록이 저자에게 허락된 전부이며, 그는 "이것에 관하여는 이제 낱낱이 말할 수 없노라"고 인정한다. 그는 이 목록에 대해 장황하게 논하거나 자세히 설명하지 않지만, 두 장막 안과 언약궤 안에 있는 모든 요소를 포함시킨다. 특히 떡과 상을 구별하여 언급하고 궤 안의 기념물, 곧 만나와 아론의 지팡이를 구체적으로 지목하는데, 이는 다른 초기 유대 주석가들의 서술 방식과 유사하다.[9] 그는 각각에 대해 상세한 세부 사항을 제공하지는 않지만, 이 공간에 대한 전체적인 그림을 제공한다.[10] 그의 진술 중 일부는 출애굽기와 정확하게 일치하지 않지만, 그가 설교 전체에 걸쳐 구약성경에 세심한 주의를 기울이며 여기서도 마찬가지라는 주장은 타당할 것이다.

저자는 장막 안의 모든 기물을 언급함으로써 독자들로 하여금 그 아름다움을 마음속에 그려 보게 한다. 금장식과 영광은 하나님의 위엄을 드러내며, 동시에 하나님께서 이스라엘을 은혜로 대하신다는 사실을 상기시킨다. 또한 이것은 하나님께서 이스라엘의 예배를 통해 그분의 임재로 초대하시는 방식을 보여준다. 저자는 이처럼 장막의 기물을 간결하지만 포괄적으로 묘사하면서, 궁극적으로는 서로 다른 직무가 수행되는 두 개의 구별된 장막 구조, 곧 동심원적 제의 공간으로 설명의 초점을 옮겨 간다.

9:6 – 10 장막에서의 섬김

⁶이 모든 것을 이같이 예비하였으니 제사장들이 항상 첫 장막에 들어가 섬기는 예식을 행하고 ⁷오직 둘째 장막은 대제사장이 홀로 일 년에 한 번 들어가되 자기와 백성의 허물을 위하여 드리는 피 없이는 아니하나니 ⁸성령이 이로써 보이신 것은 첫 장막이 서 있을 동안에는 성소에 들어가는 길이 아직 나타나지 아니한 것이라. ⁹이 장막은 현재까지의 비유니 이에 따라 드리는 예물과 제사는 섬기는 자를 그 양심상 온전하게 할 수 없나니 ¹⁰이런 것은 먹고 마시는 것과 여러 가지 씻는 것과 함께 육체의 예법일 뿐이며 개혁할 때까지 맡겨 둔 것이니라.

"이 모든 것을 이같이 예비하였으니." 준비는 사람의 손으로 이루어진 것이지만, 하나님의 명령에 따라 수행된 것이다. 저자는 이러한 언급을 통해 장막을 언어적으로 구성하고, 이제 그 안에서 이루어지는 직무에 주의를 집중시킨다. 그는 먼저 첫 장막에 들어가 섬기는 제사장들에 대해 설명한다. 그들은 "항상 섬기는 예식을 완수하기 위해" 장막에 들어간다. 이 직무에는 등잔의 기름을 지속적으로 관리하는 일^{출 27:20 – 21}과 주님 앞에 항상 진설되어야 하는 떡을 매주 바꾸는 일^{출 25:30}이 포함된다. 아론의 후손들은 바깥 장막의 기물을 관리하며, 하나님이 명하신 모든 일을 수행한다. 저자는 이 직무를 묘사하면서 '성취' 또는 '완수'를 뜻하는 단어 '텔레오'^{τελέω}를 사용하는데, 이는 제사장들이 맡겨진 임무를 충실히 수행할지라도 그 제사 체계 자체에는 여전히 온전하지 못한 점이 존재함을 암시한다.

많은 제사장들이 떡과 기름으로 계속 섬겨야 하는 것은, 대제사장이 일 년에 단 한 번 피를 다루는 것과 뚜렷이 대조된다. 둘째 장막, 곧 지성소는 대제사장만이 일 년에 한 번 들어갈 수 있으며, 또한 그 자신과 백성의 허물을 속하기 위해 드리는 피 없이는 들어갈 수 없다. 레위기 16장은 속죄일의 의식을 묘사한다. 대제사장은 먼저 자신을 위해 수송아지를 속죄 제물로 잡는다. 그는 향단 위에서 향을 피운 뒤 언약궤의 속죄소 위에 그 피를 뿌린다. 또한 백성을 위한 속죄 제물로 염소를 잡아 그 피를 가져다가 속죄소 위와 앞에 뿌린다.^{레 16:6-16} 본문은 오직 대제사장만이 들어가서 이 일을 수행할 수 있다고 분명히 규정한다.^{레 16:17} 출애굽기 역시 속죄 제사의 피로 해마다 한 번 행하는 향단 뿔에 대한 속죄 의식을 언급한다.^{출 30:9-10} 이러한 제사는 아론과 그 뒤를 잇는 대제사장들의 임무다. 이 모든 본문을 종합하면, 대제사장이 향단 뿔과 속죄소에 피를 바르는 장면이 선명하게 그려진다. 히브리서의 묘사는 지금까지 이 사건과 일관되게 부합한다.

더 많은 설명이 필요한 부분은 공동체를 위한 제물의 묘사다. 대제사장은 "백성의 (알지 못하는) 허물"^{ἀγνοημάτων}을 위해서도 제사를 드린다. 이에 대해 일부 학자들은 히브리서가 부지중에 지은 죄^{ἀκουσίως, 레 4장; 민 15:24-29}와 고의로 지은 죄^{민 15:30-31}를 구분하는 민수기의 구조를 수용한 것으로 보았다.[11] 그러나 히브리서 본문은 민수기의 해당 용어를 사용하지 않으므로, 이러한 해석을 확정적으로 수용하기는 어렵다. 왜냐하면 히브리서가 사용하는 "허물"^{ἀγνοήματα}이라는 표현은 구약성경의 제의 규정에 등장하지 않으며, 오직 창세기 43:12의 요셉 이야기에서 단 한 차례 사용되기 때문이다. 이 본문에서 해당 용어는 '실수'의 의미와 연결되어 있다. 따라서 이러한 용례는 히브리서가 강조하는 하나님의 뜻에 대한 무지와 "하나님을 아는 것"의 중요성이라는 주제와 깊이 맞닿아 있다. 광야 세대는 하나님을 알지 못했기 때문에 그분께 반역했으며,^{히 3:10; 70인역 시 94:10} 새 언약의 약속은 모든 이스라엘 백성이 하나님을 아는 지식을 갖게 되리라는 것이다.^{히 8:11; 70인역 렘 38:34} 출애굽기와 레위기의 본문은 '죄들'^{출 30:10}과 '모든 죄들'레 16:30을 구별하지 않고, 그 죄들이 매년 속죄일의 제사로 속하여진 다고 진술한다. 히브리서는 이러한 제의적 전통과 긴밀하게 연결된 방식으로 논의를 전개한다. 히브리서의 관점에서 죄란 본질적으로 하나님의 성품에 대한 신뢰의 결여, 곧 지식의 부족에서 비롯된 것으로 이해된다. 그렇다면 매년의 속죄 의식은 인간 내면의 근본적 문제를 해마다 한 번씩 '초기화'해 온 셈이다. 이 속죄는 분명 부지중에 지은 실수들을 포함하겠지만, 또한 하나님을 향한 불신에서 기인하는 보다 의도적인 죄들까지 포괄하는 것으로 보아야 한다.[12]

저자는 바깥 장막과 안쪽 장막, 그리고 그 안에서 수행되는 일들을 간략히 묘사하며, 이를 통해 하나님의 교훈에 주의를 기울이도록 이끈다. 여기서 주목할 것은 "성령이 이로써 보이신 것"이 있다는 점이다. 독자들은 성령이 어떻게 이런 '보이심'의 사역을 수행하는지 궁금해할 수 있다. 저자는 1-5절에서 장막의 구조를 묘사할 때 구약성경에 의존했고, 히브리서에는 성령이 성경을 통해 말씀하시는 장면이 두 번 등장한다.3:7; 10:15 따라서 성령의 보여주심은 이스라엘을 향한 하나님의 말씀 안에서 이루어진 것으로 보인다. 즉 성령이 나타내시는 바는, 첫 장막이 서 있는 동안에는 "성소에 들어가는 길이 아직 나타나지 않았다"는 것이다. 6-7절에 나타난 장막의 기능에 대한 묘사는 레위기 본문에 근거한다. 저자는 바깥 장막이 그 역할을 수행하는 동안에는 대제사장조차도 안쪽 장막으로 들어가는 길이 열려 있지 않다고 지적한다. 제사장들이 바깥 장막에서 섬기는 모든 날 동안, 안쪽 장막으로 들어가는 길은 닫혀 있다. 그러나 속죄일, 곧 '속죄들의 날'욤 하키푸림이 되면 상황이 반전된다. 대제사장이 죄를 위한 피의 제사를 드리기 위해 안쪽 장막으로 들어갈 때, 바깥 장막에는 누구도 있어서는 안 된다.레 16:17 이처럼 장막의 두 구역은 기능적으로 상호 배타적이다. 하나가 열려 있는 동안, 다른 하나는 닫혀 있는 것이다.

이 구조는 "그것이 서 있는 동안을 위한 비유"이다.개역개정은 "현재까지의 비유"—옮긴이 저자는 여기서도 8절과 같은 동사 '히스테미'ἵστημι의 한 형태를 사용하여 시간적 연속성을 암시한다. 첫 장막과 둘째 장막의 구분은 곧 첫 언약과 새 언약의 구분으로 이어진다. 첫 장막이 여전히 기능하던 시기에는, 둘째 장막 안에서 대제사장이 해마다 드리는 속죄 제사의 중요성이 이스라엘 백성에게 충분히 인식되지 못했다. 이와 마찬가지로 첫 언약이 "존속하는 동안"에는 하늘에 있는 하나님의 거룩한 처소로 들어가는 길이 아직 드러나지 않았다. 히브리서 저자는 그리스도가 섬기는 장소를 "성소"8:2라고 부르며, "길"이라는 표현은 예수의 사역을 통해 열린 새로운 접근 방식을 가리킨다.10:20 따라서 "성소에 들어가는 길"이라는 문구는 이중적 의미를 갖는다. 하나는 지상의 장막 안쪽 구역에 대한 언급이며, 다른 하나는 하늘에 계신 하나님의 임재에 이르는 길을 뜻한다. 결국 장막의 두 구역은 언약의 두 시대를 상징하는 비유로 기능한다. 첫 언약과 그 전례는 하나님이 예레미야를 통해 '옛것'으로 선언하시기 전까지는 여전히 효력을 지녔다. 하나님의 아들이 오셔서 신실한 사역을 수행하고 하나님의 임재로 나아가는 길을 영원히 열기 전까지는 그러했다. 장막의 첫 구역이 사용되었던 시간은 하나님과의 관계가 첫 언약에 근거했던 시대를 반영한다. 그러나 히브리서 저자의 현재 시점에서는 두 가지 모두 효력을 상실한다. 장막은 더는 사용되지 않고, 첫 언약도 이제 낡았기 때문이다.

9-10절의 후반부에서 저자는 첫 언약 체계의 긍정적 측면과 그 한계를 다시 언급한다. "이첫 언약에 따라 드리는 예물과 제사"라는 구절에서 '예물'과 '제사'는 하나님이 규정한 봉헌물을 가리키며, 이는 레위기의 제의 규정과 일치한다. 두 용어는 종종 짝을 이루어 하나의 결합된 쌍처럼 나타나고,레 2:1, 4 특정 제사나 특정 예물을 묘사할 때 함께 사용되며,레 2:5. 7, 13: 3:1 병행 구절에서도 동일한 위치에 배치된다.레 21:21: 70인역 욥 20:6 이 반

복은 봉헌자가 자신을 낮추고 비우는 성격^{selflessness}을 강조한다. 저자가 예물과 제사를 "드리는 것"이라고 서술할 때, 이는 제사장들의 반복적 직무와 관련된다. 그러나 앞서 7절에서 사용된 '드리다'^{προσφέρω}라는 동사를 고려할 때는 해마다 대제사장이 수행하는 제사와 더 밀접하게 연결된다. 이 제사는 하나님에 대한 왜곡된 인식에서 비롯된 근본적인 죄의 문제를 다루는 중심 예식이다.

이 체계는 거룩하신 하나님과 이스라엘 백성 사이의 관계에서 중요한 역할을 감당했으나, 저자는 그 체계의 본질적 한계 또한 명확히 지적한다. "이에 따라 드리는 예물과 제사는 섬기는 자들의 양심을 온전하게 할 수 없다." 제사장들이 하나님의 지시에 따라 봉사했음에도 그들의 양심은 여전히 온전해지지 않는다. 이는 히브리서 저자가 반복적으로 강조하는 바와 같이, 매년 드려지는 피의 제사가 그들의 내면을 정화하지 못했음을 보여준다. 비록 3 – 4장에서 "마음"^{καρδία}이, 그리고 8장에서 마음과 생각에 관한 표현이 사용되었지만 여기서 언급되는 "양심"^{συνείδησις}은 인간의 내면, 곧 생각과 행동에 대한 자각을 가리키며, 신약성경 전반에서는 하나님 앞에서 자기를 인식하는 개념으로 이해된다.^{행 23:1; 24:16; 롬 2:15; 9:1;} ^{고전 8장; 딤후 1:3; 벧전 3:21} 다시 말해, 첫 언약의 체계는 새 언약에서 기대되는 내면의 변화를 이끌어 낼 수 없었다. 제사장들이 자신들의 직무를 "완수했다"^{ἐπιτελέω, 9:6} 하더라도, 그 체계는 섬기는 자의 내면조차 "온전하게 하지 못했다."^{τελειόω} 만일 지도자들조차 온전해지지 못했다면, 백성 역시 동일한 상태에 머물렀을 것이다.

히브리서 저자는 제사장들의 섬김이 본질적으로 "먹고 마시는 것"과 관련된 것이라고 진술한다. 여기서 "먹는 것"은 제사 장소에서 나누는 떡과 고기를, "마시는 것"은 전제^{출 29:40}를 포함한다. 제사장들은 이러한 섬김을 준비하기 위해 물로 몸을 씻거나^{출 29:4; 30:19; 레 8:6} 다양한 정결 의식, 곧 "여러 가지 씻는"^{βαπτισμοῖς} 규례에 참여한다. 이 모든 것은 히브리서 저자가 "의로운 예법들"δικαιώματα σαρκός이라 부르는 것으로, 그 체계의 선함과 유익함을 다시 한번 확인한다. 이 규례들은 율법을 따르는 이들에게 분명 일정한 유익을 주며, 그것이 지닌 상징성과 교육적 기능은 후대 독자들에게도 여전히 가치 있다. 그러나 저자는 이 규례들이 "육체에 속한 예법"에 지나지 않음을 분명히 한다. 다시 말해 이 예법은 외적인 정결에는 적용되지만, 사람의 내면에는 영향을 미치지 못한다. 대제사장의 섬김은 부정한 백성을 대신하여 하나님과의 만남의 장소를 정결하게 유지하는 것이다.레 16:16 이는 하나님 앞에서 지극히 중요한 직무이지만, 동시에 히브리서 저자가 시편 95편과 예레미야 31장을 읽는 방식에 따르면 피의 제사가 인간 내면, 곧 마음의 상태를 변화시키지는 못한다. 이 제사는 한 해 동안 저지른 죄악된 행위들을 속죄하는 데는 유효할지 몰라도, 그 행위들을 낳은 인간 존재 자체를 변화시키지는 못한다. 결국 제사 의식은 새 언약이 해결하려는 근본 문제, 곧 하나님을 신뢰하지 못하는 인간 마음의 불충분성에는 도달하지 못한다는 것이다.

더욱이 이 제사는 또 다른 실재를 가리키는 이정표였다. 그것은 "개조할 때", 곧 모든 것이 바로잡힐 때까지 하나님의 백성에게 적용되는 임시적인 규례였다. 여기서 말하는 '개조'restoration는 이사야와 예레미야가 소망했던 바이며,사 16:5; 62:7; 렘 7:3, 5 히브리서에서는 그것이 마음과 몸이 모두 정결하게 되는 상태로 묘사된다.10:22 참조 이는 하나님이 궁극적으로 의도하신 바다. 저자는 육체와 양심을 대조함으로써, 육체를 경시하고 영혼만을 중시하는 극단적인 치우침을 경계한다. 이는 히브리서가 예수의 '몸'에 깊은 신학적 관심을 기울이고 있기 때문이다. 그래서 그는 예수의 제사가 단지 육체를 깨끗하게 할 뿐만 아니라, 인간 존재의 내면, 곧 양심과 마음까지 정결하게 한다는 점을 강조한다.

9:11 – 14 그리스도의 제사장 사역

[11][그러나] 그리스도께서는 장래 좋은 일의 대제사장으로 오사 손으로 짓지 아니한 것 곧 이 창조에 속하지 아니한 더 크고 온전한 장막으로 말미암아 [12]염소와 송아지의 피로 하지 아니하고 오직 자기의 피로 영원한 속죄를 이루사 단번에 성소에 들어가셨느니라. [13]염소와 황소의 피와 및 암송아지의 재를 부정한 자에게 뿌려 그 육체를 정결하게 하여 거룩하게 하거든 [14]하물며 영원하신 성령으로 말미암아 흠 없는 자기를 하나님께 드린 그리스도의 피가 어찌 너희 양심을 죽은 행실에서 깨끗하게 하고 살아 계신 하나님을 섬기게 하지 못하겠느냐.

이 장의 처음 열 구절은 모두 옛 언약에 초점을 맞추고 있다. 여기서는 그 언약의 배경, 제사장들의 역할과 행동, 그리고 그로 인한 결과를 논한다. 하지만 11절에 이르러 저자는 "그러나"δέ, 개역개정은 번역하지 않는다—옮긴이로 전환점을 만든다. 이제 그는 예수 그리스도의 제사장적 사역에 대해 말하려는 것이다. 히브리서 전체에서 저자는 예수를 하나님의 아들이며 메시아, 곧 그리스도로 네 차례 언급한다.3:6, 14; 5:5; 6:1 여기서 '그리스도'는 예수가 하나님께 특별히 선택되고 기름 부음을 받은 분이자, 하나님과 특별한 관계를 맺고 있는 권위 있는 분임을 뜻한다. 이것은 이 서신을 읽는 공동체가 예수를 주님으로 고백하는 다른 신자들과 공유하는 믿음의 핵심이다. 11절에서는 "그리스도"라는 이름과 "대제사장"이라는 직분이 함께 연결된다. 이는 예수의 신분(하나님의 아들)과 사역(제사장)이 결합된 5:5의 표현과도 비슷하다. 즉 이스라엘이 오랫동안 기다려 온 그 기름 부음 받은 분이, 이제는 하나님 앞에서 사람들을 대신하는 대표자로서 계신다는 뜻이다. 신약성경에서 이처럼 예수의 메시아직과 제사장직을 명확하게 하나로 결합해서 설명한 경우는 히브리서가 거의 유일하다.

첫 장막에서 제사장들이 각자의 직분에 따라 바깥 구역과 안쪽 구역으로 들어갔던 것처럼, 그리스도 역시 그렇게 행하셨다. 히브리서 저자는 이를 설명하기 위해 '파라노마이'라는 동사를 사용하여, 그리스도께서 "오셨다" 혹은 "나타나셨다"고 표현한다. 이 동사는 단순한 등장을 의미하는 것이 아니라, 어떤 중요한 장소에 '도착하다'라는 뜻을 내포한다. 이어지는 구절에서 확인할 수 있듯이 그분의 도착은 곧 하나님의 임재가 머무는 장소에 이르렀음을 뜻한다. 저자는 이 장소를 구체적으로 설명하기에 앞서 그리스도의 역할을 밝힌다. 그분은 "대제사장으로" 오셨다. 물론 히브리서에서는 예수를 "제사장"ἱερεύς이라 부르기도 하지만, 이 말은 주로 70인역 시편 109:4히 5:6; 7:11, 15, 17, 21 인용의 맥락 안에서 사용된다. 그러나 저자가 더 자주 사용하는 칭호는 "대제사장"ἀρχιερεύς이다. 이는 바깥 장막에서는 많은 제사장들이 반복적으로 봉사하지만, 안쪽 장막에서는 오직 대제사장만이 1년에 한 번 들어간다는 배경과 연결되어 예수의 유일하고도 결정적인 사역을 강조하는 데 적합한 표현이다. 그리고 메시아 예수는 "이미 도래한 좋은 것들"the good things that came의 대제사장으로 묘사된다. 이 "이미 도래한 좋은 것들"은 14절에서 밝히듯이 그리스도가 하나님의 임재 앞에 가지고 나아가신 제물, 곧 "자신의 피"를 가리키는 것으로 이해될 수 있다. 다른 해석에 따르면, 여기서 말하는 "좋은 것들"은 그리스도의 제사로 인해 이루어진 결과를 가리킬 수도 있다. 즉 그분이 이루신 속량과 그 결과로 그를 따르는 이들에게 주어지는 정결한 양심을 의미한다.9:12, 14 저자는 이처럼 그리스도의 사역의 열매를 언급함으로써, 예레미야가 새 언약에 대해 품었던 희망을 이미 이루어진 구체적 현실로 제시하고 있다. 한편, 몇몇 중요한 언셜체 사본을 포함한 다수의 사본들에서는 그리스도를 "장래에 올 좋은 일들"의 대제사장으로 묘사한다. 이는 히브리서 앞부분과 뒷부분에서 미래의 사건을 묘사할 때 사용된 동사 '멜로'μέλλω, 2:5; 6:5; 10:1의 용례를 고려하면 자연스러운 해석이다. 만일 "좋은 일들"이 그리스도의 제사로부터 비롯된 결과를 의미한다면, 과거 시제와 미래 시제 둘 다 적절하다고 볼 수 있다. 히브리서의 저자와 독자들은 하나님과의 현재 관계 안에서 이미 좋은 것들을 누리고 있다. 다시 말해 그들은 하나님이 이루시는 내면의 용서 사역 안에 있으며, 이는 곧 새 언약의 실현을 의미한다. 동시에 그들은 앞으로 이루어질 더 큰 좋은 일들을 기다리고 있다. 이는 만물이 아들의 발아래 복종하게 되고,[1:13; 2:8] 흔들리지 않는 나라가 임하게 될 미래의 성취를 포함한다.[12:26-28] 이러한 점을 고려할 때, 고대 사본들 사이에서 "이미 도래한 좋은 일들"과 "앞으로 올 좋은 일들"이라는 해석이 나뉘는 것은 충분히 타당하고 이해할 수 있는 일이다.[13]

그리스도의 대제사장직과 그 직분의 탁월함을 언급한 뒤, 저자는 먼저 그분이 제사장으로서 사역을 수행하시는 장소를 다시금 강조한다. 그분은 "더 크고 온전한 장막으로" 말미암아 오셨다. 이 장막은 권위와 기원 모든 면에서 기존의 장막보다 우월하며, 옛 장막은 바로 이 완전한 장막을 본떠 만들어진 것이다. 특히 이 장막이 "더 온전하다"고 표현된 점은 주목할 만하다. 성경에서 "온전함"perfection은 더는 개선될 필요가 없고 부족함이 없는 상태를 의미한다. 그러나 이 표현을 통해 히브리서 저자는 기존의 첫 장막 또한 선하고 유익한 것이었음을 분명히 한다. 첫 장막은 하나님의 구체적인 지시와 기준에 따라 세워졌으며, 제사장들은 그 안에서 맡은 사역을 충실히 감당했다.[9:6] 하지만 한 체계 안에서의 온전함이 다른 체계에서도 그대로 적용된다고 보기는 어렵다. 그리스도가 들어가시는 이 새로운 장막과 이전의 장막을 비교해 보면, 새 장막은 그것을 세우신 분, 곧 하나님 자신 때문에 훨씬 더 본질적으로 완전하다. 히브리서 3장에서 건물에 빗댄 진술을 상기해 보면,[특히 3:4] 하나님은 건축가로서 인간보다 훨씬 더 온전한 장막을 지으시는 분이다. 이와 같은 배경에서 저자는 그리스도가 들어가시는 장막이 "손으로 지은 것이 아니며, 따라서 이 창조 세계에 속한 것이 아니다"라고 계속해서 말한다. 이 진술은

8:2에서 언급된, 대제사장이 섬기는 장막이 사람이 아닌 주님이 세우신 것이라는 내용을 다시 강조하는 것이다. 더 나아가 이 장막이 "더 온전하다"고 말할 수 있는 또 다른 이유는 바로 장막의 영속성에 있다. 지상에 존재했던 성막이나 헤롯이 장엄하게 재건한 예루살렘 성전조차도 시간이 지나면 사라질 수밖에 없다. 그러나 하늘에 있는 더 온전한 장막은 결코 사라지지 않으며, 하나님의 임재 안에서 영원히 존재한다.

저자는 이어서 땅의 성소에서 드려진 제물과 하늘의 성소에서 드려진 제물을 대조한다. 예수는 대제사장으로서 "염소와 송아지의 피로 하지 아니하고 오직 자기의 피로" 성소에 들어가셨다. 여기서 말하는 염소는 민수기 7장에 묘사된 초기 장막 제물에 등장하며, 송아지는 하나님이 십계명을 주신 직후 모세에게 명령하신 희생 제사의 주요 제물이다.출 20:24 두 동물은 모두 첫 언약이 시작되던 시점에 드려졌던 상징적인 제물이다.

더욱이 대제사장은 자신과 백성을 위한 속죄제를 드릴 때 송아지의 피를 사용해야 했으며,레 4:3, 14 이러한 규정은 대속죄일יום כפור의 제사에서도 동일하게 적용된다.레 16:3 이 두 제사에는 공통적으로 염소가 사용되는데, 흥미롭게도 관련 본문들은 염소를 가리킬 때 약간 다른 헬라어 용어를 사용한다. 70인역 레위기는 '송아지들'을 '숫염소μόσχος의 복수 속격'μοσχῶν, 레 4:23-24과 '숫염소'χίμαρος, 레 16:5-10로 각각 표기하고 있다. 히브리서 저자는 이처럼 염소와 송아지를 언급함으로써, 이 장9장 앞부분에서 설명했던 옛 언약의 제사 의식을 다시 상기시키고 있다. 그는 구약의 전례와 예수 그리스도의 자기희생 사이의 연결 고리를 부각시키면서, 그리스도의 피가 지닌 독보적인 가치를 강조하고자 한다.

인간이 아닌 다른 존재, 곧 동물의 피와는 달리 그리스도는 "자기의 피로" 성소에 들어가셨다. 여기서 자신의 피를 취하셨다는 것은 그분의 죽음을 전제하는 것이지만, 동시에 그 피를 가지고 성소에 들어가셨다는 사실은 그분이 여전히 살아 계심을 암시한다. 저자가 헬라어 '~을 통해'의 뜻을 가진 전치사 '디아'^{διά}를 사용한 것은, 그리스도의 피가 그분을 하나님의 임재 앞으로 인도하는 길임을 분명히 보여준다.[14] 토라가 묘사하듯이, 피 없이는 대제사장이 휘장을 지나 안쪽 성소로 들어가 죄를 위한 제사를 드릴 수 없었다. 이처럼 피의 도구적 역할은 그 중요성에 대한 저자의 인식과 조화를 이루며, 그는 이를 9:22에서 진술할 것이다. "율법을 따라 거의 모든 물건이 피로써 정결하게 되나니 피 흘림이 없은즉 사함이 없느니라."

다음으로 저자는 제사가 이루어지는 시점의 차이를 비교한다. 다른 대제사장들은 일 년에 한 번 들어가지만, 그리스도 대제사장은 "한 번만"^{ἐφάπαξ} 성소에 들어가셨다. 여기서 사용된 단어는 '한 번'을 의미하는 헬라어 '하팍스'^{ἅπαξ}의 강조형으로, 예수 그리스도의 제사가 단회적이며 반복될 필요 없는 완전한 제사임을 보여준다. 이는 그분의 희생이 갖는 비할 데 없는 탁월성과 충분성을 분명히 드러내는 표현이다.

이처럼 그리스도의 죽음의 단회성$^{once\text{-}for\text{-}allness}$은 다른 신약성경 저자들에 의해서도 일관되게 강조되는 핵심 주제다.$^{롬 6:10;\ 벧전 3:18}$ 히브리서 저자 역시 이 신학적 확신을 바탕으로 그리스도의 유일하고 결정적인 희생에서 떠나려는 자들에게 강력한 경고를 전한다.$^{히 6:4\,-\,6;\ 10:26,\ 29;\ 12:15\,-\,17}$ 다시 말해, 단 한 번 이루어진 그리스도의 희생을 거부하거나 외면하는 것은 회복 불가능의 심각한 결과를 초래한다는 것이 저자의 일관된 주장이다.

그런 다음 저자는 다시 장소를 언급한다. 그리스도는 "성소"에 들어가신다. 이 성소의 헬라어$^{τὰ\ ἅγια}$는 정관사가 붙은 복수형으로, 단순히 거룩한 장소가 아니라 내가 9:8에서 제안한 것처럼 하늘에 속한 성소를 의미한다. 이는 예수가 들어가신 장소에 대한 히브리서 저자의 다른 언급들$^{8:2;\ 9:24;\ 10:19}$과도 일치한다. 따라서 이 단번에 드려진 제사는 단지 지상의 성소가 아니라 하나님의 보좌 앞, 곧 참된 하늘 성소에서 이루어진 사건임을 보여준다.

마지막으로, 저자는 예수 그리스도의 역할에서 비롯된 중요한 결과 하나를 언급하는데, 그것은 그분이 "영원한 속죄", 다시 말해 한 번으로 끝나는 완전한 용서와 구원을 이루셨다는 것이다. 이 표현은 신약성경에서 자주 반복되지는 않지만, 예수의 핵심 사역 가운데 하나다.마 20:28; 막 10:45; 눅 1:68 등 이 속죄는 단지 죄를 용서받는 것에 그치지 않고, 사람을 절망과 죄, 죽음 같은 부정적인 상태에서 벗어나 하나님과 함께하는 새로운 삶의 자리로 옮겨 주는 것을 의미한다. 성경에서 '속죄' 또는 '속량'이라는 말은 종종 하나님이 이스라엘 백성을 이집트에서 해방시키셨을 때나출 6:6; 15:13 바벨론 포로 생활에서 다시 불러내셨을 때,미 4:10 혹은 레위인을 특별히 구별하여 장자의 생명을 대신하게 하셨을 때출 13:13 – 15; 민 3:11 – 13 사용된다. 이런 일들은 모두 하나님이 직접 개입하셔서 백성을 구원한 사건이었다. 히브리서 저자는 이 개념을 바탕으로 예수의 죽음이 단순한 종교 의식이 아니라, 사람을 죽음과 죄의 얽매임에서 완전히 자유롭게 하는 하나님의 결정적인 구원 행위라고 말한다. 이는 첫 번째 언약, 곧 옛 제사 제도로는 이룰 수 없었던 일이다. 그렇기에 히브리서는 예수의 희생이 진정한 속죄를 이루었으며, 이것이 사람을 죽음의 두려움에서 해방시키는 길이 되었다고 강조한다.히 2:14 – 15[15]

메시아의 이러한 속량은 영원히 유효하다. 그것은 "영원한" 속량이다. 그리스도가 가져오신 제물은 죽음을 이기고 하나님이 죄를 자비롭게 영원히 잊으시는 것을 가능하게 하므로, 결코 다른 속량으로 대체될 필요가 없게 된다.저자가 이 실재를 영원한 "구원"과 영원한 "기업"으로 묘사하는 5:9과 9:15의 주해도 참조

13절과 14절에서 저자는 다시 희생 제물과 그 제물이 가져오는 효과에 초점을 맞춘다. "염소와 황소의 피와 암송아지의 재를 뿌려서 육체를 정결하게 하여 거룩하게 하거든……." 앞서 언급했듯이, 염소는 민수기 7장에서 성막이 실제로 사용되기 시작할 때 바쳐진 제물 가운데 등장한

다. 암송아지는 민수기에도 나오지만, 더 오래된 이야기인 창세기 15장, 곧 하나님이 아브라함과 언약을 맺으셨을 때 드려진 첫 희생 제사에도 등장한다. 에스드라 1서에 따르면, 황소와 염소는 바벨론 포로 생활에서 돌아온 백성이 하나님께 바쳤던 제물이기도 하다.^{에스드라 1서 8:63} 그런데 흥미롭게도 이 세 동물은 긍정적인 예배 장면에만 등장하는 것이 아니라, 제사에 대한 하나님의 비판이 등장하는 장면에도 함께 언급된다.^{사 1:11;} ^{70인역 시 49:13} 이는 제물 자체보다 더 중요한 것이 있다는 점을 보여주는 본문이다. 요약하자면 염소, 황소, 암송아지는 모두 하나님과 백성의 관계에서 중요한 전환점이나 새로운 시작을 알리는 제사에 등장한다. 따라서 저자가 세 동물을 언급하는 것은 단지 특정 제사를 말하는 것이 아니라, 이스라엘의 전체 제사 제도라는 상징을 불러일으키는 효과를 낳는다.

암송아지의 "재"는 훨씬 더 구체적인 제사 장면을 가리킨다. 이는 민수기 19:9에 나오는 붉은 암송아지를 태워 얻은 재를 말한다. 히브리서 저자는 10절에서 이러한 제사를 "육체의 예법", 곧 외적인 정결을 위한 규례라고 말했지만, 여기서는 그 제사가 참여하는 사람을 거룩하게 한다고 진술한다. 이 의식은 육체, 곧 사람의 겉모습이나 생활 환경을 정결하게 만들기 위해 행해졌다. 실제로 민수기 19장은 붉은 암송아지의 재가 부정하게 된 사람을 정결하게 하는 데 사용되었다는 것을 분명히 보여준다.^{70인역 민 19:9 참조} 하나님이 주신 율법 안에서 육체의 정결은 단순한 외형적 절차가 아니라 실제로 중요한 의미를 지닌다. 그것은 거룩하신 하나님이 부정한 백성 가운데 거하실 수 있는 조건이었다. 이 정결 예식은 하나님이 아브라함의 자손으로 이스라엘을 선택하시고 종살이하던 땅에서 구원해 내셨다는 사실을 상징적으로 보여주는 외적 표지이기도 하다. 히브리서 저자는 흥미롭게도 피와 재가 "뿌려지는" 수동형 행위가 아니라 "피와 재를 뿌리는" 능동형 행위를 강조한다. 이것은 하나님이 직접 정하신 제사 제도가 실제로 효과를 발휘하고 있었음을 강조하기 위한 표현이다.

하나님이 주신 옛 제사가 실제로 효과가 있었다는 점은, 이제 그리스도의 희생이 훨씬 더 뛰어나다는 사실을 강조하는 데 중요한 대비가 된다. 저자는 이렇게 묻는다. "하물며 그리스도의 피는 우리의 양심을 깨끗하게 하지 않겠는가." 이 질문은 강한 확신을 담고 있다. 옛 제사들도 사람의 겉모양을 정결하게 만들 수 있었다면, 그리스도의 피는 그보다 훨씬 더 깊은 사람의 마음과 양심을 깨끗하게 할 수 있다는 뜻이다. 그리스도가 흘리신 피는 단순한 상징이 아니다. 그분의 피는 실제 인간의 피다. 율법상으로는 사람을 제물로 바치는 일이 금지되어 있었다.레 18:21; 신 12:31; 18:10 참조 하지만 하나님은 아브라함에게 이삭을 바치라고 명령하셨고,창 22장 그 이야기 안에는 하나님이 아들을 보내시는 희생의 원형이 드러난다. 하나님은 아무에게도 허락하지 않으신 그 희생을, 자기 자신에 대해서는 아들의 인격 안에서 기꺼이 감수하셨다. 히브리서에서 "피"는 단순한 상징이 아니라 실제 인간 존재로서의 조건을 뜻한다.히 2:14 그래서 예수의 피를 말할 때는 단순히 피라는 물질이 아니라 예수의 생명 전체, 곧 그분의 인격, 순종, 고난과 죽음의 실제성을 말하는 것이다. 더욱이 이 피는 메시아의 피다. 히브리서 1장에서 저자는 예수 그리스도가 하나님이 세우신 왕, 곧 기름 부음 받은 자임을 강조하며, 그분이 온 세상을 다스릴 자로 예언된 인물임을 보여준다. 따라서 그분의 피는 단순히 사람의 피가 아니라 하나님의 형상대로 지음받은 참된 인간, 그리고 하나님이 약속하신 존귀한 왕의 피다. 히브리서 독자들은 이 피가 죄에 물들지 않은 완전한 인간, 곧 죄 없이 살아가신 분의 혈관 속에서 흘렀다는 것을 알고 있다.히 4:15 이 모든 이유를 생각해 보면, 예수 그리스도의 피가 다른 어떤 희생 제물보다도 우월하고 강력한 효과를 가진다는 사실은 결코 놀라운 일이 아니다.

저자는 수많은 다른 제사들에 대해서는 비교적 간략하게 언급하면서도 그리스도의 단번에 드려진 희생 제사에 대해서는 훨씬 더 많은 설명을 할애한다. 다른 희생 제사에 대해서는 "암송아지의 재"라는 표현 외에는 몇몇 동물 제사를 암시하는 간접적인 언급만 있을 뿐이어서, 구체적으로 어떤 제사를 염두에 두었는지는 주석가들 사이에서도 의견이 분분하다. 이러한 차이는 히브리서 저자의 의도적인 서술 전략을 반영하는 것으로 보인다. 그는 일반적인 희생 제사의 개념을 전제로 하되, 이제는 그리스도가 자신의 생명과 피를 드림으로써 이루신 구속 사역의 수단과 효과에 보다 직접적으로 초점을 맞추고 있는 것이다.

13절에서는 제사장들이 아닌, 피와 재가 정결하게 하는 역할을 한다. 그러나 이와 대조되는 구절에서는 그리스도가 능동적인 주어로 등장한다. 그분은 "자기"를 하나님께 드리셨다. 이 시점까지 히브리서 저자는 다섯 차례에 걸쳐 제사장들이 제물을 드리는 행위를 언급했으며,[5:1; 8:3, 4; 9:9, 13] 그중 세 차례는 그들이 다른 사람들을 위해 제사를 드리기 전에 먼저 자기 자신을 위해 제사를 드려야 함을 명시한다.[5:3; 7:27; 9:7] 예수는 자신의 희생을 준비하며 기도와 간구로 하나님께 나아갔다.[5:7] 그분은 동물의 피로 제사를 드리지 않으셨다. 오히려 그분은 "흠 없는 자기를" 하나님께 드림으로써 완전한 제물이 되셨다. 이는 예수와 다른 제사장들 사이의 본질적인 차이를 드러낸다. 다른 제사장들은 제사장직에 임명되기 위해 먼저 동물의 피로 자신을 성별해야 했고,[출 29:29; 레 8:30] 제사를 드릴 때도 먼저 자기 죄를 위해 제사를 드려야 했다. 반면에 예수는 죄가 없으신 분으로서 죄 있는 인류의 현실 속으로 들어왔으며, 바로 그 점에서 그분의 제사는 독보적이다. 예수는 자신의 죄를 위해 제물을 드려 거룩하게 될 필요가 없다. 그는 "흠 없는 자신"을 드릴 수 있는 분이며, 이는 구약성경에서 50차례 이상 반복되어 강조된 희생 제물의 조건, 곧 "흠 없는 것"[출애굽기, 레위기, 민수기, 신명기 등]을 완전히 충족시킨다. 히브리서 저자는 예수가 "자기 자신"과 "피"를 모두 하나님께 드리셨다는 표현을 통해 그리스도가 자신의 피를 가지고 하나님의 임재 앞으로 나아가시는 장면을 암시한다. 이는 동물의 피를 가지고 회막 안으로 들어가던 제사장의 행위[레 4:5]를 연상시키지만, 예수는 부활하신 존재로서 살아 있는 자신과 그 생명의 피를 가지고 사역을 수행하신다. 저자가 이 신비로운 장면을 구체적으로 어떤 방식으로 설명하고자 했든, 여기에 포함된 피는 인간의 것인 동시에 메시아의 것이고 죄 없는 것이다. 그리고 무엇보다 중요한 점은, 예수가 이 구속 행위를 자발적이고 능동적으로 수행하신다는 사실이다.[16]

그러나 이 제사에서 예수 그리스도만이 유일한 행위자는 아니다. 그분은 "영원하신 성령으로 말미암아" 자신을 하나님께 드리셨다. 일부 사본에서는 단순히 "성령"으로 기록하고 있으나, "영원하신 성령"이라는 표현이 더 이른 시기의 사본에 의해 뒷받침된다. 주목할 점은 히브리서 전체에서 "영원하신 성령"이 오직 이 구절에만 등장하는 반면, "성령"은 총 다섯 차례[2:4; 3:7; 6:4; 9:8; 10:15] 언급된다는 것이다. 하나님과 관련된 영은 대부분 '거룩한' 영으로 불리지만, 이 서신에서는 "은혜의 영"[10:29]으로도 불린다. 이러한 사실은 저자가 하나님의 영을 가리킬 때 다양한 표현을 유연하게 사용하고 있음을 보여준다. 초기 필사자들이 '영원한' 대신 '거룩한' 이라는 단어를 선택한 것은 우연이 아니다. 이는 초기 독자들이 이 표현 속에서 하나님 아버지를 향한 메시아의 사역을 가능케 한 유효한 제사에 성령(제3의 인격적 실체)이 관여하셨다는 것을 인식하고 있었음을 보여준다.[17] 전치사 '디아'[διά]가 속격과 함께 사용된 것은 인격적 행위 주체로서 성령을 나타내는 표현으로 이해하면 적절하다.[18] "영원하신 성령"이라는 표현은 창조 때로부터 존재하시는 하나님[1:2, 12]과, 영원한 구원[5:9] 및 속량[9:12]을 이루시는 그리스도의 영원한 제사장직[5:6; 7:25]과 신학적으로 연결되어 있다. 이로써 성령의 영원성은 히브리서 전체에서 전개되는 구원의 영원성이라는 주제와 깊은 신학적 조응을 이루고 있다.

그리스도의 사역의 결과는 우리의 양심을 깨끗하게 하는 데 있다.[개역]

개정의 "너희"는 일부 사본 전통을 따른 번역이다—옮긴이 여기서 "양심"이라는 단어의 사용은 저자의 관심이 공동체 구성원 개개인의 행위 자체보다는 공동체 전체의 내면적·영적 상태에 초점이 맞추어져 있음을 시사한다. 특히 "우리의(복수) 양심(단수)"이라는 표현은 저자가 공동체 전체가 하나님과 화해한 하나의 영적 상태에 있음을 강조하고자 함을 보여준다. 신약성경에서 "양심"συνείδησις은 단순히 도덕적 옳고 그름의 내적 판단을 넘어, 그 판단을 바탕으로 하나님 앞에서 자신이 어떤 상태에 있는지 평가하는 경험적·정서적 확신 또는 그 부재를 의미한다.[행 23:1; 24:16; 롬 2:15; 9:1; 13:5; 고전 8:7, 10, 12; 10:25, 27–29; 고후 1:12; 4:2; 5:11; 딤전 1:5, 19; 3:9; 딤후 1:3; 벧전 3:16, 21 참조] 다시 말해, 양심은 자신이 어디에 "위치"해 있는가에 대한 인간의 인식뿐 아니라, 그 위치에 대한 "감정적 반응"도 포함한다. 이러한 양심의 정결함은 단순한 내적 평안에 머무르지 않으며, 하나님에 대한 인식과 그분의 용서에 대한 실질적이고 체험적인 앎으로 확장된다. 이는 히브리서 8:11–12에 언급된 새 언약의 약속("그들이 다 나를 알게 될 것이라.……내가 그들의 불의를 긍휼히 여기며 그들의 죄를 다시는 기억하지 아니하리라")과 깊은 신학적 조응을 이룬다. 즉 정결하게 된 양심은 하나님의 용서를 단순한 개념이 아닌 실존적이고 체험적인 인식으로 이끌며, 이는 공동체가 하나님과의 온전한 관계 안에서 살아가도록 한다.

그리스도의 희생 제사는 단 한 번의 영원한 제사로서[히 9:12] 인간의 양심을 깨끗하게 만든다.[히 9:14] 이는 공동체가 하나님 앞에서 자신들에 대해 갖는 인식과 반응, 곧 죄의식과 자기 성찰을 일으켜 "마음을 아시는 분"[히 3:12]이며 "살아 계신 분"[히 9:14]인 하나님을 자유롭게 섬기게 한다. 예수는 자신을 바침으로 새 언약의 중보자가 되셨으며, 하나님은 그 언약 안에서 그들의 죄를 더는 기억하지 않으신다.[히 8:12] 이는 단지 하나님의 관용을 묘사하는 데 그치지 않는다. 오히려 새 언약 안에 있는 자들도 하나님이 그러하시듯이 자신의 죄를 자유롭게 잊을 수 있는 가능성으로 초대된다. 즉 하나님의 기억하지 않으심은 그리스도 안에서 새로운 자기 이해와 자유로운 섬김으로 나아가는 길을 여는 신적 선포인 것이다. 이러한 자유는 특정 시대나 장소에 국한되지 않으며, 모든 시대와 모든 인류에게 주어지는 해방의 말씀이다. 하나님께서 그리스도 안에서 참된 용서를 베푸실 때, 그리스도를 고백하는 자들은 실제로 죄를 용서받는다. 이것이 바로 히브리서가 선포하는 구속의 복음이며, 정결해진 양심은 그 복음의 실현을 현재적으로 경험하게 하는 내적 증거다.

히브리서 9:14에서 저자는 희생 제사가 지닌 외적인 효력[9:10]과 그리스도의 제사가 지닌 내적인 효력을 비교한다. 레위기는 피의 희생 제사가 "너희의 생명을 위하여" 속죄한다고 진술한다.[레 17:11] 여기서 '생명'[soul]은 단지 내면의 심리적 영역이 아니라 전인격적 존재 전체를 의미하며, 몸과 마음을 이분법적으로 구분하려는 의도는 보이지 않는다. 이처럼 히브리서 저자의 비교는 단순히 외적인 것과 내적인 것의 대조에만 머물지 않는다. 만일 레위기에서 동물의 피가 인간의 전인격을 위한 속죄의 수단이 되어 하나님과 함께하는 삶을 가능하게 했다면, 그리스도의 피는 훨씬 더 탁월하고 결정적인 방식으로 하나님과의 참된 동행의 삶을 완성했다. 히브리서 10장에서 저자는 이러한 차이를 더욱 구체화하면서 옛 언약과 새 언약 제사 간의 경험적 차이를 드러내기 위해 희생 제사의 반복성과 그 한계에 대해 성찰할 것이다.[10:3] 이 반복성은 그 제사가 지닌 불완전함을 암시하며, 단 한 번으로 완전한 효력을 지닌 그리스도의 제사와 뚜렷한 대비를 이룬다.

마지막으로, 예수의 희생 제사는 생명과 죽음에 영향을 미친다는 점에서 이전의 제사와 구별된다. 그분은 그들의 "양심을 죽은 행실에서" 깨끗하게 하신다. 그분의 제사는 이전의 제사가 할 수 없었던 일을 행한다.[9:9] 이는 저자가 공동체의 과거 죄들, 곧 이미 용서받은 죄들을 묘사하는 방식일 수 있다. 이제 그들은 이전 삶의 방식, 곧 "죽은 행실"[6:1]에서 벗어나 그리스도께 참여하는 자로 살아가고 있다. 그것은 더 포괄적인 의미를 지닐 수도 있다. 그분은 그들의 양심을 죽은 행실에서 깨끗하게 하신다. 그러나 그분께 참여하는 자라도 죽은 행실은 여전히 죽음을 초래한다. 그것은 어떤 체계 안에서 행해지는 정화나 속죄의 경험과 무관한 모든 행위를 포함한다. 히브리서 저자에게 행위[works]란 선한 것이며, 하나님[1:10; 3:9; 4:3-4]과 공동체[6:10; 10:24]에 의해 행해진다. 죽은 행실은 그들이 용서받아야 할 죄가 아니라 그들을 죽음의 실재에 노출시키는 어떤 활동일 수도 있다. 이스라엘의 율법에서 그러하듯이 시체와의 접촉은 선한 돌봄의 행위였음에도 정결 의식을 요구했다.[민 19] 그리스도는 단지 그들의 죄뿐 아니라 죽음의 실재와 죽음에 대한 두려움[히 2:15]이라는 압도적이고 포괄적인 경험으로부터도 그들의 양심을 깨끗하게 하신다. 히브리서 저자의 논리 안에서 제2성전기 일부 유대인들은 죽음에 직면하면서도 하나님의 신실하심을 믿었고, 그러한 신뢰는 그들 사이에서 몸의 부활에 대한 믿음을 낳았다. 예수의 사역은 이러한 유대인의 믿음을 성취한 것이다.[19]

죽은 행실로부터 자유롭게 될 때 그들은 "살아 계신 하나님을 섬기게" 된다. 이전 체계에서는 희생 제사를 드리던 제사장들조차 온전하지 못했다.[9:9] 그러나 그리스도 이후로는 그분의 제사가 이루신 일 때문에 모든 사람이 하나님을 섬길 수 있게 된다. 다만 회중을 감독하도록 부르심을 받은 '인도자'[13:17]의 직분은 여전히 존재한다. 저자가 하나님을 "살아 계신" 분으로 묘사한 것은 생명의 끝과 연속 사이의 대조를 시사한다. 오직 그리스도의 희생 제사만이 이 구조 안에서 실질적인 변화를 가능하게 한다. 이는 저자가 3:12에 이어 하나님을 "살아 계신" 분으로 지칭한 두 번째 사례이며, 그리스도의 제사장직에 대한 논의 전반에서도 그분의 살아 있는 영원한 제사장직이 강조된다. 오직 그리스도의 제사만이 성도를 죽음에서 자유롭게 하여 그들이 영원하신 하나님을 영원히 섬길 수 있게 한다. 그리고 그것이 가능해지는 유일한 길은 그들이 그리스도처럼 영생을 경험하는 것이다. 결과적으로, "살아 계신 하나님을 섬기는 것"은 부활하신 대제사장의 발자취를 따르며 부활한 자로서 하나님을 섬기는 삶을 의미한다.

이전 제사장들과 예수의 비교를 통해 저자는 예수가 피와 희생 제사라는 방식을 폐기하지 않았음을 보여준다. 하나님과 관계를 맺는 이 구조는 지속되지만 그 체계가 변화한 것이다. 하나님이 주신 희생 제사 제도와 그 제도가 성취한 바를 바르게 이해했기에, 그는 예수 그리스도를 이 제도와 근본적으로 다르거나 대립하는 분으로 상정하지 않았고, 오히려 그 제도로부터 구성 요소들을 가져와 그분의 생애와 사역을 묘사할 수 있었다.[20] 옛 제도에 대한 긍정적 이해로 인해 다음과 같은 선포가 가능해진다. 대제사장이신 그리스도는 다른 성소에서 자신의 피, 곧 자신을 희생 제물로 드리심으로써 놀랍도록 다른 결과를 성취했으며, 이를 통해 하나님의 언약 백성이 오랫동안 품어 온 소망을 실현하셨다.

9:15 – 22 언약들

[15]이로 말미암아 그는 새 언약의 중보자시니 이는 첫 언약 때에 범한 죄에서 속량하려고 죽으사 부르심을 입은 자로 하여금 영원한 기업의 약속을 얻게 하려 하심이라. [16]유언은 유언한 자가 죽어야 되나니 [17]유언은 그 사람이 죽은 후에야 유효한즉 유언한 자가 살아 있는 동안에는 효력이 없느니라. [18]이러므로 첫 언약도 피 없이 세운 것이 아니니 [19]모세가 율법대로 모든 계명을 온 백성에게 말한 후에 송아지와 염소의 피 및 물과 붉은 양털과 우슬초를 취하여 그 두루마리와 온 백성에게 뿌리며 [20]이르되 이는 하나님이 너희에게 명하신 언약의 피라 하고 [21]또한 이와 같이 피를 장막과 섬기는 일에 쓰는 모든 그릇에 뿌렸느니라. [22]율법을 따라 거의 모든 물건이 피로써 정결하게 되나니 피 흘림이 없은즉 사함이 없느니라.

새 언약의 특징은 앞 단락 전반에 걸쳐 암시되어 있으나, 이제 저자는 그 것을 명시적으로 드러낸다. "이로 말미암아", 곧 메시아인 아들이 자신을 제물로 드린 행위와 그 제사의 효과로 인해 "그는 새 언약의 중보자"가 되셨다. 이 주장은 예레미야의 예언을 인용하기에 앞서 저자가 이미 언급했던 진술[8:6]을 떠올리게 하며, 그리스도의 중보자 역할을 다시 강조한다. 그리스도는 중보자로서 하나님의 언약이 하나님으로부터 백성에게 이르는 길을 여신다. 이 지점에서 저자는 이전에 사용했던 '더 좋은' 언약[8:6]이라는 표현을 예레미야가 말한 '새 언약'[8:8]과 연결한다. 이 새 언약의 소망, 곧 내적 변화와 모든 이들에게 열려 있는 하나님과의 친밀한 관계, 그리고 하나님의 긍휼은 이제 그리스도의 중보로 인해 실현 가능한 것이 되었다.

저자는 이렇게 가능해진 일들을 다음 구절로 간결하게 표현한다. "부르심을 입은 자로 하여금 영원한 기업의 약속을 얻게 하려 하심이라." 2:11에서 부르심을 입은 자들은 예수의 형제자매다. 저자가 여기서 가족의 심상을 불러일으키고 있다는 주장은, 이 부르심을 받은 자들이 영원한 기업의 약속을 상속받는다는 점에서 확인된다. 이 기업은 영원하다. 썩어질 물질과 달리 이 기업은 지속될 것이다. 이것이 바로 새 언약의 구별되는 특징인 영속성이다. 새 언약이 영원한 기업을 부여하는 방식은 이스라엘의 부활 신앙의 근본적인 성취에 해당한다. 다시 말해 상속받는 대상(예를 들어 땅)은 지속되더라도 상속자는 그렇지 않다. 죽음이 상속자가 그 기업을 영원히 누리는 것을 가로막기 때문이다. 그러나 만일 이것이 영원히 누릴 수 있는 기업이라면, 이는 상속자 역시 영원한 생명을 가져야 함을 전제한다. 중보자로서 그리스도는 죄의 문제뿐 아니라 죽음의 실재까지도 완전하고 최종적으로 처리하셨다. 또한 이 기업은 약속과 연결되어 있다. 이처럼 이 설교는 그리스도가 어떻게 새 언약을 가져오셨는지 보여준다. 예레미야를 통해 주신 하나님의 약속이 그들 가운데 성취된 것이다.

약속된 언약과 함께 약속된 구원의 기업이 있다.[1:14] 이는 새 언약의 구성원들이 즉시 받는 기업은 아니다. 일반적인 유업과 마찬가지로 주어지기 전까지는 소망의 대상일 뿐이다. 그들은 새 언약의 약속을 받았지만, 하나님과 함께 거하는 약속[2:10]이나 하나님의 안식 안에서의 구원[4:1]에 대한 약속은 아직 받지 못했다. 이러한 미래 지향성은 저자가 이어서 인간의 언약에 대해 논의할 수 있도록 길을 열어 준다. 저자는 아브라함에게 하신 하나님의 약속[6:12-18]과 예수에게 하신 하나님의 약속,[5:10; 7장] 그리고 이제 그들에게 성취된 하나님의 새 언약의 약속[8장]에 상당한 분량을 할애한다. 이는 청중이 아직 성취되지 않은 하나님의 약속을 신뢰할 수 있도록, 그 근거가 되는 사례들을 제시하기 위함이다. 아브라함이 약속을 기업으로 받았듯이[6:12] 그들 또한 기업을 약속받았다. 이러한 용어의 호환 가능성은 하나님의 모든 약속이 지닌 성취적 측면과 미래적 측면을 함께 강조한다.

저자는 부르심을 받은 자들이 어떻게 현재 그리고 미래에 하나님의 약속을 받을 수 있는지 설명한다. "첫 언약 때에 범한 죄에서 속량하려고 죽으사." 지금까지 저자는 자신을 하나님께 드리는 그리스도의 능동적인 사역에 초점을 맞추며 그분의 부활 생명을 전제해 왔다. 그러나 여기서는 죽임당한 분으로서 그리스도에게 초점을 둔다. 즉 죽음이 그리스도에게 일어났다는 사실을 강조한다. 만일 그분이 먼저 죽음을 경험하지 않았다면, 그분의 제사는 속량이라는 목표를 성취할 수 없었을 것이다.

저자가 다시 그리스도의 중보의 효과가 영속적임을 강조하고 있으므로,[영원한 기업, 9:15] 그가 속량/해방$^{\lambda υτρόω}$이라는 개념으로 돌아가는 것은 자연스럽다. 앞에서 그는 그리스도의 제사를 통해 영원한 속량$^{\lambda ύτρωσις}$이 이루어졌다고 말했기 때문이다.[9:12] 비록 '속량'은 희생 제사 관련 문헌에서 일반적으로 쓰이는 용어는 아니지만, 노예 상태로부터의 해방이나 타인의 손에서 무언가 값을 치르고 사오는 것을 의미하는 말로 히브리 성경 전반에 걸쳐 등장한다. 저자는 이스라엘 백성을 원형으로 삼아 노예 상태로부터의 속량을 확언하는데, 그 촉매가 된 사건은 유월절 어린양의 죽음이다.[출 12장] 그리스도의 속량이 죽음을 통해 성취되었기 때문에, 이는 예수의 "죽음을 통해" 죽음의 노예가 된 인류를 해방한다는 이전의 진술[2:14–15]과 공명한다. 속량의 효과는 그것이 성취된 방식과 긴밀히 연결되어 있다. 죽음이 실제로 일어났기 때문에 속량이 가능해진 것이다. 즉 2장에서 진술한 바와 같이, 그분은 죽음을 통해 죽음의 세력을 멸하시고 그 세력에 사로잡힌 자들을 속량하셨다. 속량은 언제나 과거와 미래, 곧 '~로부터의' 속량뿐 아니라 '~를/을 위한' 속량을 포함한다. 이스라엘의 이야기는 그 배경 이미지를 제공하며, 속량과 기업의 결합은 속량받은 자들이 광야로 인도되는 장면을 연상시킨다. 그들은 자신들을 속량하신 분을 따르며, 그분은 그들을 노예살이에서 끌어내어 하나님의 영원한 임재로 인도하신다.

그러나 이 구절에서 속량은 명시적으로 죽음으로부터가 아니라 "범죄들"로부터, 곧 "첫 언약 아래"에서 일어났던 '선을 넘는 행위들'로부터의 속량이다. 첫 언약, 곧 천사들을 통해 모세에게 전해진 언약[2:2] 아래 발생한 범죄에는 반드시 대가가 따랐다. 그 범죄에는 마땅하고 의로운 보응(때로 죽음)이 따랐다.[2:2] 금송아지를 만든 범죄는[출 32장; 신 9장] 일부 백성의 죽음으로 대가를 치러야 했다.[출 32:28] 레위기 26:14–39은 불순종의 결과가 죽음처럼 비참할 것임을 경고하며, 여호수아 23:12–13은 범죄에는 멸망이 따를 것이라 말한다. 예수의 죽음이 이러한 범죄의 대가를 치른 것이라면, 이는 그분이 그 결과를 친히 감당하셨다는 의미다. 즉 그분은 첫 언약을 어긴 데서 비롯된 죽음을 직접 겪으신 것이다.

이 속량의 적용은 히브리서와 관련된 두 집단을 포함한다. 첫째, 그것은 이 서신의 청중 이전에 살았던 모든 이들, 곧 첫 언약의 명령을 어겼던 이들에게 이제 그리스도를 통한 속량이 베풀어진다는 점을 시사한다. 히브리서 11-12장에 언급된 이스라엘의 신실한 자들의 삶은, 그들이 온전하지 못했고 때로 율법을 어겼음에도 하나님의 영원한 가족 안에서 자리를 얻게 되었다는 사실을 확증한다. 비록 저자가 여기서 첫 언약에 대해 언급하고 있지만, 그는 시내산 언약 이전의 역사도 범죄가 가능한 시기로 본다. 예를 들어 가인의 살인이 가능했다는 점을 언급하며,[11:4] 만일 메시아가 자주 고난을 받아야 했다면 그것은 세상의 창조 때부터 시작되어야 했다고 말한다.[9:26] 따라서 첫 언약의 규정은 그것이 공식적으로 주어지기 전에도 위반될 수 있었다.[21] 요약하자면 그리스도의 제사는 시간을 거슬러 올라가서도 효력을 발휘한다는 것이다. 죄를 위한 모든 반복적인 제사는 궁극적이고 효과적인 그리스도의 제사를 예시하고 있었다.

둘째, 이 설교를 듣고 있는 이들은 예수의 형제자매라 불리는 그룹에 속하므로,[2:11-12; 3:1] 그 속량은 그들에게도 적용된다. 만일 첫 언약의 율법이 여전히 그럼에도 새 언약의 일부라면,[8:10] 하나님의 선한 율법을 어기는 범죄 역시 여전히 가능하며, 그리스도는 그러한 죄를 위해서도 값을 치르셨다. 하나님은 그분의 아들이 드린 단번의 제사를 통해 미래의 죄의 가능성까지도 이미 해결하셨으며, 긍휼과 죄 사함의 문을 여셨다.[22] 새 언약의 구성원들도 죄와 씨름하게 되는데, 그 씨름은 그들 자신이 저지르는 죄와 그들에게 가해지는 죄 모두를 포함한다. 속량은 노예 상태로부터의 해방일 뿐 아니라 하나님의 계획을 위한 해방이기도 하다. 그리고 하나님의 계획에는 '광야'의 시간이 포함되어 있으며, 그곳에서 죄는 여전히 실재로 남아 있다. 이집트 노예살이에서 속량받은 이스라엘 백성에게도 죄는 남아 있었고, 하나님과 함께 거하기를 고대하며 타국인과 나그네로 살아간 족장들과 그 아내들도 마찬가지였다.[11:9, 10, 13-16] 죄는 저자가 히브리서 청중의 삶을 묘사하는 방식이기도 하다. 그들은 하나님과 영원히 함께하기 위해 광야를 여행하는 자들이다. 하나님의 속량은 그들을 숱한 어려움과 도전이 있는 광야에 머물게 했지만, 그것은 노예 상태와 비교할 수 없는 것이다. 그리스도가 베푸시는 속량은 종말의 마지막 날까지 전체 기간에 적용되며, 그 기간이 아무리 오래 지속되더라도 마찬가지다. 요약하면 그리스도가 단번에 드리신 제사는 시간 속에서 양방향으로 효과를 발휘한다. 옛 언약의 문제는 단순히 사람들이 그 안에서 속량받은 삶을 살지 못했다는 데 있지 않다. 그렇다고 새 언약 안에서 속량받은 삶을 살게 되었다는 것 역시 아니다. 첫 언약의 반복적인 희생 제사는 그리스도 안에서 이루어질 성취를 예표하고 있었다. 하나님은 언약의 구성원들에게 결코 완전함을 요구하지 않으셨으며, 다만 의존을 요구하셨다. 이제 아들이 계시되었기에 언약적 신뢰는 메시아가 드리신 단번의 제사에 대한 신뢰임이 분명하다. 그 제사는 영원한 죄 사함을 보장한다.

아들의 죽음은 새 언약에서 핵심적인 역할을 하지만, 이는 예외적이거나 변칙적인 것이 아니다. 저자는 이어서 언약의 두 가지 예를 제시하며, 죽음이 그 언약 안에서 어떻게 작용하는지 보여준다. 첫 번째 예는 인간의 언약, 정확히 말하면 인간의 유언이다. "유언은 유언한 자가 죽어야 되나니……." 저자는 일반적인 원리를 진술하는데, 곧 사람이 죽어야 그의 유산이 분배되고 유언이 효력을 발휘한다는 것이다. 저자는 단순히 유언자의 죽음이 필요하다고 말할 수도 있었지만 여기서 사용된 '페로'^{φέρω}는 '드리다'의 수동태 표현('죽음이 드려져야 하므로')으로 그리스도의 제사$^{προσφέρω, 9:14}$와 연결되며, 그분의 죽음이 가져온 결과와 시적 공명을 이룬다. 즉 죽음 이후의 '드리심'(제사)이 언약이라는 결과를 낳았다는 것이다. 이로써 저자는 언약을 맺으신 하나님께서 새 언약이 발효되도록 친히 죽음을 경험하셨다는 것을 보여준다. 새 언약에서 아들이 자신을 희생 제물로 드린 것은 놀라운 일이다. 이러한 병행은 죽음을 경험하신 예수를 언약을 맺으시는 분, 곧 하나님 아버지 옆에서 이스라엘의 하나님과 연합된 존재임을 다시금 분명히 드러낸다.

17절에서 저자는 다시 다른 용어를 사용하여 언약 안에 죽음이 포함되어 있다고 주장한다. "유언(언약)은 유언한 자가 죽은 후에야 유효한" 것이다. 다시 말해 유언의 확고함은 죽음에 기반한다. 인간의 행실이 필연적으로 죽음을 초래하듯이,[9:14] 자신의 재산이나 유산을 물려주는 일의 중요성 역시 죽음이라는 현실에 기반을 둔다.

저자는 이어서 죽음의 필요성을 세 번째로 진술한다. "유언한 자가 살아 있는 동안에는 효력이 없느니라." 저자는 일반적인 인간의 상황을 묘사하면서도 계속해서 하나님의 언약을 암시하는 언어를 사용하고 있다. 그는 인간의 유언^{testament}의 확고함^{βέβαιος}과 그 효력^{ἰσχύω}에 대해 언급함으로써, 그의 공동체가 새 언약의 중보자이신 그리스도 안에서 갖게 된 확신과 격려를 표현할 때 사용한 단어들을 떠올리게 한다.[3:14; 6:18] 더욱이 그는 죽음의 필요성을 강조하면서 반어법을 사용한다. 그렇다. 새 언약을 확립하는 데도 죽음이 필요했다. 그러나 십자가에 못 박히신 분은 부활을 통해 살아 계신 대제사장이 되었다. 이 언약을 확고하게 하는 분은 바로 그리스도이시며, 더 정확히 말해 이 언약에 효력을 부여하는 분도 그리스도이시다. 이 언약의 확고함은 그리스도의 죽음과 생명 모두에 근거한다.

18절에서 저자는 인간의 언약과 신적 언약, 그리고 하나님의 옛 언약과 새 언약 사이의 일관성을 언급하면서 두 번째 예로 넘어간다. 만일 죽음이 인간 유언의 작동 방식의 기초이고 예수의 죽음과 부활이 새 언약을 가능하게 했다면, 그는 "첫 언약도 피 없이 세운 것이 아니다"라는 점을 명확히 보여주고자 한다. "첫"이라는 말에 명사가 연결되어 있지 않기 때문에, 언약과 장막 모두를 가리킬 수 있다. 저자는 앞에서 이 두 가지를 모두 언급한 바 있으며,[9:17(언약); 9:11(장막)] 이어서 다시 언약[9:20]과 장막

^{9:21}을 모두 언급할 것이다. 언약과 장막은 서로 밀접하게 연관되어 반드시 둘 중 하나를 선택할 필요는 없다. 그럼에도 저자가 회고하려는 사건은 장막의 건립 이전에 일어난 것이므로 여기서 말하는 "첫"은 '첫 언약'을 가리킬 가능성이 더 크다. 옛 언약이 시작될 때, *ἐγκαινίζω* 옛 언약이 '새 것'이던 시점에 그 시작은 피와 함께 이루어졌다. 이 진술과 함께 저자는 출애굽기 24장에 기록된 언약 체결식에 대한 논의로 초점을 전환한다.

저자는 "모세가 율법대로 모든 계명을 온 백성에게 말한" 때를 상기시키며 이야기를 시작한다. 출애굽기 24장에서 백성은 이집트에서 해방되어 시내 광야로 나간다. 모세는 하나님을 만나러 산으로 가고, 거기서 하나님이 백성과 언약을 맺기 원하신다는 말씀을 듣는다. 백성은 그 만남을 위해 준비하고, 모세는 다시 산으로 올라가 하나님께 율법을 받는다. 다시 내려온 모세는 하나님의 모든 말씀과 율례를 백성에게 전달한다.²³ 그러자 모든 백성이 한목소리로 대답하여 말한다. "여호와께서 말씀하신 모든 것을 우리가 준행하리이다."^{출 24:3}

히브리서는 모세가 제단을 쌓고 젊은이들이 주님께 희생 제사를 드리는 장면^{출 24:4-5}은 생략한 채, 그가 "송아지[의 피를]······취하여······그 두루마리와 온 백성에게 뿌린" 순간부터 이야기를 이어 간다. 여기서 '뿌리다'를 몇 방울 조심스레 흩뿌리는 동작으로 묘사하는 것은 문맥에 맞지 않는다. 만일 모든 백성이 모여 있고 모세가 대야에 담긴 피를 들어 그들에게 뿌렸다면, 그 장면은 몇 방울 뿌리는 것과 비교할 수 없는 강렬한 심상을 전달할 것이다. 나중에 저자는 이 용어를 백성의 구원을 위해 흘린 그리스도의 피를 묘사하는 데 사용한다.^{히 10:22; 12:24; 벧전 1:2} 따라서 이 말은 하나님을 생각할 때 인색함이 아닌 풍성함을 떠올리게 한다. 그리스도의 피는 그들을 효과적으로 덮는다.²⁴

저자는 모세가 그 자신이 기록하고^{출 24:4} 백성에게 읽어 준^{출 24:7} 언약 책 위에도 피를 뿌렸다고 묘사하는데, 이 부분은 출애굽기 본문에는 명시적으로 나오지 않는다. 그럼에도 이스라엘 백성과 관련된 여러 사건과 본문들을 창의적으로 엮어 내는 저자의 방식은 이러한 묘사가 타당함을 보여준다. 실제로 이 피는 '언약의 피'이므로 그것을 언약서와 연관 짓는 것은 적절하다. 이와 같은 '풍부한 읽기'의 또 다른 증거는, 저자가 피와 함께 "물과 붉은 양털과 우슬초"를 포함시킨다는 점이다. 물은 제사장과 백성의 정결 예식에 사용되며,[출 29:4; 30:18-21] 신체적 부정을 다루는 정결 규례에도 등장한다.[레 14-17장 참조] 붉은 양털은 "주홍같이 붉을지라도 눈과 같이 희게 되리라"는 대조적 표현과 함께[사 1:18] 용서를 언급할 때만 등장한다. 약초로 널리 알려진 다년생 식물인 우슬초는 정결 예식에 사용된다. 우슬초는 이스라엘 백성이 유월절 어린양의 피를 문의 인방[引枋, 가로 지지대]과 설주[楔柱, 세로 지지대]에 바르라는 지시를 받았을 때, 피를 바르는 도구로 처음 등장한다.[출 12:22] 물과 붉은 실과 우슬초, 이 세 가지가 함께 쓰인 본문은 두 곳뿐이다. 첫째, 레위기 14장에서 제사장은 사람이나 집에 나병이 생겼을 때 정결하게 만들기 위해 새의 피와 붉은 실, 우슬초, 물을 사용하라는 지시를 받는다. 둘째, 민수기 19장에서는 명시되지 않은 붉은 재료를 우슬초 및 암송아지의 재와 함께 섞어 시체 접촉으로 인한 부정을 씻는 정결의 물을 만든다. 히브리서 저자가 이처럼 언약 체결 당시의 피 의식과, 질병이나 죽음의 영향에 노출되었을 때 적용되는 후대의 정결 지침을 하나로 엮은 것은, 언약 안에서 정결 예식이 지닌 다양한 의미를 환기시킨다. 그는 하나님께서 일해 오신 방식의 일관성과 불변성을 보여주는 동시에, 하나님과의 단절이라는 '질병'을 다루시는 그리스도의 자기희생이 지닌 효과를 떠올리게 한다.

저자는 이스라엘 율법의 서로 다른 지침들을 한 문장 안에 층층이 쌓아 올렸는데, 이는 유대적 해석에서 자주 나타나는 다양한 참조 방식의 전형적인 예다. 그럼에도 그가 다음 구절에서 출애굽기 24장을 인용하는 것을 보면, 이 9장이 여전히 중심 본문임은 분명하다. "이는 하나님이 너희에게 명하신 언약의 피라." 현존하는 헬라어 출애굽기 본문에서는 '하나님' 대신 '주님'이라는 칭호가 사용되지만,[출 24:8] 출애굽기 전체에서 이 두 용어는 모두 하나님을 가리킨다. 또 다른 차이점은 출애굽기에서는 주님이 언약을 '정하신다'[διέθετο]고 표현하는 반면, 히브리서에서는 하나님이 언약을 '명령하신다'[ἐντέλλω]고 표현한다는 점이다. 이 단어[ἐντέλλω]는 출애굽기 23 – 25장에서도 사용된다.[출 23:15, 22: 25:22] 아마도 저자는 표현을 달리하여 새 언약(정하신다)[히 8:10; 10:16]과 첫 언약(명령하신다)을 구별하고자 했을 수 있다. 중요한 점은 하나님이 이 첫 언약을 시작하셨고 그 언약을 피로써 공고히 하셨다는 것이다.

모세가 피를 다루는 방식에 대한 저자의 묘사는 희생 제사를 위해 장막을 준비하는 부분에서도 계속된다. "또한 이와 같이 피를 장막과 섬기는 일에 쓰는 모든 그릇에 뿌렸느니라." 이 내용은 제사장의 사역을 위해 공간을 준비하는 장면이 묘사된 레위기 8장을 상기시킨다. 레위기 8장에서는 모세가 제단에만 피를 바르고, 출애굽기 40장에서는 장막과 기구에 기름을 바르지만, 히브리서의 주된 강조점이 피에 있으므로 레위기의 묘사가 더 긴밀하게 연상된다. 제사장의 의복[출 29장]과 거룩한 휘장[레 4:6, 17]에도 피를 뿌리는 예가 있지만, 가장 빈번한 경우는 피를 제단의 뿔에 바르거나 제단 밑에 쏟는 것이다. 히브리서 저자가 장막과 기구를 언급하는 것도 하나님과의 만남에서 중심적인 도구로서 제단을 강조하기 위함일 수 있다. 그러한 강조는 언약 과정에서 피가 필수적이었다는 저자의 핵심 주장에 부합한다. 저자는 이를 다음과 같이 요약한다. "율법에 따라 거의 모든 물건이 피로써 정결하게 된다." 그는 피가 모든 것을 정결케 할 수 없다는 사실도 알고 있으며, 이는 앞서 물과 붉은 양털과 우슬초를 언급한 것에서 드러난다. 그럼에도 피는 정결 예식과 속죄의 문맥에서 지속적이고 중심적인 요소다. 이 요점은 저자에게 매우 중요했기에 다양한 방식으로 반복된다. "피 흘림이 없은즉 사함이 없느니라." '사함'release에 해당하는 헬라어 단어는 신약성경 저자들 사이에서 주로 죄의 용서를 의미하는 말로 사용된다.마 26:28; 막 1:4; 3:29; 눅 1:77; 3:3; 4:18; 24:47; 행 2:38; 5:31; 10:43; 13:38; 26:18; 엡 1:7; 골 1:14 그러나 히브리 성경에서 이 단어는 해방이나 재산의 반환을 가리키며, 주로 희년과 관련된 문맥에서 사용된다. 이 용어가 희생 제사의 문맥에서 나타나는 유일한 경우는 대속죄일용 키푸르 의식이다. 그날 대제사장은 살아 있는 염소의 머리에 안수하여 백성의 죄를 고백하고, 그 염소를 광야로 내보낸다.레 16:21, 26 염소는 '보냄받은 자'가 되어 죄 사함을 위한 상징적 행위를 수행하는 것이다. 광야로 보낸 염소의 피는 진영 안에 뿌려지지 않지만, 함께 준비된 짝 염소는 희생되어 피가 뿌려진다.레 16:9-11 이 의식은 두 가지 중요한 메시지를 전한다. 죽음 곧 피 흘림, 그리고 백성 밖으로의 추방 없이는 죄 사함이 주어지지 않는다는 것이다. 저자는 이 두 요소 모두가 그리스도 안에서 성취되었다고 말한다.9:12, 14; 10:19; 13:12

첫 언약의 여러 측면을 다시 서술함으로써 저자는 그 언약이 짐승의 죽음을 통해 얻은 피로 시작되었음을 보여준다. 그는 출애굽기 24장의 언약 체결 사건에서 후반부에 해당하는 장막 건립 장면으로 빠르게 전환한다. 그곳에서도 피 뿌림이 있었다. 이처럼 하나님은 일관된 분이다. 하나님은 생명을 상징하는 피를 사용하심으로써 정결을 이루어 오셨다.레 17:11 이것은 인간의 유언이 죽음을 기반으로 성립된다는 현실과도 일치한다. 두 종류의 언약, 곧 인간의 유언과 하나님의 언약은 모두 시행될 때 생명이 넘겨져야만 한다. 유언을 작성한 자의 생명이든히 9:16-17 짐승의 생명이든,9:18-22 생명을 바쳐야 하는 것이다. 22절 끝에 나오는 포괄적인 진술은 이스라엘의 율법뿐 아니라 인간의 유언에도 적용된다. 물론 유언자가 문자 그대로 피를 흘리거나 비참한 죽음을 맞아야 하는 것은 아니지만, 제의적 공간에서 '피 흘림'이라는 표현은 생명을 내어 주는 것을 의미한다. 따라서 이 구절은 언약의 유효성을 위해 도살된 짐승의 피가 필요하다는 점과 유언이 효력을 갖기 위해서는 유언자의 죽음이 반드시 전제되어야 한다는 두 가지 사실을 동시에 떠올리게 한다. 이스라엘의 제사에서는 생명이 바쳐지지 않으면 죄 사함이 있을 수 없으며, 인간의 유언도 마찬가지로 유언자의 죽음 없이는 재산을 상속할 수 없다. 저자가 이 두 가지를 모두 언급하는 것은 용서와 기업을 얻는 것이 하나님과 이스라엘의 언약적 관계 안에 함께 나타나기 때문이다. 생명의 내어줌이 없었다면 죄 사함은 이루어질 수 없었고, 하나님의 임재도 이스라엘 가운데 머물 수 없었으며, 언약의 기업 또한 그 구성원들에게 주어질 수 없었을 것이다.

그러므로 히브리서의 청중은 새 언약의 놀라운 약속이 동일한 방식, 곧 피 흘림과 죽음 위에 세워졌다는 사실에 놀라지 말아야 한다. 하나님의 언약적 약속을 가능케 하는 자발적인 희생 제물로서, 그들의 메시아이자 대제사장이며 하나님의 아들이신 예수는 자신의 죽음을 통해 속량9:15과 죄 사함9:22을 이루셨다. 예수는 죄를 용서하는 분이며, 언약의 복, 곧 '영원한 기업'을 담고 있는 하늘의 수문을 여시는 분이다. 그분은 짐승 제물이나 유언을 남긴 자처럼 자신의 피를 흘려 죽음에 이름으로써 이 일을 성취하셨다. 그러나 그분의 사역과 이전의 모든 언약적 죽음 사이에는 한 가지 근본적이고 결정적인 차이가 있다. 즉 새 언약의 피는 죽음에 머물지 않은, 살아 계신 분에 의해 제공되었다는 사실이다.

9:23 – 28 그리스도의 제사장 사역

23그러므로 하늘에 있는 것들의 모형은 이런 것들로써 정결하게 할 필요가 있었으나 하늘에 있는 그것들은 이런 것들보다 더 좋은 제물로 할지니라. 24그리스도께서는 참 것의 그림자인 손으로 만든 성소에 들어가지 아니하시고 바로 그 하늘에 들어가사 이제 우리를 위하여 하나님 앞에 나타나시고 25대제사장이 해마다 다른 것의 피로써 성소에 들어가는 것 같이 자주 자기를 드리려고 아니하실지니 **26**그리하면 그가 세상을 창조한 때부터 자주 고난을 받았어야 할 것이로되 이제 자기를 단번에 제물로 드려 죄를 없이 하시려고 세상 끝에 나타나셨느니라. **27**한 번 죽는 것은 사람에게 정해진 것이요 그 후에는 심판이 있으리니 **28**이와 같이 그리스도도 많은 사람의 죄를 담당하시려고 단번에 드리신 바 되셨고 구원에 이르게 하기 위하여 죄와 상관없이 자기를 바라는 자들에게 두 번째 나타나시리라.

저자는 앞서 첫 언약의 장막과 섬기는 일에 쓰는 모든 그릇을 언급했고,21절 이와 함께 다른 모든 물건이 피로 정결하게 된다는 사실도 진술했다.22절 이제 그는 "그러므로"라는 연결어를 사용하여 논의의 초점을 새 언약의 요소들로 다시 전환한다. 먼저 그는 모세를 통해 전달된 첫 언약에 대한 자신의 설명을 요약한다. "하늘에 있는 것들의 모형은 이런 것들로써 정결하게 할 필요가 있었으나……." 이 말은 감각적으로 접할 수 있는 땅의 모형은 짐승의 피로 정결하게 되었다는 것이다.출 29:36 참조 대속죄일에 대제사장은 거룩한 장막과 제사장들에게 속한 것을 위해 속죄 의식을 행해야 했다.레 16:16, 20 하나님은 생명을 담고 있는 피레 17:11를 거룩한 공간과 그 기구를 정결하게 하는 수단으로 정하셨다. 따라서 저자가 말하는 "필요성"은 단순한 논리적 필연이 아니라, 하나님이 이스라엘과 언약 관계를 유지하기 위해 친히 정하신 방식에 근거한 것이다. 하나님이 명령하셨다면, 그것은 곧 필요하다는 뜻이다. 저자는 이 필요성이 자신이 비교 대상으로 삼고 있는 새 언약의 차원에서도 동일하게 적용된다고 주장한다. 만일 짐승의 피가 땅의 거룩한 기구를 정결하게 하는 데 필요했다면, 하늘에 있는 실체는 이보다 더 나은 제물로 정결하게 해야 마땅하다. 저자는 이미 그리스도가 자기를 바침으로써 더 우월한 희생 제사를 드리셨다는 점을 분명히 밝혔다.히 7:27; 8:3 그러나 여기서 분명하지 않은 점은 왜 하늘 자체가 정결하게 될 필요가 있었는가 하는 것이다. 이 구절 후반부는 동사가 생략된 형태로 보이며, 앞의 '정결하게 되다'가 여전히 작용한다고 보는 해석이 가장 설득력 있다. 여기서 '정결하게 됨'은 문맥상 '개시' 또는 '시작'inauguration의 의미로 이해될 수 있다. 이경우 하늘의 장막은 온전한 대제사장이 오셔서 그곳에서 섬기고 자신의 피를 바칠 때까지 실제로는 사용되지 않았다는 해석이 가능하다. 또 다른 해석은 이 '정결하게 됨'을 교회의 차원에 적용하는 것이다. 메리 힐리Mary Healy는 모형의 정결함이 더 위대한 실재들, 곧 "마음에 기록된 율법, 속량받은 하나님의 백성, 그리스도의 영화롭게 된 인성으로 구성된 참장막, 그리고 새 언약의 예배"를 가리킨다고 지적한다. 이러한 실재들은 이미 하늘에 속해 있으며, '하늘의 예루살렘'에 참여하고 있는 존재들로 이해할 수 있다. 그리고 이 모든 것이 그리스도의 희생 제사를 통해 하늘에 소속되었음을 나타낸다.[25] 마지막으로, 땅의 장막이 인간의 죄로 인해 오염되었듯이 하늘의 공간도 그럴 수 있는 것처럼 보인다. 이러한 오염은 하나님의 자비, 곧 그분이 인류와 관계를 맺고자 하심으로 인해 발생한 것이다. 즉 하나님은 이스라엘 가운데 거하기를 선택하셨고, 이어서 아들을 보내어 인간의 조건에 참여하게 하셨다. 그 아들은 죽음을 경험하고, 죽음의 상흔을 지닌 인간으로서 인류를 대표해 하늘의 처소로 돌아가셨다. 이 두 경우 모두 부정을 정결하게 해야 할 필요성은 인류와 함께하시는 하나님의 임재로부터 비롯되고, 이는 또한 부정을 다루는 희생 제사 제도를 세우신 하나님의 계획에 따른 것이다. 더욱이 그리스도는 "우리를 위하여" 하나님 앞에 나아가시기에,9:24 이제 다른 부정한 인간들도 하나님의 임재에 접근할 수 있는 길이 열리게 되었다. 그분은 그들이 나아가기를 반복할 수 있도록 단번에 영원한 정화를 행하신다. 이러한 설명은 본문9:23-24에서 "제물들"이라는 복수형 표현이 사용된 이유를 이해하는 데 도움이 된다. 예수는 자신을 단 한 번 제물로 드렸지만, 그 후에도 그분을 따르는 이들을 위해 살아 계신 중보자로서 자신을 계속해서 하나님 앞에 드러내신다. 그리스도의 승천은 하늘의 정결을 요구했고, 그분은 자기를 제물로 드림으로써 그 정결을 이루셨다. 그분의 희생 제사는 히브리서 청중이 그분을 통해 은혜의 보좌 앞에 담대히 나아가[4:16] 때를 따라 돕는 은혜를 구하도록 초대받을 때마다 그 사실을 상기시킨다.

이어서 저자는 정화 과정을 구체적으로 설명한다. "그리스도께서는……손으로 만든 성소에 들어가지 아니하시고……." 그는 그리스도가 "참된 것의 그림자"[antitype]에 들어가지 않았다고 말함으로써 9:11에서 언급한 요점을 반복한다. 여기서 그는 '모형'[example]을 가리키는 또 다른 용어를 사용하여, 8:2에서 제시된 하늘의 원형[type]과 땅의 모형[antitype]에 대한 설명을 재확인한다. 예수는 장막 시대에 살았던 분이 아니며 레위 계통의 제사장도 아니기에, 성전의 거룩한 공간에 들어갈 수 없었다. 이 명확한 진술은 예수의 지상 생애 동안에는 관찰될 수 없었던 어떤 현실을 드러낸다. 즉 그리스도는 옛 성막이나 헤롯의 성전에 들어가신 것이 아니라, 저자가 '참된 것'이라고 부르는 곳으로 가셨다. 이 말은 이스라엘 백성과 함께 행진했던 옛 성막이 '거짓된' 것이었다는 의미가 아니다. 저자는 여러 측면에서 옛 성막의 선함을 인정하고 있기 때문이다. 여기서 '참'이란 단지 하늘의 장막과 그 안에서 이루어지는 일이 이스라엘의 제사 및 예배 장소들에 대한 참된 기준이 된다는 점을 강조한다. 더 나아가 그 공간은 하나님의 진실하심에 근거해 신뢰할 수 있다는 의미에서 '참된 공간'이다.하나님의 진실하심과 신뢰의 연관성은 요 17:3; 19:35 참조

"그러나 그리스도께서는……바로 그 하늘에 들어가셨다." 저자가 하늘에 실제적인 구조물이 존재한다고 상상했는지를 두고 학자들 사이에 논쟁이 이어졌다. "하늘에 있는 것들"[9:23]이나 하나님이 지으시고[8:2] 모세에게 계시하신[8:5] 하늘의 장막에 대한 언급은 그런 상상을 하게 만든다. 또한 그리스도가 죽은 자들 가운데서 살아나신 뒤[13:20] 하늘들을 통과해 그

곳에 이르렀다는 진술[4:14; 7:26]은 이러한 해석을 뒷받침한다.

그리스도가 들어가신 장소의 정확한 성격에 대해서는 논쟁이 계속될지라도 분명하고 중요한 사실은, 그분이 이제 "우리를 위하여 하나님 앞에 나타나신다"는 것이다. 저자의 묘사는 매우 구체적이며, 시각적 인식을 포함하는 '나타나다'라는 표현을 사용한다. 이는 예수, 곧 메시아가 몸을 입고 하나님 앞에 나타나신다는 생각을 뒷받침한다. 하나님도 메시아가 그 앞에 나타날 수 있는 얼굴을 가진 분으로 의인화된다. 히브리서 저자는 신약성경 저자들 중 유일하게 '하나님의 얼굴'이라는 표현을 사용하지만, 이는 여러 구약성경 저자들의 예를 따른 것이다.[예를 들어, 창 3:8; 4:16; 32:30; 삿 5:5; 왕상 13:6]

예수가 "우리를 위하여" 휘장 뒤로 들어가신 것과 유사하게,[6:20] 여기서 그분은 우리를 위하여 하나님 앞으로 나아가는데 이것은 표현은 달라도 같은 것을 말하는 것이다. 왜냐하면 대제사장이 휘장 뒤에 내려오신 하나님의 임재를 대면했듯이, 예수도 하늘에 들어가실 때 휘장을 통과하여 높임받으신 하나님의 임재를 만나기 때문이다. 그분은 애초에 자신의 하늘 보좌를 떠날 필요가 없었지만, 죄로 부패하고 죽음과 마귀에게 사로잡힌 피조물을 구원하기 원했기 때문에 그렇게 하셨다. 그런 다음 그분은 우리를 위한 유효한 희생 제사를 통해 아버지께로 돌아가셨다. 그분이 하나님 앞에 인류의 대표자로 나타나신다는 사실은, 하늘의 정화가 필요하게 된 이유가 바로 인류가 하나님의 임재 안으로 인도되었기 때문임을 뒷받침한다.

저자는 그리스도가 땅에서 드리는 희생 제사들과 구별되도록, 하늘 자체에서 더 좋은 희생 제사를 드린다는 점을 확고하게 진술했다. 이제 그는 이 제사들의 빈도 차이로 논의를 옮겨 간다. 그리스도는 "대제사장이 해마다 다른 것의 피로써 성소에[26] 들어가는 것 같이 자주 자기를 드리려고" 들어가는 것이 아니다. 놀랍게도, 안쪽 성소(지성소)에 피를 가지고 들어가는 연례 행사인 레위기의 대속죄일 규정은 그 의식이 '드물다는' 점이 강조된다. 대제사장은 안쪽 성소에 '아무 때나' 들어갈 수 없고, 오직 일곱째 달 십일에,[레 16:29] 일 년에 단 하루[16:34] 들어갈 수 있다는 경고를 받는다. 그러나 히브리서는 이 '연례적'인 준수조차도 반복적임을 강조한다.

더욱이 저자는 그리스도가 다른 대제사장들처럼 반복적으로 제사를 드려야 한다고 가정하고 빈도를 비교하면서 희생 제물의 차이점을 다시 진술한다. 대제사장은 다른 제물의 피를 가지고 들어가지만, 예수는 친히 흘린 피를 가지고 들어가 자기를 드리신다. 그러므로 만일 그분이 이전의 대제사장들과 같은 빈도로 제사를 드려야 한다면, "세상을 창조한 때부터 줄곧 고난을 받아야 했을" 것이다. 이 진술의 놀라운 점은 두 가지다. 첫째, 저자가 예수께서 자주 "고난"을 받아야만 했다고 언급하는 것을 놓쳐서는 안 된다. 이 지점에서 첫 언약의 희생 제사와 새 언약의 예수 희생 제사의 비교는 무너지게 된다. 다르게 말하면 이것은 첫 언약의 체계와 새 언약의 체계 사이의 또 다른 대조점이다. 짐승 제사에서는 고난이 금지되었다. 제물은 흠이 없어야 했다.[ἄμωμος] 이 단어는 히브리서에서 그리스도와 이스라엘의 짐승 제물을 묘사할 때 많이 쓰인다.[9:14] 즉 제물의 상태에 세심한 주의를 기울였다는 의미다. 제물은 도살을 준비하는 과정에서 상처를 입혀서는 안 되고,[27] 목을 베어 가능한 한 빨리 죽게 만든다. 반대로, 저자는 예수께서 고난을 받으셨다는 사실을 분명히 알고 있다. 비록 그분의 제사가 살아 계실 때 드려진 것으로 묘사되지만, 그것은 고난을 통해 흘린 피의 제사다. 실제로 예수의 고난은 이 설교에서 네 번 언급되며,[2:18; 5:8; 9:26; 13:12] 그분을 고백하는 이들과 맺는 모범적이고 긍휼한 제사장적·가족적인 관계의 핵심 요소로 제시된다. 여기서 강조되는 것은 그분이 세상 창조 때부터 고난을 받지 '않았다'는 전제인데, 이는 그리스도의 고난이 단 한 번 반복될 수 없는 사건으로서 십자가의 죽음에 이르러 절정을 이루었다는 점을 나타낸다.

둘째, 흥미롭게도 저자는 그리스도가 줄곧 받았던 고난의 시작 시점을 단순히 성육신 이후가 아니라 "세상 창조 때", 곧 우주의 토대가 놓였을 때로 잡는다. '우주의 토대'는 저자가 창조에 대해 묘사할 때 사용하는 언어다.[4:3] 이 주장에는 두 가지 전제가 깔려 있다. 첫째, 제사의 필요성이 처음부터 존재했으며, 이는 하나님과 인류 사이에 관계 단절이 있었음을 말한다. 저자는 인류의 첫 살인을 언급하면서[11:4] 창조 초기부터 죄 또는 부정함이 존재했다고 보는 인식을 드러낸다. 이 인식은 아담과 하와 그리고 그들을 유혹한 뱀의 존재, 나아가 타락 이전에도 죽음과 부정함이 있었다는 암시일 수도 있다. 히브리서 저자는 바울[롬 5장: 고전 15장: 고후 3장]과는 달리 아담과 하와를 명시적으로 언급하지 않지만, 모든 창조 세계, 특히 언약 백성인 이스라엘의 필요에 초점을 맞춘다. 정확한 지시 대상이 무엇이든, 이 진술은 창조 세계가 거의 시작 단계부터 화해가 필요했음을 분명히 한다. 둘째, 이 진술은 예수께서 단번에 드리신 죄 사함의 제사가 미래뿐 아니라 과거에도 효력이 있음을 전제한다. 만일 세상이 처음부터 제사가 필요했다면, 저자는 그리스도의 제사로 충분함을 확언하는 셈이다. 이는 그분이 살아 계신 자신을 바친 일이 첫 언약 아래 범해진 죄들을 제거했음을 다시금 확인시켜 준다.[9:15] 그분은 자신 이후에 올 이들뿐만 아니라 이전에 있었던 이들을 위해서도 영원한 속량을 행하셨다.

만일 그리스도가 다른 대제사장들과 같은 빈도로 제사를 드려야 했다면, 그분은 자신의 제사를 반복해서 드리기 위해 세상 창조 때부터 자주 고난받고 죽어야만 했을 것이다. 저자는 하나님께서 일하신 방식이 그렇지 않음을 강조하기 위해 이러한 빈도를 가정해 본 것이다. 그리스도의 사역은 저자가 여러 차례 말했듯이 반복적이지 않다. 그것은 단 한 번 일어났다. 저자는 창조 때부터 반복되는 가상의 고난을 실제로 일어난 일과 대조한다. 그는 "이제"라는 말로 현재의 실재를 강조하면서 진술을 시작한다. 저자는 "이제"를 자신과 독자들이 현재 사는 시간,[2:8] 심지어 그들이 이 설교를 듣고 있는 순간[9:5]을 가리키기 위해 사용한다. 그들이 사는 복된 시대, 지금 바로 이 순간 그리스도는 참으로 "나타나셨다." 이 동사의 완료 시제는 단번에 이루어진 행위의 지속적인 효과를 전달한다. 이는 저자가 9:24에서 '나타나심'을 묘사할 때 사용한 것과는 다른 표현이지만 역시 시각적 함의를 지닌다. 이 말은 그분이 인간으로서 나타나신 모습 전체를 가리킨다. 첫째, 그것은 성육신을 포함한다. 그분이 단 한 번 성육신한 생애 동안 육신으로 있었던 그분을 보고 그분께 들은 이들로부터 히브리서 청중은 구원의 메시지를 들었다.[2:3] 둘째, 그것은 그분의 승천을 포함한다. 그분의 '나타나심'은 우리뿐 아니라 하나님과 그 주위의 천사들 앞에 나타나신 것이다.[1장] 그분은 하나님 우편으로 오르시고, 항상 살아 계셔서 우리를 위해 간구하신다.[7:25] '욤 키푸르' 때의 대제사장과는 달리 그분은 땅에 단 한 번 나타났으며, 이제 부활하여 하늘에도 단 한 번 들어가셨다. 9:28에서 저자는 그분의 두 번째 나타나심에 대해 논할 것이다. 대제사장은 일 년에 한 번만 제단 앞에 나타날 수 있지만,[9:7] 그리스도는 참으로 단 한 번만 나타나셨다.

예수는 세상 창조 때가 아니라 "세상 끝에" 나타나신다. 이 말은 세상 창조라는 말과 시적 균형을 이룰 뿐 아니라, 설교 첫 문장에 나오는 "이 모든 날 마지막"[1:2]과도 조응한다. 저자는 메시아의 나타나심으로 인해 모든 시대가 변화했다고 믿는다. 예수가 하나님 앞에서 자신의 생명을 드리신 것은 한 시대의 완성을 나타낸다. 히브리서 저자는 "세상 끝"이라는, 신약성경에서 오직 마태복음에서 사용되는[마 13:39~40, 49; 24:3; 28:20] 표현을 통해 예수가 이전 방식들의 종언을 시작하셨음을 분명히 한다. 예수는 예레미야에게는 미래였던 날들을 현재로 끌어와, 하나님께서 세상의 끝 날에 새 언약을 완성할 수 있도록 하셨다.[히 8:8] 히브리서 저자와 그의 청중에게는 여전히 성취되지 않은 약속들이 남아 있고, 아직 최후 심판을 경험하지는 않았지만, 그분의 죽음으로 진정 최후의 끝이 시작되었다. 이러한 이유에서 저자는 잠시 후 예수가 나라를 받는 때가 이미 시작되었다고 말한다.[12:28] 예수는 "자기를……제물로 드려" 이것을 가능하게 하셨다. 저자는 예수가 희생 제물로 다른 생명의 피가 아닌 자신의 피를 가져왔다고 분명히 말했다.[9:14] 희생 제사는 죄와 하나님으로부터의 분리 문제를 다루며, 예수 그리스도의 자기희생에 의해 이 문제는 단번에 영원히 처리된다.

저자가 이러한 설명을 새 언약 본문과 연결하려는 의도는 다음 구절에서 분명해진다. 그리스도는 "죄를 없이하시려고" 나타나셨다. 그분은 새 언약이 약속했던 것, 곧 하나님이 죄를 자비로이 잊으시는 것[8:12]을 가능하게 하셨다. 이 확신은 시험과 죄책에 시달리는 이들에게 즉각적인 위로를 제공한다. 그리스도는 죄를 제거하는 것[ἀθέτησις]을 가능하게 하며, 저자는 이와 유사한 표현을 사용해 청중에게 죄를 벗어 버리라고[ἀποτίθημι] 권면한다.[12:1] 그리스도의 사역이 청중이 실천해야 할 일과 맞물려 있다는 사실은, 죄가 여전히 그들 가운데 실재함을 드러내는 동시에 그분의 희생 제사로 말미암아 죄의 제거가 가능해졌음을 보여준다. 그리스도가 하나님의 보좌에 앉아 중보하시므로 하나님 앞에 그분이 영원히 나타나 계시고, 이와 같이 하나님의 자비도 영속한다.

죄의 폐해를 당해 본 자들에게는 하나님의 잊으심이 불의로, 혹은 희생자들의 고통을 외면한 무능으로 여겨질 수 있다. 그러나 이것은 히브리서가 의도하는 바가 아니다. 죄의 제거는 포괄적이다. 그리스도는 상처 입은 자와 상처를 준 자 모두에게 치유를 베푸시는데, 이는 두 부류 모두 죄의 그물에 걸려 각기 다른 방식으로 손상을 입었기 때문이다. 회복은 모든 인간에게 필요하다. 죄의 제거는 하나님이 심각한 문제들을 무시한다는 뜻이 아니라, 오히려 그 문제들로 인해 상처입은 자들을 회복시킨다는 뜻이다. 모든 죄의 희생자들, 심지어 가해자들까지도 포함해 모두의 치유를 갈망하는 것은, 그리스도의 용서라는 치유의 기름이 실제로 효과를 발휘하기 때문이다. 하나님은 죄를 치유함으로써 죄를 잊으시는데, 이는 영원히 현존하는 대제사장이 죄의 대가를 하나님의 생명 자체 안으로 가져가 완전히 지불하셨기 때문이다. 이스라엘의 제사장들이 자주 제사를 드린 데 반해 그리스도는 단 한 번 제사를 드렸지만, 그분은 아버지 앞에 항상 현존하므로 하나님의 얼굴 앞에서 죄의 제거가 이루어지지 않았던 때는 한순간도 없다. 만일 청중이 시간이 흘러 과거 속으로 멀어져 가는 단 한 번의 사건, 곧 그리스도의 십자가 죽음과 부활, 그리고 승천을 두고 갈등하고 있다면, 저자는 그들에게 그리스도의 죄를 다루시는 능력이 언제나 접근 가능한, 늘 현존하는 실재임을 보여주고자 한다.

메시아가 하나님 앞에 희생 제물로서 단 한 번 들어가셨음을 강조하기 위해 저자는 인간의 예를 든다. "한 번 죽는 것은 사람에게 정해진 것이요." 여기서 '정해지다'로 번역된 동사는 쌓아 두거나 준비된 상태를 유지한다는 뜻이므로, 이 구절은 기다림을 말한다. 모든 인간은 죽음을 기다리거나 예상하며[2:14] 그 두려움 아래 살아간다. 자연적인 죽음이든[7:23] 형벌에 따른 죽음이든[10:28] 혹은 살인에 의한 죽음이든,[11:4, 37] 모든 인간은 죽는다. 그리고 그 죽음은 단 한 번만 일어난다. 예수 외에는 어떤 인간도 죽음을 이기지 못했다. 그러나 죽음이 궁극적인 끝은 아니다. 저자는 죽음에 이어 "그 후에는 심판이 있으리니"라고 말하기 때문이다. 유대교 사상가들은[에녹1서 1:7; 5:6; 50:1 – 5; 53 – 55장; 단 7:26; 마카베오2서 6:26; 7:17, 19][28] 신약성경 저자들과[마 10:15; 12:36; 눅 10:14; 11:31 – 32; 벧후 2:9; 요일 4:17] 공명하며, 히브리서 저자는 죽음 이후에 하나님의 심판, 곧 모든 인류에 대한 심판의 날이 이를 것이라고 전제한다.[29]

"이와 같이 그리스도도." 이 구절은 그리스도 역시 인간이므로 단 한 번 죽으셨음을 시사한다. 모든 죽음, 특히 그리스도의 죽음의 일회성은 회개의 불가능성을 확증한다.[6:4] 만일 누군가가 그분의 죽음과 부활을 거부한다면 회개를 위한 다른 선택지는 존재하지 않는다. 인간이신 그리스도가 다시 죽으실 수 없기 때문이다. 저자는 그리스도의 죽음을 다음과 같이 묘사한다. "단번에 드리신 바 되셨고." 그리스도가 자신을 드린 일을 극적으로 묘사하기 위해 저자는 수동태 동사를 사용한다. 제사를 드리는 분은 그리스도이지만,[9:14, 25] 그분 자신을 드리기 때문에 "드려졌다"고 말하는 것은 타당하다. 그분이 자기를 제물로 드리는 목적은 "많은 사람의 죄를 담당하시기"[bear up. 올려 드리기] 위함이다. 죄를 담당한다(올려 드린다)는 것은 저자가 다뤄 온 희생 제사의 상황을 떠올리게 하는데, 그 상황에서는 죄에 대하여 희생 제사를 드린 것이다.[레 4:26; 9:10; 16:25; 대하 29:21] 그분이 죄를 "담당하신다"는 것은 수직적 움직임의 의미도 담고 있다. 즉 그리스도의 부활과 승천, 그리고 보좌에 앉으심, 곧 그분이 하늘들을 통과해 자신을 희생 제물로 바치는 장소인 하늘에 들어가시는 움직임을 내포한다.

한편으로 저자는 그리스도가 자신을 제물로 바치기 위해 하늘에 들어가신 일을 강조했지만, 이 구절은 또한 그 살아 있는 제사에 선행하는 것, 곧 그분의 십자가 죽음에 초점을 맞춘다. 이렇게 해석할 수 있는 첫 번째 단서는 수동태 동사다. 비록 그분이 자신을 드리지만, 십자가에서 죽으실 때보다 그분의 수동성이 더 분명하게 나타나는 순간은 없다. 이것은 "담당하심"[bearing up]의 적절한 이미지인데, 그분이 십자가 위에 들려졌기 때문이다. 이는 요한복음에서 십자가와 모세의 뱀 사이의 유사성을 신학적으로 성찰한 대목과 공명한다.[요 3:14] 더욱이 죄와 제물이라는 두 개념은 희생 제사의 맥락에서 나타나는 것이지만, '많은 사람들의 죄를 담당한다'는 개념은 히브리서 외에 오직 이사야서의 '고난받는 종'의 묘사에만 나온다.[사 53:11, 12] 그 종은 희생 제물이 되는 짐승과 달리 고통 가운데 다른 이들의 죄를 짊어지므로 고난받는 그리스도와 유사하다.[히 9:26] 다른 이들의 죄를 짊어지는 것은 죄가 없는 분에게[4:15] 적합한 사역이다. 다른 초기 그리스도인들도 이사야서의 이러한 묘사를 십자가와 연관 지어 이해했다.마 20:28; 막 10:45; 벧전 2:24

마지막으로, 저자는 그분이 사람들에게 "두 번째 나타나시리라"고 말한다. 이것은 사람들이 그분이 죄를 담당하실 때 그분을 첫 번째로 보았음을 의미한다. 인류는 그분이 지상에 거했을 때, 그리고 그들의 구원을 가능하게 한 죽음을 맞았을 때 그분을 보았다. 그리고 그 죽음은 완전히 효과를 발휘했으므로, 다음번에 그들이 그분을 볼 때는 "죄와 상관없이" 나타나실 것이다. 저자는 이 죄로부터의 분리가 지금 그들의 대제사장에게 해당되는 사실이며, 따라서 그리스도는 죄인들로부터 분리되어 있다고 주장했다.7:26 그분이 죄를 완전히 해결했기 때문에 다시 죄를 다루실 필요가 없다. 이번에 그분은 "자기를 바라는 자들에게" 나타나실 것이다. 바울 역시 이러한 기대감을 그리스도의 재림과 자주 연관시킨다.롬 8:19, 23, 25; 고전 1:7; 갈 5:5; 빌 3:20 그들이 예수를 기다려야 한다는 사실은, 비록 그리스도의 나타나심이 세상 끝에9:26 일어났지만 아직 모든 것이 끝나지 않았음을 확인해 준다. 그분은 장차 "구원에 이르게 하기 위하여" 나타나실 것이다.

그분을 기다리는 이들은 그분이 가져오실 그들의 구원, 곧 그들이 기다리는 기업의 충만함이 도래하기를 인내로 기다려야 한다.6:12 이러한 인내는 그리스도를 고백하는 이들이 죽음과 심판에 직면할 때조차 그들의 삶의 방식을 완전히 변화시킨다. 그리스도와 그들은 서로 연결되어 있으므로, 죽음 후에 그들에게 임할 심판은 곧 하나님의 구원 선포일 것이다.

10:1-3 율법의 그림자

1율법은 장차 올 좋은 일의 그림자일 뿐이요 참 형상이 아니므로 해마다 늘 드리는 같은 제사로는 나아오는 자들을 언제나 온전하게 할 수 없느니라. 2그렇지 아니하면 섬기는 자들이 단번에 정결하게 되어 다시 죄를 깨닫는 일이 없으리니 어찌 제사 드리는 일을 그치지 아니하였으리요. ³그러나 이 제사들에는 해마다 죄를 기억하게 하는 것이 있나니.

그리스도의 제사는 단 한 번 드려졌지만 모든 면에서 충분하다. 히브리서 저자는 이 제사를 통해 청중으로 하여금 다시금 희생 제사와 관련된 율법을 성찰하게 한다. 분명 이 본문은 새로운 장을 여는 지점으로 적절하다. 그러나 이 단락이 '그러므로'라는 접속사로 앞부분과 긴밀히 이어지는 점을 고려할 때, 그다음 내용 역시 하늘에서 이루어진 그리스도의 제사의 유일성과 충분성을 뒷받침하는 또 다른 논증으로 전개될 것임을 예고한다. 그리스도가 제사를 드리신 이유는, 제사법이 선한 것이었음에도 구원을 온전히 이루지 못했기 때문이다. 제사법은 죄의식과 죽음의 문제를 해결하는 데 실패했다. 여기서 저자는 율법이 장차 올 좋은 일의 그림자에 불과하다고 말한다. 그림자와 형상이라는 표현 때문에 많은 이들은 저자의 진술이 플라톤 사상과 관련이 있다고 여겼다. 이러한 논의는 히브리서 저자와 플라톤 사상의 영향을 받은 제2성전기 유대 주석가 필론 사이의 잠재적 연관성을 고찰할 수 있는 유익한 공간을 제공했다. 그리스도가 가져오신 좋은 것들과 율법은 일반적으로 서로 연관되어 있다고 여겨지며, 이는 많은 연구자들이 플라톤의 동굴 비유에서 발견하는 바와 유사하다. 그러나 히브리서 저자가 이러한 용어를 사용하는 방식은 어떤 철학 체계에 대한 의존이 아니라, 오히려 그의 신학적 창의성을 보여준다.[30] 히브리서에서 좋은 것들과 율법은 완전히 다른 두 체계가 아니다. 둘 다 하나님으로부터 온 선물이기 때문이다. 그러나 둘은 동등하지 않다. 그림자는 본래 형상, 곧 실재를 가리키도록 의도된 것이기 때문이다. 저자에 따르면 율법은 제사 제도를 정립하고, 이 제도는 하나님이 주신 것이다. 율법은 백성으로 하여금 하나님과의 관계 안에서 자신들이 누구인지 보게 만든다.[9:19] 하나님은 율법을 버리지 않으시고, 오히려 그분의 율법을 새 언약 백성의 생각과 마음에 새기신다.[8:10; 10:16] 그러나 제사장직에 관한 율법은 온전함을 이루지 못했기 때문에 그리스도와 함께 변경된다.[7:12, 19] 그러므로 여기서 "그림자"라는 표현은 8:5에서 진술된 것과 같은 요점을 전달한다. 그림자는 실재의 증거이자, 실재의 윤곽과 범위를 드러내는 감각이다. 다가오는 그림자는 누군가가 가까이 오고 있음을 알리고, 그가 선한 자라면 반가운 소식의 도래를 예고한다. 히브리서 저자는 율법을 바로 이렇게 본다.

그림자는 "장차 올 좋은 일"을 가리킨다. 즉 율법은 임박한 성육신과 메시아의 사역을 예고한 그림자였다. 저자는 그리스도의 고난과 죽음, 부활과 승천의 결과로 좋은 일이 나타났음을 확언하며, 이는 그가 9:11에서 말한 바와 같다. 그 두 언급 사이에서 저자는 정결한 양심, 죽음으로부터의 자유, 하나님 섬김,[9:14] 새 언약, 죄의 속량, 영원한 기업,[9:15] 하나님 앞에서 예수의 중보,[9:24] 죄의 제거,[9:26] 구원의 약속[9:28] 등 좋은 일을 구체적으로 언급했다. 참으로 많은 좋은 일이 일어났다. 율법이 주어졌을 때는 그리스도의 도래가 미래의 일이었지만, 이제 이 설교를 듣는 청중에게는 과거의 사건이다. 그러나 좋은 일은 과거에만 국한되지 않는다. 저자가 "장차 올 일"에 대해 말할 때, 대부분의 경우 청중에게 아직 실현되지 않은 약속들을 가리킨다. 율법은 이미 성취된 그리스도의 사역뿐만 아니라, 그분이 구원을 베풀기 위해 다시 오시고[9:28] 흔들리지 않는 나라를 세우실[12:28] 세상의 완전한 끝에 나타날 좋은 일들도 가리킨다.

그림자는 아무리 좋은 것일지라도 "참된 형상이 아니다." 그림자는 때로 잠정성, 곧 삶의 덧없음을 함의한다.[대상 29:15; 70인역 시 101:12; 143:4; 욥 8:9] 그림자와 대조적으로 형상은 실체가 있다. 그것은 보고 만질 수 있다. 이러한 용어 사용은 청중이 섬기는 분이 몸을 입으신 구원자라는 사실을 아름답게 확증한다. 신약성경에서 "형상"은 대부분 하나님과 참인간을 계시하시는 그리스도를 가리킨다.[롬 8:29; 고전 11:7; 15:49; 고후 3:18; 4:4; 골 1:15; 3:10] 히브리서에서도 마찬가지로 그 좋은 일의 형상은 몸을 입으신 메시아다. 율법은 그리스도의 오심을 예고하며, 그분은 율법이 보여주었던 일들을 실행하신다. 여기서 강조점은 그리스도가 오신 "결과로 나타나는" 좋은 일이다. 이 공동체는 그들 안에서, 그리고 그들 가운데서 그분의 직분으로부터 나오는 좋은 일을 경험하기 시작했다.2:3; 8:9-12 동방교회의 성상icon 전통은 이러한 형상을 잘 보여주는 사례다. 기도 가운데 마주하는 정교한 아이콘은 그것을 손으로 접촉하는 행위를 통해 하나님과 그분의 아름다움을 경배하도록 이끄는 매체가 된다. 이 공동체에 주어진 선한 선물은 그리스도를 깊이 묵상하게 하며, 그 묵상은 삼위일체 하나님께 드리는 보좌 앞 경배에 참여하는 일이 된다.

저자는 율법의 실천에 다시 초점을 맞추기 위해 그림자와 형상을 대조한다. 그는 "해마다 늘 드리는 같은 제사"가 존재한다고 말하며, 이 제도가 반복적이라는 점을 세 번이나 강조한다. "해마다"라는 표현에서 보듯이 그의 초점은 '욤 키푸르'(대속죄일)의 희생 제사에 놓여 있으며, "늘 드리는 같은 제사"는 청중의 시야를 넓혀 그들이 정기적으로 행하는 모든 제사를 포함시킨다. 그러나 희생 제사를 아무리 많이 드린다 해도 율법은 "나아오는 자들을 언제나 온전하게 할 수 없다." 제사 제도가 하나님의 명령에 따라 작동하고 있음에도 저자의 관점에서 그것은 온전함을 성취할 능력이 없다. 그런 능력이 제도 자체에 내재해 있지 않으며, 하나님도 그런 의도로 율법을 주지 않으셨다. 출애굽기 29장과 레위기 8장에 제시된 대제사장을 위한 절차는 제사장의 영원한 온전함, 특히 제물을 드리는 손의 온전함을 강조한다.레 4:5; 민 3:3 참조 그러나 저자가 이미 지적했고9:10 곧 다시 강조하겠지만, 죽을 몸에 속한 일부분의 온전함은 그가 생각하는 참된 온전함이 아니다. "나아오는 자들"은 제사를 드리기 위해 장막 안으로 들어가는 제사장들과 이들이 대표하는, 희생 제물을 가져오는 백성 모두를 포함한다. 이 제도 안에서 모든 이들이 하나님께 나아오지만, 그 제도로는 온전함에 이를 수 없다. 그럼에도 하나님은 그 나아옴 자체를 은혜로 허락하신다. 이 그림자는 수천 년 동안 지위를 누렸으나 온전함을 이루지 못했기에 영원할 수 없었다. 그림자에 불과한 율법은 본질적으로 덧없고 언제나 다른 무언가를 가리키고 있었기 때문이다.

저자가 보기에 율법이 온전하게 할 능력이 부족했다는 점은 분명하다. 그는 그 증거를 바로 희생 제사의 반복성에서 찾는다. 물론 이 '증거'가 모든 사람에게 명백했던 것은 아니다. 특히 예수의 죽음을 제사 제도의 폐지로 받아들이지 않았던 유대인들에게는 더욱 그러했다. 그러나 그리스도의 십자가 죽음의 효력에 대한 믿음, 그리고 그분의 부활과 그분이 살아 계셔 하나님 앞에 드리신 중보 기도에 대한 고백은 저자에게 유대인의 제사 제도를 새로운 관점으로 보게 만들었다. 저자에게 죄를 위한 희생 제사를 계속 드린다는 것은 죄가 여전히 정결하게 해야 할 실재임을 의미한다. 따라서 그는 이렇게 질문한다. "섬기는 자들이 단번에 정결하게 되어 다시는 죄를 깨닫는 일이 없으리니 어찌 제사 드리는 일을 그치지 아니하였으리요." 이 '반사실적 조건문'으로[31] 그는 희생 제사 과정에 대한 비판을 제기한다. 만일 이 제도를 통해 하나님께 나아오는 자들이 단번에 영원히 정결하게 되었다면, 그들은 더 이상 죄를 의식하지 않을 것이기에 희생 제사를 그쳤을 것이다. 그러므로 현재 상황은 반대 상황임에 틀림없다. 그들은 자신의 죄를 인식했기 때문에 계속 제사를 드렸으며, 이는 그들이 온전히 정결하게 되지 못했음을 나타낸다. 저자는 '하나도 없다'는 의미의 '메데이스'μηδείς를 사용하여 기준을 높게 설정한다. 단 "하나의" 죄라도 의식한다면 제사가 필요할 것이다. 그는 이전의 제도가 성취하지 못했던 완전한 온전함을 염두에 두고 있다.

제사의 빈번함은 오히려 그 반대의 실재를 전제한다. "그러나 이 제사는 해마다 죄를 기억하게 한다." 하나님이 주신 희생 제사 제도는 기억을 불러일으키는 긍정적인 기능을 가진 것이 사실이다. 저자가 언급한 장막 안의 기물,[9:2] 특히 진설병은 영원한 언약을 기억하도록 마련된 것이다.[레 24:7 – 8] 민수기에서도 희생 제사는 원수들로부터의 구원을 위해, 곧 하나님께서 백성을 기억하시도록 드려진다.[민 10:10] 그러나 여기서 말하는 '기억하게 하는 것'은, "해마다"라는 표현이 암시하듯이 '욤 키푸르'의 희생 제사에 초점이 맞추어져 있다. 이 제사는 매년 모든 죄를 다루기 때문에 다른 모든 제사를 집약하는 의식이다.

저자는 첫 언약 아래 드려졌던 희생 제사들이 죄를 기억하게 하는 이유를, 죄가 여전히 완전히 제거되지 않았기 때문이라고 본다. 이 제사는 신실하게 드려질 수 있었지만 인간의 전인격을 영원히 온전하게 하지는 못했다. 저자의 논리는, 거룩하신 하나님과 거룩하지 않은 백성 사이의 언약이 희생 제사를 통해 유지된다는 것이다. 백성은 피를 통해 속죄받았지만, 그 속죄는 정기적으로 반복되어야 했다. 반면에 그리스도의 제사는 단 한 번으로 충분하고 더 이상 죄를 기억하게 하지 않는다. 그리스도의 제사는 옛 언약의 제사들과 달리 그 효력이 지속되므로 또 다른 속죄 제사는 필요하지 않다. 간단히 말해 짐승 제사와 그리스도의 제사의 차이는 '효력의 지속성'에 있다. 그리스도의 제사와 그것을 기념하는 식사는 죄의 문제가 단번에 영원히 해결되었음을 확언한다. 저자는 이제 중요한 질문을 제기할 준비를 한다. 그리스도의 제사장 사역이 가져온 새 언약은 정말 죄의식을 완전히 제거하는가?

10:4 – 10 아들의 말씀

[4]이는 황소와 염소의 피가 능히 죄를 없이하지 못함이라. [5]그러므로 주께서 세상에 임하실 때에 이르시되 하나님이 제사와 예물을 원하지 아니하시고 오직 나를 위하여 한 몸을 예비하셨도다. [6]번제와 속죄제는 기뻐하지 아니하시나니 [7]이에 내가 말하기를 하나님이여, 보시옵소서. 두루마리 책에 나를 가리켜 기록된 것과 같이 하나님의 뜻을 행

하러 왔나이다 하셨느니라. **8**위에 말씀하시기를 주께서는 제사와 예물과 번제와 속죄제는 원하지도 아니하고 기뻐하지도 아니하신다 하셨고 (이는 다 율법을 따라 드리는 것이라.) **9**그 후에 말씀하시기를 보시옵소서, 내가 하나님의 뜻을 행하러 왔나이다 하셨으니 그 첫째 것을 폐하심은 둘째 것을 세우려 하심이라. **10**이 뜻을 따라 예수 그리스도의 몸을 단번에 드리심으로 말미암아 우리가 거룩함을 얻었노라.

청중은 첫 번째 제도가 왜 충분하지 않았는지 의문을 가질 수 있다. 만일 하나님께서 그 제도를 직접 지시하셨다면 어째서 완전하지 못했는가? 저자에 따르면 그 핵심적인 이유는 피의 종류에 있다. 그는 단호히 말한다. "황소와 염소의 피가 능히 죄를 없이 하지 못함이라." 이는 10:1에서 밝힌 바와 같이 제도 자체의 구조 안에 완전하고 영속적인 방식으로 죄를 해결할 능력을 갖추고 있지 않음을 의미한다. '황소'와 '염소'가 함께 등장하는 구절은 구약성경에서 단 두 곳뿐인데, 모두 희생 제사를 비판하는 문맥에 속한다. 첫 번째로 시편 49편(70인역 기준)은 이스라엘이 제사를 충실히 드리고 있다면서도 하나님이 온 땅의 주인이심을 상기시키고, 제사의 참된 목적이 하나님 찬양과 의뢰, 의로움, 그리고 그분의 징벌을 수용하는 삶에 있다고 강조한다. 두 번째는 이사야 1장이다. 하나님은 백성이 한편으로는 악행을 일삼으면서 제사를 반복하는 것을 개탄하시며, "행악을 그치고 선행을 배우라"는 촉구와 함께 윤리적 돌이킴 없는 희생 제사는 가증한 것이라고 경고하신다. 여기서 '없이 하다'로 번역된 동사는 강도가 매우 높은 표현이다. 이것은 예수께서 잡히시던 밤 겟세마네에서 누군가 대제사장의 종을 쳐 그 귀를 "베어 버렸다"$^{ἀφαιρέω, \text{마 } 26:51}$라고 보도할 때 쓰인 동사로, '분리'의 의미를 내포한다. 저자에 따르면 짐승의 피는 죄를 근본적으로 잘라 낼 수 없다. 예언자들의 비판처럼 짐승 제사는 죄를 제거하는 데 본질적으로 무력하다.

　죄를 제거하는 문제와 관련해 율법의 불충분함을 명확히 진술한 뒤,

저자는 이제 그림자가 아닌 형상, 곧 메시아 자신에게 초점을 맞춘다. 앞서 그는 "하나님이 명령하신" 희생 제사에 대해 그처럼 대담하게 부정적 단언을 했기 때문에, 율법이 형상이 아니라 그림자였음을 "하나님의 말씀"을 통해 입증해야 한다. 그는 자신의 주장을 성경으로 뒷받침하면서, "그러므로……이르시되"[5절]라는 도입 구절과 함께 성경을 통해 말씀하시는 이를 소개한다. 이번에 인용되는 성경 말씀은 "세상에 오시는 분"entering의 입을 통해 선포된다. 히브리서에서 '들어감'이라는 표현은 대부분 하나님의 영역으로의 이동을 나타낸다. 하나님의 백성이 들어가거나[3:11; 3:18–4:1; 4:3, 5–6, 10–11] 첫 언약 체계에 속한 대제사장이 들어가거나,[9:25] 혹은 예수 자신이 들어가시는 경우[6:19–20; 9:12, 24]가 그러하다. 그런데 오직 이곳에서만 누군가가 창조 세계로 들어온다. 아들이 창조 세계로 들어온다는 것은 그분이 하나님의 영역으로부터 오셨음을 시사하며, 이는 성육신 이전부터 존재했던 아들의 고유한 행위 주체성과 자발성을 드러낸다. 그분은 만물이 창조되기 전부터 성부 하나님과 함께 계셨으며,[1:2] 세상에 오시기로 결단한 아들이다.

그런 후에 저자는 70인역 시편 39편을 아들의 입에 둔다. 이 시편은 희생 제사에 대한 비판과 신실함에 대한 갈망을 이어 가며, 인내[1절]와 구원,[2절] 하나님의 율법의 내면화,[9절] 선포[10–11절]와 같은 주제들을 담고 있다. 이는 히브리서 전체에 걸쳐 반복적으로 울려 퍼지는 주제들이기도 하다. 저자는 시편 39:7–9을 인용하는데, 이 인용은 70인역과 몇 가지 차이점이 있다.[32] 여기서 특히 두 가지가 주목된다. 첫째, 히브리어 본문에는 "주께서 내 귀를 통하여 내게 [들려주시기를]……"이라고 되어 있어 하나님의 지시를 듣는다는 개념을 암시하지만, 저자가 인용한 헬라어 번역본은 '귀' 대신 '몸'이라는 표현을 사용한다. 이는 저자가 히브리어 본문이 아니라 헬라어 70인역을 따르고 있다는 명백한 증거다. 시편에서 '몸'은 하나님의 뜻을 행하는 데 요구되는 사람의 전인격을 의미한다. 이 시적 표현은 저자에게 매우 적절한데, 그는 앞서 하나님의 영원한 아들이 혈과 육을 취했다고 주장했기 때문이다.[2:14] 저자는 이 시편에서 성육신 선언을 발견했다. 하나님이 예비하신 이 '몸'을 언급함으로써, 그는 하나님이 동정녀 마리아의 몸으로부터 아들의 몸을 예비하셨다는 신앙 전통의 주장과 흥미로운 일치를 보여준다. 마리아는 하나님의 자비로운 초대에 응답하여, 육신으로부터 아들의 몸이 준비될 수 있도록 하나님의 능력으로 자신이 덮이는 일에 동의했다.[눅 1:26–38] 저자의 관점에서 인간 자녀가 어머니의 살과 피에 참여하듯이 아들 또한 그것을 취하셨다.[2:14] 하나님의 아들이 나사렛 예수로 성육신하실 때, 그 구체적인 살과 피를 제공한 이는 바로 '마리아'였다. 둘째로 주목할 만한 차이점은, 저자가 인용한 시편의 마지막 구절에서 "내가 원하였나이다"를 생략했다는 것이다. 부정사 '행하다'는 "내가 원하였나이다"가 아니라 "내가 왔나이다" 다음에 이어진다. 따라서 저자는 시편 화자가 "행하기를 원하였나이다"라고 말한 것을 "행하러 왔나이다"로 바꾸어, 아들이 하나님의 뜻을 실현하기 위해 오셨음을 강조한다. 아들은 단지 하나님의 뜻을 드러내기 위해 오신 것이 아니라, 실제로 그것을 완성하기 위해 오신 것이다.

이러한 차이점이 분명해지면 저자가 제시한 대로 시편을 읽을 때 하나님이 원하지 않는 것과 그 대신 행한 것이 교차적으로 드러난다. 시편 화자는 하나님이 "제사와 예물", 곧 제사장들이 드리도록 부름받은 바로 그것들[히 5:1; 8:3; 9:9; 10:1]을 "원하지 아니하신다"는 사실을 인식한다. 70인역 시편 50:18과 호세아 6:6도 동일하게, 하나님은 단지 희생 제사만이 아니라 마음에서 우러나는 회개와 순종을 원하신다고 진술한다. 메시아에게서 하나님은 그 두 가지를 모두 받으신다.

하나님이 "정말로" 원하신 것을 창조한다는 점은, 하나님이 원하지 않으셨던 것에 대한 응답으로 드러난다. 시편 화자는 하나님께 이렇게 말한다. "오직 나를 위하여 한 몸을 예비하셨도다." 여기서 사용된 동사 '카타르티조'καταρτίζω는 '돌봄', '집중', '시간' 등의 의미를 포함하는 말로, 동정녀 마리아에게서 아들의 몸이 기적적으로 형성된 과정을 떠올리게 한다. 이 예비하심은 화자를 "위해" 이루어진 일이므로, 그는 몸을 갖기 전에 이미 지각하고 소통할 수 있었던 존재임이 드러난다. 이는 성육신 이전에도 아들이 인격적으로 존재했음을 시사한다. 이 동사는 하나님이 이 일을 다른 이를 위해, 곧 시편 화자를 위해 하셨음을 강조한다. 그래서 그는 "나를 위하여" 몸이 예비되었다고 말한다.

이제 시편의 병행 구조는 구체적인 희생 제사들, 곧 "번제와 속죄제"를 언급한다. 이 구별은 희생 제사 관련 본문들에서 반복적으로 나타난다.레 5:7; 6:25; 7:27; 9:2, 7, 22; 12:6, 8; 14:13, 19, 22, 31; 15:15, 30; 16:3, 5; 민 6:6; 8:12; 15:24; 스 8:35 번제는 주님을 기쁘게 하기 위해 무언가를 온전히 드리는 제사이고, 속죄제는 죄나 잘못을 범했을 때 드리는 제사다. 이러한 제사들은 성경 전반에 걸쳐 나타나며, 히브리서 저자가 지금까지 씨름해 온 핵심 본문들 속에서도 중요한 역할을 한다. 하나님은 백성이 노예살이에서 해방될 때 모세에게 이 제사들을 드릴 것을 명하셨고,출 10:25 언약 체결식에서도 이 제사들이 하나님께 드려진다.출 24:5 또한 이 제사들은 제사장 위임식출 29:18, 25과 속죄일의 제의 규례레 16:3, 5에도 포함되어 있다.

시편은 희생 제사 자체가 하나님을 기쁘게 하지 못한다고 분명히 진술한다. 이것이 구약성경 전체에서 유일한 주장은 아니다. 70인역 예레미야 14:12 역시 죄 가운데 머무르는 백성이 드리는 희생 제사는 하나님이 기뻐하지 않으신다고 말한다. 70인역 시편 50편특히 50:18도 같은 비판을 담고 있다. 즉 하나님은 다윗이 자신을 낮추고 선을 행한 후에야 번제를 기뻐하신다.70인역 시 50:20 희생 제사는 하나님에 의해 규정된 것이지만, 그것이 하나님과 백성 사이의 복된 관계를 유지하는 유일하거나 가장 중요한 수단은 아니었다. 하나님이 진정으로 원하신 것은 마음에서 우러나오는 순종이었다.

7절에서 하나님이 몸을 예비하신 후 먼저 행동하는 이는 세상에 임하는[5절] 이이며, 그분이 말씀하신다. "이에 내가 말하기를……." 화자는 하나님의 음성을 들었고, 이제 하나님께 직접 응답한다. 그는 자신의 행위를 언급하며 말한다. "내가 왔나이다." 여기 미래 시제가 기대되는 자리에서 완료 시제가 사용되는데, 이는 하나님의 약속이 실현되어 오시는 이가 예비된 몸 안에 거하고, 그 몸을 통해 하나님의 뜻을 수행할 수 있게 되었음을 보여준다.

삽입구가 이어지는 이 구절에서 독자들은 그리스도가 "무엇을" 하러 오셨는지 듣기 위해 잠시 기다리게 되며, 이는 기대감을 자아낸다. 비록 그분의 오심은 자발적이지만 독자적으로 내린 결정은 아니다. 그것은 "두루마리 책에 나를 가리켜 기록된" 바에 따른 것이다. 그분이 몸을 입고 오신 사건은 성경에 이미 기록된 하나님의 계획과 정확히 일치한다. 이는 히브리 성경 전체에서 하나님의 아들을 통한 계시의 예고편을 읽어 온 저자에게 매우 시의적절한 진술이다. 이 진술은 누가복음에서 예수께서 자신에 대해 기록된 말씀을 두루마리 성경을 펴 읽으시는 장면과도 깊은 공명을 이룬다.[눅 4:17-20]

7절의 마지막 행에서 그분이 세상에 오신 목적이 분명히 드러난다. "하나님의 뜻을 행하러 왔나이다." 화자는 하나님이 기뻐하지 않으시는 것을 목격하고, 이에 응답하여 하나님의 뜻을 실행하기로 결단한다. 저자는 시편 39:9의 나머지 부분을 인용하지 않음으로써, 앞서 언급했듯이 시편 저자의 깊은 내면에서 우러나온 소망,[70인역 시 39:9b] 곧 하나님의 뜻 또는 율법을 행하고자 하는 갈망의 표현을 실제 행위로 바꾸어 제시한다.[33] 저자는 이 인용을 하나님 뜻의 실행이라는 절정으로 마무리하고, 곧 이어지는 단락에서 그 뜻이 무엇인지 구체적으로 밝힐 것이다.

저자는 요점을 분명히 하기 위해 시편 일부를 반복하여 인용하며, 그 순서를 재구성한다. 또 한 번의 진술에서 화자는 "주께서는 제사와 예물과 번제와 속죄제는 원하지도 아니하고 기뻐하지도 아니하신다"고 말한다. 저자는 하나님이 부정적으로 평가하신 네 가지 희생 제사를 하나의 군으로 묶고, 5절에 등장했던 단수형 명사들(제사와 예물)을 8절에서는 복수형으로 바꾸어 그 반복성과 관행성을 강조한다. 그리고 하나님께서 그것을 "원하지도 아니하고 기뻐하지도 아니하신다"고 반복하여 진술함으로써, 제사 전후 하나님의 정서적 반응을 나란히 보여준다. 이는 70인역 시편 50:18에서도 함께 등장하는 하나님의 반응과 공명한다. 저자는 이어서 이 모든 희생 제사가 "율법을 따라 드리는 것"이라고 지적한다. 10:1에서 율법은 '그림자'로 묘사되었는데, 여기서는 구체적으로 희생 제사법을 가리킨다. 즉 비록 희생 제사가 하나님이 명하신 방식에 따라 정당하게 드려졌더라도, 그것이 하나님이 궁극적으로 원하시는 바는 아니다. 히브리서 저자는 이 점에서 구약성경과 단절된 새로운 주장을 펼치는 것이 아니라, 성경 안에 이미 존재하는 긴장과 신학적 역설을 드러낸다. 즉 하나님이 친히 제정하신 희생 제사가 실은 하나님이 "진정으로 원하시는 것"θέλω은 아니라는 것이다. 이는 하나님이 희생 제사가 인간의 죄성과 부정함을 다루기 위한 은혜의 수단으로 허락하셨지만, 그것이 하나님의 최종적 뜻은 아니며 오히려 아들의 오심을 예표하기 위해 정해진 제도였다는 히브리서 저자의 핵심 주장으로 귀결된다.

　저자와 그의 청중의 시점에서 아들이 하나님의 뜻을 선포하고 실행하신 것은 이미 과거에 일어난 일이며, 이는 본문에 사용된 완료 시제가 보여주는 바다. "그 후에 말씀하시기를 보시옵소서, 내가 당신의 뜻을 행하러 왔나이다." 이 인용문의 첫 구절10:7에는 '하나님'을 직접 부르는 말인 '테오스'θεός의 호격이 등장하지만, 가장 신뢰할 수 있는 사본들에는 여기에서10:9 그 호격이 생략되어 있다. 그러나 그 말의 수신자는 명백하다. 저자는 시편의 이 부분을 간결하게 그리고 연속해서 두 번 인용하며, 독자들이 아들이 성부 하나님께 올려드리는 이 고백을 정확하게 듣기를 강하게 바라고 있다. 만물을 창조하고 붙들며 정결하게 하시는 그리스도는, 지금 그분이 말씀하시는 하나님의 뜻을 하나님과 공유하는 분이다.[1:2-3]

저자는 아들의 말씀을 두 번 제시함으로써 이 점을 보여준다. "그 첫째 것을 폐하심은 둘째 것을 세우려 하심이라." 실재가 임하면 그림자는 더 이상 필요하지 않다. 여기서 저자가 '폐하다'라는 단어를 선택한 것은 다소 강한 의미를 전달하기 위함이다. 그것은 일반적으로 죽음을 묘사하는 데 사용되는 용어다. 예수의 죽음이 희생 제물인 짐승의 죽음을 불필요하게 만들었다면 이 용어는 적절하다. 그리스도는 황소와 염소의 피가 할 수 없었던 일을[10:4] 하셨다. 즉 그리스도는 죄를 반복적으로 다뤄야 할 필요를 없애신 것이다. '세우다'라는 표현은 그리스도가 가져오신 것이 견고하다는 의미를 전달한다는 점에서 그림자/형상 진술과 잘 어울린다. '첫째'와 '둘째'라는 언어는 언약과 그와 더불어 사용되는 장막을 떠올리게 한다. 저자는 잠시 후 새 언약 구절을 다시 인용할 것인데, 이는 이 전체 단락이 그 주제에 대한 성찰임을 보여주는 증거다. 메시아가 첫 언약을 제거하신 것은 예레미야 시대 이후에 첫 언약이 낡아지고 "거의" 없어져 가고 있었다는 저자의 진술을 확증한다. 이제 아들은 둘째 언약의 약속을 세우심으로써 첫 언약의 필요성을 제거하셨다. 첫 언약이 이제 더 이상 필요하지 않다는 점을 강조하기 위해 저자는 "이 뜻을 따라"라는 구절로 구체적인 진술을 제시한다. 여러 차례 언급된 바와 같이 하나님의 궁극적인 뜻은 반복되는 희생 제사가 아니라, 성육신한 아들이 모든 이들을 위해 죽어[2:9] 죽음을 패배시키고[2:14-15] 죄를 없애기 위해 자신을 하나님께 드리며, 그 결과 성령을 부어 주시는 것[2:3]이다. 이 뜻으로 인해 저자는 "우리가 거룩함을 얻었노라"고 선언한다. 이것은 첫 언약이 시작될 때 모세를 통해 주어진 약속,[출 19:6] 곧 율법 전체를 통해 반복적으로 진술된 바의 성취다. 율법을 지키는 자는 거룩하게 될 수 있었다.[출 22:31; 31:13; 레 11:44-45; 19:2; 20:7, 8, 26] 특별히 제사장[레 21장]과 첫 열매, 곧 장자들은 하나님의 소유로 간주되어 속량되어야 했으며,[출 13:13-15; 민 18:15-17] 이들은 거룩하게 여겨졌다. 민수기에서는 장자들이 레위인에 의해 속량된다.[민 3:11-13; 8:16-18] 하나님은 제사장과 레위인에게 거룩하게 될 수 있는 복을 주셨다. 그러나 이제 거룩함은 예수를 메시아로 고백하는 이 공동체에게 적용된다. 하나님이 주신 성령의 선물은 그들이 거룩하게 되었다는 것을 증언한다. 성육신하신 이는 첫 언약의 성별 제도를 폐하시고, 자신의 제사로 그것을 대체하셨다. 이것이 곧 지금 거룩함이 이루어지는 방식이다. 다시 말해 율법이 일부 사람들의 몸에 행했던 일을, 이제 그리스도가 모든 사람을 위해 외적·내적으로, 그리고 영원히 완성하신 것이다.

여기서 저자는 히브리서 2:11의 "거룩하게 하시는 이와 거룩하게 된 자들이 다 하나에서 난지라"는 진술을 상기시키며, 하나님의 뜻이 거룩하게 된 자들을 예수와 연합시킨다고 말한다. 이는 그들의 거룩함이 "예수 그리스도의 몸을 단번에 드리심"을 통해 주어진 것이기 때문이다. 저자는 앞서 예수가 자신을 드리셨다는 사실을 두 차례 언급한 바 있으나,[9:14, 25] 시편이 '몸'에 초점을 두는 점을 반영하여 이제는 그리스도가 자신을 제물로 드리실 때 바친 것이 바로 그 몸이었다는 점을 분명히 밝힌다. 저자는 7:22에서 언약을 언급한 이후 '예수'라는 이름을 다시 사용하지 않지만, 여기서는 '몸'을 언급하면서 유대인 남성이라는 예수의 구체적 정체성을 떠올리게 하고 그 이름을 적절히 다시 등장시킨다. 그분은 동시에 기름 부음 받은 자, 곧 그리스도이시다. 다시 말해, 다스리시는 바로 그분이 자신을 기꺼이 드려 제사장으로 섬기고자 하셨다. 이 진술이 성립되기 위해, 저자가 멜기세덱 안에서 이러한 역할들이 통합될 수 있음을 미리 설명해 두었던 것이 여기서 결정적으로 중요해진다.[7:1]

그런 다음 이 설교는 예수의 제사가 단 한 번 드려진 제사임을 세 번째로 강조한다.[7:27; 9:12에 이어 10:10] 그분은 단 한 번 성육신하고,[2:14] 단 한 번 죽었으며, 단 한 번 죽음을 이겼기 때문에[2:15; 7:25, 27] 그 제사는 단회적인 제사다.[9:12] 그분은 이미 마리아로부터 피와 살을 취했으므로 다시 태어날 수 없고, 인간이기 때문에,[9:27] 그리고 무엇보다 죽음을 이겼기 때문에[2:14] 다시 죽을 수도 없다. 또한 하나님께서 이미 그분에게 영원한 통치를 위임하셨기 때문에[1:8] 그분이 또 다른 보좌에 오를 필요도 없다. 이 단 한 번의 제사는 그분의 본성과 신실함으로 인해 완전한 효과를 가지며, 사람들을 온전히 거룩하게 한다. 바로 이 점이 히브리서 전반에서 반복되는 경고의 논리적 기초다. 만일 누군가 하나님께서 그리스도 안에서 단번에 영원히 행하신 일로부터 돌아선다면, 그 일이 다시 반복될 수는 없다.

요약하면 시편에 분명히 드러난 하나님의 뜻은 예수 메시아의 몸이 단번에 드려진 희생이 전혀 새로운 것이 아님을 보여준다. 이는 그분이 십자가 죽음 후 부활하신 몸으로 하늘에서 하나님 앞에 서는 것을 포함하며, 이로써 히브리서 저자와 동시대 수신자들뿐 아니라 그의 증언에 귀 기울이는 모든 공동체가 거룩하게 될 수 있게 되었다. 그들은 모두 "주를 보게 될" 범주 안으로 들어갔으며,[12:14] 이제 하나님의 거룩한 처소에 들어갈 준비가 된 제사장들과 같은 존재가 되었다. 하나님은 피조물이 거룩하게 되기를 원하셨고, 이는 하나님과 피조물 사이에 깊고 지속적인 관계를 가능케 하려는 목적에서 비롯된 것이다. 희생 제사에 관한 율법은 이러한 뜻을 미리 보여주고 준비하는 역할을 했으며, 예수 메시아는 그 뜻을 영원히 실현하신 분이다.

저자는 이 인용문을 제시하기에 앞서, 첫 언약 아래 반복된 희생 제사가 오히려 죄를 기억하게 했다고 진술한다.[10:2] 신약성경에서 '기억'ἀνάμνησις은 매우 의미 있는 단어로, 히브리서의 이 구절과 예수께서 성찬을 제정하실 때만 등장한다.[눅 22:19; 고전 11:24-25] 이러한 '기억'은 단지 과거 사건을 상기시키는 것이 아니라, 현재적 실재에 영향을 미치는 기억 행위로 기능한다. 옛 언약과 새 언약 모두에서 희생 제사는 백성과 하나님 모두에게 죄의 실재를 상기시키는 기능을 하며, 동시에 죄를 다루시는 하나님의 자비를 되새기게 한다. 그러나 두 언약 사이에서 기억의 차이는 명확하다. 반복되는 제사는 죄가 여전히 남아 있다는 것과 지속적인 제사의 필요성을 끊임없이 보여주었다. 반면에 예수께서 단번에 자신을 제물로 드리신 사건을 기억하는 성찬은, 하나님께서 성찬 참여자들의 죄를 기억하지 않으신다는 사실[8:12]과 그들이 이미 거룩하게 되었다는 확언[10:10]을 되새기게 한다. 결국 히브리서 10:3에서 제기된 '반복적인 제사가 정말 죄를 해결할 수 있는가'라는 질문은 이제 분명한 답을 얻었다. 누구든지 자신의 죄를 자각하고 은혜의 보좌로 나아갈 때마다, 그리스도의 단번에 드려진 희생으로 인해 거룩함에 이를 수 있다. 이러한 기억은 죄책감을 줄이고 참된 확신을 제공한다.

10:11 – 18 우리를 위한 새 언약

[11]제사장마다 매일 서서 섬기며 자주 같은 제사를 드리되 이 제사는 언제나 죄를 없게 하지 못하거니와 [12]오직 그리스도는 죄를 위하여 한 영원한 제사를 드리시고 하나님 우편에 앉으사 [13]그 후에 자기 원수들을 자기 발등상이 되게 하실 때까지 기다리시나니 [14]그가 거룩하게 된 자들을 한 번의 제사로 영원히 온전하게 하셨느니라. [15]또한 성령이 우리에게 증언하시되 [16]주께서 이르시되 그날 후로는 그들과 맺을 언약이 이것이라 하시고 내 법을 그들의 마음에 두고 그들의 생각에 기록하리라 하신 후에 [17]또 그들의 죄와 그들의 불법을 내가 다시 기억하지 아니하리라 하셨으니 [18]이것들을 사하셨은즉 다시 죄를 위하여 제사 드릴 것이 없느니라.

저자는 자신의 시선을 연례 제사에서 매일의 제사로 옮기며, 옛 언약과 새 언약의 극명한 차이점인 반복성을 강조한다. 이러한 전환은 그가 다른 차이점도 강조할 수 있게 한다. 가장 신뢰할 만한 사본들에 따르면, 11절 서두에는 "대제사장"이 아니라 "제사장"이 기록되어 있다. 이는 본문의 매일 드리는 제사에 대한 언급과 더불어 이 짧은 독법이 문맥상 가장 자연스럽다는 외적 증거를 제공한다. 본문에는 여러 명의 제사장이 등장하며, 그들 모두가 반복적인 희생 제사 사역에 참여하고 있다. 이 제사장들이 "서 있다"ἕστηκεν는 표현은, 하늘의 지성소에서 "앉아 계신" 그리스도1:3; 8:1; 10:12; 12:2와 극명한 대조를 이룬다. 특히 10:9의 그리스도가 "둘째 것을 세우셨다"στήσῃ는 표현과도 연결되며, 제사장들의 반복적이고 불완전한 사역과 그리스도의 완전하고 단회적인 사역 사이의 대비를 더욱 부각시킨다. 제사장들이 '서서' 제사를 드리는 장면은 구약성경 곳곳에서 확인된다. 민수기에는 레위인들이 아론 앞에서 구별되어 서 있는 장면이 나오며,민 3:6; 8:16 신명기 역시 레위인의 섬김을 "서서 여호와를 섬기는 일"로 묘사한다.신 10:8 이처럼 '서 있는 자세'는 제사장 사역의 기본 전제이며, 그들이 첫 장막에서 감당하는 섬김의 특성상 앉을 시간이나 공간이 주어지지 않았음을 반영한다.

저자는 다음 구절에서 반복성을 환기시키는 세 가지 표현(날마다, 자주, 같은)을 결합하여 강조한다. 이는 7:27에서 그가 언급했던 내용과 매우 유사하게 매일 드려진 제사는 하나님의 자비 가운데 언약을 유지하는 수단이었지만, 동시에 죄가 여전히 존재한다는 사실과 그에 따라 희생 제사가 계속 필요하다는 현실을 백성에게 상기시켰음을 나타낸다. 앞서 그는 10:1에서 해마다 반복되는 제사를 언급했는데, 이제는 출애굽기와 민수기에 규정된 아침저녁의 제사출 29:38–42; 민 28:3–8를 연상시키며, 수사적으로 끊임없이 쌓이는 어린양의 제사 장면을 상상하게 만든다. 또한 그는 9:25–26에서 해마다 반복되는 대속죄일의 제사를 "자주" 드려야 했다고 진술한 바 있는데, 이제 그 동일한 원칙을 매일의 제사에도 적용한다. 만일 매일의 제사가 하나님 또는 신들과의 관계를 유지하려는 인간의 갈망을 어느 정도 충족시켰다면, 저자는 이제 그리스도의 단번에 드린 속죄 제사가 어떻게 그러한 갈망을 충족시킬 뿐 아니라 궁극적으로 완성하는지 설명하고자 한다. 그리스도의 희생은 반복될 필요가 없으며, 죄로부터의 영원한 자유를 베푼다.

저자는 10:4에서 이미 언급했던 내용을 다시금 상기시키며, 이러한 제사가 "죄를 없이하지 못한다"는 점을 강조한다. 그러나 이번에는 4절에서 사용된 '잘라 내다'의 뜻을 가진 '아파이레오'ἀφαιρέω 대신, '페리아이레오'περιαιρέω라는 의미는 유사하지만 강도가 다소 약한 동사를 사용한다. '페리아이레오'는 단순히 어떤 것을 제거하거나 벗겨 내는 행위를 가리키며, 완전히 도려내는 '아파이레오'보다는 덜 극적이다. 이처럼 매일 반복된 제사조차도 죄를 완전히 제거할 수는 없었다. 이는 스바냐 3:11, 15에서 하나님께서 이스라엘의 죄를 제거하겠다고 약속하신 것과 뚜렷한 대조를 이룬다. 구약의 예언자 전통에서는 하나님의 주권적 행위로서 죄의 제거가 선언되지만, 희생 제사 담론에서는 그런 제거가 실현되었다고 주장되지 않는다. 다시 말해 제사는 죄의 기억remembrance은 가능하게 했지만, 죄 자체의 제거removal는 보장하지 못했다. 이러한 배경 속에서 12절은 이 대비 구조의 나머지 절반을 제시한다.

옛 언약(11절)	새 언약(12절)
제사장마다 서서 매일 섬기며 자주 드리되 같은 제사들을 언제나 죄를 없게 하지 못거니와	오직 그리스도는 하나님 우편에 앉으사 한 영원한 제사를 드리시고 한 제사 죄를 위하여

오직 "한" 제사장만이 이 일을 행하셨으며, 그 제사장은 저자가 계속해서 초점을 맞춰 온 바로 그분, 곧 자신의 몸과 피를 제물로 드린 예수 그리스도이시다. 이 구절에서 저자는 그리스도의 제사 행위를 부정과거 시

제인 ‘에넨켄’^{ἤνεγκεν}으로 기술한다. ^{개역개정은 "드리시고"—옮긴이} 이는 11절에서 제사장들이 반복적으로 제사를 드리는 행위를 현재 시제로 기술한 것과 뚜렷한 대조를 이루며, 그리스도의 제사가 단 한 번에 이루어진 결정적 사건임을 강조한다. 저자는 여기서 그리스도의 몸을 그분이 드린 "하나의 제사"로 묘사한다. 이 단회적 제사는 매일 반복되는 제사와는 본질적으로 다르지만, 동시에 그것은 하나님께서 제사장들에게 요구하신 희생제사 행위와 본질적으로 일치하는 것이다. 다시 말해 그리스도의 제사는 제사의 형식적 요건을 충족할 뿐 아니라 그 효력에서도 탁월하다. 다른 제사들은 죄를 제거하지 못했지만, 이 단번에 드려진 제사는 실제로 "죄를 위한 것"이었고 죄를 제거할 수 있었다.[9:26] "그는 영원히 드리셨다." 여기서 ‘영원히’$^{εἰς τὸ διηνεκές}$는 문법적으로 볼 때, ‘드리다’^{προσενέγκας}를 수식할 가능성이 가장 크다. 이는 그리스도의 제사가 반복 없이도 영원한 효력을 지니며, 단회적 행위로 완전한 속죄를 이룬다는 히브리서의 핵심 논지를 더욱 분명히 드러낸다.[34] 이러한 문법적 연결은 저자가 지금까지 전개해 온 주제와 일치한다. 예수 그리스도의 단 한 번의 제사는 그분이 하나님 앞에 영원히 계시기 때문에, 하나님 앞에서 영원히 현존하는 제사가 된다. 짐승의 희생 제사는 반복적으로 드려졌으나 근본적인 효력을 발휘하지 못했다.[10:1] 그러나 그리스도가 단 한 번 드린 제사는 "죄들"을 제거하려는 하나님의 뜻을 참으로 성취한다. 만일 ‘영원히’$^{εἰς τὸ διηνεκές}$가 ‘앉다’^{ἐκάθισεν}와 연결된다면, 이는 하나님 우편에 영원히 앉아 계신 그리스도의 현존을 떠올리게 한다. 이 부분 역시 히브리서 전체에서 강조되는 핵심 주제 중 하나이며, 대제사장으로서 그리스도의 지속적인 중보 사역과도 긴밀하게 연결된다.[7:25] 또한 주목할 점은 저자가 보통 죄를 단수형으로 거의 하나의 ‘권세’처럼 묘사하기도 한다는 것이다.[3:13] 그러나 여기서는 복수형(죄들)이 사용되는데, 이는 많은 사람들의 구체적인 죄를 가리키는 동시에 오직 그리스도만이 완전히 제거할 수 있는 죄악의 총체를 뜻한다. 즉 죄를 제거하기 위한 그리스도의 영원한 현존은 그분의 영원한 간구[7:25]와 긴밀하게 조응하는 것이다.

그리스도의 단회적 제사가 지속적인 효력을 지닌다는 사실은 본 단락의 마지막 구절에서 분명히 드러난다. 즉 예수는 단 한 번의 제사를 드린 후 하나님 우편에 앉으셨으며, 그분 자신을 하나님 앞에 제물로 드린 이 제사 행위는 영속적인 것으로 확정되었다. 이는 히브리서 전체에서 반복적으로 인용되거나 암시되는 시편 109:1[70인역 시편 110:1]에 대한 가장 간결한 참조이기도 하다.[보다 구체적 논의는 8:1 참조] 나는 히브리서 10:5에서 저자가 "세상"[κόσμος]이라는 표현을 사용한 것은, 성자의 성육신이 임박했음을 전제하는 것으로 해석한다. 즉 "세상에 들어오실 때"라는 표현은 성자께서 하나님 앞에 자발적으로 자신을 제물로 드리기 위해 이 땅에 오신 사건, 곧 성육신의 의지를 나타낸다. 그러나 이 장면을 예수께서 승귀하신 후 하나님 우편에서 시편 말씀을 인용하시는 모습으로 상상할 수도 있을 것이다. "내가 주 앞에 나아와 내 몸을 죄를 위한 제물로 바치기 위해 왔습니다. 하나님의 뜻을 행하기 위해 왔습니다."

저자가 성경 말씀을 영원히 살아 계신 하나님 아들의 입에 두기 때문에, 그 아들이 이 말씀을 단 한 번이 아니라 여러 차례에 걸쳐 발언하셨다고 이해하는 것도 충분히 타당하다. 비록 이전의 희생 제사가 적어도 제사장들에게는 거룩함을 가져다주었지만, 죄를 제거할 수 없었다. 불완전한 인간은 그리스도의 속죄 사역에 반복적으로 의지할 필요가 있으나, 오직 그리스도의 희생 제사만이 죄를 완전히 제거할 수는 있다. 그분이 하나님 우편 보좌에 앉았다는 사실은 그리스도의 속죄 사역이 완료되었음을 나타낸다. 그러나 그분의 이야기는 아직 끝나지 않았다. 그분은 앉아 계시는 동안 "기다리신다." 저자는 부사구를 사용하여 그분이 '여전히'[still] 기다리고 계신다고 명확히 말한다.[개역개정은 '여전히'를 번역하지 않는다—옮긴이] 저자의 이러한 서술은 세상의 끝,[9:26] 또는 "이 모든 날 마지막"이라는 시간이 단일한 시점을 가리키지 않음을 보여준다. 즉 옛것의 필요성은 제거되고 새것의 약속이 주어졌음에도 안식의 나라는 여전히 미래에 남아 있는 '한 기간'이라는 것이다. 그리스도는 이 마지막 날들 동안 "그의 원수들을 자기 발판이 되게 하실 때까지" 기다리고 계신다. 저자는 1:13에 이어 다시 시편 109:1을 인용한다. 그러나 이번에는 시편 본문을 직접 인용하는 것이 아니라, 하나님의 말씀을 간접 인용하여 대명사를 3인칭으로 바꾸고 동사도 능동태에서 수동태로 전환한다.[35] 이 진술은 성부 하나님을 행위자로 상정하며, 아들의 제사 사역이 이미 완료된 지금 하나님께서 원수들을 복종시키는 일을 수행하고 계심을 나타낸다. 원수들이 그분의 발아래 수치스럽게 놓이게 될 것이라는 사실은, 만물에 대한 그리스도의 주권과 더불어 이제 하나님께서 아들에게 대항하는 모든 세력을 강력히 통제하고 계심을 보여준다. 시편을 상기시키는 것은 단지 그리스도의 승귀만을 의미하는 것이 아니라, 예수와 그분의 백성이 모두 하나님 약속의 성취를 고대하며 기다리고 있다는 점을 강조한다.[9:28] 즉 예수와 그분의 형제자매들의 기대는 긴밀하게 얽혀 있다. 비록 죄에 대한 그리스도의 사역은 이미 완료되었지만 죄는 여전히 그분의 형제자매들이 싸워야 할 대상이며,[12:4] 따라서 그리스도의 원수이기도 하다. 그분이 죽음에서 그들을 구원하셨지만, 그들은 여전히 죽을 몸 안에서 죽음을 마주해야 하므로[12:4] 죽음도 여전히 원수로 남아 있다. 그러나 죄와 죽음의 세력은 이미 사형 선고를 받았다. 아들의 원수들이 모두 복종하게 될 때, 그분의 형제자매들은 마침내 그들이 기다려 온 완전한 구원에 이르게 될 것이다.[9:28]

즉 '완성'과 '기다림'을 동시에 경험하는 것은 그리스도만이 아니며, 그분을 따르는 이들에게도 동일하게 적용된다. 저자는 14절의 서두를 이루는 "한 번의 제사로"[καὶ γὰρ μιᾷ προσφορᾷ]라는 구절을 통해 하늘의 보좌 우편에 앉아 계신 그리스도의 현재 상태와 그분을 따르는 이들의 현재 경험 및 미래 소망을 긴밀히 연결한다. 이는 히브리서에서 다섯 번째로 언급되는 그리스도의 제사로서,⁹:¹⁴, ²⁸; ¹⁰:¹⁰, ¹²에 이어 이번에는 그 제사의 결과로 "온전하게 하셨다"고 선언한다. 이 진술은 반복적으로 제기되었던 희생 제사의 무능함, 곧 제사법이 사람을 온전하게 할 수 없었다는 비판⁷:¹¹, ¹⁹; ⁹:⁹; ¹⁰:¹과 뚜렷한 대조를 이룬다. 이제 고난과 죽음을 겪고 이김으로써 온전하게 되신 예수 그리스도²:¹⁰; ⁵:⁹; ⁷:²⁸가 다른 이들을 온전하게 하실 수 있음을 저자는 분명히 선포한다. '온전함'은 원래 하나님께서 이스라엘에게 요구하신 기준이었고,신 ¹⁸:¹³ 솔로몬이 성전 봉헌 기도에서 바라던 이상이기도 했다.왕상 ⁸:⁶¹³⁶ 이처럼 완전하고 영구적인 거룩함의 경험과 마찬가지로 '온전함' 역시 공동체가 바라보는 종말론적 소망 중 하나로 계속 남아 있었다.

예수가 자신의 제사를 통해 수신자들을 포함한 "거룩하게 되고 있는 자들"³:¹을 온전하게 하셨다는 저자의 주장은, 그들이 아직 "장성한 자"에 속하지 않으며⁵:¹⁴ "온전함에 이르러야 한다"⁶:¹는 그의 질책과 일정한 긴장 관계를 형성한다. 이와 같은 긴장은 저자가 수신자들을 "거룩하게 되고 있는 자들"이라고 부르는 방식에서도 드러난다.개역개정은 "거룩하게 된 자들"—옮긴이 이 표현은 헬라어 현재 수동 분사로서, 계속적인 행위 또는 진행 중인 거룩함의 과정을 시사한다. 그러나 저자는 앞서 10:10에서 그들이 "거룩함을 얻었다"고, 곧 완료된 사건으로 기술한 바 있다.

내가 보기에 이 수수께끼의 열쇠는 그 사이에 끼어든 "영원히"라는 단어에 있는 것 같다. 이 표현은 본 단락에서 세 번째로 등장하는데, 각각의 경우 모두 정적인 상태가 아니라 지속적이고 역동적인 행위를 나타낸다. 반복되는 여러 제사들¹⁰:¹은 그리스도께서 단 한 번 드리신 영원한 제사¹⁰:¹²와 뚜렷이 대조된다. 10:14에서의 용례는 그리스도께서 모든 시대를 포괄하도록 마련하신 온전함perfection이 계속해서 효력을 발휘하며 적용 가능하다는 것을 시사한다. 바로 이것이 죄에 대한 그리스도의 단회적 사역의 완결성과, 그분을 따르는 자들의 삶 속에서 여전히 지속되는 죄와의 싸움 사이에 존재하는 긴장을 풀어내는 신학적 해석의 열쇠가 된다.

이 단 한 번 드려진 제사는 반복될 필요는 없이 언제나 유효하며, 그것을 통해 그리스도를 고백하는 자들은 지속적인 온전함과 계속적으로 거룩하게 됨이라는 은혜에 참여할 수 있다. 그들이 그리스도와 연합되어 있는 한 하나님 은혜의 보좌 앞에 담대히 나아가,[4:16] 그분이 제공하시는 온전함과 거룩함을 계속해서 받아 누릴 수 있는 것이다.

이처럼 즉시 누릴 수 있는 온전함과 거룩함은 오래전에 예레미야를 통해 약속되었던 새 언약이 현재 실현된 방식이다. 저자는 그리스도의 대제사장직과 그 직분이 성취한 바에 대한 신학적 논증을 마친 후, 이제 예레미야서에 기록된 하나님의 말씀을 다시 인용할 준비를 한다. "또한 성령이 우리에게 증언하신다." 여기서 '증언하다'라는 표현은 저자가 성경을 가리킬 때 반복적으로 사용하는 용어로서,[7:8, 17; 11:5] 성경이 생명이 없는 하나의 문헌이 아니라 하나님께서 저자와 공동체에게 지금도 직접 말을 건네시는 살아 있는 말씀이라는 그의 일관된 주장을[4:12] 다시금 강조한다. 이번에 말씀하시는 분은 성령이며, 성령은 인격적 주체로서 실제적인 소통을 수행한다. 비록 이 본문이 성령에 관한 완전히 정립된 교리를 제시하지는 않지만, 히브리서가 말하는 성령의 증언 개념은 신약성경 내의 다른 유사 본문들과 신학적으로 공명하며, 이후 순교자 유스티노스[Justin Martyr]와 같은 초기 교부들이 교리 형성 과정에서 이러한 본문에 주목했던 것도 바로 이 때문이다.[37] 거룩함의 영은 하나님이 일하시는 방식에 일치하여 활동하지만, '테오스',[θεός] 곧 하나님과는 다른 이름으로 불린다. 이 경우 행위의 통일성과 인격의 구별됨이 특히 분명하게 드러난다. 왜냐하면 이 성경 본문이 두 번째로 언급되기 때문이다. 10장에서는 성령이 이전에 이 서신에서 하나님이 하셨던 말씀을 전달한다. 8장과 10장의 인용문 사이에 나타나는 변화는, 본문이 성령의 사역을 통해 현

재의 회중에게 적용되고 있음을 보여준다.[38]

저자는 "이후에 말씀하시기를"이라는 구절로 성경 인용[10:15]을 시작한다. 이 구절은 정관사를 포함한 부정사 구문인 '메타 토 에이레케나이μετά τὸ εἰρηκέναι로 되어 있다. '메타 토'는 후속적인 행위를 가리키며, 일반적으로 '~후에'after로 번역된다. 몇몇 소문자 사본들과 후대의 역본들을 따라 오늘날 여러 역본들은 이 인용문을 두 부분으로 나눈다. 즉 성령이 먼저 16절의 말씀("그날 후로는 그들과 맺을 언약이 이것이라. 내 법을 그들의 마음에 두고 그들의 생각에 기록하리라")을 발언하신 후, 17절의 말씀("또 그들의 죄와 그들의 불법을 내가 다시 기억하지 아니하리라")을 이어 가신다. 이러한 구분은 타당해 보인다. 히브리서 10장에서 저자는 예레미야 38장[70인역 기준]을 인용하면서 다음의 구절을 생략한다. "나는 그들에게 하나님이 되고 그들은 내게 백성이 되리라. 또 각각 자기 나라 사람과 각각 자기 형제를 가르쳐 이르기를 주를 알라 하지 아니할 것은 그들이 작은 자로부터 큰 자까지 다 나를 앎이라."[렘 38:33~34] 만일 이 부분을 8:10, 11에서처럼 온전히 인용했더라면, 그 내용은 10:16, 17 사이에 위치해야 했을 것이다. 사본 전통에 따르면 일부 필사자들은 15절에 "전에 말씀하시기를"이라는 표현을, 17절에 "후에 말씀하시기를"이라는 표현을 삽입했다. 이는 '메타 토'와 같은 정관사+부정사 구문이 시간적 순서를 뜻하는 것으로 이해되었음을 보여준다. 이러한 구분을 통해 먼저 언급된 언약의 약속에 이어 그 이후에 주어진 용서의 확언이 뚜렷하게 제시되고 있다.

그러나 이러한 구분은 가장 이른 시기의 사본들에 나타나지 않는다. 그 사본들에는 "후에 말씀하시기를"이 17절의 예레미야서 인용 안에 삽입되어 있지 않다. 이 구분을 반박하는 또 다른 근거는 인용된 두 본문이 모두 미래 시제로 구성되어 있다는 점이다. 더욱이 예레미야서의 원래 문맥에서도 이 부분은 '그때'와 '이제'로 구분되어 있지 않다. 만일 히브리서 저자가 예레미야서 본문을 하나의 통일된 단락으로 이해하고 있었다면, 그는 '메타 토 에이레케나이'라는 도입 구절을 시간적 순서가 아닌 다른 방식으로 사용했을 가능성이 있다. 다시 말해, 이는 예수 그리스도의 단 한 번의 제사 이후에 성령이 동일한 본문을 새롭게 해석하여 지금 우리에게 말씀하신다는 의미일 수 있다.^{개역개정도 이러한 읽기를 따른다—옮긴이} 8장의 예레미야서 인용은 하나님께서 첫 언약에서 발견하신 잘못, 그리고 그 언약 안에서 백성이 범한 잘못에 초점을 맞추고 있다. 이 인용은 예레미야 시대의 맥락에 뿌리를 두고 있다. 그러나 이제 그리스도의 사역이 완결되었고, 저자가 그 의미를 청중에게 충분히 설명한 만큼 이들은 이제 같은 본문을 새로운 방식으로 다시 들을 준비가 되어 있다. 이들에게는 더 이상 포로기 이스라엘의 이야기를 반복해서 들을 필요도 없고, 과거에 경험했던 하나님과의 관계나 하나님에 대한 지식을 떠올릴 필요도 없다. 오히려 그들은 새 언약의 본질, 곧 하나님의 법이 어떻게 그들 마음에 새겨지고 그 언약이 어떻게 그들에게 용서를 가져다주는지 들을 필요가 있다. 결과적으로 이 인용에서 저자는 예레미야가 원래 말했듯이,^{70인역 예레미야 38:33} 그리고 자신이 8:10에서 인용했듯이 "그날 후에 내가 이스라엘 집과 맺을 언약"이라고 말하지 않고, 하나님께서 "그들과" 맺으시는 언약이라고 말한다. 이는 히브리서의 독자들이 예레미야에게 주어진 약속의 말씀을 기억하고, 그 이후에 이루어진 그리스도의 사역에 대해 이미 배웠음을 전제한다. 그리고 성령은 그 동일한 말씀을 그들에게 새롭게 적용하고 계심을 드러낸다.

　성령은 말씀하신다. "내가 그들과 맺을 언약이 이것이라." 지금 성령은 그들에게 말씀하고 계시기 때문에, 8:8처럼 "이스라엘과 유다"를 직접 언급하지 않고 "그들과"라는 표현을 사용하신 것이다. 이 공동체는 그 구성원이 누구든 간에 이스라엘 집^{8:10}을 대체하는 존재가 아니다. 그 이유는 그리스도가 붙드신 아브라함 자손들이^{2:16} 예언자들이 말해 온 그들의 조상이었기 때문이다.[1:1] 이 공동체는 하나님의 백성에게 주어진 언약의 약속 안에 포함되어 있지만, 성령은 이 약속이 단지 과거의 조상만을 위한 것이 아니라 지금 그들에게 말씀하시는 것임을 명확히 선언하신다.

만일 성령이 지금 그들에게 말씀하고 계신다면, "그날 후로"라는 표현은 예레미야가 소망했던 새 언약의 완전한 도래가 바로 그들 가운데 실현되었음을 시사한다. 그들이 살아가는 시간은 "마지막 날들"이며[1:2], 저자는 그들이 여전히 하나님의 부르심에 응답할 수 있다고 주장한다("아직 오늘이라 일컫는 동안에", 3:13). 새 언약은 그들에게 실제로 적용 가능하도록 주어졌다. 저자가 "주께서 이르시되"라는 표현을 포함하기로 한 선택은 주님의 음성과 성령의 증언 사이의 일치를 드러낸다. 이 말씀들은 본질적으로 같은 내용을 담고 있으며 서로 겹치지만, 말씀하시는 분은 서로 구별되는 두 인격적 행위자이다.

하나님과 백성 사이에 세워지는 언약은 "내 법을 그들의 마음에 둔다"는 것을 포함한다. 예레미야서 본문의 첫 번째 인용은 예언자가 제시한 단어 순서를 따르지만, 이번 인용에서 히브리서 저자는 "마음"과 "생각"의 순서를 바꾼다. 그러나 두 단어가 모두 포함되어 있기 때문에, 순서의 변화가 본문의 의미를 변경한다고 보기는 어렵다. 하나님께서 그 법을 "두신다"gives는 표현은, 언약을 시작하실 뿐 아니라 그것을 유지하는 데 필요한 모든 것을 공급하시는 하나님의 은혜를 보여준다. 그 법이 하나님으로부터 주어진 것이라는 사실은, 비록 저자가 제사법이 일시적임을 강조했을지라도 하나님의 율법 전체가 폐지된 것이 아님을 확증한다. 저자는 제사장직과 희생 제사에 관한 율법이 변경되었다고 일관되게 주장해 왔지만,[7:12] 그것이 완전히 제거되었다고는 말하지 않는다. 실제로 여전히 희생 제사를 드리는 대제사장이 계신다. 한편으로 첫 언약이 요구한 반복적인 희생 제사는 온전함을 가져올 수 없지만,[7:19; 10:1] 하나님은 그것을 가능케 하실 수 있으며 실제로 그렇게 하셨다.[10:14] 그리고 이 온전함은 율법의 가르침을 통해 실현된다. 이제 사람들은 깨끗하게 된 양심을 가지게 되었고, 그것을 통해 하나님을 섬길 자유를 얻게 되었다.[9:14] 그러므로 하나님은 이제 그 거룩한 율법을 그들의 마음에 주실 수 있다. 여기서 "마음들"hearts이라는 복수형 표현은개역개정은 단수형 "마음"—옮긴이 이 언약에 참여하는 개인들 각각에 대한 주목을 요청한다. 하나님은 완고하고 신뢰를 잃기 쉬운 바로 그 심령에 자신의 선한 율법을 새기신다.[3:8, 10, 12, 15; 4:7]

"그들의 생각에 기록하리라." 이 구절에서 히브리 시의 병행법parallelism은 인간 내면의 깊이를 포착하기 위해 "생각"이라는 상이한 표현을 사용한다. 이 단어는 히브리서 저자가 오직 예레미야서 인용에서만 사용하는 독특한 용어다. 신약성경의 다른 문헌들에서는 "마음"과 "생각"이 구별되는 개념으로 사용되기도 하는데, 예를 들어 예수께서 큰 계명에 대해 반복하여 말씀하실 때 이와 같은 구별이 나타난다.[마 22:37; 막 12:30; 눅 10:27] 이런 경우 "생각"은 특히 인간의 사고 기능에 초점을 맞추고 있다. 하나님의 약속은 그들의 사고방식이 율법에 의해 형성될 것이라는 점을 시사한다. 흥미롭게도 여기서 "생각"은 단수 명사이고 "그들의"는 복수 대명사인데, 이는 앞 구절과는 달리 공동체 속 개인 각각이 아니라 공동체 구성원들이 공유하는 집단적 사고방식에 초점을 맞춘 표현이다. 이러한 집단적 사고는 긍정적인 방향으로도 부정적인 방향으로도 작용할 수 있으나, 하나님이 그것을 형성하신다면 분명히 격려와 덕을 세우기 위함일 것이다. 주님은 여기서 다시 한번 매우 능동적인 주체로서, 그분의 율법을 "그들의 생각 속에 새기시는 분"으로 묘사된다. 현대의 독자들은 이를 두고 뇌의 신경 경로를 재설정하는 수고로운 과정을 떠올릴 수 있겠지만, 고대의 독자들은 서기관이 파피루스의 섬세한 결을 따라 글자를 명확히 쓰기 위해 정성을 다해 필사하는 모습을 연상했을 것이다. '생각 위에 기록한다'는 이미지는 하나님께서 인간 내면 가장 깊은 곳에 친밀하게 개입하셔서 자신의 뜻을 새기시는, 깊이 있는 신적 사역을 상징한다. 이는 이 언약의 성취가 단지 외적 명령이 아니라, 인간 내면을 향한 하나님의 은혜롭고 정성스러운 형성 작업임을 다시금 보여준다.

저자는 이어서 자신이 앞서 인용했던 예레미야의 새 언약 예언의 마지막 구절("또 그들의 죄……")로 초점을 전환한다. 죄의 제거는 제의적 희생 제사가 지향하는 목표이지만, 실제로 그것이 이루어질 수는 없었다. 반면에 그리스도의 제사는 저자가 서신의 첫 문장에서 이미 언급했듯이 죄를 정결하게 하는 사역을 완수했고,[1:3] 나아가 죄를 속하였다.[2:17] 예수는 죄가 없으시지만,[4:15] 죄를 없이하기 위해 나타나셨고[9:26] 마침내 죄를 '담당'하셨다.[9:28] 그리스도는 단 한 번의 제사로 이미 죄를 다루셨기 때문에, 결코 다시 죄를 다룰 필요가 없다.[9:28; 10:12] 그럼에도 죄는 이 공동체에게 여전히 위협적인 현실로 남아 있으며,[3:13; 10:26; 12:1, 4] 이들은 이 문제를 극복하기 위해 그리스도의 도우심을 의지할 수 있다.[2:18]

저자는 이어서 예레미야 38장의 인용문에 또 다른 문구인 "그들의 불법"을 덧붙인다. 이 표현은 예레미야서의 다른 본문들에도 반복적으로 등장한다.[예를 들어 렘 2:29; 5:25; 6:13; 16:18; 36:23] 백성은 하나님께서 주신 율법의 선한 지침을 어겼으며, 그것은 죽음에 해당하는 죄악이었다.[히 10:28] 그럼에도 주님은 "내가 다시 기억하지 아니하리라"고 약속하신다. 흥미롭게도 히브리서 10:17에서는 이전의 인용[8:12]에서 사용된 부정과거 가정법을 미래 직설법으로 전환함으로써, 이 비전이 장차 반드시 도래할 실현의 때를 가리키고 있음을 드러낸다. 이제 '그때'가 도래했기에 성령은 하나님께서 그들의 실패와 부족함을 다시는 기억하지 않으실 것이라고 선언한다. 저자는 이 공동체가 여전히 죄와 씨름하고 성숙해 가는 과정에서 분별력을 키우고 있다는 사실을 잘 안다. 그러나 그들이 이 새 언약을 중재하시는 분과 연합되어 있는 한, 그들의 죄는 하나님의 공의 가운데 영원히 잊히고 치유될 것이라는 확신 속에서 안식할 수 있다.

저자는 이 길고 강렬한 단락을 "이것들을 사하셨은즉"이라는 말로 시작되는 진술로 마무리한다. 즉 그리스도께서 흘리신 피로 인해 용서가 주어졌으며,[9:22] 이는 죄와 불법이 사함받았음을 의미한다. 그리스도의 보혈은 백성을 정죄하기 위해 보존되지 않고 흘려보내진 것이다. 이러한 일이 일어난 곳, 곧 그리스도께서 가져오신 새 언약 안에서는 "다시 죄를 위하여 제사드릴 것이 없다." 이 새 언약은 첫 언약 시대에 하나님께서 정하신 희생 제사의 관례를 통해 반복적으로 기억되었던 죄들이 이제는 사해졌음[released]을 뜻한다. 죄는 제거되었기에 이제 기억될 필요가 없으며, 따라서 더는 희생 제사도 요구되지 않는다. 그리스도께서 단 한 번에 영원한 효력을 지닌 제사를 드렸기 때문이다. 만일 그들이 다시 죄에 굴복하게 된다면 더는 희생 제사에 의지할 수 없으며, 그 대신 그리스도께서 중재하시는 새 언약을 통해 베풀어지는 긍휼에 호소해야 한다. 하나님의 죄를 기억하지 않으시는 자비는 항상 열려 있지만 그 자비에 접근하기 위해서는 은혜의 보좌로 나아가야 하며,[4:16] 휘장 안으로 들어가신 분을 따름으로써[6:20] 그 자비를 실제로 받아들여야 한다.

히브리서 저자는 매우 급진적인 주장을 펼친다. 우리 안과 주위에서 분명히 드러나는 죄의 현실에 비추어 보면, 이 주장은 믿기 어려울 정도로 급진적이다. 이러한 급진성은 히브리서 저자를 바울의 동료로 보이게 만든다. 바울 또한 "은혜를 더하게 하려고 죄에 거하겠느냐"[롬 6:1-2]는 오해를 받았기 때문이다. 그러나 이어지는 경고 단락[히 10:26-31]에서 분명히 드러나고 이전의 경고들[특히 3장]에서도 반복적으로 강조되었듯이, 그리스도의 제사로 인한 죄의 완전한 용서는 결코 죄에 빠져도 된다는 면허가 아니다. 그것은 하나님께서 죄로 인해 생긴 고통과 상처를 간과하신다는 의미도 아니다. 오히려 정반대로, 이제 더는 반복적인 제사가 필요하지 않게 되었기 때문에 그에 따라 새롭게 가능해진 삶의 형태, 곧 몸과 마음의 완전한 성화를 향한 부르심에 응답해야 한다는 강력한 윤리적 요구로 이어지고 있다.

동시에 성화의 촉구가 급진적인 용서의 진리를 약화시키거나 상실하게 만들어서는 안 된다. 앞서 나는 '그리스도의 제사장 사역이 가져온 새 언약은 죄의식을 완전히 제거하는가'라는 질문을 제기한 바 있다. 히브리서 저자의 치밀하고도 열정적인 논증은 내가 긍정의 답을 하게 만든다. 새 언약의 도래는 실제로 한 사람의 과거와 미래의 죄가 이미 그리스도에 의해 처리되었음을 의미한다. 즉 사람이 죄를 지었을지라도 용서는 이미 확보되어 있으며, 그로 인해 자유롭게 주어진다. 그러나 이 사실을 결코 가볍게 여겨선 안 된다. 오히려 그것은 하나님께 기도하고 하나님 앞에서 살아가는 방식에 결정적인 영향을 미쳐야 한다. 바로 이 확신이 우리가 하나님의 보좌 앞에 담대히 나아갈 수 있는 근거가 되기 때문이다.[4:16] 나아가 이 진리는 한 사람이 다른 사람을 대하는 태도에도 깊은 변화를 일으켜야 한다. 다른 이들이 알든 모르든 죄를 범했을 때 예수 그리스도를 고백하는 자는, 살아 계신 대제사장이 이미 그 죄에 대해 완결하신 사역에 의지하여 그들을 위해 기도하고 그들과 화해하며 교제할 수 있다. 그리스도가 자신을 제물로 드림으로써 죄를 제거하셨다는 사실은, 그분이 가르치신 기도의 중요한 두 구절을 진정으로 간구하게 만든다. 우리가 우리에게 죄지은 자를 사하여 준 것 같이 우리 죄를 사하여 주옵시고…….

믿음으로 나아감

앞서 저자는 새 언약과 예수 메시아의 제사장직 사이의 관계를 제시하는 데 상당한 에너지를 기울였으므로, 이제 그 연관성 위에서 그의 청중을 향해 여러 가지 격려와 권고의 말을 이어 간다. 19-21절에서 그는 청중이 새 언약의 구성원으로서 가진 것들을 상기시킨다. 즉 그들이 하나님의 임재 안으로 담대히 들어갈 수 있게 된 것과 그들을 위해 위대한 대제사장이 하나님의 임재 안에 계시다는 것이다. 놀랍게도, 그가 이를 기술해 나가는 동안 예수가 길인 동시에 목표임이 분명해진다. 예수께 초점을 맞출 때, 그들은 저자가 22-25절에서 요청하고 있는 세 가지 행동, 곧 나아가고 굳게 잡으며 서로 돌아보는 일을 행할 수 있다.

이 세 가지 지침은, 저자가 다음에 이어지는 경고 본문으로 청중을 이끌 때 그들의 확신과 정반대되는 거울 이미지를 보여준다. 저자는 만일 청중이 그리스도를 고백하는 일을 그만두면서, 나아가고 굳게 잡으며 서로 돌아보는 데 실패할 경우 어떤 일이 벌어질지 묘사한다. 또한 예수가 주신 것 외에는 다른 어떤 구원의 희생 제사도 불가능함을 재진술한다. 하나님의 아들을 거부하는 악한 일이 초래할 결과를 보여주기 위해, 저자는 모세 율법 아래 있었던 실패와 그에 따른 심판의 예들을 인용하고 암시한다.27-28절 그런 다음, 세 가지 강렬한 문구로29절 메시아 안에 있는 하나님의 선물을 업신여기는 자가 실제로 무슨 짓을 저지르고 있는 것인지 기술한다. 그러한 경우 청중에게 더 큰 형벌이 필요하다는 데 모두 동의할 것이라고 전제하면서, 그는 이스라엘 백성이 돌아선 후에 하나님이 그들은 심판하셨던 신명기 본문을 인용한다. 하나님의 거룩한 임재로부터 피할 길은 없으므로, 그들은 하나님의 아들을 욕되게 하는 일을 마땅히 두려워해야 한다는 것이다.

이전에 그랬던 것처럼 이어지는 단락에서도 저자는 자신의 공동체에게 주어진 경고에 덧붙여 또 다른 위로를 제공한다. 그렇게 하면서 그는 그들이 과거로부터 얻게 된 가장 광범위한 통찰 중 하나를 제시한다.[32-34절] 그들은 개인적으로 고난을 겪었을 뿐만 아니라 고난받는 다른 이들을 도왔으며, 그리스도를 신뢰하면서 그리스도의 덕을 나타냈었다. 그들의 이러한 모범적인 과거를 바탕으로, 그는 마지막 한 가지 경고를 더한다. 즉 그들은 계속 나아가야 한다는 것이다. 예언자들이 하나님의 임박한 공의를 선포했듯이[37-38절] 그는 그들에게 그리스도가 가장 합당한 시기에 재림하실 것임을 확신시키고, 믿음 안에서 그분을 기다리지 않을 때의 결과를 다시 한번 상기시킨다. 그러나 그는 그들이 믿음을 가진 자들임을 확신하므로, 그들에게 과거 역사로부터 가져온 더 많은 믿음의 선례들을 제시한다. 이로써 그는 히브리서 11장에 보존된 그 유명한 '신실한 자들의 목록'을 기록하게 된다.

10:19 – 25 약속하신 이는 신실하시다

19그러므로 형제들아, 우리가 예수의 피를 힘입어 성소에 들어갈 담력을 얻었나니 20그 길은 우리를 위하여 휘장 가운데로 열어 놓으신 새로운 살길이요 휘장은 곧 그의 육체니라. 21또 하나님의 집 다스리는 큰 제사장이 계시매 22우리가 마음에 뿌림을 받아 악한 양심으로부터 벗어나고 몸은 맑은 물로 씻음을 받았으니 참마음과 온전한 믿음으로 하나님께 나아가자. 23또 약속하신 이는 미쁘시니 우리가 믿는 도리의 소망을 움직이지 말며 굳게 잡고 24서로 돌아보아 사랑과 선행을 격려하며 25모이기를 폐하는 어떤 사람들의 습관과 같이 하지 말고 오직 권하여 그날이 가까움을 볼수록 더욱 그리하자.

제사장으로서 예수의 사역이 그들을 온전하게 하고[10:14] 거룩하게 했으며,[10:10] 그들의 죄를 제거했으므로[8:12] 그들은 하나님의 임재 안으로 들어갈 수 있다. 그래서 저자는 그들을 그곳으로 초대한다. "그러므로 형제들아……." 그는 그들에게 하나님의 자녀로서 가족이라는 정체성을 떠올리게 한다. 이 주제는 예레미야서 인용문[8:11]에서 '형제'라는 용어와 함께 나타났지만, 3:14 이후로는 저자 자신의 목소리에서는 나오지 않았던 것이다. 이제 설교가 제사장직 논증 전체를 통과해 왔고, 하나님의 계획, 곧 하나님이 인간 제사장이 되어 희생 제사를 드리심으로써 인류가 하나님의 가족 안에 있게 하신 일의 영향력을 살펴보았으므로 저자의 가족 정체성에 대한 재천명은 더 분명하고 강력해진다. 가족 정체성에 더하여 이 구절은 청중에게 제사장적 특권을 부여한다. 즉 그들은 "성소(들)에 들어갈 담력"을 가지고 있다.[1] 중성 복수형이 9:24처럼 하나님이 계신 공간을 가리키기 위해 다시 사용된다. 그렇다면 그들이 이 영역으로 들어갈 수 있는 능력은, 성소의 바깥 구역에만 들어갈 수 있는 제사장들보다 더 큰 접근 권한을 의미한다. 그리고 그 능력은 "땅 위의" 가장 거룩한 공간에 접근할 수 있었던 이전의 대제사장들보다도 훨씬 더 큰 접근 권한을 그들에게 허용한 것이다. 그들에게는 하나님이 거하시는 하늘의 가장 거룩한 공간으로 들어가는 것이 허락된다. 더욱이 그들은 두려움이 아니라 "담대함"으로 들어가게 되는데, 이 담대함은 저자가 여기서 그리고 4:14에서 그들에게 품으라고 격려하는 덕목이다. 이것은 3:6과 10:35에서 그들에게 굳게 잡으라고 도전하는 덕목이기도 하다. 분명히 그들은 자신의 의로움이 아니라 예수께서 그들을 위해 확보하신 것에 근거한 확신을 가지고 들어간다.

그 길이 "그에 의해" 열렸다는 것은 마지막 구절 "예수의 피를 힘입어"로 분명해진다. 저자는 그분의 피를 9:14에서 마지막으로 언급했는데, 거기서는 그것을 그들의 양심을 죽은 행실에서 깨끗하게 하여 살아 계신 하나님을 섬기게 하는 "메시아"의 피라고 말했다. 이제 이 구절은 예수의 인성을 강조한다. 그들이 하나님을 섬길 수 있는 공간으로 들어가는 것을 가능하게 하는 것은 바로 이 피다. 다른 제사장들과 마찬가지로 그들은 다른 존재의 피 때문에 성소에 들어갈 수 있다. 그런데 그들에게 그 피는 이제 도살된 짐승의 피가 아니라 죄 없는 하나님 아들의 효력 있는 피다.

성찬 기도에 나오는 삼중의 전치사구 "그리스도에 의해, 그리스도와 함께, 그리스도 안에서"는 19절 마지막 부분의 전치사 '엔'ἐν이 담고 있는 풍성한 의미를 제대로 포착할 수 있는 표현일 것이다. 그 기도는 이렇게 말한다. "그리스도를 통하여, 그리스도와 함께, 그리스도 안에서 성령으로 하나되어, 전능하신 천주 성부, 모든 영예와 영광을 영원히 받으소서. 아멘." 그분은 성소의 휘장 뒤로 들어가셨고, 자신의 피를 흘려 하나님 앞에 보이셨다. 신자들은 그분께 참여하는 자들이다.3:1, 14 이러한 이유에서 하나님의 자녀들이 거룩한 영역으로 담대히 나아갈 수 있게 하는 것은 바로 예수의 피라고 말할 수 있다. 이 들어감 혹은 나아감은 그리스도의 사역으로 가능해졌다. 그것은 그들이 그리스도의 중보와 함께 그리스도 안에 있기 때문에 가능하다.

20절을 시작하는 관계대명사 "그"의 선행사는 '들어감'εἴσοδος이다. 이 들어감은 "휘장을 통해" 이루어진다. 휘장이라는 말은 저자가 9:1-5에서 그들의 상상을 돕는 도식으로서 구성한 성막의 심상을 불러일으킨다. 여기서 그가 오직 하나의 휘장만을 언급했고 그 다른 편에는 지성소가 있으므로,9:3 이곳은 바로 청중 자신이 들어갈 수 있다고 상정되는 장소다. 이곳은 땅에 있는 거룩한 공간이 아니라, 6장이 확언하듯이 예수가 이미 들어가신6:19-20 하나님의 영역 안에 있는 지성소다. 휘장을 통과하여 간다는 것은 지성소로 들어가는 것과 같은 의미다.

다음 구절에서 이 들어감의 두 가지 특징을 묘사한다. 그것은 새롭고 또한 인격적이다. 첫째, 그는 그것의 새로움을 강조한다. 저자는 그 들어감을 "새로운 길"로 표현하는데, 여기서 '새로운'πρόσφατος이라는 단어는 민수기 6:3에서 '신선한 음식'을, 신명기 32:17과 70인역 시편 80:10, 전도서 1:9, 집회서 9:10에서는 '최근의 사건들'을 말할 때 사용된 것과 동일하다. 그럼에도 예수 사건은 그들에게 그렇게 먼 과거가 아닌 비교적 최근의 일이다. 그분이 열어 놓으신 길은 오랫동안 거기에 있었던 것이 아니라 '새로운' 길이다. 지금은 예수의 지상 생애로부터 2천 년이 흘렀지만, 그분이 열어 놓으신 길은 여전히 낡지 않았다. 왜냐하면 그 길이 예수를 고백하는 자들이 살아가고 있는 새로운 시대를 시작했기 때문이다. 더욱이 저자는 그리스도의 행위를 언급하면서 그것이 시간적으로 가깝다는 점을 그분이 이 새로운 길을 "열어 놓으셨다"inaugurated, 개시고 말함으로써 강조하고 있다. 이 '개시'라는 용어가 어떤 새로운 것과 짝을 이루어 사용될 때, 그것은 사물을 창조 목적에 따라 봉헌하거나 성별한다는 뜻으로 쓰인다. 첫 언약이 피로 개시되었듯이inaugurated, 9:18 하나님께로 가는 길 또한 예수의 피로 개시되었다.

19절에서 피를 언급한 후, 저자는 예수의 몸이라는 주제로 전환한다. 그러면서 그는 그 길의 두 번째 특징, 곧 인격적인 성격을 강조하며 이 길을 "살아 있는 것"으로 묘사한다. 즉 그 길은 사물이 아니라 하나의 인격이다. 길이 살아 있다는 것은, 그 길이 저자가 자주 살아 계신 분으로 묘사하는 하나님3:12; 9:14; 10:31; 12:22과 단단하게 연결되어 있기 때문이다. 더욱이 멜기세덱 반차의 제사장직에서 멜기세덱 자신과 그 제사장직을 성취하신 분이 모두 살아 있다.7:3, 8, 16, 25 그러므로 이 길이 살아 있다는 것은 독자들로 하여금 그 길이 단지 '하나님께로 가는 길'일 뿐 아니라 '하나님 자신이 길'이심을 보게 한다. 이 길은 성육신하신 하나님으로서 죽음을 패배시키고 이제 영원히 살아 계신 제사장이 된 분에 의해 열리게 되었다. 저자는 또한 그것이 "휘장 가운데로 열어 놓으신 길이요 휘장은 곧 그의 육체"라고 말함으로써 이 길의 인격적인 성격을 보여준다. 19절에서 그분의 피를 언급함으로써 독자들은 그분이 죽임당하셨으나 지금은 살아 계심을 상기하게 되는데, 이는 예수의 죽음과 부활에 대한 명백한 암시다. 이 암시는 저자가 그 길로 들어가는 입구를 예수의 육체와 동일시한다는 점을 밝혀 준다. 그들이 통과하는 길은 한 인격, 구체적으로 그분의 육체다. 즉 만일 그들이 하나님께 나아가려 한다면, 그들은 예수의 육체라는 길을 통과해야 할 것이다. 그러므로 그들은 그분과 마찬가지로 부활을 경험할 필요가 있다. 그것은 이 길을 열어 놓음이 "우리를 위한" 것이었다는 저자의 주장과 공명한다. 아들은 영원히 하나님과 함께 계셨지만 인간이 되고 죽음을 물리치심으로써 그분의 인간 형제자매들도 영원히 하나님과 함께 거할 수 있도록 하셨다. 이제 그분은 이전에는 불가능했던 것, 곧 영원히 몸을 입고 사는 삶을 가능하게 하셨다. 그분이 살아 계시기 때문에 그분을 따라 영원히 몸으로 사는 삶으로 들어가는 이 길은 항상 이용 가능하며, 항상 살아 있는 선택지가 된다.

저자는 하나님께 나아가는 청중의 경로에 초점을 맞춘다. 즉 그들이 그 길로 어떻게 들어가야 하는지(담대함으로)와, 들어가는 입구가 되는 분(예수 자신)에게 초점을 맞추었다. 그런 다음 그는 길로서가 아니라 목표로서의 예수에게 초점을 맞춘다. 그들이 하나님의 영역을 향해 나아가고 있을 때, 그들에게는 이미 거기에 도착해 계신 "큰 제사장"이 있다. 그가 예수에게 여러 차례 적용하는 형용사인 '큰'great, 4:14; 13:20은 여기서 비교급 형태(더 큰)일 필요가 없는데, 이는 저자가 이미 여러 차례 아들이 다른 제사장들보다 우월함을 보여주었기 때문이다. 만일 하나님이 가장 크신 분이라면,6:13 그분의 제사장들도 마찬가지다. 누구도 그보다 더 클 수 없다. 그렇다면 예수를 제사장으로 언급하는 이 마지막 구절에서 저자가 즐겨 쓰던 "대제사장"2:17; 3:1; 4:14 - 15; 5:5, 10; 6:20; 7:26 - 28; 8:1, 3; 9:11 대신 단순히 "제사장"이라는 표현을 사용한 점은 주목할 만하다. 물론 대제사장도 제사장이므로 이 칭호가 나머지 내용과 불일치하는 것은 아니다. 그러나 저자가 여기서 '제사장'이라는 단어만 사용한 것은 70인역 시편 109:4의 인용[5:6에서 처음 인용됨]을 다시 상기시키려는 의도일 수 있다. 이는 저자가 예수의 소명에 대한 이해를 성경에 깊이 의존하고 있음을 보여준다. 그들은 그분을 "모시고" 있기에, 그분이 베푸시는 모든 복을 누릴 수 있다.

그들의 제사장이 "하나님의 집" 위에 계시다는 것은, 그분이 휘장 뒤 성소 안에서 하나님과 함께 계시며, 그분이 만물에 대해 주권[1:2, 13]을 가지신다고 주장하는 것이다. 하나님은 만물을 지으신 분이기 때문이다.[3:4] 이 진술은 3장 시작 부분의 문단과 연결되는데, 거기서 저자는 하나님의 집에서 종으로 섬긴 모세와 하나님의 집을 맡은 아들 예수를 비교했다. 저자가 자신과 그의 청중을 하나님의 집과 동일시했으므로, 예수가 이 하나님의 집 위에 계시다는 것은 그분이 그들과 멀리 떨어져 계신 것이 아니라, 하나님과 함께 계시면서도 그들을 직접 다스리신다는 것을 나타낸다. 예레미야서 인용문은 '집'이라는 단어를 세 번 반복한다.[8:8 (2회), 10절] 이 반복은 이 구절이 청중을 이스라엘의 집과 연관 짓고 있음을 시사한다. 주그들의 민족적 정체성에 대해 주석가들은 서로 다른 견해를 제시하지만, 히브리서 저자에게 중요한 것은 그들의 출신 배경이 아니다. 그는 그들이 이제 하나님의 가족, 곧 하나님께서 언약을 반복적으로 새롭게 맺으시는 공동체 안에 속해 있다고 본다.

저자는 여정 모티브를 이어 가면서 4:16("담대히 나아갈 것이니라")에서처럼 청중을 앞으로 나아가도록 초청한다. 이 초대는 그가 7:25("하나님께 나아가는 자들")에서 묘사했던 것과 밀접하게 관련된다. 이 길을 여신 대제사장이 그들과 함께 계시므로, 그들은 앞으로 나아갈 수 있다. 그렇게 함으로써 청중은 그들 자신을 그분이 궁극적으로 온전히 구원하실 수 있는[7:25a] 자리에 두는데, 이는 그들이 그분의 간구[7:25b] 대상이기 때문이다. 이러한 신실한 나아감은 그들이 하나님을 기쁘시게 하고[11:6] 시온산에 오를[12:22] 자격을 갖게 할 것이다.

그렇다면 저자가 그들의 나아감에 대해 특별한 기준을 가지고 있다는 것은 놀라운 일이 아니다. 그들은 "참마음"으로 나아와야 한다는 것이다. 한 집단의 사람들에 대해 "마음"이라는 단수형을 사용한 것은 그들의 상호 연결성을 강조하며, 이는 그가 이제 곧 10:25에서 권고할 내용을 예고하는 것이다. 완고하고[3:8, 15; 4:7] 미혹되었던[3:10] 광야 세대의 마음과 구별되게, 그들은 이제 새 언약으로 인해 하나님이 선한 율법을 그들의 마음에 두실[8:10; 10:16] 수 있게 되었으므로, 그가 경고했던 믿지 않는 악한 마음[3:12]을 거부할 수 있다. 그들은 두 마음을 품지 않고 참마음으로, 그리고 "온전한 믿음" 안에서 나아갈 수 있다. 이것은 저자가 3장의 경고를 이용하여 그 반대의 경우를 보여주고 있음을 나타낸다. 광야 유랑 세대처럼 믿음 없는 자들이 되는 대신,[3:12, 19] 그들은 충만한 믿음을 가질 수 있다. 이 믿음을 갖는 것은 신실하신 분을 신뢰하는 것, 곧 성자 하나님이 성부 하나님의 신실하심을 영광스럽게 계시하는 분임을[2:17; 3:2; 10:23; 11:11] 신뢰하는 것이다. 히브리서 저자에게 하나님의 신실하심에 대한 신뢰는, 여호수아와 갈렙[4:2] 그리고 아브라함[6:12]에게서 볼 수 있는 것처럼 하나님을 향해 행동으로 드러나는 자세다. 그는 이런 식으로 그들이 약속된 종착지로 인도하시는 하나님을 신뢰하며 여정을 함께하고 있는 공동체임을 상기시킨다.[4:3]

앞서 소망의 풍성함을 가지라고 권면했던 것처럼,[6:11] 이번에는 믿음의 온전함^{fullness}을 지니라고 격려한다. 이는 저자가 다음 장에서 믿음에 대해 보다 폭넓게 논의하려는 기초를 마련하고 있음을 보여준다. 그는 '가져오다'라는 뜻의 동사 '페로'^{φέρω}와 어원을 공유하는 '플레로포리아'$^{πληροφορία, 확신}$를 사용함으로써, 독자들이 믿음을 붙잡는 행위를 자신

을 드리신 예수의 희생 제사와 연결한다.[5:3; 9:14, 25, 28; 10:12]

만일 저자가 이 대목에서 권면을 마쳤다면, 첫 수신자들에게 믿음이 부족하여 하나님을 등지는 위험을 경고했던 점을 고려할 때 독자들은 과연 자신들이 끝까지 믿음을 지킬 수 있을지 염려했을 것이다. 그래서 그는 그들이 신실한 마음으로 하나님 앞에 나아갈 수 있다는 확신을 덧붙인다. 그 이유는 그들의 마음이 피 뿌림을 받아 악한 양심에서 벗어났기 때문이다. 앞서 경계하라고 촉구했던 바로 그 위험, 곧 악한 마음[3:12]이 이 '뿌림'을 통해 해결된 것이다. 죄와의 싸움[12:4]은 이러한 마음에서 시작된다. 3장에서 저자는 공동체 내에 이 문제를 가질 수 있는 개인들에게 경고했기 때문에, 여기서는 복수 명사 "마음들"을 사용하여 각자의 마음이 '뿌림'을 받았음을 확신시킨다. 그리고 하나님의 방법이 일관적임을 강조하는 차원에서, 이스라엘 백성이 첫 언약의 시작[9:19, 21] 때 정결 규례[9:13]대로 '뿌림'을 받았음을 지적한다. 그러나 이제 그 '뿌림'은 외적인 의식이 아니라 인간 내면에서 일어나는 정결 행위다. 짐승의 피로는 불가능했던 것[9:9; 10:2]이 이제는 그리스도와 함께 가능해졌다. 저자는 9:14에서 고대했던 바("하물며 그리스도의 피가 너희 양심을 깨끗하게 하지 못하겠느냐")가 이제 이미 이루어졌다고 말한다. 그들의 마음은 이미 뿌려졌으며(완료 시제), 그 결과 악한 양심은 제거되었다.

그러나 이 변화는 단지 내적 차원에만 국한되지 않는다. 저자는 그들을 "몸은 맑은 물로 씻음을 받은" 자들이라고도 부른다. '씻음 – 몸 – 물 – 정결'이라는 요소들을 연결한 이 표현은 민수기 19장에 기록된 붉은 암송아지 의식을 떠올리게 한다. 첫 언약 아래서 죽음과 접촉한 몸을 정결하게 하는 절차가 있었듯이 그리스도 역시 그러하다. 그분은 자신의 몸을 드림으로써[10:5, 10] 공동체 전체의 몸(단수형 '몸'은 다시 한번 그들의 연합을 강조한다)을 정결하게 만드셨다. 특히 여기서 정결의 매개가 피가 아니라 물이라는 점은 세례를 암시한다(비슷한 사상이

엡 5:26에 나타난다). 맑은 물은 마음과 몸 모두에 적용될 수 있으며, 이는 그리스도인의 세례가 전인全人에 영향을 미친다는 사실을 확인해 준다.갈 3장; 롬 6장 그러한 일이 그들에게 행해졌으므로, 그들이 하나님의 임재 속으로 들어갈 때 이 이상으로 확신의 근거를 달라고 할 수는 없을 것이다. 그들이 영원히 몸으로 하나님과 함께 거하는 길로 나아가고 있으므로, 그들은 심지어 지금도 예배와 기도로 담대히 하나님의 보좌 앞에 나아갈 수 있다.히 4:14 히브리서는 그리스도의 지체로서 미래를 고대하고 있는 이들에게, 현재도 하나님과의 의미 있는 관계를 맺을 수 있다고 말해 준다.

　동시에 그들은 아직 하나님이 계신 하늘의 영역으로 완전히 들어가지 못한 것이 틀림없다. 왜냐하면 저자에게는 한 가지 권고가 더 남아 있기 때문이다. 즉 "굳게 잡으라"는 권고다. 그는 3장에서 두 번 이 특정한 지시를 언급했다.6, 14절 거기서도 그 지시는 하나님의 집과 관련이 있었다. 하나님의 집3:6으로서 그들은 믿음을 굳게 붙잡음으로써 집으로서의 견고함을 드러내야 한다. 유사하게 그들이 그분께 묶여 있는 동안에는 당연히 그리스도의 동역자들이다.3:14 이 설교에서 저자는 반복적으로 '나아감'과 '견고함'을 권면한다. 그는 믿음의 여정이 단순히 앞으로 나아가는 것에 그치지 않고, 이미 한 고백을 굳게 붙드는 일도 포함된다고 말한다. 저자에게 이 둘은 서로 무관한 것이 아니라 필수적이다. 그들은 오직 예수께 단단히 연결되어 있을 때만, 그분을 통과하여 열린 그 길 위에서 앞으로 나아갈 수 있다. 그래서 저자는 그들에게 "그 고백"개역개정은 "믿는 도리"—옮긴이을 굳게 잡으라고 요청한다. 모든 경우에 이 고백은 예수와 관련되므로 그분을 굳게 붙잡는 것이란, 그분이 누구이시며 무엇을 하셨는지에 대한 공동의 신앙고백을 굳게 지키는 것이다. 여기서 그 고백의 내용은 '소망'으로 구성되는데, 이는 저자가 여러 차례 강조해 온 덕목이다.3:6; 6:11; 11:1 고백을 소망과 연결함으로써 그는 이 고백에 그리스도론적 성격을 부여한다. 왜냐하면 그는 소망과 예수의 사역 사이에 매우 긴밀한 관계를 이미 보여주었기 때문이다.[6:18; 7:19] 따라서 이 고백은 오늘날의 그리스도인들에게 여러 세대를 거쳐 전해진 신조들처럼 과거에 대한 선포이자 하나님이 장차 이루실 일에 대한 소망이기도 하다. 과거와 미래 사이의 긴밀한 움직임이 바로 이 "흔들리지 않는" 고백을 개역개정은 "흔들리지 않는"을 "움직이지 말며"로 부사격으로 번역한다—옮긴이 굳게 잡으라고 요청하는 이유다. 그 고백 자체는 하나님이 그리스도 안에서 행하신 확고하고 신뢰할 만한 사역에 기초하기에 견고하다.[2] 이 점에서 하나님이 그리스도 안에서 행하신 일에 대한 고백이 변하지 않으므로, 그들은 흔들리지 않고 그것을 굳게 잡을 수 있다는 결론이 나온다. 이는 앞으로 나아가는 움직임이라는 이미지와도 잘 어울린다. 그들은 흔들리지 않고 하나님을 향한 바른 길 위에 머물 수 있다.[12:13] 흔들리지 않는 고백은 곧 굳게 잡으라는 권면과 맞닿아 있으며, 이는 끝까지 견고히 서 있으라는 의미다. 그들은 이미 하나님이 과거에 행하신 일을 보았으므로, 그분이 미래에도 약속을 이루실 것을 신뢰할 수 있다. 그러므로 저자는 "약속하신 이는 미쁘시니"라고 선언한다. 하나님은 아브라함과 사라에게 약속하시고 그것을 지키셨다.[6:12, 13, 15; 11:11, 17] 성부는 아들 예수에게 하신 약속 또한 완전하게 이루셨다.[8:6] 하나님은 저자의 공동체와 새 언약을 맺으시고, 그 언약이 이루어지도록 인도하셨다. 또한 그들에게 안식[4:1]과 영원한 기업,[9:15] 그리고 땅과 하늘을 진동시키실 것[12:26]을 약속하셨다. 그러므로 그들은 이러한 약속이 반드시 성취될 것을 믿을 수 있다. 이스라엘의 옛이야기를 아는 청중은 이스라엘의 하나님이 신실하신 분임을 이미 잘 알고 있다. 그러나 저자는 설교 속에서 하나님의 신실하심을 드러내는 예들을 제시함으로써 그들의 믿음을 더욱 강화한다. 비록 약속을 주시고 신실함을 드러내는 분은 주로 성부 하나님이지만, 신약성경에서 '신실하다'는 표현이 가장 자주 적용되는 분은 성자 예수이다.

그분은 하나님께 신실한 대제사장으로서,[2:17: 3:2] 성부의 약속들이 아들인 그분의 신실함을 통해 이미 성취되었으며 앞으로도 계속 성취될 것이다. 그리고 '약속하신 분'에는 성부와 성자뿐 아니라 그 약속을 전달하신 성령도 포함된다.

그들이 예수를 굳게 붙잡고 그분께 나아가며, 또 그분을 통해 하나님의 임재로 나아갈 때 그들은 서로를 생각할 필요가 있다. 그래서 저자는 "서로 돌아보라"는 세 번째 권고를 덧붙인다. 이것은 놀라운 일이 아닌데, 저자의 이전 권고들도 그들을 개인인 동시에 공동체로 여기고 각각에 초점을 맞추어 왔기 때문이다. 앞에서 예수께로 그들의 생각을 집중하라고 촉구했던 것처럼,[3:1] 이제 그는 가족이자 동료 구성원들에게로 마음을 돌리라고 요청한다. 이러한 관심의 목표는 사랑과 선행을 "격려하는"strengthening 것이다. 히브리서 저자는 신약성경 저자들 중 유일하게 이 표현을 긍정적으로 사용하지만, 그가 선택한 이 말은 가장 빈번하게는 어떤 종류의 '분노'을 나타내는 데 쓰인다.[3] 그것은 공동체 생활이 항상 긍정적이고 편안하지만은 않으며, 종종 곤란한 순간들이 오히려 성장을 가져오는 계기가 됨을 정직하게 떠올리게 한다. 이것은 목회적 민감성을 가지고 공유해야 할 통찰이다. 하나님이 사랑하시기 때문에 징계하시듯이,[12:6] 공동체 구성원들도 필요하다면 사랑의 동기로 곤란한 상황 속으로 기꺼이 들어가야 한다. 만일 그들이 서로에게 정직하고 담대하게 주의를 기울이려는 마음이 있다면, 그러한 관심은 '사랑과 선행의 격려'로 귀결될 것이다. 저자는 그들이 공동체가 어려운 상황에 처했을 때 이미 사랑의 행위를 보여준 적이 있으므로,[6:10] 앞으로도 계속 그렇게 하라고 권면한다. 하나님이 과거에 행하신 일이 그러했듯이 그들의 과거는 미래 행동을 위한 확신의 근거가 될 수 있다. 사랑과 행위 두 가지를 모두 언급함으로써, 저자는 그들이 서로에게 가져야 할 '태도'와 그 태도가 맺어야 할 '결과'를 모두 포괄하고 있다. 그는 행동하지 않는 사랑이라는 여지를 남기지 않는다.

그들이 함께 모이지 않고서는 서로를 위한 어떤 것도 할 수 없으므로, 저자는 그의 마지막 권고형 가정법"서로 돌아보라"—옮긴이에 대한 자연스러운 귀결로서 "모임을 폐하지 말라"고 권면한다. 신약 문서에서 '폐하다'라는 단어는 '잊다'나 '소홀히 하다'보다 더 강한 의미를 지닌다. 그것은 단지 주의가 흐트러져 참석하지 않는 정도가 아니라 능동적으로 버린다는 의미를 지닌다. 예를 들어 이 단어는 십자가 위에서 버림받고 탄식하시는 예수께서 언급하며,마 27:46; 막 15:34 바울을 저버린 자들에 관한 슬픈 이야기에도 나온다.딤후 4:10, 16 이 용어는 떨어져 나가거나 멀어지는 것에 대한 강한 경고를 떠올리게 하는데,히 6:6 또 다른 경고 본문이 가까이 있다는 점을 고려하면 놀랍지 않다. '모임'은 가까움과 친밀함의 의미를 담은 용어이며,마 23:37; 24:31; 막 1:33; 눅 12:1; 살후 2:1 저자는 그들이 모임 안에서 경험하는 친근함을 거부하지 않기를 바란다.

일부 사람들은 이미 모임을 소홀히 해왔기에, 저자는 "어떤 사람들의 습관과 같이"라는 표현을 덧붙인다. 여기서 '습관'이라는 단어는 이러한 모임을 폐하는 것이 한 번의 예외적 사건도, 돌이킬 수 없는 일도 아님을 보여준다. 다만 일부에게는 이것이 반복된 습관이 되었을 뿐이다. 그들이 여러 번 그렇게 행동했더라도, 저자가 5:14에서 촉구했듯이 여전히 습관을 바꿔 돌아올 가능성이 있다. 정기적인 모임에 참여하지 않기로 선택한 사람들은 아마도 저자가 12:12-13에서 언급한 바와 같이 연약하고 피로하여 격려가 필요한 이들일 수 있다. 저자는 나쁜 습관을 가진 자들이 신실한 자들을 끌어들이는 것이 아니라, 올바른 영향력이 발휘되어 모두가 함께 모이게 되기를 바란다. 그러므로 그는 서로를 버리는 행동 대신 "권하라"고 명령한다. 이 말은 문자적으로 말을 주고받을 수 있을 정도로 가까이 있으라는 것이다. 저자는 그들과 몸으로 함께할 수 없을 때조차도 이 설교를 보내 권면하고 있다.13:19, 22 그는 독자들이 정기적으로 함께 모여 서로를 격려하는 일을[3:13] 꾸준히 실천하기를 촉구한다.

그는 그들이 서로를 격려하는 일에 힘쓰기를 원한다. "그날이 가까움을 볼수록 더욱 그리하자." 이 공동체가 직면해 왔고 또 미래에 직면할 수 있는[12:4] 힘겨운 도전들을 고려할 때, 격려는 지극히 중요하다. 또한 그들이 시대를 분별하는 능력에 비추어 볼 때 그 필요성은 더욱 긴급하다. 그들은 마지막 날들[1:2]에 속한 "오늘이라 일컫는 동안"을 살아가고 있으며, 하나님의 음성을 듣고 있다.[3장과 4장] 그리스도가 완전한 구원을 위해 돌아오시고[9:28] 그들의 변화된 몸이 하나님께 가까이 나아갈 수 있는[7:19] 그날은, 바울이 말하는 것처럼 그들이 처음 믿었을 때보다 더 가깝다.[롬 13:11] 이 마지막 날들이 최종적으로 끝날 때까지, 그들은 하나님의 가족에 속한 다른 구성원들과 정기적으로 모이면서 사려 깊은 상호적 관계에 머물러 있어야 한다.

히브리서 10:25은 윤리적 가르침에 명확한 증거 본문이 제시된 몇 안 되는 사례 중 하나다. '그리스도인들은 교회에 출석해야만 하는가'라는 질문에 대해, 우리는 이 구절에 근거하여 확고하게 '그렇다'고 대답할 수 있다. 실제 삶은 복잡하므로 규칙에 예외가 필요할 때도 있겠지만, 여기에 제시된 이상에 따르면 신자들은 서로를 필요로 한다. 그들은 지혜와 상호 이해 안에서 격려와 자극을 주고받을 수 있을 만큼 서로를 충분히 잘 알아야 할 필요가 있다. 한편으로, 단지 교회 출석만으로는 이 권면을 충족시키지 못할 수 있다. 왜냐하면 다른 이들과 함께 하나님에 대해 배우고 하나님을 찬양하는 것은 중요하지만, 만일 그것이 진정한 상호 관계 없이 행해진다면 함께 대화할 다른 신자들이 없어 홀로인 그리스도인은 여전히 죄의 속임수에 노출된 채로 있게 되기 때문이다. 다른 한편으로, 그리스도인 동료가 관계적 필요를 충족시킬 수는 있지만, 만일 그 관계가 지역교회라는 신자들의 몸에 연결되어 있지 않다면 교회라는 외부적 책임성external accountability에 의해 보호를 받지 못한다. 따라서 25절은 교회 출석과 교회의 일원이 됨, 그리고 교회 교제 참여를 가치 있고 필요한 목표로서 권장한다. 하지만 현실적으로 어떤 이들은 이 목표의 실현을 위해 기도하고 추구하는 것 외에는 할 수 있는 일이 없는 상황에 처해 있을 수도 있다.[4]

새 언약 단락 마지막 부분의 절정을 이루는 이 요약 문단에서 저자는 세 가지 권면을 하고 있다. 즉 "나아가자",10:22 "굳게 잡자",10:23 그리고 "서로 돌아보자"10:24이다. 이는 저자의 권면적 설교의 핵심이다. 이 공동체와 확장된 공동체, 곧 그리스도가 재림하기 전의 모든 성도는9:28 '광야에' 있다. 그들은 모두 하나님 나라, 곧 최종 목적지에서 하나님과 함께 거하기 위해 그분께 집중하도록 부름받았다.12:2, 25-26 이러한 목표의 추구는 현재의 어려움이 어떠하든, 그것을 올바른 관점으로 바라보게 만든다. 진정으로 "모든 것이 잘될 것"을 알 때[5] 우리는 어려움을 정직하게 직시하되,12:11 그것에 실제 무게 이상을 부여하지 않는 건강한 종말론을 가질 수 있다.롬 8:18 참조 믿는 자가 하나님의 신실하심을 드러내는 닻인 그리스도 안에 굳게 붙들려 있을 때만 앞으로 나아갈 길이 열린다.6:19 히브리서 전반에 나타나는 '마음'과 '책임'의 주제는 각 사람이 하나님의 말씀을 어떻게 신뢰했는지에 대해 답해야 함을 보여준다. 하나님은 그 신뢰를 북돋우는 데 필요한 모든 자원을 이미 주셨다. 이러한 권면은 하나님께서 그분이 창조하신 인간의 능력을 은혜로 존중하시며, 그가 주체적으로 응답하도록 초대하신다는 사실 위에 세워져 있다. 하나님은 인류가 이 여정을 홀로 가도록 두지 않으셨다. 서로를 돌아보는 일은 개인의 믿음을 방해하는 것이 아니라 믿음의 본질적 요소다. 다른 이들의 지지를 통해 힘을 얻고 자기중심성에서 벗어나 사랑과 선행으로 타인을 섬기는 것은, 삼위 하나님이 사랑을 자신들 안에 가두지 않고 모든 피조물의 유익을 위해 넘치게 하신 방식을 따르는 것이다. 기꺼이 도움을 받고 또한 도움을 주기 위해 시간을 내는 것은 '최선의 길'일 뿐 아니라, 참으로 하나님께 나아가고 그리스도를 굳게 붙드는 '유일한 길'이다.

10:26 – 31 짐짓 죄를 범하는 것

26우리가 진리를 아는 지식을 받은 후 짐짓 죄를 범한즉 다시 속죄하는 제사가 없고 27오직 무서운 마음으로 심판을 기다리는 것과 대적하는 자를 태울 맹렬한 불만 있으리라. 28모세의 법을 폐한 자도 두세 증인으로 말미암아 불쌍히 여김을 받지 못하고 죽었거든 29하물며 하나님의 아들을 짓밟고 자기를 거룩하게 한 언약의 피를 부정한 것으로 여기고 은혜의 성령을 욕되게 하는 자가 당연히 받을 형벌은 얼마나 더 무겁겠느냐. 너희는 생각하라. 30원수 갚는 것이 내게 있으니 내가 갚으리라 하시고 또다시 주께서 그의 백성을 심판하리라 말씀하신 것을 우리가 아노니 31살아 계신 하나님의 손에 빠져들어 가는 것이 무서울진저.

앞에서 저자는 죄의 속임수에 대해 경고하며, 죄와 싸우기 위해 서로 격려할 것을 촉구했다.3:13 여기서도 그는 서로 격려하라는 권고 위에서 그들이 죄의 덫에 빠지지 않도록 주의하라고 촉구한다.

"만일 우리가 짐짓 죄를 범하면." 저자는 그 자신도 이 경고의 대상에 포함시키는 듯하다. 이는 수사적 연대 행위로서, 저자 자신도 경고에서 면제된다고 생각하지 않는다는 것을 표현한다. 1인칭 복수는 이 죄의 가능성을 가능한 한 넓게 제시한다. 이 서신을 읽는 누구든지 "짐짓"willfully 죄짓는 자는 응당한 결과를 거둘 것이다. 짐짓 죄를 짓는다는 것은 억지로 끌려가는 것이 아니라 스스로 죄짓기로 선택하는 것을 말한다.롬 8:20; 고전 9:17; 몬 1:14; 벧전 5:2 이 용어는 히브리 성경에서 자원 제물과 관련해 자주 사용된다.예를 들어, 레 7:16; 23:38; 민 15:3; 29:39; 신 12:6 저자는 죄의 속임수에 대해 경고했지만,[히 3:13] 여기서 언급하는 것은 명확한 인식을 가진 채 죄를 짓는 경우다. 이런 점은 그가 이 짐짓 죄짓는 행위가 "진리를 아는 지식을 받은 후"에 일어날 것이라고 진술하는 부분에서 확인된다. 그는 방금 그들이 참마음으로 하나님의 임재 앞으로 나아갈 수 있다고 말했다.[10:22] 그들의 대제사장이 새 언약을 중재하고 계시므로, 그들은 하나님에 대한 친밀한 지식을 이미 가진 이들이다.[8:11] 그러므로 그들은 자신들이 경험한 선한 지식으로부터 돌아서서 이 의도적인 죄의 길을 선택할 수 있는 경고 대상이 된다. 만일 그들이 이런 식으로 죄를 짓는다면, "다시 속죄하는 제사"란 없다. 속죄를 위한 그리스도의 제사는 단 한 번만 있고[10:12] 완전한 효과를 발휘하므로, 저자가 이전 단락 끝부분에서 진술했듯이[10:18] 또 다른 제사의 가능성은 남아 있지 않다.

더 이상의 희생 제사가 없다면, 남는 것은 "오직 무서운 마음으로 심판을 기다리는 것"뿐이다. 의도적으로 죄를 짓는 자는 다시금 죽음의 공포가 지배하는 영역[2:15]으로, 하나님의 안식에 들어가지 못한다는 불안[4:1]속으로, 그리고 주님의 도우심이 부재한 이들을 사로잡는 두려움[13:6] 속으로 되돌아가게 된다. 하나님의 집 바깥 영역은 악한 세력이 지배하는 공포스러운 곳이다.[2:14] 그리스도가 가져오실 구원을 고대하는 대신[9:28] 짐짓 죄 가운데 살아가는 자들은 심판에 대한 두려움 속에서 살게 되며,[9:27] 모든 것을 아시는 하나님 앞에 서야만 하는 위협적인 미래가 그들을 기다릴 것이다.[4:12-13] 이 심판은 "대적하는 자를 태울 맹렬한 불"을 포함하므로 두려워할 만하다. 하나님의 심판은 히브리 성경에서 불과 자주 연관되며,[신 4:24; 시 78:5; 습 1:18; 3:8; 사 26:11; 겔 23:25; 38:19] 특히 원수들을 향한 것이다.[사 26:11; 64:2; 애 2:4] 이 본문은 민수기 15장과 깊이 공명한다.

민수기 15:24-29은 '부지중에' 죄지은 자를 위한 규례를 제시하는데, 여기서 사용된 헬라어 '아쿠시오스'[ἀκουσίως]는 의도적이지 않음을 뜻한다. 반면에 히브리서 저자는 '짐짓' 혹은 '일부러'의 의미를 지닌 '헤쿠시오스'ἐκουσίως를 사용하여 그 반대의 상황을 묘사한다. 민수기 15:30은 이를 '오만한 손으로 행한 행위'로 표현하며,개역개정은 "고의로"—옮긴이 이러한 행위가 하나님을 진노하게 한다고 말한다.히 10:24에서 사용된 단어 그런 행위를 한 사람은 백성 중에서 끊어지고 공동체로부터 추방되어 제거될 것이며,민 15:30 그 죄도 그 사람과 함께 끊어질 것이다.민 15:31 이런 일의 사례로서 안식일 명령을 고의로 어기려 했던 한 남자는 진영 밖에서 돌에 맞아 죽었으며,민 15:32-36 그 후에 하나님은 백성이 하나님의 명령을 잊지 않도록 옷에 술을 달라고 지시하신다.민 15:37-41 민수기의 다음 장에서는 하나님이 택하신 지도자들에 대한 반역 이야기가 길게 이어지며, 그분의 불이 반역자들을 삼키는 것으로 마무리된다.민 16:35 이야기의 이 대목은 모세 율법 아래에서 불순종의 결과가 얼마나 심각한 것인지 보여준다. 이제 하나님이 율법을 히브리서 공동체의 옷자락이 아니라 그들의 마음과 생각에 새기셨다면, 그들에게는 하나님의 명령을 잊고 죄를 짓겠다는 무모한 계획을 세울 이유가 훨씬 더 적어야 한다.

저자는 히브리 성경의 주제들을 활용하고 있으며, 따라서 그가 28절에서 율법 아래 이루어진 형벌을 명시적으로 진술하는 것은 놀랍지 않다. 그는 "모세의 법을 폐한 자도"라는 구절과 함께 그 사례로 방향을 돌린다. 저자는 이전에 두 차례 사용했던 '폐하다'라는 의미의 '아데테오'ἀθετέω를 다시 사용한다.

첫 번째는 예수의 제사장직이 육체적 계보의 법을 따르지 않는다는 점을 가리킬 때,7:18 두 번째는 죄를 없이하는 예수의 사역을 설명할 때9:26이다. 이러한 용례는 여기 등장하는 이미지가 누군가 율법을 제쳐 두거나 그 요구 사항들을 자신으로부터 제거하는 것임을 보여준다. 그러므로 행함commission 으로써든 행하지 않음omission 으로써든, 이 사람은 하나님이 모세를 통해 전하신 말씀을 불순종한 것이다. 이것을 모세의 율법이라고 부름으로써 저자는 비교의 엄중함을 암시한다. 만일 모세의 율법에 대한 불순종의 결과가 그토록 심각한 것이라면, 모세보다 더 큰 영광을 받기에 합당하신[3:3] 아들 안에서 나타난 약속을 무시하는 자들이 받아야 할 결과는 얼마나 더 심각하겠는가?

모세의 율법을 범한 결과는 실로 엄중하다. 그러한 사람은 "두세 증인으로 말미암아 불쌍히 여김을 받지 못하고 죽었다." 만일 민수기 15장과 16장의 사건들이 배경이라면, 거기에는 불순종에 뒤따른 끔찍한 죽음의 사례가 여럿 기록되어 있다. 여기서 사용된 특정 단어들은 저자가 신명기 17:6을 인용하고 있음을 보여준다. 이 구절은 사형을 집행하려면 반드시 두세 증인이 필요하며, 한 명의 증인만으로는 불충분함을 강조한다(민 35:30도 동일한 원리다). 이 원리는 폭넓게 적용된다. 즉 이러한 중대한 죄에 대해서는 단 한 사람의 증언과 고소만으로 징계하는 것은 타당하지 않으며, 그 죄가 여러 사람에게 명백히 인식될 수 있는 것이어야 한다. 나아가 이 구절은 단 한 번의 실수만으로는 징계 사유로 충분치 않지만, 두세 번의 죄가 목격되어 지속적인 죄의 패턴을 부인하기 어려울 때는 징계가 필요하다는 의미일 수도 있다. 저자는 그의 공동체에게, 만일 첫 언약에서 불순종의 결과가 죽음이라면 우리에게는 그 결과가 '얼마나 더 무겁겠느냐'라고 물으며 함께 생각해 보자고 한다. 다음 구절의 나머지 부분에 나오는 삼중적 묘사는 26절의 죄라는 용어의 의미를 이해하는 발판을 제공하며, 그가 말하는 것이 어떤 유형의 죄인지 드러낸다.

첫째, 저자가 묘사한 죄를 범하는 자는 "하나님의 아들을 짓밟는" 것이다. 이는 그분을 무가치한 존재로 취급하는 행위다.[마 5:13; 눅 8:5] 엔도 슈사쿠의 소설 『침묵』은 이 표현과 관련하여 잊기 어려운 장면을 전한다. 일본의 그리스도인들이 '후미에'(예수나 마리아의 형상)를 밟으라는 요구를 받았던, 아픈 실제 역사를 반영한 것이다. 만약 밟는 대상이 단순한 형상이 아니라 실제 인물이었다면, 그 행위는 극도의 폭력을 수반했을 것이다. 누군가를 짓밟는 것은 그를 죽일 수도 있는 행위다. 이러한 묘사는 6장에서 '타락한 자들'을 가리켜 "하나님의 아들을 다시 십자가에 못 박는" 자들이라고 한 진술과 나란히 놓인다. 저자가 1장에서 이미 "하나님의 아들"이라는 영예로운 칭호를 사용한 점을 고려하면, 이 표현은 그분의 영광과 그 행위에 내포된 극악한 불경함 사이의 극명한 대비를 드러낸다.

둘째, 짐짓 죄짓는 행위는 "자기를 거룩하게 한 언약의 피를 부정한^{common} 것"으로 여기는 것이다. 거룩하게 하는 피를 속된 것으로 취급한다는 것은 그리스도의 피를 깊이 숙고한 뒤에도 그에 대해 진실과 정반대의 결론을 내리는 행위다. 즉 죄를 제거하고^{10:10, 14} 사람을 거룩하게 하는 가장 효과적인 희생 제물의 피를 '하찮은 것'으로 평가하는 것이다. 더욱 비난받아 마땅한 이유는 이 피가 바로 그 사람을 거룩하게 하고 죄를 제거하는 사역을 실제로 행했다는 점이다. 그러므로 이는 단순한 신학적 모욕을 넘어, 그리스도 자신에 대한 인격적 모욕이기도 하다. 이 불경함이 지닌 심각성은 말로 다 표현하기 어려울 정도다.

마지막으로, 이 죄는 "은혜의 성령을 욕되게 하는" 것이다. 모욕은 본질적으로 언어적이며 공개적인 행위다. 이 죄는 새 언약의 복음을 이 공동체에 직접 전하신 성령을 조롱한다. 예수의 죽음을 가능하게 하고,^{2:9} 하나님의 보좌 앞에 나아가게 하신^{4:16} 은혜가 이제 조롱의 대상이 된 것이다. 은혜의 성령을 모욕하는 것은 곧 선을 악으로 갚는 행위다. 요약하면 이 사람의 죄는 아들과 그분이 세우신 언약, 그리고 그것을 전달하신 성령까지 포함하여 가장 중요하고 숭고한 실재들을 조롱한 것이다. 저자는 짐짓 짓는 죄의 본질을 명확히 규정한다. 이러한 삼중적 묘사는 그 죄가 그리스도 안에서 주어진 구원을 거부하고 수치스럽게 여기는 행위임을 드러낸다.

이처럼 무거운 묘사와 함께 저자는 그의 청중이 오직 긍정적으로 대답할 수밖에 없는 방식으로 질문을 던진다. 그가 당연히 받을 형벌은 얼마나 더 무겁겠는가? 저자는 그리스도의 선하심에 대해 종종 비교급과 최상급을 사용해 왔는데, 여기서는 유일하게 부정적인 비교급 용어를 사용하고 있다. 누군가 모세보다도 더 큰 영광을 받기에 합당하신[3:3] 분을 모독한다면, 그는 모세가 전한 율법을 짐짓 어겼던 사람보다 더 큰 보응을 받아 마땅하다.

앞뒤 문맥을 고려할 때, 이러한 죄는 공동체로부터의 이탈과 깊이 연관된다고 보는 것이 가장 타당하다. 물론 이 죄는 내면의 태도를 포함하지만, 오늘날 더욱 강화된 개인주의적 문화에서 흔히 생각하듯이 단순히 마음가짐이나 믿음 상실의 문제에 그치지 않는다. 오히려 그것은 구체적인 행동으로 드러난다. 그리스도를 고백하는 자들의 공동체에서 떠나는 것은 곧 그리스도로부터 떠나는 것이다. 이 행위가 심각한 이유는 자신만의 힘으로는 죄와 싸울 수 없으며, 아들이 다스리시는 하나님의 집 밖에는 구원의 길이 없기 때문이다. 결국 이러한 죄는 하나님의 가족이 주는 안전함을 버리고, 원수의 진영으로 들어가기를 선택하는 행위다.

이와 같은 방식으로 죄를 짓는 것은 죄의 문제를 해결해 주는 희생 제사에 더 이상 접근할 수 없게 만든다. 즉 선에 이를 수 있는 방편이 사라지는 것이다. 그러나 죄인이 두려움 속에 살아가고 있을지라도, 이는 아직 최종 심판이 내려진 상태가 아니다. 6장에서 경고했듯이 죄의 최종 결과는 이미 실현된 것이 아니라 여전히 예상 단계에 있다. 심판이 임박했지만 아직 집행된 것은 아니다. 그는 더 무거운 형벌을 받아 마땅하지만, 저자는 그것이 아직 실행되지 않았음을 분명히 한다. 하나님의 맹렬하심이 "곧" 대적자를 삼키실 것이지만,[27절] 그 시점은 아직 오지 않았다.

저자는 더 무거운 형벌에 관한 자신의 질문에 답하며, 성경을 인용해 하나님이 직접 말씀하시도록 한다. 그는 이러한 행위가 극심한 형벌을 받아 마땅하다는 사실과, 하나님께서 자신이 부당한 대우를 받으신 일에 대해 친히 말씀하셨다는 점을 청중이 분명히 인식해야 한다고 강조한다. 저자는 자신과 청중이 "말씀하신 것"[30절]을 이미 알고 있다고 전제하며, 신약성경 저자들이 자주 인용하거나 암시한 신명기 32장을 인용한다(바울도 롬 12:19에서 인용한다). 히브리서 저자 역시 1:6에서 이 본문을 사용한 바 있으므로, 청중이 이 본문을 알고 있다는 판단은 타당하다. 그는 그들의 고백과 경험에 비추어 이 말씀을 주신 하나님을 그들이 잘 알고 있다고 확신한다.

저자는 먼저 신명기 32:35을 인용한다. "원수 갚는 것이 내게 있으니 내가 갚으리라." 그는 헬라어 사본들에 나오는 '복수의 날'이라는 표현은 옮기지 않고, 바울이 로마서 12:19에서 그랬듯이 복수가 하나님께 속한다는 점을 강조하기 위해 보다 강한 1인칭 대명사를 사용한다. 하나님과 하나님의 아들, 언약, 그리고 은혜의 성령을 모독하는 자는 신명기 32:4이 증언하듯이 모든 정의를 소유하신 완전히 공의로우신 분께 심판을 받게 된다. "원수 갚는 것"은 하나님의 심판을 가리키며, 이는 선을 행한 자들에게는 선으로,[눅 18:7-8] 하나님의 길을 거역한 자들에게는 형벌로 나타난다.[살후 1:8] 이 경우 잘못이 있었으므로, 하나님은 합당하고 의로운 방식으로 응답하신다. '갚으심'이라는 표현은 받은 것을 되돌려준다는 의미를 담고 있다. 그러나 그리스도 안에서 그토록 많은 선한 것을 받았음에도, 하나님께 되돌려드린 것이 불경과 수치라면 이는 매우 부적절한 일이다.[32:6 참조] 신명기에서 죄인들은 적극적으로 다른 신들을 따르지만,[신 32:17] 하나님은 심판 가운데서도 백성을 향한 능력과 돌봄을 멈추지 않으신다. 이로써 그분은 그들의 참된 필요를 드러내고 그들이 의지하던 신들이 거짓임을 깨닫게 하신다.[신 32:38] 모세는 백성이 약속의 땅에 들어가기 전에 불순종의 결과를 알 수 있도록 이 말씀을 선포했다.[신 32:46-47] 마찬가지로 히브리서 저자는 그의 독자들이 그리스도 안에서 성취된 약속을 업신여기고 죄를 지을 때 훨씬 더 큰 형벌이 그들을 기다리고 있다고 경고한다.

그런 다음 저자는 신명기의 다음 구절인 "주께서 그의 백성을 심판하리라"를 덧붙인다.[32:36] 그는 신명기 32:35의 다른 구절들, 곧 멸망의 날이 가깝다는 언급을 인용하지는 않지만, 이 생각은 10:25에 나오는 저자의 표현 '그날이 가깝다'라는 말과 공명한다. 하나님의 백성에 합류한 자들이 잘못을 행할 때, 그것은 하나님의 심판에 자신들을 노출시키는 것이다. 다른 말로 하면, 심판은 그들이 선한 일에 참여했다고 해서 면제되는 것이 아니다(이는 저자가 12:5-11에서 발전시킬 '신적인 아버지의 징계'라는 주제를 예고한다). 비록 직접 인용하지는 않았지만, 이 두 진술은 신명기 32장의 '심판의 날' 단락을 암시함으로써 미래적 성격과 함께 강화된 경고의 의미를 드러낸다. 이스라엘의 경우와 마찬가지로 하나님은 형벌이 가장 의롭고 사려 깊은 선택이 될 때까지 충분히 오래 참으셨다. 그리스도로부터 돌아선 자에게 임할 형벌은 더 크겠지만, 이 문단에 근거하면 즉각적이지는 않을 수도 있다. 계시를 통해 드러난 하나님의 성품을 고려할 때, 그분이 죄인이 돌아올 수 있도록 시간을 허락하시는 것은 결코 놀라운 일이 아니다.

그다음으로 히브리서 저자의 특징적인 진술이 이어진다. "살아 계신 하나님의 손에 빠져들어 가는 것이 무서울진저." 모세의 율법을 어긴 자들이 두려움 속에 살았다면,[10:27] 하나님의 아들을 거역한 자들이 직면할 사태는 결코 그보다 가볍지 않을 것이다. 여기서 '빠져들어 간다'는 표현은 흥미로운 이미지를 형성한다. 6장에서 그러했듯이 저자는 이러한 심각한 죄를 '타락'falling과 연결한다.[6:6] 이 부분은 광야에서 주어진 경고를 떠올리게 한다. 그들의 시체가 광야에 엎드러졌고,[3:17] 이는 불순종이 필연적으로 죽음으로 이어짐을 보여주는 사례였다.[4:11] 그러나 10장에서는 '빠져들어 감'에 관한 모든 경고가 하나님으로부터 멀어지는 것이 아니라, 오히려 하나님의 손안으로 떨어지는 데서 절정에 이른다. 시편 저자의 말이 이를 잘 표현한다. "내가……주의 앞에서 어디로 피하리이까."[시 139:7-12] 하나님께 불순종하고 그분에게서 돌아서더라도, 결국 인간은 하나님의 손바닥 안에 있다. 창조 세계를 지으신 손,[1:10] 이스라엘을 노예살이에서 이끌어 내신 손[8:9]이 바로 공의를 행하시는 손이다. 그러나 이 말은 위로를 주려는 것이 아니라, 청중에게 하나님에 대한 경건한 두려움을 심어 주기 위함이다. 살아 계신 하나님이 죽음을 넘어 약속을 성취하실 수 있듯이, 죽음을 넘어 형벌을 내리실 수 있다. 모세의 율법을 거역한 결과가 죽음이었다면, 그들이 거부한 아들은 영원히 계시는 분이므로 사후의 형벌 역시 충분히 가능할 것이다. 그 극심한 형벌이 무엇인지는 하나님께 달려 있다.

또한 이 부분은 저자가, 이 경고가 지닌 '대안 우주적' 성격, 곧 청중에게 직접 적용되는 것은 아니지만 다른 선택이 초래할 결과를 보여주는 경고임을 드러내는 대목이다. 그와 그의 청중은 그리스도를 고백하는 자들로서 담대히 하나님께 나아갈 수 있으므로, 살아 계신 하나님의 손에 빠져드는 것은 두려움의 대상이 아니라 오히려 소망하는 목표다. 따라서 이 단락은 그들에게 해당하지 않는 상황의 묘사다. 저자는 정반대의 경우를 가정하고 그것을 논리적으로 결론까지 밀어붙임으로써, 선명한 대조를 통해 그들의 확신을 북돋운다. 그들이 죄책감과 죽음으로 특징지어지는 삶이 어떤 것인지, 그 두려움과 절망 가운데 살아간다는 것이 무엇인지 안다면, 그리스도 안에서 누려 온 선물을 버리고 다시 이전의 삶으로 돌아가려 하지 않을 것이다. 이 경고는 그들이 이미 참되다고 확신하는 것을 다시금 상기시키는 역할을 한다.

아마도 이 구절을 신중히 고려하는 것은 두 가지 효과가 있을 것이다. 첫째, 염려하는 자들에게 위로를 제공한다. 여기서 묘사된 죄는 한 번 범하는 죄나 더 나아가 고의적인 죄가 아니며, 믿음에 대한 의심도 아니다. 이 죄를 여러 구절에 걸쳐 정의한 내용을 살펴보면, 그것은 그리스도인 공동체를 떠나거나, 떠난 이후에 그들의 주님을 조롱하기로 의도적으로 thoughtful 선택한 죄라는 점이 드러난다. 이 해석은 배교를 택하지 않고 죄와 씨름하면서도, 공동체 안에 머물고자 애쓰는 이들에게 위로를 준다. 동시에 이러한 해석은 공개적으로 신앙을 포기하는 이들이 늘어 가는 시대에는 정신을 번쩍 들게 하는 강력하고도 생생한 경고가 된다. 떠나간 자들이 반드시 하나님의 아들과 언약, 그리고 성령 자체를 거부하는 것은 아닐 것이다. 어쩌면 그들은 단지 거짓되고 억압적인 기독교의 어떤 왜곡된 형태를 거부하는 것일지도 모른다. 그런 경우라면 그들의 분별은 격려받아야 하며, 그들이 과거의 경험 속에서 알곡과 쭉정이를 가려내는 동안 인내심을 가지고 지켜보아야 한다. 그러나 '십자가에 못 박히신 구원자'라는 역설에서 떠나가려 하거나 보복의 수단으로 기독교 비방 운동을 벌이려는 이들이 있다면, 이 본문이 담고 있는 파토스에 신중히 귀 기울여야 한다. 심판은 자비를 후히 베푸시는 하나님께 달려 있지만 죽음 너머의 형벌은 예상을 뛰어넘을 것이며, 그들이 거부한 선물의 위대함에 비추어 그 형벌이 전적으로 의로운 것임이 드러날 것이다.

10:32-39 담대함을 지키라

32전날에 너희가 빛을 받은 후에 고난의 큰 싸움을 견디어 낸 것을 생각하라. **33**혹은 비방과 환난으로써 사람에게 구경거리가 되고 혹은 이런 형편에 있는 자들과 사귀는 자가 되었으니 **34**너희가 갇힌 자를 동정하고 너희 소유를 빼앗기는 것도 기쁘게 당한 것은 더 낫고 영구한 소유가 있는 줄 앎이라. **35**그러므로 너희 담대함을 버리지 말라. 이것이 큰 상을 얻게 하느니라. **36**너희에게 인내가 필요함은 너희가 하나님의 뜻을 행한 후에 약속하신 것을 받기 위함이라. **37**잠시 잠깐 후면 오실 이가 오시리니 지체하지 아니하시리라. **38**나의 의인은 믿음으로 말미암아 살리라. 또한 뒤로 물러가면 내 마음이

그를 기뻐하지 아니하리라 하셨느니라. 39우리는 뒤로 물러가 멸망할 자가 아니요 오직 영혼을 구원함에 이르는 믿음을 가진 자니라.

저자는 경고에서 격려로 전환하며 그들의 과거를 회상한다. 이는 그다음 '믿음 장'에서도 반복되는 방식으로, 미래에 대한 신뢰를 세우기 위해 과거를 돌아보는 것이다. "전날에 너희가……[한] 것을 생각하라." 믿음을 고백한 지 어느 정도 시간이 흘렀으므로,[5:12] 그는 예수를 따르기 시작했던 첫날들을 상기시킨다. 청중이 개인이 아닌 공동체이기에 이 말은 그들의 신앙고백이 거의 같은 시기에 이루어졌음을 시사한다. "전날에 너희가 빛을 받은"이라는 표현에서 알 수 있듯이 그는 회심 이후의 시기를 말하고 있다. '빛을 받음'은 6장의 경고에서도 사용된 용어로,[6:4] 하나님의 광채이신 예수 그리스도[1:3]에 대한 고백을 가리키는 저자의 방식이다. 빛을 받은 후 그들은 "견뎌" 냈다. 이는 '인내'와 관련된 여섯 번의 용례중 첫 사례이며,[10:32, 36; 12:1-3, 7] 이후 12장에서 중요한 주제가 된다.

저자가 인내를 촉구하기에 앞서 그들이 과거에 이미 이 덕을 보여주었음을 상기시키는 것은 매우 의미 있는 일이다. 그들이 견뎌 냈다는 것은 그들이 전에도 강인했음을 보여준다. 그는 먼저 그것을 "고난의 큰 싸움"이라고 묘사한다. '싸움'이라는 용어를 통해 저자는 운동 경기의 이미지를 도입하는데(딤후 2:5와 같이), 이 심상은 12장에서 그가 제시할 다양한 비교 속에서도 계속될 것이다. 그들의 경기는 결코 가벼운 것이 아니었고, 그들의 문화에서는 승리로 평가될 만한 것도 아니었다. 그것은 '고난의' 경기였다. 이 서신이 언급하는 다른 모든 경우에 고난은 예수께서 겪으시는 것이다.[히 2:9-10, 18; 5:8; 9:26; 10:32; 13:12] 그들이 고난과 그에 따른 '큰' 싸움을 견뎌 냈다고 주장함으로써, 저자는 그들이 그리스도의 고난에 참여했음을 보여준다. 그리스도를 조롱하는 자들과는 정반대로 그들은 그분의 고난에 동참했으며, 저자는 그들에게 앞으로도 계속 그렇게 할 것을

촉구한다.[13:12-13]

다음 구절에서 저자는 이 고난의 성격을 구체적으로 밝힌다. 첫째, 그들은 "구경거리가 되었다." 비록 다른 표현을 사용하지만, 이는 6장에서 타락한 자들이 그리스도를 공개적으로 욕되게 한다고 묘사한 부분과 상응한다.[6:6] 이 위로가 경고의 내용을 반영한다면, 앞서 10장에서 언급한 죄가 공개성을 지니고 있음을 다시 확인해 준다. 그들은 과거에 "비방과 환난"을 겪었다. 저자는 비방을 그리스도에 대한 고백과 두 차례나 연결한다.[11:26; 13:13] 예수께서 "종이 주인보다 크지 않다"[15:20]고 말씀하신 것처럼, 박해가 그분께 임했다면 제자들에게도 임하는 것은 지극히 당연하다. 환난 역시 세상이 감당하지 못할 신실한 이들이 겪었던 고통이다.[11:37] 그들은 그리스도를 고백하고 하나님의 백성과 연합했기 때문에 환난을 겪었다. 이는 모욕적인 말과 행위가 그들을 향해 퍼부어졌음을 뜻한다. 더 나아가 그들은 기꺼이 "이런 형편에 있는 자들과 사귀는 자"가 되었다. 부당한 대우를 받는 새 형제자매들을 피하지 않고, 오히려 그들과 교제하며 그들의 수치를 함께 짊어지고 고난 속에서 그들을 도왔다.

다음 구절은 그들이 다른 이를 위해 행한 일로 시작해 자신들이 당한 일로 마무리하며, 거울처럼 대칭적인 순서로 동일한 경험을 언급한다. "너희가 갇힌 자를 동정하고 [고난을] 기쁘게 당하였다." 여기서도 그들의 고난은 고난뿐 아니라 동정의 행위에서도[4:15] 예수의 사역과 연결된다. 그들은 감옥에 갇힌 자들과 함께 고난을 받았다. 이는 과거의 사건이지만, 13장이 보여주듯이 여전히 그들의 공동체 내 일부에게는 현재 진행형이었다.[13:3] '속박'이라는 말은 은유일 수도 있으나,[막 7:35; 눅 13:16] 문맥이 박해를 다루고 있기에 바울이나 다른 그리스도인들의 삶에서 자주 나타났던 것처럼[행 5:17-42; 12:1-17; 롬 16:7; 고후 6:5; 11:23] 문자적 의미일 가능성이 크다. 그들은 갇힌 자들과 함께 고난을 받음으로써 그들의 고통에 공감했을 뿐 아니라, 할 수 있는 대로 필요를 채워 주었다. 이는 예수가 친히 명하신 바였다.[마 25:34-40]

저자는 다른 이들을 위한 그들의 사역에 더해 "너희 소유를 빼앗기는 것도 기쁘게 당한 것"을 언급한다. '빼앗김'은 대체로 부정적인 함의를 지니지만, 본래는 한 장소에서 다른 장소로의 이동을 뜻한다. 대다수가 넉넉하지 못했던 시대에 생계 수단을 잃는 것은 극히 심각한 일이었다. 만일 이것이 공동체 전체에 일어났다면, 서로를 도울 자원조차 남지 않았을 것이다.

그러나 저자는 이 진술을 통해, 절망적인 상황 속에서도 그들에게 놀라운 주체성을 부여한다. 비록 그들이 스스로 재산을 잃기를 선택한 것은 아니지만, 그 상실에 어떻게 반응할지는 선택할 수 있었다. 12장에서 밝히듯이 이러한 일이 하나님의 선한 주권 밖에서 일어나는 것은 아니므로, 그들은 심지어 부정적인 일조차 선물로 받아들일 수 있었다. 그들은 '마지못해'가 아니라 '기쁨으로' 그렇게 했다. 그들은 고통스럽고 전혀 즐겁지 않은 상황들[12:11]을 수용하며 긍정적으로 반응했다. 이는 예수가 십자가를 대하신 태도와 같으며,[12:2] 그들이 그분을 닮아 변화되고 있었음을 보여주는 또 하나의 증거다.

이러한 태도가 가능했던 이유는 그들이 "더 낫고 영구한 소유가 있는 줄 알았기" 때문이다. 이 '안다'는 표현은 그들의 믿음과 신뢰의 깊이를 보여준다. 그들은 눈앞의 현실을 넘어 보이지 않는 다른 것을 신뢰할 수 있었다. 이것이 바로 저자가 11장에서 크게 칭찬하는 믿음의 태도다. 저자는 그들의 여러 생계 수단을 하나의 영구한 '소유'와 병치시키며, 그들이 공유하는 것 안에서의 연합을 강조한다. 이 소유는 "더 낫고 영구한" 것으로 묘사되며, 구원,[6:9] 소망,[7:19] 새 언약,[7:22; 8:6] 온전함,[11:40] 그리고 나라[12:28]와 연결된다. 저자는 신실한 자들이 더 나은 도성과 더 나은 부활을 고대했다고 말하면서,[11:16, 35] 13장에서는 덧없는 지상의 도시를 장차 올 도성과 대조한다.[13:14] 이 모든 언급은 이 소유를 하나님과의 영속적인 관계, 곧 하나님의 임재 안에 거하는 것과 연결시킨다. 비록 이 소유는 미래에 가서야 완전히 실현되겠지만, 저자는 "바로 그들이" 이미 그것을 소유하고 있음을 강조한다. 그들에게는 대제사장이 계시므로,[4:14-15] 그가 현재 주시고 장차 베푸실 선하심에 대해 확실한 보증을 가지고 있는 것이다.

저자는 그들이 과거에 보여준 깊고 능동적인 믿음을 근거로, "그러므로 너희 담대함을 버리지 말라"고 권면한다. 앞에서 그는 그리스도의 사역 덕분에 그들이 담대함을 얻게 되었다고 말했으며,[10:19] 설교 초반에는 그 담대함을 굳게 붙들라고 권면했다.[3:6] 또한 하나님의 보좌에 나아갈 때 그 담대함을 발휘하도록 촉구했고,[4:16] 이제는 그들이 이미 그런 태도를 지니고 있다고 전제한다. 이 담대함은 공동체적 성격을 지니며, 하나님의 선하심에 대한 경험적 신뢰에 뿌리를 두고 동일한 태도를 공유하는 이들과 함께할 때 유지된다. 만일 이 믿음이 이미 그들에게 있다면, 지금 필요한 것은 오직 그것을 버리려는 유혹을 거부하는 일이다. 앞서 제시한 경고와 마찬가지로 여기서 '버리다'는 의도적이고 적극적인 행위를 가리킨다.

그들이 이미 그리스도께 받은 것을 간직한다면 "큰 상"을 얻을 것이다. 여기서 그들 소유의 미래적 측면이 더욱 부각되는데, '간직함'은 자연스럽게 그 열매를 거두고 하나님께 상을 받게 한다. 비록 저자는 이 상의 구체적 내용을 밝히지 않지만, 나중에 그것이 이집트의 재물보다 크다고 말한다.[11:26] 주석가들은 저자가 "흔들리지 않는 나라"[12:28]에 주목한다는 점을 유의해야 한다. 그는 경제적 부와 같은 일시적인 것에는 관심이 없으며, 그가 말하는 상은 하나님의 영역에 속한 영속적인 것이다. 이러한 약속된 상에 대한 확언은 저자가 믿음의 논의를 시작하려는 이 지점에서 중요한 전제를 제공한다. 즉 믿음은 행동으로 드러나는 신뢰이며, 순종의 행위는 마침내 상으로 이어진다.

저자는 그들이 가진 것을 상기시킨다. 그 소유는 상을 동반하며, 그들에게 위대한 대제사장이 계시기 때문이다. 여기에 더해 그는 그들이 '인내해야 할 필요'를 가지고 있다고 말한다. 이는 반어적 표현으로, 그들이 더 가진 것처럼 보이지만 실제로는 부족하다는 것을 가리킨다. 그러나 과거에 이미 인내를 보여주었으므로[10:32] 불가능한 요구는 아니다. 그는 이어서 인내의 목적을 구체적으로 밝힌다. 그것은 "하나님의 뜻을 행하기" 위함이다. 하나님의 뜻을 실행하게 하시는 분은 하나님 자신이며, 그 뜻은 사람이 거룩하게 되는 것이다. 예수는 이 뜻을 성취하기 위해 오셨고,[10:7, 9] 성부 하나님은 히브리서 독자들을 회복시켜 그분의 뜻대로 살게 하신다.[13:21]

만일 그들이 하나님께서 행하신 일과 지금도 행하고 계신 일을 받아들인다면, 하나님의 뜻을 행하는 목표에 이를 것이다. 그들이 피해야 할 것은 자신들을 위해, 자신들 안에서, 자신들 가운데서 역사하시는 하나님의 뜻에 저항하는 일이다. 그리스도인의 신실함은 하나님을 향해 열린 태도에서 비롯된 순종으로 드러나며, 믿음은 마침내 선한 행실[10:24]로 귀결된다. 이 모든 행위는 그들 안에서 역사하시는 하나님으로부터 비롯된다.

그들의 인내의 결과는 저자가 말하듯이 '약속하신 것을 받는' 것이다. 이는 앞에서 언급한 상과 동일하다. 중간태 동사 '받다'는 하나님이 약속을 주실 것이며, 그들이 그것을 받을 준비가 되도록 하신다는 뉘앙스를 담고 있다. 약속된 것은 영속하는 기업[9:15; 12:28]과 구원받고 하나님과 함께 누리는 안식이다.[1:14; 4:1] 이를 뒷받침하기 위해 저자는 이사야서와 하박국서에서 발췌한 구절을 인용한다. 도입 공식 없이 곧바로 나오는 이 인용문은 앞서 언급한 약속과 직접 연결된다. "잠시 잠깐 후면"이라는 표현은 이사야 26장에만 나타난다. 이 단락은 히브리서와 흥미로운 공통점을 지니는데, 예를 들어 하나님을 대적하는 자들을 삼키는 불에 대한 언급[사 26:11]은 히브리서 10:27에서 사용된 표현과 일치한다. 또한 환난을 하나님의 징계로 묘사하는 부분[사 26:16]은 히브리서 10:33과 12:5-11에 공명하며, 부활의 소망을 언급하는 부분[사 26:19]은 히브리서의 메시지와 함께 강력한 선포로 울려 퍼진다. 이사야서에서 '잠시 동안의 짧은 시간'은 하나님의 심판[אף־זעם, 진노의 불]이 임하기를 기다리는 기간을 가리킨다. 히브리서에도 이와 유사한 표현이 등장하는데, 곧 '원수들이 머지않아 아들의 발아래 놓일 것'이라는 선언[1:13]이다. 그러나 히브리서의 초점은 심판의 때가 아니라, 구원의 완전한 계시를 위해 아들을 기다리는 데 맞춰져 있다.

인용문의 대부분은 하박국의 예언에서 온 것이다. 여기서 화자는 하나님께 공의를 간구하는데, 이는 회중이 그들이 처한 가혹한 형편 속에서 공감했을 법한 감정이다. 그들은 "악인이 의인을 에워싼" 현실[합 1:4]에 깊이 동의했을 것이다. 처음 믿었을 때의 열심으로 잠시 박해를 견디는 것과, 오랜 세월에 걸쳐 박해를 감내하는 것은 전혀 다른 문제다. 이 본문이 근거한 하박국 2장에서 예언자는 하나님의 응답을 기다린다. 하나님은 약속의 성취를 위해 정한 때가 곧 이를 것이며 지체하지 않을 것이라고, 혹은 메시지를 주시는 분(야훼) 자신이 지체하지 않을 것이라고 말씀하신다.[6] 하박국 2:4은 하나님이 그 메시지에서 뒤로 물러나는 자를 기뻐하지 않으신다고 주장한다. 반대로, 의로운 반응은 하나님의 신실하심에 의지하여 사는 것이다. 하나님은 신뢰할 수 있는 분이므로 의인은 오래 지속되는 불의의 경험 가운데서도 계속 나아갈 수 있으며, 하나님의 말씀의 도래를 기다릴 수 있다.

히브리서 저자는 인용문의 이러한 어조를 '하나님의 공의에 대한 갈망'과 연결하지만, 사건보다 사람에 더 초점을 둔다. 이는 그가 아들을 하나님의 말씀을 전달하시는 분으로 보기 때문이므로[1:2] 놀라운 일이 아니다. 그들은 지금까지 잘 견뎌 왔지만, 여전히 더 많은 인내가 필요하다. 그래서 저자는 고난이 영원히 계속되지는 않을 것이라는 격려로 이 단락을 연다. 하나님의 영원의 관점에서 보면 그것은 단지 "잠시 잠깐 후"일 뿐이다. 하박국 2:3의 현존하는 헬라어 번역본들과 달리, 히브리서 저자는 분사를 명사화하여 행위의 주체를 인칭화한다 "오실 이가 오시리니 지체하지 아니하시리라." 그는 예수가 하늘들을 통과하고[4:14] 휘장 안으로 들어가며[6:19-20] 성소 안으로 나아간다고 묘사했고,[9:12, 24] 그분이 세상에 임하신 것도 언급했다.[10:5] 그리고 여기 10:37에서는 9:28에 이어 두 번째로 구원을 위한 그리스도의 오심을 말한다. 그리스도의 재림은 하나님의 약속에 비추어 의심할 수 없이 확실한 일이다. 예수가 인간으로 오셔서 죽고 부활하여 자신의 제사를 드림으로 하나님의 뜻을 행하셨듯이,[10:7, 9] 그분은 하나님의 회복시키는 정의를 이룰 분으로 다시 오실 것이다. 비록 그 시간이 길게 느껴질지라도 재림은 하나님의 계획에 따라 지체됨 없이 정확한 때에 이루어질 것이다.

저자는 하나님께 속한 의인, 곧 "나의 의인"에 초점을 맞춘다. 하박국서 원문에서는 인칭 대명사 '나의'가 '신실함' 뒤에 와서 "의인은 나의 신실함으로 말미암아 살리라"[합 2:4]고 하지만, 히브리서에서는 '나의'가 '의인' 뒤에 위치한다("나의 의인"). 이는 하나님이 말씀을 통해 공동체의 대표자를 다스리시며 그와 친밀히 관계하신다는 진리를 드러낸다. 그 의인은 하나님을 신뢰하며,[2:13] 그 신뢰로 인해 살아 있다.[5:7; 13:20] 이 표현은 '의인이신 하나님의 메시아'를 가리키는 동시에, '그의 지체로서 의롭게 된 의인들'을 함께 가리키는 듯하다.

히브리서에서 예수는 의로움과 연관되지만,[1:9; 7:2] 보다 자주 의로움은 하나님의 신실한 백성에게 주어진 속성으로 나타난다.[5:13; 11:4, 7, 33; 12:11, 23] 의인들은 온전하게 된 후 하나님과 함께 거하는 무리에 속한다.[12:23] 이 공동체는 '의인'이라는 호칭에 합당한 사람들로 하나님의 빛을 받았고,[1:3] 하나님의 집에 속하며,[3:6] 하나님의 훈련을 경험하고 있다.[5:13; 12:11] 그들은 그리스도와 그분의 자기희생에 대한 신앙고백으로 하나님과 바른 관계를 맺게 되었다. 살아 계신 대제사장의 지체로서, 그들은 현재와 미래의 생명을 약속받았다. 즉 지금 살아 있고 장차도 살 것이며, "믿음으로 말미암아 살 수 있다." 저자는 믿음에 관한 위대한 장을 시작하려 하지만, 이미 나쁜 예[4:11]와 좋은 예[6:12]를 제시한 바 있다. 그리스도의 제사가 청중의 몸과 마음 모두에 이루신 사역 덕분에,[10:22] 그들은 이제 믿음으로 살아갈 준비가 되어 있다.

인용문의 마지막 구절[히 10:38b]은 그리스도나 그분의 재림 자체에 대한 진술이 아니라, 재림의 사실에 비추어 어떻게 살아야 하는지에 초점을 둔다. 이 부분은 하나님의 아들에게 적용될 수 없다. 그분은 죄 없는 메시아로서[4:15; 7:26] 하나님의 뜻을 이미 성취했으며, 그 후에 '뒤로 물러갈' 가능성을 염려할 이유가 전혀 없기 때문이다. 따라서 이 구절[합 2:4; 히 10:38]은 오실 이가 아니라 그를 따르는 이들에게 해당한다.

저자는 하박국의 예언을 인용해 이 단락의 서두에서 제시한 경고를 반복한다. 믿음으로 사는 것의 반대는 '뒤로 물러감'이며, 이는 행동을 완수하지 않고 책임을 저버리는 것이다. 하박국의 이 표현은 하나님으로부터 돌아서는 배교에 대한 히브리서의 성찰과 맞닿아 있다. 신약성경에서 '뒤로 물러가다'라는 표현은 공동체를 낙담시키는 사람을 묘사하는 데 사용되며,[행 20:20, 27; 갈 2:12] 본문 전반에 나타나듯이 공동체에 대한 적대적인 입장을 시사한다. 만일 누군가가 믿음 안에서 인내하기를 거부하고 의도적으로 돌아선다면, 하나님은 "내 마음이 그를 기뻐하지 아니하리라"고 말씀하신다. 여기서 '마음'[soul]이라는 표현은 하나님의 '불쾌함'이 전인격적이고 포괄적임을 나타낸다. 이러한 감정은 희생 제사 제도에 대한 하나님의 반응과 유사하다.[10:6, 8] 저자가 앞서 불순종의 결과를 다루었다면, 이제 독자들은 하나님이 그 불순종에 어떻게 분명히 응답하시는지 듣게 된다.

정경적 관점에서 볼 때, 히브리서 저자가 하박국 2:4을 사용하는 것은 그와 바울의 연결성을 가장 잘 보여주는 예다. 이 구절은 바울이 로마서에서 주제 진술을 할 때 사용한 본문이기도 하다.[롬 1:16-17] 바울은 결코 '뒤로 물러가지' 않았으며, 담대하게 복음을 전했다. 그는 복음이 하나님의 능력이자 하나님의 의를 드러내는 계시임을 알았기 때문이다. 이 계시는 믿음의 길을 따라 전개되며, 바울은 하박국이 그 과정을 대변한다고 보았다. 생명은 믿음을 통해 주어진다. 히브리서 저자와 바울은 모두 하나님과 함께하는 영원하고 풍성한 삶에는 하나님을 향한 능동적인 신뢰가 필수적임을 강조한다.

'파토스'[πάθος]로 가득 찬 이 경고 후에 저자는 한 가지 위로를 더 제시한다. 그는 이렇게 강조하여 말한다. "우리는 뒤로 물러가 멸망할 자가 아니다." 저자는 하나님의 불쾌함이 그분의 원수들을 제거하는 결과를 낳을 것이라고 분명히 말하는데, 이는 죽음을 통해서든 혹은 그보다 더 나쁜 것을 통해서든 일어나게 될 일이다. 그와 그의 청중은 대안을 선택했기 때문에 "영혼을 구원함(보존함)에 이르는 믿음을 가진 자"이며, 더는 그런 결과를 염려할 필요가 없다. 저자의 평가에 따르면 그들은 믿음의 사람들이므로 하나님을 붙잡고 그들의 생명을 안전하게 지키게 될 것이다. 여기서 '보존하다'[περιποιέω]라는 단어는 36절의 하나님의 뜻을 '행하다'[ποιέω]와 공명한다. 예수는 그들의 영혼을 안전하게 하시므로,[6:19] 그분을 신뢰할 때 그들은 인내 가운데 영생으로 들어가 하나님을 기쁘시게 하는 일을 행할 것이다.[13:16]

주석가들은 내가 '믿음'으로 번역하기로 선택한 무게 있는 신학 용어 '피스티스'[πίστις]의 성경적 정의와 함의를 두고 정당한 논쟁을 펼쳐 왔지만,[7] 히브리서 저자는 독자들이 파악하기를 바라는 단순하면서도 심오한 진리에 대해 다소 확신이 있는 듯하다. 즉 믿음은 하나님의 행위를 돌아보고 또 내다보는 데서 비롯되는 확고한 기초다. 그러나 믿음을 기껏해야 만질 수 없는 것으로, 최악의 경우 '희망 섞인 생각' 정도로 여기는 사람들에게는 이 개념이 쉽게 와닿지 않을 수 있다. 이러한 간극이 현대 독자들에게 존재하는 이유는 히브리서 저자가 믿음의 비가시적 측면을 인정하면서도, 궁극적으로는 믿음을 '관찰 가능한 실재에 대한 능동적 반응'으로 이해하기 때문일 것이다. 그는 이 확신에 따라 살도록 독자들을 격려하기 위해, 이제 그들의 삶을 형성해야 할 방식, 곧 믿음의 길에 대해 훨씬 더 깊이 있게 말하려고 한다.

신실한 자들의 증언

저자는 방금 자신과 청중이 믿음의 사람들이며, 이 믿음이 그들의 영혼을 멸망으로부터 지켜 줄 것이라고 선포했다.[10:39] 그러므로 이제 구원을 주는 믿음의 개념을 정의하고 그 사례들을 제시하는 것은 자연스러운 전개다. 그러나 '믿음'이 이 단락에만 국한된 주제라고 생각해서는 안 된다. 그는 앞서 하나님께 나아갈 때 담대한 믿음을 가질 것을 촉구했고,[10:22] 신실하지 못한 본을 따르지 말며[4:2] 신실함의 예를 본받으라고 권했다.[6:12] 명시적인 언급 외에도 저자는 처음부터 청중이 이 믿음에 관한 확장된 논의를 들을 준비를 하도록 인도해 왔다. 그는 자주 미래에 그들을 기다리는 것들을 언급했다. 즉 구원의 기업과 약속,[1:14; 6:17] 메시아에게 세상이 복종하게 되는 것,[2:5-9] 영광 가운데 거하는 것,[2:10] 하나님의 안식에 들어가는 것,[4:1-11] 그리고 상을 받는 것[10:35] 등이다. 이를 통해 그는 청중이 하나님이 약속하신 바를 신뢰하며 미래를 바라보는 비전을 받아들이도록 이끌었다. 그의 표현대로라면 그들은 약속하신 이가 미쁘시다는 것을 믿어야 한다.[10:23]

저자는 찬양과 성찰을 위해 한 가지 주제를 부각시키는 과시적 연설epideictic speech 형식을 빌려 조상들의 사례를 열거한다. 그들 역시 모든 상황에서, 심지어 죽음에 직면해서도 하나님의 신실하심을 신뢰했음을 보여 준다. 먼저 그는 믿음을 시적으로 정의한 후,[11:1] 아벨로부터 노아와 대홍수에 이르기까지의 홍수 이전 역사를 통해 그 믿음을 추적한다.[3-7절] 그다음 아브라함과 사라와 그 이후 첫 세대의 믿음은 8-22절에서, 모세와 출애굽 사건은 23-29절에서 다루고, 여리고 성과 라합을 언급하는 간략한 정복 이야기가 뒤따른다.[30-31절] 그는 모든 내용을 다 전할 시간이 없음을 밝히며, 예언자나 왕은 이름만 언급한 뒤[32절] 여러 시대에 적용될 수 있는 일반적인 믿음의 경험들을 열거한다.[33-38절] 마지막으로, 과거의 모든 신실한 자들을, 지금 고난과 씨름하는 공동체와 하나로 묶어 그들이 믿음의 경주를 계속하도록 격려한다.

10장은 시적 수사로 장식된 문학적 서사도 아니고, 그리스도론적 중심에서 벗어난 단순한 역사 기록도 아니다(그렇게 하는 데 긴 시간을 쓰지 않는다). 오히려 서신의 다른 어떤 부분만큼이나 흥미롭고 삶을 변화시키는 내용을 담고 있다. 조상들의 예를 통해 저자는 기독교의 가장 기본적인 자세인 하나님을 믿는 법을 가르친다. 이 장은 목회 상담, 친구와의 대화, 개인적 영적 성장을 위한 의미 있는 자원이 된다. 히브리서 저자가 밝히는 바에 따르면 그리스도인의 믿음은 일상적인 순간과 결정적인 순간 모두에서 드러나지만, 가장 중요한 점은 믿음이 '가능한' 것이라는 사실이다. 하나님이 이미 행하셨고 은혜로 계시하신 일 때문에 우리는 그분을 신뢰하며, 그 길의 개척자가 이끄시는 대로 실제적인 발걸음을 내딛을 수 있다.

이 장에 대한 나의 주해는 주석가들이 두 가지 목표를 달성하도록 돕는 것을 목적으로 한다. 첫째이자 가장 중요한 것은 히브리서 11장을 온전히 읽어 내는 것이다. 이 장은 저자가 제시한 믿음, 곧 살아 있고 활동적인 믿음[10:39]에 대한 정의를 뒷받침하는 일련의 이야기들로 구성되어 있다. 각 구절이 어떤 이야기와 인물을 가리키는지 살펴보는 일은 충분히 가치 있는 수고이며, 아마도 저자 역시 독자들이 신실한 자들의 이야기를 세밀히 살피고 그 과정에서 새롭게 되기를 바랐을 것이다. 둘째 목표는, 저자가 언급하는 성경 이야기가 히브리서 설교의 주제와 어떻게 연결되는지에 특별한 주의를 기울이며 살펴보는 것이다. 내가 제안하는 특정한 읽기 방식이 저자의 의도와 완전히 일치한다고 주장하는 것은 아니지만, 신약 본문과 그와 연관된 구약 본문co-text을 창의적으로 읽기 위한 자원으로 제공하기 위해 이러한 해석을 포함시킨다. 이렇게 신실함에 관한 이야기들을 나란히 제시함으로써, 독자들이 성령의 음성을 듣고 성경 정경의 가르침을 통해 인격이 빚어지기를 바란다.

히브리서의 설교에 귀를 기울이는 사람들은 주된 요점인 하나님에 대한 믿음이 승리를 가능하게 했다는 점을 파악할 수 있을 것이다(설명이 진행됨에 따라 승리의 정의가 더 미묘해진다는 점은 명심하라). 그러나 그 구절들 배후의 이야기를 살피는 이는 더 큰 복을 얻을 것이다.

11:1-2 믿음의 정의

1믿음은 바라는 것들의 실상이요 보이지 않는 것들의 증거니 **2**선진들이 이로써 증거를 얻었느니라.

그리스도인의 믿음은 맹목적이지 않다. 이 유명한 믿음의 송가 도입부는 만질 수 있는 것과 초자연적인 것, 보이는 것과 보이지 않는 것 사이를 춤추듯 오간다. 그 섬세한 움직임을 이해하려면 각 단계를 주의 깊게 살펴야 한다. 이떤 순간에는 이 개념들이 덧없어 보인다. 믿음은 "보이지 않는 것," 곧 우리에게 전해졌지만 눈으로 볼 수 없는 하나님의 말씀을 신뢰한다.

그러나 이 설교는 그 보이지 않는 영역에서 출발하거나 그곳에 머무르지 않는다. 저자는 믿음이 하나님이 행하신 일, 곧 만질 수 있고 보이는 것을 바라본다고 단언한다. 그러므로 믿음은 확고한 토대이자 실상이며, 또한 증거가 될 수 있다.

히브리서가 제시하는 믿음의 정의는 믿음을 확고한 토대실상, firm foundation

로 본다. 이는 신적 계시에 근거한 하나님에 대한 신뢰이며, 그 신뢰는 순종이라는 구체적 행위로 표현된다. 나는 이 믿음의 정의를 저자가 선택한 핵심 단어들에 근거하여 설명하고자 한다. 여기서 사용된 두 용어, 곧 '실상'을 뜻하는 '휘포스타시스'ὑπόστασις와 '증거'를 뜻하는 '엘렝코스'ἔλεγχος가 객관적 실체를 가리키는지, 아니면 주관적 확신을 가리키는지를 두고 학자들 사이에 많은 논의가 있었다. 히브리서 저자는 '휘포스타시스'를 하나님 존재의 기초1:3와 확신하는 바에 대한 헌신3:14, 바울이 고후 11:17에서 사용한 용례와 유사이라는 두 가지 방식으로 사용한다. '엘렝코스'는 신약성경에서 명사형으로는 여기에만 등장하므로 직접 비교는 어렵다. 그러나 동사형은 약 스무 번가량 사용되며 "증거를 제시하여 누군가를 고소하거나 책망하는 능력"이라는 의미를 지닌다. 이어지는 본문 전개를 보면, 저자가 인용하는 이야기 속에서 이 용어들은 주로 객관적 의미로 작용한다. 다시 말해, 하나님이 실제로 행동하셨다는 사실이 믿음의 토대가 된다. 신실한 자들은 하나님의 행동을 직접 보았고, 그 경험을 바탕으로 하나님께서 약속하신 미래의 일들도 반드시 성취하실 것이라 신뢰했다. 저자와 그의 공동체에게 믿음은 추상적인 관념이 아니라 만질 수 있는 실재에 근거한다. 그들은 아들을 통한 계시와 성령의 나눔2:3을 통해 하나님의 기적적이며 능력 있는 사역을 듣고 보고 경험했다. 이러한 인식은 많은 그리스도인 공동체들이 공유하는 바다. 하나님의 신적 성품에 대한 계시는, 하나님이 아직 남아 있는 약속들을 장차 완성하실 것이라는 확신을 준다. 그러므로 그리스도인의 믿음은 무지하거나 순진한 희망이 아니다. 믿음은 하나님이 이미 구체적이고 가시적인 방식으로 진리를 계시하셨음을 보고, 그 계시에 합당하게 앞으로도 행동하시리라 신뢰하는 것이다. 즉 믿음은 하나님의 계시 속에 주어진 약속들에 의존하는 것이다. 이 공동체는 하나님이 이미 행하신 일을 목격했기 때문에 하나님을 믿을 수 있다. 이와 관련해 본문의 초기 설교자였던 요한 크리소스토무스는 독자들에게 이렇게 권면했다. "그리스도는 많은 것을 예언하셨다. 만일 이전의 예언들이 성취되지 않았다면, 그것들을 믿지 말라. 그러나 그것들이 모두 성취되었다면, 남아 있는 것들에 대해 어찌 의심하겠는가?"[1]

동시에 믿음에는 주관적이고 만질 수 없는 측면이 전혀 없는 것은 아니다. 만일 믿음이 단지 하나님의 관찰 가능한 행위에만 국한된다면, 이 공동체는 하나님의 사역이 과거, 곧 조상들의 삶이나 자신들이 경험했던 이전의 승리에만 그친다고 생각하는 유혹에 빠질 수 있다. 그러나 시련의 때에는 눈앞의 실재들이 오히려 믿음에 반하는 것처럼 보이기도 한다. 그러므로 그들은 하나님의 과거 행동, 곧 이미 주어진 증거를 깊이 바라보아야 하며, 그 기억이 현재의 어려움 속에서 그들을 지지하고 보이지 않는 미래를 향해 나아가게 해야 한다.

하나님의 과거 사역에 대한 믿음은 확고한 기초가 되어, 그들이 "바라는 것들"을 확신 속에서 고대하게 한다. 믿음이 없다면 저자와 그의 청중은 아직 소유하지 못했고 심지어 보지도 못한 것을 소망할 수 없을 것이다. 칼뱅이 강조하듯이 믿음은 인내와 결코 분리될 수 없으며, 인내는 믿음과 본질적으로 맞닿아 있다. "믿음은 그 자체로부터 분리될 수 없는 것만큼이나 인내로부터 분리될 수 없다."[2] 이 1세기 공동체를 향한 설교에서 11장 서두의 믿음의 정의는 10장 마지막에 나오는 인내 권고와 긴밀하게 이어진다. 저자는 회중에게 이렇게 말하고 있는 셈이다. "우리는 끝까지 기다리는 사람들이자, 믿음 안에 머무는 사람들이다. 그리고 소망을 붙드는 사람들이다." 믿음은 하나님의 과거 행위를 바라보게 하며, 바로 그 시선이 미래를 향한 소망을 가능하게 만든다.

소망을 주목한 저자는 이제 간결한 정의와 함께, 앞서 두 차례 독자들에게 전했던 요청을 분명히 한다. 즉 "소망의 자랑을 굳게 잡으며",[3:6] "소망의 온전한 확신에 이르도록 힘쓰라"[6:11]는 권면이다. 본질적으로 이는 믿음을 굳게 하라는 촉구다. 이 시점에서 저자는 이미 하나님께서 이스라엘 백성의 근간이 되는 소망을 어떻게 성취하셨는지 보여주었다. 새 언약은 그리스도 안에서 도래했고, 그분으로 인해 그들은 하나님께 담대히 나아갈 수 있는[7:19] 확고한 소망을 얻게 되었다. 약속하신 하나님이 신실하시기에 그 약속은 반드시 이루어진다.[10:23] 더 나아가 그는 예수 그리스도를 그들의 소망으로 제시한다.[6:18] 예수는 그들을 대신하여 하나님의 임재 안으로 들어가신 분이며, 그분을 신뢰하는 것이야말로 확고한 소망을 붙드는 길이다.

이 구절 역시 앞부분과 마찬가지로 확고한 신뢰와 앞에 놓인 것에 대한 소망 사이의 균형을 지닌다. 저자는 믿음을 "보이지 않는 것들의 증거"라고 정의한다. 다소 포괄적인 의미를 지닌 중성 복수 명사 '일들'πραγμάτων은 첫 문구의 중성 분사 '우리가 바라는 것들'ἐλπιζομένων 안에 이미 함축되어 있었지만, 여기서는 명시적으로 드러난다. 구체적인 대상이 명시되지 않았기에, 이 믿음의 정의는 그리스도를 믿는 신자가 하나님 안에서 품는 모든 소망에 폭넓게 적용된다. 이러한 포괄성 덕분에 이 정의는 설교의 앞선 단락들과 긴밀히 맞닿아 있다. 히브리서에서 '일들'이라는 명사는 두 차례 더 등장한다. 하나는 하나님이 결코 거짓말하실 수 없음을 가리키는 변치 않는 "사실들"을 말할 때,[6:18] 다른 하나는 그림자인 율법이 예고한 "좋은 일들"을 언급할 때다.[10:1] 이는 하나님이 약속하고 맹세하셨으며 그리스도의 제사장직 안에서 성취한 일, 곧 그리스도의 통치 아래 복종한 세상[2:8]에 대한 확실한 증거가 된다. 아직 보지 못하는 것들이 있음에도, 그들은 예수를 바라봄으로써[2:9] 자신들이 소망하고 있는 것들의 실현을 "보게 될 것"을 안다. 믿음의 두 가지 측면, 곧 하나님의 객관적 행위와 그에 대한 인간의 주관적 참여로서의 소망과 인내와 신뢰는, 예수를 고백하는 자들이 확신을 가질 수 있는 정당한 근거가 된다. 만일 믿음이 하나님의 말씀을 있는 그대로 신뢰하기를 요구한다면, 하나님의 말씀이 아들이신 예수 그리스도의 인격 안에서 왔으므로[1:2] 그들은 신뢰를 실천하는 데 필요한 모든 요건을 갖추고 있다.

이 말은 믿음이 쉽다는 뜻이 아니다. 믿음은 기독교적 역설이 교차하는 지점에 서 있다. 칼뱅은 믿음에 대해 이렇게도 말했다. "우리는 영광스러운 부활을 확신하지만, 여전히 부패 속에 잠겨 있다. 우리는 의롭다 선포되었으나, 여전히 죄가 우리 안에 거한다. 우리는 복되다 들었으나, 여전히 많은 불행 가운데 있다. 풍성한 좋은 것들이 약속되었으나, 여전히 자주 굶주리고 목마르다. 하나님께서 속히 오시리라고 선포하지만, 우리가 그분께 부르짖을 때 그분은 마치 귀먹은 것처럼 보이신다."[3] 이것이야말로 저자가 죄와 죽음에 직면한 청중에게 줄곧 요구해 온 믿음이다. 즉 그리스도가 자신을 제물로 드리심으로써 그들을 대적하던 모든 세력을 제거하고 패배시키셨음을 신뢰하는 것이다. 히브리서를 접하는 모든 이들은 예수에 대한 고백을 굳게 붙잡고, 그와 같은 길을 걷는 형제자매들의 격려를 힘입어 이 믿음의 정의를 자기 삶 속에서 살아 낼 수 있다.

이러한 믿음은 모든 사람에게 열려 있다. 저자는 이 확신을 뒷받침하기 위해 과거 이스라엘 역사 속 많은 인물들의 이야기를 들려준다. 그들은 하나님 안에서 능동적인 믿음을 실천했고, 뒤로 물러서지 않았다.[10:39] 저자가 이들의 이야기를 전하는 이유는 자신과 그의 설교를 듣는 공동체 또한 동일한 믿음을 가질 수 있다고 확신하기 때문이다.

물론 이들 대다수는 존경받는 인물이지만, 성경에 기록되어 우리가 잘 아는 그들조차 결코 완전하지 않았다. 저자가 그들의 삶 속에서 드러난 어떤 훌륭한 순간을 칭찬한다고 해서, 그들이 모든 면에서 흠 없는 모범이었다고 여길 필요는 없다. 오히려 그들의 전 생애를 살펴보는 일은 또 다른 격려가 된다. "그들조차도" 믿음으로 인해 칭찬받을 수 있었다면, 누구든지 자신의 삶을 하나님께 맡기고 믿음의 풍성한 열매를 맺는 것이 가능하다는 사실을 깨닫게 되기 때문이다.

이 이야기들을 열거하기에 앞서 저자는 "선진들이 이(믿음)로 말미암아 증거를 얻었다"commended, 칭찬받다라고 선언한다. 이전 세대들은 관찰할 수 있는 믿음을 가졌으며, 그 믿음은 후대에 선포될 수 있는 이야기로 남았다. 이어서 저자는 아벨로부터 시작하여 현재 공동체의 인도자들13:7에게 이르기까지 과거의 신실한 이들의 삶을 서술할 것이다. 저자는 그들의 행적을 증언하며 그들을 칭찬한다. 그가 이렇게 칭찬할 수 있으려면, 먼저 그들의 이야기가 보존되고 전해져야 했다. 이런 점에서 많은 독자들은 또 다른 칭찬하는 이이자 증인으로서 하나님을 인식해 왔다. 따라서 이 문장에서 "증거를 얻었다"ἐμαρτυρήθησαν는 표현은 신적 수동태로 이해된다. 성경 속에서 신실한 자들의 이야기를 보존하고 그들을 칭찬하신 이는 바로 하나님이다. 하나님이 믿음의 덕을 드러낸 사람들을 칭찬하신다는 사실은 놀랍기 그지없다. 예루살렘의 키릴루스Cyril of Jerusalem는 이를 다음과 같이 설명한다. "하나님이 여기서 신실한 분으로 불리시므로, 당신도 이 칭호를 받을 때 위대한 존엄을 받게 된다.……이는 당신이 하나님의 칭호에 참여하는 자가 됨을 보여준다."4 히브리 성경 속에 보존되어 있고, 이 설교에서 저자에 의해 다시 선포된 하나님의 칭찬은 독자들로 하여금 동일한 칭찬을 받기를 소망하게 한다. 즉 하나님으로부터 "잘하였도다. 착하고 충성된 종아"마 25:21라는 말씀을 듣는 것을 목표로 삼도록 그들을 격려하는 것이다.

11:3-7 홍수 이전 시대의 믿음

3믿음으로 모든 세계가 하나님의 말씀으로 지어진 줄을 우리가 아나니 보이는 것은 나타난 것으로 말미암아 된 것이 아니니라. 4믿음으로 아벨은 가인보다 더 나은 제사를 하나님께 드림으로 의로운 자라 하시는 증거를 얻었으니 하나님이 그 예물에 대하여 증언하심이라. 그가 죽었으나 그 믿음으로써 지금도 말하느니라. 5믿음으로 에녹은 죽음을 보지 않고 옮겨졌으니 하나님이 그를 옮기심으로 다시 보이지 아니하였느니라.

그는 옮겨지기 전에 하나님을 기쁘시게 하는 자라 하는 증거를 받았느니라. **6**믿음이 없이는 하나님을 기쁘시게 하지 못하나니 하나님께 나아가는 자는 반드시 그가 계신 것과 또한 그가 자기를 찾는 자들에게 상 주시는 이심을 믿어야 할지니라. **7**믿음으로 노아는 아직 보이지 않는 일에 경고하심을 받아 경외함으로 방주를 준비하여 그 집을 구원하였으니 이로 말미암아 세상을 정죄하고 믿음을 따르는 의의 상속자가 되었느니라.

믿음의 첫 번째 사례에서 저자는 자신과 독자들이 공유하는 한 가지 지식을 언급한다. 그들은 세상에 대한 동일한 지식으로 연합되어 있다. 그는 "우리가 안다"고 말한다. 즉 명백해야 할 인식을 전하기 위해 '안다'라는 단어를 사용한다.[마 15:16/막 7:18(깨달음); 마 16:9, 11/막 8:17(깨닫다); 롬 1:20(알다)] 이는 앞서 말한 것과 같은 믿음이다. 즉 아무 근거 없이 결정하는 것이 아니라 관찰에 근거해 판단하는 믿음이다. 세상을 둘러보고 하나님이 모든 것의 궁극적 원인임을 인정하는 것이다. 하나님이 말씀으로 창조하셨기에 "보이는 것은 나타난 것으로 말미암아 된 것이 아니다."[5] 칼뱅은 이를 "하나님은 그 자체로는 보이지 않지만, 그분의 사역 안에서 우리에게 드러나신다"라고 설명한다. '보다'[βλέπω]라는 같은 단어로 언어유희를 하면서, 저자는 보이는 것이[11:3] 보이지 않는 것[11:1]을 가리킨다고 말한다.

　이 긴 장에서 믿음이 처음으로 구체적으로 표현되는 방식은, 앞서 제시된 기본적인 정의에 조금 더 섬세한 뉘앙스를 더한다. 믿음은 관찰에 근거하지만, 관찰로부터 나올 수 있는 결론이 반드시 믿음만은 아니라는 사실이다. 바울은 모든 사람이 세상을 살펴보고 그 세상이 하나님에 의해 창조되었다는 결론에 이르기를 바랐지만, 이것이 보편적인 반응은 아니었다.[롬 1:18-23] 세상 모든 사람이, 만물이 하나님의 말씀에 의해 그리고 하나님 때문에 존재한다고 믿는 것은 아니며, 관찰 가능한 세상이 이스라엘 하나님의 말씀으로부터 비롯되었다고 믿는 사람은 훨씬 더 드물었다. 원래 청중과 같은 시대를 살았던 다른 이들도 세상을 구성하는 과정과 세부 요소를 직접 관찰할 수 없다는 점에는 동의했지만, 그들의 우주론과 신학은 이 설교의 청중과 크게 달랐다. 예를 들어 고대 저자 디오게네스 라에르티오스Diogenes Laërtius의 설명에 따르면, 존경받는 철학자인 헤라클레이토스Heraclitus는 세계의 기원을 '아래로 향하는 길'로 보았다. "불은 수축하여 수분이 되고, 이것이 응결하여 물이 되며, 물은 다시 응고하여 흙이 된다."[6] 스토아학파의 창시자인 제논Zeno의 제자 레우키포스Leucippus는 다음과 같이 주장했다. "원자들이 공허 속으로 떨어져 서로 뒤얽힐 때 세계가 형성되며, 부피가 커짐에 따라 그것들이 움직이면서 별의 물질substance이 발생한다."[7] 다양한 사상가들이 '원자론자'라는 명칭 안에 머무르고 있는데, 그들은 "무한한 공간과 시간 동안 무작위로 상호 작용하는 무한한 양의 원자들이 어느 시점에 우리와 같은 세계를 아주 우연히 형성하게 되었다"라고 주장했다.[8] 이런 사상가들은 세계를 관찰했지만, 이스라엘의 하나님이 창조주이심을 확언했던 사람들과는 다른 방향으로 나아갔다.

창조주가 존재하며 창조 세계에 신적인 원인이 있다는 이해는 많은 이들에게 분명해 보일 수 있지만, 그 분명함은 믿음에서 비롯된다. 저자가 '이해하다'라는 뜻의 '노에오'νοέω라는 단어를 사용하는 경우는 설명이 필요한 상황과 관련이 있다.엡 3:4; 딤후 2:7 이 서신의 수신자들은 히브리 성경을 통해 세상을 해석하는 공동체에 속했기에 창조주 하나님에 대한 믿음을 공유하고 있었다. 창세기는 태초에 하나님이 하늘과 땅을 창조하셨고,창 1:1 말씀으로 그 일을 행하셨다고 전한다.창 1:3 이 구절의 헬라어 본문과 히브리서는 하나님의 말씀을 언급할 때 서로 다른 용어를 사용하지만,창세기는 λέγω, 히브리서는 ῥῆμα 그 의미는 동일하다. 시편은 하나님이 빛을 만드신 일70인역 시 73:16과 말씀으로 하늘을 세우신 일70인역 시 32:6을 노래한다. 유대인과 초기 그리스도인들은 이러한 확신을 함께 공유했다.[9] 그가 2절에서 이전 세대들의 믿음을 확언한 것처럼 여기서도 저자는 특정한 신앙적 확신을 공유하는 공동체에 속했기 때문에 이런 믿음이 가능하다고 독자들을 격려한다. 하나님의 가족이 됨으로써 그들은 만물이 하나님에 의해 "지어진" 것을 이해한다. 여기서 '짓다'라는 단어는 의도성과 세심한 돌봄, 곧 하나님이 창조 세계를 만드실 때 나타낸 친밀함을 담고 있다. 저자가 이 단어를 사용하는 다른 유일한 경우는 하나님이 아들의 몸을 지으신 것을 가리킬 때다.[히 10:5]

하나님의 세심한 행위에 대한 이런 종류의 믿음은 얻을 수 있는 것이며, 사실 그들이 이미 가지고 있는 것이다.[10] 저자가 자주 건넨 격려의 말처럼, 과거의 신실한 행위에 대한 긴 목록도 '그들 자신의 믿음'으로부터 시작한다는 사실을 잊지 말아야 한다. 즉 저자는 하나님께서 말씀으로 세상을 창조하셨다는 고백을 통해, 자신이 청중에게 촉구해 온 신뢰의 방식을 실제로 적용하고 있다. 그들이 과거에 대해 이런 종류의 믿음을 가졌다는 사실은, 그들이 그들의 현재와 미래에 대해서도 이런 종류의 믿음을 가질 수 있다는 격려로 작용한다. 그들이 지금 하는 싸움은, 그들이 하나님의 행위를 볼 수 있지만 그 안에서 하나님이나 하나님의 말씀은 보지 못할 수 있다는 점과 관련이 있는 듯하다. (이 문제는 12:5-11에서 다루게 될 것이다. 그들은 자신들의 고난은 보고 알지만, 그것이 그들을 성숙하게 하시는 하나님 아버지의 은혜로운 사역 아래 있음을 깨닫지 못한다.) 만일 그들이 창조에 대해 이런 종류의 이해를 가질 수 있다면, 그들은 삶의 모든 것에 대해서도 신실한 이해를 가질 수 있다.

나는 '아이온'[αἰών]의 풍부한 의미를 반영하기 위해 "시간들, 공간들, 그리고 그것들을 채우는 것들"^{개역개정은 "모든 세계"—옮긴이}이라는 표현을 선택하기로 했다.[11] 저자는 이 말로 시작함으로써 하나님이 항상 먼저 행동하시는 분, 곧 주도권을 지니신 분임을 보여준다. 하나님은 창조하기로, 곧 아무것도 없는 상태 대신에 무언가를 만들기로 결정하신다. 이것은 창조의 가장 처음 순간부터 믿음이 언제나 하나님께서 먼저 행하신 일에 대한 반응이었음을 보여주는 저자의 방식이다.

그들은 세상 속에서 하나님의 사역을 보는 이러한 종류의 인식이 가능함을 알 때 큰 격려를 받을 수 있다. 그것이 가능한 이유는 하나님이 말씀으로 만물을 창조하셨기 때문이다. 히브리서에서 이것은 그리스도론적 확언이다. 믿음은 창조 세계 안에서 하나님께서 말씀으로 세상을 창조하셨다는 사실, 곧 그 말씀의 증거이신 아들을 바라보는 것이다.[1:2] 저자는 1:3에서 사용한 '능력의 말씀'ῥῆμα과 동일한 단어를 선택하여, 아들이 만물을 붙들고 계심을 강조한다. 창조가 시작될 때는 아들을 볼 수 없었으나 이 마지막 날들에는 아들이 계시된다.[1:2] 그분은 영원부터 하나님과 함께했으며, 하나님은 그분을 통해 세상을 창조하셨다. 그분은 하나님의 말씀으로 역사하신 분이다. 믿음으로 창조 세계를 관찰하는 것은 그것을 창조하셨고 또한 그것의 일부가 되신[1:3, 10] 하나님의 아들의 희미한 빛을 드러낸다. 심지어 시간 자체도 하나님의 말씀으로 창조되었으며, 왕이자 대제사장으로서[1:8; 5:6; 6:5, 20; 7:17, 21, 24, 28; 9:26; 13:8, 21] "영원히" 다스릴 분의 지문을 지니고 있다. 바꾸어 말하면, 창조를 통해 형성되는 하나님에 대한 믿음은 세상을 창조하고 그 세상에 들어오기 위해 성육신하신 성자 하나님에 대한 믿음이다.

저자가 창조에 대해 다시 언급하는 내용에는 만물의 창조와 아벨 사이에 뚜렷한 간격이 있다. 즉 아벨의 부모인 아담과 하와는 등장하지 않는다. 이 단락의 초점이 하나님에 대한 불신이 아니라 믿음이기 때문에, 아담과 하와의 부재는 충분히 이해할 수 있다.[12] 저자는 이제 믿음을 보여주는 첫 번째 인물로 넘어간다. 아벨은 아마도 부모로부터 에덴동산 이야기를 들었을 테지만, 더 직접적으로는 하나님이 생명을 위해 공급하시는 능력을 눈으로 목격했을 것이다. 그의 어머니는 두 번이나 생명을 잉태했고,[창 4:1-2] 하나님은 그와 그의 형제가 땅의 소산으로 살아갈 수 있도록 필요한 것을 공급하셨다. 아벨은 하나님의 증거를 보았고, 따라서 히브리서가 말하듯이 "믿음으로 가인보다 더 나은 제사를 하나님께 드렸다." 그의 희생 제사는 레위 제사장들의 제사와 예수의 희생 제사가 모두 인류 역사 초창기까지 거슬러 올라간다는 것을 보여준다. 히브리서 저자도 창세기 저자도 이것이 죄를 위한 제사였다고는 말하지 않지만, 만일 예수가 죄를 위해 자주 자신을 드려야 했다면 그 제사는 세상 창조 때부터 시작되었어야 했다는 저자의 주장과 연결된다.^{히 9:26}

창세기 4장을 해석해 온 유대교와 기독교의 주석가들은 오랫동안 "왜" 아벨의 제사가 더 나은 제사였는지 논의해 왔다(『미드라쉬 창세기 라바』 22, 필론의 『가인과 아벨의 제사에 관하여』 88, 요세푸스의 『유대 고대사』 1.54 등이 그 예다). 그러나 히브리서 저자는 아벨의 제사가 더 나은 이유를 직접 설명하지 않고, 그 대신 그에 대한 하나님의 평가에 초점을 맞춘다. 그는 아벨이 "의로운 자라 하시는 증거를 얻었다"고 말하며, 이어지는 문장에서 그처럼 칭찬한 이가 하나님임을 밝힌다. "하나님이 그 예물에 대하여 증언(칭찬)하심이라."

창세기 4:4은 '예물'을 복수형으로 기록하는데, 이는 아벨이 자신의 양 떼 중에서 한 마리 이상을 드렸거나 여러 차례 제사를 드렸음을 시사한다. 하나님은 그 예물들을 보시고 아벨을 의롭다고 증언하셨다. 믿음이 하나님의 행위를 관찰하는 데 근거하듯이, 아벨의 의로움에 대한 하나님의 선언 역시 그의 신실한 제사를 관찰한 결과였다. 이렇게 볼 때 아벨에 대한 하나님의 칭찬은 맹목적이거나 자의적인 판단이 아니었다. 이는 하나님을 믿는 자들의 믿음에 대해서도 동일하게 적용되는 특징이다. 저자는 하나님이 아벨에 대해 참되다고 선언하신 것이, 자신이 히브리서 10:38에서 하박국서를 인용하며 독자들이 참되다고 주장한 것과 동일하다고 본다. 즉 그들도 하나님의 의인들이며, 따라서 아벨과 친족 관계를 갖게 되는 것이다. 종교개혁가들과 그들의 신학을 계승한 몇몇 현대 주석가들은 여기서 신중하게 지적한다.¹³ 하나님이 아벨을 의롭다고 선언하신 것은 희생 제사 자체가 아니라 그 제사의 동기가 된 믿음이었다는 점이다. 루터는 본문의 배열에 주목했다. "하나님은 아벨을 살펴보셨다." 이 말은 먼저 그의 믿음 때문이며, 행위 때문이 아님을 보여준다. 행위는 믿음 다음에 따라온다. "그리고 그의 제물을 보셨다." 루터는 다음과 같이 덧붙인다. "진정한 의인은 믿음과 은혜를 통해 행함으로 나아간다."[14]

창세기에서 하나님이 가인에게 말씀하실 때 죄가 문 앞에 엎드려 있다는 불길한 진술이 나오는데,창 4:7 이것은 가인의 제사가 아니라 그의 마음에 무언가 잘못되었음을 나타낸다.[15] 히브리서 저자는 드려진 대상을 적어도 두 번 언급하지만(더 나은 제사와 예물), 전치사구 "이것을 통해"δι᾽ ἧς, 개역개정은 생략한다—옮긴이와 "그것을 통해"δι᾽ αὐτῆς, 개역개정은 "그 믿음으로써"—옮긴이는 희생 제사 또는 그 배후의 믿음 두 가지를 다 가리킬 수 있다. 이 구절은 성경이 함께 묶어 놓은 것을 분리하고 싶은 해석적 유혹이 생겨나는 전형적인 사례다. 하나님은 희생 제사를 통해 아벨의 믿음을 주목하셨고(하나가 없이는 다른 하나도 없다), 그리고 그가 나타낸 믿음을 의로운 것으로 칭찬하셨다.

독자들과 아벨은 하나님이 그들을 의롭다고 선언하신 경험을 공유한다. 그러나 그 선언 이후의 결과는 놀랍도록 다르다. 독자들은 그 선언으로 인해 살아가게 되지만10:38 아벨은 죽음을 맞는다. 그러나 그의 형제에 의한 때 이른 죽음도 그의 믿음과 의로움이 선포되는 것을 막지 못했다. 저자는 그의 희생 제사로 증명된 믿음을 가리키며 말한다. "죽었으나 그 믿음으로 지금도 말하느니라." 여기서 '말하는' 주체는 하나님의 계속되는 증언일 수 있다. 이는 성경 안에 아벨의 이야기가 보존되어 있다는 사실에서 가장 뚜렷하게 드러난다. 실제로 요한의 첫째 서신이 보여주듯이,요일 3:12 초기 그리스도인들은 아벨의 이야기와 그의 좋은 평판이 여전히 계속되고 있다고 생각했다. 따라서 하나님의 거룩한 말씀이 여전히 그에 대해 '말한다'고 볼 수 있다. 또한 아벨을 '말하는' 주체로 볼 수도 있다. 창세기에서 가인이 그를 죽인 뒤 그의 피는 땅에서 부르짖었고,

창 4:10 예수 역시 이를 기억하셨다.마 23:35; 눅 11:51

유대인 주석가들이 생명의 본질이 피에 있다고 보았다면, 그의 피의 외침은 어떤 면에서 그의 말이다. 더욱이 히브리서는 아벨을 하나님으로부터 칭찬받은 자들 가운데 포함시킨다. 그는 여전히 '구름같이 둘러싼 허다한 증인들'12:1-2 중 한 사람으로서 말하고 있다. 의롭다고 선언된 그는 시온산에서 하나님과 함께 거하는 의인의 영들12:23 중 하나다. 12:24에서 그의 말하는 피는 예수의 피와 비교된다. 죽음은 아벨이 칭찬받고 증언하는 일을 전혀 막지 못한다.

아벨을 죽인 가인에게도 에녹이라는 아들이 있었지만,창 4:17 히브리서가 주목하는 다음 인물은 셋의 계보에서 아담 이후 일곱 번째에 해당하는 에녹이다.창 5:19-24 그는 365년을 살다가 하나님에 의해 옮겨졌다. 히브리서는 그가 "믿음으로 하나님을 기쁘시게 한 자"였음을 강조한다. 저자는 회중에게도 두 차례에 걸쳐 하나님을 기쁘시게 하라고 권면하고,12:28; 13:16 하나님은 자신이 기뻐하시는, 곧 그분 앞에 즐거운 것을 이루시는 분임을 상기시킨다.13:21

창세기는 에녹이 하나님께 기쁨을 주는 삶을 살기 시작한 시점을, 그의 아들 므두셀라가 태어난 후로 명시한다. 헬라어 본문에 따르면 이는 에녹이 165세였을 때였다.창 5:22 그는 하나님을 기쁘시게 하는 삶을 시작하기에 너무 늦은 나이란 없다는 것을 보여준다. 유대 전승도 인생 후반에 얻게 된 이 칭찬에 주목하며, 에녹이 회개했다고 전한다.집회서 44:16 창세기는 비록 그가 늦게 시작했지만, 이후 200년 동안 신실하게 살았음을 분명히 기록한다.창 5:22 1세기의 평균 수명과 오늘날의 수명을 고려하면, 아무도 에녹처럼 오랜 세월 동안 이런 믿음을 입증할 필요는 없을 것이다.

에녹은 아벨보다 훨씬 더 나은 결말을 맞았다. 그는 믿음을 실천했고, 하나님은 그에 대해 '기쁘시게 하는 자'라고 증언하셨다(히브리어 표현으로 "하나님과 동행했다", 창 5:22). 히브리서는 그가 "하나님을 기쁘시게 하는 자라 하는 증거를 받았다"고 기록한다. '증언하다'를 뜻하는 '마르튀레오'μαρτυρέω의 수동태는 2절과 4절에도 등장하며, 성경에서 하나님의 칭찬을 나타내는 표현이다. 아벨이 죽음 이후에도 말할 수 있었던 것과 달리, 에녹은 "죽음을 보지 않고 옮겨졌다." 저자는 하나님이 그를 데려가셔서 죽음을 전혀 경험하지 않게 하셨다고 분명히 말한다. 이는 족보 속 다른 모든 이들에게 반복되는 "그가 죽었더라"는 냉정한 결말과 뚜렷이 대비된다.창 5:5 이하 에녹은 하나님의 증언 속에서 살아 있으며, 다시 보이지 않았으므로 하나님과 함께 있는 것으로 여겨진다. 다만 창세기는 그의 거처를 구체적으로 밝히지 않기에, 이는 어디까지나 추측에 머무른다. 그러나 그의 삶이 가르치는 교훈은 분명하다. 그의 옮겨짐은 미래의 소망을 가리키는 이정표 역할을 한다. 에녹을 통해 인간은 죽음이 파괴되고 마귀의 폭정이 전복되며 죽음이 완전히 폐지되리라는 소망[16]을 얻게 된다.

하나님이 과거의 신실한 자들의 믿음을 존중하셨다는 사실은, 히브리서를 듣는 공동체의 믿음 또한 그들이 어떤 상황에 직면하든 동일하게 존중받을 것임을 보여주는 증거가 된다. 아벨과 에녹은 모두 죽음에 직면한 이들에게 나타난 하나님의 신실하심을 증언한다. 루터는 이렇게 주해했다. "아벨 안에서 인류는 죽음을 보았지만, 그 안에서 더 나은 생명도 보았다. 에녹 안에서는 죽음을 보지 못했지만, 그 안에서 생명을 보았다."[17]

그처럼 칭송받은 인물의 예를 접하면, 아벨과 에녹의 믿음은 범접할 수 없을 만큼 위대하기에 '살아 있음'으로 이어졌다고 생각하기 쉽다. 그러나 실상은 그와 반대다. 하나님의 칭찬은 하나님을 향한 그들의 믿음에 근거하며, 저자는 이 믿음이 본받을 수 있는 것임을 강조한다. 그렇지 않다면, 자신과 회중이 믿음으로 영혼을 구원할 자들이라고 확언한 뒤10:39 이들의 이야기를 길게 전할 이유가 없었을 것이다.

6절에서 그는 이를 부정적인 방식으로 진술한다. "믿음이 없이는 하나님을 기쁘시게 하지 못하나니……." 그는 수신자들이 이 기준을 충족한다고 확신한다. 그들은 이미 믿음을 보여주었고,[10:39] 따라서 하나님을 기쁘시게 할 수 있다. 이어서 그는 하나님에 대한 믿음에 반드시 수반되어야 할 내용을 명확히 규정한다. "하나님께 나아가는 자는 반드시 그가 계신 것과 또한 그가 자기를 찾는 자들에게 상 주시는 이심을 믿어야 할지니라." 저자와 그의 청중은 분명 하나님께 나아가는 자들이다. 저자는 그들이 이미 하나님의 인도를 받고 있으며,[2:10] 앞에 있는 소망을 붙잡기 위해 피난처를 찾았다고[6:18] 전제한다. 그리고 이 전제를 바탕으로 하나님께 나아가라고 두 차례 초대한다.[4:16; 10:22] 따라서 그들에게 필요한 것은 몇 가지에 대한 '믿음'이다. 첫째, 하나님이 존재하신다는 믿음이다. 하나님은 모세에게 자신을 스스로 있는 자로 계시하셨다.[출 3:14] 그분은 참으로 존재하신다. D. 스티븐 롱[D. Stephen Long]은 "'하나님이 계시다'라는 것은 무엇보다도 우리에게 계시된 하나님의 이름"[18]이라고 설명한다.

　　그러나 믿음은 단순히 하나님의 존재를 인정하는 동의와는 다르다. 야고보가 독자들에게 상기시키듯이 심지어 귀신들도 그것을 믿는다.[약 2:19] 이러한 동의만으로는 믿음으로 인정받기에 충분하지 않다. 하나님께 나아가는 자는 하나님이 "자기를 찾는 자들에게 상 주시는 이심"을 믿어야 한다. 이 짧은 문장에 사용된, 존재를 나타내는 서로 다른 동사들은 하나님과 함께하는 삶의 서로 다른 순간을 가리킨다. 하나님은 현재 계시는[ἐστιν] 하나님이지만, 믿음을 실천하는 사람이 다가가기 시작하면 하나님은 상 주시는 이가 되실[γίνεται] 것이다. 나아가는 자들을 '하나님을 찾는 자들'로 묘사함으로써, 저자는 다시 한번 목표를 향한 여정의 감각을 자극한다. '찾는다'는 표현은 의도성과 신뢰라는 두 가지 의미를 함께 담고 있다. 즉 찾는 대상이 실재하며, 또한 그것을 얻을 수 있다는 확신이다.[히 11:14; 12:17; 13:14] 찾음은 곧 믿음의 표현이다. 신실하게 찾는 자들은 하나님이 상 주시는 이가 될 것을 신뢰한다. 저자는 앞선 단락에서 이미 '상'의 개념을 언급하며, 확신을 지닌 자들이 그 상을 얻게 될 것이라고 말했다.[10:35] 이어서 그는 모세 역시 하나님께 받을 상을 고대했다고 전할 것이다.[11:26] 광야 세대에게나 히브리서의 독자들에게나 이 상은 곧 하나님과 함께 있는 것이다. 여정에 오른 자는 하나님이 상 주실 능력이 있는 분이자 신실하게 상 주실 분임을 믿어야 한다. 하나님의 우편에 계신 성육신하신 아들은 이미 인간이 하나님과 영원히 함께할 수 있음을 보여주셨다. 저자가 독자들이 그리스도께 매여 있다고 주장한 이상, 그들은 그리스도가 자신들을 하나님의 임재 속으로 인도하실 것을 신뢰할 수 있다. 믿음이란, 하나님이 그리스도를 통해 이미 계시하신 그분의 성품과 인류를 위한 계획에 대해 그분이 끝까지 신실하실 것이라는 신뢰로 살아가는 것이다.

만일 6절의 이러한 믿음의 정의가 그리스도론적 함의를 지닌다면, 아벨이나 에녹과 비교되는 궁극적인 모범은 그리스도이시다. 아벨은 죽었으나 그의 목소리는 여전히 살아 있다. 에녹은 죽음을 경험하지 않고 변화되어, 아마도 하나님과 함께 있도록 옮겨졌다. 예수는 아벨처럼 실제로 죽으셨고, 에녹처럼 하나님과 함께 거하신다. 그러나 에녹과 예수 사이에는 중요한 차이가 있다. 에녹은 더 이상 찾을 수 없지만, 예수는 보좌에 앉으신 모습을 '볼 수' 있다.[2:9] 예수는 죽음의 경험을 피하지 않았으며, 하나님과 함께 단지 영적으로만 살아 계신 것도 아니다.[12:23] 아벨과 에녹의 이야기는 죽음을 이기는 소망의 이정표이지만, 부활하신 하나님의 아들 예수는 그 소망 자체다. 오직 그분만이 하나님으로부터 영원히 몸으로 사는 생명의 상을 받으셨다. 그러므로 하나님을 찾는 자들과 그리스도를 고백하는 자들이 동일한 상을 받게 하시는 분은 오직 예수 그리스도다.

하나님이 주권적이며 선하시고 변함없으심을 신뢰하는 이러한 믿음은 특히 고난의 시기에는 유지하기가 쉽지 않다. 그러므로 믿음이 맹목적인 것이 아니라는 주장을 주의 깊게 들을 필요가 있다. 현재 상황의 무게에 눌려 믿음을 발휘하기 어려울 때가 종종 있지만, 사람은 자기 바깥에 있는 과거를 돌아볼 수 있다. 즉 인류 역사의 시작까지 거슬러 올라가는 사건들과, 무엇보다 예수 그리스도의 인격과 사역을 통해 하나님께서 행하신 일들을 주목할 수 있다. 이러한 기억과 주목은 하나님께서 장차 행하실 일을 신뢰하게 하는 길이 되며, 그 신뢰로부터 힘을 얻어 그에 합당하게 살아가도록 이끈다.

노아는 저자가 옹호하는 믿음의 전형적인 사례다. 그는 "하나님과 동행한 의인이요 완전한 자"로서, 하나님을 기쁘시게 한 인물이었다.창 6:8-9 그의 경우 하나님은 이미 경험한 과거 사건에 근거하여 행동할 것을 요구하지 않으셨다. 노아는 홍수가 무엇을 의미하는지, 그것이 어떤 결과를 가져올지조차 알지 못한 채 "아직 보이지 않는 일에 대하여 경고를 받았다." 그는 그와 같은 재앙을 경험한 적이 없지만, 자신이 이미 알고 경험한 하나님의 성품에 의지하여 믿음을 발휘했다. 하나님이 방주를 지으라고 명하셨을 때, 노아는 확고한 신뢰 속에서 "경외함으로" 순종했다.히 5:7 이 두려움은 단순한 공포가 아니라 하나님의 거룩하심과 신실하심에 대한 경외에서 비롯된 순종이었다. 창세기의 서술에 따르면 노아는 홍수 전부터 하나님과 언약적 관계를 맺고 있었으며, 그분께 은혜를 입은 사람이다.창 6:8 "그가 명하신 대로 다 준행하였더라"창 6:22; 7:5는 반복된 언급이 보여주듯이 노아의 믿음은 순종의 행위로 드러났다. 그는 하나님의 명령에 따라 방주를 준비함으로써창 7:1 "모든 것을 지으신 분"히 3:4의 창조 사역을 모방했고, 나아가 하나님의 임재가 머무는 거처를 세우기 위해 나중에 이스라엘이 행할 일9:2을 미리 예시했다. 노아의 방주는 생명을 보존하는 도구가 되었고, 그 안에는 훗날 '하나님의 집'3:6으로 불릴 백성의 씨앗이 담겼다. 그의 경외심과 신실한 믿음이 있었기에 하나님은 회복의 계획을 이루실 수 있었고, 그 결과 하나님의 백성은 영원한 생명의 상을 얻게 되었다.

노아의 가족이 구원받는다는 이 놀라운 결과 외에도, 그의 믿음은 "세상을 정죄하는" 결과를 낳았다. 노아의 순종과 그에게 부어진 하나님의 복은 타락한 창조 세계 위에 임한 하나님의 심판과 뚜렷한 대조를 이룬다. 다른 사람들도 그처럼 믿음을 가질 수 있었으나, 그들은 "그들의 마음으로 생각하는 모든 계획이 항상 악할 뿐임을"창 6:5 드러내는 삶을 선택했고 끝내 믿지 않았다. 그리하여 그들의 불신과 불순종은 그들 자신을 방주 밖, 곧 구원 밖으로 내몰았고, 하나님께서 홍수로 그분이 지으신 세상의 사악함을 씻어 내실 때 그들은 심판의 대상이 될 수밖에 없었다.

노아가 얻은 상은 단순한 유산을 훨씬 뛰어넘는 영원히 지속되는 상이었다. 저자가 노아에 대해 덧붙인 마지막 진술은 그가 "믿음을 따르는 의의 상속자"가 되었다는 것이다. 아벨이 "믿음으로 의롭다 하심을 받은 자"로 증언된 것처럼11:4 노아 역시 하나님에 의해 의롭다고 선포되었다. 저자는 노아의 이야기를 전하며 '상속'이라는 표현을 다시 사용한다(이는 9:15에서 말하는 '영원한 기업'과도 연결된다). 노아는 이미 하나님과 바른 관계에 있었기에, 아벨과 천사들과 더불어 시온산에 거하며(그의 방주가 산 위에 머물렀음을 기억하라) 기뻐하는 자로 묘사된다.12:22-23 노아의 믿음은 그의 가족을 온 세상에 임한 심판 속에서도 보존했고, 그 자신도 부활한 몸으로 하나님의 집에 이끌려 하나님의 자녀들과 함께 영원한 교제와 생명의 상속을 누리게 했다.

정경을 읽는 독자들에게 노아는 자연스럽게 아담을 상기시킨다. 하나님은 아담에게는 막 창조된 세상을, 노아에게는 막 정결하게 된 세상을 맡기셨다. 그러나 안타깝게도 이 둘의 공통점은 거기서 끝나지 않는다. 세상을 받은 직후 두 사람 모두 불순종의 길을 택했다. 이러한 유사점과 더불어 독자들은 본문11:2-7 속에서 창조에서 시작해 아벨과 에녹을 거쳐 노아에 이르고, 다시 심판과 새 창조로 이어지는 서사의 흐름을 볼 수 있다. 깨지고 죄로 물든 세상 한가운데서도 하나님을 향한 믿음은 태초부터 존재해 왔다. 그러므로 이 서신에 귀를 기울이는 이들이 창세기의 이야기를 되새길 때 그들의 믿음은 한층 더 굳건해질 수 있다. 그들은 하나님께서 만물을 창조하셨음을 새롭게 신뢰하게 되고, 아벨과 에녹 그리고 노아가 한결같이 하나님을 신뢰했던 모습을 목도한다. 심지어 술에 취해 아들에게 수치를 당했던 창 9:21 노아조차도 여전히 "의의 상속자"로 서 있음을 본다. 결국 독자들이 본받아야 할 것은, 이 인물들의 행적이 아니라 그들이 연약함 속에서도 끝까지 간직했던 믿음이다. 그 믿음이 하나님을 기쁘시게 하고, 나아가 동일한 믿음을 지닌 자들로 하여금 하나님의 아들 그리스도가 받으신 영원한 생명의 상에 참여하게 한다.

11:8 – 22 언약 가족

8믿음으로 아브라함은 부르심을 받았을 때에 순종하여 장래의 유업으로 받을 땅에 나아갈새 갈 바를 알지 못하고 나아갔으며 9믿음으로 그가 이방의 땅에 있는 것 같이 약속의 땅에 거류하여 동일한 약속을 유업으로 함께 받은 이삭 및 야곱과 더불어 장막에 거하였으니 10이는 그가 하나님이 계획하시고 지으실 터가 있는 성을 바랐음이라. 11믿음으로 [아브라함과] 사라 자신도 나이가 많아 단산하였으나 [그와 사라는]19 잉태할 수 있는 힘을 얻었으니 이는 약속하신 이를 미쁘신 줄 알았음이라. 12이러므로 죽은 자와 같은 한 사람으로 말미암아 하늘의 허다한 별과 또 해변의 무수한 모래와 같이 많은 후손이 생육하였느니라. 13이 사람들은 다 믿음을 따라 죽었으며 약속을 받지 못하였으되 그것들을 멀리서 보고 환영하며 또 땅에서는 외국인과 나그네임을 증언하였으니 14그들이 이같이 말하는 것은 자기들이 본향 찾는 자임을 나타냄이라. 15그들이 나온 바 본향을 생각하였더라면 돌아갈 기회가 있었으려니와 16그들이 이제는 더 나은 본향을 사모하니 곧 하늘에 있는 것이라. 이러므로 하나님이 그들의 하나님이라 일컬음 받으심을 부끄러워하지 아니하시고 그들을 위하여 한 성을 예비하셨느니라. 17아브라함은 시험을 받을 때에 믿음으로 이삭을 드렸으니 그는 약속들을 받은 자로되 그 외아들을 드렸느니라. 18그에게 이미 말씀하시기를 네 자손이라 칭할 자는 이삭으로 말미암으리라 하셨으니 **19**그가 하나님이 능히 이삭을 죽은 자 가운데서 다시 살리실 줄로 생각한지라. 비유컨대 그를 죽은 자 가운데서 도로 받은 것이니라. **20**믿음으로 이삭은 장차 있을 일에 대하여 야곱과 에서에게 축복하였으며 **21**믿음으로 야곱은 죽을 때에 요셉의 각 아들에게 축복하고 그 지팡이 머리에 의지하여 경배하였으며 **22**믿음으로 요셉은 임종시에 이스라엘 자손들이 떠날 것을 말하고 또 자기 뼈를 위하여 명하였으며.

홍수 이전의 역사를 마무리한 뒤 저자는 노아로부터 시작되는 셈의 계보^{창 11:10}를 따라 언약의 역사로 시선을 옮긴다. 그러나 '불완전한 사람들도 믿음을 가졌다'는 주제는 변함없이 이어진다. '아브람'으로 불리던 아브라함(히브리서 저자는 설교 전반에서 그를 언약의 이름인 '아브라함'으로 부른다) 역시 보이지 않는 것에 바르게 응답한 인물이었다. 그는 "갈 바를 알지 못한" 상황이었기에,^{창 12:1} 눈에 보이는 현실을 근거로 믿음의 첫 발걸음을 내디딜 수 없었다. 하나님께서 그에게 한 땅으로 가라고 말씀하셨지만, 그 땅이 어디인지는 알려 주지 않으셨다. 아브라함이 의지할 수 있었던 것은 오직 하나님의 부르심뿐이었다.[20] "믿음으로 아브라함은 부르심을 받았을 때에 순종했다." 그는 하나님의 음성을 들었고 그분을 신뢰했으며, '나아감'이라는 구체적 행위로 그 부르심에 순종했다. 하나님은 그에게 대가족의 울타리를 떠나 고향으로 돌아가지 말고 계속 앞으로 전진하라고 명하셨다. 히브리서 저자는 이 한 구절에서 '가다'라는 동사를 두 차례 반복하여, 아브라함의 결단과 지속적인 행보를 강조한다. 이는 저자가 독자들에게 "그리스도께 나아가라"^{히 13:13}고 권면하는 것과 직결된다. 나아감은 단발적 행동이 아니라 때로는 익숙한 관계와 안전한 환경을 떠나 미지의 길로 계속 걸어가는 과정을 포함하며, 이는 독자들이 감당해야 할 믿음의 여정을 상징한다.

본문은 아브라함이 하나님의 부르심을 받기 이전에 어떤 관계를 맺고 있었는지 구체적으로 설명하지 않지만, 그의 행동은 이미 하나님과의 관계가 형성되어 있었음을 분명히 보여준다. 그는 하나님의 부르심을 받은 사람으로서, "영원한 기업"을 받으려는 자들의 모범이 된다.[9:15] 이러한 주제는 이어지는 대목에서 더욱 뚜렷하게 부각되는데, 저자가 아브라함이 "장래에 유업으로 받을 땅에 나아갔다"[11:8]고 서술하는 부분에서 그 연관성이 강화된다. 아브라함의 순종은 그 자신을 하나님께서 믿음의 상으로 주실 유업의 땅으로 이끄는 길이었다. 이 유업은 그의 육신의 아버지에게서 비롯된 것이 아니었다. 그의 부친 데라는 가족을 데리고 고향을 떠났으나, 마침내 죽음을 맞이한 그 땅에서조차 나그네로 살았다.[창 11:31–32] 이에 비해 아브라함이 바라본 유업은 "만물을 지으신 이"[히 2:10]이자 하늘의 아버지이신 하나님께서 친히 약속하신, 영원히 그분과 함께할 거처였다.

저자는 아브라함의 이야기를 이어 가면서, 그의 삶 속에서 '믿음'으로 나타난 또 다른 사례를 제시한다. 약속의 땅으로 나아간 뒤 아브라함은 그곳에 "거류"하며 살았다. 하나님께서 그와 그의 자손에게 상속으로 주시겠다고 약속한 땅이었지만, 그는 그 땅을 실제로 소유하지 못한 채 오히려 '이방인'으로 머물렀다. 그는 자신을 동족으로 받아들이지 않는 사람들 가운데서도 구별된 존재로 살아야 했다. 히브리서의 독자들 역시[10:32–35] 고난과 갈등을 경험했고 "수치를 참으라"는 권면을 받고 있었기에,[12:2–4; 13:13] 아브라함의 이러한 처지를 깊이 공감했을 것이다. 저자는 "장막에 거하였으니"라는 표현을 반복적으로 강조하여, 아브라함의 삶이 뿌리내리지 못한 나그네의 삶이었음을 드러낸다. 아브라함 시대에 유목민의 삶은 낯선 것이 아니었지만, 저자가 장막을 언급하는 의도는 단순한 생활상 묘사에 있지 않다. 그는 아브라함의 장막을 '하나님이 계획하시고 지으신 성'[11:10, 16]과 대조함으로써 장막이 상징하는 임시성과, 동시에 성막조차도 궁극적으로는 영원한 거처가 아님을 강조한다. 아브라함이 나그네로 살았던 것처럼, 성막도 하나님을 만나는 자리였지만 영원한 거처로 세워진 것은 아니었다.

그러나 장막 생활은 아브라함과 그의 가족에게 마치 영원히 계속될 운명처럼 보였을지도 모른다. 저자는 아브라함이 "아들과 손자인 이삭과 야곱과 더불어" 그렇게 살았다고 전하며(창 11장 이후의 내러티브에서도 그들의 장막 생활이 자주 언급된다), 이 가족이 삼대에 걸쳐 하나님의 약속이 온전히 성취되는 것을 보지 못했음을 부각한다. 비록 그들이 약속의 땅에 있었지만, 그 땅을 완전히 소유하여 자기 것으로 삼을 수는 없었다. 그러한 현실 속에서 그들의 믿음을 흔들 수 있는 의심과 낙담의 압박이 컸음이 분명하다. 종교개혁 시대의 목사 하인리히 불링거Heinrich Bullinger는 이 대목을 주해하며 이렇게 말한다. "그가 기대했던 장소에 도착했을 때, 거기서 확실한 것은 아무것도 발견할 수 없었다는 사실은 이해하기 어렵고도 드문 경험이었으며, 이로 말미암아 마음속에 불만이 싹트기 쉬웠다."[21] 저자는 하나님의 약속이 즉시 성취되지 않을 때 신자들이 겪는 어려움을 잘 알고 있었다. 그렇기에 그는 족장들의 이야기를 들려주며, 오랜 기다림 속에서도 흔들리지 않는 신앙의 본을 보여준다.

이삭과 야곱은 살아가는 형편이 매우 실망스러웠음에도 자신들이 '동일한 약속을 함께 상속받은 자'라는 사실을 굳게 잡고 있어야 했다. 하나님께서 아버지 아브라함에게 주신 약속은 두 사람 역시 그 안에 포함시켰고, 그 효력이 그들에게까지 확장되었다. 마찬가지로 이 서신의 독자들도 "아브라함의 자손을 붙들어 주려 하심이라"[2:16]는 하나님의 성취된 약속에 속한 자들이므로, 이삭과 야곱이 그러했듯 아브라함에게 주어진 약속 안에 자신들이 포함되어 있다는 사실을 붙잡아야 한다.

어떤 이들은 아브라함과 이삭, 야곱이 히브리서의 독자들과는 달리 가나안 땅에 대한 약속만을 바라보았다고 생각할 수 있다. 그러나 히브리서 저자는 그들의 이야기를 그렇게 제한적으로 해석하지 않는다. 오히려 그는 이어지는 단락에서 족장들의 믿음이 무엇을 향하고 있었는지 분명히 밝힌다. 그들은 단순히 가나안 땅에 관심을 둔 것이 아니라, 하나님께서 친히 세우실 "터가 있는 성"을 간절히 사모했다. 저자는 이미 예수가 "자기 원수들을 자기의 발등상이 되게 하실 때까지" 기다리신다고 증언했다.[10:13] 이제 그는 족장들 역시 자신들이 거하게 될 또 다른 본향을 신뢰 가운데 기다렸다고 전한다. 예수의 기다림과 족장들의 기다림 사이에 나타나는 이러한 언어적 연결은, 하나님께서 약속하신 것을 반드시 이루실 것이라는 그들의 확고한 신뢰를 드러낸다. 그들이 바라본 '성'은 광야의 장막처럼 세웠다 허무는 임시 거처가 아니었다. 그 성은 인간의 손으로 세워져 언젠가 무너질 수 있는 것이 아니라, "하나님이 계획하시고 지으실"[11:10, 16] 견고한 기초 위에 세워진 영원히 흔들리지 않는 도성이다. 저자는 여기서 '터'[기초]라는 건축의 필수 요소를 언급함으로써 이전에 "하나님의 기초는 다시 놓을 필요가 없다"고 했던 논지[6:2]와, 하나님을 "땅의 기초를 놓으신 분"으로 묘사한 시편의 선언[히 1:10]을 청중에게 상기시킨다. 그리고 이 '살아 계신 하나님의 도성'[12:22]은 저자 자신과 독자들 모두가 함께 바라보고 나아가야 할 최종 목적지로 제시된다.[13:14][22] 여기서 저자는 "하나님은 만물을 지으신 분"[3:4]이며 "참장막의 설계자이자 건축자"이심을 선언한 이전의 진술들[8:2; 9:24]과 조화를 이루며, 하나님의 섭리와 창조성을 묘사한다. 하나님은 언약을 맺으신 백성을 위해 친히 거처를 설계하고 건축하시는 장인이다. 독자들은 그분이 자신의 약속을 따라 자녀들을 위해 영원한 거처를 준비하는 신실하신 손길을 이 장면에서 목격한다. 이러한 진술은 예수께서 제자들에게 "내 아버지 집에 거할 곳이 많도다……내가 너희를 위하여 거처를 예비하러 가노니"[요 14:2-3]라고 말씀하신 장면과 긴밀히 맞닿아 있다.

히브리서 저자는 족장들의 이야기를 들려주며, 그들이 실제로 가나안에 살았을 때조차 자신들을 본토인으로 여기지 않았음을 강조한다. 그들은 장막 혹은 어느 장소에 머물든 임시적인 거주 조건을 개의치 않았다. 왜냐하면 그들의 시선은 언제나 하나님이 예비하신 '도성'을 향해 있었기 때문이다. 파멜라 아이젠바움 Pamela Eisenbaum 은 이를 다른 유대인 주석가들이 아브라함의 이야기를 읽어 온 방식, 곧 그가 가나안에 도착했을 때 이미 '집에 있는' 것처럼 묘사한 방식과 뚜렷이 대비시켜, 히브리서 저자가 의도적으로 아브라함을 '본향을 기다리는 나그네'로 그렸음을 지적한다.[23]

이러한 대안적 초점은 저자가 처음에 아브라함을 언급하며 진술한 내용을 새롭게 해석하도록 이끈다. 아브라함이 "자신이 어디로 가는지 알지 못했다"는 사실은 단지 하나님께서 그 목적지를 미리 밝히지 않으셨기 때문만이 아니다. 실제로 우르를 떠나 가나안으로 향한 계획은 그의 아버지 데라의 것이었고, 데라는 하란에 머물다가 그곳에서 생을 마쳤다.창 11:31-32 그러나 더 중요한 이유는 아브라함이 아직 준비되지 않은 '성'을 향한 여정에 있었기 때문이다.

그 성은 약속의 땅 위에 세워질 것이지만, 단순히 가나안 땅만으로는 설명되지 않는다. 저자가 앞서 언급한 여러 진술은 12:28에서 말하는 "흔들리지 않는 나라"에 대한 선언과 맞물린다. 유대 전통이 품어 온 종말론적 소망—장차 소유하게 될 새로운 땅, 땅 위로 내려오는 하늘의 도성희년서 1:29; 4:26; 바룩서 2권 4:1-4; 에스드라서 4서 7:26; 8:52; 10:27; 4Q475; 계 21-22장; 벧후 3장—의 관점에서 볼 때, 아브라함은 하나님이 약속하신 대로 가나안을 상속받게 될 것이다. 그러나 그가 기다린 것은 인간의 손으로 지어 언젠가 무너질 성이 아니라, 창조주 하나님이 친히 설계하고 건축하신 성, 곧 새롭게 된 땅 위에 세워져 영원히 존속할 '하늘의 도성'이었다. 어쩌면 더 적절한 표현은 새롭게 된 창조 세계 전체를 포용하는 확장된 하늘의 도성일 것이다.[24] 그들은 삼대에 걸쳐 이방인으로 살아야 하는 처지를 감내했는데, 그것은 하나님과 맺은 언약 관계 안에서 자신들에게 그 '성'이 반드시 보장되어 있다는 확신이 있었기 때문이다. 또한 그들은 하나님의 새롭게 하시는 사역이 완전히 성취되기까지는 약속이 즉시 이루어지지 않을 것이며, 그 완성이 심지어 자신들의 죽음 이후로 미뤄질 수도 있음을 알고 있었다.

저자는 땅에 대한 약속에서 상속에 대한 약속으로, 한 언약의 약속에서 다른 언약의 약속으로 시선을 옮긴다. 11절은 오랫동안 많은 논쟁을 불러일으킨 본문이지만 그 중심에 놓인 확신만큼은 분명하며, 지금까지 전개해 온 논지와도 일관된다. 즉 믿음이란 이미 자신의 신실함을 드러내신 하나님을 신뢰하는 것이다. 저자가 이 확언에 이르기까지 펼치는 세부적인 논증 과정은 다층적이고 흥미롭지만, 독자들이 몇몇 나무에만 시선을 빼앗긴 나머지 '믿음'이라는 거대한 숲 전체를 놓치지 않기를 간절히 바란다.

이 구절은 다른 모든 예시와 마찬가지로 "믿음으로"라는 말로 시작하지만, 그 믿음을 발휘한 주체가 아브라함인지 아니면 사라인지에 대해서는 문맥상 명확하지 않다. 그럼에도 앞선 구절들처럼 이 대목 역시 아브라함에게 초점을 두고 읽는 해석에는 충분한 근거가 있다. 저자의 진술에 따르면 그는 "믿음으로" 하나님으로부터 "잉태할 수 있는 힘"^{저자의 사역에 따르면 "씨를 뿌릴 능력"—옮긴이}을 받았다. 이러한 표현은 동시대의 다른 문헌들에서도 흔히 남성의 생식 기능을 묘사하는 데 사용되었음을 볼 수 있다.[25] 그러므로 이 대목에서 믿음을 실천한 주체를 아브라함, 곧 남성으로 이해하는 것이 가장 자연스럽다. 이어지는 문구는 그가 "생명의 때가 지났다"^{beyond the time of life, 개역개정은 "나이가 많아"—옮긴이}는 사실을 독자들에게 상기시킨다. 아브라함은 이미 늙은 사람이었으며,^{창 18:11} 사라 자신도 이를 인정했다.^{창 18:12} 하나님께서 그와 사라에게 아들을 주겠다고 약속하셨을 때 그는 구십구 세였고,^{창 17:1} 이삭이 태어날 때는 백 세였다.^{창 17:17; 21:5} 이러한 현실의 한계에도 아브라함은 여전히 "약속하신 이를 미쁘신 줄"로 믿었다. 비록 히브리서의 표현이 창세기를 문자적으로 옮기고 있지는 않지만, 하나님께서 말씀하신 바를 반드시 성취하실 것이라는 아브라함의 신뢰는 분명히 드러난다.^{창 12:2, 7; 특히 15:4-6; 17:5-9, 16-21; 18:10} 반면에 창세기 본문은 사라의 믿음에 대해서는 직접적으로 언급하지 않는다. 그러므로 고령으로 인해 "죽은 자와 같은 한 사람"이었던 아브라함에게서 하나님의 신실하심에 대한 그의 믿음으로 말미암아 "하늘의 허다한 별과 해변의 무수한 모래와 같이 많은" 무리가 태어났다. 이러한 해석은 이사야 51:2을 떠올리게 한다. 거기서 예언자는 하나님께서 한 사람 아브라함을 부르시고 그로부터 많은 백성을 일으키셨던 일을 상기시킨다. 아브라함에게 초점을 맞춘 이러한 읽기는 로마서 4:19-20에서 바울이 전개한 아브라함의 믿음에 대한 주해와도 일치한다. "그가 백 세나 되어 자기 몸이 죽은 것νενεκρωμένον, 히 11:12과 동일한 단어 같고 사라의 태가 죽은 것 같음을 알고도 믿음이 약해지지 아니하고 믿음이 없어 하나님의 약속을 의심하지 않고 오히려 믿음으로 견고하여져서 하나님께 영광을 돌렸다." 이렇게 볼 때 아브라함을 중심에 둔 해석을 지지하는 증거는 매우 강력하다.

이러한 읽기에 따르면, '사라 자신이 단산하다'는 뜻의 '아우테 사라 스테이라'αὕτη Σάρρα στεῖρα는 히브리어식 표현에서 자주 나타나는 상황적 삽입구로 기능할 수 있다. 즉 "믿음으로 ('비록 사라 자신도 단산하였으나') 아브라함이 능력을 받았다"는 것이다. 그러나 히브리서 전체를 살펴보면, 저자가 히브리어식 구문을 의도적으로 차용하는 경향은 거의 드러나지 않는다.[26] 대안적으로 언셜체 사본은 여격을 나타내는 '이오타'ι를 종종 생략하기 때문에, 이 구절은 동반의 여격으로 해석될 수도 있다. 즉 "믿음으로 그(아브라함)는 임신하지 못하는 사라와 함께 잉태할 능력을 받았다"라고 볼 수 있다.[27] 그러나 언셜체 사본 중에 이 부분을 여격으로 이해하고 '이오타'를 삽입한 경우는 없으므로 이 주장을 지지하는 구체적 근거는 없다.

믿음을 뜻하는 '피스티스'πίστις 뒤에 명백한 주격 형태로 사라의 이름이 오는 점을 고려하면, 사라를 주어로 보는 해석이 더 자연스럽다. 이는 히브리서 11장에서 다른 예들이 사용된 방식과도 일치한다. 게다가 창세기 본문에 따르면 아브라함은 이미 이스마엘을 낳았고, 사라가 죽은 후에도 그두라와 함께 여섯 자녀를 더 두었으므로[창 25:1-2] 실제로 '죽은 자와 같다'고 보기 어렵다. 그는 비록 고령이었으나 사라와 달리 분명한 생식 능력을 지니고 있었다. 이러한 이유로 여러 주석가들은 11절의 주어를 사라로 보는 견해를 선호한다.[28] 즉 "믿음으로 사라 자신도 단산하였으나 능력을 받아 씨를 뿌리는 결과를 낳았다." 비록 '씨를 뿌린다'는 표현이 일반적으로 남성을 가리키는 것으로 이해되지만, 히브리서가 기록되던 당시에는 임신에 관한 이론이 다양했다. 일부는 남성만이 씨를 제공한다고 보았으나, 다른 일부는 남성과 여성 모두가 씨에 기여한다고 주장하기도 했다.[29] 히브리서 저자는 비록 이 특정한 문구를 예상치 못한 방식으로 사용하고 있기는 하지만, 그러한 견해를 반영하고 있을 수도 있다.[30] 이것은 저자가 여성의 믿음을 명시적으로 언급하고자 함을 보여주는 증거일 수 있다. 대안적으로는 그 표현이 그녀가 아브라함의 씨를 '받을' 능력을 받았음을 나타낼 수도 있다.[31] 즉 아브라함이 정액을 뿌리는 것이 효과를 나타낼 수 있도록 그녀가 능력을 받았다는 것이다. 초기의 필사자들은 사라를 주어로 읽었고, 따라서 씨 뿌림에 관한 문구에 생식과 심지어 출산 관련 동사들을 첨가함으로써 이런 읽기를 명확히 했다. 그래서 본문은 다음과 같이 읽힐 수 있다. "그녀는 '출산할' 삶의 때를 넘겼음에도 씨를 뿌려 '생식할 결과를 낳을'[32] 능력을 받았다."

더욱이 사라는 분명히 '삶의 때를 넘긴', 곧 아이를 수태하는 정상적인 때를 넘긴 사람이라는 묘사에 들어맞는다. 그녀는 구십 세일 뿐만 아니라[17:17; 18:11] 폐경기가 지난 상태였다.[창 18:11] 독자들이 아브라함의 아내 사라에 대해 처음 알게 되는 사실은 그녀가 임신하지 못한다는 것이지만,[창 11:30] 이 시점에는 한 번도 임신하지 못했던 이 여인이 이제는 '어떤' 여성이라도 아이를 가질 수 없는 나이가 되어 있었다. 이 특정한 하나님의 약속을 믿는 것에서 그녀는 아브라함보다 더 많은 개인적인 장애물을 가지고 있다. 실제로 그녀는 그 장애물들을 극복하고, 하나님께서 약속하신 바를 이루실 것임을 신뢰하는가? 그녀는 그 소식을 듣고 자신의 이력과 아브라함의 나이 때문에 웃었던 것이 사실이지만,창 18:12 그 점은 아브라함도 마찬가지였다.창 17:17 나는 아래에서 그녀가 믿음을 가졌는지 여부에 대한 질문을 다룰 것이다.

11절의 주어를 사라로 읽는 데 또 다른 난점은 12절의 초점이 아브라함인 것처럼 보인다는 점이다. 그는 많은 이들이 나오게 된 근원이며, 죽은 자와 같은 사람이다. 8-9절의 초점은 아브라함이고, 11절의 초점은 사라, 그리고 다시 12절의 초점은 아브라함일 수도 있다. 그러나 12절에서도 사라의 역할을 볼 수 있는 가능성이 존재한다(많은 이들이 나오게 된 근원, 죽은 자와 같은 사람, 곧 '죽은 상태'라는 표현은 앞서 언급했듯이 아브라함보다 사라에게 더 적합하다). 그녀는 평생 수태하지 못했으며,창 11:30 이제는 폐경에 이르렀다. 그녀의 태는 생명의 소망이 전혀 없었고, 그녀의 몸은 언제나 그러했으며 지금은 아브라함의 몸보다도 한층 더 죽음에 가까운 상태다. 그러나 문제는 '죽은'이라는 말이 남성 또는 중성 단수 분사라는 점이다. 따라서 이 분사는 사라만을 지칭할 수 없다. 더욱이 이 분사는 "한 사람으로 말미암아"라는 구절에서 남성 또는 중성 명사인 '헤노스'ἑνός와 연결된다.

이에 대해 5세기 안디옥의 신학자이자 교회 지도자인 키루스의 테오도레투스Theodoret of Cyr는 이 문구에 사라를 포함시키는 해석을 제시했다. 그는 다음과 같이 말한다. "'한 사람으로 말미암아'는 아브라함을 의미하지만, 우리가 그 '하나'를 아브라함과 사라 모두를 가리키는 것으로 이해한다고 해도 크게 벗어난 해석은 아닐 것이다. 성경이 '둘이 한 몸을 이룰지니라'라고 말하기 때문이다."[33] 루크 티모시 존슨Luke Timothy Johnson은 이에 동의한다. "'한 사람으로 말미암아'라는 구절이 사라의 믿음의 역할을 배제하지 않는다. 사실 그 한 사람이 그렇게 많은 후손을 가질 수 있게 한 것은 바로 그녀의 믿음이다."[34] 사라와 아브라함은 모두 죽음의 특징들을 보여주며, 사라는 훨씬 더 그러하다. 그녀는 분명히 "한 사람으로 말미암아"라는 구절에 아브라함과 함께 포함된다. 특히 저자는 후손들이 아브라함 한 사람에게서만 비롯되지 않았다는 생물학적 사실을 충분히 인식하고 있었을 것이다. 이러한 이유로 나는 '하나'라는 명사와 '죽은'이라는 분사가 모두 남성이 아니라 중성이라고 본다. 아브라함의 나이 역시 하나님의 약속 성취에 장애가 되었지만, 사라의 불임은 훨씬 더 큰 장애였다. 많은 후손이라는 성취는 단지 한 남자로 말미암은 것이 아니라, 한 남편과 아내의 연합된 만남을 통해 이루어진 것이었다.

대안적으로 읽을 경우, 12절의 명사 '하나'와 분사 '죽은'이 남성형이라면, 그 지시 대상이 반드시 아브라함일 필요는 없다. 많은 후손을 낳게 된 '한 남자'라는 묘사는 이삭에게도 충분히 적용될 수 있다. 하나님은 비록 이스마엘을 번성하게 하겠다고 약속하셨지만, '언약'은 이삭을 통해 이어질 것이었다.창 17:19-21 더욱 분명한 것은 별들창 15:5과 모래창 13:16에 비유된 이 약속이 두 아들이 태어나기 전 아브라함에게 주어졌고 두 아들 모두 아브라함에게서 태어났기에 둘 중 하나 또는 둘 모두에게 적용될 수 있지만, 아브라함이 이삭을 하나님께 기꺼이 드린 사건 이후에는 이 두 약속이 모두 '이삭 한 사람'을 가리킬 때만 나타난다는 점이다.창 22:17 아브라함이 이삭을 희생 제물로 바치려 했기 때문에 그의 아들은 '죽은 자나 마찬가지'라고 묘사될 수 있으며, 이 이야기는 히브리서 저자가 곧 이어지는 본문에서 언급하게 된다.히 11:17-19 하나님은 이삭을 통해 수많은 약속을 성취하기 위해 사라를 그 계획에 참여시키셨다. 따라서 '그 한 사람'의 초점이 이삭이라면, 그를 수태한 사라의 믿음11:11은 자연스럽게 이삭의 이야기로 이어진다.

저자는 분명히 이삭의 출생과 그를 통해 언약 백성이 이어짐으로써 아브라함과 사라에게 하신 하나님의 약속이 성취됨을 염두에 두고 있다.

그러나 그리스도를 고백하는 자들이 하나님의 자녀가 된다고 말하는 이 서신의 맥락에서 '하나'와 '죽은'이 남성형이라면, 12절을 아브라함의 씨인 예수 메시아에 대한 암시로 해석하는 것도 마지막으로 고려해 볼 흥미로운 가능성이다. 아브라함이 결코 상상할 수 없었던 방식으로 수많은 후손을 얻게 하는 분은 바로 예수이며, 단지 '죽은 자와 같은' 정도가 아니라 실제로 그리고 완전히 죽었던 분[2:14]은 오직 예수뿐이다. 성자께서 혈과 육을 취한 것도 마리아나 마리아의 조상이자 이삭을 낳은 사라와 같은 여성들의 믿음이 없이는 불가능했다. 이러한 모든 이유로 볼 때, 11절과 12절에서 사라가 신실한 자에 포함된다고 보는 해석은 매우 개연성이 크다.

그러나 비록 아브라함의 믿음이 주된 주제로 남아 있다 하더라도, 사라의 믿음 역시 그 안에 분명히 포함된다. 따라서 나는 이를 반영한 보다 풍부한 번역을 시도했다. "비록 사라 자신도 단산했고 아브라함과 사라는 삶의 때가 지났으나, 그는 사라와 함께 씨를 뿌릴 수 있는 능력을 얻었으니 이는 믿음으로 약속하신 이를 미쁘신 줄 알았음이라. 이러므로 죽은 자와 같은 한 사람으로 말미암아 하늘의 허다한 별과 해변의 무수한 모래와 같이 많은 후손이 생육했다."

이삭이 태어나기 위해서는 사라 또한 하나님의 말씀에 능동적으로 믿음으로 응답해야 했다. 이 경우 그들은 모두 단지 보이지 않는 어떤 것이 아니라 분명히 눈앞에 보이는 실재, 그것도 절망적으로 보이는 실재를 직면해야 했다. 불임, 노령, 폐경은 생명을 낳을 수 있는 조건과는 정반대되는 그들이 맞서야 했던 장애물이다. 이러한 상황은 히브리서 저자와 바울이 표현하듯이 '죽은 것과 같은' 상태다. 그와 같은 실재들 앞에서 하나님은 단지 아브라함만이 아니라 '그들', 곧 '아브라함과 사라'가[창 17:15-16] 아이를 갖게 될 것이라는 약속을 주셨다. 비록 그들은 모두 회의적인 질문을 했고 그 말을 비웃었지만, 그것을 시도해 볼 만큼은 충분히 신뢰하고 있었던 것이 틀림없다. 그들 두 사람은 아이를 낳을 가능성을 받아들이기 위해 성적인 측면에서 부부가 한 몸이 되는 일에 기꺼이 참여해야 했다. 우리의 세상에는 안타깝게도 그리고 분노를 자아내게도, 여성이 자신의 의지에 반해 아이를 갖게 되는 상황들이 존재한다. 그러나 창세기 이야기는 아브라함과 사라에 관한 한 그러한 가능성을 단호히 부인한다. 하나님은 아브라함이 '사라와 함께' 아이를 낳을 것이라고 약속하셨으며, 이 말씀은 아브라함^{창 17:15-16, 19, 21}과 사라^{창 18:9-15} 모두가 들을 수 있도록 주어졌다. 약속과 성취^{창 21:1-7} 사이에서 창세기는 고통스러운 현실들, 곧 강간^{창 19:5-9}과 술에 취해 저질러진 근친상간,^{창 19:30-38} 그리고 아브라함의 비겁함 때문에 사라가 거의 인신매매를 당할 뻔한 사건^{창 20:1-7} 등을 기록한다. 마치 이 모든 이야기가 "이 임신은 결코 그런 식으로 이루어진 것이 아니다"라고 말하는 듯하다. 사라는 강요나 기만으로 아이를 갖게 된 것이 아니라, '믿음으로 선택'하여 임신을 시도했다. 아브라함과 사라 두 사람은 메시아로 이어지는 계보를 만들게 될 한 아이를 창조하는 행위에 신실하게 참여했다. 그 메시아는 후손이 셀 수 없을 만큼 많아지는 것을 가능하게 하신다. 문법적으로는 복잡하게 기록되어 있지만, 그들의 행동의 상호성과 능동적인 믿음의 영예는 분명하게 드러난다.

사라의 믿음을 이 목록에 포함해야 한다는 주장을 펼치면서도, 나는 그녀의 삶에 드러난 추한 부분을 간과하지 않을 것이다. 이 목록에 등장하는 대다수의 인물들과 마찬가지로 사라는 자신의 도덕적 실패를 변명하지 않고 하나님을 신뢰했다는 점에서 칭찬받을 수 있다. 사라의 시대에는 노예제가 문제시되지 않았을지 모르나, 그녀는 하갈을 자신의 목적을 위해 이용하고 학대했으며,^{창 16:1-6} 나중에는 하갈을 그의 아들 이스마엘과 함께 내쫓았다.^{창 21:8-10} 사라의 삶에는 믿음과 사악함이 공존했다. 이것은 모든 시대와 장소에서 불편할 만큼 익숙하게 나타나는 인간의 현실이다. 하나님은 '복을 받을 자격이 없는' 아브라함과 사라에게 복을 주셨다.

동시에 하나님은 사라가 내쫓은 여인과 아이, 곧 하갈과 이스마엘을 보고 만나고 돌보시고 그들에게도 복을 주셨다.[창 21:12-21] '나의 모든 것을 보시는 분'이라는 이름을 하나님께 붙여 드린 이는 바로 하갈이다.[창 16:13]

아브라함과 사라의 역할을 심층적으로 살펴보면, 한 가지 놀라운 사실이 드러난다. 그것은 거의 죽은 것이나 다름없던 두 사람이 하나되어 만남으로써 셀 수 없이 많은 생명이 나왔다는 점이다. 생명을 주시겠다는 하나님의 약속은 결코 좌절되지 않으며, 비록 지극히 불완전한 사람들의 믿음일지라도 하나님께서 주신 약속의 진실성을 신뢰한다. 두 사람 모두 "약속하신 이를 미쁘시다"고 믿었다. 이러한 언급은 히브리서 6:15에서 아브라함이 믿음을 보였기에 하나님의 약속을 받았다는 저자의 진술과 연결된다. 그리고 하나님에 관한 이러한 진리는 저자가 앞 장에서 청중에게 소망의 근거로 삼으라고 선포한 실체이기도 하다.[10:23] 아브라함과 사라는 모든 면에서 본이 되지는 않지만, 저자가 청중에게 요구하는 바로 그 믿음의 실천 방식에서는 모범이 된다.

13절에서는 어조가 바뀐다. 저자는 '믿음'이라는 명사를 단순 여격으로 쓰는 대신 전치사를 덧붙인다. 따라서 번역은 "믿음으로"가 아니라 "믿음을 따라"가 된다. 또한 이제는 한 개인(혹은 한 부부)에 대해 말하는 것이 아니라 "이 사람들" 모두에 대해 진술한다. 이 사람들이 모두 "믿음을 따라" 행한 바가 죽음이었다는 사실은 매우 인상적이다. 그들은 피할 수 없는 죽음을 경험했다. 그것이 나이 때문이든[9:27] 박해 때문이든,[12:4] 죽음을 맞이하는 이들에게 "믿음을 따라 죽는 것"은 본받아야 할 중요한 모범이 된다. 족장들과 그 아내들은 믿음 안에서 지상의 생애를 마쳤다. 이 구절이 지금까지 전개된 창조 이야기 전체의 요약은 아님이 분명하다. 왜냐하면 "이 사람들이 다 죽었다"는 진술은 에녹에게는 적용될 수 없기 때문이다. 믿음은 그들로 하여금 자신들의 죽음 너머, 곧 남아 있는 하나님의 약속의 성취를 바라보게 했다.[35] 그들은 "약속을 받지 못하고” 죽었다. 그러나 그들은 “그것들을 멀리서 보고 환영”했다. 저자는 ‘본다’는 행위를 설명하면서 서로 다른 용어를 사용한다.여기서는 ὁράω, 11:1에서는 βλέπω 이 용어들은 모두 믿음에 대한 그의 정의, 곧 보이지 않음에도 불구하고 신뢰하는 것11:1을 드러내는 사례로 제시된다. 그들은 약속이 실제로 자신들의 소유가 되는 것을 보지는 못했으나, 하나님이 반드시 그 약속을 성취하시리라는 믿음으로 멀리서 바라볼 수 있었다. 그리고 그러한 믿음이 있었기에 단순히 멀리서 보기만 한 것이 아니라 약속을 “환영”하기까지 했다. 저자는 이와 같은 묘사를 통해 죽음 앞에서도 하나님의 약속을 소망할 수 있음을 다시금 강조한다.

가장 직접적으로 드러나는 약속은 하나님이 땅을 주겠다고 하신 약속이다. 이는 13절 마지막 문구, 곧 그들이 “땅에서는 나그네와 거류민임을 증언하였다”는 진술에 나타난다. 그들의 믿음은 이 세상이 자신들의 본향이 아님을 고백하는 데서 표현되었다. 하나님이 여러 차례 땅을 주실 것을 약속하신 이후 아브라함은 큰 부와 군사적 성공, 존경을 얻었지만, 사라가 죽었을 때 그는 자신이 여전히 그 땅에서 나그네일 뿐이라고 말한다. 이 신분을 잘 보여주는 증거는 아브라함이 사라의 무덤에 대해 값을 지불하겠다고 주장한 일창 23:4과 결국 그곳에 그 자신도 묻히게 된 사실이다.창 25:9 – 10 아브라함과 사라는 이방인으로 살았기 때문에, 나중에 저자는 청중에게 이방인을 환대하고 사랑하라고 권면한 것이다.히 13:2 아브라함의 이러한 고백은창 47:4, 9도 참조 단지 가나안 땅의 문제를 넘어서 더 포괄적인 의미를 지닌다. 히브리서 저자는 이 진술을 상기시키면서, 언약의 조상들이 자신들의 처지를 거류민과 나그네라고 고백했을 때 이들은 단지 갈대아 우르만을 떠올린 것이 아님을 보여준다. 그들은 가나안 땅에서 토착민이 아닌 이방인이었지만, 엄밀한 의미에서 유배자는 아니었다. 왜냐하면 유배자란 자신의 의지와 상관없이 한 장소에서 다른 장소로 강제로 옮겨진 사람을 가리키기 때문이다. 그들은 우르를 떠나도록 강요받지 않았다. 데라가 떠나기로 선택했을 뿐이다. 따라서 "그들이 이같이 말하는 것은 자기들이 본향을 찾는 자임을 나타냄"이라는 저자의 해석이 자연스럽게 이어진다. 저자는 그들의 고백이 지닌 구술적 성격을 강조함으로써, 그들의 행위를 하나님께서 행하는 일, 곧 말씀을 통해 소통하는 방식과 일치시킨다. 그들의 말은 관찰 가능한 실재를 드러내는데, 이는 하나님의 말씀이 믿음을 돕는 가시적 실재를 낳는 것과 유사하다. 그들이 스스로를 거류민과 나그네라고 고백한 사실은 그들이 본향을 찾는 자임을 분명히 보여준다. 저자는 바로 앞에서 하나님을 "자신을 찾는 자들에게 상 주시는 분"이라고 묘사했다.[11:6] 따라서 그들이 본향을 찾는다는 것은 아들의 오심을 통해[1:5] 아버지로 계시되신 하나님을 찾는 것이며, 하나님과 '함께할 집'을 찾는 것이다. 이것은 저자가 이미 회중에게 하나님의 안식에 들어가라고 권면한 것[4:8-11]을 다시 반향한다. 나아가 저자가 15절에서 지적하는 것처럼 "그들이 나온 바 본향을 생각하였더라면 돌아갈 기회가 있었을" 것이다. 그들이 원했다면 우르로 돌아갈 충분한 시간이 있었다. 그들의 이야기에 대한 저자의 해석은 그들이 단순히 우르에서 온 유배자가 아니라 하나님과 함께 거하던 본향을 떠난 유배자라는 것이다. "그들이 이제는 더 나은 본향을 사모하니 곧 하늘에 있는 것이라." 그들은 자신들이 볼 수 있는 것 너머에 있는 더 나은 것에 시선을 두었는데, 이는 이 회중이 자신들에게 더 나은 소유가 있음을 알았기에 기꺼이 재산을 빼앗겼던 태도와도 관련이 있다.[10:34] 독자들은 하나님과 함께 거하는 곳으로 돌아가려는 그들의 열망 속에서 영혼이 물질적 창조 세계로 추방된다는 플라톤주의 이야기의 한 형태를 떠올렸을 수도 있지만,[36] 저자는 아마도 하나님이 마련하신 안식의 장소에 관해 앞서 설교한 내용을 떠올리고 있었을 것이다.[히 4장] 인류는 마귀와 죽음의 지배 아래 들어갔을 때,[2:14] 이 생명과 안식의 자리에서 떠나도록 강요받았다. 크리소스토무스가 지적하듯이 "그들이 팔레스타인 땅에서만 '나그네'였다는 뜻인가? 결코 그렇지 않다. 오히려 온 세상에 대해 그러했다."[37]

그들은 가나안 땅에서만 거류민이 아니라 온 땅 위에서 거류민이었으며, 더 정확히 말하면 '현재 있는 그대로의 세상'에서 거류민이었다. 그들이 이 땅에 편안히 거하지 못한다는 사실은 원수들이 아직 하나님과 그분의 대리 통치자인 인류의 발아래 복속되지 않은[2:8 – 9] 현 세상에 대한 불편함을 드러낸다. 저자는 그들이 이러한 신분을 땅 위에서 "고백했다"고 기록함으로써, 다시 한번 그들의 행위를 독자들이 이미 행했으며 앞으로도 계속 붙들어야 할 모범으로 제시한다.[3:1; 4:14; 10:23; 13:15] 이처럼 땅으로부터의 단절을 고백하는 것은 모든 세대의 그리스도인들이 자신이 속한 나라에 대해 취해야 할 태도이며, 동시에 예수 그리스도가 섬기고 다스리는 성소에서 보좌를 마련하고 머무시는 하나님과 그 하나님이 계신 하늘의 영역을 향한 갈망을 드러낸다. 그들은 죽음의 영역 아래 있는 인간으로서 하나님과 함께하는 안식이라는 창조의 이상에서 추방된 상태이며, 그곳으로 다시 돌아가기를 간절히 바랐다.

그들은 사는 동안 가나안에 거주했음에도 하나님이 건설하신 곳을 고대하고 있었다. 즉 하늘에 계신 아버지와 함께할 땅을 찾고 있었던 것이다. 이것이 그들의 소망의 비전이자 믿음의 목표였다. 비록 각자 자신의 죽음을 직면했지만, 그들은 하나님께서 죽음 저편에서 이 약속을 성취하실 수 있다고 끝까지 믿었다. 벤 위더링턴Ben Witherington의 지적처럼 이것은 "끝까지 지속되는 신실함이라는 뉘앙스를 지니고 있으며……그런 점은 저자가 믿음에 관해 말한 것과 인내에 관해 말한 것 사이의 유사점들을 주목할 때 더욱 분명해진다."[38] 이러한 종류의 믿음은 단순한 신념일 뿐 아니라 그 신념에서 비롯되는 행동이기도 하다.

그들이 하나님을 향해 신실한 시선을 두었기 때문에, "하나님이 그들의 하나님이라 일컬음받으심을 부끄러워하지 아니하셨다." 하나님은 그들과 관계 맺는 것을 결코 부끄러워하지 않으셨다. 이는 그들이 하나님을 올바르게 이해하고 있었기 때문이다.[39] 모세와의 대화에서 하나님은 자신을 계시하는 방식으로 아브라함과 이삭과 야곱의 이름을 기꺼이 취하신다. 즉 하나님은 자신을 모세의 조상들의 하나님이라고 일컬으신다.[출 3:6] 저자는 수미상관적 구조를 통해 하나님께서 아브라함을 부르셨던 그 사건[11:8]을 다시 상기시키며, 이제 하나님도 아브라함과 그의 가족의 이름으로 불려지기를 원하신다고 말한다. 성자께서 그러하셨던 것처럼 성부 또한 자신을 신뢰하는 이들과 관계 맺는 것을 기뻐하시며 결코 부끄러워하지 않으신다. 실제로 2:11은 기쁨을 나타내는 이 동사가 사용된 유일한 다른 본문이다.

족장들과 그 아내들은 하나님이 존재하며 믿음에 대해 상 주시는 분임을 믿었다.[11:6] 더 구체적으로는, 하나님이 "그들을 위하여 한 성을 예비하셨다"는 사실을 믿은 것이다. 안식의 묘사와 유사하게 이 단락은 하나님 자신도 사람들이 성부와 성자와 성령, 곧 삼위 하나님의 임재 안에 거하게 될 때를 고대하고 계신다는 점을 다시금 확언한다. '예비한다'는 개념은 하나님의 관심과 돌보심을 드러내며, 인류를 위해 영원한 실재를 준비하시는 하나님의 사역과 긴밀히 연결된 표현이다.[마 3:3; 20:23; 22:4; 25:34, 41; 26:17; 막 1:3; 10:40; 요 14:2–3; 고전 2:9] 이는 하나님이 짓고 계신 성에 대한 두 번째 언급이며,[히 11:10] 저자가 12:22–24에서 더 풍부하게 묘사할 그 도성에 대한 암시다.

그러나 그들이 바라보는 것이 거주지에 대한 약속만은 아니다. 왜냐하면 저자는 13절에서 그들이 아직 "약속들을 받지 못했다"고 말하기 때문이다. 더욱이 저자는 이 약속과 관련해서 그들이 하는 일에 대해 이중적인 묘사를 했다. 즉 그들은 그 약속을 보고 환영한다. 장소를 본다는 것은 말이 되지만, 장소를 환영한다는 것은 잘 어울리지 않는 표현이다. 13:24에서처럼 사람들을 환영한다는 표현이 좀 더 적절하다.[11:39의 논의도 참조40] 그런 점에서 많은 후손에 대한 약속이 이 단락에 미묘하게 나타나 있으며,[11:13–16] 이어지는 단락에서 다시 초점이 맞추어진다.[11:17–21

17절에서 저자는 다시 한번 시선을 후손에 대한 약속으로 돌린다. 예수도 시험을 받으셨고[2:18] 청중도 시험을 받고 있는 것처럼[4:15] 아브라함도 그러했다. "아브라함은 시험을 받을 때 믿음으로 이삭을" 기꺼이 그리고 주저 없이 "드렸다." 실제로 '드렸다'προσήνεγκεν라는 동사는 반복되는 연결어인 '믿음으로'πίστει 바로 뒤 문장의 첫머리에 나온다. 이 이야기가 담긴 창세기 22장에는 등장하지 않는 이 동사를 선택한 것은 아브라함의 행위를 희생 제사를 드리는 제사장적 행위와 연결한 것이다. 이러한 행위는 히브리서에서 이 구절이 나오기 전에 이미 열두 번 이상 언급되었다. 어떻게 해석하느냐에 따라 다르겠지만, 이 동사의 완료 시제는 이 행위의 무게감을 전달할 수 있다. 즉 비록 그것은 한 번 일어난 일이지만 이런 종류의 믿음은 지속적인 영향을 미친다는 것이다. 히브리 시인처럼 저자는 약간 다른 용어로 그 진리를 "그 외아들을 드렸느니라"라고 진술한다. 이삭을 묘사하기 위해 저자가 선택한 '외아들'μονογενῆ이라는 단어는 일련의 흥미로운 연관성을 떠올리게 한다. 일부 헬라어 본문들은 이삭을 그런 식으로 묘사하지만(아퀼라 역본과 심마쿠스 역본),[41] 다른 본문들에서는 이삭을 '사랑받는 자'라고 구별하여 부르는 하나님의 음성이 나온다. '모노게네스'μονογενής는 외동 자녀 또는 특정 성별의 유일한 자녀를 가리키는 데 사용될 수 있다.눅 7:12; 8:42; 9:38 독자들이 아브라함의 이야기를 잘 알고 있다면, 하나님이 그를 부르셨을 때 아브라함에게 이미 아들이 있었다는 사실을 기억할 것이다. 그렇기에 여기서 강조되는 것은 다시 한번 사라의 참여다. 사라에게는 단 한 명의 아들만 있었고, 따라서 이삭은 사라와 아브라함의 결합을 통해 얻은 유일한 아들이었다. 아브라함에게는 이삭보다 먼저 낳은 아들이 있었다. 아브라함은 자신의 맏아들과 첩인 하갈을 함께 떠나보내야 했다.창 21:12 – 14 정경적 맥락에서 '독생자'라는 표현은 이삭을 하나님의 독생자 예수와 연결해 준다.요 1:14, 18; 3:16, 18; 요일 4:9 이는 히브리서 저자가 이삭과 예수를 서로 연관시키는 여러 암시 가운데 하나다.

저자는 아브라함이 그 독생자를 "기꺼이 바치려 했다"개역개정은 "드렸느니라"—옮긴이고 진술한다. 여기서 다시 한번 눈에 띄는 동사 시제, 곧 미완료 시제를 사용하여, 모리아산에 올랐던 그 긴 여정을 상기시킨다.창 22:6-8 저자는 아브라함을 "약속을 받은 자"라고 표현한다. 이 단수 명사 '약속'은 특히 아브라함이 사라를 통해 후손을 얻을 것이며 그 아이를 통해 언약이 계속될 것이라는 하나님의 약속을 가리킨다.창 17:19 아브라함은 하나님에게 이 구두 약속을 받았고, 그 약속을 성취하기 시작한 아이를 그의 삶 속으로 맞아들였다. 그는 자기 앞에 서 있는 그 약속의 실현을 하나님께 다시 바치려 했으며, 여기에는 분명 상당한 믿음이 필요했을 것이다.

그런 다음 저자는 하나님의 음성으로 주어진 약속을 제시한다. "그에게 이미 말씀하시기를 네 자손이라 칭할 자는 이삭으로 말미암으리라 하셨으니." 여기서 저자는 자신이 자주 사용하는 '말하다'라는 동사를 신적 수동태로 사용한다.원문은 "그에게 이미 말씀되기를"—옮긴이 이 표현은 창세기 17:19에 나타나는 이삭에 관한 약속을 상기시키는 동시에, 창세기 21:12을 정확히 인용한다. "네 자손이라 칭할 자는 이삭으로 말미암으리라." 이 진술은 하나님이 이삭과 이스마엘, 곧 여종 하갈의 아들과 사라의 아들을 구별하실 때 하신 말씀이다. 아브라함이 맏아들에 대해 염려할 때, 하나님은 그 역시 큰 민족을 이루게 하겠다고 약속하신다.창 21:13 그러나 언약의 씨는 이삭으로 불렸기에 그의 계보에서 태어난 자들이 언약 안으로 부름을 받았고,히 9:15 그 수는 무수히 많았다.11:12 언약의 복이 모든 사람에게 확장되기 때문에창 12:3 이스마엘의 후손들 또한 그 안에 포함된다.

아브라함은 하나님의 말씀을 확실히 신뢰했다. 그와 사라가 자신들의 힘으로는 아이를 가질 수 없었을 때, 하나님이 이 아이를 통해 보여주신 증거를 신뢰했기에 그는 사랑하는 아들, 곧 약속의 아들 이삭을 기꺼이 바치려 했다. 저자는 그 이유를 명시적으로 밝힌다. "그가 하나님이 능히 이삭을 죽은 자 가운데서 다시 살리실 줄로 생각한지라." 여기서 사용된 '생각하다'λογίζομαι라는 동사는 아브라함이 '하나님의 말씀'을 신뢰했다는 점과 언어적으로 연결된다.동사 안에 '말씀', 곧 '로고스'의 어근이 포함된다―옮긴이 죽은 자를 살리시는 분으로 하나님을 묘사하는 이 표현은 히브리서 5장에 나타나는 예수의 믿음과도 연결된다. 예수는 하나님을 신뢰하며 "자기를 죽음에서 능히 구원하실 이에게"5:7 간구하셨다. 아브라함과 예수는 바로 이런 종류의 믿음을 공유한다. 저자는 이 믿음을 '하나님이 사람을 죽은 자 가운데서 살리실 수 있는 능력을 믿는 것'으로 구체화함으로써, 아브라함을 유대인과 그리스도인이 공유하는 신앙의 전범으로 제시한다.6:2; 11:35 그리스도인에게 이 믿음은 하나님이 예수 그리스도를 죽음에서 일으키신 사실에 근거한 것이다.13:20

아브라함이 자신의 믿음을 실행으로 옮긴 것은 비유적인 차원을 지닌다. 저자는 19절을 마무리하면서 아브라함과 그의 직계 가족 이야기를 이렇게 정리한다. "비유컨대 그를 죽은 자 가운데서 도로 받은 것이니라." 여기서 사용된 '받았다'라는 표현은 아브라함을 청중과 연결하는 매개로 기능한다. 그가 경험한 것은 저자가 방금 청중에게 촉구했던 목표, 곧 인내하여 하나님이 약속하신 것을 받는 것10:36과 맞닿아 있다. 동시에 이 진술은 저자가 이어서 모든 믿음의 사람이 하나님이 약속하신 것을 받지는 '못했다'고 말할 것이므로,11:39 장차 해명이 요구되는 긴장을 남긴다.이 두 진술의 조화에 대해서는 해당 구절 논의 참조

히브리서 저자는 신약성경의 서신서 저자 가운데 유일하게 '비유'παραβολή라는 용어를 사용한다.11:19과 함께 장막과 관련된 9:9 복음서에서 이 단어가 흔히 예수의 비유적 가르침을 가리키는 데 쓰이는 것과는 다른 뉘앙스로, 히브리서에서는 구약 사건을 신학적 실재를 가리키는 예표로 해석하는 방식에 적용된다. 아브라함은 이삭을 죽음의 문턱에서 돌려받았다. 그의 경험은 부활을 직접적으로가 아니라 간접적으로 체험한 사건이

었다. 이러한 부활의 간접적 경험은 히브리서 저자가 의도한 바, 주제를 '비스듬히' 비추는 비유로 이해할 수 있다. 다른 측면에서 보면 아브라함의 믿음과 이삭을 죽이지 못하도록 막은 야훼의 사자의 개입창 22:11-12은 더 큰 실재, 곧 장차 일어날 부활 사건을 가리킨다. 여기서 사용된 '비유'παραβολή는 그 어원이 담고 있는 기하학적 의미, 곧 '포물선'parabola과도 공명한다. 마치 포물선이 한껏 아래로 내려갔다가 다시 하늘을 향해 치솟는 것처럼, 아브라함의 믿음은 이삭이 죽음으로 떨어지더라도 하나님이 다시 일으키실 것이라는 신뢰에 기반한다. 흥미롭게도 이러한 신앙의 모범은 훗날 초기 종교개혁 시대에도 소환되었다. 1500년대 초 켄칭겐에서 남편들이 개신교 신앙 때문에 추방당한 뒤 홀로 남겨진 아내들을 격려하기 위해, 카타리나 쉬츠 첼Katharina Schütz Zell은 아브라함을 신뢰의 모범으로 제시했다. 그녀는 하나님이 헌신적인 어머니처럼 신실하신 분임을 확신했다. 동시에 그녀는 아내들에게 아브라함이 보여준 '남자다운' 용기를 내라고 권면했다.[42]

　아브라함이 이삭을 죽은 자 가운데서 돌려받은 사건은 분명히 성자 예수 그리스도의 부활을 예표한다. 히브리서의 초기 해석가들 가운데 일부는 이 비유가 특별히 덤불에 걸린 숫양창 22:13에 적용된다고 보았다. 예를 들어 아우구스티누스는 이렇게 말한다. "아브라함이 숫양을 처음 보았을 때, 그 뿔이 가시덤불에 걸려 있었다는 점에 주목하라. 이것은 분명 예수를 나타내는 상징이다."[43] 아타나시우스도 비슷하게 해석했다. "주님이 이삭을 희생 제물로 바치는 아브라함을 막으셨을 때, 아브라함은 그 숫양 안에서 하나님께 궁극적인 희생 제물로 드려진 메시아를 보았다."[44] 예수 이야기와의 비유적 연결은 독자들에게 그분의 죽음뿐 아니라 그분의 높이 들리심까지 상기시켰을 것이다. 성부는 신적 뜻을 이루기 위해 성육신한 아들을 다시 받으셨고, 그분을 자기 오른편에 앉히셨다. 아브라함의 비유에 대한 저자의 언어는 더 이상 설명할 필요가 없을 만큼 생생하다. 그는 훌륭한 이야기꾼으로서 독자들로 하여금 스스로 추론의 선을 그어 가며 의미를 깨닫게 만든다. 아브라함이 죽음의 문턱에서 이삭을 돌려받았을 때, 동시에 한 가지 비유를 받은 셈이었다. 그것은 성부 하나님께서 성자 하나님인 예수 그리스도와 함께 온전히 그리고 참되게 경험하실 사건의 예고편이었다. 은혜로2:9 성부는 성자께서 원했던 죽음을 허락하셨고,10:7 그분을 죽은 자 가운데서 일으켜 다시 데려오셨다. 저자는 아브라함과 사라, 그리고 이삭의 믿음 이야기를 전하면서 그들에게 경의를 표할 뿐 아니라, 이를 통해 하나님의 은혜와 능력을 증언한다.

20절에 이르면, 이삭은 이미 장성했을 뿐 아니라 그의 생애도 거의 끝에 다다르고 있다. 이어서 언급될 세 족장(이삭, 야곱, 요셉)도 모두 마찬가지다. 저자는 이들의 임박한 죽음을 서술하면서, 그들이 떠나기 직전 남긴 축복의 행위에 집중한다. 그들은 죽음을 넘어, 자신들의 가족 안에서 그리고 그 가족을 통해 이루어질 하나님 약속의 성취를 바라보고 있다.

특히 20절에서는 아브라함과 사라의 믿음으로 존재하게 되었고, 또한 아버지와 함께 죽음의 문턱까지 이르러 믿음을 체험했던 아들이 이제 자기 믿음을 직접 드러낸다. "믿음으로 이삭은 장차 있을 일에 대하여 야곱과 에서에게 축복하였으며……." 이삭의 행동은 복을 주시는 하나님6:7을 떠올리게 한다. 창세기의 이야기에서 그는 장차 다가올 미래를 내다보며 야곱에게 복을 빈다. 그는 하나님이 아브라함에게 주셨던 복, 곧 그를 저주하는 자는 저주를 받고 그를 축복하는 자는 복을 받게 되는 복창 27:29; 창 12:3을 전수하는데, 이 약속은 히브리서가 아브라함에 관해 말하는 첫 번째 단락에서 인용한 것이다.히 6:14 이삭은 풍요와 주권의 복을 더한다.창 27:28-29 그 이야기의 후반부에서 하나님은 이삭이 야곱에게 베푼 축복을 친히 확증하신다.창 28:13-14 저자는 이 장래의 복을 "장차 있을 일"이라 표현하며, 이삭의 사건을 하나님이 가져오실 미래의 실재와 연결한다.히 1:14; 2:5; 6:5; 10:1, 27; 11:8; 13:14 따라서 히브리서의 맥락에서 볼 때 이삭이

후손에게 빌었던 복은 단지 땅과 기업의 번성만이 아니라, 궁극적으로 다가올 종말론적 실재까지 포괄한다고 이해하는 것이 타당하다.

이삭의 믿음을 설명하면서 저자는 '에서'에 대해서도 언급한다. 에서는 12장의 강력한 경고 본문에 다시 등장하므로, 히브리서 해석자들에게 그의 이야기를 살펴보는 것은 유익하다. 그러나 이삭이 처음으로 언급되는 이 부분에는 많은 내용이 생략되어 있다. 그는 장차 있을 일에 관하여 야곱과 에서에게 복을 빌지만, 그 과정에서 형 에서보다 동생 야곱이 먼저 복을 받는 사건의 전개는 고통과 잘못된 선택으로 가득 차 있다. 창세기 27장에서 늙고 눈먼 이삭은 자신의 죽음이 언제 닥칠지 알지 못한 채, 사냥꾼인 아들 에서가 잡아온 고기 요리를 마지막으로 먹기를 원한다. 그 식사 후에 그는 에서에게 복을 빌 계획이었다. 그러나 그 대화를 엿들은 리브가가 야곱에게 형의 옷을 입히고 그를 대신 들여보내 형의 복을 가로채게 한다. 처음부터 부모 각각은 자신이 더 사랑하는 아들이 있었고,^{창 25:28} 그런 불공평에도 불구하고 출생에서 이 사건에 이르기까지의 이야기는 에서에 대한 부정적인 내용으로 가득하다. 그는 죽 한 그릇에 장자권을 팔아넘김으로써 가족 안에서의 지위를 가볍게 여겼는데,^{창 25:29-34} 이는 히브리서 저자가 12:15-17에서 상기시키는 부정적인 본보기다. 더욱이 그는 부모와 사이가 좋지 않은 여인들과 결혼했다.^{창 26:34-35} 만약 그가 복을 받았다면, 독자들은 과연 그것이 정당한 일인지 의문을 품었을 것이다. 이것은 히브리서 저자가 에서에 대해 진술하는 바를 읽는 타당한 관점일 것이다. 그럼에도 야곱이 이삭을 속여 에서를 위해 준비된 복을 가로채는 장면에서는 오히려 야곱과 리브가만이 악역으로 부각된다. 이삭은 야곱에게 풍요와 주권, 그리고 그를 축복하는 자들에게 임할 복을 약속한다.^{창 27:28-29} 반대로 에서에게 남겨진 것은 결핍과 종살이다. 그러나 그것은 영원한 운명이 아니며, 이삭은 그가 야곱의 멍에를 벗어던질 날이 올 것이라 약속한다.^{창 27:39-40}

이야기가 이어지면서 야곱은 장인 라반에게 착취당하는 처지가 되지만, 기지를 발휘해 많은 재산을 쌓게 된다.^{창 32:5} 라반을 떠나 고향으로 돌아가는 여정에서 야곱과 에서의 관계는 역전되어, 야곱은 에서를 '주인'이라 부르고 자신을 형의 '종'이라고 일컫는다.^{창 32:5, 18} 형과의 만남을 앞둔 야곱은 천사와 씨름하여 복을 받고 새 이름을 얻는 대신에 다리를 절게 되었는데,^{창 32:22−32} 이는 하나님이 그에게 내리신 복을 다시 한번 확증해 주는 사건이다. 마침내 에서를 만나자 야곱은 형 앞에 몸을 굽혔고, 이전에 야곱을 죽이려 했던 에서^{창 27:41}는 오히려 그에게 입을 맞춘다.^{창 33:4} 야곱은 하나님께 받은 복을 형과 나누었으며,^{창 33:11} 에서도 이미 나름대로의 풍요를 누리고 있었다.^{창 33:9} 이삭이 에서에게 한 말이 다소 부정적으로 들릴 수 있으나, 이야기의 결말에 이르면 하나님께서 두 아들 모두에게 복을 주셨음을 인정하는 것이 옳다. 그들의 삶 자체가 그 사실을 증언하기 때문이다. 히브리서 저자는 이삭의 믿음에 초점을 맞추며, 그의 믿음을 장차 자신들에게 일어날 일의 예견으로 간주한다. 에서의 이름이 포함된 것은 독자들에게 음모와 반전, 화해와 회복의 서사를 환기시키는 역할을 한다. 그러나 동시에 에서가 받은 복은 그리스도를 고백한 공동체가 누리게 될 종말론적 복과는 본질적으로 다르다. 따라서 저자는 나중에 에서의 경솔한 선택과 그에 따른 비참한 결말에 주목한다.^{12:15−17 주해 참조}

야곱 또한 그가 "죽을 때에"^{창 47:29; 48:1, 21} 믿음을 보였는데, 그가 "요셉의 각 아들에게 축복했던" 부분에서 그의 믿음이 잘 드러난다. 그가 요셉의 아들들에게 복을 빈 것은 형보다 동생이 먼저 복을 받는 또 다른 사례를 만들어 낸다.^{창 48:8−20} 그러나 저자는 이 점을 길게 설명하지 않고, 그 대신 에브라임과 므낫세에게 복을 빌기 전의 장면에서 "그가 지팡이 머리에 의지했다"는 구절을 인용하며 야곱에 관한 짧은 이야기를 마무리한다. 이 장면에서 야곱은 요셉에게 자신을 조상들과 함께 장사해 달라고 부탁하며 이를 맹세하게 한다.^{창 47:29−30} 요셉과 마찬가지로^{히 11:22} 야곱 역시 자신의 몸이 약속의 땅에 묻히기를 바랐다. 야곱이 지팡이에 의지하는 모습προσκυνέω은 그의 연약함을 보여준다. 죽음의 문턱에서 그는 손자들을 통해 계보가 이어지기를 바라는 마음으로 그들에게 복을 빈다.창 48:9 - 20 더 정확히 말하면, 그는 하나님의 복을 그들에게 전한 것이다.창 48:3 - 4 궁극적으로 그는 하나님의 약속이 끊임없이 이어질 것을 확신하며, 하나님 한분을 바라보고 있었다.

마지막으로, 저자는 요셉이 믿음을 발휘했다고 말한다. 그는 "죽을 때에"라는 표현을 쓰는데, 여기서는 죽음을 가리키는 다른 용어인 '텔레우타오'τελευτάω가 사용된다. 이 단어는 단순히 생명의 끝을 뜻할 뿐만 아니라, 히브리서 전체에서 중요한 주제인 끝/완성에 이르는 개념과도 연결된다.2:10; 5:9; 7:19, 28; 9:9; 10:1, 14; 11:40; 12:23 죽음을 앞둔 요셉은 "이스라엘 자손들이 떠날 것"을 마음에 새기고 말했는데, 이는 하나님이 아브라함에게 처음 약속하신 언약의 성취를 기억한 것이다.창 15:14; 50:24 저자는 요셉이 미래를 내다보는 동시에 과거를 기억했다고 아름답게 묘사한다. 출애굽 사건은 아직 일어나지 않았으므로 요셉은 그것을 '기억'할 수 없었다. 그러나 그는 하나님이 그 땅으로 돌아가게 하시리라는 약속을 '기억'할 수 있었고, 따라서 그의 후손들이 그 약속을 반드시 받게 될 것을 신뢰할 수 있었다. 그는 약속을 너무나 확신했기 때문에, 그들에게 명령하여 자신의 유골("자기 뼈를 위하여")을 약속의 땅으로 옮기도록 했다.창 50:25 저자가 요셉의 유골이 지상의 특정한 장소로 옮겨질 것임을 강조하는 사실은 고대하는 하늘의 도성히 11:13 - 15이 단순히 초월적인 세계만을 의미하지 않고, 현재의 땅과도 어떤 방식으로든 긴밀히 연결되어 있음을 시사한다.

그들의 이야기를 돌아볼 때 공통적으로 드러나는 점은 모두가 죽음을 맞이했음에도 죽음 너머를 바라보았다는 사실이다. 즉 약속의 땅에서 가족이 이어지고, 풍요와 정착이 이루어질 것을 내다본 것이다. 그들이 그렇게 할 수 있었던 것은 하나님의 말씀을 들었고 하나님의 능력을 보았으며, 그 약속을 믿었기 때문이다. 하나님에 대한 그들의 신뢰는 확고했으며 동시에 능동적이었다.[11:1-2] 바로 이러한 믿음의 태도는 저자가 독자들에게 촉구했던 '영혼의 인내'[10:39]의 모범으로 제시된다.

11:23-31 출애굽 세대

23믿음으로 모세가 났을 때에 그 부모가 아름다운 아이임을 보고 석 달 동안 숨겨 왕의 명령을 무서워하지 아니하였으며 **24**믿음으로 모세는 장성하여 바로의 공주의 아들이라 칭함받기를 거절하고 **25**도리어 하나님의 백성과 함께 고난받기를 잠시 죄악의 낙을 누리는 것보다 더 좋아하고 **26**그리스도를 위하여 받는 수모를 애굽의 모든 보화보다 더 큰 재물로 여겼으니 이는 상 주심을 바라봄이라. **27**믿음으로 애굽을 떠나 왕의 노함을 무서워하지 아니하고 곧 보이지 아니하는 자를 보는 것 같이 하여 참았으며 **28**믿음으로 유월절과 피 뿌리는 예식을 정하였으니 이는 장자를 멸하는 자로 그들을 건드리지 않게 하려 한 것이며 **29**믿음으로 그들은 홍해를 육지 같이 건넜으나 애굽 사람들은 이것을 시험하다가 빠져 죽었으며 **30**믿음으로 칠 일 동안 여리고를 도니 성이 무너졌으며 **31**믿음으로 기생 라합은 정탐꾼을 평안히 영접하였으므로 순종하지 아니한 자와 함께 멸망하지 아니하였도다.

이야기의 흐름은 이제 모세로 이어진다. 그러나 첫 번째 믿음의 행위는 모세 자신이 행한 것이 아니라 그에게 행해진 것이다(이는 행 7:20에서 스데반이 모세의 이야기를 전하는 방식과 공명한다). "믿음으로 모세가 났을 때에 그 부모가……석 달 동안 숨겨……." 모세의 부모는 그가 태어나자마자 죽음의 위협에 직면했기에[출 1:16] 담대한 믿음으로 그를 숨겼다. 저자는 모세의 부모가 그렇게 한 이유를, 다른 부모들처럼 아이를 아름답게 여겼기 때문이라고 말한다. 그러나 이는 단순한 부모의 정을 넘어 아이에게서 비범한 무엇을 인식했다는 의미일 수도 있다.[45] 전형적인 이유에서든 특별한 이유에서든, 그들은 파라오의 칙령보다 자기 아들의 생명을 더 귀하게 여겼다. 저자는 명시적으로 그들이 "왕의 명령을 무서워하지 아니하였다"고 말한다. 이 대목은 이야기 앞부분의 산파들[출 1:15-21]을 떠올리게 한다. 그들 역시 히브리인의 번성을 두려워한 통치자[출 1:7-10]보다 모든 생명을 귀히 여기시는 하나님을 더 경외했다. 종종 억압적인 지도자의 위세는 사실 내면의 두려움을 감추기 위한 허세일 뿐이다. 모세 부모의 이야기는 헤롯의 불안[마 2:3]과 어린 예수를 보호하시는 하나님의 신실한 섭리를 믿었던 요셉과 마리아를 상기시킨다.[마 2:13-15] 그러나 통치자의 동기가 무엇이든, 그에 맞서는 일에는 언제나 용기가 필요하다. 모세의 부모가 보여준 담대함은 훗날 저자가 청중에게 촉구하는 담대함과 맞닿아 있다. 즉 하나님을 신뢰하기에 그 어떤 자도 두려워하지 않는 담대함이다.[히 13:6] 이는 히브리서 공동체에게 특별히 중요한 교훈이다. 왜냐하면 그들 역시 권력자에 맞서 두려움 없는 믿음을 발휘해야 할지도 모르기 때문이다.[10:32-35; 12:4-5]

그런 다음 저자는 모세가 성장하여 스스로 결정을 내려야 할 시기로 관심을 돌린다. 그때 그는 비천하고 억압받는 자기 백성의 편에 서서 그들과의 연대를 선택한다. 어떤 필사자들은 모세에 대해 더 많은 것이 언급되기를 바랐다. 언셜체 사본 D와 일부 불가타 사본들은 모세가 이집트인들을 다스릴 더 큰 권세를 얻었을 때 자기 유대인 형제들의 비천한 삶을 마음에 두었다고 덧붙이는데, 이는 그가 이집트인 감독을 죽인 이야기에 대한 암시다.[출 2:11-15] 이처럼 추가된 이야기가 없더라도, 대다수의 사본들에는 "믿음으로 모세는 장성하여 바로의 공주의 아들이라 칭함받기를 거절하고"라는 묘사가 포함되어 있다. 모세는 장성하여 권세를 누리게 되었을 때,[출 2:11] 파라오의 딸의 아들이라는 지위와 그에 따르는 모든 특권을 거부했다. 그에게는 두 종류의 가족이 있었고, 그는 자신이 충성을 다할 가족을 선택해야 했다. 이 설교를 듣는 공동체 또한 그리스도를 고백하지 않는 가족들을 기쁘게 하기보다는 하나님의 가족과 함께 머무르는 것을 선택해야 할 상황에 직면하고 있을지도 모른다. 모세의 선택에는 "죄악의 낙"과 "애굽의 모든 보화"를 거부하는 것이 포함되었다. 낙은 좋은 것이지만,딤전 6:17, 하나님이 주시는 낙의 경우 그것은 죄와 관련된 거짓된 낙이었다. 더욱이 그것은 "잠시" 동안만 지속되는 것이었다. 이러한 이집트의 덧없는 보화를 거부함으로써 모세는 나중에 예수께서 명령하시는 것과 같은 선택, 곧 보물을 땅이 아니라 하늘에 쌓아 두는 선택을 한다.마 6:19-21/막 10:21/눅 12:33-34; 19:21 당시에는 모세의 선택, 곧 "도리어 하나님의 백성과 함께 고난받기를" 택한 것이 어리석은 결정처럼 보였을지도 모른다. 모세는 이집트의 압제 아래 있는 백성과 자신을 동일시함으로써, 히브리서 저자가 청중에게 다른 이들과 함께 고난받으라고 권면할 때 제시하는 모범이 된다.히 13:3 그렇게 함으로써 모세는 하나님께서 언약을 맺으실 백성,8:10 하나님과 함께 안식을 누릴 백성,4:9 그리고 예수께서 그들의 구원을 위해 친히 고난받으실 백성13:12에게 합류한다. 물론 그 백성 가운데 일부는 결국 하나님께서 신실하게 이루실 안식으로 들어가라는 초대를 거부했으니3:16-19 슬픈 현실이다. 그러나 저자는 모세를 단지 자기 세대에 속한 인물로 제한하지 않고, 모든 시대의 하나님의 백성과 함께하는 존재로 묘사한다. "인종을 불문하고" 정치적 주제에 관해 대중 앞에서 연설한 최초의 미국 여성 마리아 스튜어트Maria Stewart는, 억압받는 이들을 위한 해방과 정의의 상징으로 이 구절의 모세를 본보기로 삼았다. 그녀는 아프리카계 미국인 동포들에게 "불경건한 길에서 돌이켜, 하나님의 백성과 함께 고난받기를 잠시 죄악의 낙을 누리는 것보다 더 좋아하라"고 권면했다. 그녀는 "고난받는 자들과의 연대가 곧 '하나님의 백성'이라는 이름의 본질적인 의미"임을 강조했다. 그녀의 권면은 한 가지 확신에 기초한다. 즉 그녀의 동포들이 하나님께 속해 있고 하나님의 사랑을 받으며, 바로 그 하나님으로부터 부름받았다는 사실이다. 당시 많은 백인들이 "그들은 하나님이 창조하지도 사랑하지도 않았다"고 말했

음에도 불구하고, 스튜어트는 하나님 보시기에 그녀의 동포들이 존귀한 존재라고 선포한다.[46]

모세는 "그리스도를 위하여 받는 수모를……더 큰 재물로 여겼기" 때문에 그렇게 행동했다. 그런데 저자가 불타는 떨기나무에서 하나님과 모세가 만난 사건을 언급하지 않는 점이 눈에 띈다. 그 자리에서 '수모'reproach라는 표현은 백성이 겪은 고난을 가리키며, 하나님은 이를 보시고 모세를 부르심으로써 응답하셨다.출 2:24-25 히브리서는 모세의 시선을 인간이 된 하나님의 아들, 곧 메시아의 현현으로 향하게 한다. 모세는 자기 백성이 감당한 수모의 길을 통해 얻을 영원한 상을 멀리서 내다보고 있었다. 자기 소유를 약탈당하는 일을 기쁘게 받아들였던 공동체처럼,히 10:32-34 모세 역시 자신이 가진 것을 기꺼이 버리고 하나님이 약속하신 것을 향해 나아갔다.출 3:10, 12, 17 모세가 수모를 받아들였듯이 저자는 청중에게도 나아가 예수가 친히 지신 수치를 함께 지라고 요청한다.히 13:12-13 그는 모세가 먼 곳을 바라볼 수 있는 눈을 가졌다고 말하는데, 이는 하나님의 백성이 겪는 수모와 70인역 시편 88:51-52미소라 본문 89:50-51에 언급된 메시아의 수모를 연결할 수 있는 눈이다. 모세는 자기 백성의 구원뿐 아니라 아직 다윗에게조차 주어지지 않았던 하나님의 약속, 곧 메시아의 도래를 고대했다.

저자는 모세 이야기에서 그의 부모를 먼저 언급함으로써, 모세가 멀리 내다볼 수 있었던 이유는 그가 결코 자신의 뿌리를 잊지 않았기 때문임을 암시한다. 부모가 보여준 믿음히 11:23은 모세에게 깊은 영향을 미쳤다. 출애굽 이야기를 읽는 이들은 하나님의 기적적인 보호하심과 미리암의 지혜로운 행동을 통해, 모세가 젖먹이 시절부터 이미 부모로부터 이러한 신앙적 가르침을 받았음을 알 수 있다.출 2:9 그는 자신이 어디에서 왔는지 알고 있었다고 말할 수 있다. 이러한 성장 과정 덕분에 그는 자기 백성과 함께 고난받는 것이 무엇을 의미하는지 이해하는 통찰력을 지니게 되었다. 하나님의 가족이 되는 것을 강조하는 설교의 맥락에서 이는 중요한 정경적 메아리다.

저자의 초점은 모세가 믿음으로 고난받는 이들이 메시아의 백성이 될 것을 내다보았다는 데 있다. 그는 메시아를 고대했을 뿐 아니라 "상 주심"을 바라보았다. 하나님이 이스라엘 백성을 구원하실 때 모세는 실제로 이집트의 재물을 받았으나,[출 12:35-36] 그것이 그가 주목한 상은 아니었다. 히브리 성경에서, 그리고 이제 이 설교 안에서 그는 하나님의 칭찬이라는 영원한 상을 받았다. 더 나아가 그는 하나님과 함께 거하는 이들의 무리에 포함되었으므로,[히 12:22-23] 그의 상은 단순한 칭찬을 넘어서는 것이었다. 히브리서의 청중과 마찬가지로 모세 역시 하나님이 주시는 사라지지 않을 상을 고대했다.[10:35]

만일 저자가 모세 이야기를 연대순으로 들려주고 있다면, 27절의 이집트를 떠났다는 언급은 그가 이집트인 감독을 죽인 후 그 땅에서 도피한 사건을 가리킬 것이다.[출 2:11-15] 그 장면에서 출애굽기 본문은 모세가 두려워했다고 명시적으로 언급한다.[출 2:14] 그에 비해 요세푸스의 『유대 고대사』[2.254-57]와 필론의 『알레고리적 해석』,[3.11-14] 『모세의 생애』[1.49-50]는 모두 모세가 미디안으로 향한 것은 용감한 일이었다고 강조한다.[47] 그러나 더 설득력 있는 해석은, 저자의 진술이 모세가 백성을 노예살이에서 기적적으로 이끌어 낸 출애굽을 가리킨다고 보는 것이다. "믿음으로 애굽을 떠나 왕의 노함을 무서워하지 아니하고……." 이 구절은 단순히 그가 그 땅을 떠났다는 사실뿐 아니라, 젊은 시절부터 보여주었던 것처럼 그곳의 영광에서 떠나고자 했던 그의 의지를 드러낸다. 왕을 두려워하지 않았다는 점에서 모세는 부모의 믿음을 따랐고,[히 11:23] 이는 저자가 청중에게 기대하는 태도의 본을 보여준다.[13:6] 유월절 이후 모세는 담대하게 떠났다. 파라오를 대면하면서 겪었던 모든 상황을 고려할 때, 재앙을 통해 나타난 하나님의 권능과 은혜의 증거를 신뢰하고 하나님의 뜻을 거스르는 통치자의 진노를 두려워하지 않았다는 것은 충분히 이해할 만하다. 일련의 재앙들을 통해 하나님은 파라오의 뜻을 꺾으시고 이스라엘 백성을 노예살이에서 해방시키셨다. 모세는 믿음을 지탱할 만한 분명한 증거를 얻었고, 하나님은 그의 담대한 결단을 북돋을 충분한 격려를 주셨다. 저자는 모세에 관하여 "보이지 아니하는 자를 보는 것 같이 하여 참았다"고 말한다. 하나님이 행하신 일들로 인해 모세는 비록 눈으로 볼 수는 없었지만, 하나님의 백성이 약속의 땅에 들어가는 장면을 그려 볼 수 있었다.^{출 13:5} 그러나 히브리서가 이미 여호수아^{히 4:8}나 아브라함과 그 가족^{11:10, 14-16}에 대해 언급했듯이, 가나안 땅은 모세가 바라본 궁극적 비전이 아니었다. 그는 아브라함처럼 인내하며(비록 저자는 다른 용어를 쓰지만) 보이지 않는 분을 기다렸다. 파라오의 거센 압제 가운데서도 그는 하나님을 눈앞에서 보는 것처럼 행동했다. 26절의 메시아 언급과 연결해 볼 때, 저자는 모세의 비전을 그리스도 안에서 궁극적으로 실현된 것으로 해석한다. 모세는 메시아를 고대했고, 그 믿음이 그로 하여금 백성과 함께 노예살이와 죽음의 위협을 넘어서게 했다. 나아가 그는 하나님의 모든 피조물을 위해 동일한 일을 행하실 분을 기다리고 있었다.^{2:14-15}

하나님은 모세를 이 구원 사역에 동참하도록 부르셨다. 저자는 출애굽 이전으로 시간을 잠시 거슬러 올라가, 출애굽 직전에 있었던 마지막 사건, 곧 이스라엘의 중요한 연례 절기가 된 그 사건에 주목한다. "믿음으로 유월절과 피 뿌리는 예식을 정하였으니 이는 장자를 멸하는 자로 그들을 건드리지 않게 하려 한 것이며……." 모세는 하나님의 지시를 받기 위해 하나님을 신뢰해야 했고, 이어서 그 지시가 실행될 수 있도록 백성에게 전달해야 했다.^{출 12:28} 그 가운데는 장자를 멸하는 자가 그들의 장자를 해치지 못하도록 피 뿌리는 일도 포함되어 있었다. 저자는 여기서 분명히 마지막 재앙을 언급하고 있다. 그러나 피 뿌림을 가리키는 단어 '프로스퀴시스'^{πρόσχυσις}는 'ㅍ'^π 발음으로 멋진 두운을 이루는 것 외에^{πίστει}

πεποίηκεν τὸ πάσχα καὶ τὴν πρόσχυσιν[48] 모세가 출애굽기 24장의 언약 의식에서 백성에게 피를 뿌릴 때도 나타나는데, 그 사건은 저자가 9:19-20에서도 언급하는 사건이다. 유월절의 피 뿌림은 언약의 시작을 알리는 행위로, 죄의 결과를 제거하기 위한 것이 아니라 죽음의 손으로부터 보호하기 위한 것이다. 저자는 예수의 피가 이 두 가지, 죄를 완전히 제거하고 죽음을 영원히 이기는 일을 모두 행한다고 주장해 왔다. 출애굽 이야기에서는 보호를 받는 이들이 장자들이지만, 저자는 모든 신실한 이들이 하나님의 맏아들[1:6]과 연결된 장자들[12:23]이라고 부를 것이므로 히브리서의 독자들은 이 사건에서 자신들의 구속에 대한 예표를 보게 될 것이다. 이는 적절하게도 저자가 모세의 비전이 메시아로 가득 차 있다고 묘사한 27절 바로 다음 구절에 따라온다.

히브리서가 다시 회상하는 사건들, 곧 유월절[28절]과 홍해 사건[29절] 사이에 백성은 요셉의 명령에 따라 그의 유골을 가지고 이집트를 떠났다.[출 13:19; 히 11:22] 모세의 생애와 관련된 부분을 마무리하면서 저자는 이렇게 말한다. "믿음으로 그들은 홍해를 육지같이 건넜으나……." 이때 모세는 하나님의 인도하심을 신뢰해야 했다. 이집트인들이 추격해 올 때, 하나님은 구름과 불 기둥을 통해 이스라엘을 인도하시며 그들이 바다를 건널 길을 열어 주셨다. 저자는 모세뿐 아니라 백성도 하나님을 신뢰해야 했음을 강조한다. 비록 그들은 두려워하고 좌절했지만[출 14:10-12] 바다로 발을 내디딤으로써 믿음을 표현했다. 그러나 히브리서 3-4장에서 이미 언급된 것처럼 그 믿음은 장차 하나님을 신뢰하지 않게 될 세대가 남긴 한 예일 뿐이다. 한때 하나님을 믿었지만 끝까지 신뢰하지 못한 그들의 모습은, 청중이 단순히 과거의 신실함에 머물러서는 안 된다는 것을 보여준다. 저자는 믿음을, 삶 속에서 끊임없이 걸어 나가는 여정으로 묘사한다.[3:13]

이집트인들은 홍해를 건너려다 "빠져 죽었다." 이집트인들의 죽음은 모세와 이스라엘 백성이 실제로 죽음의 위협을 통과했음을 보여준다. 그들은 장자를 치는 천사로부터 보호받은 지 얼마 지나지 않아, 다시 자신들을 멸하려는 자들에게 쫓겨야 했다. 그러나 이 모든 위기 속에서 하나님은 이스라엘의 생명을 지켜 주셨다. 모세는 태어날 때부터 하나님이 생명을 보존하시는 분임을 배웠기에, 자신이 이끄는 모든 백성의 생명도 그분이 보존하실 것임을 굳게 신뢰할 수 있었다. 그가 이렇게 굳건할 수 있었던 것은 이미 죽음에서 건져 내시는 하나님의 구원을 경험했기 때문이며, 동시에 아직 드러나지 않은 계시, 곧 모든 시대를 위해 죽음을 정복하실 메시아를 고대했기 때문이다.

저자는 출애굽 장면에서 곧바로 약속의 땅에 들어가는 장면으로 시선을 옮긴다. 그가 다시 들려주는 이야기의 29절과 30절 사이에는, 이미 3-4장에서 통렬히 비판했던 광야의 '불신앙' 시기가 놓여 있다. 또한 율법이 주어지고 수용되는 과정 역시 여기서는 다루지 않는데, 이는 설교의 다른 부분에서 반복적으로 등장하는 주제다. 그 대신 저자는 집단적 믿음의 또 다른 본보기를 제시한다. "믿음으로 칠 일 동안 여리고를 도니 성이 무너졌으며……." 백성이 여리고 성 주위를 칠 일 동안 돌던 시점^{수 6:20}에는 더 이상 불신앙의 세대가 존재하지 않는다. 홍해를 건넜던 부모 세대는 이미 사라졌고, 이제 그들의 자녀들이 믿음을 보여줄 차례였다. 비록 여호수아나 백성의 이름은 직접 언급되지 않고(주어가 무너지는 성벽으로 표현된다) 그들의 포위 행진만 간단히 언급될 뿐이지만, 그들은 칠 일 동안 끈기 있게 행진하며 하나님이 여호수아에게 주신 말씀을 신뢰했다는 사실을 드러낸다.^{수 6:2-5} 그들은 불가능해 보이는 것을 믿을 수 있는 능력을 지녔다. 나팔 소리와 행진만으로 성벽이 무너질 수 없다는 것은 자명하다. 크리소스토무스가 말했듯이 "설령 만 년 동안 나팔을 분다고 할지라도 성벽은 무너지지 않았을 것이다. 그러나 믿음은 모든 것을 할 수 있다."[49] 이 세대는 하나님이 이집트에서 행하신 일을 어릴 적 기억 속에 어느 정도 간직하고 있었을 것이다. 또한 부모가 하나님을 불신하여 겪었던 고통을 보았기에, 그 실수를 반복하고 싶지 않았을 것이다. 이와 유사하게 히브리서 저자는 청중에게 과거에 하나님이 어려움에 처한 그들을 지켜 주셨음을 상기시킨 바 있다.히 10:32-35 청중은 광야 세대의 경험을 되새기는 자리에 서 있기 때문에3:9 조상들과는 다른 길을 선택할 수 있으며, 광야 세대의 다음 세대가 보여준 것처럼 담대한 믿음의 길로 나아갈 수 있다.

정복 이야기는 히브리서 저자가 직접 언급하지 않지만, 그 안에는 반드시 다뤄야 할 복잡한 신학적 문제들이 놓여 있다. 그러나 주목할 점은, 저자가 이 이야기의 마지막 장면에서 무너진 성읍 안에 있던 한 인물에게 시선을 집중했다는 것이다. "믿음으로 기생 라합은 정탐꾼을 평안히 영접하였으므로 순종(신뢰)하지 아니한 자와 함께 멸망하지 아니하였도다." 라합이 대담하게 정탐꾼들을 맞이하고 보호한 일수 2:1-21은 그녀가 이스라엘의 하나님에 관해 들은 소식수 2:9-11에 대한 믿음의 응답이었다. 그녀가 그들을 "평안히" 영접한 것은 성숙한 하나님의 자녀가 보여주어야 할 모범으로 제시된다.히 12:11 라합의 행동은 하나의 그림처럼 청중이 '모든 사람'에게 어떻게 행해야 하는지 보여주며, 심지어 적들에게까지 선을 베푸는 모습으로 나타난다. 히브리서 저자는 라합의 매춘 경력을 숨기지 않는다. 이는 그녀의 과거를 칭찬하기 위함이 아니라, 하나님께서 음행을 심판하실 것임을 분명히 하기 위함이다.13:4 따라서 저자가 강조하는 것은 라합이 이스라엘의 하나님을 만나고 시작된 새로운 삶에 대한 증언이다. 라합이 그녀의 믿음을 행동으로 드러낸 후 성벽은 무너졌고, 이스라엘 백성은 성안으로 돌진했다. 그 순간 그녀와 그녀의 가족은 "순종(신뢰)하지 아니한 자와 함께" 멸망할 운명을 면하게 되었는데, 이 표현은 청중에게 여리고 성 주민들뿐 아니라 이스라엘 백성 가운데 하나님을 신뢰하지 않았던 자들까지 떠올리게 한다. 하나님은 사람을 외모로 판단하지 않으신다. 믿음은 모든 이들에게 요구되는 보편적 응답이며, 이는 저자가 이미 이 장의 앞부분에서 강조한 바다.[11:6] 라합과 같이 신실한 이들은 하나님께서 주신 말씀에 주의를 기울였고, 그 결과 멸망을 피할 수 있었다. 저자가 '믿음의 명예의 전당'을 가나안 출신의 기생으로 마무리한다는 사실은 많은 이들의 주목을 받아 왔다.[50] 라합은 히브리서에서만 언급되는 인물이 아니다. 야고보서 또한 아브라함이 이삭을 바친 사건에 이어, 믿음의 두 번째 예로 그녀를 언급한다.[약 2:20–26] 이스라엘의 하나님을 향한 믿음에는 민족, 성별, 과거의 직업을 포함한 어떠한 경계도 존재하지 않는다. 누구든 하나님을 신뢰할 수 있으며, 그 신뢰에 기초하여 신실하게 행동할 수 있다.

11:32–38 성공과 실패 속의 신실함

[32]내가 무슨 말을 더 하리요. 기드온, 바락, 삼손, 입다, 다윗 및 사무엘과 선지자들의 일을 말하려면 내게 시간이 부족하리로다. [33]그들은 믿음으로 나라들을 이기기도 하며 의를 행하기도 하며 약속을 받기도 하며 사자들의 입을 막기도 하며 [34]불의 세력을 멸하기도 하며 칼날을 피하기도 하며 연약한 가운데서 강하게 되기도 하며 전쟁에 용감하게 되어 이방 사람들의 진을 물리치기도 하며 [35]여자들은 자기의 죽은 자들을 부활로 받아들이기도 하며 또 어떤 이들은 더 좋은 부활을 얻고자 하여 심한 고문을 받되 구차히 풀려나기를 원하지 아니하였으며 [36]또 어떤 이들은 조롱과 채찍질뿐 아니라 결박과 옥에 갇히는 시련도 받았으며 [37]돌로 치는 것과 톱으로 켜는 것과 시험과 칼로 죽임을 당하고 양과 염소의 가죽을 입고 유리하여 궁핍과 환난과 학대를 받았으니 [38]이런 사람은 세상이 감당하지 못하느니라. 그들이 광야와 산과 동굴과 토굴에 유리하였느니라.

설교의 이 지점에서, 그리고 과거의 신실한 인물들에 관한 이 긴 단락에서 저자는 청중에게 묻는다. "내가 무슨 말을 더 하리요." 시간이 부족할 것이라 여기며, 그는 다음 단락에서 여러 이름과 사건들을 빠르게 언급한다. 그는 설교의 마지막 부분으로 넘어가기 위해 시간이 얼마 남지 않았음을 알리는 흔한 수사적 표현을 사용하고 있다.[51] 히브리서를 소리 내어 읽는 데는 약 45분이 소요되었을 것이므로, 저자는 이 시점에서 청중이 지쳐 가고 있음을 의식했을 가능성이 있다. 역동적 수사에 늘 세심했던 크리소스토무스는 다음과 같이 지적한다. "격렬한 논쟁을 펼치던 사람이 계속해서 논쟁만 고집한다면, 듣는 이를 지치게 하고 이미 설득된 이도 짜증나게 하며 헛된 야심가라는 평판을 얻게 된다."[52] 저자는 이 이야기를 더 이상 길게 이어 가지 않기로 선택한다.

이는 인용된 하나님의 말씀을 제외하고는 전체 설교 가운데 최초로 등장하는 1인칭 단수 동사로서, 독자들로 하여금 후반부에 이르러 저자에 관한 직접적 언급이 얼마나 드물었는지 새삼 인식하게 한다.[53] 더욱이 이 부분은 내가 이 책 전체에서 저자를 '그'라는 대명사로 지칭한 근거가 되는 대목이다. 즉 저자가 남성임을 가장 강하게 뒷받침해 주는 부분이 바로 여기다. 본문에서 "내가"는 남성형 분사 διηγούμενον에 의해 수식되기 때문에 많은 주석가들은 히브리서 저자가 남성이라고 생각했다.

속도를 높이기 시작하는 이 대목에서 저자는 "기드온, 바락, 삼손, 입다, 다윗 및 사무엘과 선지자들의 일"을 다 설명할 수 없다고 말한다. 그러나 처음 이름을 나열하는 방식은 연대순과 다르다. 연대순으로는 바락이 먼저, 삼손이 마지막에 와야 한다. 아마도 저자는 족장들과 그 아내들의 이야기에서 드러난 '나이 어린 자가 먼저'라는 주제를 반복하고 있거나, 단순히 이름을 빠르게 열거하느라 순서 자체는 중요하지 않았던 것으로 보인다.

순서보다 훨씬 더 중요한 것은, 이러한 이름의 나열이 저자가 사사기 안에서 흥미를 끌기도 하지만 때로는 혐오감을 불러일으키는 인물에 대해 과연 무엇을 말하고자 하는지 궁금하게 만든다는 점이다. 아래에서는 그들의 이야기 속에서 히브리서의 목적과 연결될 수 있는 요소를 살펴보고자 한다.

주님께 표적을 구한 것으로 잘 알려진 기드온은 겸손함과 솔직함을 보였고,삿 6:13-15 신실하게 행동하여 바알의 제단을 헐었으며삿 6:25-27 삼백 명의 군사만으로 이스라엘의 압제자들을 무찔렀다.삿 7:8-23 그러나 그의 인생에는 폭력적인 죽음과 첩을 두었던 사실도 포함된다. 그는 주님이 백성을 다스려야 한다고 선언했음에도,삿 8:23 백성을 우상 숭배에 빠뜨리는 금 에봇을 만들었다.삿 8:27 기드온의 이야기는 아브라함이나 모세처럼 믿음과 실패가 뒤섞여 있는 모습을 보여준다.

바락 또한 가나안 사람 시스라로부터 이스라엘을 구원하는 일에 참여했다. 그의 이야기에 폭력이 등장하기는 하지만, 그것이 바락의 도덕적 결함과 직접적으로 연결되지는 않는다. 오히려 그의 이야기는 여성들과 지도력을 공유한다는 점에서 독특하게 전개된다. 군대의 지휘관으로 부름받은 것은 바락이었으나, 그를 부른 이는 여예언자 드보라였다. 바락은 드보라가 자신과 함께 가는 것을 조건으로 응답한다.삿 4:1-8 이후 드보라의 예언대로 또 다른 여인 야엘이 교묘하게 시스라 장군을 제거한다.삿 4:9, 17-22 결국 바락과 드보라는 하나님께서 그들을 통해 행하신 일을 찬양하며 노래한다.삿 5장

입다는 라합과 유사한 연결점이 있다. 그는 기생의 아들이었으며,삿 11:1 이복형제들에게 내쫓겼다. 훗날 백성이 그에게 돌아와 지도자가 되어 달라고 요청한다. 그의 이러한 부상浮上은 사사기에서 반복되는, 예상 밖의 통치자의 등장이라는 패턴에 부합한다. 입다는 이스라엘의 역사를 잘 알고 있었으며, 광야 세대가 겪은 사건들과 그들을 위한 하나님의 공급하심을 생생히 떠올릴 수 있었다.삿 11:14-27 그러나 그의 이야기는 비극으로 마무리된다. 그는 암몬 자손을 물리쳤지만 그 과정에서 무모한 서원으로 딸의 죽음을 초래했다.삿 11:29-40 또한 그는 동족인 에브라임 지파와 전투를 벌여 수만 명을 희생시켰다.삿 12:1-7 입다의 이야기는 믿음의 순간도

있었지만, 동시에 자기 혈육의 죽음을 불러온 어리석음의 순간도 담고 있어 독자들로 하여금 분노와 슬픔을 함께 느끼게 한다.

삼손 이야기의 시작은 그리스도인 독자들에게 매우 익숙하게 들린다. 한 천사가 한 여인을 찾아와, 그녀가 이스라엘을 구원할 아들을 낳을 것이라고 전한다.삿 13:1-6 물론 복음서의 수태고지와는 차이가 있다. 그녀는 처녀가 아니라 임신하지 못하는 여인이었으며, 나실인이 될 아이를 낳기 위해 임신 기간 동안 지켜야 할 지침을 받는다. 또한 그녀와 남편 마노아는 기드온처럼삿 6:11-23 여러 차례 야훼의 사자를 만나는데, 이는 모두 부지중에 천사를 대접한 경우일 뿐 아니라히 13:2 야훼의 사자의 경이로운 임재를 보고도 죽음을 면한 경우다. 삼손의 첫 번째 모험 중 하나는 사자lion를 만난 일이다.삿 14:5-9 이후 그는 복수심에 불타 힘으로 많은 이들을 제압한다. 그러나 그는 여인들을 함부로 대했고, 결국 그의 애인 들릴라가 그의 머리카락을 잘라 그의 능력을 잃게 만든다.삿 16:14 이후 블레셋 사람들에게 사로잡혀 눈이 멀게 된 그는, 마지막 순간에 그들에게 복수하며 함께 죽음을 맞는다.삿 16:30 그의 이야기는 압도적으로 비극적이다.

그 후 다윗이 목록에 등장한다. 그는 주변 사람들이 예상하지 못한 때에 두각을 나타낸 또 다른 인물이다.삼상 17:12-14 다윗은 복잡한 삶의 전형으로서, 하나님의 마음에 합한 사람으로 불리지만삼상 13:14 동시에 큰 죄를 범한 인물로도 기억된다. 밧세바와 우리아 사건에서 드러난 그의 폭력성이 대표적인 예다.삼하 11 이스라엘의 가장 뛰어난 왕이 이 목록에서는 자기 딸을 희생시킨 입다와 같은 분량으로만 언급된다는 사실은 놀랍다.

마지막으로, 사무엘과 나머지 예언자들이 언급된다. 사무엘의 이야기는 임신하지 못하던 여인에게서 상서로운 아들이 태어나는 또 다른 서사다.삼상 1장 사무엘의 어머니는 세상의 불의한 체제를 뒤엎으시는 하나님께 찬양의 노래를 부른다.삼상 2장 사무엘은 주님의 말씀을 듣고 순종했으며,삼상 3장 전 생애에 걸쳐 하나님과 이스라엘 앞에서 정직과 신실함으로 행했다. 그는 사울과 다윗을 모두 세운 인물로서, 사사 시대와 왕정 시대를 가르는 중심축이자 예언자 계보의 핵심 인물이다. 비록 나머지 예언자들은 큰 집단으로만 언급되지만, 그들의 말은 이 설교 전반에 반복적으로 암시된다.

히브리서 전체에서 저자는 주로 모세오경에 초점을 맞추고 있으며, 이 특징은 11장에서도 동일하게 드러난다. 우리는 생략된 부분이나 간략히 언급된 대목들을 더 살펴보고 싶은 유혹을 느끼지만, 보다 바람직한 길은 저자가 강조하기로 선택한 부분에 세심히 주의를 기울이는 것이다. 이름을 열거한 뒤 저자는 아홉 가지 일련의 행위를 언급한다. 저자가 더 이상 자세히 말할 시간이 없다고 한 인물들도 "믿음으로" 수많은 위대한 일을 했다. 이 대목에서 저자는 단순 여격으로 사용되던 '믿음'πίστις을 전치사구로 전환하는데, 이 역시 단락의 형식이 달라지는 데 기여한다. 33절부터 35a절까지 이어지는 이 목록은, 접속사를 생략하고 유사한 어구와 리듬을 병렬적으로 배열함으로써 청중에게 강한 수사적 인상을 남겼을 것이다.[54] 저자는 "나라들을 이기기도" 했던 이들, 곧 이스라엘이 원수들과의 전투에서 승리한 예를 든다. 이때 그는 '싸움'ἀγών의 어원을 지닌 단어를 사용하여, 인간 적들과 싸워 승리한 경험을 청중 공동체가 이겨야 할 죄와의 투쟁[12:4]과 연결한다. 또 다른 이들은 이스라엘을 판결하는 선한 일로 "의를 행했다." 이 표현은 70인역 시편 14편을 반향하는데, 그 시편은 올바르게 사는 이들은 하나님의 거룩한 산에 거하며 흔들리지 않을 것이라 노래한다. 이는 히브리서 다음 장[12:22-28]의 주제들과 공명한다. 공동체의 구성원들도 성숙해 감에 따라 정의를 실천하는 사람이 될 수 있다.[5:13; 12:11]

과거 이스라엘의 많은 신실한 이들은 하나님께서 친히 말씀하시거나, 혹은 예언자나 천사를 통해 주신 "약속을 받았다." 저자가 39절에서 지적하듯이 그 약속이 완전히 성취된 것은 아니었으나, 그들은 살아 있는 동안 하나님께서 말씀하신 바가 이루어지는 것을 보았다. 이는 아브라함의 경우에도 그러했다.[6:15] 하나님은 그들의 믿음이 자라도록 모든 약속을 지연시키지 않고, 그들이 살아 있는 동안 약속의 일부가 이루어지게 하셨다.

심지어 하나님은 어떤 이를 위해 "사자들의 입을 막기도" 하셨다. 삼손과 다윗도 사자와 싸웠으나, 하나님이 사자의 입을 막으신 것은 다니엘의 경우다.[70인역 단 6:18; 마카베오상 2:60] 여기에 기술된 목록은 32절에 언급된 여섯 사람과 연결되면서도, 저자가 이름을 명시하지 않은 이들의 다른 위업과 관련이 있음을 보여준다. 만일 이 청중이 믿음 때문에 죽음의 위기를 만난다면,[히 12:4] 1세기의 상황 속에서 그것은 검투 경기에서 맹수와 싸우는 것을 의미했을 수도 있다.[55]

목록은 34절에서 이어진다. 신실한 이들은 "불의 세력을 멸하기도" 했다. 입다와 삼손의 첫 아내 모두 불의 위협을 겪었고,[삿 12:1; 14:15] 앞서 언급된 다니엘서에는 다니엘의 세 친구가 불 속에 던져진 사건도 기록되어 있다.[단 3장] 불은 흔히 전투에서 사용되지만, '불의 세력을 멸하다'라는 표현에서 '멸하다'는 주로 불순종하는 백성에 대한 하나님의 진노를 선포하는 예언자들의 말에서 발견된다.[사 1:31; 66:24; 렘 4:4; 17:27; 21:12; 겔 20:47; 암 5:6] 만일 이 구절이 가리키는 사람들이 실제로 불의 세력을 '멸했다'면, 이는 예언자들이 백성으로 하여금 하나님을 향한 신실함을 회복하도록 했으며, 그 결과 저자가 10:27과 12:29에서 경고한 바 있는 하나님의 불의 심판을 피하게 했다는 의미일 수 있다.

이러한 전투 가운데 그들은 "칼날을 피하기도" 했다. 여기서 '날'[edges]의 헬라어 원문은 문자적으로 '칼의 입들'(복수)이며, 이는 33절의 "사자들의 입들"과 호응한다. 히브리 성경에서 가장 가까운 표현은 압살롬이 공격해 올 때 다윗이 '칼의 입'으로부터 도망치는 장면에 나타나지만,[삼하 15:14] 일반적으로는 전투에서 기지를 발휘해 칼을 피하고 살아남는 것을 가리킨다. 칼은 단수인데 '입들'이 복수로 쓰인 것은 4:12의 양날을 가진 검을 상기시킨다. 새 언약의 백성은 칼과 같은 하나님의 말씀을 피해 달아나는 대신,[2:3; 12:25] 모든 것을 감찰하시는 하나님의 말씀[4:12-13] 아래 바로 서게 하시는 대제사장에게로 피해야 한다.[6:18]

과거의 신실한 이들은 또한 "연약한 가운데서 강하게" 되었다. 이 진술은 일반적인 표현이며, 구약성경에 정확히 일치하는 구절은 없다. 그러나 저자가 방금 언급한 이들을 포함해 이스라엘의 많은 인물들이 처음에는 불임의 고통(삼손, 사무엘), 가족 안에서의 낮은 지위(기드온, 입다, 다윗), 혹은 지도자로서의 주저함(바락) 때문에 미래를 기대하기 어려웠다. 그럼에도 그들은 자신들 위에 임한 주님의 손을 통해 능력을 얻었다. 저자가 이미 인정했듯이 연약함은 인간 조건의 일부이며,[4:15; 5:2; 7:28] 능력은 하나님의 영역이다.[1:3; 2:4, 18; 4:15; 5:2, 7; 6:5; 7:25] 그러므로 청중이 연약한 상황에서 능력을 얻게 된다면, 그 힘을 주시는 분은 오직 하나님이다.

이스라엘의 이야기를 언급하면서 저자는 군사적 맥락에 주목한다. 그들은 "전쟁에 용감하게 되어 이방 사람들의 진을 물리치기도" 했다. 바락은 시스라를 패배시켰고,[삿 4:15] 기드온 또한 미디안 사람들을 물리쳤다.[삿 7:21; 8:12] 이러한 군사적 승리를 열거한 뒤 저자는 열 번째 진술로 이 위업의 목록을 마무리한다. "여자들은 자기의 죽은 자들을 부활로 받아들이기도 하며……." 앞서 긴 이야기의 마지막을 라합의 사례로 맺은 것처럼[히 11:31] 이 목록 역시 여성의 사례로 끝맺는다. 부활 언급에서 저자는 마카베오서에 나오는 일곱 아들의 순교를 지켜본 어머니를 염두에 두었을 가능성이 크다. 왜냐하면 그녀의 아들들 가운데 하나가 부활에 대한 확고한 소망을 고백하며 죽음을 맞이하기 때문이다.[마카베오2서 7:14] 그녀는 하나님을 창조주이자 생명을 회복시키시는 분으로 신뢰했기에 두려움 대신 용기를 보였다.[마카베오2서 7:20-23] 이 본문에는 히브리서와 마찬가지로 생명의 시작에서 주권자이신 하나님[히 11:3, 11-12]과 부활의 소망 되시는 하나님 사이의 연결 고리가 드러난다. 그러나 그녀는 아들들을 당장 되돌려받지는 못했고, 단지 그들이 장차 부활하리라는 '소망'을 품었을 뿐이다.

이 구절이 가리키는 대상의 다른 가능성은, 자녀가 죽었으나 예언자에 의해 다시 일으켜진 여인들, 곧 엘리야를 만난 사르밧 과부^{왕상 17:17-24} 또는 엘리사를 만난 수넴 여인이다.^{왕하 4:17-37} 이 구절이 암시하는 것이 누구이든, 이는 믿음으로 받은 좋은 것들 중 절정에 해당한다.[56] 이것은 연약함도, 대적함도, 심지어 죽음조차도 하나님의 이 강력한 행사를 가로막지 못하며, 따라서 믿음을 갖지 '않을' 이유가 없음을 보여주는 궁극적인 이미지다. 이 여인들은 이스라엘의 하나님에 대한 기본적인 믿음을 지니고 있었으며,^{히 6:2} 아브라함이 가능하다고 믿었던 것,^{11:19} 곧 하나님이 죽은 자를 살릴 수 있는 분임을 믿었다. 그 여인들은 하나님에 관해 예수께서 드러내신 믿음^{5:7}과 공동체가 고백하는 믿음^{13:20}을 동일하게 보여주었다. 이 공동체의 믿음은, 부활의 첫 증인이었던 이 여인들의 증언으로부터 비롯된 것이다.^{마 28:1-8; 막 16:1-8; 눅 24:1-12; 요 20:1-18} 이들 모두가 부활 신앙을 공유한다.

그런 다음 35절 안에서 전환이 일어난다. 저자는 이 지점까지는 믿음을 완성한 모든 사람을 높이 평가한다. 그러나 이어지는 목록은 다른 그룹, 어쩌면 '하나님이 실패한 것처럼 보이는 경험을 한 사람들'을 열거한다. 하나님은 그들이 기대한 대로 행동하지 않으셨지만, 그들은 여전히 신실했다.

첫째로, 저자는 "심한 고문을 받되 구차히 풀려나기를 원하지 아니한" 이들을 언급한다. 죽은 자를 돌려받은 여인들과는 정반대로, 이들은 마카베오서에 등장하는 일곱 아들처럼 고문을 당했다. 여기서 사용된 '고문'이라는 단어는 북을 두들겨 치듯 맞는 것을 암시하며, 그 강렬한 이미지는 그들이 그 고문에서 풀려나지 못했다는 사실로 인해 더욱 비극적으로 다가온다. 저자는 그들이 "풀려나기를 원하지 않았다"고 진술함으로써, 그들이 죽음을 피하지 않았을 뿐 아니라 다시 살아나지 못했음을 또한 가리킨다. 그들에게는 죽음으로부터의 구원이란 없었으며, 오히려 죄가 낳은 결과인 부당한 죽음을 경험했다. 그렇기에 그들은 더욱 그리스도가 가져오실 죄로부터의 참된 구속을 고대하고 있따.

이러한 그리스도론적 읽기는 저자가 그들이 고대하는 소망으로 시선을 옮긴다는 것을 보여준다. 그들은 "더 좋은 부활을 얻고자 하여" 죽음을 무릅썼다. 이 진술은 신약성경이 증언하는 영원한 육체적 부활의 소망, 그리고 예수의 부활과 일치한다. 고린도전서 15장에서 바울은 이에 대해 강력한 논증을 제시한다. 메시아는 더 나은 언약 안에서 더 나은 직분을 얻으셨으므로,[히 8:6] 그들에게 단지 필연적 죽음으로부터의 일시적 해방(소생)만이 아니라 완전하고 영원한 육체의 부활을 베푸실 수 있다.

이 한 줄기 소망의 빛 뒤에는 고난의 목록이 이어진다. "또 어떤 이들은 조롱과 채찍질"을 당했다. 조롱은 삼손[삿 16:25, 27]과 마카베오서에 나오는 형제들[마카베오2서 7:1, 7, 10]이 당한 일이기도 했다. 이는 예언자들이 말했듯이 하나님께서 잘못된 길을 가는 백성에게 내리는 형벌이기도 하다.[사 3:4; 33:4; 66:4; 겔 22:4; 슥 12:3] 그러나 동시에 조롱을 당하는 것은 이 공동체가 짊어지도록 '부름받은' 수치를 가리키기도 한다.[히 10:33; 12:3; 13:13] 마찬가지로 채찍질은 하나님의 아들들이 예상해야 하는 징계이며,[12:6] 이는 마카베오서[마카베오2서 3; 7:37; 9:11; 마카베오3서 2:21]뿐만 아니라 시편[70인역 시 37:18; 38:11; 72:14; 88:33]과 솔로몬의 시편[7:9; 10:1]에서도 반복되는 주제다. 저자는 청중으로 하여금 그들이 직면한 어려움을 이해하도록 돕는 무대를 마련하고 있다. 과거 신실한 조상들이 이러한 끔찍한 고난을 겪을 때도 하나님은 부재하지 않았고, 지금도 그들과 멀리 계시지 않다.

다음 구절에서 저자는 "결박과 옥에 갇히는 시련을 받았던" 이들을 언급한다. 과거 신실한 이들 가운데 일부는 실제로 투옥되었다. 투옥은 삼손 이야기에서 두드러진 장면이기도 하며,[삿 16:21, 25] 히브리서 공동체의 구성원들이 경험한 일이기도 했다.[히 10:34; 13:3] 또 어떤 이들은 "돌로 치는 형벌"을 당했다. 돌로 치는 것은 율법에 규정된 형벌 가운데 하나였으며,신 13:10; 17:5; 21:21; 22:21, 24 다윗이 직면했던 위협이자 현실이었다.삼상 30:6; 삼하 16:6, 13 예수도 예언자들이 그러한 박해를 당했음을 기억하시며,마 23:37; 눅 13:34 소작인의 비유에서 이 형벌을 언급하셨다.마 21:35 사람들은 예수를 돌로 치려 했고,요 10:31; 11:8 스데반행 7:58과 바울행 14:19; 고후 11:25은 실제로 돌에 맞아 죽임당하거나 그 위협을 경험했다. 따라서 이것은 기독교 공동체가 앞으로도 직면할 수 있는 현실이다. 또 다른 이들은 "톱으로 켜는 형벌"을 당했다. 톱으로 잘려 죽는 끔찍한 묘사는 초기 그리스도인들의 경험에서는 확인되지 않지만, 후대 전승인 『이사야의 순교와 승천』5:1-14에 이사야가 그런 죽임을 당했다는 기록이 전해진다.

마지막으로, 저자는 폭력적 죽음의 사례들을 마무리하며 "칼로 죽임을 당한" 이들을 언급한다. 앞서 칼날을 피하는 데 성공한 이들히 11:34과 달리, 이들은 칼에 의해 목숨을 잃었다. 예레미야는 칼에 의한 죽음을 하나님의 심판 가운데 하나로 언급했으며,렘 11:22; 14:15; 16:4; 21:9 예수도 종말의 징조 중 하나로 이를 말씀하셨다.눅 21:24 실제로 세례 요한마 6:27과 제자 야고보행 12:2가 이러한 죽음을 맞았는데, 이는 하나님의 형벌이 아니라 통치 권력에 맞서 하나님 편에 선 자들이 치러야 하는 대가였다.

다음으로 언급되는 이들의 이야기는 상대적으로 덜 극적이다. 그들 가운데 일부는 "양과 염소의 가죽을 입고 유리하였다." 이 진술은 예언자 엘리야처럼왕하 1:8 양가죽이나 염소가죽으로 만든 옷을 입었던 인물들을 떠올리게 한다. 이러한 옷차림은 금욕적 삶의 표현이었다.[57] 그들은 하나님을 철저히 따르기로 선택했기 때문에 "궁핍했다." 요컨대, 그들은 가진 것이 거의 없었다. 이것은 히브리서 청중에게도 충분히 공감되는 현실이었다. 그들 역시 소유물을 빼앗긴 경험이 있었기 때문이다.히 10:34

또한 과거의 신실한 이들은 "환난과 학대"를 겪었다. 이는 바울의 사역에서 자주 나타난 일이었고, 히브리서 공동체에 속한 이들도 빈번히 겪는 일이었다.[10:33; 13:3] 사실 이러한 고통은 인류의 시작부터 이어져 왔다. 아담과 하와가 동산에서 쫓겨난 이후 인간은 궁핍과 환난을 경험했고, 악으로 인한 고통을 감내해야 했다. 따라서 이 목록은 저자가 12장에서 전개할 내용을 미리 보여준 것이다. 즉 저자는 청중이 직면한 어려움은 새로운 것이 아니며, 믿음 안에서 그들의 조상들 또한 같은 시련을 겪었다는 점을 강조하는 것이다.

비록 목록의 후반부에 언급된 이들이 세상의 눈으로는 실패한 것처럼 보일지 모르지만 실제는 그 반대였다. "이런 사람은 세상이 감당하지 못하느니라." 그들은 세상의 주변부에서 살아감으로써, 자신들의 삶이 무가치한 것이 아니라 오히려 소중하다는 사실을 증명했다(저자는 13:12 - 13에서 독자들에게도 그렇게 하라고 권한다). 그들은 "광야와 산과 동굴과 토굴에 유리했다." 이 표현은 광야 세대를 떠올리게 하지만, 저자가 그들이 신실하다고 평가하기 때문에 여호수아와 갈렙을 가리킬 가능성이 크다. 그들은 신실했음에도 불구하고 방랑해야 했다. 아브라함과 하갈, 모세, 기드온, 삼손, 다윗, 다니엘, 그리고 예수 역시 광야에서 시간을 보냈다. 그들의 방랑은 무지나 실수 때문이 아니었다.[3:10; 5:2] 타락한 세상이 그들에게 머물 곳을 허락하지 않았기 때문이다. 아브라함,[창 12:8] 모세,[출 3:12] 여호수아[수 24:15] 등 이스라엘의 인물들에게도 광야와 산, 동굴은 중요한 사건이 일어난 자리였다. 그곳에서 그들은 승리와 고난을 모두 경험했으며, 하나님을 만난 곳은 종종 산꼭대기나 바위틈이었다.[출 33:22] 하나님은 그들과 함께하셨고 그들은 하나님을 신뢰했다. 이 편지의 수신자들 또한 광야를 지나 하나님과 함께하기 위해 한 산을 향해 나아가고 있다.[히 12:22] 하나님은 그들의 선조와 마찬가지로 길에서 그들을 만나 주시고 계속 나아가도록 인도하실 것이다.

이러한 '실패들'로 목록이 마무리된다는 점은 앞부분을 다시 성찰하게 만든다. 32 - 34절에 언급된 인물들과 그들의 폭력적 승리에 불편함을 느끼는 것은 단지 현대적 감수성 때문만이 아니다. 전투에서의 승리는 이 서신의 첫 독자들의 경험과도 공명하지 않는다. 초기 그리스도인 공동체는 명예와 승리가 아니라 수치와 어려움을 겪었기 때문이다. 이러한 경험은 예수의 생애와도 일치한다. 그분은 폭력을 당했을지언정 결코 폭력을 행사하지 않았다. 오히려 제자 베드로가 폭력을 행사했을 때 예수는 그를 멈추게 하셨다.[마 26:51 – 52; 눅 22:50 – 51; 요 18:10 – 11] 이미 지적했듯이 사사들과 예언자들, 그리고 왕들의 이야기조차도 상당 부분 연약함과 실패, 거부를 포함한다. 따라서 목록은 폭력적 승리로 시작하지만 고통스러운 패배로 마무리된다. 이는 저자가 만일 시간이 허락되었다면 그들에 대해 어떤 말을 했을지 예상하게 한다. 하나님이 이스라엘에게 정치적·군사적 성공을 허락하신 것은 사실이며, 그것은 이스라엘이 하나님의 백성으로서 고유하게 존재하도록 하기 위함이었다. 다른 한편으로, 하나님은 예수를 따르는 자들에게 동일한 성공을 허락하지 않으셨다. 이스라엘 땅에서 생기는 일들은 더 나은 무엇을 가리키고 있었기 때문이다. 그것은 흔들리지 않는 나라에서의 삶, 곧 더 나은 부활을 통해 주어지는 참된 삶이다.[12:27] 실패는 사람들로 하여금 그 나라를 갈망하게 만들었고, 승리는 그 나라의 모습을 예시했지만 여전히 '온전한 것'은 아니었다. 목록의 처음에 언급된 이들은 세상에서 어느 정도 성공을 거두었을지 모르지만, 정작 세상의 평가는 중요하지 않다. 진정한 가치는 신실한 이들에게 주어지는 하나님의 인정에 있다.[11:2] 히브리서는 세상의 눈에는 약해 보이는 자들이 오히려 하나님의 집에서는 가장 큰 성공을 거두었다고 선언함으로써 청중에게 위로와 동시에 도전을 준다.

11:39 – 40 신실한 세대들의 연합

39이 사람들은 다 믿음으로 말미암아 증거를 받았으나 약속된 것을 받지 못하였으니

40이는 하나님이 우리를 위하여 더 좋은 것을 예비하셨은즉 우리가 아니면 그들로 온전함을 이루지 못하게 하려 하심이라.

이제 믿음 장을 마무리하면서 저자는 이 송가의 서두에서 언급했던 사실, 곧 그의 공동체 이전에 살았던 이들이 믿음을 지녔고 하나님으로부터 인정을 받았다는 점을[11:2] 다시 상기시킨다. "이 사람들은 다 믿음으로 말미암아 증거를 받았으나……." 하나님이 이 모든 이야기를 히브리 성경에 기록하신 이유는 바로 이 인물들이 보여준 믿음 때문이다. 그들은 완전하지 않았고, 어떤 이들은 성공보다 실패가 더 많았다. 그러나 그들의 삶 속 어떤 순간에는 믿음이 있었다. 그들은 승리 가운데서 감사했고, 무엇보다 실패를 통과하는 동안에도 하나님을 신뢰했다. 그들은 하나님이 이미 행하신 일과 지금도 행하고 계신 일의 증거를 바라보았으며, 동시에 하나님의 약속의 성취를 고대했기에 믿음을 가질 수 있었다.

저자에 따르면, 그들이 믿음을 가질 수 있었던 이유는 "약속된 것을 받지 못했기" 때문이다. 사실 저자는 앞서 아브라함[6:15; 11:17, 19]과 다른 이들[11:33]을 언급하면서 과거의 사람들이 약속을 받았다고 여러 차례 진술했다. 그러나 여기서는 '받다'라는 의미의 특별한 동사 '코미조'[κομίζω]를 사용한다. 이 동사는 미래의 소유[10:36]나 아브라함이 이삭을 비유적으로 받은 사건[11:17, 19]을 묘사할 때 쓰였다. 39절의 이 진술은 족장들이 하나님의 약속을 받지 못한 채 죽었다고 말하는 11:13(여기서는 또 다른 동사 '람바노' 사용)과 수미상관을 이룬다. 이는 히브리서 전체에 걸쳐 드러나는 역동성을 보여준다. 하나님의 어떤 약속, 곧 새 언약에 속한 약속은 이미 성취되었지만, 또 다른 약속은 미래의 성취를 위해 남겨져 있다. 이것이 저자가 이 긴 장에서 묘사해 온 믿음의 역동성이다. 즉 이미 성취된 약속들이야말로, 아직 이루어지지 않은 약속들의 성취를 고대하며 하나님을 신뢰할 수 있는 근거가 된다.

　　설교 전체를 관통하는 약속의 논리는 아직 성취되지 않은 약속이 무엇인지 보여준다. 즉 그들은 하나님의 땅에서 하나님의 백성과 함께 영원히 안식하며 살지 못했다. 이 현실의 근저에는 그들이 계속 살아 있지 못했다는 사실이 놓여 있다(죽음을 보지 않고 데려감을 당한 에녹과 엘리야조차도 결국 삶을 지속하지는 못했다). 아우구스티누스는 이 약속을 이렇게 해석했다. "만일 사람들이 볼 수 있는 상급을 얻기 위해 믿는다면, 다시 말해 불멸의 상급이 이 현세에서 신자들에게 주어진다면 그 믿음은 칭찬받을 만하지 않으며, 전혀 믿음이라고 할 수 없을 것이다."[58] 그들의 지상 생애에서 얻을 수 있는 어떤 것도 그 약속에 대한 기대를 온전히 충족시킬 수 없었다. 하인리히 불링거가 말했듯이 "그러므로 '약속'이라는 말은 안식이 아니라……우리 몸의 부활을 가리키며, 몸의 부활은 그리스도의 오심에 달려 있다."[59] 그들은 단지 생명이 이어지는 것뿐만 아니라, 아담과 하와를 비롯한 온 인류를 향한 하나님의 계획, 곧 피조물에게 짓밟히는 존재가 아니라 그것을 다스리는 존재가 되리라는 약속을 아직 받지 못했다.^{히 2:6 –8에 인용된 시}

　　그들이 약속을 받지 못했다는 사실은 하나님께 놀라운 일이 아니었다. 이는 하나님이 그들의 고난을 몰랐거나, 그들 가운데 부재하셨음을 의미하지 않는다. 오히려 하나님은 "더 좋은 것을 내다보고 계셨다."^{개역개정은 "더 좋은 것을 예비하셨은즉"—옮긴이} 물론 하나님은 믿음을 보여주실 필요가 없는데, 이는 하나님 한분 외에는 신뢰를 둘 수 있는 더 위대한 대상이 없기 때문이다.^{6:16} 그러나 하나님마저 그들이 권면받은 것처럼 미래를 바라보시는 태도를 취한다. 하나님은 더 좋은 것을 예비하셨는데, 설교 전체에 걸쳐 반복된 확언에 비추어 볼 때 그 '더 좋은 것'은 35절에서 언급된 더 좋은 부활로 이해된다. 그것은 새 언약의 더 나은 약속들^{8:6} 위에 세워졌으며, 영원한 대제사장으로 섬기고자 부활하신 하나님의 아들이 가져온 것이다.

　　'더 좋은 것'은 그리스도에 관한 것일 뿐 아니라 저자와 그의 독자들을 향한 것이기도 하다. 그는 그것이 '우리를 위하여' 예비된 것이라고 말한다. 창조의 의미에 대한 믿음으로 이야기를 시작했던 그는,[11:3] 이제 믿음의 찬가 마지막 부분에 이르러 그들 역시 이 이야기 속에 포함되어 있음을 상기시킨다. 저자는 독자들의 삶이라는 실絲을 이 장대한 찬양적 연설속에 엮어 넣으며, 이어지는 12장의 서두에서 그들이 자기 몫의 이야기를 충실히 살아 내도록 격려한다.

조상들이 그 이야기 안에 여전히 '현재형'으로 존재한다는 사실은, 그들이 하나님의 약속을 아직 완전히 얻지 못했다는 또 하나의 이유가 된다. 하나님은 그들이 이 설교의 청중과 함께 약속을 받게 하려고 기다리셨다. "우리가 아니면 그들로 온전함을 이루지 못하게 하려 하신 것"이다. 온전함은 율법만으로는 성취될 수 없으므로[7:19; 9:9; 10:1] 온전하게 되신 아들을 기다려야 했고,[2:10; 5:9; 7:28] 그분이 오셔서 '모든' 형제자매에게 온전함을 부여하셔야 했다. 이제 그분의 오심과 사역이 마지막 날들을 열었으므로,[1:2] 히브리서의 청중은 영원한 완전함을 누리는 특권을 받은 세대에 속한다.[10:14] 이렇게 해서 '족장들이 어떻게 약속을 보았을 뿐 아니라 환영했는가'[11:13]라는 난제의 해답이 드러난다. 아브라함의 가족에게 주어진 약속에는 무수한 후손들이 포함되어 있었고, 이제 그리스도를 통해 그 많은 형제자매들이 하나님의 집으로 인도되고 있다.[3:6] 과거의 신실한 이들은 이제 아브라함에게 주어진 하나님의 약속의 성취인 그 후손들을 맞이할 수 있게 된 것이다.

이것은 과거의 신실한 이들을 현재의 공동체 곁으로 가까이 불러온다. 모든 이들이 약속, 곧 더 좋은 부활을 기다리고 있으며, 그날에는 아브라함의 셀 수 없는 후손들이 하나님의 영원한 도성에서 하나님과 함께 살게 될 것이다. 수백 년 후 크리소스토무스는 이 약속을 자신의 회중을 향해 아름답게 확장하며, 선하신 아버지 하나님은 모든 형제자매가 함께 상 받기를 원하신다고 설명한다. 그는 이렇게 말한다. "그들도 형제들을 기다리는데, 이는 우리가 '모두 한 몸'이기 때문이다. 이 몸이 부분적으로가 아니라 전체로서 면류관을 받을 때 그 기쁨이 더 크다. 의인들은 이 점에서도 존경받을 만하다. 그들은 형제들의 안녕을 자기 자신의 것처럼 기뻐하며, 자신을 위해서도 지체들과 함께 면류관 받기를 소원한다. 다 함께 영광을 받는 것은 더 큰 기쁨이다."[60] 나는 이 서신/설교를 받은 이들을 가리켜 '청중'이라는 표현을 자주 사용해 왔다. 이는 박해의 위협 아래 믿음에 관한 이 말씀을 들어야 할 필요가 절실했던 첫 번째 청중을 의미한다. 그러나 그들 외에도 하나님의 성령이 영감을 불어넣고 보존하신 성경을 통해 모든 그리스도인 공동체는 이 청중의 구성원이 될 수 있다. 우리는 과거의 신실한 이들의 후손이며, 그들과 함께 완전함에 이르도록 부름받았다. 우리가 과거의 조상들과 함께하는 공동체의 구성원이라는 이 격려는, 히브리서를 처음 들었던 청중뿐 아니라 시대와 장소를 초월해 이 서신을 읽는 모든 독자에게도 적용된다.

이 아름답고 강력한 장을 통해 저자는 믿음의 비전을 제시한다. 믿음은 하나님께서 이미 행하신 일들을 돌아보며, 그분이 신뢰할 수 있는 전능하신 이임을 깨닫고 고백한다. 동시에 믿음은 하나님께서 이루겠다고 약속하신 일의 성취를 고대한다. 즉 하나님은 죽음의 권세를 물리치시고, 살아 계신 아들을 신뢰하는 모든 이들을 불러 모아 부활한 몸으로 하늘의 도성에서 영원히 살게 하실 것이다. 그 도성은 선하고 새로운 창조 세계의 중심이 될 것이다. 이것이 모든 세대를 아우르며 인류를 하나로 묶는 믿음이다. 이 믿음이야말로 하나님의 가족이 어떤 어려움 앞에서도 인내하며 의롭게 살아가게 한다. 바로 이 믿음이 히브리서 이후의 성찰에 추진력을 공급한다. 이어지는 장들에서 저자는 신실한 이들이 달려온 경주를 계속 이어 가도록 공동체를 초대한다.

산을 향한 경주

장대한 11장이 끝나고 나면, 주석가나 설교자들, 심지어 독자들조차 잠시 숨을 고르고 싶어질 것이다. 그러나 저자는 이를 허용하지 않는다. 수많은 신실한 이들의 이야기를 전한 뒤 그는 이제 시선을 자신과 그의 공동체에게로 돌린다. 아직 목표에 이르지 못했기에, 신실함을 지켜 내기 위해서는 큰 격려가 필요하다. 조상들의 이야기를 되새긴 그는 경주 비유를 들어 공동체를 격려하고, 그들의 시야를 가득 채워야 할 승리자, 곧 예수를 가리킨다.[12:1-3]

저자는 예수께서 승리를 향해 걸으셨던 고난의 길을, 청중이 현재 겪고 있는 고난을 해석하는 기준점으로 삼는다. 그는 잠언을 성경적 근거로 제시하며, 하나님 아버지의 돌보심에 비추어 자신들의 어려움을 새롭게 성찰하라고 권한다.[12:4-11] 그들이 참여하는 이 경주는 전적으로 하나님의 선하신 통제 아래 있다. 이러한 확신 위에서 저자는 청중이 눈앞에 놓인 목표를 향해 계속 달려가도록 격려하고,[12:12-14] 그 과정에서 마주칠 위험의 경계를 촉구한다.[12:14-17] 이 경고는 에서의 삶을 예로 들며 절정에 이르는데, 이는 어떤 형태의 회개로도 되돌릴 수 없는 선택이 불러온 심각한 결과를 보여준다.[12:15-17]

경주와 여정의 모티프는 두 산기슭의 비교에서 절정을 이룬다.[12:18-24] 청중은 시내산이 아니라[12:18-21] 시온산에 이르렀으며,[12:22-24] 거리를 두라는 명령 대신에 위로 올라오라는 초청을 받는다. 저자는 청중이 하늘에 있는 하나님의 산 정상에 시선을 고정할 때, 이 설교의 서두를 다시 상기시킨다. 즉 그들은 하나님의 음성을 들을 수 있으며,[1:2] 그 음성에 신실하게 응답해야 한다.[12:25] 하나님의 음성과 그분의 가시적 임재는 모든 것을 진동하게 할 것이며, 오직 흔들리지 않는 나라만이 그들에게 남게 될 것이다.

하나님 아버지의 돌보심에 대한 놀라운 확신, 그들이 접근할 수 있는 축제의 산, 그리고 이미 받기 시작한 나라의 맥락에서 저자는 중도 포기에 대한 최종적인 경고를 제시한다. 이야기가 아직 끝나지 않았기에, 그는 도전과 위로를 비롯한 목회적 지혜의 모든 수단을 동원하여 공동체가 끝내 목표에 도달하도록 힘껏 지원한다.

12:1-3 예수를 향한 경주

¹이러므로 우리에게 구름같이 둘러싼 허다한 증인들이 있으니 모든 무거운 것과 얽매이기 쉬운 죄를 벗어 버리고 인내로써 우리 앞에 당한 경주를 하며 ²믿음의 주요 또 온전하게 하시는 이인 예수를 바라보자. 그는 그 앞에 있는 기쁨을 위하여 십자가를 참으사 부끄러움을 개의치 아니하시더니 하나님 보좌 우편에 앉으셨느니라. ³너희가 피곤하여 낙심하지 않기 위하여 죄인들이 이같이 자기에게 거역한 일을 참으신 이를 생각하라.

저자는 이 부분을 접속사 "이러므로"^{τοιγαροῦν}로 시작하면서 믿음의 송가와 이 권면을 연결하는데, 이 접속사는 신약성경에서 이곳과 데살로니가전서 4:8에만 등장한다. 그는 아마도 "이렇게 묘사한 믿음에 비추어 본다면, 바로 '이것이' 우리가 살아가야 할 방식"이라고 말하는 것 같다. 그는 조금 전 이전 세대의 신실한 이들이 현재의 그리스도인들에게 의존하고 있음을 분명히 밝혔다. 그들은 "우리가 아니면"(우리 없이는) 온전하게 될 수 없을 것이다.[11:40] 이제 그는 11장 전체에 걸쳐 전제되었던 것, 곧 현재의 그리스도인들이 이전의 신실한 이들의 증언에 의존해야 한다는 사실을 명시적으로 밝힌다. "우리에게 구름같이 둘러싼 허다한 증인들이 있으니"라는 구절은, 신자들이 믿음의 경주를 끝까지 달려갈 수 있는 이유 중 하나로 작용한다. 이미 승리한 신실한 이들과 여전히 싸우고 있는 신실한 이들, 이 두 부류는 서로 긴밀히 연결되어 있다. 그러므로 주석가들은 장 구분이 다르더라도 이 문장을 앞 단락과 연결해 읽어야 한다고 본다.

2절 끝까지 이어지는 이 복잡한 문장의 토대를 이루는 이미지는 운동경기다. "경주를 하며……." '경주하다'라는 동사는 히브리서에서는 여기에만 나타나지만, 신약성경 전체에서는 열두 번 이상 나타난다. 경주 이미지는 저자가 앞으로 나아가는 것에 관해 말한 모든 내용과 잘 호응한다. 즉 하나님의 자녀들은 인도함을 받는 자들이다.[2:10] 광야 세대가 보여 준 불순종의 방황과는 대조적으로, 그는 독자들에게 자녀 신분에 걸맞도록 '들어가고'[4:3, 6, 10, 11] '가까이 나아가라고'[4:16; 7:25; 10:1, 22; 11:6; 12:22] 요청한다. 또한 그는 더 긴급한 어조로, 그들을 그들 앞에 놓인 소망을 붙잡기 위해 피하는 자들로 묘사한다.[6:18] 이 12장의 속도는 6장과 마찬가지로 빠르지만 기간은 좀 더 길다. 그들은 걷는 것이 아니라 '경주해야' 한다. 권면은 속도에 관한 것이라기보다는 훈련에 관한 것이다. 다시 말해 저자는 인생을 서두르며 살아야 한다고 암시하는 것이 아니다. 달리기는 걷기보다 더 많은 훈련이 필요하다. 더욱이 그들은 이 힘든 경주를 오랫동안 해야 한다. 그러므로 그들은 오직 "인내로써" 이 경주를 할 수 있다. 다시 말해, 그들이 직면한 것은 단거리 경주가 아니라 마라톤이다.[1] 주석가들은 이 점에 대해 분별력이 필요하다. 어떤 이들에게는 마라톤이 어려움뿐만 아니라 큰 기쁨을 불러일으킬 수 있다. 그러나 어떤 이들에게는 마라톤 이미지가 불가능한 것, 시도조차 할 수 없는 것으로 보일 수 있다. 따라서 주석가들은 이 설교적 은유가 청중의 시선을 본문의 핵심 목표에서 벗어나게 해서는 안 된다. 11장에서 보았듯이 그 목표는 믿음을 계속 붙드는 것이며, 그것이 모든 이들이 성취를 바랄 수 있는 목표다.

저자는 믿음의 경주가 어렵지만 불가능하지 않다고 말한다. 그는 그들 앞에 놓인 것을, 경주를 의미하는 일반적 단어δρόμος가 아니라 '싸움'ἀγών, 개역개정은 "경주"―옮긴이으로 표현한다. 일반적으로 '투쟁'이라는 의미로 사용되는 이 말은 구체적으로 운동 '경기'나 시합을 지칭할 수도 있다.딤전 6:12; 딤후 4:7; 마카베오2서 4:18 앞에서 사용된 '달리다'라는 동사는 저자가 이 문장에서 권투 시합이 아닌 경주의 이미지를 사용하고 있음을 분명히 하며, '아곤'ἀγών은 그들이 직면한 어려움을 강조한다.[2] 물론 앞으로 나아가는 일은 쉽지 않겠지만, 올바른 조력이 있다면 그들이 목표에 도달할 수 있다고 그는 믿고 있다.

그들이 그들 "앞에 당한"προκείμενον "경주"(싸움)를 할 때, "구름같이 둘러싼"περικείμενον 허다한 증인들이" 그들을 도울 것이다. 문장 구조에 따르면, 저자는 공동체가 해야 할 힘든 경주를 언급하기 전에 먼저 그들이 '가진' 것을 상기시킨다. 그는 이 단락의 시작 부분에서 공동체의 구성원들을 강조한다. "우리에게……." 상황이 어려울 수 있지만 그들은 함께 인내할 수 있는 지체들을 가지고 있다. 더 나아가 그들에게는 저자가 방금 들려준 이야기를 소유한 공동체가 있다. 저자는 이 공동체의 지원이 그들이 찾아 나서야 할 것은 아님을 분명히 한다. 그는 그것이 미래에 가질 수 있는 것이라고도 말하지 않으며, 그렇다고 과거에만 한정된다고도 말하지 않는다. 비록 11장에 이름이 언급된 대다수가 이전 시대 사람들이라 해도 그렇다. 증인들의 격려는 그들이 현재도 가지고 있으며, 이를 인식한다면 계속해서 가질 수 있을 것이다. 소유를 나타내는 현재 시제 분사ἔχοντες '우리가 가지고 있으니'는 분명 큰 격려가 되었을 것이다. 신실한 이들의 증언이라는 선물은 이 공동체가 지금 경주할 수 있게 해주는 분명한 이유가 된다.

더 분명히 말하자면, 그들이 가진 것은 그들을 "구름같이 둘러싼 허다한(거대한/위대한) 증인들"이다. 저자는 먼저 이 증인들의 무리를 "허다한"[so great]이라는 형용사로 묘사하며 그 위대함을 강조한다. 이 표현은 4:7과 7:22에서도 사용된 바 있는데, 명사의 크기를 드러내어 그 실체를 더욱 구체적으로 만든다. 따라서 여기서 말하는 것은 단순한 증인들의 집단이 아니라 장엄하고도 거대한 무리다. 일부 필사본에서는 서신 앞부분[2:3]에서 "위대한 구원"을 묘사할 때 쓰였던 단어인 '텔리토쿠스'[τηλικοῦτος]를 사용하기도 한다. 저자가 어떤 표현을 사용했든, "위대함"의 강조는 앞 장에 제시된 신실한 이들의 목록을 고려할 때 온전히 이해된다. 여기에는 저자가 명시적으로 이름을 열거한 인물들뿐 아니라,[히 11:4-31] 이어지는 광범위한 집단들의 긴 목록[11:32-38]까지 포함된다. 마라톤 모티프에 비추어 본다면, 저자는 하나님을 신뢰함으로써 위대하게 된 하나님 나라의 구성원들로 가득 찬 관중석을 그리고 있다. 이 관중은 단순한 구경꾼이 아니라 앞서 믿음의 경주를 완주한 증인들이며, 지금 달려가고 있는 이들을 격려하는 거대한 무리로서 존재한다.[3] 저자는 나중에 12:22-23에서 시온산 축제 모임에 대해 언급할 때 다시 한번 축하하는 큰 무리의 이미지를 제시할 것이다.

전례적 전통에 속한 많은 그리스도인들은 매주 '상투스'[Sanctus, "거룩하시다, 거룩하시다, 거룩하시다"로 시작하여 천사들과 온 교회가 함께 부르는 예배 찬송—옮긴이]의 도입부에서 이 이미지를 떠올릴 것이다. 내가 속한 전통에서는 이를 다음과 같이 고백한다. "그러므로 우리는 당신을 찬양하며, 천사들과 대천사들, 그리고 영원히 이 찬송을 부르는 하늘의 모든 무리의 목소리에 우리의 목소리를 더하나이다."[4] 히브리서의 첫 수신자들 이후의 독자들에게는 관중석이 훨씬 더 붐벼 보인다. 거기에는 11장에서 언급되고 묘사된 인물들뿐만 아니라 히브리서의 첫 수신자들과 그 이후의 모든 신실한 신자가 함께 자리한다. 예배 중에 이 무리에 대해 선포할 때, 나는 종종 최근에 세상을 떠난 신자들이나 가족들을 떠올린다. 다른 시대 신자들의 글을 연구할 때는, 그들이 지금 여기 있다고 상상하기도 한다. 그들 각자가 대표하는 민족과 국가, 이념의 광범위한 다양성을 생각하면, 지상에서 인간을 갈라놓던 모든 경계는 보좌 앞에서 의미를 잃는다. 참으로 그것은 압도적으로 거대한 구름이 아닐 수 없다.

"구름"이라는 단어의 용법은 저자가 전달하려는 격려의 본질에 대해 몇 가지 통찰을 제공한다. 고전 문학에서 이 말은 단순하게 '많음'을 의미한다.[5] 그것은 사람의 숫자 외에도 그들의 위치를 묘사하며, "둘러싼"이라는 말과 함께 증인들이 에워싸고 있는 장면을 전달한다. 안개에 휩싸이듯이 히브리서 독자들은 증인들에 의해 둘러싸여 있다. 더 나아가 "구름"은 하늘/천국의 개념과 연결되어 하나님의 영역이라는 의미를 표현한다.[70인역 시 103:3; 욥 22:14; 40:6] 서신의 후반부에서 밝히듯이 신실하게 생을 마친 이들은 이제 하나님과 함께 거한다.[히 12:22-24] 마지막으로, 그리고 중요한 의미로서 "구름"은 이전의 신실한 이들의 현존이 일시적임을 나타낸다. 그들은 하나님과 함께 있지만, 아직 흔들리지 않는 나라를 상속받지 못했다.[12:27] 이러한 이미지는 몸의 부활 교리와 일치한다. 그들은 아직은 (다시) 몸을 입지 않았지만, 지각이 있고 소통하는 관찰자로 묘사된다.

저자는 이 둘러싼 구름을 "증인들"이라는 용어로 더욱 구체화한다. 증인들은 말하기도 하고 보기도 한다. 이들은 자신의 삶을 통해 하나님의 신실하심을 증언해 왔으며, 청중은 그들의 말과 행위를 기억함으로써 인내를 굳건히 할 수 있다. 그러나 경주의 은유 속에는 하나님만이 아니라, 현재 달리고 있는 그리스도인들도 서로를 지켜본다는 의미가 담겨 있다.

이 점은 이미 일부 주석가들이 지적한 바 있으며, 교회 역사 속 특정 시대에 성인들에 대한 과도한 헌신이 있었음을 고려할 때 특히 유익하다. 말하자면 그리스도인들은 단지 "천국에 계신 할머니가 당신이 죄짓는 것을 지켜보고 계실지 모른다"는 식으로 신실함을 독려해서는 안 된다.[6] 이 구절은 결코 죽은 자의 관음증을 옹호하지 않는다. 그럼에도 교회 역사의 많은 시기 동안, 그리스도 안에서 산 자와 죽은 자 사이의 벽은 매우 얇게 느껴졌다. 어느 신실한 수도사는 내게 농담조로 말했다. "내 친구들이 반드시 살아 있어야 할 이유를 모르겠습니다!"죽은 성도와도 여전히 생생한 교제를 나눌 수 있다면 — 옮긴이

과거의 신실한 이들이 오늘날 우리의 수고를 응원하고 있다고 상상하는 것은, 마치 관중석의 응원처럼 에너지를 불어넣어 주며 앞으로 나아갈 기운을 북돋운다. 이러한 상상은 신앙을 개인주의로 축소시키려는 유혹으로부터 우리를 지켜 준다. 개인주의는 너무 쉽게 외로움과 포기로 이어지기 때문이다. 우리의 신앙은 철저히 공동체적 신앙이다. 물론 지역교회도 중요하지만, 이 공동체에는 전 세계 교회와 이미 승리한 교회들이 모두 포함된다. 이것은 히브리서가 자주 그리고 강력하게 주장하는 핵심 요점이다. 그것은 단순히 스포츠적 열정이 아니라, 하나님의 가족이라는 정체성에서 비롯된 결속이다. 따라서 이전 세대에 대해 높은 존경심을 지닌 문화는 오늘의 그리스도인 주석가들이 이 본문을 더욱 진지하게 받아들이도록 통찰을 제공한다.[7]

공동체가 구름 같은 증인들에게 둘러싸여 길고 힘든 경주를 달릴 때, 그들은 특정한 종류의 사람들, 곧 무거운 것과 죄를 벗어 버리는 사람들이 된다. "모든 무거운 것과 얽매이기 쉬운 죄를 벗어 버리고……." 여기서 동사는 중간태 분사인데, 많은 주석가들은 이 분사가 주동사인 권고형 가정법 동사 '경주를 하자'에 종속되어 있다고 보고, 그 관계를 분명히 드러내기 위해 명령의 의미로 번역한다(벗어 버리자).[8] 이러한 읽기의 대안으로는, 이 분사를 첫 번째 분사(우리가 가지고 있으니)와 병렬된 또 다른 확언으로 보는 것이다. 그들은 이미 "구름 같은 증인들"을 가진 것처럼 그리스도를 고백했고 경주를 시작하기 위해 여러 짐들을 벗어 버린 것도 사실이다. 저자는 "이것을 하라"는 새로운 명령을 내리는

대신, 그들이 이미 이를 "행하였다"는 사실을 확언한다. 그러나 동시에 그들이 과거에 한 번에 "모든" 무거운 것과 죄를 벗어 버린 것은 아니기에, 앞으로도 계속해서 버려야 한다. 이러한 읽기는 서신의 다른 부분인 10:32－36의 권면과도 일치한다. 그곳에서 저자는 새로운 습관을 들이라고 명령하기보다, 이미 행한 선한 일을 상기시키고 그것을 인내 속에서 계속 이어 가도록 권고한다. 따라서 처음에 짐을 벗었다고 해서 곧바로 안주할 수는 없다. 얽매임의 위협은 여전히 현재적이기 때문이다. 바로 그 때문에 신자들은 경주의 한복판에서 끊임없이 무거운 것과 죄를 벗어 버려야 할 필요가 있다.

저자는 그들을 사로잡으려는 덫을 "모든 무거운 것과 얽매이기 쉬운 죄," 곧 NRSV 번역처럼 "그토록 끈질기게 달라붙는 죄"라고 부른다. 만일 "무거운 것"이 죄와 구별된다면, 그것은 범죄라기보다는 선한 일을 하는 데 방해가 되는 것을 가리킨다. 그는 공동체 생활 속에서 죄는 아니나 속도를 내지 못하게 하는 요소들에 주의를 기울이도록 한다. 이는 공동체적으로나 개인적으로 무엇이 필요하고 유익한지 분별하라는 권고이다.

더 해로운 것으로 명시적으로 지목되어야 하는 것은 그들이 벗어 버린 "죄"이다. 그것은 '얽매이기 쉬운' 것이다. 이 단어 εὐπερίστατος의 어원은 생생한 그림을 보여준다. 죄는 '쉽게' εὐ '주위에' περί '세운다.' ἵστημι[9]

이는 사람들을 쉽게 넘어뜨리는 유혹이다. 예를 들어 그들이 재산을 빼앗기는 것을 기쁘게 받아들였던 것[10:34]을 보면, 물질주의는 아마도 그들이 과거에 성공적으로 벗어 버린 죄였을 것이다. 키루스의 테오도레투스는 또 다른 해석을 제시하는데, 그 무거운 짐이 "불필요한 걱정들"일 수 있다는 것이다.[10] 그러나 표현에 주목하면, 여기서 말하는 것은 복수형 '죄들'이 아니라 단수형 '죄'이다. 어떤 특정한 죄를 염두에 두고 있는지는 정확히 판단하기가 어렵다. 이 공동체는 죄 전반에 대해 분명한 결단을 내렸다. 그들은 그리스도와 함께 참여한 자들[3:6, 14]이며, 그리스도를 고백하는 자들[3:1; 4:14; 10:23; 13:15]이 됨으로써 죄를 거부했다. 저자는 격려의 어조로 이 사실을 상기시킨다. 그들은 이미 자유롭게 되었으며, 이제는 단지 계속 나아가기만 하면 된다. 그들의 어려움은 회심의 문제가 아니라 지속과 성장, 성숙의 문제다. 그렇기에 저자는 그들의 경주가 "인내로써" 진행되는 것이며, 따라서 지금 필요한 것은 바로 인내임을 강조한다.[10:36]

그들의 시선이 올바른 방향을 향한다면 계속 앞으로 나아갈 수 있다. 스포츠, 특히 장거리 달리기에서 시선을 어디에 두느냐는 결과에 큰 차이를 만든다. 너무 가까운 곳을 바라보면 어지러움 때문에 균형을 잃기 쉽고, 너무 먼 곳을 바라보면 길이 지나치게 멀게 느껴진다. 가장 좋은 것은 중간 정도 거리다. 이때 시선을 고정할 대상을 확보해야 한다. 달리기 선수들은 종종 적절한 거리에 있는 사람에게 시선을 고정하고, 자신이 그 사람과 보이지 않는 밧줄로 연결되어 있다고 상상하는 정신적 장치를 마련한다. 그렇게 하면 그 사람의 추진력이 마치 자신의 것처럼 느껴져 계속 달릴 힘을 얻게 된다.

히브리서 저자에게 그 사람은 곧 예수다. 그는 2절에서 "예수를 바라보자"라고 말하며, 달릴 때 시선을 두어야 할 대상을 분명히 제시한다. 예수는 "믿음의 주요 또 온전하게 하시는 이"the initiator and perfector of faith다. 저자가 예수를 "주"initiator, 창시자라고 부르는 것은, 그가 하나님의 자녀들을 위한 구원의 창시자라고 언급한 2:10과 연결된다. 이 이미지는 여호수아를 포함한 지파 지도자들ἀρχηγοί이 가나안 땅을 정탐했던 광야 세대의 이야기[민 13:3]를 예비한다. 이어지는 단락에서 저자는 광야에서 하나님의 안식을 향해 나아가고 있는 공동체[히 3-4장]를, 경기장을 향해 달려가는 이들의 모습으로 그린다. 두 모티프 모두 초점은 지도자인 예수에게 있다. 하나님으로부터 오신 이로서 그분은 그들 앞서 길을 내셨고, 그들보다 먼저 경주를 완주하신다.

저자는 앞선 진술과 균형을 이루면서 예수를 "믿음을 온전하게 하시는 이"라고 부른다. 도로 위의 경주와는 달리 예수께 시선을 고정하는 이들은 여전히 달리고 있는 누군가가 아니라, 이미 자리에 앉은 이에게[1:3, 13:8:1; 10:12; 12:2] 시선을 둔다. 그분은 믿음의 경주를 시작하셨고 길을 닦으셨으며, 이제 그것을 완성하셨다.

길 위에 동료가 있다는 것은 분명 큰 격려가 된다. 그러나 누군가가 실제로 경주를 완주했다는 것은 승리가 가능하다는 확실한 증거라는 점에서 훨씬 더 큰 힘이 된다. 더욱이 그 완주자가 우리와 아무 상관없는 이가 아니라, 우리가 참여하게 된 주님이라는 사실은 최고의 소식이다. 믿음을 온전하게 하시는 이로서 예수는 스스로 신실함이라는 목표에 도달하셨고, 하나님과 함께하는 그 목적지τέλος를 모든 이들에게 열어 주셨다. 그러나 그분은 자신의 경주를 마쳤을지라도, 그분의 형제자매들은 아직 경주를 끝내지 않았다. 그렇기에 그분은 여전히 그들을 위한 선구자[2:10; 12:2]이며, 그들을 앞으로 끌어당기는 닻이다.[6:19-20] 하나님은 많은 아들딸들과 함께하기를 원하시므로, 예수는 영원히 앉아 있는 분이 아니라 자신이 이미 확보하신 구원을 완성하기 위해 다시 오실 것이다.[9:28]

주님은 지금도 달리고 있는 이들에게 깊은 관심을 가지고 계시며, 그들과 친밀하게 연결되어 계신다. 그분은 자신이 먼저 경주를 완주하셨기에 그분의 형제자매들도 경주를 완주할 수 있도록 돕기를 원하신다. 주님은 그들을 위해 중보하시는 분이며,[7:25] 믿음의 경주를 끝까지 달릴 수 있다는 보증을 주신다. 이렇게 해서 그분은 자신의 '팀'에 합류하는 모든 이들에게 경주의 기회를 열어 주신다.

사실 저자는 독자들에게 과거의 신실한 이들을 돌아보고 또한 응원하는 증인들을 둘러보며, 예수의 승리를 바라보도록 격려해 왔다. 달리는 자들이 어느 방향으로 시선을 돌리든, 그들은 과거와 현재와 미래에 나타난 '예수의' 신실한 사역을 보게 된다. 그분은 믿음을 일으키시는 분이며, 그들이 권면받은 대로 과거의 신실한 이들과 증인들을 바라보는 것은 곧 "예수를 바라보는" 또 하나의 방식이다.[11]

예수께도 경주를 계속하게 만든 기준점, 곧 그분이 끝까지 인내할 수 있게 해준 "앞에 있는" 무언가가 있었다. 저자는 곧바로 예수에 관해 이렇게 말한다. "그는 그 앞에 있는 기쁨을 위하여……." 그 기쁨에는 몇 가지 실재가 포함된다. 첫째, 예수는 70인역 시편 39편마소라 본문 시 40편의 말씀대로히 10:7 하나님의 뜻을 이루려는 갈망에 이끌리셨다. 이 신학적 관점은 곧 인류학적 관점으로 이어진다. 하나님의 뜻은 인류를 구원하고 거룩하게 하는 것이므로,2:8-15; 10:10 예수의 기쁨에는 하나님의 가족 안에 많은 형제자매를 두는 것도 포함된다.

결국 예수께서 십자가를 견디실 수 있었던 것은 그 기쁨의 공동체를 이루고자 하신 하나님의 뜻 때문이었다. 그리고 편지의 마지막 부분에서 저자는 회중에게 가족의 다른 구성원들, 곧 그들의 지도자들에게도 기쁨을 주는 삶을 살라고 촉구한다.13:17

예수 앞에 있던 이러한 기쁨은 그분으로 하여금 "십자가를 참으시게" 했다. 저자는 예수의 참으심을 언급하면서 그분의 과거 행동과 이 공동체가 이미 경험했던 일10:32 사이의 유사성에 주목하게 한다. 더 나아가 예수의 모범은 그들이 앞으로도 계속 인내할 수 있도록 능력을 공급할 것이다.10:36 히브리서에서 "십자가"라는 단어가 언급되는 것은 여기 단 한 번뿐이다. 이는 저자가 나사렛 예수의 삶 속 역사적 현실을 분명히 인식하고 있었음을 보여준다. 그는 자신의 시대적 맥락에서 십자가가 수치로 얼룩진 도구임을 잘 알고 있었다. 예수 역시 그 사실을 아셨지만, 그렇다고 해서 십자가를 거부하지 않으셨다. 오히려 그분은 "그 수치를 조롱하셨다."scorned the shame, 개역개정 "부끄러움을 개의치 아니하셨다"—옮긴이 수치를 미워하고 경멸함으로써, 곧 그것을 "내려다보심"으로써 예수는 그것이 자신에게 아무런 힘을 발휘하지 못하게 하셨다. 이것은 일부 외경 복음서에서 묘사되듯이, 그분이 십자가 위를 떠다니며 비웃었다는 의미가 아니다.[12]

그분은 십자가에 달려 실제로 죽음의 고통을 당하셨다. 그러나 역설적으로 그분은 높은 곳에서가 아니라 오히려 '아래로부터'의 관점에서 이 수치를 내려다보실 수 있었다. 즉 수치 아래에 기꺼이 서심으로써 그 겸손의 자리에서 수치를 조롱하신 것이다. 구경꾼들이 퍼붓는 신랄한 비난도 그분을 움직이게 한 기쁨에 비하면 너무나 미미했다. 그분은 그 모욕을 가볍게 여기셨고, 사회적 압력은 그분을 십자가에서 떼어 놓을 수도, 그 기쁨을 얻는 것을 방해할 수도 없었다. 더 나아가 그 수치에는 십자가뿐 아니라 그 결과인 죽음도 포함된다. 그러나 예수는 이 수치가 영원히 지속되지 않을 것임을 확신하셨다. 본문이 선포하듯이, 그분은 십자가를 통과해 "하나님 보좌 우편에 앉으셨다."

십자가, 수치, 그리고 보좌는 그리스도의 수난을 이루는 세 가지 움직임이다. 그분은 십자가를 견디셨고 죽음의 수치를 조롱하셨으며, 그 후에 부활하고 승천하여 하나님 우편에 앉으셨다. 여기서 다섯 번째이자 마지막으로 등장하는 70인역 시편 109:1[마소라 본문 110:1]의 암시는, 저자가 예수의 주권적 승리를 묘사하는 언어를 제공한다. 그분이 지녔던 기쁨의 일부는 이미 현실이 되었다. 그분은 하나님의 뜻을 성취하고 아버지의 임재 안에 거하시지만,[1:3, 13] 여전히 많은 형제자매들이 그 기쁨에 동참하기를 기다리고 계신다.

비록 예수의 승리는 이미 확보되었지만, 저자는 독자들이 그분의 고난에 잠시 더 머물러 있도록 초대한다. "너희가……죄인들이 이같이 자기에게 거역한 일을 참으신 이를 생각하라."

그분이 참으신 수치에는 십자가에 달리셨을 때 퍼부어진 공격[마 27:27-31; 막 15:16-20; 눅 23:35-36; 요 19:2-3]뿐 아니라, 그분의 성인기 전반에 걸쳐 로마와 유대 지도자들, 그분과 함께 자라난 사람들,[막 3:21; 요 7:3-5] 심지어 제자들까지 가세하여 드러낸 거부가 모두 포함된다. "죄인들에게서 떠나 계신" 분^{히 7:26}이 오히려 죄인들에게 조롱을 받으신 것이다.

저자가 이 거부를 표현하는 데 사용한 용어는 하나님의 소통하심, 곧 "말씀"이신 분^{1:2}을 지칭하기에 더욱 적절하다. 예수가 견뎌야 했던 거부는 그분을 동의하지 않는 자들의 '반대하는 말들'^{ἀντιλογία}이었고, 그것은 그분을 슬프게 했다. 이 단어는 본문에서 '생각하라'^{ἀναλογίζομαι}라는 첫 동사와 공통의 어근^{λόγος}을 지니므로, 두 표현 사이에는 시적인 공명이 형성될 것이다. 예수는 이미 이 적대감을 견뎌 내셨다. 사용된 분사가 완료 시제이므로 거부는 이제 끝났다. 그러나 완료 시제는 그 영향이 여전히 남아 있다는 점을 가리키기도 한다. 이것은 부활하신 그리스도의 몸에 십자가의 상처가 남아 있다는 복음서의 전승^{요 20:25}을 암시하는 것일 수도 있다. 또 다른 해석으로는, 그리스도의 백성이 계속해서 직면하는 거부를 가리킬 수도 있다. 바울에게 나타난 부활하신 예수의 말씀, 곧 "네가 왜 나를 박해하느냐"^{행 9:4}에서 보듯이 교회에 대한 박해는 곧 그분 자신에 대한 박해였다.

그들이 예수를 생각하고 그분이 견디신 모든 것과 그 승리하신 과정을 되새긴다면, 연약함에 굴복하지 않을 것이다. 저자는 회중에게 "너희가 피곤하여 낙심하지 않기 위하여" 예수를 생각하라고 요청한다. 어떤 의미에서 그들은 이미 연약한 자들이다. 그들은 마땅히 이르렀어야 할 성숙에 이르지 못했기 때문이다.^{5:11-14} 그러나 모든 것을 잃은 것은 아니다. 그들은 기대에 못 미칠 수는 있으나, 실패하거나 쓰러지거나 완전히 기진하지는 않았다.

'낙심하다'^{fail}는 굶주림으로 기진맥진한 상태를 가리킨다.^{마 15:32; 막 8:3} 따라서 저자는 그들에게 끝내 '손을 놓아 버리지' 말라고 경고한다. 여기서 사용된 단어 '에클뤼오'^{ἐκλύω}는 '느슨해지다'라는 뉘앙스를 가지므로, 저자가 이전에 "굳게 잡으라"^{10:23}고 가르쳤던 공동체에게 특히 절실한 권고가 된다. 이어지는 잠언 인용^{잠 3:11/히 12:5}에서도 동일한 용어가 반복되는데, 이는 피로와 낙심이 함께 오거나 서로 뒤따른다는 점을 보여준다. 저자는 그들이 피로 자체도 피하기를 바란다. 이 피로는 영혼의 질병이며, 뼛속까지 스며드는 깊은 무기력이다.^{70인역 욥 10:1; 17:2; 마카베오4서 3:8}

그러나 그리스도가 그 어려운 길을 걸으며 끝까지 견뎌 내셨다는 사실은 신자들에게 계속 나아갈 힘을 준다. 그렇지만 다음 단락에서 보여주듯이, 사람은 종종 혼자 힘만으로는 인내할 용기를 찾기 어렵다. 사람은 다른 이들의 도움이 필요하다. 그러나 그리스도를 바라보는 데서 오는 소망이 없다면, 달리 말해 스스로 나아가려는 의지가 없는 경주자라면, 아무리 동료가 억지로 끌어 주려 해도 앞으로 나아가기는 거의 불가능하다.

이 공동의 경주를 위한 준비로서, 저자는 다시 한번 성경에 호소하여 그들의 어려움을 올바른 맥락 안에 둔다. 요약하자면, 이어지는 단락의 전체 내용은 고난이 결코 하나님의 부재가 아니라 오히려 하나님의 임재의 표지라고 단언하는 것이다.

12:4 – 17 하나님 아버지의 징계

⁴너희가 죄와 싸우되 아직 피흘리기까지는 대항하지 아니하고 ⁵또 아들들에게 권하는 것 같이 너희에게 권면하신 말씀도 잊었도다. 일렀으되 내 아들아, 주의 징계하심을 경히 여기지 말며 그에게 꾸지람을 받을 때에 낙심하지 말라. ⁶주께서 그 사랑하시는 자를 징계하시고 그가 받아들이시는 아들마다 채찍질하심이라 하였으니 ⁷너희가 참음은 징계를 받기 위함이라. 하나님이 아들과 같이 너희를 대우하시나니 어찌 아버지가 징계하지 않는 아들이 있으리요. ⁸징계는 다 받는 것이거늘 너희에게 없으면 사생자요 친아들이 아니니라. ⁹또 우리 육신의 아버지가 우리를 징계하여도 공경하였거든 하물며 모든 영의 아버지께 더욱 복종하며 살려 하지 않겠느냐. ¹⁰그들은 잠시 자기의 뜻대로

우리를 징계하였거니와 오직 하나님은 우리의 유익을 위하여 그의 거룩하심에 참여하게 하시느니라. **11**무릇 징계가 당시에는 즐거워 보이지 않고 슬퍼 보이나 후에 그로 말미암아 연단 받은 자들은 의와 평강의 열매를 맺느니라. **12**그러므로 피곤한 손과 연약한 무릎을 일으켜 세우고 **13**너희 발을 위하여 곧은 길을 만들어 저는 다리로 하여금 어그러지지 않고 고침을 받게 하라. **14**모든 사람과 더불어 화평함과 거룩함을 따르라. 이것이 없이는 아무도 주를 보지 못하리라. **15**너희는 하나님의 은혜에 이르지 못하는 자가 없도록 하고 또 쓴 뿌리가 나서 괴롭게 하여 많은 사람이 이로 말미암아 더럽게 되지 않게 하며 **16**음행하는 자와 혹 한 그릇 음식을 위하여 장자의 명분을 판 에서와 같이 망령된 자가 없도록 살피라. **17**너희가 아는 바와 같이 그가 그 후에 축복을 이어받으려고 눈물을 흘리며 구하되 버린 바가 되어 회개할 기회를 얻지 못하였느니라.

저자는 죄와 관련하여 그들이 어떤 위치에 서 있는지 상기시키며 권면을 이어 간다. 그는 그들을 "죄와 싸우는 이들"이라고 부른다. 즉 그들은 적과 싸우고 있다. 가장 신뢰할 만한 사본들에는 '싸우다'라는 단어의 강화형인 '안타고니조마이'ἀνταγωνίζομαι가 사용된 것으로 나타난다. 다른 사본들에는 신약성경 전체에서 더 일반적으로 쓰이는 '아고니조마이'ἀγωνίζομαι가 기록되어 있다. 만일 더 긴 형태가 원본이라면, 히브리서 저자는 이 단어를 사용한 유일한 신약성경 저자가 된다. 그렇게 함으로써 그는 단순히 싸우는 것이 아니라 죄에 "대항하여" 싸우고 있음을 강조한다. 히브리서는 청중의 미성숙함5:12을 언급할 뿐, 그들의 잘못을 구체적으로 열거하지 않는다. 따라서 여기서 말하는 싸움은 특정한 죄가 아니라 일반적인 의미에서의 '죄의 유혹'에 초점이 맞추어져 있다. 또한 동사가 현재 시제로 쓰인 점은 이 싸움이 계속되고 있음을 보여준다. 그러나 저자는 덧붙인다. "너희가……아직 피 흘리기까지는 대항하지 아니하고……." 이들의 경우 그 싸움은 아직 피 흘리는 단계에까지는 이르지 않았다.

이 공동체의 구성원들은 수치를 당했고, 재산을 빼앗겼으며,[10:33-34] 투옥되기도 했다.[13:3] 그러나 순교했다는 언급은 없는데, 이는 좋은 소식이다. 상황이 아직 '그렇게까지' 나빠지지는 않았기 때문이다. 동시에 이것은 나쁜 소식이기도 하다. 그들이 죄와 '계속' 싸워야 한다는 사실은 변하지 않으며, 그 싸움은 결국 값비싼 대가를 요구하는 지점까지 이를 수도 있기 때문이다. 따라서 그들은 연약함 속에서 격려가 필요하다. 죄와의 적대적 관계는 지속되어야 하고, 그 지속됨은 마침내 모든 것을 희생시킬 수도 있다. 그러나 바로 앞에서 그들은 이미 한 가지 진실을 떠올렸다. 즉 목숨을 잃는 데까지 저항했던 과거의 신실한 사람들이, 하나님께서 가져오실 죽음으로부터의 완전하고 최종적인 부활을 바라보았다는 진실이다.[11:35]

이처럼 저자는 성경 인용에 앞서 강렬한 도입부를 배치함으로써 독자들에게 깊은 인상을 남긴다. 공동체 구성원들은 지금 이 싸움의 한가운데 서 있으며, 바로 그 순간 부모가 자녀에게 말하듯이 누군가 그들에게 격려의 말을 건네고 있다. 그런데 저자는 완료 시제 동사를 사용하여, 그들이 이 음성을 듣는 일을 이미 멈추었음을 암시한다.[13] "아들들에게 권하는 것 같이 너희에게 권면하신 말씀도 잊었도다." 그들 편에 응원단장이 있었지만, 그들은 계속 앞으로 나아갈 힘을 주는 그 음성에 주의를 기울이지 않았다.

이 격려가 "아들들에게 권하는 것 같이" 주어졌다고 묘사되는 것은, 이 메시지의 발신자가 다름 아닌 하나님 아버지임을 시사한다. 그들의 경주를 응원하시는 분은 바로 하나님이다. 그러나 그들은 그 하나님의 음성에 더는 귀 기울이지 않았다.

여기서 하나님이 말씀하시는 방식은 히브리서에서도 두드러지는 방식이다. 하나님은 자주 이스라엘 성경의 화자가 되시며, 내가 보기에는 그 방식이 여기서도 계속되는 것 같지만,[14] 인용문을 도입하기 위해 선택된 단어는 히브리서에서는 이곳에만 나타난다. '레고'^{λέγω}의 동족어 형태 중 하나인 '디아레고마이'^{διαλέγομαι}는 특히 가르침의 맥락에서 나타난다. 이런 종류의 말은 교훈적이며 때로는 대화를 유도하기도 한다.[15] 저자는 독자들이 하나님의 음성을 듣고 순종하기를 바라지만, 동시에 그것이 얼마나 어려운 일인지도 알고 있다.[11절 참조] 그들은 필요할 때마다 하나님의 보좌 앞에 담대히 나아가라는 권고를 받았으며,[4:16] 여기에는 하나님의 징계를 받는 상황도 포함될 수 있다. 이처럼 본문 도입부부터 하나님이 자녀들을 교육하실 때 나타나는 존중의 표현이 드러난다. 하나님은 이성을 가진 자녀들을 존중하시며 사려 깊은 방식으로 말씀하신다. 본문 자체의 어조가 상당히 가혹하게 들릴 수 있기에, 이 점은 특별히 주목할 만하다.

인용문은 잠언 3:11-12의 헬라어 역본에서 인용된 것이다. 그런데 이 헬라어 번역의 어조는 히브리어 본문보다 훨씬 더 엄중하고 불길하게 들린다. 히브리어가 하나님이 자녀들을 기뻐하신다는 확언으로 마무리되는 반면, 헬라어는 하나님이 받아들이시는 모든 아들을 "채찍질하신다"고 말한다. 청중이 이 잠언을 들을 때, 그들이 마주한 싸움의 장면은 달라진다. 그들은 죄와 싸우는 동시에 하나님께 징계를 받고 있음을 깨닫게 된다. 믿음 안에 선 독자라면 이 본문의 난점을 서둘러 지나치지 않는 것이 바람직하다. 만일 우리가 여기에 제기될 수 있는 비판들을 회피한다면, 오히려 이 씨름 속에서 주어지는 복을 놓치게 될 것이다.

가장 대담한 비판 가운데 하나는 히브리서 학자 메리 로즈 단젤로^{Mary} $^{Rose\ D'Angelo}$가 『여성 성경 주석』$^{Women's\ Bible\ Commentary}$에서 제기한 것이다. 그녀는 12장에 나타나는 하나님의 징계 주제를 두고 다음과 같이 주장한다. "체벌과 사랑을 연결하는 학대적인 문구는 고대부터 오늘날까지 가부장적 교육과 자녀 양육에서 상투적으로 사용되어 왔다. 히브리서의 권면은 여성에 대한 학대와 폭력적인 아동 훈육에 신적 정당성을 부여하며,

그 권면이 강조하는 순종은 체념과 수동성을 조장할 수 있다."[16] 속죄 이론 연구가인 스티븐 핀란Stephen Finlan도 이에 동의한다. "히브리서 저자는 가해자와 자신을 동일시하며, 학대의 시스템에 갇혀 처벌이 우리에게 유익하다는 이데올로기를 반복하는 것으로 보인다.……예수가 우리의 모델로 제시된다."[17] 돈 캡스Don Capps는 이러한 체벌에 대한 찬양이 "권위주의적 양육 방식"을 정당화해 왔다고 비판한다. 그의 견해에 따르면, "이 문제와 관련된 핵심적 책임은 히브리서에 있다. 히브리서는 희생의 논리를 도입하여 그것을 자녀 처벌에 대한 신학적 근거로 사용하기 때문이다.……예수의 희생이 모든 신적 징계를 종결시키지는 않는다. 오히려 하나님은 이제 징계를 행하시면서 예수의 희생을 통해 사랑의 눈으로 우리를 바라보신다. 하나님의 사랑의 표지는 곧 그의 징계다."[18] 이러한 비판들의 논리는 결국 그리스도론에서 체벌의 문제로 이어진다. 다시 말해 하나님 아버지가 예수 그리스도를 학대하셨다는 해석이 가능해지고, 그것은 곧 하나님이 히브리서의 수신자들을 학대하신다는 정당화로 연결된다. 더 나아가 이러한 신학적 구조는 교회 역사 속에서 수많은 이들에 대한 학대를 합리화하는 결과를 낳았다는 것이다.

성경 본문의 난해함을 지적하고, 그것을 읽은(혹은 내가 주장하듯 '잘못 읽은') 이들에 의해 자행된 학대의 역사적 현실을 조명한 학자들의 연구에 깊이 감사한다. 그러나 나는 이 본문의 강렬함이 히브리서 자체, 나아가 그 안에서 말씀하시는 하나님을 포기하게 만드는 근거가 되어서는 안 된다고 생각한다. 서신 전체가 일관되게 주장해 왔으며, 지금까지의 해석을 통해 확인한 바는 징계하시는 하나님이야말로 신뢰할 수 있는 분이라는 사실이다. 따라서 하나님의 성품이야말로 이 본문을 해석하고 적용하는 데 가장 중요한 지침이 되어야 한다. 특히 나는 히브리서에 나타난 하나님의 성품이 이 강렬한 인용을 통해, 그럼에도 불구하고가 아니라 바로 그 안에서 더욱 빛을 발하는 두 가지 방식을 밝히고자 한다.

첫째, 이 인용은 아들에게 주어진다. "내 아들아"라는 말로 시작하듯이, 잠언의 교육적 맥락은 남성 수신자를 전제로 한다. 이는 악과 덕이 모두 여성으로 의인화되어, 수신자가 관계 맺을 대상으로 제시될 때 특히 분명하다.[잠 5:3; 8장] 마소라 본문과 70인역, 그리고 히브리서가 모두 이 말을 아들에게 건네는 것으로 묘사하지만, 히브리서의 특정한 표현 방식은 헬라어 본문보다 히브리어 본문과 더 많은 공통점을 가진다. 이는 평소 헬라어 본문을 주로 사용하는 저자에게는 다소 이례적이다. 그는 단순히 '아들아'가 아니라 '내 아들아'라고 부름으로써 호격을 더욱 인격적으로 만들었다. 이러한 형식은 저자가 히브리어 '베니'[בני]를 의식했기 때문에 가능했을 수도 있다. 그러나 그렇다면 왜 저자가 이어지는 구절들에서는 더 위로의 어조를 지닌 히브리어 본문을 따르지 않았는지가 의문으로 남는다. 나는 그가 단순히 히브리어 본문을 따르거나 감정적 효과를 노린 것이 아니라, 독자들 곧 여성 신자들을 포함한 하나님 자녀들의 경험을 '아들'이신 예수 그리스도의 경험과 나란히 두기 위한 선택이었다고 본다.[19] 인칭대명사 '무'[μου, 나의]를 포함시킴으로써, 저자는 청중을 향한 하나님의 말씀을 1:5의 하나님 아버지께서 아들에게 하신 첫 말씀과 일치시킨다.[20] 두 본문에서 하나님은 성경을 통해 "내 아들아"라고 말씀하신다. 만일 하나님의 아들이 온전하게 되시기 위해 능동적으로 유혹과 고난, 심지어 죽음까지도 경험하기를 원하셨다면, 하나님의 가족에 속한 다른 이들에게 동일한 길을 받아들이라고 권면하는 것은 전혀 놀라운 일이 아니다. 비록 저자가 '징계'라는 용어를 이 부분에서만 사용하지만,[12:5, 7, 8, 11] 그것은 아버지께서 성육신하신 아들의 생애 속에서 함께 일하신 방식[2:9-10; 5:7-9]과 일치한다. 따라서 하나님의 징계는 그리스도론적 패턴을 따르며, 이는 청중에게 아들의 모범을 바라보며 공감과 격려를 얻고 마침내 승리에 이르기까지 인내할 수 있음을 보여준다.

둘째, 이 본문을 긍정적으로 읽을 수 있는 이유는 그들의 어려움 속에서 함께하시는 아버지 하나님의 손길 때문이다. 청중은 이미 문화적 수치, 재산 몰수,[10:32-34] 투옥[13:3] 등 극심한 고난을 겪고 있었다. 잠언의 인용은 모든 고난이 교육적이라는 포괄적 진술이 아니라, 바로 그들의 구체적인 상황을 하나님께서 아시며 그 위에 하나님의 능력이 임하고 있음을 밝히는 선언이다.[21] 하나님께서 그들을 징계하고 꾸짖고, 심지어 채찍질하시는 분으로 묘사함으로써 저자는 하나님을 그들의 곤경 한가운데 둔다. 이는 하나님이 그 곤경의 원인이라는 뜻이 아니다. 궁극적인 문제는 죄이며, 그들이 싸우고 있는 대상이 바로 죄이기 때문이다.[4절] 하나님은 그런 상황의 주권자로서 그 자리에 계신다. 이 인용은 히브리서 10:30이 언급하는 70인역 신명기 32:36과 공명하는데, 거기서 저자는 '주의 심판'을 상기시키고 있다. 이는 서신에서 '주'가 언급된 앞선 사례이기도 하다. 하나님은 멀리서 자녀의 싸움을 지켜보기만 하시는 분이 아니다. 그분은 자녀들과 함께 링 안에 계시며, 자녀들이 받는 타격이 그들을 무너뜨리지 않고 오히려 강하게 하도록 허락하시고 세밀히 조절하신다. 채찍질의 생생한 묘사는 그들이 겪는 신체적 고난을 보여주며, 이는 저자가 이 장에서 사용하는 운동 경기의 은유와 잘 맞아떨어진다. 하나님은 이 현실적인 고난 속에서 그들과 함께 현존하며, 무엇보다도 그 고난에 대해 주권을 가지고 계신다.

윌리엄 S. 모로우William S. Morrow는 이 구절에서 정의의 문제가 전면에 드러나야 한다고 지적한다. 하나님은 때로 불의한 일을 허용하지만, 그것을 고통받는 자의 유익을 위해 사용하신다. 하나님의 신뢰할 수 있는 성품과 완전한 지식은 징계가 결코 분노나 어리석음에서 비롯되지 않음을 보장한다. 그리고 저자가 다음 단락에서 밝히듯이, 하나님은 징계를 그릇 행할 수 있는 다른 부모나 권위자들과는 전혀 다르다.[22] 하나님은 모든 것을 아시며, 최선을 이루도록 힘쓰신다.[23]

청중이 "그에게 꾸지람을 받는다"는 개념은 또 다른 차원을 드러낸다.

그들이 씨름하는 대상은 다른 이들의 죄, 곧 그리스도를 고백하는 이들에 대한 박해일 가능성이 크지만, 동시에 자기 안에 있는 죄이기도 하다. 그들은 여전히 마땅한 성숙에 이르지 못하고 있다.⁵:¹¹⁻¹⁴ 하나님은 그들을 성숙으로 이끌기 위해서뿐 아니라 죄를 꾸짖기 위해서도 어려움을 허락하실 수 있다.

다시 말하지만, 이 본문은 매우 난해하며 실제로 자주 오용되어 왔다. 그러나 히브리서는 비평가들이 지적한 진행 과정의 모든 연결 고리에 답을 제시한다. 히브리서의 그리스도론은 아들이 하나님으로서 자신이 창조한 신적 계획을 스스로 실행하시며 기꺼이 고난받으셨음을 드러낸다. 그분의 자발적인 고난은 단번에 이루어져 영원한 효력을 지니므로, 결코 다른 누구에 의해 반복될 필요가 없다. 그러나 동시에 그분의 아들 됨은 하나님의 다른 아들들과 딸들이 고난 속에서도 하나님의 임재와 계획 안에 머물며 안심할 수 있음을 보여준다. 그들은 십자가에 못 박히신 분, 곧 고난을 아시고 모든 고난의 근원을 물리치기 위해 스스로 고난받으신 분을 고백하는 지체들이다. 이러한 진리들은 그리스도와 그분의 선하고 값진 사역에 초점을 맞추게 하므로, 이 구절은 어떤 고난, 특히 학대적인 상황을 정당화하는 근거로 오용될 수 없다.

현대의 주석가들은 저자가 그의 회중에게 전한 "주의 징계하심을 경히 여기지 말라"는 권고를 가볍게 넘겨서는 안 된다. 이 말씀의 강렬한 요구를 무시하거나, 그로 인해 나온 해로운 해석들을 외면하고 단순히 고대 사회의 무지한 관점으로 치부하는 태도 또한 경계해야 한다. 마찬가지로 오늘의 독자들도 "그에게 꾸지람을 받을 때 낙심하지 말라"는 말씀을 기억해야 한다. 우리가 어떤 어려움에 직면하든, 그것을 허락하신 것은 하나님임을 신뢰할 수 있으며 따라서 그 어려움은 포기의 이유가 될 수 없다. 오히려 하나님과 공동체의 지속적인 지원이 필요하다. 특히 이 하나님의 지원은 설교 전체에서 인류를 향한 하나님의 사랑이 유일하게 명시적으로 언급되는 구절에서 분명히 드러난다. 저자는 하나님의 징계가 곧 "주께서 사랑하시고 받아들이시는" 증거임을 강조한다.

나는 잠언 3장의 이 인용문이 70인역 시편 88편과 공명한다고 본다. 많은 학자들은 히브리서 1:6에서 저자가 맏아들을 언급할 때 이 시편을 암시한다고 이해한다. 그 본문에서 이스라엘 왕은 하나님을 자신의 아버지로 부르며,[70인역 시 88:27] 하나님은 그와 그의 보좌와 더불어 영원한 언약을 세우겠다고 약속하신다. 이어서 시편은 다음과 같이 선포한다.

만일 그의 아들들이 내 법을 버리고 내 규례대로 행하지 아니하며, 내 의로운 규례를 더럽히고 내 계명을 지키지 아니하면 내가 회초리로 그들의 죄악을 다스리고 채찍으로(히 12:6의 '마스틱스'와 형태가 다른 단어) 그들의 죄를 벌하리라. 그러나 나의 인자함을 그에게서 결코 거두지 아니하며 나의 진실함으로 불의를 행하지 아니하리라. 나의 언약을 더럽히지 아니하며 내 입술에서 나간 것을 바꾸지 아니하리라.[70인역 시 88:31-35]

저자는 히브리서 공동체를 영원한 왕이신 예수의 자녀들로 묘사한다.[2:13] 따라서 이 시편의 언약적 약속은 그들에게도 적용된다. 예수와의 관계로 인해 하나님은 자비로운 언약의 표현으로 그들을 가르치고 징계하시며, 심지어 죄를 채찍질하기까지 하신다.

잠언을 인용한 직후 저자는 회중에게 "인내하라"[개역개정은 "참음"—옮긴이]고 촉구한다. 이 표현은 그들이 이미 하고 있는 일을 진술하는 직설법일 수도 있고, 새로운 요청을 담은 명령법일 수도 있다. 그러나 어느 쪽이든 의미는 같다. 인내는 본래 계속되어야 하므로, 저자는 그들에게 꾸준히 인내를 이어 가라고 권면한다. 그는 이미 과거의 인내를 칭찬했다. "전날에 너희가 빛을 받은 후에 고난의 큰 싸움을 견디어 낸 것을 생각하라."[10:32] 또한 이 장 서두에서는 예수의 인내를 모범으로 제시했다.[12:2] 예수가 인내했다는 사실, 그리고 그들이 과거에 신실하게 인내해 왔다는 사실은 앞으로도 계속 인내할 수 있게 하는 강력한 격려가 된다.

"인내하라"는 명령의 직접 목적어는 대격으로 쓰인 "징계"일 듯하지만, 본문은 그렇게 단순하지 않다. 저자는 전치사 '에이스'εἰς를 삽입하고 심지어 문장 맨 앞에 두어, "징계"를 동사의 목적어가 아니라 전치사의 목적어로 만든다. 따라서 다시 번역하면 "징계로 여기며 견디라"endure as discipline가 된다. 독자들은 무엇을 견뎌야 하는지 곰곰이 생각해야 하고, 그것을 "하나님의 징계"로 해석해야 한다. 이는 저자가 사용한 권투 은유처럼 인식의 전환을 요구한다. 죄와의 싸움을 견디되, 그 싸움을 통해 자신을 변화시키려 하는 분이 하나님이심을 깨달으라는 것이다. 하나님은 독자들을 자신의 자녀로 인정하며 훈련장에 들여보내셨다. 이 투쟁의 자리에 서도록 허락하신 것은 그들을 깊이 존중하시기 때문이다. 하나님은 그들이 그 싸움을 감당할 수 있다고 여기신다. 사람들은 흔히 권위 있는 인물이 자신을 믿고 가능성을 인정해 줄 때, 스스로도 놀랄 만큼 큰 능력을 발휘하곤 한다. 그렇다면 이 구절이 보여주는 하나님의 성품은 억압적이라기보다, 오히려 힘을 주고 가능성을 열어 주는 것으로 이해하는 편이 더 타당하다.

그 후 저자는 스포츠 경기장의 이미지를 넘어, '가정'home의 장면에 더욱 분명히 초점을 맞춘다. "하나님이 아들과 같이 너희를 대우하시나니……." 독자들은 자신들이 겪는 징계가 다름 아닌 하나님이 주시는 선물임을 확신할 수 있다. 여기서 저자는 희생 제사에서 '제공하다'라는 뜻으로 사용되는 동사 '프로스페로'προσφέρω, 개역개정은 "대우하시나니"—옮긴이를 택한다. 이 용어 선택은 하나님의 징계를 선물인 동시에 희생 제물과 같은 것으로 묘사한다. 아들은 가족 관계를 세우기 위해 자신을 희생했고, 그 결과로 주어진 이 선물offering은 하나님의 자녀들에게도 큰 헌신을 요구한다. 그러나 만일 그들이 이 값비싼 선물을 받아들인다면 복이 될 것이다.

하나님을 아버지로 모시도록 초대받은 청중에게, 현재 겪는 징계와 어려움은 오히려 하나님과의 관계를 확증해 주는 표지가 된다. 그들은 아들로서 이 선물을 받고 있는 것이다. 나는 의도적으로 남성형 번역을 유지한다. 이 초대가 남성뿐 아니라 여성에게도 인상적으로 적용됨을 강조하기 위함이다. 모든 이들이 "아들이신 예수"의 지체로 부름받았기에, 그들은 이 징계를 받고 또 이겨 낼 만큼 강하다고 말할 수 있다.

자녀의 유익을 위한 부모의 징계는, 구체적인 방식은 시대와 문화마다 달랐을지라도 언제나 변함없이 존재해 온 상수常數였다. 저자는 즉각적으로 확신을 주며 날카롭게 묻는다. "어찌 아버지가 징계하지 않는 아들이 있으리요." 그리고 곧바로 독자들과 공유하는 신념을 확인한다. "징계는 다 받는 것이거늘 너희에게 없으면 사생자요 친아들이 아니니라." 즉 징계의 부재는 가족 관계의 부재를 의미한다. 저자는 공동체가 고난받고 있음을 인정하지만, 만일 이 공동체가 전혀 도전을 겪지 않고 있다면 그것은 오히려 그들이 하나님의 자녀가 아님을 증명하는 셈이 될 것이다. 고대 그리스 사회에서 사생아는 '어둠 속에서 태어난 자들'을 뜻하는 '스코토이'σκότοι라 불렸다. 그러나 로마 제국에서는 법적 혼인의 성립이 결코 쉬운 일이 아니었기에, 많은 아이들이 '혼외자'로 태어났다. 따라서 사생아라는 신분은 항상 가정 안팎에서 관계를 단절시키는 절대적 요인이 아니었다.[24] 그러나 신분이 높아질수록 방해가 될 가능성이 커졌다. 사생아는 존경받는 가문의 이름을 잇거나 재산을 상속할 수 없기에, 아버지들의 주된 관심은 사생아보다는 상속자가 될 적법한 자녀에게 투자(이것은 징계를 의미했다)하는 것이었다.[25] 저자는 하나님과의 관계를 설명하는 가장 좋은 비교 대상으로 사회의 상류층을 들고 있다. 하나님의 자녀가 되는 것은 황제의 자녀가 되는 것보다도 더 귀한 일이다. 그러므로 그들은 그런 고귀한 관계 속에서 받는 징계를 예상할 필요가 있다.

사실 그는 그들이 하나님의 징계에 "참여하는 자"개역개정은 "징계는 다 받는 것이거늘"—옮긴이가 되었다고 명시적으로 말한다. 이는 저자가 그리스도를 고백하는 자들의 정체성을 묘사할 때 사용했던 용어[3:1, 14; 6:4]로, 그리스도와의 연결이 그들을 하나님의 자녀로 만들고 따라서 징계의 영역 안에 있게 함을 강조한다. 저자는 만일 그들이 고난을 피하기 위해 그리스도와의 관계를 부인한다면, 그것은 스스로를 가족과 상속에서 제외시키는 행위라고 경고하며 이 주제를 본문 후반부[12:15-17]에서 다시 다룬다. 그러나 아직 누구도 그 단계까지 이른 것은 아니다. 그들은 여전히 형제이신 그리스도를 고백하는 대가, 곧 하나님의 징계를 경험하고 있기 때문이다.

이러한 경고를 전한 뒤 저자는 이제 하나님 아버지와 지상의 아버지들 사이의 비교로 전환한다. "또 우리 육신의 아버지가 우리를 징계하여도 공경하였거든……." 그는 징계받는 자의 태도, 징계의 기간, 징계하는 자의 지식이라는 세 가지 기준으로 분석의 틀을 세운다. 누구나 아버지에게 징계받은 경험이 있겠지만, 그 양상은 신분에 따라 달랐을 것이다. 적법한 자녀, 노예, 남성과 여성 모두 징계를 받았으나 동일한 정도나 방식은 아니었을 것이다. 저자는 이 비교를 일반적 차원에 머무르게 하며, 동시에 그들이 아버지의 징계에 잘 대응했다고 가정한다. '그들은 반항하지 않고 아버지를 공경했다.' 이는 청중이 이어질 어려운 권면을 기꺼이 받아들일 준비를 하게 하는 세심한 칭찬이다.

인간 가정의 다른 현실을 언급하기에 앞서, 저자는 하나님의 아버지 되심을 다시 한번 상기시킨다. "하물며 모든 영의 아버지께 더욱 복종하며 살려 하지 않겠느냐." 여기서 하나님은 "육신의 아버지"와 나란히 "영의 아버지"로 불린다. 이는 하나님이 육체에 무관심하시다는 뜻이 아니다. 오히려 13장의 마지막 실제적 지침들[13:1-5]이 보여주는 대로 하나님과의 관계는 몸의 삶을 통해 드러난다. 다만 하나님의 영적 사자들[1:7, 14]과 하나님의 영[2:4; 3:7; 6:4; 9:8, 14; 10:15, 29]에 대한 빈번한 언급이 시사하듯이, 하나님은 육체의 영역을 넘어 훨씬 더 광대한 영역을 다스리신다. 하나님은 그분 자녀들의 내면 깊은 곳을 꿰뚫어 보시며,[4:12] 그들을 영적·천상적 영역으로 이끄실 수 있다. 궁극적으로는 부활하신 아들처럼 그들의 몸도 함께 부활로 인도하신다. 이러한 비교를 통해 저자는 하나님 아버지는 인간 아버지가 돌보는 육체적 차원을 넘어 '더 많은 것'을 돌보신다고 강조한다. 따라서 그들은 공경뿐 아니라 복종으로 응답해야 한다. 공경이 태도에 관한 것이라면, 복종은 행동에 관한 것이다. 저자는 청중이 자신들의 삶을 전적으로 하나님의 지혜로운 돌보심 아래 두기를 촉구한다.

영의 아버지가 진정 유익한 것을 베풀기 위해 일하시는 분이기 때문에 이는 참으로 바람직한 전환이다. 만일 그들이 하나님께 순종한다면 살 것이다. 이는 하나님께서 징계를 통해 죄와의 싸움을 허락하시며, 그 싸움에서 피를 흘릴 수도 있음을 언급한 직후[12:4]에 이어지는 놀랍도록 강력한 진술이다. 그들이 죽게 될지라도 하나님께 순종함으로써 살아날 것이다. 11장에서 특별히 강조된 부활의 소망이 이제 그들에게 요구된다. 하나님은 살아 있는 말씀[4:12]을 통해, 영원히 살아 계신 아들의 계시 안에서[7:25] 주님으로서 말씀하시며, 의로운 삶으로 이끄는 길을 여셨다.[10:20, 38] 그러므로 그분이 그들에게 생명을 주신다는 것은 결코 놀라운 일이 아니다.

10절에서 저자는 다시 하나님과 인간 아버지들을 비교한다.[26] "그들은 잠시 자기의 뜻대로 우리를 징계하였거니와……." 그는 이 아버지의 징계가 짧은 기간에 그쳤음을 인정하는데, 아마도 부모의 죽음이나 자녀의 성숙 때문이었을 것이다.[27] 더욱이 그것은 어느 정도 무지 속에서 행해졌다. 부모는 시대적 배경과 경험에 얽매여 있기에 자기에게 좋아 보이는 대로 행할 수밖에 없었다. 불완전하거나 때로는 해로울 수 있는 징계조차 공경을 받았다면, 하물며 하나님이 내리시는 징계에 대해서는 단지 공경을 넘어 더욱 순종해야 하지 않겠는가.

　인간 부모는 실수할 수 있고 그릇 징계할 수도 있지만, 하나님은 그러실 수 없다. "오직 하나님은 우리의 유익을 위하여 그의 거룩하심에 참여하게 하시느니라." 크리소스토무스가 인간 부모에 관해 지적하듯이 그들은 "종종 자신의 기쁨을 채우기 위해 징계하며, 언제나 무엇이 유익한지 보지는 않는다. 그러나 여기서는 그렇게 말할 수 없다. 주님은 그분 자신의 어떤 이익을 위해서가 아니라 오직 우리와 우리의 유익을 위해 이 일을 행하시기 때문이다."[28] 인간 부모는 죄악된 성향이나 잠재의식적 동기, 혹은 주변 문화의 압력에 의해 형성된 숨은 동기로 징계할 수 있다. 그러나 하나님의 징계는 이 공동체가 바라야 할 더 좋은 것이다. 그것은 받는 이를 진정한 유익으로, 곧 하나님의 거룩하심에 참여하도록 이끌기 때문이다. 고대 세계에서 부모가 시대적·문화적 한계 속에서 양육을 통해 자녀의 성품 형성에 기여했듯이, 최선의 양육이라 하더라도 부모의 자질을 넘어설 수는 없었다. 어떤 부모도 완전히 거룩하다는 말을 들을 수는 없었다. 반면에 하나님의 지혜로운 징계는 받는 이를 하나님의 거룩하심과 생명 안에서 하나님을 더욱 닮아 가게 한다. 하나님은 우리가 그분의 거룩한 공간에 들어가기에 합당한 성품으로 성장하는 것을 허락하신다.^{12:14} 그러나 이 징계는 미성숙한 시기에만 국한되지 않고 더 오래 지속된다. 사람은 평생 하나님의 징계를 받아야 할 수도 있다. 저자는 그러한 전망이 마음을 무겁게 한다는 점을 알고 있다. "무릇 징계가 당시에는 즐거워 보이지 않고 슬퍼 보이나." 그는 징계에 관해 두 가지를 진술하는데, 연민과 진리를 모두 보여준다. 징계를 경험하는 동안에는 그것이 '슬픔'^{grief}처럼 느껴지는데, 이 말은 신약성경의 다른 곳에서는 "비애"^{sorrow}나 "고통"^{pain}으로 번역된다.^{눅 22:45; 요 16:6, 20–22; 롬 9:2; 고후 2:1, 3, 7; 7:10;} ^{9:7; 빌 2:27} 이 말은 기쁨에 반대되는 강렬한 부정적 감정을 표현하는 데 사용된다. 바로 앞에서 예수께서도 십자가 위에서 고통과 수치를 경험하셨다고 단언했기에,^{히 12:2} 이 진술은 더욱 가슴을 울린다. 이 구절은 징계의 현실을 인정하면서, 듣는 이들에게 상황이 즐겁지 않을 때 억지로 미소를 지으며 즐거움을 가장하라고 요구하지 않는다. 그러나 동시에 현재의 슬픔 가운데 작용하는 또 다른 실재가 있다고 말한다. 즉 "후에 그로 말미암아 연단받은 자들은 의와 평강의 열매를 맺느니라." 이 슬픔의 징계는 목적 없이 이루어지지 않고 어떤 결실을 향해 나아간다. 그 결실은 썩을 면류관이 아니다. 저자는 '연단'training이라는 용어를 사용하며 운동 경기의 이미지를 다시 불러오고, 5:14에서도 다룬 주제인 노력과 연습을 강조한다. 그가 5장에서 드러냈던 좌절감을 고려할 때, 12장의 이 단락은 오히려 더 큰 격려가 된다. 단단한 음식은 연단받은 자들을 위한 것이며,[5:14] 이제 저자는 그들이 실제로 하나님의 훈련을 경험하고 있다고 말한다. 이는 자신이 전한 복잡한 설교를 그들이 충분히 감당할 수 있다고 평가하는 것이기도 하다. 복음서에서 어떤 시점에 드러난 예수의 모습처럼, 그는 좌절감을 토로하면서도 이 공동체를 가르치는 자신의 소명을 포기하지 않는다.

그들이 이 훈련을 견뎌 낼 때 얻게 될 보상은 "의와 평강의 열매"이다. 열매가 자라기까지 오랜 시간의 고된 노동이 필요하듯이 하나님의 훈련을 함께 경험하는 징계도 그러하다. 이 징계는 육신의 부모가 주는 훈련보다 훨씬 오래 지속되지만, 그 보상 역시 비교할 수 없을 만큼 크다. 그들이 얻게 되는 것은 단순한 인간적 성숙이나 일시적인 유산이 아니라 살아 계신 하나님으로부터 오는 생명,[3:12] 하나님의 임재 안에 들어가는 데 필요한 거룩함,[12:14] 평강의 하나님으로부터 주어지는 평화,[13:20] 그리고 하나님을 믿는 이들에게 선물로 주어지는 의[11:7]와 같은 하나님과 직접 연결된 성품들이다.

저자의 다음 지침들을 보면, 그는 청중이 하나님의 징계를 올바르게 받아들였다고 전제한다. 이제 청중은 과업을 맡길 만큼 충분히 강해졌다. 12 – 13절의 지침들은 그가 앞 단락에서 강조했던 바, 곧 인내하라는 권면과 일치한다. 연약함에 굴복하지 말고 오히려 더 큰 힘을 얻기 위해 계속 싸우라는 것이다. 다시 말해, 저자가 설명하는 징계는 단순한 꾸지람이 아니라 가르침과 훈련을 위한 것이다.

그들이 견디는 훈련에 주목하면서 저자는 이렇게 말한다. "그러므로 피곤한 손과 연약한 무릎을 일으켜 세우고……." 손이 피곤하다는 것은, 손을 단단히 들어 올려 죄와 싸울 준비를 보다 힘없이 방치된 상태를 의미한다. 또한 무릎이 연약하다는 것은, 링 위에서 민첩하게 움직이거나 길을 달릴 준비가 되어 있지 않고 뻣뻣하게 굳어 있는 것이다. 몸의 지체들을 바로 세우는 것은 공동체의 몫이다. 지금은 포기할 때가 아니라 모두가 기민하게 깨어 있어야 할 때다. 저자가 70인역 이사야 35:3을 인용하는 것은 이 점을 뒷받침한다. 예언자는 "생기 없는 손과 마비된 무릎"을 강하게 하라고 명령하며, 그렇게 할 수 있는 이유는 하나님께서 그들을 구원하러 오시기 때문이다.[70인역 사 35:4]

권면은 또한 몸의 차원을 넘어선다. 이 말씀을 듣는 이들은 자신들의 경기가 펼쳐지는 장소를 주목하고 직접 변화시켜야 한다. 다른 누군가가 경로를 열어 주기를 기대하며 의지하는 대신, 그들 스스로 그 일을 감당해야 한다. "너희 발을 위하여 곧은길을 만들라." 곧은길을 만드는 것은 바로 그들의 책임이다. 물론 주자가 달리는 동시에 길을 만들 수 있는지 의문이 생길 수 있다. 그러나 사실 그들은 달리면서 그 일을 한다. 길을 개척하신 예수를 따라감으로써, 그들도 길을 다져 더 평탄하고 고르게 만드는 것이다.

그들이 몸을 회복시키고 곧은길을 만드는 것은 그들 자신만을 위한 일이 아니라 뒤따르는 이들을 위한 일임에 분명하다. 그들은 "저는 다리로 하여금 어그러지지 않고 고침을 받게" 하기 위해 이 회복의 일을 감당한다. 이는 상호 격려에 대한 지침[3:14]과 마찬가지로, 모두가 서로에게 영향을 미친다는 사실을 인정하고 받아들이도록 요구하는 또 하나의 표지다.

만일 그들이 신실하게 계속 달린다면 그들은 뒤따르는 이들을 위해 길을 곧게 하는 것이며, 이 일은 특히 다리가 약한 자들, 곧 저는 이들에게 큰 도움이 된다. 누구든지 이 곧은길을 달린다면 놀라운 일이 일어날 것이다. 넘어지거나 길에서 벗어나지 않을 뿐 아니라, 치유가 일어나 몸이 곧은길 위를 달리면서 더욱 강건해질 것이다. 윤리적 용어로 말하면, 견실한 안내자의 리더십을 따르는 것은 악에 빠지는 것을 막을 뿐 아니라 덕의 성장을 돕는다. 저자는 청중이 자신들을 위해서만이 아니라 뒤따라올 이들을 위해서도 계속 달리기를 원한다. 그들이 과거의 신실한 이들의 모범으로부터 유익을 얻었듯이, 이제 그들 또한 뒤따르는 이들에게 유익이 될 수 있다.

다음 지침 역시 공동체에 초점을 맞춘다. "모든 사람과 더불어 화평함……을 따르라." 하나님은 그들이 징계를 경험하게 하심으로써 화평의 열매를 맺게 하신다.[12:11] 그러므로 그들은 "모든 사람"과 더불어 화평을 추구해야 한다. 즉 좋은 길을 만드는 일은 좋은 관계를 세우는 일과도 직결된다. 크리소스토무스는 문제의 본질을 정확히 짚는다. "고립만큼 사람을 쉽게 유혹에 빠뜨리고 굴복하게 만드는 것은 없다."[30] 여기서 "모든"이라는 말은 공동체 안의 사람들, 곧 힘겨워하는 이들과 강한 이들뿐 아니라 공동체 밖의 사람들, 심지어 그들을 박해하는 이들까지 포함한다.[31] 그들은 할 수 있는 만큼 모든 사람과 화평해야 한다(이는 롬 12:18의 바울의 지침과 유사하다).

더 나아가 그들은 하나님이 아들의 죽음과 부활을 통해 그들에게 허락하시는 또 다른 것, 곧 "거룩함"을 추구해야 한다.[히 2:11; 9:13; 10:10, 14, 29] 저자는 하나님의 행위와 그 행위에 대한 인간의 참여 사이의 신중한 연합을 유지한다. 하나님은 그리스도 안에서 그들을 거룩하게 하시므로,[2:11; 10:10, 29; 13:12] 그들은 온전한 성별에 이를 수 있다. 히브리서 저자는 자신의 공동체가 하나님의 거룩한 사역에 참여해야 한다는 점을 강조해 왔으며,

이 단락에서 그 점을 가장 명시적으로 표현한다. 그들은 수동적으로 하나님의 거룩하심을 받기만 하는 것이 아니라, 그것을 받는 순간부터 힘써 나아가기를 요구받는다. 사람은 많은 것을 요구받으며, 또한 그 기대를 충족하는 데 필요한 모든 자원이 주어질 때 크게 성장할 수 있다. 하나님은 그리스도 안에 있는 자녀들을 미숙한 아이처럼 대하지 않으신다. 오히려 그들을 초대하여, 예수 그리스도를 고백함으로 얻게 된 거룩함 안에서 성장하도록 이끄신다. 그 길은 수고롭지만 궁극적으로 유익한 길이다. 이 길은 혼자 걸을 수 없다. 여기서 거룩함은 모든 사람과 더불어 화평을 추구하는 것과 연결되어 있는데, 이는 하나님과의 관계가 다른 사람과 맺는 관계와 밀접하게 연관되어 있음을 보여준다. 이것은 예수께서 하나님의 율법에서 강조하신 바다.마 22:37-40; 막 12:30-31; 눅 10:27

그리고 이전의 경고를 상기시키는 간결한 진술이 뒤따른다. 거룩함은 하나님이 이미 그들에게 주신 것인데, 거룩함이 "없이는 아무도 주를 보지 못한다." 이스라엘 역사에서 어떤 이들은 어떤 방식으로든 주님을 볼 기회가 있었지만,민 12:8; 사 6장; 욥 42:5 이 서신의 독자들에게 직접적으로 적용되는 함의는 미래와 관련된 것이다. 신실한 이들이 하나님의 약속을 보기를 고대했듯이,히 11:13 그들은 그리스도의 다시 오심을 보기를 고대하고 있다.9:28 거룩함을 추구하는 이들은 곧 메시아가 가져오시는 완전한 구원을 간절히 기다리는 이들이다. 거룩하신 하나님을 뵙기 위해서는 거룩함이 요구된다. 저자가 '추구하라'고 요청하는 이유는, 그에게는 믿음 안에 서는 것이 정체된 채로 있는 것이 아니기 때문이다. 만일 그들이 앞으로 나아가지 않는다면, 뒤로 미끄러져 이 계시를 놓칠 위험에 처할 것이다. 화평과 거룩함을 추구하라는 이 쌍둥이 권면은 마태복음 5:8-9의 예수의 팔복 말씀과도 공명한다. "마음이 청결한 자는 복이 있나니 그들이 하나님을 볼 것임이요. 화평하게 하는 자는 복이 있나니 그들이 하나님의 아들이라 일컬음을 받을 것임이요." 하나님을 보는 것, 거룩함, 화평하게 함, 그리고 하나님의 가족에 속하는 것이 모두 연결된다. 저자는 자신이 다른 이들로부터 들은 주님의 복음과 긴밀하게 공명하고 있다.[히 2:3]

공동체에 대한 강조는 모든 사람이 동료 신자들을 "돌봐야" 한다는 요청과 함께 이어진다. 여기서 저자는 후대에 교회의 지도자를 가리키는 호칭이 된 용어 '에피스코포스'^{ἐπίσκοπος,} 행 20:28; 빌 1:1; 딤전 3:2; 딛 1:7를 사용한다. "너희는 하나님의 은혜에 이르지 못하는 자가 없도록 하라." 이러한 보살핌은 공동체 안에서 누구도 은혜에 이르지 못하는 일이 없도록 하기 위해 필요하며, 이 장 전체를 관통하는 운동 경기와 목표 지향성의 주제와도 일맥상통한다. 그러나 은혜는 단지 경주가 끝날 때 주어지는 최종 상급으로만 제한되지 않는다. 그들은 이미 하나님의 은혜를 경험하고 있다. 그것은 그들을 대신하신 예수의 죽음 속에서,[2:9] 필요할 때마다 보좌로부터,[4:16] 그리고 성령을 통하여[10:29] 주어진다. 그럼에도 어떤 이는 그것을 지속적으로 받아들이지 못할 수 있으며, 결국 최종 목표 역시 상실할 수 있다. 저자는 목표 지점에 도달하기 전에 아무도 포기하지 않기를 바란다. 그리고 바로 그 포기를 막는 데는 공동체적 돌봄이 필수적이다.

그러한 실패는 개인에게만 머무르지 않고, 그를 둘러싼 전체 공동체에도 해로운 영향을 끼치게 된다. 저자는 자신의 권면을 더욱 분명히 전달하기 위해 70인역 신명기 29:18을 인용한다. "쓴 뿌리가 나서 괴롭게 하여 많은 사람이 이로 말미암아 더럽게 되지 않게 하며……."[32] 신명기의 문맥은 이 "쓴 뿌리"가 단순히 믿음이 약해진 사람을 가리키는 것이 아니라 다른 신들에게로 돌아선 사람임을 보여준다. 여기서 문제의 핵심은 우상 숭배와 배교다. 참되고 유일하신 하나님에게서 떠난 사람은 다른 이들을 더럽히고, 하나님으로부터 돌아서도록 유혹할 수 있다.

이어지는 경고는 공동체가 "음행하는 자나 혹 한 그릇 음식을 위하여 장자의 명분을 판 에서와 같이 망령된 자가 없도록 살펴야 한다"는 것이다. 불신앙 개념은 우상 숭배 개념과 밀접히 연결되어 있으며, 다른 신들을 숭배하는 것은 곧 신실하지 않은 것이다.삿 2:17; 대상 5:25; 70인역 시 72:27; 105:39 저자는 음행하는 자에 대한 언급에 이어서, 에서의 예를 들어 망령된unholy 자에 관한 경고를 강화한다. 히브리서의 독자들은 에서의 후손인 에돔 왕국의 역사까지 염두에 두었을 것이다. 성경에 따르면 그들은 이스라엘을 돕지 않았고,민 20:14 - 21 바벨론이 유다를 포위했을 때도 편에 서지 않았다.옵 10 - 14; 겔 35:1 - 5; 시 137:7 그래서 예언자들은 종종 그들을 신랄하게 비난한다.사 34장; 겔 35장; 옵; 말 1:1 - 5

히브리서 12장에서 에서에 대해 사용하는 경멸적 표현들은 바로 이러한 전승의 흐름 속에 놓여 있다. 비록 창세기는 에서를 불경건하다고 직접적으로 말하지 않지만, 후대 전승들희년서 25:1; 바빌로니아 탈무드 메길라 6a은 그를 음란하고 속된 악인으로 묘사한다. 그는 이스라엘의 딸들보다 이방 여인들을 선호했고,창 26:34 자신의 장자권보다 한 끼 식사를 더 귀하게 여겼다.창 25:31 - 34 이러한 전승은 에서를 단순히 장자의 명분을 경시한 자가 아니라, 신앙을 저버리고 방탕함을 택한 자로 그려 낸다.[33] 특히 에서는 인내로 얻어지는 거룩한 것보다 손쉽게 얻을 수 있는 흔한 것을 선호한 사람의 사례로 제시된다. 이와 마찬가지로 청중은 범죄자로 낙인찍힌 메시아를 주로 고백하는 수치 대신, 사회가 인정하는 명예와 안락함을 선택하라는 유혹을 받을 수 있다. 다시 말해 에서는 다른 신들을 섬기기 위해 떠난 것은 아니었으나, "한 그릇 음식을 위하여 장자의 명분을 판" 행위는 그에 준하는 배교적 비유로 기능한다. 그는 가족 안에서의 지위가 보장하는 크고 영속적인 복을 제쳐 두고 한 끼 식사라는 덧없는 즐거움을 택했다. 이는 공동체 안의 누군가가 다른 무엇을 위해 그리스도에 대한 고백을 저버리는 것이 얼마나 터무니없는 일인지 선명하게 보여준다. 그것은 마치 저녁 한 끼를 위해 자신의 모든 재산을 내주는 것과도 같은 어리석음이다.

저자는 에서를 부정적 사례로 제시하기 위해 야곱과 관련된 몇 가지 중요한 세부 사항을 의도적으로 건너뛴다. "너희가 아는 바와 같이 그가 그 후에 축복을 이어받으려고 눈물을 흘리며 구하되 버린 바가 되어 회개할 기회를 얻지 못하였느니라." 에서는 가족 안에서의 지위를 스스로 포기한 뒤 다시 복을 상속받기 원했지만 거절당했다. 저자는 그의 삶에서 이 두 짧은 장면을 묶어 보여줌으로써 잘못된 선택의 필연적 결과를 강조한다. 즉 장자의 지위를 버린 자는 장자의 복을 받을 수 없다는 것이다. 에서는 울며 간청했지만, 그런 감정적 표현은 아무런 소용이 없었다. 그의 눈물은 예수께서 우시던 장면^{5:7}이나 예수를 부인한 뒤 베드로가 흘린 눈물^{마 26:75}을 연상시키지만, 이삭이 이미 야곱에게 내린 축복을 되돌리지는 못했다. 저자는 이 이야기에서 라헬과 야곱의 속임수 부분은 생략한다. 그 생략은 오히려 하나의 메아리를 남긴다. 그것은 맏아들과의 친밀함, 곧 그리스도에 대한 고백을 저버린 배교자가 결국 속임수에 더 쉽게 넘어가게 됨을 암시한다. 하지만 저자가 강조하는 핵심은 분명하다. 그는 에서가 애초에 자기 지위를 스스로 포기한 어리석은 선택에 주목한다. 저자는 청중 가운데 하나님의 가족을 떠나려는 이들에게 강력하게 경고하고 있는 것이다.

전승 속 여러 주석가들은 에서가 복을 다시 얻지 못한 이유를, 그가 보여준 회개의 '유형'이 잘못되었기 때문이라고 해석했다.[34] 에서는 울며 간청했지만, 자신이 저지른 일에 대해 진정으로 회개하지는 않았다. 그는 단지 자신에게 닥친 결과 때문에 슬퍼했을 뿐이다. 그의 관심은 자신의 잘못에 대한 뉘우침이 아니라 동생의 속임수에 있었고, 심지어 동생에게 살의까지 품었다.^{창 27:41} 이러한 맥락에서 흔히 제기되는 해석은, 에서의 문제가 '적절한 시기'를 놓친 데 있다는 것이다. 만일 그가 자신의 경솔함을 좀 더 일찍 인정했다면, 아마도 이삭이 무언가 만회할 방법을 찾았을지도 모른다. 그러나 야곱이 돌아오고, "그 이후로는" 이미 때가 너무 늦었다. 동생에게 주어진 축복은 취소될 수 없었다. 이 해석의 흐름에 따르면, 히브리서 저자가 이 이야기를 통해 독자들에게 전하려는 핵심은 분명하다. 만일 그들 중 누군가가 그리스도를 떠나기로 선택한다면, 되돌릴 시간이 지나 버릴 수 있다는 것이다. 그들이 아들을 간절히 기다리는 자들로서[9:28] 구원의 상속을 받게 될[1:14] 만물의 심판자이신 하나님 앞에 나아간다면,[12:23] 그러나 그때까지 그리스도를 적극적으로 거부해 왔다면 그 순간에 하나님이 그들에게 복을 주시는 것은 합당하지 않을 것이다. 그들은 복을 상속받기를 원할지 모르지만, 그들에 대한 결정은 이미 내려져 있으며 하나님은 그것을 바꾸지 않으실 것이다.

따라서 이 경고는 궁극적으로 이미 공동체를 떠나 버린 자들에게 주어진 말씀이 아니라, 아직 떠나지 않은 자들을 향한 것임을 기억해야 한다. 저자는 '아직 일어나지 않은' 일을 가정하여 강력한 어조로 경고하는 것이다. 이 구절은 흔들리지 않는 나라의 최종적인 상속이 주어지기 '전'에, 참된 회개로 그리스도에게 돌아올 수 있는 이들에 대해서는 직접 언급하지 않는다. 그러나 저자는 독자들에게 떠나고 싶은 유혹을 결코 가볍게 여기지 말라는 사실을 단호하게 일깨우고 있다.

창세기의 에서 이야기 전체를 정경적으로 읽을 경우, 히브리서에 대한 또 다른 대안적 해석이 가능하다. 히브리서 11:20에서 에서의 축복이 간략히 언급되는 것은 독자들에게 오경 본문을 상기시키는데, 거기서 에서의 서사는 긍정적인 결말을 맺는다. 그는 풍요를 누렸으며, 동생과 화해하고 함께 아버지를 장사한다.[창 35:29] 또한 하나님께서 이스라엘 백성에게 침범하지 말라고 명하신 영토를 기업으로 받는다.[신 2:4] 이러한 오경의 긍정적 결론에 비추어 볼 때, 히브리서 저자가 에서의 이름을 두 번 언급하는 것은 두 가지 측면을 동시에 가리키는 것일 수 있다. 즉 그의 경솔한 행동이 낳은 부정적 결과[12:15 – 17]와 동시에 가족과 화해했을 때 하나님께서 주신 회복적 복[11:20]이다. 에서는 장자의 복은 놓쳤지만 여전히 다른 형태의 복을 받았고, 가족에게서 완전히 쫓겨나지도 않았다. 그는 여전히 이삭의 아들이었다.

만일 히브리서 저자가 이 전승에 영향을 받았다면, 아마도 그리스도를 경시하는 동안에는 놀라운 유익을 누릴 수 없지만, 그 대가가 곧바로 가족으로부터의 완전하고 영구적인 제거는 아니라는 점을 암시하려 했을 수 있다. 이러한 해석은 신앙을 거부한 이후 다시 신앙 공동체로 돌아오려는 이들에게 치유와 희망을 제공하는 읽기로서 기능할 수 있다.

그러나 히브리서가 에서를 언급하는 간결하고도 특별한 방식은 앞서 살펴본 대안적 해석과는 상충한다. 에서가 포기한 것은 그의 '프로토토키아', πρωτοτόκια 곧 장자의 지위다. 히브리서에서 이 지위는 단순한 특권이나 혜택의 모음이 아니라 맏아들[1:6]과의 관계이며, 그분을 고백하는 모든 이들에게 주어지는 영예다.[12:23] 더욱이 에서가 열망한 것은 "복을 상속받는 것"이었다. 히브리서의 맥락에서 상속은, 하나님의 아들딸들이 하나님께서 그들을 위해 예비하신 영원한 구원을 받는 최종 시점을 가리킨다.[1:14; 6:12, 17; 9:15] 따라서 복은 하나님의 신실한 백성에게만 주어지는 것이며,[6:7; 6:14; 7:1, 6, 7(아브라함의 예)] 그 본질은 결국 구원과 직결된다. 혹 창세기의 에서 이야기에서 복과 가족 관계가 서로 구별될 수 있다고 하더라도, 히브리서에서는 더 이상 그렇지 않다. 복은 오직 맏아들이신 영원한 아들 예수 안에서, 그리고 그분의 가족 안에서만 주어진다. 히브리서가 에서의 이야기를 간결하게 재구성하는 이유도 여기에 있다. 저자는 에서의 고의적이고 어리석은 선택을 그의 상속 실패와 결합시켜, 그가 장자의 축복을 받지 못한 이유를 극적으로 드러낸다.

창세기의 이야기처럼 에서를 위한 '남은 축복'이 존재했을 수는 있다. 그러나 하나님의 맏아들이 오신 지금은 상황이 달라졌다. 이제 유일하고 영원한 구원의 복은 오직 맏아들에게만 속한다. 따라서 히브리서가 에서라는 인물을 다루는 방식은 단순한 역사적 사례가 아니라 6:4–6의 교훈과 직결된 것이다. 거기서 저자는 한 번 빛을 맛보고도 떠난 자들에게는 다시 회개할 기회가 주어지지 않는다고 경고한다. 에서는 바로 그 경고의 한 구체적 사례로 기능하는 것이다. 만일 누군가가 그리스도를 떠난다면, 아무리 애처롭게 울부짖는다 해도 그를 위한 다른 복은 존재하지 않는다. 저자는 축약된 에서 이야기를 통해 청중에게 경고한다. "만일 당신들이 받아들이신 그리스도를 떠난다면, 하나님께 돌아올 수 없습니다. 아무리 원한대도, 진심 어린 눈물로 회개를 호소해도 소용없습니다. 하나님의 가족이 될 수 있는 유일한 길은 그리스도 외에는 없기 때문입니다." 따라서 그리스도를 고백하는 이들의 가족 바깥에는 구원의 복이 없다. 물론 하나님은 이삭보다 더 큰 능력을 지니신 분이다. 그러나 다시 말하지만, 이 강렬한 경고조차도 어떤 사람이 받아들이신 그리스도께 돌아오기를 원하는 상황에 관한 것은 아니다. 그것은 히브리서 저자가 직접 다루고 있는 주제가 아니다. 신약성경의 다른 본문들은 비록 어떤 이가 자녀 된 지위를 부인했을지라도, 그 사람이 회개한다면 하나님께서 기꺼이 받아주시고 그분의 가족으로 돌아오려는 열망을 기뻐하신다는 사실을 보여준다.눅 15:11-32; 막 14:53-65; 마 26:57-68; 눅 22:54-71; 요 18:13-27; 21:1-14

저자는 신명기와 창세기에 대한 암시를 통해 공동체 안에서 신실함을 지키는 일의 중요성을 강렬하고도 엄중하게 경고한다. 누구도 하나님을 떠난 채로 공동체 안에 머물러 다른 이들을 해치는 '쓴 뿌리'가 되어서는 안 된다. 누구도 하나님을 떠나 맏아들의 공동체 안에서만 얻을 수 있는 복으로부터 스스로를 격리해서도 안 된다.

여기서 드러나는 주된 권면은 서신 전체를 관통하는 메시지와 일치한다. 즉 하나님을 떠나지 말라는 것이다. 신실함을 끝까지 지키는 가장 좋은 방법은 공동체에 굳게 붙어 있어, 공동체가 베푸는 돌봄에 자신을 개방하는 것이다. 피로와 의심이 쓴 뿌리나 거부감으로 곪아 터지지 않고 치유될 수 있는 장소가 바로 공동체이기 때문이다.

12:18 – 29 변화와 정련

18너희는 만질 수 있고 불이 붙는 산과 침침함과 흑암과 폭풍과 19나팔 소리와 말하는 소리가 있는 곳에 이른 것이 아니라. 그 소리를 듣는 자들은 더 말씀하지 아니하시기를 구하였으니 20이는 짐승이라도 그 산에 들어가면 돌로 침을 당하리라 하신 명령을 그들이 견디지 못함이라. 21그 보이는 바가 이렇듯 무섭기로 모세도 이르되 내가 심히 두렵고 떨린다 하였느니라. 22그러나 너희가 이른 곳은 시온산과 살아 계신 하나님의 도성인 하늘의 예루살렘과 천만 천사와 23하늘에 기록된 장자들의 모임과 교회와 만민의 심판자이신 하나님과 및 온전하게 된 의인의 영들과 24새 언약의 중보자이신 예수와 및 아벨의 피보다 더 나은 것을 말하는 뿌린 피니라. 25너희는 삼가 말씀하신 이를 거역하지 말라. 땅에서 경고하신 이를 거역한 그들이 피하지 못하였거든 하물며 하늘로부터 경고하신 이를 배반하는 우리일까보냐. 26그때에는 그 소리가 땅을 진동하였거니와 이제는 약속하여 이르시되 내가 또 한 번 땅만 아니라 하늘도 진동하리라 하셨느니라. 27이 또 한 번이라 하심은 진동하지 아니하는 것을 영존하게 하기 위하여 진동할 것들 곧 만드신 것들이 변동될 것을 나타내심이라. 28그러므로 우리가 흔들리지 않는 나라를 받았은즉 은혜를 받자. 이로 말미암아 경건함과 두려움으로 하나님을 기쁘시게 섬길지니 29우리 하나님은 소멸하는 불이심이라.

18절은 새로운 단락의 시작으로, 저자는 여전히 '앞으로 나아감'이라는 주제를 이어 간다. 먼저 그는 수신자들이 아직 도달하지 않은 곳이 어디인지 말한다. "너희는 만질 수 있고 불이 붙는 산과 침침함과 흑암과 폭풍과 나팔 소리와 말하는 소리가 있는 곳에 이른 것이 아니라."[35] 수신자들이 이르지 못한 이 장소는 어둠과 흑암 속에 있고, 폭풍으로 둘러싸여 나팔 소리와 우렁찬 음성이 울려 퍼지는 곳이다. 어떤 독자들은 이러한 묘사를 들을 때, 사이렌 소리나 확성기를 통한 경고 방송처럼 혼란스럽고 위협적인 장면을 떠올릴 수 있다. 저자가 말하듯이 이와 같은 장소에 가까이 가지 않았다는 것은 분명히 좋은 소식이다.

전체 설교에서 나타나는 연결점들이 이러한 묘사의 부정적 성격을 확증한다. 저자는 불을 하나님의 원수들에 대한 심판과 연관시켰다.[10:27] 하나님의 음성은 과거 세대의 잘못에 빗대어 미래 세대에게 경고한다.[3:7, 15; 4:7] 흑암과 캄캄함, 그리고 폭풍은 히브리서의 다른 곳에서는 나타나지 않지만, 다른 신약성경 저자들은 어둠을 하나님의 심판 장소로 언급한다.[벧후 2:4, 17; 유 6, 13] 마찬가지로 히브리서 외 다른 성경 본문에서도 나팔 소리는 하나님의 심판을 알릴 때 흔히 등장한다.[마 24:31; 고전 15:52; 살전 4:16; 계 8:2, 6 - 8, 10, 12; 9:1, 13 - 14; 10:7; 11:15] 그러나 히브리서 저자는 광야 세대가 시내산 앞에 이른 장면[출 19-20장; 신 4장]을 묘사하기 위해 이처럼 불길한 심판의 이미지들을 활용하고 있다.

그때 백성은 그 음성을 듣고 "더 말씀하지 아니하시기를 구하였다." 그들은 단 한 마디도 더 들을 수 없을 정도로 하나님께 압도당했기 때문이다. 그 이유는 단순히 소리가 귀를 찢을 만큼 컸기 때문이 아니라, 그 음성이 누구에게서 나왔는지 알았기 때문이다. 거룩하신 하나님의 임재 자체가 두려웠던 것이다. 그들이 두려워하는 이유는 분명했다. 산으로부터 전해진 지시 때문이었다. "짐승이라도 그 산에 들어가면 돌로 쳐야 하리라"는 명령을 그들은 감당할 수 없었다. 저자가 그 산에 대해 가장 먼저 언급한 점은 그것이 "만질 수 있는" 산이라는 사실인데, 이는 곧 접근이 가능하지만 동시에 위험하다는 점을 강조한다. 백성은 짐승이라도 부지중에 산에 가까이 다가가 경계를 넘으면 반드시 죽어야 한다는 하나님의 명확한 경고를 들었다.[출 19:12 - 13] 거룩하신 하나님께 무방비로 가까이 다가가는 것은 곧 죽음에 이르는 길이고, 백성이 감당할 수 있는 한계를 넘어서는 것이었다.

백성은 거룩한 하나님과 자신들의 (불완전한) 인간성 사이에 존재하는 경계를 존중하라는 하나님의 명령을 신실하게 따르고 있었다. 그러나 그들은 하와가 하나님의 명령을 잘못 진술한 것과 유사하게^{창 3:3} 그 명령에 무언가를 덧붙였다. 하나님께서 주신 "산에 접촉하지 말라"는 말씀에 더해 그들은 하나님의 음성을 듣기를 원치 않았고, 그 대신 자신들이 감당할 수 있다고 여긴 모세의 음성을 듣기를 간청했다.^{출 20:19} 이와 같은 태도는 결과적으로 말씀하시는 하나님에 대한 저항 행위로 볼 수 있다.^{히 12:25} 모세는 이 상황을 두고, 하나님께서 그들을 시험하신 것은 그들이 죄를 짓지 못하도록 은혜롭게 경계를 설정하기 위함이었다고 말한다. 그러나 모세는 백성이 그 시험을 견디지 못했다고 지적한다.^{출 20:20} 그렇다면 이것은 12:4-11에서 언급된 하나님의 훈련^{개역개정은 "징계"—옮긴이}을 거부한 것으로 해석할 수도 있다. 마이클 키비^{Michael Kibbe}의 설명처럼 히브리서 저자는 시내산의 현현 앞에서 백성이 두려워하며 물러선 행위를, "모방해서는 안 될, 하나님을 거부하는 태도"로 규정하고 있다.[36]

개러스 코커릴^{Gareth Cockerill}은 히브리서 저자가 "불순종하는 자들이 하나님께 나아갈 때 느끼는 공포"를 그리고 있다고 주장한다.[37] '불순종과 관련된 두려움'이라는 주제는 이어지는 묘사에서도 지속된다. "그 보이는 바가 이렇듯 무섭기로 모세도 이르되 내가 심히 두렵고 떨린다 하였느니라." 왕도 두려워하지 않았던 모세가^{11:27} 하나님의 임재 앞에서는 두려움에 떨었다. 저자는 그가 "떨었다"고 덧붙임으로써 이 두려움의 깊이를 강조한다. 이 진술은 불순종의 결과와 관련된 두려움을 암시한다. 왜냐하면 저자가 인용하고 있는 신명기 4장에서 시내산 사건이 재진술될 때는, 모세가 두려워했다는 언급이 전혀 없기 때문이다. 모세의 두려움은 신명기 9장에서 비로소 등장하는데, 그 맥락은 시내산 현현 때문이 아니라 자신들을 구원하신 하나님 대신 금송아지를 만들어 경배한 이스라엘 백성의 불순종에 대한 하나님의 진노 때문이었다.^{신 9:19} 모세는 하나님의 임재 자체보다 언약을 배반한 백성에 대한 하나님의 반응을 두려워한 것이다. 여기서 모세가 떨었다는 저자의 언급은 출애굽기나 신명기의 본문에 직접 나타나지 않는 요소이지만, 그만큼 이 두려움이 강조되어야 한다는 신학적 의도를 드러낸다. 이러한 서술은 모세가 자기 백성의 불순종을 보고 느낀 두려움과, 히브리서 저자 자신이 청중의 불순종 가능성에 대해 느끼는 두려움 사이의 깊은 연관성을 암시한다. 즉 청중이 하나님으로부터 돌아선다면 어떤 일이 일어날지 내다보며 느낀 저자의 두려움이 반영되어 있는 것이다.

22절의 전환은 매우 급격하다. "그러나 너희가 이른 곳은 시온산과 살아 계신 하나님의 도성인 하늘의 예루살렘……." 히브리서 저자는 강한 역접 접속사 '알라'[ἀλλά]를 사용하여 독자들의 여정이 전혀 다른 목적지, 곧 시온산에 도달했음을 분명히 선언한다. 이는 히브리서에서 시온이라는 이름이 등장하는 유일한 사례다. 저자는 이스라엘 전통을 활용하고 있는데, 이 전통에서 시온은 예루살렘을 가리키는 또 하나의 명칭으로 하나님의 백성이 거하는 장소를 연상시킨다(신약성경의 다른 본문들도 시온을 언급한다).[마 21:5; 요 12:15; 롬 9:33; 11:26; 벧전 2:6; 계 14:1 참조] 여기서 청중은 하나님의 임재를 전혀 다른 방식으로 경험하게 된다. 여러 측면에서 이는 18-21절에서 묘사된 시내산의 두려운 장면과 정반대이다. 이곳은 "살아 계신 하나님"의 도성이며,[3:12; 9:14; 10:31] 살아 계신 대제사장이[7:16, 25] 살아 있는 길을 여신 장소다.[10:20] 죽음의 두려움이 없는 이 풍요로운 곳은 "하늘의 예루살렘", 곧 하나님의 부르심[3:1]과 선물[6:4]이 흘러나오는 장소다. 이제 이곳은 아브라함과 그의 가족이 고대했던 도성이며,[11:10, 16] 이 설교의 청중이 여전히 기다리는 도성이기도 하다.[13:14] 이곳은 또한 하늘 성소가 위치한 장소이기도 하다.[8:5; 9:23] 그러한 거룩한 장소답게 어둠이 아닌 "빛"의 존재들로 가득하다. 그들은 "천만 천사"들이며,[12:22] 하나님의 상속자들을 지상에서 섬기던 천사들[1:14; 13:2]이 이제 하나님의 영역에서 함께하는 존재들로 묘사된다. 이곳은 또한 "축제의 장소"로 표현되며, 잔치와 기쁨, 환희와 찬양이 어우러지는 축제 분위기를 떠올리게 한다.[호 2:11; 9:5; 암

5:21; 겔 46:11[38] 저자는 무서운 폭풍과는 매우 다른 그림을 그리고 있다.

성전의 이미지에 관한 연구에서 필립 처치Philip Church는 이 하늘의 예루살렘이 "새 언약 아래 있는 하나님과 그분의 백성 사이의 관계를 상징한다"고 해석한다.[39] 그런 묘사는 다음에 이어지는 요소들과도 잘 부합한다. 하늘의 성전에도 사람들이 있으며, 그곳에 가까이 간다고 해서 죽임당하지 않는다. 저자는 그곳에 있는 사람들을 두 가지로 묘사한다. 즉 "장자들의 모임"과 "온전하게 된 의인의 영들"이다. 먼저 "장자들의 모임"에 대한 저자의 묘사에는 놀라운 역설이 담겨 있다. 그들은 '장자들'πρωτοτόκων로 구성되어 있다. 이 구절에서는 단수 명사가 나올 것으로 예상되지만, 저자는 복수형을 사용한다. 그리스도론적으로 보면, 많은 이들이 메시아신 예수와 자신을 동일시하지만 그분은 단 한분 하나님의 맏아들이다.1:6 실제적으로도 이 복수형은 이례적으로 보이는데, 한 가정에서 '장자'라는 특권은 오직 한 자녀에게만 주어지기 때문이다. 그러나 저자는 복수형을 사용함으로써, 직관에 반하더라도 이것이야말로 그리스도론이 작동하는 방식임을 분명히 드러낸다. 그들은 "모두" 장자이며, 단 한분 아들에게 주어지는 은혜에 함께 참여한다. 이 표현은 장자의 복, 곧 장자 지위πρωτοτόκια에 따르는 복을 포기한 에서 이야기12:16 바로 뒤에 등장하기 때문에 독자들에게 놀라운 위로를 전한다. 저자의 독자들과 과거의 신실한 이들은 에서처럼 하나님 가족 안에서의 관계를 포기하지 않았기에 장자의 축복에 참여하게 될 것을 고대한다. 또한 저자는 이 장자들이 "하늘에 기록된" 자들이라고 말한다. 이는 하늘의 기록이라는 흔한 묵시적 이미지를 반영하는 표현으로, 정경 안에서는 요한계시록의 어린양의 생명책계 13:8; 21:27을 떠올리게 한다. 하나님의 하늘 영역에 이름이 기록된다는 것은 그들의 마음에 하나님의 법이 기록되는 것히 8:10; 10:16과 깊은 관련이 있다. 마치 글을 새기는 사람이 오래 남기를 바라며 정성을 다하듯이, 하나님도 선한 율법을 언약 백성의 마음에 새기고 그들의 이름을 하늘에 기록하셨다.

둘째로, 저자는 시온산에 모인 사람들을 "영들"이라고 부른다. 이 표현은 그들을 육신의 아버지가 아니라 영의 아버지이신 하나님[12:9]과 연결시킨다. 그들이 하나님과 함께 거하고 있기 때문에, 그들을 "온전하게 된 의인들"이라고 묘사하는 것은 적절하다. 그들은 죄와의 싸움을 마쳤으며, 사는 동안 훈련을 견뎌 냈고, 이제 성숙에 이르러[5:14] 의의 평화로운 열매를 누리고 있다.[12:11] 다시 말해 믿음을 따라 살아온 결과로 이제 그들은 하나님과 함께 사는 것이다.[10:38] 그들이 누리는 이 온전함은 율법으로는 도달할 수 없었지만, 온전하신 그리스도로 인해 가능해진 것이다. 저자가 이 표현을 선택한 것은 중간기적 종말론apocalyptic inaugurated eschatology을 전개할 수 있는 틀을 마련해 준다. 그들은 아직 부활한 몸을 가지지 않고[40] 영으로 존재한다. 이 문구는 바울이 "몸을 떠나 주와 함께 있는 그것"(직역하면 "주와 함께 집에 있는 것")[고후 5:8]으로 표현한 것을 히브리서 저자가 자신의 방식으로 묘사한 것이다.

하나님은 인류 가운데 서 계신다. 저자가 하나님을 심판자로 묘사하는 것은 하늘의 산에 거하는 인류에게 주어진 놀라운 은혜를 보여준다. 히브리서 저자는 설교 전체를 통틀어 불순종에 대한 하나님의 반응이 정당하다는 점을 강조하며, 하나님의 심판을 여러 차례 언급해 왔다.[9:27: 10:27, 30: 13:4] 실제로 설교의 다른 부분에서 심판자로서 하나님의 지위가 언급될 때마다 그것은 두려움과 경외, 그리고 순종을 불러일으키는 맥락 속에서 등장한다. 그것은 결코 가볍게 여길 수 없는 엄숙한 현실이다. 여기서 저자가 하나님을 심판자로 묘사함으로써 분명히 하려는 바는, 하나님이 이곳에 모인 이들의 불완전함과 죄를 외면하지 않으셨다는 점이다. 모든 것을 보시고 통찰하는 심판자 하나님은[4:12-13] 어쩐 일인지 이들이 그 심판을 통과하게 하셨다. 이는 지금 이 산 앞에 서 있는 독자들에게도 동일한 가능성이 열려 있음을 시사하며 희망을 준다.

산에 대해 묘사하는 마지막 구절들은 그 산이 존재하는 특별한 이유를 밝혀 준다. 이 산에는 "새 언약의 중보자"가 계시기 때문이다. 저자는 여기서 '새롭다'를 뜻하는 이전과는 다른 단어를 사용하는데, 이 말은 '더 최근의' 혹은 '더 젊은' 것을 가리킨다.[9:17; 눅 15:12] 즉 이 언약은 하나님의 말씀에 의해 세워진, 첫 언약을 "낡게 만든" 더 새로운 언약이다.[8:13] 8:8-12과 10:16-17에서 인용된 예레미야의 말씀을 통해 분명히 밝혀졌듯이, 이 새 언약은 죄의 용서와 하나님의 율법이 내면에 새겨지는 것, 그리고 하나님 백성의 지위 갱신을 포함한다. 이 새 언약은 "아벨의 피보다 더 나은 것을 말하는 뿌린 피"를 통해 효력을 발휘한다. 여기서 아벨에 대한 언급은 이 단락의 구조를 수미상관으로 구성하며, 믿음의 사람들을 소개하는 11장 서두[11:4]에서 아벨이 처음 언급된 지점으로 독자들을 다시 이끈다. 이 회귀는 동시에 예수의 피와 아벨의 피 사이에 다양한 비교를 가능하게 한다.

예수의 피는 죽은 것이 아니라 살아 있는 피이며, 따라서 아벨의 피보다 우월하다. 아벨의 피는 땅에 쏟아져 정의를 외쳤지만,[창 4:10] 예수의 피는 하나님 우편에서 살아 계신 그리스도와 연합되어 자비를 간구한다.[히 7:25] 그리스도의 부르짖음은 자신을 위한 보복이 아니라 모든 형제자매를 위한 긍휼의 중보다. 이 긍휼이야말로 인간이 거룩하신 하나님의 임재 앞에 서기 위해 필요한 것이다.[41] 히브리서 전체에 걸쳐 반복되는 '아들의 말씀' 장면[2:12-13; 10:5-8]과 마찬가지로 여기서도 예수는 살아 있는 피를 지닌 중보자로서 하나님 앞에 계시며, 그분의 일생을 관통한 신실함으로 간구하신다.[7:25] 이러한 점에서 볼 때, 예수의 피는 유대 전통에서 신실함의 전형으로 높이 평가되었던 아벨의 피보다 훨씬 탁월하다.[42]

"너희가 이른 곳"이 시온산이라는 선포는 그들이 기쁨을 주는 하나님의 자리에 가까이 있음을 확언해 준다. 이 사실은 그들이 지금도 하나님의 보좌 앞에 담대히 나아갈 수 있다는 선언[4:16]을 통해서 분명히 드러난다. 동시에 시온산에 도착했다는 이 표현은 장차 완전히 이루어질 일에 대한 확증으로 작용한다. 저자는 이들을 산 정상에 오른 이들이 아니라 산기슭에 도달한 이들로 그리고 있는 듯하다.[43] 그들은 아직 경주의 결승점에 도달하지 않았고,[12:1-2] 완전히 성숙하거나 온전하게 되지도 않았다.[5:11-14] 따라서 아직 그 산의 정상에는 이르지 못했다. 죄와의 싸움을 끝마친 뒤에야 이전 세대의 신실한 이들처럼, 그리고 마지막 부활 이후 모든 세대가 그러할 것처럼 비로소 하나님의 임재 안에 거하게 되며, 그때에야 정상에 오를 수 있을 것이다. 현재 그들은 하나님의 두려운 임재가 있는 그 산 위로 더 가까이 나아오라는 초청을 받고 있으며, 이 초청은 그들에게 큰 위로인 동시에 끊임없이 앞으로 나아가야 한다는 거룩한 도전이다.

그들은 아직 산 정상에서 하나님과 함께할 수는 없지만, 하나님의 음성을 들을 수는 있다. 저자는 다시 한번 명령을 통해 그들의 주의를 환기시킨다. "너희는 삼가 말씀하신 이를 거역하지 말라." 저자가 앞선 구절들에서 시내산의 장면을 언급한 점을 고려하면,[12:18-21] 여기서 "땅에서 경고하신 이"는 시내산에서 말씀하신 하나님을 가리킨다. 이스라엘 백성이 시내산에서 울려 퍼지는 주님의 음성을 듣고 물러났던 것처럼, 이제 이 공동체는 하늘로부터 하나님의 음성을 듣는다. 저자는 이들이 옛 세대처럼 물러서는 잘못을 반복하지 않기를 바란다. 이제 이들에게는 더욱 위엄 있고 탁월한 장소에서 더욱 강력한 경고가 주어지고 있다. 저자는 히브리 성경의 시내산 이야기에서는 사용되지 않은 동사를 선택하여, 당시 백성을 단지 하나님의 음성을 원하지 않았던 자들[αἰτέω, 신 18:16]이 아니라 경고하시는 분을 적극적으로 거역했던 자들[παραιτέομαι]로 규정한다. 하나님께서 노아에게 그러셨던 것처럼,[히 11:7] 장차 닥칠 위험에 앞서 백성에게 경고하시는 것은 하나님의 은혜로운 행위다. 시내산에서 하나님께서 주신 율법에는 백성이 그 율법을 거부할 경우 어떤 결과가 따를지 경고하는 내용이 포함되어 있었다. 실제로 그들은 금송아지를 만들어 섬김으로써 그 결과를 경험하게 되었다.[출 32장] 반역에 가담한 자들은 자신들이 만든 우상의 가루를 물에 타서 마셔야 했고,[출 32:20] 삼천 명이 칼에 죽임당했다.[출 32:28] 그 일로 인해 주님은 백성에게 재앙을 내리셨다.[출 32:35] 이러한 경고는 단순한 위협이 아니라 백성을 보호하기 위한 하나님의 은혜로운 조치였다.

히브리서 저자는 공동체에게 주의를 기울여 그들에게 말씀하시는 하나님을 거역하지 않도록 경고한다. 만일 그들이 "하늘로부터 경고하신 이를 배반"한다면, 그 결과는 훨씬 더 심각할 것이며 그것을 피할 가능성은 훨씬 낮아진다. 저자는 여기서 다시 '피하다'라는 표현을 사용하는데, 이 말은 산에서 하나님의 율법을 들은 세대를 언급한 첫 번째 경고[2:3]에 이미 등장했다. 그들이 피하지 못했던 구체적인 결과를 이번에는 명시하지 않지만, 이 말은 지금까지의 모든 경고를 환기시킨다.[6:4-6; 10:26-31; 12:15-17] 말씀하시는 하나님의 경고에 귀 기울이고 그것을 받아들이는 일은 지극히 중요하다.

그들에게 말씀하시는 분은 시내산 앞에서 이스라엘 백성에게 말씀하셨던 바로 그 하나님이지만, 이제 그들은 이 하나님이 어떤 분인지 훨씬 더 분명히 알고 있다. 그분은 지금 "아들 안에서" 말씀하시는 하나님이다.[1:2] 이 설교에서 저자가 직전에 언급한 대상은 예수의 피였으며,[12:24] 동일한 동사 '랄레오'($\lambda\alpha\lambda\acute{\epsilon}\omega$)가 24절과 25절 모두에 사용된다. 이들이 지금 듣고 있는 하나님의 음성은 시내산에서처럼 나팔 소리나 천둥과 같은 불협화음이 아니라,[12:19] 성부와 성자와 성령의 음성으로 이루어진 분명하고 조화로운 화음이다.[44] 저자는 그들에게 그처럼 명확한 메시지로부터 돌아서는 것이 얼마나 파멸적인 짓인지를 보여주고 있다.

그때 땅을 진동시킨 것도 이 하나님의 음성이었다. 저자는 "산이 크게 흔들렸다"고 묘사한 출애굽기 19:18의 히브리어 본문을 알고 있었을 수도 있지만, 이 구체적인 표현은 헬라어 번역본에는 나타나지 않는다. 한편, 하나님의 음성이 땅을 진동시킨다는 주제는 히브리 성경 전체, 특히 시편에서 매우 자주 등장한다.

그럼에도 저자의 주된 관심은 과거에 벌어진 일보다는 앞으로 일어날 일에 있다. 그는 하나님께서 한 예언자의 입을 통해 "약속하신" 말씀에 주목한다. 히브리서에서는 그 이름이 언급되지 않지만, 이 인용은 학개의 예언에서 온 것이다. "내가 또 한 번 땅만 아니라 하늘도 진동하리라." 이 말씀은 하나님의 음성이 울려 퍼지는 모든 영역이 흔들릴 것임을 시사한다. 학개의 예언에서 하늘과 땅, 바다와 마른 땅이 함께 언급되는 것은 하나님의 능력이 창조 세계 전체를 포괄한다는 점을 강조한다.

히브리서 저자에게 학개의 예언은 특별한 매력을 지닌다. 그 배경에서 주님은 유다 지파에게, 특히 대제사장 여호수아, 헬라어로 예수와 동일한 이름인 '예수스'Ἰησοῦς에게 말씀하신다.^{학 1:12} 그분이 땅과 하늘을 흔드시는 것은 단순한 파괴가 아니라 오히려 이전보다 더 큰 영광을 하나님의 집에 가져오는 일임을 밝히며 강건함과 인내를 촉구하신다. 따라서 이 진동은 두려워해야 할 재앙이 아니라 기다려야 할 소망의 사건이다.

하나님께서 시내산에서 말씀하셨을 때는 오직 땅만 흔들렸다. 그러나 이제 하나님 아버지께서 아들과 성령을 통해 하늘에서 말씀하시므로 모든 것이 흔들릴 것이다. 저자는 학개 2:6의 인용문에 '~만 아니라 ~도'라는 표현을 덧붙여, 하나님의 진동하심이 미치는 범위가 훨씬 더 포괄적이라는 점을 강조한다. 히브리서 전체에서 저자가 '하늘'에 대해 언급해 온 맥락을 고려할 때, 여기서 말하는 진동은 단지 땅과 하늘이라는 물리적 창조계만이 아니라 하나님의 영역 자체까지도 포함하는 것으로 이해된다.

하늘까지도 흔들릴 것이라는 의미는 "또 한 번"이라는 표현이 지닌 깊은 함의를 살펴볼 때 더욱 분명해진다. "'또 한 번'이라 하심은 진동하지 아니하는 것을 영존하게 하기 위하여 진동할 것들, 곧 만드신 것들이 변동될 것을 나타내심이라.” 저자에게 이 “또 한 번”이라는 표현은 변화가 아직 미래에 일어날 일임을 분명히 한다. 학개 예언자에게 미래였던 그 사건은 히브리서 저자에게도 여전히 미래다. 그 사건의 의미를 결정하는 실재는 그리스도 안에서 이미 일어났지만 그 사건 자체는 아직 성취되지 않았다.[45] 그리스도의 오심과 함께 마지막 날들이 시작되었으며,[1:2] 이 대격동의 사건이 일어날 때 “진동할 것들”은 “변동될 것”이다. 저자는 그것들을 “만드신 것들”이라 부르는데, 이는 히브리서 1:10에서 시편 102:25[70인역 시 101:26]을 인용하면서 밝힌 것처럼 땅과 하늘 모두를 포함한다. 신학적으로 말하면, 하나님 외에는 아무것도 영원하지 않다. 이는 하늘, 곧 하나님의 임재의 거처조차도 하나님 자신처럼 영원히 존재하지 않음을 의미한다.[46] 히브리서 저자는 하나님의 천상 영역에 ‘손으로 만들지 않은 장막’이 포함된다고 말하지만,[8:2, 5: 9:11] 그것 또한 하나님에 의해 ‘만들어진’ 것임을 분명히 한다. 그리고 그리스도의 피가 천상의 영역을 정결하게 한다는 사실[9:23]은 이 영역이 물질성과 연결되어 있으며, 따라서 어떤 형태로든 ‘피조된’ 속성을 지닌 것임을 암시한다.

일부 주석가들은 ‘메타티테시스’^{μετάθεσις}의 함의에 비추어, 이 변화가 창조된 것들의 제거를 가리킨다고 본다. 그러나 두 가지 이유로 나는 이 표현을 제거보다는 변화로 이해하는 것이 더 타당하다고 본다. 첫째, 여기서 강조되는 것은 하나님의 영역(하늘)과 인간의 영역(땅)의 대조가 아니다. 왜냐하면 두 영역 모두 진동할 것으로 언급되기 때문이다. 둘째, 그리고 가장 중요한 이유는 그리스도의 몸 역시 하나님이 창조하신 것이며 여전히 존재한다는 사실이다. 이것은 그리스도의 몸이 그러하듯이 다른 창조된 것들도 완전히 제거되는 것이 아니라 존속하면서 변화될 수 있음을 시사한다. 따라서 이 본문은 단순히 비물질적 또는 영적 실재만이 남는다고 말하지 않는다. 오히려 부활을 통해 변화된 그리스도의 몸처럼 모든 창조 세계 역시 변화될 것임을 말하는 것이다.[47] 하나님의 천상 영역에서도 어떤 형태의 변화가 일어날 것이다. 그것은 모든 하나님의 백성이 부활의 몸을 입고 영원히 거할 수 있도록 그 영역이 새롭게 준비되는 과정일 수 있다. 요한계시록의 묘사처럼 새 예루살렘은 하나님의 백성을 맞이하기 위해 새 땅으로 내려오며, 남편을 위해 단장한 신부처럼 아름답게 준비된 도성으로 드러날 것이다.계 21:2 - 3

위대한 최종적인 진동은 "모든 것이 그의 발아래 굴복할 것"이라는 시편의 선포히 1:13와도 일치한다. 이 진동은 만물의 제거가 아니라 만물을 제자리에 바로 세우는 하나님의 역사다. 저자는 박해 가운데 고난을 견디고 있는 청중을 향해 말하며, 그들이 지금 지상에서 겪고 있는 현실뿐 아니라 그 배후에 작용하는 권세들까지 겨냥한다. 그것들은 흔들리고 마침내 변화될 것이다. 이는 분명한 격려다. 아무리 나빠 보여도 이 상황이 영원히 지속되지는 않을 것이기 때문이다. 요약하자면 미래에 임할 하늘의 진동은, 창조 세계를 불의하게 지배해 온 권세과 정사들의 제거와 하나님 백성을 위해 하나님의 영역을 준비하는 이 두 가지를 모두 포함한다.

저자는 이 대격변이 바람직한 일임을 더욱 강조한다. 하나님은 "진동하지 아니하는 것을 영존하게 하기 위하여" 창조된 것들을 흔드신다. 이 마지막 진동이 일어나고 만물이 변화되면, 모든 변혁이 완성될 것이므로 더 이상의 진동은 필요 없을 것이다. 지상에서 인간의 삶을 흔들어 온 소란과 불안정함은 마침내 영원히 사라질 것이다. 이런 진술은 지금도 흔들리지 않고 남아 있는 것들이 존재한다는 의미이기도 하다. 히브리서가 생각하는 세계에서 이런 것들은 영존하시는 하나님,1:11 - 12; 13:8 곧 성부와 성육신한 아들, 그리고 성령과 연결된 것들임에 틀림없다. 청중은 이미 결코 흔들릴 수 없는 분과 관계를 맺고 있으며, 장차 영원히 지속될 하늘 예루살렘에 거하게 될 것이다.13:14

사실 그들은 이미 이 미래를 맛보고 있다. 저자는 그들에게 말한다.

"우리가 흔들리지 않는 나라를 받았은즉……." 비록 이 진동은 미래의 일이지만, 그들은 바로 지금 그 영속하는 나라를 받고 있다. 이 나라를 받는 이유는 그 나라의 왕과 연결되어 있기 때문이다.[1:8] 그리스도를 고백하는 그들은 하나님께서 인류를 위해 예비하신 영광과 존귀의 자리에서 의롭게 다스릴 것이다. 그리고 그들을 그 자리로 부르시는 하나님을 뵙게 될 것이다.[2:6-9] 그러한 미래의 소망이 우리의 현실 속으로 스며들 때, 그들은 하나님 앞에서 감사로 응답하게 된다. 저자는 이 지점을 놓치지 않으며 "우리가 흔들리지 않는 나라를 받았은즉 감사를 드리자"[개역개정은 "은혜를 받자"—옮긴이]고 권면한다. "감사"에 해당하는 헬라어 '카리스'[χάρις]는 종종 "은혜"로 번역되지만, 여기서 초점은 그들이 하나님께 드리는 데 있다. 하나님은 은혜로운 분이시며, 특히 그리스도 안에서 그들에게 은혜를 베푸셨으므로 감사로 응답해야 한다. 감사는 "경건함과 두려움으로 하나님을 기쁘시게 섬길" 수 있게 한다. 감사의 자세는 그들이 예수의 경우처럼[5:7] 하나님을 기쁘시게 하는 섬김의 방식으로 그분을 예배할 수 있게 한다. 이 예배는 예수가 그들의 양심을 정결하게 하셨기 때문에[9:14] 드릴 수 있는 예배다. '섬기다'(예배하다)는 하나님께 드리는 일반적인 찬양과 봉사를 뜻할 수 있으나,[마 4:10; 눅 4:8; 눅 2:37] 이 설교의 희생 제의적 맥락에서는 성막에서 제사장들이 섬기는 일을 가리킨다.[히 8:5; 9:9; 10:2; 13:10] 따라서 회중이 그들의 대제사장 아래에서 그분의 사역에 참여하는 모습을 보여준다. 그리스도에 대한 그들의 믿음은 하나님을 기쁘시게 하고,[11:5] 하나님이 기뻐하실 만한 방식으로 그분을 예배하고 섬기게 할 것이다. 감사하게도 하나님은 우리가 그분이 기뻐하실 일을 할 수 있는 능력을 주신다. 그들이 처한 환경이 주님에 대한 경멸이 쏟아지는 곳임을 생각할 때,[12:3] 하나님을 기쁘시게 하는 일은 결코 쉽지 않다. 그러나 바로 그 이유로 이 일에는 반드시 보상이 따른다. 하나님은 그들을 위해 은혜롭게 보상하실 것이다.[13:21] 그들은 아들을 통해 하나님을 예배하고, 윤리적인

삶으로 그분을 섬겨야 한다. 이 부분은 다음 장에서 자세히 논의될 것이다.[48]

저자는 그들이 감사해야 할 근거를 "우리 하나님은 소멸하는 불이심이라"는 단언에서 찾는다. 이 구절만 보면 감사보다는 공포를 불러일으킬 수도 있지만, 앞서 인용된 학개서의 맥락에서 보듯이 하나님의 진동하심과 마찬가지로 하나님의 소멸하심 또한 인간에게 유익한 것이다. 하나님은 인간이 하나님과 타인과의 관계 안에서 온전히 성장하지 못하게 하는 모든 것을 소멸하신다. 오리게네스는 "불과 같은 하나님께 가까이 다가가는 것은 뜨거운 믿음의 상태를 보여주며, 반대로 하나님으로부터 멀어지는 것은 하나님을 향한 사랑이 식어 냉냉해진 믿음을 보여준다고" 말한다.[49] 신명기 9장에서 "소멸하는 불"이신 하나님은 이스라엘의 원수들에게 임하여 백성이 약속의 땅에 들어가도록 도우신다. 이 표현은 신명기 4장에도 등장하는데, 거기서 하나님은 우상과 그것을 섬기는 자들을 멸하시는 질투의 하나님으로 묘사된다. 이는 다른 신에게서 만족을 찾으려는 유혹을 제거하기 위함이다. 만일 이 공동체 안에서 '쓴 뿌리'가 돋아나고 있다면,[12:15] 하나님께서 불신앙의 길로 이끄는 자의 유혹을 제거하시는 일은 결국 그들에게 선이 될 것이다. 이처럼 하나님의 심판은 강렬하면서도 선한 것이기에, 공동체는 "경건함과 두려움"으로 하나님을 섬겨야 한다. 그들은 하나님의 거룩하심을 공경하며 살아가야 한다. 12장을 마무리하는 이 엄숙한 선언은, 하나님이 징계하시는 분이라는 장 초반의 주제와도 일치한다. 하나님의 약속은 내적이든 외적이든 모든 죄의 권세와 정사들을 불살라 오직 정련된 것, 곧 흔들리지 않는 것만 남게 하시겠다는 것이다. 이 약속과 더불어 그리스도의 나라를 통해 실현될 그 약속의 도래는 공동체 안에 큰 감사와 능동적인 예배의 삶을 불러일으킬 것이다. 이제 저자는 그 삶이 구체적으로 어떤 모습이어야 하는지 다루기 시작한다.

신실한 삶

저자는 자기 공동체를 위한 하나의 비전을 제시한다. 그들은 길고 험난한 경주를 하고 있으며,[12:1-14] 그 여정은 그들을 하나님의 산 기슭에 이르게 한다.[12:22-24] 그곳에 머무는 동안 저자는 그들에게 하나님의 음성에 귀 기울이고, 감사함으로 하나님을 예배하며 섬기라고 권면한다.[12:25-28] 그는 공동체가 하나님의 음성을 듣기를 바라지만, 동시에 그 음성을 전하는 도구로 하나님께서 선택하신 이는 바로 자신이다. 저자는 설교자로서 창의적이고 설득력 있는 구성으로 하나님의 메시지를 전달한다. 말씀하시는 분은 하나님이지만,[12:25] 공동체는 이 저자의 설교를 통해 하나님의 말씀을 듣고 있다.

이 마지막 장의 첫 부분[1-6절]은 그들이 들은 바를 실천하기 위한 구체적인 행동 지침을 제공한다. 앞에서 공동체로서 모임을 계속하고 관계를 세우는 데 집중하라고 요청했던 것처럼,[10:25; 3:13] 이 마지막 부분에서 저자는 그들의 내부자와 외부자, 그리고 소유와의 관계에 주의를 기울이게 한다.

공동체가 지도자들과 맺는 관계에 대해 논할 때,[7-17절] 저자는 설교 전체에 걸쳐 두드러지는 희생 제사의 이미지로 돌아간다. 그들은 모두 제사장적 역할을 부여받으며, 자신들보다 앞서간 신자들의 예배 태도를 본받아 올바른 희생 제사를 드리는 자들이 되어야 한다.

마지막 부분[18-25절]은 독자들에게 이 글이 설교이지만 편지로 보내져야만 했음을 상기시킨다. 이 부분에는 서신 공통의 특징들, 곧 기도 부탁과 여행 계획의 언급,[18-19, 23절] 축복 기도,[20-21절] 문안 인사,[24절] 그리고 마지막 기원[25절] 등이 나타난다. 여기서 저자는 자신의 글을 "권면의 말"이라고 부르며, 그들에게 이를 용납해 달라고 요청한다.[22절] 그의 이러한 요청은 자신의 설교를 듣는 데 인내가 필요하며, 들은 바를 실천하는 것은 훨씬 더 큰 헌신이 필요하다는 것을 인식하고 있음을 나타낸다. 만일 그들이 기꺼이 헌신한다면 복이 있을 것이다.

'히브리서'라 불리는 이 저작은 시작과 끝에서 수사적 불균형을 드러낸다. 강렬하게 시작하지만 상대적으로 미약하게 끝난다. 이러한 불균형에는 나름의 이유가 있다. 첫째, 서신 형식의 결말은 저자가 자신이 깊이 아끼는 공동체[13:18-19]를 직접 찾아가 설교할 수 없기에 덧붙인 것이다. 둘째, 실제적이면서도 신학적으로 깊이 있는 이 마지막 장은, 저자의 탁월한 수사에 감탄하게 하기보다는 독자들이 세상으로 나가서 신실한 삶을 살아가도록 힘을 실어 준다. 그들이 하나님께 나아가는 길을 열어 주신 제사장을 계속 따르다면 그 여정 속에 은혜가 임할 것이다.[13:25]

13:1-6 외부인을 위한 실제적 지침

[1]형제 사랑하기를 계속하고 [2]손님 대접하기를 잊지 말라. 이로써 부지중에 천사들을 대접한 이들이 있었느니라. [3]너희도 함께 갇힌 것 같이 갇힌 자를 생각하고 너희도 몸을 가졌은즉 학대받는 자를 생각하라. [4]모든 사람은 결혼을 귀히 여기고 침소를 더럽히지 않게 하라. 음행하는 자들과 간음하는 자들을 하나님이 심판하시리라. [5]돈을 사랑하지 말고 있는 바를 족한 줄로 알라. 그가 친히 말씀하시기를 내가 결코 너희를 버리지 아니하고 너희를 떠나지 아니하리라 하셨느니라. [6]그러므로 우리가 담대히 말하되 주는 나를 돕는 이시니 내가 무서워하지 아니하겠노라. 사람이 내게 어찌하리요 하노라.

하나님께서 흔들리지 않는 나라를 받는 이들을 위해 합당하지 않은 것들을 소멸하실 때, 남는 것은 하나님과 이웃을 섬김으로 드러나는, 하나님을 기쁘시게 하는 예배의 윤리다.[12:28-29] 13장 서두에 나오는 잇따른 권면은 이 윤리의 구체적 예시를 제시한다. 더 나아가 그 권면은 하박국이 선포한 신실함의 윤리, 곧 믿음은 인내로 살아 낸 의라는 진리[10:38]에 구체적 형식을 부여한다. 1-5절의 지침은 각각 독립된 지혜의 보화를 담고 있으며, 6절은 하나님과 신자의 대화로 이 문단의 절정을 이룬다. 이렇게 1-6절은 위협이 가득한 시대 속에서도 신실하게 살아가는 삶이 어떤 것인지 분명히 보여준다.

이 설교의 저자는 그리스도인으로 살아가기 위해서는 공동체가 필요하다는 점을 여러 번 강조해 왔다. 3장에서는 서로를 격려함으로 배교의 죄를 피할 수 있다고 가르치며,[3:12-13] 10장에서는 함께 모이기를 폐하지 말라고 강하게 권면한다.[10:25] 이어서 11장과 12장은 고난받는 회중을 이스라엘 역사 속 신실한 이들과 연결하여, 그들을 하나님의 임재 가까이 있는 한 가족으로 묘사한다.

이제 마지막으로 저자는 공동체를 향해 다시금 명령한다. "형제 사랑하기를 계속하고……." 여기서 "계속하고"로 번역된 동사 '메노'^{μένω}의 명령형은 공동체로 하여금 형제 사랑^{φιλανθρωπία}을 멈추지 않게 하려는 의도를 담고 있다.[1] 저자는 그들의 대제사장이 영원히 계시고[7:3, 24] 그들이 받을 유업도 영속한다는 사실을 상기시키며,[10:34; 12:27] 공동체가 서로에 대한 헌신을 지속할 것을 힘주어 권면한다. 크리소스토무스의 통찰처럼 저자는 독자들이 이미 실천하고 있는 사랑을 더 이어 가도록 격려한다. "보라. 그는 그들이 이미 행하고 있는 것을 계속하라고 명하고 있다. 그는 새로운 무엇을 요구하지 않는다. 그는 '사랑하라'고 말하지 않고 '사랑이 계속되게 하라'고 말한다."[2] 이 설교를 처음 들은 공동체의 구성원들이 모두 하나의 친족에 속했던 것은 아니다(지금은 이 설교의 청중이 전 세계에 퍼져 있으니 얼마나 더 그러하겠는가). 그러나 이제 예수가 그들을 형제라 부르셨으므로[2:10] 그들은 서로를 그렇게 부를 수 있고,[3:1] 또한 서로를 위해 동일한 친밀함과 지지를 보내며 살 수 있다. 히브리서는 공동체 안에서 일어난 갈등을 구체적으로 언급하지 않는다. 그러나 인간이 이 명령을 지키는 일은 언제나 쉽지 않다는 것을 충분히 예상할 수 있다. 그럼에도 수신자들은 결코 홀로가 아니다. 그들에게는 돕는 이가 계시다. 예수가 보여주신 형제 사랑과 포용은[2:11-12] 그리스도인 형제자매들 사이에서 진정한 사랑이 일어나게 하는 모범이며, 또한 거룩한 공간이 된다. 히브리서에서 이 사랑의 가장 구체적인 표현은 격려다. 그것은 저자가 그의 설교를 통해 그들에게 행하는 것이기도 하다.[13:22] 히브리서가 말하는 '격려'는 단순한 위로나 따뜻한 말이 아니다. 그것은 모든 사람이 하나님의 사랑을 실천하는 백성으로 자라 가도록, 하나님을 더 깊이 알기를 멈추지 않도록 이끄는 정직하고 신중한 말이며, 신실한 행동이다.[3] 형제 사랑을 계속하라는 저자의 권면은 단순히 상투적인 말이 아니다. 우리 세계의 깊은 균열을 고려할 때 이 권면은 종종 급진적으로 여겨질 만한 행동을 요구한다.

이어서 저자는 동일한 열정을 담은 비슷한 말로 독자들에게 공동체 바깥에 있는 이들까지 사랑하라고 권면한다. "손님 대접하기를 잊지 말라." 앞서 "머무르라" 또는 "계속하라"는 긍정적인 형식의 권면과 달리, 이 구절은 "잊지 말라"는 부정적인 형식으로 권면을 전달한다. 여기에서도 저자의 인간학적 권면은 신학적 확신에 튼튼히 기초하고 있음을 기억하는 것이 중요하다. 하나님은 그들을 잊지 않으신다.[6:10] 그러므로 그들도 하나님께서 주신 격려의 말씀을 잊지 말아야 한다.[12:5] 하나님의 신실하심은 그들의 신실함을 지탱하는 기초가 되며, 동시에 균형을 잡아 주는 역할도 한다. 시대를 막론하고 히브리서의 독자들은 가족이나 교회 공동체 안의 사랑에 집중한 나머지 나그네를 대접하는 일을 잊어버리는 유혹에 빠질 수 있다. 그러나 본받아야 할 하나님의 사랑은 내향적이면서도 동시에 외향적이다. 하나님의 사랑은 성삼위 안에서 상호적으로 흐를 뿐 아니라 창조 세계를 향해 뻗어 나간다. 인간이 이 삼위일체적 사랑을 완전히 모방할 수는 없지만, 그리스도의 몸인 교회는 그 사랑의 내향성과 외향성을 함께 실천하는 사명을 계속 감당해야 한다.

나그네에 대한 사랑은 공감에서 비롯된다. 왜냐하면 하나님의 가족에 속한다는 것은 하늘의 본향을 향해 나아가는[12:22 - 24] 지상의 나그네를 자처하는 것이기 때문이다.[11:13] 모든 그리스도인은 본질적으로 나그네이므로, 낯선 이를 사랑하는 것은 그가 자기와 같은 정체성을 지닌 존재임을 기억할 때 훨씬 더 수월해진다. 초기 그리스도인들에게 환대는 순회 교사들이나 집을 잃은 신자들을 기꺼이 받아들이는 모습으로 나타났을 것이다. 그러나 초기 교회는 시간이 지나면서, 동료와 적을 분별하기 위한 지침들도 마련해 갔다.[요삼; 디다케 6, 11, 12] 그러나 누군가를 환영하거나, 거짓된 가르침을 전하기 때문에 배제하는 모든 판단의 중심에는 언제나 '사랑'이 있었다. 오늘날의 그리스도인들에게도 현실은 결코 단순하지 않다. 나그네를 향한 사랑은 여전히 분별력과 값비싼 긍휼을 요구하며, 때로는 정치적 긴장까지 동반하는 고된 실천이 될 수 있다.[4]

2절의 두 번째 부분에서 저자는 나그네 사랑에 대한 또 다른 동기를 제공한다. "이로써 부지중에 천사들을 대접한 이들이 있었느니라." 낯선 이들을 사랑하는 것을 잊지 않았던 어떤 사람은 자신도 모르게 천사들을 대접했다. 저자는 여기서 몇 가지 언어유희를 사용한다. '손님'과 '대접하다'라는 표현은 모두 '외국인, 이방인'을 의미하는 헬라어 '크세노스'[ξένος]에서 유래한다. 히브리서 13:2의 헬라어 문장 구조에서 문두에 위치한 "잊지 말라"는 문장 끝의 "부지중에"와 긴밀히 연결된다. 이 두 표현은 모두 같은 동사 '란싸노'[λανθάνω]에서 파생되었기 때문이다. 저자는 천사들이 구원을 상속받을 자를 섬기기 위해 하나님이 보내신 존재라고 믿는다.[1:14] 따라서 천사들의 방문이 히브리서 독자들에게도 일어날 수 있다는 저자의 상상은 충분히 타당하다. 이는 히브리 성경의 독자들에게 아브라함의 이야기창 18장로 친숙하며, 신약 시대에도 하나님의 사자들이 나타난 이야기가 전해진다.마 1장; 눅 1장 나아가 독자들은 이 진술을 인간 존재의 영광스러운 미래를 암시하는 말씀으로 받아들일 수 있다. 예수는 장차 하나님의 백성이 천사들과 같아질 것이라 약속하셨기 때문이다.마 22:30 C. S. 루이스는 만일 우리가 각 사람이 장차 어떤 존재가 될지 지금 볼 수 있다면, 인간을 숭배하고 싶은 유혹을 느끼게 될 것이라고 말했다.[5] 나그네를 그런 방식으로 생각하면 그들을 환대하려는 동기가 더욱 강해질 것이다.

3절에서 저자는 감옥에 있는 이들과 학대받는 이들을 위해 행동하라고 권면하면서, 다시 한번 공감을 출발점으로 삼는다. "너희도 함께 갇힌 것 같이 갇힌 자를 생각하고 너희도 몸을 가졌은즉 학대받는 자를 생각하라." 이 말씀은 "남에게 대접을 받고자 하는 대로 너희도 남을 대접하라"눅 6:31는 황금률의 적용으로 볼 수 있다. 이러한 상황은 히브리서 청중에게 낯선 일이 아니었을 것이다. 그들은 단지 과거를 돌아보기만 해도 된다. 저자가 10장에서 언급했듯이 이 공동체는 이미 감옥에 있는 이들과 함께 고난을 감내했고, 자신의 소유를 기꺼이 빼앗기기도 했다.10:34 어려운 날들이 여전히 앞에 놓여 있다는 점 또한 암시된다. 실제로 그들은 죽음에 직면할 수도 있다.12:4 그러므로 지금 그들은 나태해져서는 안 되고,5:11-13 공동체 내에 고통받는 이들을 계속해서 섬겨야 한다. 저자의 '몸'에 대한 짧은 언급은 실제 육체적인 고통을 염두에 두지만, 동시에 바울이 사용했던 몸의 은유와도 연결된다.롬 12장; 고전 12장 그리스도께서 자신의 몸을 내어 주심으로히 10:5, 10 그들은 하나의 몸이 되었고, 이제 그 몸의 지체로서 서로 깊이 연결되어 있는 것이다.

자신이 고통받고 있지 않을 때, 고통받는 이들을 기억하는 일은 훨씬 더 어렵다. 바로 그렇기 때문에 안락한 처지에 있는 이들을 일깨우는 말씀이 필요하며, 이 설교는 바로 그런 독자들에게 필요한 자극을 제공한다. "갇힌 자와 고통받는 자를 기억하라"는 권면은 단순한 감정적 반응을 넘어, 꾸준하고 지속적인 긍휼의 실천을 요구한다. 프레더릭 더글러스 Frederick Douglass 는 이 구절의 심오한 능력을 인식하고, 그 말씀으로 당대 그리스도인들에게 노예들과의 연대를 요청했다.[6] 노예제, 부당한 감금, 박해, 그리고 신체적 억압이 여전히 존재하므로, 오늘날 히브리서의 신실한 독자들은 이 권면을 따르는 것을 소명으로 삼은 다른 신자들과 마땅히 협력해야 한다.[7]

앞선 세 가지 권면이 독자들의 마음을 긍휼로 이끌었다면, 이어지는 권면은 가정과 가족의 가치에 대한 책임 있는 관심을 일깨운다. 저자는 간결하고도 오해의 여지가 없는 명확한 어조로 결혼의 신성함을 천명한다. "모든 사람은 결혼을 귀히 여기고 침소를 더럽히지 않게 하라." 만일 이 공동체 안에 고린도나 에베소의 일부 초기 기독교 공동체처럼 금욕주의적 경향을 가진 이들이 있었다면, 고전 7:1; 딤전 4:3 그들은 이 말씀을 통해 결혼의 가치를 분명히 긍정하는 저자의 입장을 듣게 된다. 결혼은 모든 사람에게 요구되는 명령은 아니지만 하나님께서 주시는 선물이며, 고전 7:7 그리스도 안에서 고귀하게 여겨져야 할 삶의 방식이다. 엡 5:21-31 저자는 결혼이라는 안전한 경계를 넘어 유사한 친밀감이나 유익을 추구하는 이들에게 경고를 보낸다. 이어지는 단호한 선언, "음행하는 자들과 간음하는 자들을 하나님이 심판하시리라"는 말씀은 공동체 안에서 성적 순결의 중요성을 강조하고, 하나님 앞에서의 도덕적 책임을 환기시킨다. 저자는 에서가 음행하는 자였다고 말하는 전승을 언급하며 그의 모범을 따르지 말라고 경고했는데, 12:16 여기서는 하나님에 대한 신실함이 자신의 배우자에 대한 신실함으로 표현된다고 말한다.

그리스도인들이 함께 모여야 할 필요성을 명확히 언급하는 히브리서의 다른 구절들처럼 이 구절은 성에 대한 성경의 가르침을 필요로 하는 이들에게도 분명한 출발점을 제공한다. 혼인 서약을 깨뜨리는 간음을 옹호하는 일은 당시에도 드물었기에, 히브리서의 이 지침은 큰 혼란이나 반대에 부딪히지 않았을 것이다. 저자가 '간음하는 자들'μοιχούς과 '음행'πορνείαι을 구별해 언급하는 것은, 그가 결혼 서약을 깨뜨리는 행위뿐 아니라 혼인 밖에서 이루어지는 모든 성적 부도덕을 경계하고 있음을 보여준다. 하나님은 죄의 파괴적 힘을 제거하기 위해 그리스도를 통해 강력하고도 기적적인 용서를 베풀며 회복하신다. 그러나 저자는 독자들이 처음부터 그러한 죄의 결과를 만들지 않도록 경계하기를 바라며 이 진술을 덧붙인다. 이는 하나님이 흥을 깨는 분이기 때문이 아니라, 결혼이란 귀한 것이며 그 안에서의 성은 하나님이 주시는 복 중 하나이기 때문이다. 그리스도인 공동체는 구성권 각자가 하나님의 형상을 지닌 존재이자 하나님의 가족에 속한 자녀3:6로서, 자신의 헤아릴 수 없는 존엄함을 확신하며 자라날 수 있는 이상적인 공간이다. 자신과 타인의 소중함을 아는 것은 성적 존재로서 인간을 바라보는 건강한 시각으로 이어지며, 이는 결혼 서약 안에서 표현되는 성의 기쁨으로 발전할 수 있다. 이는 그리스도인에게 주어진 높은 부르심 중 하나이며, 또 다른 부르심은 독신의 소명이다.고전 7:1 - 7 참조 결혼을 귀히 여긴다는 명분으로 독신의 부르심을 폄하하거나, 혼인의 침소를 존중하지 않은 자들에게 과도한 수치심을 씌우는 것은 이 구절의 오용이다. 성적 영역에서의 위반은 가능한 많은 죄들 중 하나에 불과하며, 다른 모든 죄와 마찬가지로 그리스도의 효과적인 사역을 통해 하나님의 용서와 치유의 대상이 될 수 있다. 히브리서의 이 간결한 진술은 결혼 전이든 결혼 후이든, 신자들에게 결혼의 선함과 그 안에서의 신실함이 지닌 가치를 확언해 준다.

이 단락의 마지막 지침은 개인적이기도 하고 잠재적으로 불편할 수도 있는 주제, 곧 돈에 관한 것이다. "돈을 사랑하지 말고……." 이것은 단지 탐욕으로부터의 자유만이 아니라 안락함을 사랑하는 마음으로부터의 해방을 요청한다. 첫 번째 독자 공동체의 경우 그리스도를 고백하는 것은 그들을 경제적 위험에 처하게 했을 것이다. 위기를 지나온 히브리서의 독자들은 '편리함'이라는 이름으로 안락함을 파는 체제의 족쇄에서 벗어나라는 요청을 받는다. 바울이 디모데전서 6:10에서 말했듯이 돈을 사랑하는 것은 믿음에서 벗어나는 결과를 낳는다. 히브리서는 그리스도인에 대한 박해의 위협이 없고 생계유지를 염려하지 않는 공동체에 속한 이들에게 사회의 '정상적인' 구조를 파악하고, 그리스도를 따르는 이들로서 그 구조에 참여하는 것이 합당한 일인지 고민해 보라고 권면한다. 하나님의 피조물과 가난한 이들을 착취함으로써 이익을 얻는 것은 신실함보다는 돈을 사랑하는 것에 가까운 것이다.[8]

안락함은 권력과 마찬가지로 빈 공간을 용납하지 않는다. 이에 저자는 안락함이 채우지 못하는 마음의 빈자리를 자족함으로 채우라고 권면한다. "있는 바를 족한 줄로 알라." 독자들은 하나님이 허락하신 것이 무엇이든 그것으로 만족할 줄 알아야 한다. 히브리서 저자는 여기서 단순함(검소함)의 가치를 강조하지만, 그것은 미학적 이유가 아니라 하나님에 대한 의존의 표지로서다. 신자라면 각자에게 주어진 것으로 만족할 수 있어야 한다. 그 이유는 그들이 소유한 가장 위대한 것이 바로 하나님 자신이기 때문이다. 그리스도인의 만족은 다음과 같은 하나님의 약속에서 비롯된다. "내가 결코 너희를 버리지 아니하고 너희를 떠나지 아니하리라."

이 말씀은 원래 모세가 이스라엘 백성, 특히 여호수아에게 전한 약속이며,[신 31:6] 다윗이 그의 아들 솔로몬에게 전한 약속이기도 하다.[대상 28:20] 두 경우 모두 화자는 하나님에 관해 3인칭으로 말한다. 그러나 히브리서는 이 약속을 하나님이 직접 청중에게 말씀하시는 것처럼 인용하며, 이 점은 하나님이 여호수아에게 하셨던 말씀과[수 1:5] 유사하다. 기록된 말씀이 지금 이 공동체 안에서 살아 있는 하나님의 음성으로 다가오는 것이다. 그들이 소유한 것이든 소유하지 못한 것이든, 모든 것은 하나님의 임재에 대한 이 끝없고 영원한 약속에 비하면 사소한 것이 된다. 이 약속의 영속성은 그들이 경주를 마칠 때까지[12:1] 항상 살아 계셔서 그들을 위해 중보하시는 제사장[히 7:25]을 떠올리게 한다. 그분은 그들을 앞서가는 분일 뿐 아니라 그들과 함께 계신다. 이는 본문에서 말씀하시는 신적 화자가 성부, 성자 혹은 성령일 수 있다는 다의적인 가능성을 열어 준다.[9] 하나님이 그들과 함께 계시므로 비록 그들이 가진 모든 것을 빼앗긴다 할지라도 그들은 진정으로 아무것도 부족하지 않을 것이다. 히브리서의 첫 청중이 그랬던 것처럼, 삶의 필요와 신실함 사이에서 선택을 해야만 하는 독자들에게 설교의 이 부분은 직접적인 격려가 된다.

그처럼 어려운 선택을 하지 않아도 되는 독자들에게도 이 권면은 여전히 강한 도전으로 다가온다. 충분한 재정을 통해 얻는 안락함을 추구하라는 유혹은 늘 존재한다. 부[富]는 이미 충분히 가진 자들에게는 안락함과 과시욕으로 유혹하며, 동시에 가진 것이 없는 자들에게는 질투와 쓴 감정을 자극하며 유혹한다. 이처럼 부에 대한 의존에서 벗어나 전적으로 하나님께 의존하는 삶은, 모든 시대와 장소에서 신자들의 삶을 특징짓는 모습이어야 한다. 아우구스투스는 이 구절에 대해 이렇게 말한다. "그러므로 일시적인 사용을 위해 적당한 만큼의 돈만 지니라. 그것을 여행에 쓸 돈처럼 다루라."[10] 이 믿음의 경주에서 돈은 단지 사람을 한 지점에서 다른 지점으로 옮겨 주는 수단일 뿐이며, 본질적으로 매우 일시적인 것이다. 만일 누군가가 필요 이상으로 가지고 있다면, 앞서 제시된 권면이 그에 대한 해답이 된다. 즉 그 여분을 형제에게, 나그네에게 그리고 고통받는 이에게 나누라. 특히 물질적으로 풍요로운 지역에 사는 그리스도의 제자들에게 주어진 도전은, 자신에게 실제로 '필요한 것'이 무엇인지 올바르게 분별하는 일이다.

그런 다음 청중은 이 설교에서 처음으로 성경 말씀을 직접 소리 내어 말할 기회를 얻는다. 하나님이 항상 함께하신다는 약속은 청중으로 하여금 담대히 응답하게 만든다. "주는 나를 돕는 이시니 내가 무서워하지 아니하겠노라. 사람이 내게 어찌하리요."

저자와 청중은 이제 하나님이 그들과 함께하신다는 확신 속에서 담대히 말할 수 있다. 저자는 아직 '담대히 행하다'라는 뜻을 가진 '타르레오'θαρρέω나 그 동족어를 직접 사용하지는 않았지만, 담대함이라는 주제는 이 서신 전체를 관통하고 있다. 그는 청중에게 확신을 가지고 하나님의 가족 안에서 자신들의 자리를 지키며, 하나님의 임재 앞으로 자신감 있게 나아가라고 계속해서 초대해 왔다.[3:6; 4:16; 10:19, 35] 이제 그런 자신감을 바탕으로 청중은 70인역 시편 117:6[마소라 본문 118:6]을 외친다. 이 시편은 박해받던 하나님의 백성이 원수로부터 구원을 경험한 뒤 부르는 찬양의 노래다. 예수의 입성 장면에서 인용되기 때문에, 이 시편은 히브리서 저자에게도 익숙했을 것이다. 백성은 시편 117:26의 말씀을 외친다. "주의 이름으로 오시는 이가 복이 있도다." 이 시편은 누가복음 20:17, 사도행전 4:11, 베드로전서 2:4, 7 등에서 인용되는 본문이기도 하다. "건축자들이 버린 돌이 모퉁잇돌이 되었다."[70인역 시 117:22] 시편 전체는 "그의 인자하심은 영원하도다"라는 후렴구로 시작하고 끝난다.

이 저자의 하나님 묘사에서 드러나는 뉘앙스 변화는 흥미롭다. 이제 주님과 가까이 있는 것은 더 이상 시내산에서처럼[히 12:18-21] 두려움의 이유가 되지 않는다. 오히려 주님과 함께하는 것은 두려움을 사라지게 하는 근원이다. 이는 하나님이 변하셨기 때문이 아니라, 하나님과 관계를 맺은 사람들이 변했기 때문이다. 마치 시온산 앞에서 하나님을 경험하는 것[12:22-24]이 시내산 앞에서 경험하는 것[12:18-21]과 본질적으로 다른 것과 같다. 이 설교의 신학적 목표는 청중이 하나님의 신실하심을 더욱 굳게 신뢰하게 하는 데 있다.[10:23 참조] 저자는 이제 그들에게 하나님의 신실하심에 대한 신뢰를 고백하도록 이끈다. 왜냐하면 하나님으로부터 달아나는 사람은 하나님을 두려워하지만, 하나님께 매인 사람은 하나님을 두려워할 이유가 없을 뿐 아니라 그 누구도 두려워할 필요가 없기 때문이다. 반대로 하나님을 떠난다면, 하나님은 의의 심판을 하실 뿐 아니라 그들을 원수로부터 주권적으로 보호하지 않으실 것이다. 하나님을 부인한다고 해서 적이 줄어드는 것은 아니다. 오히려 힘 있고 인기 있는 사람들은 종종 변덕스럽고 신뢰할 수 없는 자들로 드러나기도 한다. 변하지 않으시고[13:8] 선하시며 주권자이신 하나님을 고백하는 일, 그 값비싼 신앙고백을 끝까지 붙드는 것이 무한히 더 나은 선택이다.

여기에 열거된 다섯 가지 권면, 곧 내부인을 향한 사랑과 외부인을 향한 환대, 갇힌 자와 고통받는 자에 대한 돌봄, 결혼의 소중함, 그리고 소유와 재물에 대한 태도는 언뜻 보기에 서로 연결되지 않는 윤리적 지침처럼 보일 수 있다. 그러나 이 공동체가 처한 상황, 특히 과거의 박해 경험과 미래의 반복 가능성을 고려하면, 이 권면들은 상호 연관성을 갖는다고 볼 수 있다. 위협이 여전히 가시권 안에 있는 상황에서 공동체 구성원들은 서로의 지지가 절실했을 것이다. 이전에 알지 못했던 그리스도인들이 박해를 피해 그들의 지역으로 피신해 왔을 가능성을 생각하면, 나그네에 대한 환대는 실질적 필요였을 것이다. 또한 감옥에 갇히거나 고통받는 자들을 기억하라는 권면은 박해의 기억이 여전히 생생한 이 공동체에게 특별한 의미를 지닌다. 그들 중 일부가 실제로 소유를 빼앗긴 경험을 했다면, "있는 바를 족한 줄로 알라"는 권면 역시 자연스럽게 다가왔을 것이다. 결혼을 귀히 여기라는 요청은 이러한 도식과 직접적인 관련이 없어 보인다. 그러나 당시의 일부 종교적 관행이 성적 문란함을 수반했다는 점을 고려하면, 그리스도인들이 그런 관행을 따르지 않으려 했기 때문에 사회적 비난이나 박해의 대상이 되었을 가능성도 있다. 따라서 모든 권면은 박해라는 구체적 정황 속에서 공동체가 신실함을 유지하기 위해 취해야 할 윤리적 태도를 형성하는 것이다.

박해의 직접적인 영향을 받지 않는 현대의 독자들에게는, 이 권면들을 하나로 묶는 긴장감이 팽팽하게 느껴지지 않을 수 있다. 그러나 우리는 각자의 삶 속에서 마주하는 특정한 유혹의 성격에 따라 이 권면들을 더 강하게 혹은 약하게 체감할 수 있다. 그렇다고 해서 이 권면들을 뷔페 식처럼 일부는 받아들이고 일부는 무시해도 된다는 뜻은 아니다. 우리는 언제나 모든 사람을 사랑하고 마음과 행동으로 돌보며, 정욕과 탐욕으로부터 자신을 깨끗이 지키라는 부름을 받고 있다. 이처럼 포괄적인 윤리는 두려움의 자리에서는 결코 작동하지 않는다. 오직 하나님의 풍성한 공급과 끊임없이 함께하시는 임재를 굳건히 신뢰할 때만 우리는 이러한 윤리를 삶에서 실제로 구현할 수 있다.

13:7-19 지도자 따르기

7하나님의 말씀을 너희에게 일러 주고 너희를 인도하던 자들을 생각하며 그들의 행실의 결말을 주의하여 보고 그들의 믿음을 본받으라. 8예수 그리스도는 어제나 오늘이나 영원토록 동일하시니라. 9여러 가지 다른 교훈에 끌리지 말라. 마음은 은혜로써 굳게 함이 아름답고 음식으로써 할 것이 아니니 음식으로 말미암아 행한 자는 유익을 얻지 못하였느니라. 10우리에게 제단이 있는데 장막에서 섬기는 자들은 그 제단에서 먹을 권한이 없나니 11이는 죄를 위한 짐승의 피는 대제사장이 가지고 성소에 들어가고 그 육체는 영문 밖에서 불사름이라. 12그러므로 예수도 자기 피로써 백성을 거룩하게 하려고 성문 밖에서 고난을 받으셨느니라. 13그런즉 우리도 그의 치욕을 짊어지고 영문 밖으로 그에게 나아가자. 14우리가 여기에는 영구한 도성이 없으므로 장차 올 것을 찾나니. 15그러므로 우리는 예수로 말미암아 항상 찬송의 제사를 하나님께 드리자. 이는 그 이름을 증언하는 입술의 열매니라. 16오직 선을 행함과 서로 나누어 주기를 잊지 말라. 하나님은 이 같은 제사를 기뻐하시느니라. 17너희를 인도하는 자들에게 순종하고 복종하라. 그들은 너희 영혼을 위하여 경성하기를 자신들이 청산할 자인 것 같이 하느니라. 그들로 하여금 즐거움으로 이것을 하게 하고 근심으로 하게 하지 말라. 그렇지 않으면 너희에게 유익이 없느니라. **18**우리를 위하여 기도하라. 우리가 모든 일에 선하게 행하려 하므로 우리에게 선한 양심이 있는 줄을 확신하노니 **19**내가 더 속히 너희에게 돌아가기 위하여 너희가 기도하기를 더욱 원하노라.

히브리서 마지막 장의 이 단락은 지도자들에 대한 언급으로 시작하고 끝난다.13:7, 17-19 이 구조의 중심에서 저자는 참된 지도자이신 예수를 높인다. 오직 그분만이 변함없으신 분이다. 더욱이 예수는 그분을 따르는 사람들, 곧 타인을 돌볼 책임을 맡은 이들과 돌봄받는 이들에게 그분 자신이 먼저 실천하지 않으신 어떤 것도 요구하지 않으신다. 그분은 명령이 아니라 본을 보임으로 인도하신다. 예수는 그들이 어떤 시련을 겪더라도 언제나 함께 계신다. 더 나아가 그분은 그들의 믿음의 경주가 끝나는 지점인 광야 여정의 마지막 길에서도 그들을 기다리고 계시며, 그 여정을 승리로 이끌 것을 보증하신다. 인간 지도자들은 때때로 실패하거나 실망을 줄 수 있지만, 이 공동체에는 결코 실망시키지 않는 변함없는 지도자가 계신다.

비록 7절의 권면이 하나님의 음성에 응답하는 실제적인 삶의 지침을 이어 가고 있지만, 이 구절을 새로운 단락의 시작으로 보는 것은 타당하다. 7절은 교차대구 구조chiasm의 첫 번째 요소로서, 후반부의 17절과 짝을 이룬다. 이 두 구절은 모두 공동체 내의 지도자들에게 초점을 맞추고 있다. 동시에 7절은 앞선 권면들 위에 세워진 또 하나의 권면이다. 특히 2절과 3절에서처럼 '기억하라'는 동사를 사용함으로써 이 단락은 '기억'이라는 방식으로 독자들의 감각과 신앙을 자극한다. 이번에는 저자가 독자들에게 "너희를 인도하던 자들을 생각하라"고 권면한다. 그는 7절, 17절, 24절에서 모두 동일한 표현을 사용하여 공동체 지도자들을 일관되게 지칭하고 있다. 이것은 지도자들을 감독과 장로, 집사로 지칭하는 디모데서와 디도서에 나타나는 언급 방식과는 다르다.딤 1장; 딤전 3, 5장 히브리서 저자가 공동체를 돌보는 이들을 '인도하는 자들'^{동사 ἀγώ에서 유래}이라 부르는 것은 예수를 최고 지도자^{ἀρχηγός, 2:10; 12:2}로 부르는 것과 긴밀히 연결된다. 그 지도자들 또한 예수를 따르는 자들이라는 사실은 공동체가 그들을 따르고 존경하는 데 신뢰할 만한 근거가 된다. 그리고 비록 그들에게 순종하고 존중할 인간 지도자들이 있지만, 동시에 그들은 예수께 직접 나아갈 수 있는 특권도 가지고 있다.

그들을 기억하는 합당한 방식은 "그들의 행실의 결말을 주의 깊게 살피는 것"이다. 다시 말해 그 지도자들의 삶의 궤적을 끝까지 세심히 주목하는 것이다. 여기서 "기억하라"는 권면은 단순한 회상이 아니라 시각적이고 실천적인 성찰을 동반한다. 독자들이 이 지도자들을 직접 알았기 때문에, 그들의 삶을 실제로 '살펴보고 따를' 수 있다는 것이다. 그들이 이미 세상을 떠난 이들이라는 점은 이 공동체가 상당한 역사를 지니고 있음을 암시한다.^{5:12} 그리고 이 지도자들의 삶을 기억하고 숙고하는 목적은 행동으로 이어지는 데 있다. 저자는 독자들에게 "그들의 믿음을 본받으라"고 권면한다. 이 지도자들은 낙심하거나 낙오하지 않고,^{12:3} 믿음의 경주를 끝까지 잘 마친 자들이다. 그들은 공동체가 육신의 삶을 함께 했으며 구체적인 기억 속에 살아 있는 자들로서, 믿음의 완주가 실제로 가능함을 보여주는 모범이 되었다. 이들은 저자가 언급한 믿음의 전범들, 예를 들어 아브라함처럼 인내로 하나님의 약속을 유업으로 받은 자들^{6:12}의 일부이지만, 이스라엘의 먼 과거 속 인물들과 달리 공동체 구성원들에게는 더욱 개인적이고 친근한 신앙의 본보기였다.

이 사람들은 "하나님의 말씀을 일러 주던" 자들이기 때문에, 저자는 그들을 '지도자'라 부른다. 저자 자신이 그러했듯이, 그들도 하나님의 말씀이 백성에게 직접 전달되도록 하는 데 헌신했다.^{12:25} 히브리서에서 하나님의 말씀은 전적으로 히브리 성경에 기반하고 있으므로, 이 지도자들 또한 이스라엘의 성경을 그들이 전한 말씀의 기초로 삼았다고 보는 것이 가장 일관된 해석일 것이다. 그러나 그들의 역할은 단순히 기록된 본문을 낭독하는 데 그치지 않았을 것이다. 히브리서 저자처럼 그들도 예수 그리스도를 하나님의 아들로 고백하는 빛 아래서 성경 본문을 깊이 성찰했으며, 그 시대 회중의 필요에 맞는 교훈을 선포했을 것이다. 하나님께서 이제는 아들을 통하여 말씀하시기에,[1:2] 하나님의 말씀을 전하는 이들은 필연적으로 아들에 관해 말하게 된다. 이 지도자들은 하나님께서 예언자들을 통해 약속하신 말씀들이 아들 안에서 어떻게 성취되었는지 선포했고, 아들의 계시에 참여함으로써 다른 이들이 하나님의 음성을 들을 수 있도록 영적으로 돕는 일을 수행했다. 이처럼 이들에게 맡겨진 사명은 놀라운 것이며, 이는 모든 시대에 하나님의 말씀을 선포하는 자들에게 주어진 고귀한 소명이자 크나큰 복이다.

그 지도자들은 제사장과 마찬가지로 "죽음으로 말미암아 항상 있지 못하는"[7:23] 일시적 존재들이다. 이러한 유한성은 "예수 그리스도는 어제나 오늘이나 영원토록 동일하시니라"[13:8]는 고백과 뚜렷이 대조된다. 예수는 이 지도자들에게 직접 말씀하셨고, 그들을 통해 말씀하심으로 이스라엘 공동체가 믿음의 여정을 완주하도록 도우셨다. 그리고 오늘날 남아 있는 자들에게도 동일하게 그렇게 하실 것이다. 이 구절의 단순하고도 포괄적인 표현은, 히브리서 안에서 종종 독립적인 본문으로 인용되는 이유가 되었다. 오늘날 많은 독자들에게 이 구절은 익숙하지만 그 원래의 문맥 속에서 이해되는 경우는 드물다. 이러한 단절적 수용은 사본 전승에서도 나타나는데, 예를 들어 확장 경향을 지닌 언셜체 사본 D는 문장 뒤에 "아멘"을 덧붙여, 이 구절이 전례적인 환경에서 독립적으로 사용되었음을 시사한다. 예수 그리스도의 영원성을 강조하는 이 선언은 히브리서 전체 그리스도론의 핵심을 간결하게 요약한다. 그분은 창조 이전부터 계셨고, 창조 세계의 진동 이후에도 여전히 존재하신다.[1:3, 11–12] 부활하신 그리스도는 지금도 하나님과 함께 영원히 다스리신다.[1:8] 하나님께서 그분을 영원한 대제사장으로 세우셨기 때문이다.[5:6; 6:20; 7:17, 21, 24, 28] 그분은 어제도 오늘도 그리고 영원히 동일한 대제사장이시다.

"어제"라는 단어를 포함하여 과거를 언급하는 것은 이 진술에 더욱 도전적인 의미를 부여한다. 왜냐하면 아들은 마리아에게서 살과 피를 취하기 전까지는[2:14] '예수'라는 이름을 지니지 않았고, 그분의 죽음과 부활, 승천이 있기 전까지는 통치하시는 메시아로서의 사역을 완성하지 않았기 때문이다. 이러한 점에서 "어제"라는 표현을 포함한 이 강렬한 구절은 보다 섬세한 해석을 요구한다. 초기 주석가들은 이 진술을, "그분의 신성에 있어서 성육신으로 인해 어떤 변화도 경험하지 않으며, 이전에 계셨던 모습 그대로, 그리고 영원히 그러한 상태로 존재하신다"는 고백으로 이해했다.[11] 또한 그리스도의 영원한 동일하심은 하나님께서 기적을 행하시는 능력이 오늘날에도 여전히 유효하다는 사실을 보여주는 증거로 여겨져 왔다. 크리소스토무스는 이 점을 강조하면서 이 진술이 오늘의 신자들을 위한 기적의 가능성을 뒷받침한다고 해석한다.[12] 아들의 사역은 항상 '프로 노비스,'[pro nobis] 곧 인류를 위한 것이다. 따라서 종교개혁 시대 주석가 요하네스 외콜람파디우스[Johannes Oecolampadius]가 이 진술을 하나님의 자비에 대한 확언으로 본 것은 적절하다. "만일 (하나님의) 친절함이 그친다면, 그분은 하나님이기를 그치실 것이다."[13] 이처럼 히브리서 저자는 아들의 성육신과 죽음, 부활, 그리고 승천이라는 변화를 기술하면서도 동시에 그분의 불변성을 확언한다. 이제 청중 공동체는 예수 메시아가 바로 하나님 영광의 광채이자 본체의 형상[1:3]이심을 알게 되었다. 히브리서 저자가 예수 메시아의 선재적 동일성을 강조하는 것은 아들의 성육신이 하나님의 영원한 구속 계획 속에 항상 포함되어 있었다는 사실을 확언하기 위한 것이다. 이와 관련된 병행 본문으로는 에베소서 1:4("창세 전에 그리스도 안에서 우리를 택하사")과 로마서 8:29("미리 아신 자들을 또한 그 아들의 형상을 본받게 하기 위하여")을 들 수 있다.[14]

예수 그리스도와 공동체의 선대 지도자들이 보여준 변함없는 신실함은 이제 독자들이 배우고 따르는 가르침에 있어서도 일관성을 유지해야 함을 강조하는 권면으로 이어진다. 저자는 그들에게 다음과 같이 강하게 촉구한다. "여러 가지 다른 교훈에 끌리지 말라." 여기서 "여러 가지"는 단순히 종류가 많다는 뜻일 수도 있지만,^{마 4:24; 막 1:34; 눅 4:40; 히 2:4} 더 깊이 보면 진리의 단일성과 단순함에 대비되는 혼란스럽고 매혹적인 대안들이라는 부정적인 뉘앙스를 담고 있다.^{딤후 3:6; 딛 3:3} 불과 몇 구절 앞에서 저자는 낯선 이들을 환대하라고 권면했지만, 이제는 낯선 가르침을 단호히 거부하라고 촉구한다. 독자들은 이미 이 저자뿐 아니라 하나님의 말씀을 전하다 생을 마친 지도자들로부터 참된 진리를 들었고, 그것을 신실하게 살아 낸 모범을 목격했다. 따라서 그들은 자신들이 듣고 믿어 온 내용, 곧 예수 그리스도 안에서 성취된 하나님의 약속이라는 계시에 부합하지 않는 모든 가르침을 단호히 배격해야 한다. 특히 저자는 이 다른 교훈들에 "끌리지 말라"고 표현하는데, 이 수동태 동사는 단순한 지적 호기심 이상의 위험을 시사한다. 즉 가볍게 받아들인 사상이 주인 행세를 하며, 결국 자기도 원치 않았던 곳으로 끌고 가는 파괴적 결과를 초래할 수 있다는 경고다.

히브리서 수신자 공동체에 속하지 않은 독자들이라 하더라도, 저자가 말하는 '다른 교훈들'의 성격에 대해 전혀 생소하지는 않았을 것이다. 이어지는 설명은 이 교훈들이 음식 규정과 관련되어 있음을 암시하는데, 이는 초기 교회 안에서 반복적으로 논쟁과 분열을 야기한 주제였다.^{갈 2:11-13; 고전 8-10장; 롬 14-15장} "마음은 은혜로써 굳게 함이 아름답고 음식으로써 할 것이 아니니 음식으로 말미암아 행한 자는 유익을 얻지 못하였느니라." 이 권면의 말씀은 히브리서 전반에 걸쳐 일관되게 드러나는 내면의 변화에 대한 신학적 관심을 다시금 강조하는 말이다. 저자는 단순히 식이 규칙을 준수하느냐의 문제가 아니라, 하나님께 가까이 나아가는 길로서 마음의 변화와 은혜의 수용이 본질적으로 중요함을 천명한다. 이는 예수나 바울이 제시한 입장과 맥을 같이한다. 예수는 사람을 더럽히는 것은 입으로 들어가는 것이 아니라 마음에서 나오는 것이라고 선언하셨으며,[막 7:15; 15:11] 바울 역시 음식은 우리를 하나님 앞에 더 낫게 하지 못하며 먹는다고 유익할 것도, 먹지 않는다고 해로울 것도 없다고 강조한 바 있다.[고전 6:13; 8:8; 딤전 4:3] 히브리서 저자는 이러한 전통을 바탕으로 70인역 시편 94편과 예레미야 38장[70인역]에서 제기된 '마음'에 대한 관심을 반복적으로 강조해 왔다.[히 3:8, 10, 12, 15; 4:7, 12; 8:10; 10:16, 22] 또한 그는 수신자들에게 "마음을 굳건히 하라"는 요청을 반복해 왔으며,[3:14; 6:19] 이 권면 역시 그러한 맥락 위에 놓여 있다. 그리스도인들은 예수 그리스도라는 참되고 살아 있는 대제사장을 통해 하나님의 은혜 앞으로 나아갈 때 비로소 마음의 온전함을 부여받는다.[4:16] 따라서 저자의 음식 규례에 대한 비판은 단순한 식습관의 문제를 넘어, 레위계 제사장직이 제공하던 외적이고 일시적인 전례와의 단절을 선언하는 신학적 입장과 연결된다.[9:10]

저자는 유익을 주지 못하는 음식과 대조하며 이렇게 주장한다. "우리에게는 제단이 있는데, 장막에서 섬기는 자들은 그 제단에서 먹을 권한이 없다." 문맥이 음식에 초점을 두고 있기에, 어떤 이들은 저자가 사람마다 먹을 수 있는 음식의 범위를 구별하고 있다고 본다. 즉 제단에서 섬기는 자들은 하나님께 드려진 음식을 먹을 수 있지만, 장막에서 섬기는 자들은 그렇지 않다는 것이다.

몇 가지 이유를 근거로, 본문에서 저자는 실제 음식을 염두에 두고 있지 않다고 볼 수 있다. 첫째, 신약성경에서 '제단'은 성전의 제단이거나 하늘의 제단을 가리킨다. 바울이 이방 신들의 제단에 대해 알고 있었다는 점에서 이러한 지역 제단의 개념은 본문을 성찬과 연결하여 해석할 수 있는 어느 정도의 근거를 제공하지만, 제단과 주의 만찬 사이의 연결은 그리스도인들이 훗날 만들어 낸 것으로 보인다.[15] 앞서 저자는 마음은 음식이 아닌 은혜로 굳게 해야 한다고 말한 바 있다. 그런데 성찬은 내면을 강하게 하는 비물질적인 영향을 줄 수 있다. 그렇다면 주께서 명하신 식사^{고전 11:23-26}를 여기서 염두에 두고 있는 것 같지는 않다. 더욱이 접속사 '그러므로'로 연결된 다음 구절들에서 저자는 고기를 먹지 않는 희생 제사인 속죄일 제사를 언급한다. 따라서 10절에서 저자가 말하는 '음식'은 은유적이거나 영적인 방식으로 이해하는 것이 가장 타당하다. 장막에서 섬기는 자들은 이 제단에서 먹을 수 없는데, 이는 실제로 "아무도" 먹을 수 없기 때문이다. 이 제단을 통해 얻게 되는 것은 음식이 아니라 내적인 강건함이다. 이 공동체의 신실한 이들은 이 제단에서 음식을 받지는 않지만, 그에 못지않게 실제적인 것을 받는다.

그들이 어떤 종류의 영적 양식을 받는지는, 저자가 예수와 속죄일 의식을 비교하면서 더 분명해진다. "이는 죄를 위한 짐승의 피는 대제사장이 가지고 성소에 들어가고 그 육체는 영문 밖에서 불사름이라." 저자는 이 구절에서 속죄일에 일어나는 일의 일부를 설명한다. 대제사장은 황소와 염소의 피를 자신과 이스라엘 백성을 위해 성소로 가져간다. 그런 다음 이 짐승들의 사체를 진영 밖에서 불로 완전히 태운다.^{레 16장, 특히 15, 27절} 제사장들은 희생 제물은 먹지 않는다. 저자는 이를 예수와 비교한다. "그러므로 예수도 자기 피로써 백성을 거룩하게 하려고 성문 밖에서 고난을 받으셨느니라." 예수는 그분의 피가 죄를 정결하게 하고 그렇게 함으로써 백성을 거룩하게 한다는 점에서 속죄일 제물과 유사하다.^{2:11; 10:10, 14, 29} 그분 역시 십자가 위에서 수치스럽게 죽으셨고, 그 후 성문 "밖"으로 옮겨지셨다.^{12:2}

둘 사이에는 유사한 부분이 있지만, 정확히 일치하지는 않는다. 저자는 예수께서 제사장들처럼 하나님의 거룩한 공간 안과 밖 양쪽 모두에서 제사를 드리셨다고 상상한다. 더 나아가 두 장소에서 그분의 행동은 모두 피와 관련이 있으며, 이는 죽음을 통해 확보된 것이다. 그분의 몸은 짐승 제물처럼 불태워지지 않고 십자가에 못 박히며, 이 일은 진영 밖이 아닌 성문 밖에서 일어난다. 또 다른 차이점은, 제사장들은 먼저 짐승의 피를 드리고 나서 진영 밖에서 그 사체를 태우는 반면, 예수는 먼저 성문 밖에서 육체적 고난을 받은 후 하나님의 보좌 앞에서 자신의 피를 드리신다는 것이다.[16] 이 둘의 비교는 일대일 대응을 위해 억지로 맞춘 것이 아니기 때문에 다소 느슨하다. 희생 제사 제도는 하나님이 메시아적 대제사장인 예수를 통해 무엇을 하시고자 하는지 해석하는 틀을 제공한다. 예수는 자신이 오신 시기와 방식을 통해 의미 있게 그 예표들을 성취하셨다.

저자가 제사 의식과의 비교를 통해 독자들에게 주는 권면은 이것이다. "그런즉 우리도 그의 치욕을 짊어지고 영문 밖으로 그에게 나아가자." 이 나아가자는 권면은 그가 자주 언급했던 바 하나님의 안식,[4:1-11] 하나님의 보좌,[4:16] 하나님,[7:25] 성소,[10:22] 그리고 시온산[12:22]을 향해 나아가라는 요청과 완벽하게 부응한다. 이 마지막 요청은 하나님께로 나아가는 일이 종종 수치 속으로 들어가는 일임을 상기시킨다. 예수는 하나님 우편에 앉아 계시므로,[히 1:3, 13; 8:1; 10:12; 12:2; 70인역 시 109:1] 더 이상 성문 밖에 계시지 않는다. 그러나 모세가 그리스도께서 오시기 전에 그분을 위해 수모를 겪었듯이,[11:26] 이 청중 역시 그분의 승천 이후에도 수모를 감내하도록 부름받았다. 저자는 속죄일과 관련된 제의 언어, 곧 "진영 밖"을 다시 언급한다. 짐승의 사체가 진영 밖에서 불살라졌듯이, 예수를 따르는 사람들도 모든 것을 희생할 각오를 하라는 부름이다. 하나님이 그들의 삶에서 부정한 모든 것을 소멸하도록[12:29] 독생자를 내어 주셨으니 그들도 견고하고 정결한 존재가 되라는 초청인 것이다. 그리스도를 위해 수모를 기꺼이 받아들였던 모세는,[11:26] 이 진영 밖 공간에서 하나님의 임재를 만났다.[출 33:1-7][17] 히브리서 독자들도 동일한 것을 기대할 수 있는데, 차이점은 그들이 더 이상 불타는 떨기나무로부터 하나님의 음성을 듣는 것이 아니라, 면류관을 쓰고 다스리시는 하나님의 아들을 보게 될 것이라는 점이다.

치욕을 짊어지라는 요청은, 명예와 수치의 질서 위에 세워진 사회에서 결코 가볍지 않은 명령이었을 것이다.[18] 그들은 가족과 사회 내에서의 지위와 성공을 희생하더라도 그리스도께 신실하라는 부름을 받았다. 시대를 막론하고 그리스도인들은 이 부름이 순교로 이어질 수 있음을 알았고, 하나님의 산에 모인 이들[12:23] 가운데 순교를 당한 증인들이 포함되어 있음도 알았다.[계 6:9-11 참조] 모든 독자는 순교가 필요하다면 기꺼이 자신을 바치라는 부르심을 듣게 되며, 이는 박해가 여전히 현실인 지역에서는 특히 그러할 것이다.[19] 제니퍼 칼룬드[Jennifer Kaalund]는 이 모티프가 이방인이면서 의미를 찾아야 하는 후대 공동체에게 새로운 의미를 부여한다고 해석한다. "몸을 진영 밖에 둔다는 것 자체가 그들에게 의미를 제공한다. 성문 밖에서 몸은 정결하고 온전하게 되며, 바로 그곳에서 그들은 하나님이 자신들을 위해 예비하신 새 도성으로의 입성을 기다릴 수 있다. 예수의 몸이 바로 그 모범이 된다."[20]

11-13절에서 저자가 다루는 주제들을 고려할 때, 10절에 언급된 '그들의 제단'은 제사장들의 식사나 성찬의 빵과 포도주처럼 실제 음식을 제공하는 것이 아닌 듯하다. 아마도 이 제단이 주는 유익은, 그리스도를 위해 고난받을 때 마음에 부어지는 은혜일 것이다. 즉 그들의 마음을 강하게 하는 제단은 주님의 고난이며, 또한 그 고난에 그들이 참여하는 것이다.

"장막에서 섬기는 자들"이 누구를 가리키는지는 분명하지 않지만, 그들이 과거 또는 현재의 유대교 제의에 속한 자들이든, 그들을 억압하는 비유대인 정부의 지도자들이든, 저자는 이들이 이 제단에서 먹을 권한이 없다고 말한다.[21] 이러한 집단이 과거와 현재에 일정한 권위를 가졌다고 해도, 이 제단 앞에서는 아무런 권위를 행사할 수 없다. 저자가 가리키는 현실은, 그들이 진영 밖에서 그리스도를 따르며 치욕을 짊어지는 일을 기꺼이 하지 않기 때문에 하늘의 제단에 온전히 바쳐진 그분의 몸과 피, 곧 그분의 존재 전체로부터 공급되는 강건함을 얻지 못한다는 것이다. 반면에 그리스도의 치욕을 기꺼이 받아들이는 이들은 이 제단에서 마음껏 '먹을' 수 있을 것이다.

사회적 경멸을 받아들이는 것은 청중이 현재 머무는 곳에 얽매이지 않게 한다. "우리가 여기에는 영원한 도성이 없으므로 장차 올 것을 찾나니." 저자와 그의 수신자들의 "여기"가 어디든, 그는 그들이 현재 알고 있는 세상이 그들에게 영구한 도성이 될 수 없다고 단언한다. 저자가 염두에 두었던 도성이 어디인지를 두고 학자들은 로마와 예루살렘을 유력한 후보로 제시해 왔다."[22] 독자들은 자신들의 경험[10:34]과 저자의 가르침[12:27]을 통해 그들 주위의 많은 것들이 영속하지 않는다는 사실을 배웠다. 이러한 무상함을 생각할 때, 그들이 지금 어디에 있든지 자신들이 찾고 있는 것, 곧 장차 올 도성에 시선을 고정해야 한다. 이 도성의 미래성은, 그것이 저자가 2:5에서 말한 장차 올 세계와 관련되며 하나님의 권능이 드러나는 장소[6:5]임을 암시한다. 주목할 점은 저자가 그들이 장차 올 도성을 "찾아야 한다"고 말하지 않고, 이미 "찾고 있다"고 말한다는 것이다. 이 말은 그들의 부족함보다 신실한 노력을 긍정적으로 보고, 이를 격려하려는 의도를 담은 표현일 것이다. 그러나 저자는 이미 그들의 믿음을 입증하는 가시적인 증거를 보았기 때문에,[6:9-10; 10:25, 32-34; 13:1] 그들이 이 도성을 찾는 삶을 실제로 살고 있다는 그의 진술은 타당하다. 선조들처럼 그들도 하나님의 도성을 고대하며 살아가는 나그네이며 거류민이다.[11:14] 그 도성에서 그리스도는 성 바깥에서 수치를 겪고 죽임당하는 것이 아니라, 성의 중심에서 최고의 권력자로 다스리신다. 장차 그 도성에 이를 것이라는 약속은, 그들이 현재 겪고 있는 고난을 견딜 수 있게 하는 강력한 소망이 된다.

다음 구절에서는 저자의 초점이 전환된다. 이제 그는 그들이 제단으로부터 무언가를 받는 대신, 여기서는 그들이 무언가를 바쳐야 한다고 지적한다. "그러므로 우리는 예수로 말미암아 항상 찬송의 제사를 하나님께 드리자. 이는 그 이름을 증언하는 입술의 열매니라." 성문 밖에서 고난받고 이제는 하나님 우편에 앉아 계신 바로 그분을 통해 그들은 이 제물을 드린다. "드리자"와 "제사"라는 표현을 사용함으로써, 저자는 그들 모두를 대제사장의 인도 아래 섬기며 제물을 바치는 제사장들로 그린다. 그분이 기꺼이 자신을 희생하셨기에, 그들은 하나님께 제사를 드릴 자격을 얻게 되었다. 성공회 공동기도서의 성찬 기도 B의 순서 중 특별히 감동적인 순간은, 사제가 회중을 위해 "하나님이 그리스도 안에서 우리를 악에서 구하셨고, 그분 앞에 서기에 합당하게 만드셨다"는 기도문을 선포하는 순간이다. 히브리 성경과 유대인 주석가들이 말하듯이, 히브리서는 제사장직의 사역을 모든 이들에게 열어 놓는다.[23] 레위 지파 출신의 유대인 남성만이 감당할 수 있었던 직분이 이제는 누구에게나 열렸다는 사실은, 그동안 그 자리에 초대받지 못했던 이들에게 심오한 의미로 다가온다.

그들 모두가 드리는 것은 "찬송의 제사"이며, 이는 "그 이름을 증언하는 입술의 열매"라는 형태를 취한다. 저자는 말씀하시는 하나님께 그들의 목소리로 응답할 것을 요구하고 있다. 이러한 진술은 저자가 일관되게 강조해 온 '고백'의 중요성과도 맞닿아 있다. 이 고백은 그들이 끝까지 굳게 붙들어야 하는 것이며,[4:14] 또한 하나님 앞에서 그들을 대표하며 하나님으로부터 보냄받은 대제사장이신 예수 그리스도를 고백하는 것이다.[3:1] 이 고백의 중심은 예수를 통해 드러난 하나님의 신실하심에 대한 확신이다.[10:23] 그들이 '예수', '메시아', '하나님의 아들'이라는 이름을 고백할 때, 그 고백은 하나님을 향한 찬양이 된다. 그들의 고백은 믿음의 선진들이 드린 찬양에 함께 참여하는 것이다.[11:13] 이 고백은 회중 찬양 형태의 예배일 수도 있고, 혹은 일상의 삶 속에서 위험을 무릅쓰고 담대히 예수의 이름을 선포하는 행위일 수도 있다. 크리소스토무스는 이 찬양이 가난, 질병, 거짓 고소, 그리고 고난 속에서도 마땅히 드려져야 한다고 말한다.[24] 그분의 이름을 고백하는 것은 그들의 현재 정황에서 스스로 '외부인'임을 주장하는 것이다.[11:13]

저자는 입술의 고백에 행동을 더한다. "오직 선을 행함과 서로 나누어 주기를 잊지 말라." 그는 13:2과 마찬가지로 "잊지 말라"는 표현을 사용하여 권면한다. 선행과 나눔에 대한 권면은 이 장의 서두에서 제시했던 지침들을 상기시킨다. 저자는 다시금 그리스도의 가족 안팎에 있는 사람들을 어떻게 대해야 하는지 떠올리며, 도움이 필요한 자들에게 응답하라고 권면한다. 하나님은 "이러한 제사"를 기뻐하신다. 이 제사는 우리가 하나님께 직접 드리는 것이 아니라, 다른 이들(나그네, 고아와 과부 등의 사회적 약자)을 통해 하나님께 드려지는 것이다. 저자는 앞서 믿음 없이는 하나님을 기쁘시게 할 수 없다고 말한 바 있다.[11:6] 이제 그는 자신이 말해 온 믿음이 무엇을 뜻하는지 명확히 보여준다. 즉 그 믿음은 예배와 선포, 그리고 섬김의 실천으로 드러나는 믿음이다.

7절과 17절이 수미상관을 이루는 이 단락에서 저자는 다시 지도자들과 관련된 주제로 돌아간다. 이제 초점은 현재 살아 있는 지도자들에게 맞추어진다. 저자는 독자들에게 "너희를 인도하는 자들에게 순종(신뢰)하고 복종하라"고 권면한다. 그가 말하는 신뢰는 그가 공동체에 대해 가지고 있는 것과 같은 종류의 신뢰이며,[6:9] 또한 아들이 하나님 앞에서 취하신 태도이기도 하다.[2:13, 세 구절에 공통적으로 쓰인 '페이토'(πειθώ) 동사는 신뢰, 확신, 그리고 신뢰와 결합된 순종을 나타낸다―옮긴이] 저자는 그들의 지도자들에게 순종할 것을 촉구하면서, 신약성경의 다른 곳에서는 찾아볼 수 없는 '길을 내주다'라는 의미를 가진 단어 '휘페이코'[ὑπείκω]를 사용한다. 만일 의견이 충돌한다면, 예수를 신실하게 따르는 지도자들에게 결정을 양보하는 것이 공동체에게 가장 유익한 길이 될 것이다.

이것은 결코 쉬운 지침이 아니다. 지도자가 아무리 선해 보여도 그 역시 불완전한 존재이며, 종종 권위를 남용할 수도 있기 때문이다. 만일 지도자가 하나님께 어떻게 응답할지 전혀 염두에 두지 않고, 맡겨진 이들을 제대로 돌보지 않는다면 그는 신뢰와 복종을 받을 자격이 없다. 그런 이는 지도자의 자리에서 물러나야 한다. 이는 그 자신은 물론 공동체 전체의 유익을 위한 일이다. 나쁜 지도자는 "무정부 상태보다 훨씬 더 나쁜 악"이며, "악한 자의 인도를 받느니 차라리 아무에게도 인도받지 않는 것이 낫다."[25] 17절은 지도자가 말하는 모든 것을 무조건 수용하라는 포괄적인 지침이 아니라, 그들이 신뢰할 만하고 자신이 이끄는 이들을 위해 선을 추구하고 있다는 전제를 바탕으로 한 권면이다. 저자는 이 지도자들이 비록 불완전할지라도 회중을 깊이 아끼기 때문에 여전히 지도자의 자격이 있다고 보며, 그들을 "너희 영혼을 위하여 경성하기를 자신들이 청산할 자인 것 같이 하는 자들"로 묘사한다. 이 표현은 지도자들 스스로 반드시 인식해야 할 사실, 곧 그들이 하나님 앞에서 그들 자신뿐 아니라 맡은 이들에 대해서도 책임을 져야 한다는 점을 강조한다. 이는 모든 이들이 하나님의 꿰뚫어 보시는 시선 앞에 벌거벗겨지듯 드러나게 될 것이라는 4:13을 떠올리게 한다. 이러한 인식을 지닌 지도자는 회중의 영혼을 위해 경성하며, 문자 그대로 그들을 걱정해 밤잠을 설치는 사람이다. 그렇게 마음을 다해 돌보는 지도자는 신뢰와 존중을 받을 자격이 있다. 지도자에게 주어진 과업은 깊은 배려와 책임 의식을 요구하며, 무엇보다 진지하게 감당해야 한다. 물론 그 책임이 자신을 돌보지 못할 만큼 과중해서는 안 된다. 잠을 계속 설친다면 결국 무기력하고 비효율적인 지도자가 되고 말 것이다. 과거와 현재를 통틀어 악한 지도력이 교회 곳곳에 파국적 결과를 남기는 현실을 고려할 때, 신실한 지도자 아래에 있다는 것은 진정 복된 일이라 할 수 있다.

저자는 회중에게 신실한 지도자에게 합당한 태도로 반응하라고 권면한다. 그리하여 그들이 근심이 아닌 기쁨으로 자신들에게 주어진 책임을 감당할 수 있도록 하라는 것이다. 이는 모세가 이스라엘 백성 때문에 끊임없이 탄식했던 일을 떠올리게 한다. 이 공동체의 특징이 되어야 할 것은 기쁨이며,[10:34: 12:11] 그러한 기쁨을 위해 예수의 모범을 따라야 한다.[12:2] 이때 예수의 모범은 회중을 이끄는 책임을 맡은 지도자에게도 적용된다. 만일 회중이 지도자의 사역을 고통스럽게 만든다면, 그 피해는 지도자가 아니라 회중 자신에게 돌아간다. 회중이 신실한 지도자에게 적대적이거나 고집을 부린다면, "너희에게 유익이 없을 것"이라고 저자는 경고한다. 즉 공동체를 지치게 하고, 하나님의 책망을 받을 수 있는 상황을 만들 것이다. 결국 회중도 하나님 앞에서 책임 의식을 가지고 삶의 태도를 결정해야 한다.[4:13] 회중에게 주어진 임무는 자신들을 깊이 아끼는 지도자와 조화를 이루며 살아가는 것이다. 지도자와 인도받는 자, 이 둘 사이의 관계는 서로를 지지하며, 서로의 유익과 하나님의 영광을 위해 각자의 은사를 사용하는 관계가 되어야 한다.

서신의 서두에서 자신의 이름을 밝히지 않았고, 본론에서도 자신에게 거의 주의를 기울이지 않았던 이 신비한 저자는 여기서도 여전히 자신을 다른 이들 뒤로 물린다. 18절은 새로운 단락을 여는 것이 아니라, 앞서 말한 지도력의 주제를 계속 이어 간다. 청중에게 하나님의 강력한 말씀을 전한 저자[7절]는 분명 그들의 지도자들 중 한 사람이다. 그러나 주목할 점은, 저자가 다른 이들의 지원을 촉구한 뒤 그제서야 자신과 동역자들을 위한 기도를 요청한다는 것이다. "우리를 위하여 기도하라. 우리가 모든 일에 선하게 행하려 하므로 우리에게 선한 양심이 있는 줄을 확신하노라."

저자 및 그와 함께한 자들은 이전에 하나님의 말씀을 전했던 지도자들처럼[7절] 선한 삶, 더 나아가 '아름다운' 삶을 살기를 원한다. 이들은 본이 되는 삶을 지향한다. 저자가 말하는 '선한 양심'에 대한 확신은 자연스럽게 다음과 같은 질문을 떠올리게 한다. 어느 누가 그들이 깨끗한 양심을 갖지 못했다고 비판한단 말인가? 그는 자신과 동역자들에게 쏟아진 비난과 오해에 어떻게 대응하고 있는가? 그렇다면 저자가 이 문제를 슬쩍 언급만 한 채 더 이상 전개하지 않았다는 사실은, 자신의 명예 회복보다는 다른 주제에 더 집중하고 있음을 보여준다. 즉 저자는 그리스도께서 자신을 따르는 이들을 위해 예비하신 것을 실제로 경험하고 있으며,[9:14; 10:22] 그 속에서 살아가고 있음을 선한 양심이라는 표현을 통해 보여준다. 새 언약에 편입된 그의 의지는 생명력을 얻었으며, 그는 자신의 삶 전체가 하나님의 기쁨이 되기를 간절히 소망한다.

선한 열망과 깨끗한 양심에 대한 저자의 확신은 그의 기도 요청을 더욱 주목하게 만든다. 그 자신도 청중과 함께 경주 중이며, 곧은길을 계속 나아가기 위해 그들의 지원이 필요함을 안다. 아우구스티누스는 이렇게 성찰한다. "만일 사도들이 늘 자신들을 위한 기도를 요청했다면, 내가 그렇게 하는 것은 얼마나 더 합당한 일이겠는가?"[26] 이후의 그리스도인들은 다시 이렇게 덧붙일 수 있을 것이다. "아우구스티누스가 그리 말했다면, 우리도 그 뒤를 따르는 것이 마땅하다."

저자의 가장 간절한 희망은 이 공동체가 곧은길로 들어서는 것이다. "내가 더 속히 너희에게 돌아가기 위하여 너희가 기도하기를 더욱 원하노라." 독자들은 17절에서 저자가 권면한 바, 지도자들을 신뢰하며 순종하라는 말씀을 이 기도 요청을 통해 즉시 실천할 수 있다. 저자를 위해 기도하는 일은 지도자에 대한 순종이며, 동시에 이 장의 첫 번째 지침인 그리스도인의 사랑 실천을 구체화한 행위이기도 하다. 저자는 특히 자신이 공동체에 돌아갈 수 있도록 기도해 주기를 바란다. 앞서 복수형("우리를 위하여 기도하라", "우리가 확신하노니", "우리에게 선한 양심이 있도다")으로 말하던 그는, 이 지점에서 단수형으로 전환하여 개인적인 바람을 드러낸다. 저자가 공동체를 향해 보인 여러 염려에도 불구하고, 기도 요청은 그 염려가 오히려 공동체에 대한 깊은 애정의 표현이었음을 보여준다. 바울이 종종 서신에서 말했듯이,[롬 15:24, 32; 고후 13:1] 이 초기 지도자 역시 직접 찾아가 말을 전하기를 간절히 바랐을 것이다. 코로나19 팬데믹이라는 전 세계적 경험으로 말미암아, 오늘날 우리는 이러한 바람에 한층 더 깊이 공감하게 되었다. 격리의 시간을 통해 많은 이들은 몸으로 함께하는 것이 무엇으로도 대신할 수 없는 소중한 일임을 배웠다. 함께할 수 없을 때, 그것을 위해 기도하고 다른 이들에게도 기도를 요청하는 일은 참으로 마땅한 반응이다.

13:20 – 25 축도

20양들의 큰 목자이신 우리 주 예수를 영원한 언약의 피로 죽은 자 가운데서 이끌어 내신 평강의 하나님이 **21**모든 선한 일에 너희를 온전하게 하사 자기 뜻을 행하게 하시고 그 앞에 즐거운 것을 예수 그리스도로 말미암아 우리 가운데서 이루시기를 원하노라. 영광이 그에게 세세무궁토록 있을지어다. 아멘. **22**형제들아, 내가 너희를 권하노니 권면의 말을 용납하라. 내가 간단히 너희에게 썼느니라. **23**우리 형제 디모데가 놓인 것을 너희가 알라. 그가 속히 오면 내가 그와 함께 가서 너희를 보리라. **24**너희를 인도하는 자들과 및 모든 성도들에게 문안하라. 이달리야에서 온 자들도 너희에게 문안하느니라. **25**은혜가 너희 모든 사람에게 있을지어다.

히브리서 저자는 서신의 마지막 몇 문장에서 하나님께 초점을 두고 공동체에게 작별 인사를 전한다. 그의 이 문장은 신약성경 전체에서 가장 아름다운 축도 중 하나로 꼽힌다.[20 – 21절] 일부 그리스도인들은 이 축도의 강력한 메시지 때문에, 장례 예식에서 죽은 자를 하나님께 의탁하고 마지막 평화를 비는 말로 사용하기도 했다.[27] 저자가 직접 공동체를 찾아가 전하고 싶은 말이 더 있었을 것임은 분명하다. 그러나 그는 이 간결한 격려의 말 속에 공동체가 하나님의 은혜 안에 굳게 뿌리내리도록 하기 위한 모든 것을 담아냈다. 하나님의 은혜는 결코 지체되지 않을 것이다.

이 풍성한 축도는 히브리서 전체에 흐르는 핵심 주제들을 신선한 언어로 간결하게 모아 낸 하나의 수사적 작품으로, 그 아름다움과 설득력이 돋보인다. 여기서 저자는 하나님을 "평강의 하나님"이라 부른다. 그는 12장의 교훈 단락에서 하나님의 평강에 대해 가장 분명히 언급한 바 있다. 하나님의 훈련을 견뎌 낸 이들은 의와 평강의 열매를 맺을 것이다.[12:11] 이 평강은 아버지 되신 하나님으로부터 주어지는 선물이며, 그들이 다른 이들과 평화로운 관계를 추구할 때 그 평강의 열매로 인해 마침내 하나님을 보게 될 것이다.[12:14] 그 평강의 열매는 그들을 신비로운 멜기세덱이 다스리는 평화의 왕국으로 인도하며,[7:2] 그곳에서 그들은 평안히 정탐꾼들을 영접했던 또 다른 '이방인' 라합의 신실한 본을 따르게 된다.[11:31] 20절에 쓰인 소유격 표현 "평강의"는 하나님이 평화로우신 분이라는 의미일 수도 있고, 평화로운 곳을 다스리시는 분이라는 의미일 수도 있다. 후자는 저자가 앞서 보여준 하나님의 안식과 하늘 도성의 묘사와 잘 들어맞는다. 반면에 '평강'이 단순히 현재의 편안한 삶을 뜻한다면, 곧바로 하나님이 평화로운 분이라는 단정은 성급할 수 있다. 평강은 장차 임할 것이며, 하나님은 그들이 미래에 그곳에 이를 수 있도록 지금은 약간의 고통과 징계를 허락하실 수 있기 때문이다.

그러나 궁극적인 평화가 보장되어 있다. 왜냐하면 이 하나님이 행하신 일, 곧 저자가 하나님을 "양들의 큰 목자이신 우리 주 예수를 영원한 언약의 피로 죽은 자들 가운데서 이끌어 내신" 분으로 묘사하기 때문이다. 그들의 하나님은 우리를 죽음에서 건져 내시는 분이다. 이러한 하나님 묘사는 바울 서신의 내용과도 일치하는데, 바울 서신은 종종 하나님 아버지를 죽은 자들 가운데서 예수를 일으키신 분으로 묘사한다.^{롬 4:17, 24;} ^{6:4; 8:11; 10:9; 고전 15:15; 고후 1:9; 갈 1:1; 엡 1:20; 골 2:12; 살전 1:10; 딤후 2:8} 그러나 히브리서 저자는 자신만의 독특한 용어를 사용한다. 그는 바울이 일반적으로 사용하는 '일으키다'^{ἐγείρω} 대신 '이끌어 내다'라는 뜻을 가진 '아나고'^{ἀνάγω}를 택하여 앞에 나왔던 많은 자녀들을 이끄시는 하나님과 예수의 이미지를 공명하게 만든다.^{2:10; 12:2} 부활을 명백히 언급하는 20절은 부활의 개념이 이 설교의 하부 구조 속에 이미 자리하고 있었다는 주장을 뒷받침한다.[28] 따라서 히브리서 저자가 예수의 높이 들리심을 자주 논하면서도 부활을 확언하지 않았다고는 누구도 말할 수 없을 것이다.

여기서 저자가 예수를 묘사하는 방식은 지금까지 예수를 아들과 대제사장으로 면밀히 성찰해 온 것과는 구별되는 신선한 전환을 보여준다. 즉 예수는 "양들의 큰 목자"이시다. 그동안 저자는 예수를 이런 식으로 묘사한 적이 없지만, 이 이미지는 다윗과 깊이 공명한다. 저자는 이미 1장에서 왕의 시편을 아들에게 적용하며 다윗 이미지를 암시한 바 있는데,^{1:5, 8 – 9} 그 공명이 이제 마지막 축도에서 명시적으로 드러난다. 예수는 그분의 조상 다윗이 그랬듯이 하나님의 백성을 돌보는 목자이시다.^{7:14} 이 목자 이미지는 예수를 모세와도 연결시키는데, 이사야 63:11 – 14에서는 모세가 하나님의 인도를 따라 백성을 이끈 목자로 비유된다.[29] 예수의 목자 이미지는 히브리서에서 이곳에만 나타나지만, 이 이미지는 신약성경 전체에 걸쳐 나타난다.^{마 2:6; 9:36; 25:32; 26:31; 막 6:34; 14:27; 눅 12:32; 요 10장; 21:16;} ^{행 20:28 – 29; 고전 9:7; 엡 4:11; 벧전 2:25; 5:2 – 3; 계 7:17} 히브리서가 예수를 '지도자'^{ἀρχηγός,} ^{2:10; 12:2}로 묘사한 것은, 목자 이미지와 그분의 지도력을 다른 관점에서 결합시켜 예수의 이름을 고백하는 백성에게 그분의 친밀하심과 돌보심을 드러내기 위함이다.

축도문에서 이어지는 전치사는 모호함을 지니고 있어 다양한 해석을 가능하게 한다. "우리 주 예수를 영원한 언약의 피로……." '피'는 히브리서에서 스무 번이나 등장하는 특징적인 단어로, "피 흘림이 없은즉 사함이 없느니라"[9:22]는 간결한 진술이 그 중요성을 단적으로 보여준다. 따라서 마지막에 다시 피가 등장하는 것은 전혀 놀랍지 않다. '언약' 역시 중심부(7:22에서 처음 등장)부터 결미結尾까지 지속적으로 주목받아 온 개념이다. 비록 저자가 이 언약을 지금까지 명시적으로 '영원하다'고 말하지는 않았지만, 하나님의 지속적인 신실하심과 영원하심은 두드러졌고 이는 영원한 구원과 속량, 상속의 약속으로까지 확장되었다.[5:9; 9:12, 15] 이제 익숙한 이 개념들이 전치사 '엔'[ἐν]과 결합함으로써 이 문장에서 특정한 의미를 형성한다. 이 유연한 단어 '엔'에 대해 학자들은 다양하면서도 섬세한 해석들을 제시했는데, 대체로 두 가지 범주로 나눌 수 있다. 첫 번째는 하나님이 영원한 언약의 피를 통해 예수를 죽은 자들 가운데서 이끌어 내셨다는 해석이다. 이 해석은 "하나님이 예수의 정당성을 입증하시고 그 희생을 영원한 언약의 기초로 받아들이셨다"는 의미를 전달한다.[30] 이는 예수의 경건한 순종으로 인해 하나님이 그분의 기도를 들으시고 그분을 죽음에서 구원하셨다는 5:7의 진술과 일치한다. 여기서 말하는 순종은 그분의 죽음으로 이어졌다. 대안적 해석으로는, 예수께서 영원한 언약의 피를 가지고 하나님 앞으로 나아가신 것으로 볼 수도 있다. 어떤 의미에서 예수는 부활한 피를 지닌 새 몸으로 일으켜져, 하늘의 성전에서 그 피를 하나님께 드림으로써 영원한 언약을 개시하신다. 두 해석 모두 서신의 앞부분에서 그 타당성을 확인할 수 있으며, 서로를 배제하지 않는다. 따라서 설교자들은 이 다양한 의미들을 함께 이끌어 내어, 새롭고 영원한 언약의 다면적인 아름다움과 능력을 드러낼 수 있다.

양들의 큰 목자는 바로 "우리 주 예수"이시다. 저자는 설교 전반에 걸쳐 "예수"라는 이름과 "주"라는 칭호를 자주 사용했지만, 이 두 용어를 결합한 것은 이번이 처음이다. 즉 그는 "예수"라는 이름을 사용함으로써, 죽은 자들 가운데서 일으킴받은 분이 유다 지파를 통해 오셔서 살과 피를 취하신 바로 그분임을 확언한다.7:14 유대인 남성인 예수께서 지금 하나님의 우편에 계신다. "주"라고 부름으로써 저자는 부활하신 예수를 주 하나님과 동일시한다. 저자가 서신 전반에서 "주"라는 표현을 사용할 때, 그것이 성부 하나님을 가리키는지, 아니면 성자 하나님을 가리키는지는 명확하지 않다. 그러나 이러한 풍부한 모호성은 두 분이 하나님으로서 의지와 영광, 그리고 활동을 공유하신다는 사실을 드러낸다. 주 예수의 높이 들리신 자리는 그분이 청중으로부터 멀리 계시다는 의미가 아니다. 오히려 그분은 그들의 주로서 지금도 중보하신다.7:25 그리스도의 중보 아래 이제 저자는 청중을 위해 기도한다.

저자는 하나님께서 예수 메시아를 통해 "모든 선한 일에 너희를 온전하게 하사(회복시키사) 자기 뜻을 행하게 하시기를" 간구한다. 여기서 '온전하게 하다'저자는 '회복시키다'로 번역한다—옮긴이는 여러 번역 가능성 중 하나다. 헬라어 '카타르티조'καταρτίζω는 어떤 것을 존재하게 만들거나 준비하는 행위를 뜻한다. 이는 하나님이 말씀으로 세계를 지으셨을 때,11:3 또는 하나님이 아들을 위해 한 몸을 예비하셨을 때10:5 사용된 바 있다. 그러나 이 문맥에서 '창조'나 '개시'의 의미는 적절하지 않다. 왜냐하면 이 공동체는 이미 그리스도를 주로 고백했고 선한 일을 실천해 왔기 때문이다. 따라서 '회복시키다'라는 번역은 저자가 그들이 신실함으로 충만한 삶을 살았던 과거로 돌아가기를, 그리고 현재의 미성숙함을 넘어서기를 바라는 소망5:11-14을 잘 표현한다. 대안적으로 '강하게 하다'로도 번역할 수 있는데, 이는 그들이 이미 지닌 것을 더욱 견고히 하려는 의미를 담는다.

만일 하나님이 기도에 응답하신다면, 이러한 회복은 공동체 안에서 이루어지는 선한 일들을 통해 나타날 것이다. 저자의 기도는 다소 포괄적인데, 그는 하나님께서 "모든 선한 일에" 그들을 온전하게 하시기를 간구한다. 이처럼 범위를 넓게 설정함으로써 그는 그의 소망이 공동체 삶의 특정 부분에 국한되지 않고, 전 영역에 걸쳐 변화와 성장을 향하고 있음을 보여준다. 몇몇 필사자들이 이 구절의 "모든 선한 일"을 "모든 선한 '행위'"로 구체화한 것도 이러한 포괄성을 다소 제한하려는 시도로 이해할 수 있다.[31] 만일 저자가 여기서 "모든 선한 일"을 더 풍성한 의미로 의도한 것이 맞다면, 그는 하나님께서 그들에게 모든 선한 일, 곧 외적으로 드러나는 행위든 내면에 감추어진 태도든 살아 내는 데 필요한 모든 것을 허락하시기를 기도하고 있는 것이다. 여기서는 두 가지 모두를 염두에 두는 것이 타당해 보이는데, 그 이유는 저자가 마음의 상태[3:12; 4:12; 8:10; 10:16]와 신실한 행동[3:13; 10:25; 13:1-5] 양쪽 모두에 깊은 관심을 보여 왔기 때문이다. 그들이 "모든 선한 일" 안에서 살아갈 때, 그들은 예수가 그러하셨던 것처럼 하나님의 뜻을 행하는 것이다.[10:7, 9]

중요한 점은, 저자가 그들이 자기 힘만으로 하나님의 뜻을 행하는 것이 아님을 다시 한번 선포하고 있다는 것이다. 이 설교가 공동체의 강한 믿음을 강조하고 있지만, 그 믿음에 필요한 힘을 주시는 분은 궁극적으로 하나님이다. 하나님은 그분이 기뻐하시는 뜻을 이루기 위해 이 공동체 안에서 일하고 계신다. 여기에 공동체의 믿음도 포함된다. 왜냐하면 믿음 없이는 하나님을 기쁘시게 할 수 없으며,[11:6] 그 믿음은 예배[12:28]와 섬김[13:16]을 통해 드러나기 때문이다. 하나님의 넉넉한 공급하심에 비추어 볼 때, 독자들에게 남겨진 메시지는 더 열심히 노력하라는 권면이 아니라, 그들 가운데서 이미 일하고 계신 하나님을 거역하지 말라는 단순한 일깨움이다. 하인리히 불링거는 이렇게 지혜롭게 말했다. "오직 그리스도를 통해 행하는 것만이 하나님께 받아들여질 수 있다.⋯⋯오직 하나님에게서 비롯된 것만이 진정으로 선한 행위다."[32] 하나님의 도우심 밖에서 이루어지는 행위는 모두 헛된 것이다. 하나님은 이 기쁨의 삶을 공동체 안에서 "예수 그리스도"를 통해 이루신다. 모든 선한 일은 오직 그분을 통해서만 가능하다. 그분이 행하신 일 때문에, 마음에서 우러나오는 신실하고 올바른 삶이 가능해졌다. 그 삶은 선물로 받는 삶이지만, 또한 그들이 실천해야 할 삶이다.

축도는 송영으로 마무리된다. "영광이 그에게 세세무궁토록 있을지어다. 아멘." 방금 언급된 메시아 예수는 영원히 하나님 우편에서 다스리시므로,[1:13; 2:9] 참으로 영원토록 영광을 받기에 합당하신 분이다. 그러나 이 영광은 평강의 하나님, 곧 아버지 하나님께도 똑같이 적용될 수 있다. 영원한 영이 영원한 언약을 성취하는 제사를 가능하게 했기에,[9:14] 그 영 또한 그리스도의 영광 가운데 현존하신다. 이 마지막 송영에서 성부와 성자와 성령이 공유하는 영광이 드러난다.

고대의 서신에서 종종 그러하듯이, 이 감동적인 축복 기도 후에 저자는 몇 가지 개인적인 세부 사항을 포함시킨다. "형제들아, 내가 너희를 권하노니 권면의 말을 용납하라. 내가 간단히 너희에게 썼느니라."

첫째로, 그는 그들에게 자신이 쓴 "권면의 말"παράκλησις을 용납하라고 권면한다.παρακαλέω '권면의 말'이라는 표현은 종교적 환경에서 이루어지는 연설을 가리킬 때 사용된다.[행 13:15] 저자는 서신에서 여섯 번에 걸쳐 권면 및 격려의 주제를 다룬다. 하나님이 그들을 권면하시며[6:18; 12:5] 저자 자신도 그렇게 하고,[13:19, 22] 독자들도 서로 권면해야 한다.[3:13; 10:25] 이러한 언급은 히브리서 저자의 관점에서 그리스도인의 격려가 죄로부터 우리를 보호해 주고 어려움을 견디게 하며, 건강한 관계를 이루고 소망을 주는 것임을 보여준다. 이는 어떤 상황에도 웃음을 잃지 않는 식의 얕은 긍정이 아니라, 보다 깊이 있고 진지한 권면이다. 독자들은 한 가족의 구성원이며(여기서 '형제들아'라는 호격이 네 번째이자 마지막으로 등장한다), 그러한 안전한 관계 속에서 도전적이지만 결국 '자신들에게 유익한' 이 권면을 형제로부터 받을 수 있다. 저자는 그들에게 형제의 권면을 용납하라고 요청하는데, 이는 앞서 그들에게 하나님의 징계를 견디라고 독려하던 표현과 동일하다.[12:5 - 11] 아마도 그는 자신의 이 편지를 일종의 징계로 이해했던 듯하다. 즉 그들이 마땅히 있어야 할 자리에 훨씬 못 미쳐 생기는 슬픔은[5:11-14] 그들을 절망으로 이끌지 않고 오히려 개선으로 이끈다. 이 설교가 독자들에게 때때로 부담으로 다가왔을 수 있지만, 저자가 마지막에 "권면"이라고 말한 이유는, 그의 모든 말이 독자들을 무너뜨리려는 것이 아니라 오직 세우기 위한 것이었음을 분명히 드러낸다. 이는 특히 저자가 그리스도 안에 나타난 하나님의 사역을 거부하는 결과를 묘사한 대목과 관련해 중요하다. 만약 그 부분을 누구든 하나님과의 관계를 다시 회복할 수 없다는 뜻으로 이해한다면, 저자가 자신의 글을 "격려의 말씀"이라 부른 진술과 조화를 이루지 못하게 될 것이다.

저자는 자신의 권면을 "간단히" 썼다고 말한다. 이는 그가 이 편지를 간결하게 구성했다고 생각한다는 것을 보여준다. 바울 서신과 비교하면 히브리서가 간결하다고 보기 어려울 수 있으나, 마카베오서나 바나바서와 같은 유대교 혹은 초기 기독교 문헌들과 나란히 놓고 보면 비교적 간결한 편이라 할 수 있다.[33] 그 표현은 상대적인 것이며, 서신의 관례를 따라 이런 말을 했을 수도 있다. 종교개혁 시대의 목사 루카스 오시안더는 많은 목회자와 저자들이 귀 기울여야 할 내용을 언급한다. "교회의 교역자들은……가르치고 권면할 때 가능한 한 간결하게 말하기 위해 진지한 노력을 기울여야 한다. 긴 강론은 덕을 세우는 일에 거의 도움이 되지 않으며, 긴 글 또한 옆으로 치워 버리거나 급히 읽게 되기 때문이다."[34]

이 구절은 저자가 시간적 제약 속에서 글을 썼다는 단서를 제공하기도 한다. 히브리서의 논리적 정교함은 저자의 탁월한 지성을 보여주는 증거이지만, 그 역시 다른 모든 저자와 마찬가지로 자신의 권면이 더욱 명확하고 설득력 있게 전달되려면 시간이 더 필요하다고 느꼈을 수도 있다. 그러나 성령은 그가 불완전하다고 여겼을지도 모르는 이 글을 하나님의 완전한 말씀으로 받으셨다. 만일 저자가 다소 급하게 혹은 간결하게 쓴 이 편지가, 그가 히브리 성경에 대해 고백했던 말씀, 곧 "살아 있고 활력이 있어……혼과 영과 및 관절과 골수를 찔러 쪼개기까지 하는" 하나님의 말씀4:12으로 받아들여졌다는 사실을 알았다면 놀라움을 감추지 못했을 것이다. 오늘날 우리는 성육신하신 그리스도와 그분을 직접 목격한 증인들을 만날 수 없기에 더 이상 성경을 기록할 수 없다. 그럼에도 불구하고 이 점은 현대의 저자들과 설교자들에게 큰 격려가 된다. 성령은 우리가 미완성이라 느끼는 바로 그 말과 글을 통해서도 여전히 사람들이 하나님을 만나게 하신다.

다음 몇 구절은 히브리서에서 드물게 등장하는 구체적인 역사적 단서를 제공하지만, 이 문서의 배경을 확정적으로 밝히기에는 여전히 부족하다. 23절에서 저자는 다음과 같이 말한다. "우리 형제 디모데가 놓인 것을 너희가 알라. 그가 속히 오면 내가 그와 함께 가서 너희를 보리라." 신약성경 독자들은 이 구절을 읽자마자 바울의 사역에서 중요한 동역자로 자주 언급되는 디모데를 떠올리게 된다.행 16:1; 17:14 – 15; 18:5; 19:22; 20:4; 롬 16:21; 고전 4:17; 16:10; 고후 1:1, 19; 빌 1:1; 2:19; 골 1:1; 살전 1:1; 3:2, 6; 살후 1:1; 딤전 1:2, 18; 6:20; 딤후 1:2; 몬 1장 히브리서 마지막 장에 디모데의 이름이 언급된 것은, 일부 학자들에게 후대 편집이 개입했을 가능성, 곧 히브리서를 바울의 저작처럼 보이게 하려는 시도가 있었을 것이라는 주장의 근거가 되기도 한다.[35] 만일 여기 언급된 인물이 사도 바울의 동역자 디모데와 동일인이며, 이 장이 히브리서의 본래 구성에 포함된 것이 맞다면, 디모데가 저자나 이 공동체와 일정한 관계를 맺고 있었다는 점은 이 서신이 사도 시대와 긴밀히 연결되어 있음을 강하게 시사한다. 이 공동체는 고립된 집단이 아니라 다른 공동체들과 활발히 교류하며 연합된 신앙 공동체였다. 따라서 히브리서의 수신자들은 바울이 편지를 보냈던 여러 교회들과도 신앙적 연대를 유지했을 가능성이 있다. 저자는 예수를 직접 만난 적은 없지만,2:3 예수의 삶과 사역을 직접 경험한 이들과는 밀접한 관계를 유지했던 것으로 보인다. 디모데의 이름이 언급된 것은 이러한 광범위한 관계망을 시사한다. 또한 이 구절은 저자가 독자들을 방문하고자 하는 열망이 얼마나 간절한지 드러낸다. 그는 디모데에게 자신의 계획을 전적으로 의존하지는 않는다. 만일 디모데가 곧 도착하면 함께 갈 것이지만, 그렇지 않다면 그는 혼자서라도 떠날 준비가 되어 있다.

이 장에서 저자는 지도자들에 대해 여러 차례 언급했지만, 서신을 마무리하며 다음과 같이 당부한다. "너희를 인도하는 자들과 및 모든 성도들에게 문안하라." 이는 지도자들이 이 서신을 직접 읽는 당사자가 아닐 가능성을 시사한다. 왜냐하면 저자는 청중에게 지도자들을 어떻게 대하고 인정해야 하는지에 대한 지침은 주었지만,[13:7, 17] 지도자들이 청중을 어떻게 대해야 하는지는 별도의 지시를 하지 않았기 때문이다. 이는 지도자들에게는 따로 편지를 보냈을 가능성을 열어 둔다. 또한 저자는 모든 성도에게 문안하라고 요청한다. 이는 그가 한 공동체의 구성원들에게 편지를 보내고 있지만, 같은 도시에 흩어져 있는 여러 회중으로 구성된 더 큰 공동체를 염두에 두고 있음을 시사한다. 이 시기에 대다수의 그리스도인 공동체는 가정 교회의 형태로 모였기 때문에, 저자는 가정 교회를 기반으로 한 신자들의 모임에 이 서신을 보냈을 가능성이 크다. 다양한 가능성을 염두에 두어야 하겠지만, 그들의 관계망을 상상해 보면 이 신비로운 수신자들에게 구체적이고 생생한 현실감이 더해진다. 그들은 지역적·사회적으로 고립된 이들이 아니라, 다른 공동체들과 긴밀히 연결되어 있는 실제 신자들이었다. 그들의 연대는 물리적 공간과 지리적 경계를 넘어선 신앙의 공동체성을 보여준다.

마지막으로 저자는 말한다. "이달리야에서 온 자들도 너희에게 문안하느니라." 이 진술은 저자가 이탈리아에 머물며 다른 지역으로 편지를 쓰고 있음을 암시할 수도 있고, 혹은 이탈리아 출신의 신자들이 자신들의 공동체에 안부를 전하고 있음을 시사할 수도 있다. 후자의 가능성은 클레멘스의 저작에서 로마교회의 신자들에 의해 히브리서가 처음 언급되었다는 사실과 조화를 이룬다.

작별 인사에서도 포괄적인 표현은 계속된다. "은혜가 너희 모든 사람에게 있을지어다." 저자는 그들 모두에게 하나님의 은혜가 임하기를 기원한다. 이 마지막 문장은 서신 전체를 조망할 수 있는 렌즈를 제공한다. 그는 그들에게 많은 것을 요구했지만, 그 모든 요구를 성취할 능력을 하나님께서 친히 공급해 주실 것임을 확신한다. 그는 자신이 다시 그들과 합류하기 전까지 그들이 게으름이나 불안에 빠지지 않고, 성령을 통해 아들 안에서 계시된 하나님의 무조건적인 호의 가운데 거하기를 바란다. 저자는 그들이 그 은혜 안에서 참된 안식을 누리기를 간구한다.

예배의 마지막 순서에서 목사는 축도를 선포한다. 이는 하나님의 복이 공동체 위에 임하도록 말로 선언하는 행위다. 가장 이상적인 축도는 그날 예배의 모든 요소, 곧 성경 본문, 설교 주제, 찬송 가사, 기도 내용을 담아내는 것이다. 히브리서 13장은 그런 점에서 하나의 축도로 읽힐 수 있다. 이 장은 설교 전체에 걸쳐 등장했던 하나님의 신실하심과 예수 그리스도의 희생 제사, 그리고 믿음 안에서의 신실한 삶을 여러 가닥으로 엮어 내며, 그 말씀을 들은 이들에게 하나님이 주시는 평강과 은혜의 복이 임하기를 선포한다.

나 또한 이 주석의 독자들을 위해 이 축복의 말씀을 선포한다. "은혜가 너희 모든 사람에게 있을지어다."

결론

이 주석의 전체 원고를 제출한 다음 주에 나는 히브리서에 관한 신학 공부 모임을 이끌었다. 어떤 이들은 내가 이 고대의 설교를 '통달했다'고 생각할 수도 있는 시점이지만, 두 가지 경험을 통해 나는 결코 그렇지 않다는 사실을 다시 확신하게 되었다.

첫째, 참가자들이 던진 질문과 통찰은 내가 미처 보지 못했던 길을 열어 주었으며, 본문의 조각들을 새롭게 이어 주었다. 수년간 성경을 가르쳐 온 나에게 이것은 놀라운 일이 아니었다. 성경은 무한히 광대하며, 그 안에 담긴 풍요로움은 헤아릴 수 없다. 그러므로 성령의 영감을 받은 신자라면 누구나 아직 발견되지 않은 보물을 찾아내거나, 혹은 잊혔던 보물에 새롭게 주의를 환기시킬 수 있다. 둘째, 제기된 몇몇 질문에 대해 내가 줄 수 있었던 유일한 대답은 '확실히는 모르겠다'였다. 그것은 놀라운 동시에 격려가 되는 경험이었다. 어떤 주석가에게든 탐구해야 할 새로운 지평과 더 깊은 심연은 항상 존재하기 때문이다.

이 마지막 장의 제목은 "결론"이지만, 성경 연구에는 실질적인 끝이 없다. 이러한 진실은 교회 역사 속에서, 그리고 교회가 하나의 제도적 기관으로 자리 잡은 뒤 학계에서 이어져 온 히브리서에 관한 풍성한 대화가 이미 충분히 증명해 주고 있다.

주석의 결론은 최종적인 단언을 제시하기보다는, 책 전체를 읽은 독자가 핵심 주제들을 다시 돌아보고 더 깊은 탐구의 가능성을 상상하도록 이끈다. 오히려 결론은 서론보다도 주석가의 해석적 관점을 더 압축적으로 드러내며, 책의 마지막 부분부터 읽기 시작하는 독자에게는 일종의 요약 역할을 한다. 나는 성찰의 지점과 미래 연구를 위한 길을 열 가지 질문의 형태로 제시하려고 한다. 이 질문들은 공부 모임에서 그룹 토론이나 개인적 성찰의 틀로 사용될 수 있고, 학생들에게는 연구와 글쓰기를 자극하는 촉매제가 될 수 있다. 나아가 이 질문들이 히브리서를 연구하는 모든 이들에게 새로운 질문과 발견을 위한 발판이 되기를 바란다.

1. 히브리서의 신학적 기초는 무엇인가

모든 히브리서 독자가 살아가는 시대, 곧 아들의 계시 이후의 "이 모든 날 마지막"[1:1]에 하나님의 모든 말씀은 그분 안에 집약되었고, 다시 그분을 통해 다채롭게 펼쳐진다.[1:2] 아들의 계시는 히브리서 신학의 기초다. 이 설교에서 선포되는 하나님은 단순하지 않지만, 가장 작은 자에서 가장 큰 자에 이르기까지[8:11] 그 메시지를 듣는 모든 이들은 그 명료하고 우렁찬 외침을 들을 것이라고 나는 확신한다. "약속하신 이는 미쁘시다."[10:23; 11:11]

히브리서 저자에게 하나님은 무엇보다 소통하시는 분이다. 하나님은 창조를 위해 말씀하셨고, 그 후로도 창조 세계를 향해 계속 말씀해 오셨다.[1:1–3] 예언자들은 과거에 그 통로 역할을 했으며,[1:1] 지금도 여전히 그렇다. 성경에 보존된 예언자들의 말은 "오늘"이라 불리는 동안[3:7–4:13] 언제나 반복하여 하나님의 음성을 전한다. 저자가 이 설교 전반에서 예언자들의 말을 인용하고 암시하는 방식은 그 의존성을 분명히 보여준다. 다른 신약성경 저자들 역시 예언자들의 말을 자신의 저술에 포함시켰으며, 초기 그리스도인들은 구약성경이 기독교 정경의 필수적인 부분임을 확고히 했다. 따라서 예언자들의 말은 여러 세대를 거쳐 하나님의 말씀으로 계속 증언되고 있다.

그러나 저자에게 그 하나님의 말씀은 인격적인 하나님의 말씀을 통해서만 올바르게 이해된다.[1] 과거의 약속들을 성취함으로써 하나님의 불변성과 신뢰성을 드러낸 분은 바로 아들이다. 유다 지파 출신으로 십자가에 못 박히고 부활하신 예수가 이스라엘이 고대했던 메시아라는 이 서신의 그리스도론적 초점은, 히브리서를 대체주의적으로 읽는 위험을 차단한다. 실제로 성경 해석의 역사에서 부적절한 대체주의는 반복되어 온 문제였다. 그러나 예수가 이스라엘 출신이며[7:14] 이스라엘을 위해 오신 분이라면,[2:16] 이스라엘은 결코 무시될 수 없다. 그분은 예레미야가 소망했던 새 언약을, 하나님이 첫 언약을 맺으셨던 바로 그 백성에게 가져온다.[8장] 저자가 하나님이 언약 백성에게 주신 희생 제사 제도에 대한 이해 없이 예수의 속죄 사역을 설명할 수 없었던 것도 이 때문이다.

히브리서와 그에 따른 기독교 신학은 예수를 메시아로 확언하며, 구원을 위해 그분의 주되심 아래 들어가야 한다고 강력하게 선포한다. 여기에는 분명한 배타성이 존재한다. 그러나 이러한 선포는 바울이 말한 바와 같이[롬 11:17-32] 모든 이스라엘이 믿음으로, 곧 메시아 안으로 부름받는 그 믿음으로 구원받을 것이라는 소망과 맥을 같이한다. 그리스도에 대한 배타적 고백은 동시에 이스라엘을 향한 것이며, 또한 이스라엘과 그들의 성경 전통에 빚지고 있다. 히브리서 저자에게는, 하나님이 아브라함에게 주신 약속이 취소될 수 있다는 어떠한 생각도 용납될 수 없다.

아들 안에서 주어진 하나님의 계시는 미래에 성취될 약속들의 보증이 된다. 비록 상황이 독자들로 하여금 하나님의 부재를 의심하게 만들지라도, 그들이 아들 안에서 하나님의 음성에 귀 기울인다면 세상이 여전히 하나님의 통치 아래 있음을 올바르게 보게 될 것이다.[2:9] 하나님을 신뢰할 수 있다면, 히브리서의 메시지는 곧 순종의 요청으로 받아들여질 수 있다.

2. 히브리서가 묘사하는 신실한 태도는 무엇인가

순종은 듣는 것에서 시작된다. 히브리서에 따르면 신실함의 첫 번째 행위는 하나님의 말씀에 귀 기울이는 것이다.[1:1-2; 2:1; 12:25] 이 공동체는 주님으로부터 시작된 구원의 기쁜 소식을 들었으므로,[2:3] 이제 성경과 그들의 삶 속에서 계속되는 하나님과의 모든 소통을 새롭게 들을 수 있다. 그러나 두려움, 죄책감, 안락함은 하나님의 음성을 가리므로, 제자들은 신실하게 듣기 위해 두 가지 해야 할 일이 있다. 첫째, 거룩하신 하나님과의 관계를 가로막는 장벽인 자신의 죄를 고백해야 한다.[1:3] 둘째, 그 장벽을 제거하신 분, 곧 그리스도 예수를 주로 고백해야 한다.[3:1; 4:14; 10:23; 13:15] 히브리서가 말하는 '듣기'는 수동적이고 무관심한 관찰이 아니라 일치agreement를 가리킨다. 즉 하나님이 말씀하신 바와 동일하게 분명히 말하는 것이다. 하나님은 아들 안에서 말씀하셨고, 이제 그분을 따르는 이들은 그분 안에서, 그분을 통해 말씀하신 바와 일치하게 고백한다. 이러한 듣기는 단순히 메시지를 수용하는 것이 아니라, 그 메시지에 동의하고 그에 맞는 언어로 응답하는 행위다. 고백은 일회적 사건이 아니라 고백된 내용을 의도적으로, 또한 지속적으로 굳게 붙드는 행위다. 그러므로 히브리서에서 신실함이란 무엇보다 지속적으로 지키는 행위an act of steadiness다.

동시에 이 신실함은 정체된 상태를 뜻하지 않는다. 히브리서가 신실한 이들에게 요구하는 두 번째 행동은 앞으로 나아가는 것이다. 이 단계는 최초의 고백 이후 곧바로 시작되며, 그때부터 지속적으로 실천된다. 공동체는 하나님의 음성을 직접 들을 수 있지만, 그 음성은 언제나 그들을 초월한 자리에서 들려온다. 그러므로 그들은 그 음성을 향해, 곧 안식을 향해,[4:11] 닻을 향해,[6:18-20] 성소를 향해,[10:19] 경주의 목표 지점을 향해[12:1] 나아가야 한다.

히브리서가 묘사하는 하나님의 장엄한 말씀은 산 위에 임재하신 것처럼 압도적이다.[12:22-29] 청중은 아직 하나님과 완전히 함께 있지 않지만, 하나님은 그들의 시야와 청각을 온전히 채우신다. 그들은 변화시키는 하나님의 음성에 응답하여, 들은 바를 굳게 붙들고 그분을 향해 계속해서 더 가까이 나아가야 한다.

실천의 차원에서 보면, 고백을 굳게 붙드는 일은 개인에게서 기도의 행위로 나타난다. 간구하는 자는 아들의 계시에 근거한 확신 있는 신뢰로 하나님께 나아가며, 그 순간 필요한 것을 무엇이든 아뢸 수 있다.[4:16] 기도는 곧 고백이다. 그것은 하나님에 관해 참된 것과 기도하는 자 자신에 관해 하나님이 이미 알고 계신 참된 것을[4:12-13] 일치되게 말하는 행위다. 하나님께 나아가는 기도와 더불어 '앞으로 나아감'이라는 은유는 공동체의 예배 행위에도 잘 적용된다. 예배란 예수[2:12]와 성령[3:7; 10:15]을 통해 계시된 하나님의 이름과 선하심을, 동일한 구원의 여정에 있는 다른 이들과 함께 감사하며 선포하는 것이다.[12:1-14] 이처럼 히브리서에 따르면 신실함은 한 영역에만 국한되지 않는다. 그것은 삼위일체 하나님 앞에 응답하는 공동체의 일원으로서 듣고 말하고 행동하는 전인적 참여를 포함한다.

3. 히브리서는 어떤 종류의 믿음을 요청하는가

만일 신실함의 '태도'가 잘 듣고 그대로 응답하는 것이라면, 믿음은 하나님이 생명의 능력을 가지셨음을, 특히 죽음 앞에서도 그렇게 신뢰하는 것이다. 이는 믿음이 오직 죽음의 위기에서만 필요한 응답이라는 뜻은 아니다. 하나님에 대한 신실함이란 하나님의 예리한 말씀이 무엇을 드러내든지,[4:12-13] 모든 상황에서 응답하는 것을 포함한다. 그러나 동시에 히브리서에서, 그리고 사실 모든 인간의 삶에서 죽음은 인간 실존 위에 드리워져 있다.[2:15] 비록 그것을 항상 의식하지는 못할지라도 말이다. 더욱이 이 히브리서 저자가 믿음의 필요성을 강조하는 순간들은 종종 그리스도 안에서의 죽음과 생명이라는 현실을 인식하며 나누는 대화 속에서 이루어진다.

생명에 대한 강조는 영원히 아버지 하나님과 함께 계셨고, 아버지와 함께 생명의 창조에 참여하신 아들에게서 시작된다.[1:3] 죄를 정결케 하신 그분은 영원히 살아 다스리실 것이다.[1:8-13] 이러한 단언은 영원하신 하나님이자 부활하신 인간으로서 아들이 지닌 끝없는 생명을 전제한다. 이어서 2장에서 그분은 장차 올 세상에서 모든 것을 다스릴 분으로서[2:8-9] 자신의 생명을 나누신다. 이로써 그분은 인류를 죽음의 두려움에서 해방시키고,[2:14-15] 하나님이 인류를 위해 계획하신 대로[시 8편; 히 2:8] 그들이 그분과 함께 다스리게 하신다. 그분을 따르는 이들에게 죽음은 결코 이야기의 끝이 아니다. 광야에서 신실하지 못했던 자들의 운명과는 달리,[3:7-4:13] 그들은 하나님과 함께 영원한 안식의 삶을 누리게 된다.[4:1-11] 그들은 또한 죽음 너머에서 자신을 구원하실 하나님 아버지께 부르짖었던 분을 따른다.[5:7]

멜기세덱의 이야기는 불멸의 생명을 가지신 그분의 이야기를 모방한 것이다.[7:3, 16] 이전의 신실한 이들은 하나님이 죽음 너머에서도 약속을 성취하실 수 있다는 신뢰 속에서 죽음을 이기실 그분의 오심을 고대했다. 이 주제의 실타래는 11장의 모든 신앙 이야기를 관통한다. 즉 무(無)에서 생명을 창조하신 하나님에 대한 믿음[11:3]에서 시작하여, 죽은 자 같은 이를 살리신 하나님을 신뢰한 아브라함,[11:19] 그리고 죽은 자를 돌려받은 여인들과 더 좋은 부활을 바라던 모든 이들[11:35]에게 이르기까지 이어진다.

비록 이 서신의 첫 수신자들은 지도자들을 죽음으로 잃었지만,[13:7] 그들은 의롭게 된 모든 이들과 함께 하나님의 산에서 다시 연합할 것을 믿었다.[12:23] 히브리서 저자에게 믿음은 모든 것을 직면하게 하는 능력이다. 죽음조차도 하나님 앞에서 무력하다면, 죽음을 이긴 아들을 따르는 자들은 하나님이 모든 일에서 도우실 것임을 온전히 신뢰할 수 있다. 이러한 믿음이야말로 그들이 어떤 상황에도 하나님의 음성에 귀 기울이고 신실하게 응답하도록 만든다.

4. 신약성경에 대한 히브리서의 독특한 기여는 무엇인가

만일 이 초기 기독교 문서를 한마디로 요약해야 한다면, 그것은 그리스도의 인격과 사역을 제사장적 소명으로 해석한 신실하고도 창의적인 공헌일 것이다. 저자는 첫 문장에서 이미 그리스도가 죄를 정결하게 하셨음을 확언하며 이 주제를 제시한다.[1:3] 히브리 성경에서 자주 증언되듯이 과거에는 희생 제사를 통해 반복적으로 죄와 부정으로부터의 정결을 이루었다. 그러나 이제 하나님의 아들이 그 목적을 단번에, 그리고 영원히 성취하셨다.

다음 장에서는 영원한 아들의 인성이 그분이 맡으신 직분, 곧 하나님께 신실하고 언약 공동체에게 자비로운 제사장직 안에서 드러남을 보여준다.[2:17] 그분은 인간의 조건에 참여하여 하나님 앞에서 그들을 대표하신다.[2:14] 그분은 인간의 죄를 속하기 위해 죽음을 겪었고, 마침내 죽음을 이기셨다.[2:17] 그래서 저자는 그분이 하나님이 보내신 그들의 대제사장임을 선포한다.[3:1] 이 주제는 계속 이어지며, 저자가 하나님 앞에서 드러난 인간의 취약성을 독자들에게 상기시킬 때도 등장한다.[4:13] 그들에게는 바로 이러한 제사장이 필요한데,[4:14] 이는 분노한 하나님을 달래기 위해서가 아니라, 죄가 하나님과 인간 사이에 장벽을 만들었기 때문이다.

저자는 예수를 제사장으로 묘사하기 위해 이스라엘의 제사장직과 희생 제사에 관한 깊은 전통의 우물에서 물을 길어 올린다. 그는 다른 어떤 초기 그리스도인도 시도하지 않았던 방식으로 세부 사항과 강조점을 더하여, 예수의 사명을 왕으로 다스리는 것뿐 아니라 대제사장으로 섬기는 것으로도 해석한다. 인간으로서 예수의 삶은 순종과 공감 안에서 성숙해 갔으며,[5:7-10] 그 삶은 결국 십자가에서 죽음에 이르는 순간에도 하나님을 신뢰하도록 준비시켰다.[5:7; 12:2-3] 십자가 위에서 그분은 자신의 몸과 피, 곧 온 존재를 기꺼이 희생 제물로 내어 주셨다.[7:27; 9:12, 14; 10:10; 12:24; 13:12] 그리고 아버지 하나님의 살아 있는 능력을 신뢰하는 그분이 죽음을 물리쳤을 때,[2:14-15; 13:20] 그분은 권능의 보좌에 앉기 위해 승천하셨다.[1:13; 8:1; 10:12; 12:2]

그렇게 함으로써 그분은 자신의 살아 있는 몸과 피를, 완전히 충분하고 최종적인 희생 제물로 하나님께 드렸다.[9:12; 10:10] 하나님 우편에 앉으신 그분은 자신의 희생이 죄를 해결했음을 끊임없이 증거한다. 또한 그분은 하나님 우편 보좌에서 자신을 따르며 영원히 하나님과 함께 거할 이들을 위해 끊임없이 중보하신다.[7:25, 28]

그리스도의 제사장 직분은 그분 자신만이 아니라 회중의 영혼을 돌보도록 부름받은 지도자에게 본보기가 되었다. 이는 이스라엘의 제사장이 자신을 넘어 다른 이들을 돌보도록 부름받았던 것과 다르지 않다.[13:17; 9:7] 이러한 맥락에서 히브리서는 예수 그리스도의 제사장직을 중심으로 한 새로운 예배 이해를 제시한다. 모든 이들은 예수의 발자취를 따르도록 부름받았는데, 그분은 자신의 직분을 자기 자신을 위해 사용하지 않고 다른 이들을 섬기며 모든 것을 내어 줌으로써 하나님께 영광을 돌렸다. 따라서 그리스도인의 리더십은 자아실현이 아니라 하나님 나라를 세우는 것을 지향한다.

5. 그리스도 안에 참여하는 자의 지위는 어떤 것인가

예수의 제사장 직분에 의해 섬김을 받는 이들은 단순한 추종자가 아니라, 이스라엘에서 레위인과 그 형제들의 관계가 그러했듯이 예수의 가족으로 선포된다. 하나님의 아들이자 메시아인 예수를 고백하는 이들은, 비록 그분이 만물의 주님일지라도 그분의 형제자매가 된다.[2:11-12] 예수께서 그토록 친밀한 방식으로 그들과 관계 맺는 것을 부끄러워하지 않으신다는 사실은 큰 위로와 격려가 된다. 1세기 당시뿐 아니라 시대와 문화를 막론하고, 맏형에게는 어린 동생들을 돌봐야 할 특별한 책임이 주어졌다.[2] 하나님의 아들은 그분을 따르는 이들을 그렇게 돌보신다.

그분이 그들을 가족으로 받아들이셨기 때문에, 그분의 아버지 하나님은 그들을 자녀라 부르신다.[2:10, 13: 12:5-11] 따라서 그들은 예수께서 받으신 하나님의 관심, 곧 교육[5:7-9, 11-14: 12:5-11]과 상속[1:14; 6:12; 9:15; 12:23]의 특권을 동일하게 누린다. 예수는 하나님이 그들과 맺으실 관계의 모범이 된다. 그분이 자신의 소명을 완성하기 위해 고난을 겪었다면,[2:8-10: 5:7-10] 그들 또한 같은 길을 걸어야 한다. 그분이 만물을 상속받는다면, 그들은 맏형의 청지기 직분에 참여할 것이다.[2:5-10: 12:28] 그러므로 이 신앙 공동체를 떠나는 것은 가족을 떠나는 것과 같이 심각한 일이다.[12:15-17] 그들을 붙드시려는 하나님의 열망은 부모가 자녀와의 관계를 유지하려는 열망만큼이나 강하다. 결국 하나님은 그들의 관계가 굳건히 세워지고 지속되도록 모든 것을 마련하셨다.

6. 공동체의 삶의 모습은 어떠한가

각 개인은 하나님을 아버지로, 예수를 형제로 모심으로써 격려를 얻을 뿐 아니라, 그리스도를 고백하는 공동체 안에서 형제자매들로부터 이어지는 광범위한 격려의 교류를 누린다. 주석가들은 히브리서 공동체의 민족적 구성을 두고 논쟁해 왔으나, 이 서신의 첫 수신자들이 모두 혈연적 친족 관계였을 가능성은 크지 않다. 후대의 독자들에게는 그럴 가능성이 더욱 희박하다. 그러나 이제 그리스도를 고백하는 모든 이들은 피로 맺어진 관계 안에 있다. 그 피는 그들 자신의 피가 아니라, 그리스도가 그들을 하나님과의 가족 관계로 이끌기 위해 흘리신 피다.

결과적으로 그들은 친형제자매와 그리하듯 서로 관계 맺을 수 있으며, 또 그렇게 해야 한다. 이 가족은 인간 아버지의 가족이 아니라 하나님 아버지의 가족이므로, 그 기준은 훨씬 더 높다. 그 기준은 서로 간에 정직함을 요구하며, 마음속 깊은 쓴 뿌리를 지적하는 일도 포함한다.[3:12 – 13; 12:15] 이 형제자매 관계는 정서적 격려만이 아니라 신체적·경제적 공급을 통한 돌봄까지 아우른다.[13:1 – 5] 이러한 도움은 그들이 하나님의 안식을 향해 광야 길을 걸어가는 동안, 그리고 목표 지점에 앉아 계신 예수를 만나기 위해 경주할 때[12:1 – 2] 반드시 필요하다. 그 길은 험난하여 혼자서는 갈 수 없는 길이지만, 하나님은 서로를 통한 지원을 예비해 두셨다.

앞선 질문은 이 설교의 주요 주제들로 독자를 안내하기 위한 것이었다. 이제 마지막 네 가지 질문은 미래를 내다보며, 이 설교를 공부한 뒤 어떻게 살아야 할지 성찰하도록 돕는다.

7. 경고 본문들을 목회적으로 어떻게 다루어야 하는가

히브리서는 수많은 질문을 불러일으키지만, 그중에서도 경고 본문들만큼 실존적으로 긴급하게 다가오는 것은 없다. 어떤 이는 돌이킬 수 없는 죄에 빠졌을까 두려워하고, 또 어떤 이는 사랑하는 이에게서 그런 징후를 발견하고 염려한다. 혹은 자신이 그 위험한 경계선 위에 서 있는 듯한 불안을 느끼기도 한다. 그러므로 히브리서를 연구하는 사람이라면 누구나 이러한 경고 본문들이 제기하는 문제에 대처할 준비를 갖춰야 한다. 특히 다른 이의 영혼을 감독할 책임을 맡은 지도자는[13:17] 더욱 그러하다.

가장 중요한 것은 그리스도 안에서 주어지는 구원만이 유일하며 더없이 충분하다는 사실을 강조하는 일이다. 하나님은 창조 세계를 죄로 인한 타락 속에 내버려두지 않으시고, 아들의 인격과 사역을 통해 구속하고 화해시키기로 선택하셨다. 이 은혜롭고 이미 완성된 행위는 신자들에게 심오한 확신을 준다. 그리스도는 모든 죄에 대해 승리하셨다.[1:3; 2:17; 7:27; 8:12; 9:26, 28; 10:12, 17-18] 경고 본문들 가운데 하나는 고의적인 죄를 언급하지만,[10:26] 사실 수많은 죄들이 무지 속에서 저질러진다. 즉 시대적 문화에 휩쓸린 무지, 자기기만에서 비롯된 무지, 하나님에 대한 잘못된 믿음에서 생겨난 무지 등이 이에 해당한다. 그러나 그리스도는 이러한 과거와 미래의 모든 죄를 속하셨다.

따라서 그리스도께 나아오는 자는 무지 속에서 범한 죄를 포함하여 속함받지 못할 죄가 없다. 그리스도의 완전한 승리는 보장되어 있다. 결국 가장 중요한 것은, 염려에 사로잡힌 이든 혹은 위험할 정도로 아무런 염려가 없는 이든 모두 그리스도께로 인도하는 일이다.

이것이 바로 저자가 이 경고 본문들을 기록한 주된 목표다. 그는 공동체 안에서 실제로 그리스도를 부인하는 일이 일어나지 않았음을 분명히 한다. 그 대신 가상적 현실에 대한 사례 연구를 제시한다. 만일 그들이 자신들의 구속자이자 영원한 생명의 근원이신 분에게서 돌아섰을 경우 어떤 일이 벌어질지 보여주는 것이다. 히브리서 저자가 그려 내는 섬뜩한 그림은 공동체를 두려움 속에 붙잡아 두기 위함이 아니다. 오히려 그들이 두려운 현실에서 멀어지고, 구원할 능력이 있는 유일한 메시아 예수께 더 깊이 나아가도록 이끄는 것이다.

그리스도께 시선을 고정할 때, 영적으로 과민한 이들의 염려는 누그러진다. 죄로 인해 그리스도에게서 멀어졌다고 두려워하는 순간에도, 오직 그리스도만이 구원의 길임을 믿는 자는 그 안에서 위로를 얻을 수 있다. 즉 그리스도는 하나님과 그들 사이의 모든 간극을 메울 수 있으며, 이를 위해 필요한 모든 것을 이미 행하셨다. 그들이 그리스도와 연결되기를 간절히 소망한다면, 이 본문들이 묘사하는 죄는 결코 그들과 상관없다.

그러나 많은 경우, 이 본문들이 불러일으키는 염려는 기독교를 떠난 다른 어떤 사람에 관한 것이다. 그가 그리스도에게서 돌아선 것처럼 보인다면, 그에 대한 염려는 더욱 무겁게 다가온다. 그러나 그런 상황을 자세히 살펴보면, 사람들이 떠나게 된 배경에는 저마다의 사정과 이유가 있음을 알 수 있다. 어떤 경우에는 하나님에 대한 거짓된 관점을 거부한 것일 수도 있다. 그렇다면 그 과정은 오히려 참된 관점을 찾는 길이 된다. 또 어떤 이가 신뢰할 만한 그리스도상으로부터 돌아섰다 하더라도, 히브리서는 여전히 그리스도께로 다시 돌아올 수 있는 길을 열어 놓는다. 다만 그리스도 없이는 복을 받을 수 없다고 선언할 뿐이다. 불가능한 일은 단 하나다. 즉 하나님이 이미 예수 그리스도를 통해 마련하신 길 외에 다른 용서와 생명의 길이 있다고 인정하는 것이다.

다른 한편으로, 이 본문들을 무시하거나 그 엄중함을 희석해서는 안 된다. 그리스도인으로 사는 대가를 치르지 않고 안락함을 선택하라는 유혹을 받는 이들에게는 그리스도 바깥에는 구원이 없다는 사실을 분명한 어조로 경고해야 한다. 비록 잠시 떠났다가 자기 편의에 따라 돌아올 계획을 세운다 할지라도, 그 사이에 종말이 임할 수 있기 때문이다. 종말에는 개인적인 종말과 그에 따른 심판,[9:27] 그리고 구원을 위해 재림하시는 그리스도와 더불어 완성될 공동체적 종말이 있다. 비록 독자들이 당시 청중처럼 극심한 박해 상황에 처하지 않았더라도, 그리스도 때문에 받는 치욕을 거부하게 만드는 유혹과 이유는 언제나 존재한다.[13:13] 그러므로 이 본문들은 이 설교를 처음 들은 청중에게 그러했듯이, 오늘날 누구든 경각심이 필요한 사람에게 정신을 번쩍 들게 하는 부름이 될 수 있다.

8. 실제적인 지침을 어떻게 살아 낼 수 있는가

설교의 말미에서 저자는 매우 실제적인 지침을 제시한다.[13:1-5] 이 지침을 설교 전체와 결합하여 생각해 보면 그 내용은 크게 두 가지 범주로 나눌 수 있다. 첫째, 저자는 공동체 내에 건강한 관계를 세우는 데 전념한다. 독자들은 정직한 그리스도인의 우정을 나누고, 의미 있는 예배를 드림으로써 지침을 실천할 수 있다. 공동체가 건강할 때 그 격려는 자연스럽게 공동체 안에서 서로에게동체는 도움이 필요한 이들과 기꺼이 나눌 수 있는 자원을 갖게 된다. 결국 히브리서의 윤리는 공동체 내부와 외부 모두를 향해 분명하게 초점을 맞춘 윤리라 할 수 있다.

이 설교는 제자도를 격려하기 위해 쓰였지만, 동시에 복음 전파의 사역을 보여주기도 한다. 다시 말해 히브리서는 이미 그리스도를 고백한 이들을 향한 설교이지만, 성경의 모든 부분과 마찬가지로 여전히 구원의 기쁜 소식을 듣지 못한 이들에게 그 소식을 전하는 데 사용될 수 있고 또 사용되어야 한다. 아베네제르 G. 우르가Abeneazer G. Urga는 히브리서가 복음의 확산을 어떻게 설명하는지 주목하며 이렇게 말한다. "히브리서에 따르면 복음 전도의 과업은 승계적이다. 여기서 주목할 점은, 하나님이 여전히 인간 중개자들을 통해 구원의 복음을 전파하거나 증언하신다는 것이다."[3]

하나님은 구원의 메시지를 세상에 전하겠다고 약속하셨지만, 그 복음을 전하는 일에는 인간의 참여가 필요하다. 다시 말해 하나님은 주의 말씀을 먼저 들은 이들이 듣지 못한 이들에게 전하는 방법을 택하셨다. 그러므로 그리스도의 기쁜 소식을 전하는 일은 단순한 전달이 아니라 섬김이다. 그것은 다른 이들이 아들을 통해 말씀하시는 하나님의 음성을 듣게 하여, 그들 또한 하나님의 거룩한 산에서 열릴 잔치에 참여하도록 이끄는 섬김이다.

9. 히브리서는 문화적 경계성의 불편함을 어떻게 신학적으로 바꾸는가

히브리서 저자는 공동체에게 진영 밖으로 나가 예수의 치욕에 동참하라고 권면한다.[13:13] 이 권면의 초점은 그리스도에 대한 고백으로 인한 박해를 기꺼이 견디도록 독자들을 격려하는 데 있다. 그러나 동시에 이 권면은 설교 전체가 양 극단 사이의 긴장 속에 서 있음을 드러낸다. 히브리서는 한쪽을 버리고 다른 한쪽을 완전히 취하지 않는다. 오히려 문화적·신학적 역설을 함께 붙든다. 이러한 형식과 내용의 위치 설정은 독자들에게도 같은 길을 따르며 중간 지대에 머물라고 요청한다.

　히브리서는 1세기 세계에서 유대 문화와 헬레니즘 문화가 철저히 분리되어 있었다는 단순한 이분법을 거부하면서, 오히려 그 두 문화가 만나는 접점을 보여준다. 유대 문헌의 수사법에 능숙한 이 설교자는, 헬레니즘화된 유대교의 한 가지 사례 연구를 제시한다. 저자의 믿음에 대한 비전은 이스라엘의 광야 유랑[3:7-4:13]뿐 아니라 그레코로만 운동 경기[12:1-13]에도 호소한다. 주석가들은 그가 특정 자료에 직접 의존했다고 보지는 않지만, 이 저작과 그리스 및 로마의 수사학과 철학, 그리고 다양한 제2성전기 유대인 저자들 사이에서 연결 지점을 발견할 수 있다. 분명히 이 초기의 그리스도 추종자(히브리서 저자)는 이스라엘의 하나님을 섬기고 히브리 성경을을 풍부하게 인용한다. 그러나 동시에 그가 사용하는 표현 수단은 로마 제국 전역에 살던 이들에게도 익숙했을 것이다.

그는 민첩한 소통 능력을 발휘하여 외견상 이질적인 신학적 진리들을 포용한다. 글의 서두에서 그는 하나님의 아들의 신성과 예수의 인성이라는 대담한 두 가지 선포를 동등하게 제시한다. 이는 한 인격인 이스라엘의 메시아 안에 내재하는 쌍둥이 진리다. 그분은 영원한 분인데도[1:2, 8-12] 죽으셨고,[2:14] 주권자임에도[1:13] 천사들보다 낮아지셨으며,[2:9] 하나님의 광채이면서[1:3] 육신을 입으셨다.[2:14] 그렇게 함으로써 그분의 사역은 거룩하고 살아 계신 하나님으로부터 인류를 단절시켰던 장벽, 곧 죄와 죽음을 없앨 수 있었다.[1:3; 2:14-15] 그분은 인류를 아버지 하나님과의 관계 속으로 이끌었고, 하나님이 인류의 아버지가 되게 만드셨다.[2:10-13] 그러나 이 친밀함과 돌봄의 관계가 하나님이 만물의 거룩한 심판자라는 사실을 부정하지는 않는다.[10:30; 12:23] 하나님은 그분 가족의 자녀들에게조차 심판자로 남으신다.[12:23] 따라서 저자는 독자들에게 하나님을 두려워하라고, 곧 경외심을 가지고 하나님을 향해 달려가라고 담대히 권면한다.[10:19, 31; 4:16; 12:1]

그러나 이러한 폭넓은 포용성을 보여주는 문서는 히브리서만이 아니다. 신약성경의 다른 여러 문서들 역시 기독교적 역설이 지닌 아름다움과 신비를 드러낸다. 그러나 히브리서는 정경 안에서, 심지어 다른 서신들 사이에서도 경계의 자리에 서서 포용을 보여준다. 이 서신은 바울의 저작은 아닌 것으로 보인다. 그럼에도 마치 이방인을 위한 유대인 사도와 대화하는 것처럼 느껴진다. 또한 이 서신은 아브라함과 그의 후손에게 주어진 약속의 성취로서[2:16; 6:13-20; 8:1-13] 메시아 예수의 유일하고 충분한 구원을 확언한다.

저자는 이 공유된 지점에서 출발한다. 그리고 초점을 좁혀 희생 제사의 관점에서 예수의 사역을 집중적으로 조명한다. 이러한 구원 논증에서 그는 바울과 동일한 성경 본문과 주제들을 다룬다. 예를 들어, 70인역 시편 109편의 '하나님 우편에 앉으심'과 하박국 2장의 '의와 믿음의 관계'

등이 있다. 또한 그는 운동 경기고전 9:24 –27; 히 12:1 –13나 광야 세대의 이야기 고전 10:1 –22; 히 3:7 –4:13 등의 동일한 은유와 실물 교훈을 제시한다.

히브리서의 정경적 위치를 다른 측면에서 보면, 이 서신은 이른바 일반 서신처럼 광범위하지는 않다. 저자는 특정한 공동체를 염두에 두고 있는 듯하다. 그러나 이 설교는 이름이 알려진 예수의 제자들이 쓴 문서가 흔히 그러하듯이, 고난 속에서도 믿음을 지키는 신실함과 관련해 여러 관심사를 공유한다.벧전 1:6, 11; 2:20 –24; 3:13 –17; 4:1, 12 –19; 5:7 –11; 약 1:2 –4; 히 10:32 –39; 12:3 –11 히브리서는 다른 서신들과도 연결된다. 저자는 요한처럼 승천 후 예수의 중보 사역을 선포하며 독자들을 격려한다.히 7:25; 요일 2:1 –2 베드로와 요한계시록처럼 예수를 따르는 자들의 제사장적 신실함에도 주목한다.벧전 2:5, 9; 계 1:6; 5:10; 20:6; 히 10:19; 12:28; 13:16

히브리서는 반문화적인 신실함을 요청한다는 점에서 '경계성'을 지닌다. 저자는 먼저 독자들의 지적 능력을 확장시켜, 단순한 범주화를 넘어 하나님을 더 깊이 받아들이도록 이끈다. 첫 청중으로부터 오늘의 독자들에게 이르기까지, 모두가 예수께서 시작하셨으나 아직 완성되지는 않은 마지막 날들의 시대에 살고 있다. 이 중간 시대에 히브리서는 청중에게 세상의 문화와 절연하라고 요구하지 않는다. 그러나 동시에 그리스도에 대한 고백과 믿음이 주는 걸림돌σκάνδαλον을 희석시키거나 누그러뜨리는 것 역시 허용하지 않는다.

따라서 독자들은 그들이 따르는 하나님처럼 확신과 은혜라는 쌍둥이 사명에 두 발을 굳게 딛고 서야 한다. 그들은 주저함 없이 하나님의 아들 메시아 예수 안에 있는 유일하고 충분한 구원을 선포해야 한다. 그리고 다른 이들도 그분을 고백하도록 이끌기 위해, 모든 사람을 향해 긍휼과 평화의 섬김을 실천해야 한다.12:11; 13:1 –7 결국 히브리서의 그리스도론적 역설은 이 서신의 주석적 난제이자 동시에 신학적 잠재력의 중심에 놓여 있다.

10. 히브리서를 가르치기 위해 무엇을 준비해야 하는가

어떤 위대한 발견을 했을 때, 가장 자연스러운 첫 반응은 그 소식을 사람들과 나누는 것이다. 히브리서를 읽는 것은 큰 기쁨이지만, 그 풍요로움을 동료들과 나누는 것은 더 큰 기쁨이다. 초기 그리스도론의 형성에 중요한 역할을 했던 교회에서 시작된 히브리서 해석의 역사는, 오늘날 학계의 뜨거운 주목을 받고 있다. 그 역사는 우리가 마침내 우리의 일을 마치고 하나님의 안식에 들어갈 때까지,4:10 이 서신의 해석이 결코 끝나지 않을 것이라는 사실을 일깨운다. 이 과제는 때로 벅차지만 그만큼 흥미롭고 매혹적인 여정이 된다. 아직 발굴되지 않은 보물이 이 책 곳곳에 숨어 있다.

이 여정을 제대로 시작하려면 히브리서뿐 아니라 다른 자료들도 살펴볼 필요가 있다. 무엇보다 중요한 것은 저자가 인용하는 이스라엘 이야기에 익숙해지는 것이다. 여기에는 아브라함의 일대기,창 12-25장 이집트로부터의 구속과 광야 유랑(출애굽기), 율법의 수여와 그 세부 사항들,출 19-40장 특히 희생 제사에 관한 규례(레위기), 그리고 정탐꾼들의 잠입과 믿음 없는 백성의 실패민 13-14장 등이 포함된다.

시편 연구 또한 히브리서 해석에 큰 도움이 된다. 저자가 인용한 시편은 두 부류로 나뉜다. 하나는 하나님이 이스라엘 왕에게 베푸신 언약적 은혜를 노래하는 제왕시이고, 다른 하나는 예수의 기도 속에서 나타나는, 진실한 찬양의 능력을 보여주는 시편이다. 특히 후자의 경우는 예수를 따르는 이들이 하나님께 부르짖을 때 기도의 모범이 되는 본문이다.

마지막으로, 새 언약에 대한 예레미야의 예언렘 31:31-34을 살펴보아야 한다. 이 예언은 '위로의 책'렘 30-33장 안에 있으며, 하나님의 정의와 자비에 대한 예언자의 열망이 새 언약 안에서 응답된 것이다. 이 본문은 히브리서에서 가장 두드러지는 대목에 속한다. 이외에도 히브리 성경 연구는 무엇이든지, 이스라엘을 향한 하나님의 약속들과 깊이 얽혀 있는 이 설교를 이해하는 데 도움이 될 것이다.

이 단계는 히브리서를 가르치고 설교하는 데 모두 중요하다. 그러나 상황에 따라, 그리고 어떤 방향을 택하는지에 따라 더 세밀한 준비가 필요하다. 가르칠 때는 관련 성경 본문을 충분히 연구한 뒤 어떤 체계적 구조로 교육 내용을 조직할지 결정하는 것이 중요하다. 히브리서를 주제별로 다루는 것도 좋은 방향이 될 것이다. 즉 각 주제에 대한 첫 언급과 그 후의 발전을 범주로 묶는 방식이다. 창조, 가족, 죽음, 제사장 직분, 언약, 믿음 등이 그러한 주제가 될 수 있다.

다른 접근법은 제시된 논증의 흐름을 따라가는 것이다. 이 경우, 반복되는 주제 속에서도 점차 드러나는 미묘한 발전과 전환에 주목할 수 있다. 또 다른 방법은 히브리서가 제시하는 비교의 구조를 추적하는 것이다. 저자는 예수를 여러 인물 및 제도와 비교하며 그분의 우월성을 드러낸다. 예수는 예언자들,[1:1-2] 천사들,[1:4-14] 모세,[3:1-6] 여호수아,[3:6-4:13] 제사장들,[4:14-5:10; 9-10장] 멜기세덱,[7장] 옛 언약,[8:1-10:18] 그리고 시내산[12:18-29]보다 뛰어나신 분으로 묘사된다. 여기서 중요한 것은, 예수의 우월성이 단순히 불완전하거나 잘못된 것들과의 대조 속에서 드러나는 것이 아니라는 점이다. 그것은 오히려 하나님이 그분의 뜻 안에서 실제로 사용하신 선한 인물이나 제도와의 대조를 통해 드러난다. 예수 시대의 사람들에게 과거 이스라엘의 인물과 제도는 그분의 정체성과 사명을 이해하게 하는 길잡이, 곧 예표가 되었다.

또 다른 체계적 접근은 해설과 권면의 교대 패턴을 따르는 것이다. 저자는 공동체가 하나님의 말씀을 듣도록 초대한 뒤, 그들이 그 말씀에 어떻게 응답해야 하는지에 대한 지침을 제시하며 직접 말을 건넨다. 공부 모임에서는 이와 같은 각 쌍의 흐름에 주의를 기울일 수 있다.[4]

하나님께서 성경을 통해 말씀하심	삶을 위한 지침
예수의 탁월함(1장)	복음을 주의 깊게 경청함(2:1-4)
예수의 인성(2:5-18)	하나님의 집을 이루는 신실함(3:1-6)
시편(3:7-19)	믿음으로 안식에 들어감(4:1-16)
백성의 대제사장(4:14-5:10)	아브라함처럼 성숙으로 나아감(5:11-6:20)
예수를 통해 성취된	믿음으로 대제사장을 신뢰함(10:19-11:40)
멜기세덱 반차와 새 언약(7:1-10:18)	시온산에서 하나님 말씀에 응답함(12:18-
아버지의 징계(12:1-17)	13:25)

만일 한 그룹이 여섯 번의 공부 모임을 가질 시간이 없다면, 이 서신은 세 부분으로도 나눌 수 있다. 그 구분의 경계는 4:14-16과 10:19-25인데, 두 단락 모두 예수 그리스도를 통해 하나님께 나아가라는 촉구의 절정이다. 이렇게 나누면 설교의 중심 부분은 제사장 직분과 언약에 초점을 맞춘다. 첫 부분은 광야 세대의 불신앙과 대조되는 예수의 신실함에, 마지막 부분은 예수의 생애와 이스라엘의 과거 인물들의 삶을 통해 제시되는 신실함으로의 부름에 초점이 맞추어진다. 따라서 히브리 성경에 주의를 기울이고 구조를 분명히 하는 일은 교사와 학생 모두에게 히브리서의 풍요로움을 온전히 경험하도록 돕는다.

설교의 경우, 히브리서가 전례 안에서 어떤 자리에 놓여 있는지 살펴볼 필요가 있다. 즉 히브리서가 교회력 속 어느 시기에 배치되어 있는지뿐 아니라, 그날 지정된 다른 본문들과 어떤 연결점이 있는지도 고려해야 한다. 예를 들어, 히브리서는 많은 교단들이 사용하는 개정공통 성서정과Revised Common Lectionary에서 성탄절과 부활절이라는 두 주요 절기에 모두 등장한다. 성탄절에는 회중이 히브리서 1장을 통해 아들의 위엄에 대한 말씀을 듣는다. 고난 주간의 독서는 새 언약을 중재하는 그리스도의 제사장적 사역9:11-14과 믿음의 경주를 하는 동안 예수와 다른 신실한 이들을 바라볼 필요성12:1-3을 강조한다. 성금요일에 읽는 본문은 히브리서의 핵심 요약 단락 가운데 하나로, 아들의 사역 안에서 하나님이 행하신 일을 신뢰하며 하나님께 나아가도록 격려한다.4:14 – 16/5:7 – 9, 혹은 10:16 – 25

또한 설교자들은 B년 연중 시기Ordinary Time 후반의 몇 주 동안 히브리서 본문에 집중할 수 있다. 이때 회중은 7주에 걸쳐 히브리서 1 – 10장의 일부를 듣게 된다. 이어서 C년 연중 시기 중반의 몇 주 동안에는 11 – 13장을 접하게 된다. 히브리서는 그리스도인의 삶 속에서 계속되는 어려움과 기쁨을 말하며 더 깊은 제자도를 격려하는 본문이므로 이 시기에 특별히 적절하다.

들을 귀 있는 자들에게 히브리서는 전례의 언어 속에서 자주 울려 퍼진다. 사실 찬송가 가사 가운데 히브리서를 떠올리게 하지 않는 경우는 드물다. 그중에서도 윌리엄 채터턴 딕스William Chatterton Dix의 "알렐루야! 예수께 노래하라!"만큼 히브리서를 밀도 있게 암시하는 곡은 거의 없다. 네 번째 절은 이렇게 선포한다.

알렐루야! 영원한 왕, 우리는 당신을 만주의 주로 소유하나이다. 알렐루야! 마리아에게서 나신 분, 땅은 당신의 발등상, 하늘은 당신의 보좌. 휘장 안으로 들어가신 당신은 육신을 입으신 우리의 위대한 대제사장. 당신은 지상의 성찬 향연에서 제사장이자 희생 제물이십니다.

이 가사는 히브리서가 강조하는 여러 핵심 주제들을 잘 담고 있다. 즉 영원한 아들의 인성, 하나님 우편에 앉으심, 대제사장으로 섬기기 위해 하나님 앞에 들어가심, 그리고 그곳에서 제사장이자 제물이 되신다는 내용이다. 히브리서 없이는 이처럼 울림 있는 언어로 작사를 할 수 없었을 것이다. 예식서에서도 히브리서의 메아리를 자주 들을 수 있다. 예를 들어, '주님의 세례를 위한 기도들'은 히브리서 1장에 인용된 시편 구절로 구성되어 있다. '토요일의 기도들'은 히브리서의 안식일 논의를 반영한다. 안수 예식에서는 예수의 제사장 직분을 묵상한다. 또한 저녁기도 예식과 장례 예식은 모두 예수를 "양들의 큰 목자"[13:20]로 명명하는 축도로 마무리된다. 따라서 하루의 끝과 인생의 끝에서 우리 영혼은 그분의 돌보심에 맡겨진다.

기독교 교회의 신학에 주의를 기울이는 설교자라면 히브리서의 선포를 반드시 자신의 설교 사역에 통합해야 한다. 히브리서 연구는 설교자가 말씀을 더욱 확신 있고 풍성하게 전하도록 준비시켜 준다.

히브리서는 그 안에 담고 있는 약속을 예증한다. "하나님의 말씀은 살아 있고 활력이 있다."[4:12] "오늘"이라 불리는 동안[3:15] 하나님의 영감받은 이 말씀은 그리스도 안에 참여하는 모든 이들을 격려하고 권면하며, 도전하고 위로할 것이다. 그들은 이 말씀에 붙들려 하나님과 영원히 함께 거하기 위한 길을 계속 걸어간다.

이 프로젝트의 마무리는 나의 학문적 여정에서 중요한 한 장을 닫는 일이다. 그러나 나는 이 서신과 영원히 동행하며 학생들에게서 배우고, 설교를 통해 새로운 통찰을 발견하며, 이 서신이 요구하는 신실함으로 빚어지기를 고대한다. 나의 소망은 이 서신을 연구하는 데 에너지를 쏟는 모든 이들이 어떤 의미에서는 그것을 결코 내려놓지 않는 것이다. 그리고 마침내 우리가 하나님의 아들이자 메시아이며 대제사장이신 예수의 영원히 효력 있는 피를 통해 거룩하신 하나님과 의로운 백성의 잔치에 참여할 때, 이 아름다운 말씀이 각자의 영혼 속에서 영원한 울림을 갖게 되기를 바란다.

주

서론

1 "히브리인들에게" 행한 설교라는 표현은 3세기 초에 저술된 테르툴리아누스의 Modesty 20.2에 처음
으로 등장한다. 이에 대한 자세한 설명은 다음 글을 보라. Erik A. de Boer, "Tertullian on 'Barnabas'
Letter to the Hebrews' in De pudicitia 20.1–5," Vigiliae Christianae 68.3 (2014): 243–263.

2 Amy L. B. Peeler, You Are My Son: The Family of God in the Epistle to the Hebrews, LNTS 486
(London: Bloomsbury T&T Clark, 2014).

3 예를 들어 다음 책을 보라. Nicholas Perrin, Jesus the Priest (Grand Rapids: Baker Academic, 2018).

4 David M. Moffitt, Atonement and the Logic of Resurrection in the Epistle to the Hebrews, NovTSup
141 (Boston: Brill, 2011).

5 내가 해석학 이론을 세우는 데 큰 영향을 준 책이 리처드 헤이스(Richard Hays)의 『바울 서신에 나타
난 구약의 반향』(Echoes of Scripture in the Letters of Paul, New Haven: Yale University Press, 1993)이다. 특히 그
의 제자이자 내 박사 학위 지도 교수인 J. 로스 와그너의 가르침을 통해 그런 훈련을 쌓았다.

6 히브리서 저자의 인용 방식을 중점적으로 다룬 글에는 다음과 같은 것들이 있다. Susan E. Docherty,
The Use of the Old Testament in Hebrews: A Case Study in Early Jewish Bible Interpretation, WUNT II.260
(Tubingen: Mohr Siebeck, 2009); Madison N. Pierce, Divine Discourse in the Epistle to the Hebrews: The
Recontextualization of Spoken Quotations in Scripture, SNTSMS 178 (Cambridge: Cambridge University
Press, 2020); Georg Walser, Old Testament Quotations in Hebrews: Studies in Their Textual and Contextual
Background, WUNT II.356 (Tubingen: Mohr Siebeck, 2013); Radu Gheorghita, The Role of the Septuagint
in Hebrews: An Investigation of Its Influence with Special Consideration to the Use of Hab 2:3–4 in Heb 10:37–38,
WUNT II.160 (Tubingen: Mohr Siebeck, 2003); Gert Jacobus Steyn, A Quest for the Assumed LXX Vorlage
of the Explicit Quotations in Hebrews, Forschungen zur Religion und Literatur des Alten und Neuen Testaments
235 (Gottingen: Vandenhoeck & Ruprecht, 2011).

7 Jesper M. Svartvik, "A Dangerous Book: Reading Hebrews without Supersessionism," Christian
Century 138.19 (2021): 34–36. 스바트빅은 이 문제에 대해 다음과 같이 말한다. "유대교와 그리스도
교는 별개의 두 언약이요 그중에 새 언약이 훨씬 좋은데, 이 사실이 그리스도교 신앙의 근본을 이룬
다고 보는 관념을 굳히는 일에 히브리서가 신약성경의 어떤 문헌보다 큰 역할을 했다는 사실은 놀라
운 일이 아니다. 신약성경에 33번 사용된 헬라어 '디아테케'(diatheke, '언약') 가운데 열네 번이 히브리
서에 나오며, 열아홉 번 사용된 '크레이톤'(kreittôn, '더 낫다') 가운데 13개가 히브리서에 나온다"(34).
다음의 책들에서 제기하는 논의를 살펴보라. Andreas-Christian Heidel, Das glaubende Gottesvolk: der
Hebräerbrief in israeltheologischer Perspektive, WUNT II.540 (Tubingen: Mohr Siebeck, 2020); Craig A.
Evans and Donald Alfred Hagner, eds., Anti-Semitism and Early Christianity: Issues of Polemic and Faith
(Minneapolis: Fortress, 1993); Lillian C. Freudmann, Antisemitism in the New Testament (Lanham, MD:
University Press of America, 1994); Alan C. Mitchell, "A Sacrifice of Praise': Does Hebrews Promote
Supersessionism?," in Reading the Epistle to the Hebrews: A Resource for Students, ed. Eric F.
Mason and Kevin B. McCruden, RBS 66 (Atlanta: Society of Biblical Literature, 2011), 251–268. 이 주
제에 대해 내 문헌 자료가 풍성해질 수 있도록 도움을 준 앤디 이버슨(Andy Iversen)에게 감사드린다.

8   Lloyd Kim, Polemic *in the Book of Hebrews: Anti-Semitism, Anti-Judaism, Supersessionism?, Princeton Theological Monograph Series 64* (Eugene, OR: Pickwick, 2006).

9   이러한 설명은 리처드 헤이스("'Here We Have No Lasting City': New Covenantalism in Hebrews," in *The Epistle to the Hebrews and Christian Theology*, ed. Richard Bauckham et al. [Grand Rapids: Eerdmans, 2009], 151–73)에게서 가져왔다(155). 그의 주장에 따르면, 히브리서는 "이스라엘의 유산을 전해 줄" 뿐만 아니라 "이스라엘의 정체성을 변화시킨다." 달리 말해 "[히브리서는] 이스라엘의 이야기가 비록 불완전하기는 해도 참다운 계시를 담고 담고 있다고 확인해 준다"(167).

10 Hays, "Here We Have No Lasting City,'" 167–168.

11 이와 유사한 결론을 제시하는 글로는 다음을 참조하라. Oskar Skarsaune, "Does the Letter to the Hebrews Articulate a Supersessionist Theology? A Response to Richard Hays," in Bauckham et al., *Epistle to the Hebrews and Christian Theology*, 181.

12 클레멘스의 첫째 서신 36장 외에 9, 12, 19, 21장도 보라. 많은 이들이 클레멘스의 첫째 서신의 연대를 주후 90년대로 보는 데 반해, 조너선 버니어(Jonathan Bernier)는 60년대로 보아야 한다고 주장한다(*Rethinking the Dates of the New Testament* [Grand Rapids: Baker Academic, 2022], 239–251). 히브리서의 저작 연대가 60년대라면 이 견해가 설득력이 있는데, 나는 이 견해가 합당하다고 생각한다. 뒤에서 다룰 히브리서의 저작 연대를 보라.

13 루크 티모시 존슨(Luke Timothy Johnson)이 다음 책에서 제기한 논의를 참조하라. *Hebrews: A Commentary, New Testament Library* (Louisville: Westminster John Knox, 2006), 3.

14 알렉산드리아의 클레멘스와 오리게네스의 논평은 유세비우스의 글(*Ecclesiastical History* 6.14.2–4; 6.25.11–14)에 들어 있다.

15 Cyprian, "Epistle to Cornelius," in Saint Cyprian, Letters 1–81, trans. Sister Rose Bernard Donna, *Fathers of the Church 51* (Washington, DC: Catholic University of America Press, 1964), 171–193.

16 이러한 다툼에 관해서는 다음의 글을 보라. Craig R. Koester, *Hebrews: A New Translation with Introduction and Commentary, AB 36* (New York: Doubleday, 2001), 23.

17 클레어 로스차일드(Clare Rothschild)는 무라토리 단편이 다른 서신들에 대해서도 그랬듯이 히브리서를 분명하게 거부하지 않는 점을 들어서 이것을 침묵의 논증(argument from silence)이라고 부른다. 로스차일드의 다음 책을 보라. *Hebrews as Pseudepigraphon: The History and Significance of the Pauline Attribution of Hebrews, WUNT 235* (Tubingen: Mohr Siebeck, 2009), 21–24.

18 좀 더 자세한 논의와 자료에 관해서는 다음 책들을 보라. Koester, *Hebrews*, 24–25; Johnson, *Hebrews*, 6.

19 Athanasius, *Festal Letters* 39.4–5; Augustine, *Guilt and Remission of Sins* 1.50; Jerome, Letters 59.3.3.

20 John Calvin, *The Epistle of Paul the Apostle to the Hebrews; and the First and Second Epistles of St. Peter*, trans. William B. Johnston, ed. David W. Torrance and Thomas F. Torrance, *Calvin's New Testament Commentaries 12* (Grand Rapids: Eerdmans, 1963), 19.

21 John Kleinig, *Hebrews*, Concordia Commentary (Saint Louis: Concordia, 2017), 33.

22 Karen H. Jobes, *Letters to the Church: A Survey of Hebrews and the General Epistles* (Grand Rapids: Zondervan, 2011), 3–6.

23 Robert W. Wall and Eugene E. Lemcio, *The New Testament as Canon: A Reader in Canonical Criticism*, *JSNTSS 76* (Sheffield: Bloomsbury, 1992), 178; Elizabeth Rundle Charles, *Within the Veil: Studies in the Epistle to the Hebrews* (London: SPCK, 1888), 9.

24 Tertullian, *Modesty* 20.2.

25 로마교회 장로 가이우스가 주장한 이 견해는 다음의 책에서 볼 수 있다. *Eusebius, Ecclesiastical History* 6.20.3.

26 예를 들어 유세비우스의 *Ecclesiastical History* 3.3.3을 보라. 쾨스터는 히브리서를 바울과 직접적으로 연계하거나 바울 문헌의 가장자리에 배치하는 초기 그리스도인들의 목록을 제시한다(*Hebrews*, 26–27). 또 데이비드 영의 다음 책을 참조하라. *The Concept of Canon in the Reception of the Epistle to the*

Hebrews, LNTS 658 (London: T&T Clark, 2022).

27 이런 유사성에 해당하는 사례를 정리한 글로는 다음 책을 참조하라. Kenneth Schenck, *Understanding the Book of Hebrews: The Story Behind the Sermon* (Louisville: Westminster John Knox, 2003), 90. 로스차일드도 바울 문서와 히브리서의 유사성을 다룬 방대한 목록을 제시한다. 특히 그의 책 *Hebrews as Pseudepigraphon*의 13장(63 – 118)을 보라.

28 Adolf von Harnack, "The Authorship of the Epistle to the Hebrews," *Lutheran Church Review* 19 (1900): 448 – 471.

29 Ruth Hoppin, *Priscilla's Letter: Finding the Author of the Epistle to the Hebrews* (Fort Bragg, CA: Lost Coast, 2009).

30 이런 현실에 대한 논의는 다음 책을 참조하라. Lynn H. Cohick, Women in the *World of the Earliest Christians: Illuminating Ancient Ways of Life* (Grand Rapids: Baker Academic, 2009), 243 – 246.

31 Cynthia Briggs Kittredge, *"Hebrews,"* in A Feminist Commentary, vol. 2 of Searching the Scriptures, ed. Elisabeth Schussler Fiorenza (New York: Crossroad, 1994), 428 – 54, at 433.

32 오리게네스의 이 말은 유세비우스의 *Ecclesiastical History*(6.25.14)에 나온다. 하지만 오리게네스는 여러 곳에서 바울이 이 설교의 저자라는 견해를 지지한다. 이를 위해 다음 글을 참조하라. Matthew J. Thomas, "Origen on Paul's Authorship of Hebrews," *New Testament Studies* 65.4 (2019): 598 – 609.

33 현대 주석가들 중에서는 키트리지(Kittredge)가 이 가능성을 가장 크게 인정한다(*"Hebrews,"* 433).

34 Luther, *Commentary on Genesis* 1545, WA 45:349.

35 아볼로를 히브리서 저자로 보는 주장에 관해서는 다음 책을 보라. Johnson, *Hebrews*, 42 – 44.

36 다음의 글을 참조하라. Daniel J. Treier, "Speech Acts, Hearing Hearts, and Other Senses: The Doctrine of Scripture Practiced in Hebrews," in Bauckham et al., *Epistle to the Hebrews and Christian Theology*, 337 – 350, and David A. deSilva, Perseverance in *Gratitude: A Socio-rhetorical Commentary on the Epistle 'to the Hebrews'*(Grand Rapids: Eerdmans, 2000), 35 – 39.

37 Carl Mosser, "Torah Instruction, Discussion, and Prophecy in First-Century Synagogues," in *Christian Origins and Hellenistic Judaism: Social and Literary Contexts for the New Testament*, ed. Stanley E. Porter and Andrew Pitts, *Texts and Editions for New Testament Study 10* (Boston: Brill, 2012), 523 – 551.

38 고후 11:22과 빌 3:5에서 볼 수 있듯이 '헤브라이오이'(ἑβραῖοι)는 이스라엘 사람들이 자신을 가리키는 말로 선호했던 용어다(Joshua D. Garroway, "Ioudaios," in *The Jewish Annotated New Testament*, ed. Amy-Jill Levine and Mark Z. Bettler [Oxford: Oxford University Press, 2011]).

39 Kenneth L. Schenck, *Cosmology and Eschatology in Hebrews: The Settings of the Sacrifice*, SNTSMS 143 (Cambridge: Cambridge University Press, 2008), 26 – 41; Eric Mason, "The Epistle (Not Necessarily) to the Hebrews," in *The Letter to the Hebrews: Critical Readings*, ed. Scott D. Mackie, T&T Clark Critical Readings in Biblical Studies (London: Bloomsbury T&T Clark, 2018), 389 – 403.

40 Kenneth Schenck, *A New Perspective on Hebrews: Rethinking the Parting of the Ways*(Lanham, MD: Lexington Books/Fortress Academic, 2019), 31 – 41.

41 Marcus Mininger, *Impossible to Be Restored? Temptation and Warning in the Message of Hebrews, New Studies in Biblical Theology* (Downers Grove, IL: InterVarsity Press, forthcoming).

42 Josephus, *Antiquities* 3.224 – 257.

43 Ken Schenck, *Explanatory Notes on the Sermon of Hebrews* (Eugene, OR: Cascade, 2023), 5 – 6.

44 George Wesley Buchanan, *The Book of Hebrews: Its Challenge from Zion, Intertextual Bible Commentary* (Eugene, OR: Wipf & Stock, 2006), 469 – 77; Carl Mosser, "No Lasting City: Rome, Jerusalem and the Place of Hebrews in the History of Earliest 'Christianity'" (University of St. Andrews, PhD diss., 2005). 이런 주장을 제시하는 간략한 글로는 다음을 보라. Carl Mosser, "Rahab Outside the Camp," in Bauckham et al., *Epistle to the Hebrews and Christian Theology*, 383 – 404.

45 Jason A. Whitlark, "'Here We Do Not Have a City That Remains': A Figured Critique of Roman Imperial Propaganda in Hebrews 13:14," *JBL* 131.1 (2012): 161 – 179. 초기 기독교 시대에 로마에

서 기원한 물질적·문화적 토대에 관해서는 다음 글을 보라. Jason A. Whitlark, "Funerary Anchors of Hope and Hebrews: A Reappraisal of the Origins of the Anchor Iconography in the Catacombs of Rome," *Perspectives in Religious Studies* 48.3 (2021): 219–241.

46 Charles, *Within the Veil*, 6–7.

히브리서 1:1–14

1 서론 34–35, 41–42를 보라.

2 Moffitt, *Atonement*, 45–53.

3 Bauckham, "Divinity of Jesus Christ," 23.

4 여러 필사자들이 '헤몬'(ἡμῶν, 우리의)이라는 대명사를 덧붙여 이해했는데, 나는 "조상들"이라고 직역할 수 있는 '파트라신'(πατράσιν)이라는 포괄적인 말로 옮겼다. 그 이유는 히브리서 저자가 하나님은 여성들에게도 말씀하신다는 사실을 분명히 밝히기 때문이다(11:11, 23, 31, 35).

5 이와 유사한 구절이 히브리 성경에서 마지막을 가리키는 말로 사용된다(창 49:1; 민 24:14; 신 4:30; 31:29; 수 24:27; 호 3:5; 미 4:1; 렘 23:20; 37:24; 70인역 겔 38:16; 단 2:28–29, 45; 10:14; 11:20).

6 4세기 후반에서 5세기 초에 활동한 몹수에스티아의 테오도루스(Theodore of Mopsuestia)는 이에 대해 다음과 같이 설명한다. "[히브리서 저자는] 무엇보다도 참아들을 가리키는데, 나는 참아들이라는 말을 그분이 자연적 출생으로 아들됨을 지니게 되었다는 뜻으로 받아들인다. 둘째, 저자는 이 호칭에다 하나님과 하나됨으로써 참으로 아들의 존엄성을 지니는 분이라는 뜻을 보탠다"(*Fragments on the Treatise on the Incarnation* 12.1 [ACCS 10:10]).

7 Photius, *Fragments on the Epistle to the Hebrews* 1.2–3 (ACCS 10:9).

8 크리소스토무스(Chrysostom)는 이 진술이 아들과 하나님의 영원한 관계가 보여주는 주권과 동일한 수준으로 아들의 육신을 세우는 것이라고 보았다(*Hebrews* 1.2 [NPNF1 14:367]). 이와 유사하게 아퀴나스(Thomas Aquinas)는 그리스도가 신적 본성에서는 "상속자로 지명되는 것이 아니라 본래부터 상속자"라고 주장했다. 하지만 그의 인간적 본성에서는 오직 "아버지의 참 아들"의 자격으로서만 "우주의 상속자로 지명되었다"(Thomas Aquinas, *Commentary on the Letter of Saint Paul to the Hebrews*, ed. John Mortensen and Enrique Alarcón, trans. Fabian R. Larcher, Latin/English Edition of the Works of St. Thomas Aquinas 41 [Lander, WY: Aquinas Institute for the Study of Sacred Doctrine, 2012], 1.1.20, p. 14).

9 "aiōn," LSJ, 45.

10 C. Kavin Rowe, "Biblical Pressure and Trinitarian Hermeneutics," *Pro Ecclesia* 11 (2002): 295–312.

11 *Fragments on the Epistle to the Hebrews* 1.2–3 (ACCS 10:8). 칼뱅도 역시 이렇게 주장한다. "이 구절은 그리스도의 영원성에 대한 증거다. 그리스도는 분명 그가 세상을 짓기 전부터 존재했다"(*Hebrews*, 6).

12 "aiōn, -ōnos," BDAG, def. 3, 33.

13 잠 8:27. 다음의 글을 보라. Harold W. Attridge, *The Epistle to the Hebrews: A Commentary on the Epistle to the Hebrews*, ed. Helmut Koester, Hermeneia (Philadelphia: Fortress, 1989), 40–41.

14 Chrysostom, *Hebrews* 2.2 (NPNF1 14:371).

15 Bauckham, "The Divinity of Jesus Christ in the Epistle to the Hebrews," in Bauckham et al., *Epistle to the Hebrews and Christian Theology*, 17.

16 Michael P. Theophilos, "The Numismatic Background of χαρακτήρ in Hebrews 1:3," *Australian Biblical Review* 64 (2016): 69–80.

17 잠 8:26–30; 지혜서 7:21, 25–26; 8:6c; 9:2, 4, 10을 보라. 또 다음 글을 참조하라. Philo, *On the Special Laws* 1.81; *On Planting* 8–9, 18; *On Flight and Finding* 10.10.

18 John Webster, "One Who Is Son: Theological Reflections on the Exordium to the Epistle to the Hebrews," in Bauckham et al., *Epistle to the Hebrews and Christian Theology*, 80. See discussion in Peeler, You Are My Son, 21–29.

19 Gregory of Nyssa, *On the Faith* (NPNF2 5:338). 또 다음 글도 참조하라. Gregory of Nyssa, Against

Eunomius 8.5 (NPNF2 5:206).

20 Theodore of Mopsuestia, *Fragments on the Epistle to the Hebrews* 1.2-3 (ACCS 10:10).

21 Chrysostom, *Hebrews* 2.2 (NPNF1 14:372).

22 Luther, *Lectures on Hebrews*, 1:3 (LW 29:112).

23 다니엘서와 시락서, 희년서의 저자들을 포함해 여러 유대인 해석자들은 멜기세덱 계열의 제사장직과 연관성을 제시하기 위해 하나님을 가리키는 이 칭호를 사용했다. 다음 책을 보라. Perrin, *Jesus the Priest*, 162.

24 Chrysostom, *Hebrews* 2.2 (NPNF1 14:373).

25 "유대교에서 하나님이 계신 천상의 보좌는 한분이신 하나님 및 그분이 만물과 맺는 관계를 이해하는 데 핵심이 되는 상징이다." Bauckham, "Divinity of Jesus Christ," 32.

26 예루살렘의 키릴로스(Cyril of Jerusalem)가 다음과 같이 설명한 것을 참조하라. "아들은 진보의 과정을 밟아 자기 보좌를 얻은 것이 아니다. 그는 존재하는 때부터, 곧 영원히 출생하신 때부터 아버지와 함께 앉으셨다"(Catechetical Lectures 14.27 [ACCS 10:17]).

27 내가 "그들의 것"(theirs)이라고 옮긴 대명사는 속격이 아니라 대격이기에 직역하면 "그들"이라고 번역할 수 있다. 전치사 '파라'(παρά)는 대격을 취하는데 이 대명사가 천사들의 이름만 아니라 천사들을 가리키기 때문에 아들과 천사들의 커다란 차이를 강조하는 것이라고 볼 수 있다.

28 메시아와 관련해 이 용어가 뜻하는 것에 대해서는 다음 글을 보라. Matthew V. Novenson, *The Grammar of Messianism: An Ancient Jewish Political Idiom and Its Users* (New York: Oxford University Press, 2017), 68, 82-91.

29 내가 전에 했던 해석의 부족함을 로버트 제이미슨의 통찰력 있는 글을 통해 수정할 수 있었다. 그에게 감사를 드린다. 다음의 글을 참조하라. R. B. Jamieson, *The Paradox of Sonship: Christology in the Epistle to the Hebrews, Studies in Christian Doctrine and Scripture* (Downers Grove, IL: IVP Academic, 2021), 16-17.

30 이 대화는 삼하 7:14과 또 다른 출처일 수도 있는 대상 17:13에 등장한다.

31 Attridge, *Hebrews*, 50.

32 Amy Peeler, "Sons of God," in Son, Sacrifice, and Great Shepherd: Studies on the Epistle to the Hebrews, ed. David M. Moffitt and Eric F. Mason, *WUNT* II.510 (Tubingen: Mohr Siebeck, 2020), 1-12.

33 모핏(David Moffitt)은 *The Life of Adam and Eve*와 *The Cave of Treasures* (Atonement, 133-44)와 같은 문헌들을 제시한다.

34 Richard Bauckham, *Jesus and the God of Israel: "God Crucified" and Other Studies on the New Testament's Christology of Divine Identity* (Grand Rapids: Eerdmans, 2009), 199-200; Peeler, You Are My Son, 51-61. Jamieson, Paradox of Sonship, 109-10에서 다룬 논의를 참조하라.

35 Peeler, *You Are My Son*, 44-46. 즉위 때에 아들의 신분은 거듭 언급되는 데 반해 신성은 그렇지 않다. 그래서 나는 아들이 높이 들리실 때 이 신명을 "물려받았다"는 말을 더 이상 믿지 않는다.

36 Jamieson, *Paradox of Sonship*, 108.

37 *Enarrations on the Psalms* 2.6 in LW 29:113에서 인용함.

38 Aquinas, *Hebrews* 1.3.49.

39 Amy Peeler, *Women and the Gender of God* (Grand Rapids: Eerdmans, 2022), 특히 118-151쪽을 보라.

40 LW 29:113.

41 삼하 7:14, 대상 17:13에도 다시 나온다.

42 이 인용 출처는 정확하지 않지만, 히 10:30에서 저자가 신 32장의 다른 구절을 인용하는 것으로 미루어 이 구절도 거기서 가져왔다고 볼 수 있다. 복잡한 문제들에 관한 논의는 다음 글을 참조하라. Pierce, *Divine Discourse*, 53-54n121.

43 Veit Dietrich, *Summary of the Epistle to the Hebrews* 1:6 (RCS 13:23).

44 하나님께서 아들을 '만드셨다'고 말하나 실제로는 아들을 특별한 역할로 세우셨다는 의미로 말하는

3:2에 관한 논의를 보라.

45 "바람"이라는 번역어가 이 시편에서 강조하는 자연과 더 어울리지만 "영"이라는 번역어는 천사들이 어떻게 인간에게 개입해 도움을 줄 수 있는가를 더 쉽게 그려볼 수 있게 해준다(1:14; 13:2).

46 L. D. Hurst, "The Christology of Hebrews 1 and 2," in *The Glory of Christ in the New Testament: Studies in Christology in Memory of George Bradford Caird*, ed. L. D. Hurst and N. T. Wright (Oxford: Clarendon, 1987), 161.

47 Eusebius, *Ecclesiastical History* 1.3 (ACCS 10:25).

48 *RCS* 13:25.

49 대격과 함께 사용된 '파라'(παρά)는 일반적으로 비교의 뜻을 지닌다. Dana M. Harris, Hebrews, Exegetical Guide to the Greek New Testament (Nashville: B&H Academic, 2019), 29.

50 *RCS* 13:26.

51 Chrysostom, *Hebrews* 3.4 (NPNF1 14:376).

히브리서 2:1 – 18

1 몇몇 랍비 문헌과 마찬가지로 희년서도 이러한 전승을 기록하고 있다. 다음 책을 보라. Attridge, *Hebrews*, 65n28.

2 Attridge, *Hebrews*, 59.

3 Cockerill, *The Epistle to the Hebrews*, NICNT, 2012, 122.

4 Chrysostom, *Hebrews* 4.2 (NPNF1 14:383).

5 때로는 하나님의 망각이 자비를 입증하기도 한다. 히브리서 저자는 설교의 뒷부분에서 렘 31장을 두 차례 인용하여, 하나님께서 죄를 기억하지 않기로 정하셨다고 말한다(히 8:12; 10:17).

6 이 시편의 히브리어 본문은 '에노쉬'와 인자라는 말을 포함한다.

7 "Braxus, eia, u," BDAG, 183.

8 Treier, "Speech Acts," 337 – 52.

9 Chrysostom, *Hebrews* 4.3 (NPNF1 14:383 – 84)

10 오리게네스, 히에로니무스, 암브로시우스 같은 초기 해석자들은 이 구절을 '하나님 없이'χωρὶς θεοῦ라고 이해했으며, 이러한 해석이 저자가 2:12에서 시 22편을 인용한 것과도 조화를 이루지만, 나는 본문 비평적인 이유뿐만 아니라 본질적으로 신학적인 이유로 인해, 더 많은 지지를 받는 "하나님의 은혜로 말미암아"라는 해석을 따른다. 예수가 하나님 없이 고난받고 죽으셨다고 말하는 것은 히브리서의 맥락과 조화되지 않는다. 예수를 낮추고 왕으로 높인 분이 하나님이시며(2:7, 9), 그분이 죽음의 운명을 진 형제들과 같게 하시고(2:17), 제사장으로 세워 자신을 바치게 하시고(5:5), 자기 몸을 희생 제물로 드려 사람들을 거룩하게 하는 일을 감당하게 하신 분(10:10)도 하나님이기 때문이다. 게다가 아들인 예수가 하나님 없이 고난받고 죽음을 겪었다면 저자는 고난을 겪는 청중과 연결할 수 있는 고리를 갖지 못했을 것이다. 이와는 달리 저자는 청중을 그들이 당하는 고난 한가운데 계시는 아버지 하나님과 직접 연결한다(12:4 – 11).

11 바울도 롬 11:36에서 전치사 구들을 사용해 하나님의 본성을 밝힌다.

12 이렇게 결속시키는 일은 아들로 태어난 남성들에게는 놀라운 일이요 딸로 태어난 여성들에게는 참으로 큰 은혜다. Amy Peeler의 다음 글을 보라. "'Leading Many Sons to Glory': Historical Implications of Exclusive Language in the Epistle to the Hebrews," *Religions* 12 (2021): 844 – 857.

13 이 단어가 헬라어로는 남성형 '아델푸스'(ἀδελφούς, 대격)이지만 나는 "자매들"이라는 말을 포함하는 말로 번역했다(이 한국어판에서는 개역개정을 따라 "형제"로 번역한다―옮긴이). 내가 중성적인 말인 '동기'(sibling)로 바꾸지 않은 이유는, 저자가 13절과 14절에서 중성적 용어(자녀들)를 사용하는데, 그와 분명히 구분하고 싶었기 때문이다. "형제"는 "아들"만큼 분명한 그리스도의 칭호가 아니며, 따라서 그리스도와의 관계를 나타내고자 반드시 이 남성적 용어만을 사용해야 하는 것은 아니다. 게다가 이 구절들은 공동체 예배와 관련된 것으로서 그리스도인들은 예배하는 자리에서 자기의 구체적인 독특성

을 그대로 유지하기 때문에, 나의 번역에서는 두 가지 칭호를 다 중요한 것으로 받아들였다.

14 Pierce, *Divine Discourse*, 98 – 113.

15 아트리지(Attridge)는 유대교와 초기 그리스도교의 문헌에 나오는 많은 사례를 언급하는데, 특히 창 3:1; 출 12:23; 지혜서 2:24; 고전 5:5; 요 8:44를 보라(*Hebrews*, 92).

16 아퀴나스는 왕상 2:6과 신 32:39을 근거로 삼아 이 논점을 주장한다. Thomas Aquinas, *Hebrews* 2.4.141, p. 69.

17 그리스와 로마의 문헌들에서 흔히 발견되는 표현. 패트릭 그레이(Patrick Gray)의 *Godly Fear: The Epistle to the Hebrews and Greco-Roman Critiques of Superstition* (Atlanta: Society of Biblical Literature, 2003)를 보라.

18 Lisa Bowens, *African American Readings of Paul: Reception, Resistance, and Transformation* (Grand Rapids: Eerdmans, 2020), 63.

19 Calvin, *Hebrews*, 31.

20 Chrysostom, *Hebrews* 4.6 (NPNF1 14:85).

21 Aquinas, *Hebrews* 2.4.142 (NPNF1 14:69).

22 민족적 정체성은 믿을 수 없을 정도로 복잡한 문제이지만(이 문제를 성경 연구에 통합한 저술로는 Janette Ok의 *Constructing Ethnic Identity in 1 Peter: Who You Are No Longer* [London: T&T Clark, 2021]를 보라) 여기서 저자가 주장하려는 논점은, 예수의 혈통과 문화는 유대인 가족을 통해(더 분명하게 말해, 특정 가정의 여성을 통해) 구체적인 몸으로 나셨다는 것이다.

23 해리스는 "하나님의 일에"(*ta pros ton theon*)라는 구절이 제사상 직분과 관계가 있다고 주장하며, 그 사례로 출 4:16과 18:19을 제시한다(*Hebrews*, 65).

24 Paul Ellingworth, *The Epistle to the Hebrews, New International Greek Testament Commentary* (Grand Rapids: Eerdmans, 1993), 188 – 190.

25 이러한 사실은 아들에게서 떨어져 나가는 일에 대해 강하게 경고하는 히브리서 본문들을 해석하는 데 도움이 되기에 반드시 기억해야 한다. 만일 어떤 형편에서도 자비롭게 돕는 대제사장을 거부하는 사람이 있다면, 그는 죄와 죽음의 문제에서 온전히 돕는 있는 유일한 분의 도움을 얻지 못하는 끔찍한 처지에 있는 것이다.

히브리서 3:1 – 4:13

1 하나님의 자녀는 인도받는 이들이다(2:10). 저자는 광야 세대가 헛되어 방황한 것과는 대조적으로 그의 독자들에게 들어가거나(4:3, 6, 10, 11) 나아감으로써(4:16; 7:25; 10:1, 22; 11:6; 12:22) 자신들이 자녀 신분임을 입증하라고 요청한다. 더 중요한 것으로, 저자는 그들을 가리켜 앞에 있는 소망을 얻고자 달음박질하는 사람들이라고 부른다.

2 2:10에서 논한 내용을 참조하라. 거기서 나는 남성형 용어는 여성을 포함하는 것이 당시의 관례일 뿐만 아니라 여성에게도 남성 구성원들과 동일한 사회적 권리와 책임을 부여한다고 주장했다.

3 그랜빌 샤프 규칙(Granville Sharp Rule)은 "두 개의 명사를 접속사 '카이'(καί)로 연결하고 전치사 하나가 이끄는 경우 이는 개념적인 일치를 함축한다"라고 규정한다. David Alan Black, *Learn to Read New Testament Greek*, 3rd ed. (Nashville: Broadman & Holman, 2009), 182.

4 Khaled Anatolios, "The Epistle to the Hebrews in Patristic Doctrine," in *So Great a Salvation: A Dialogue on the Atonement in Hebrews*, ed. Jon Laansma, George H. Guthrie, and Cynthia Long Westfall, LNTS 516 (London: T&T Clark, 2019), 88 – 90.

5 Bruce M. Metzger, *A Textual Commentary on the Greek New Testament*, 2nd ed. (Stuttgart: Deutsche Bibelgesellschaft/United Bible Societies, 1998), 594 – 95.

6 Gordon J. Wenham, Numbers, *Tyndale Old Testament Commentaries* (Downers Grove, IL: InterVarsity Press, 1981), 113.

7 John H. Walton and D. Brent Sandy, *The Lost World of Scripture: Ancient Literary Culture and Biblical*

Authority (Downers Grove, IL: IVP Academic, 2013), 60 – 70.

8 내가 신학 언어를 다룰 때 늘 그렇듯이, 성육신적 관점, 곧 아들의 인격을 통해 보는 것이 하나님 아버지에 대해 남성 대명사를 사용하는 것을 정당화하고 해석하는 기준이 된다.

9 이렇게 떨어져 나가는 경우라 해도 우리는 그 사람이 무엇에서 떨어져 나가는지를 진지하게 살펴보아야 한다. 벗어나려는 대상이 그리스도의 참된 모습인가 아니면 왜곡된 모습인가? 만일 어떤 사람이 그리스도의 참된 모습에서 의도적으로 떨어져 나갔더라도, 되돌아오는 사람에게 긍휼을 베푸는 것이 하나님의 성품이다. 6:4 – 8과 10:26 – 31, 12:15 – 17에 나오는 경고 본문들에 대한 논의를 참조하라.

10 케네스 솅크(Kenneth Schenck)는 이렇게 말한다. "저자는 하나님과 성령이 미묘한 차이가 있기는 해도 동일한 화자라고 생각한다. 성령이 말씀하신다는 것은 하나님께서 지금 이 본문을 통해 말씀하신다(달리 말해, 숨을 내쉰다)는 것이다." "God Has Spoken: Hebrews' Theology of the Scriptures," in Bauckham et al., *Epistle to the Hebrews and Christian Theology*, 334 – 335.

11 혹은 '그러므로'의 뜻을 가진 '디오'(διό)가 삽입되었더라도 이 행위들을 이 세대가 그 땅으로 들어가기를 거부한 후 광야에서 방황하게 되었을 때 하나님께서 그들에게 행하신 심판의 행위로 보는 것도 가능하다. 이것이 히브리서 저자가 3:17에서 그 시편 구절들을 이해한 방식이다. 그들은 그 땅으로 들어가지 않음으로써 하나님을 시험했으며 그 결과 심판에 맞닥뜨리게 되었다. 이러한 해석을 명확히 이해하기 위해서는 코커릴의 *Hebrews*, 180 – 181을 보라.

12 John Wesley, The Journal of the Rev. John Wesley……Enlarged from Original MSS., with Notes from Unpublished Diaries, Annotations, Maps, and Illustrations, ed. Nehemiah Curnock and John Telford, 8 vols. (London: Epworth, 1938), 24 May 1738.

13 폴 가브리뤼크(Paul L. Gavrilyuk)의 다음 저술을 보라. *The Suffering of the Impassible God: The Dialectics of Patristic Thought, Oxford Early Christian Studies* (Oxford: Oxford University Press, 2004).

14 *BCP* (1979), 146.

15 이와 대조되는 본문 전승에서는 분사 '쉉케케라스메누스'(συγκεκερασμένους, 결부시키다)가 '그들'이 아니라 '말씀'에 연결된다. 그러면 들은 그 말씀이 들은 사람들의 믿음과 결부되지 않아서 그 결과로 말씀이 그들에게 유익이 되지 못한다는 뜻이 된다. 히브리서 저자는 다수의 믿지 않는 사람들과 그들이 듣고 신뢰하지 않은 사실에 초점을 맞춘다. 위에서 살펴본 해석이 본문의 지지를 더 받지만, 어느 쪽 해석이든 믿음을 중요하게 여겨 강조한다.

16 F. F. Bruce, *The Epistle to the Hebrews*, rev. ed., NICNT (Grand Rapids: Eerdmans, 1990), 106.

17 이에 대해서는 윌리 제임스 제닝스의 다음 책이 잘 설명한다. *Acts, Belief: A Theological Commentary on the Bible* (Louisville: Westminster John Knox, 2017).

18 리처드 헤이스는 이것을 "순서에 따른 논증"(the argument from sequence)이라고 부른다. 이 논증에 따르면 히브리서 저자는 "구약성경의 '이야기' 순서를 민감하게 살피며, 하나님의 목적은 직선적이고 순차적인 논리를 따라 진행한다고 이해한다("Here We Have No Lasting City,'" 165).

19 이러한 연관성을 깊이 다룬 자료로는 다음 책을 보라. Bryan J. *Whitfield, Joshua Traditions and the Arguments of Hebrews 3 and 4* (Boston: de Gruyter, 2013).

20 다음 책들을 참조하라. John H. Walton and J. Harvey Walton, *The Lost World of the Israelite Conquest: Covenant, Retribution, and the Fate of the Canaanites* (Downers Grove, IL: IVP Academic, 2017); Matt Lynch, *Flood and Fury: Old Testament Violence and the Shalom of God* (Downers Grove, IL: IVP Academic, 2023); John J. Collins, *Does the Bible Justify Violence?* (Minneapolis: Augsburg Fortress, 2005); Charlie Trimm, *The Destruction of the Canaanites: God, Genocide, and Biblical Interpretation* (Grand Rapids: Eerdmans, 2022).

21 폭력을 견디라는 권고는 또 다른 윤리적 문제, 곧 폭력을 심화시키는 현상이 아니냐는 우려를 낳는다. 특히 12:4 – 11의 주석에서 수동성에 관해 논하는 것을 참조하라.

22 Jon Laansma, "I Will Give You Rest": The "Rest" Motif in the *New Testament with Special Reference to Mt 11 and Heb 3–4*, WUNT II.98 (Tübingen: Mohr Siebeck, 1997), 276.

23 Jon Laansma, *The Letter to the Hebrews: A Commentary for Preaching, Teaching, and Bible Study* (Eugene,

OR: Cascade, 2017), 111.

24 이 주제를 더 깊이 탐구하려면 다음 저작을 참고할 수 있다. Matthew Bates, *Salvation by Allegiance Alone: Rethinking Faith, Works, and the Gospel of Jesus the King* (Grand Rapids: Baker Academic, 2017), 그리고 *Gospel Allegiance: What Faith in Jesus Misses for Salvation in Christ* (Grand Rapids: Brazos, 2019).

25 지혜서(Wisdom of Solomon)도 하나님의 말씀을 검으로 묘사한다(18:15 – 16).

26 조너선 I. 그리피스(Jonathan I. Griffiths)가 다음 책에서 제시하는 주장을 보라. *Hebrews and Divine Speech, LNTS 507* (London: Bloomsbury, 2014), 85 – 88.

27 *BCP* (1979), 355.

히브리서 4:14 – 5:10

1 *Rich Mullins, "Creed," track 5 on A Liturgy, a Legacy and a Ragamuffin Band, Reunion 49233, 1993, compact disc.*

2 70인역에서는 "큰 대제사장"이라는 말이 마카베오 문서에서 시몬에 관해 묘사하는 데서만 나온다(마카베오상 13:42; 14:27). 그 이유는 "대제사장"이라는 표현 자체가 이 후대 문헌 외에는 매우 드물게 사용된 단어 조합(collocation)이기 때문인 듯하다. 이렇게 조합된 표현은 에스드라서와 마카베오 문헌을 제외하고는 단 세 번만 등장한다(레 4:3; 수 22:13; 24:33).

3 "하지만 유배 자체는 죽은 사람의 피에 대한 속죄로 여겨지지 않았다. 살인에 대한 속죄는 대제사장의 죽음으로써 이루어졌다.……[범죄는] 다른 사람을 죽게 했으며, 한 사람이 죽음으로써만 살인 행위에 대하여 속죄할 수 있다"(Wenham, *Numbers*, 238). 웬함은 또 미쉬나에서 "추방이 아니라 대제사장의 죽음이 속죄를 이룬다"(마코트 11b)라는 구절을 인용한다. 다음 책도 참조하라. Philip J. Budd, *Numbers*, WBC 5 (Waco: Word, 1984), 82.

4 Cockerill, *Hebrews*, 226.

5 이에 대해 아트리지는 "평범한 대제사장은 자기 분노를 억누르지만, 그리스도는 적극적으로 동정하신다"라고 진술한다(*Hebrews*, 144).

6 히브리서와 관련해 이 쟁점을 분명하게 다룬 논의는 다음 글을 참조하라. Marc Cortez, "He Has Spoken': Revelation, Fallenness, and the Humanity of Christ," in *ReSourcing Theological Anthropology: A Constructive Account of Humanity in Light of Christ* (Grand Rapids: Zondervan, 2017), 130 – 166.

7 Justin Duff, "With Loud Cries and Tears': Sin and the Consecration of the Incarnate Son in the Epistle to the Hebrews" (PhD diss., University of St. Andrews, 2019).

8 코르테즈는 주로 히브리서를 근거로 삼고 복음서도 참조하여 이렇게 결론짓는다. "이 증거는 그리스도가 우리와 같은 타락한 본성을 지니셨다는 의미로 해석하는 것이 가장 자연스럽다"("He Has Spoken,'" 165).

9 Charles, *Within the Veil*, 13.

10 마 22:44; 26:64; 막 12:36; 14:62; 16:19; 눅 20:42; 22:69; 행 2:34; 롬 8:34; 고전 15:25; 엡 1:20. Jared Compton, *Psalm 110 and the Logic of Hebrews, LNTS 537* (London: T&T Clark, 2015), 6; David M. Hay, *Glory at the Right Hand: Psalm 110 in Early Christianity, SBLMS 18* (Nashville: Abingdon, 1973).

11 예를 들어, 마 14:23; 26:36 – 44/막 14:32 – 39/눅 22:41 – 46; 막 1:35; 6:46; 눅 5:16; 6:12; 9:18, 28 – 29; 11:1; 요 17장.

12 Ellingworth, *Hebrews*, 289.

13 Amy Peeler, "What Does 'Father' Mean? Trinity without Tiers in the Epistle to the Hebrews," *in Trinity without Hierarchy: Reclaiming Nicene Orthodoxy in Evangelical Theology*, ed. Michael Bird and Scott Harrower (Grand Rapids: Kregel Academic, 2019), 57 – 84.

히브리서 5:11 – 6:20

1 Harris, *Hebrews*, 130.

2 또한 Ellingworth, *Hebrews*, 311를 보라: "ἀφίημι'는 여기서 '버리다'라는 의미가 아니라……'다른 것을 향해 나아가다'라는 의미이다."

3 Schenck, *New Perspective on Hebrews*, 39-41.

4 Mininger, *Impossible to Be Restored?*

5 구원을 거부하는 것이 가능하다고 믿는 이들은 이 경고가 공동체의 모든 사람에게 적용된다고 보며, 하나님이 주신 구원을 잃는 것이 불가능하다고 믿는 이들은 이 목회자가 혼합된 공동체, 곧 그들 중 일부는 참된 신자가 아닐 수 있는 공동체에게 말하고 있다고 본다. Herbert W. Bateman, ed., *Four Views of the Warning Passages in Hebrews* (Grand Rapids: Kregel, 2007) 참조.

6 DeSilva, *Perseverance in Gratitude*, 225.

7 존슨은 배교를 "일단 주어진 선물에 참여하지 않겠다고 의도적으로 선택하는 것"이라고 잘 기술해 준다(Hebrews, 161).

8 David deSilva, "Exchanging Favor for Wrath: Apostasy in Hebrews and Patron-Client Relationships," *JBL* 115 (1996): 91-116를 보라.

9 Chrysostom, *Hebrews* 11.2 (NPNF1 14:419).

10 Attridge, *Hebrews*, 180.

히브리서 7:1-28

1 멜기세덱에 대한 유대교 문헌의 언급에 대한 인용과 개관은 Eric F. Mason, "Cosmology, Messianism, and Melchizedek: Apocalyptic Jewish Traditions and Hebrews," in *Reading the Epistle to the Hebrews*, ed. Eric F. Mason and Kevin B. McCruden, *RBS 66 (Atlanta: Society of Biblical Literature, 2011)*, 68-76를 보라. 시 110편은 또한 하스몬 왕조가 왕권과 제의적 리더십을 모두 장악하는 것을 지지하는 데 사용되었다. Perrin, *Jesus as Priest*, 151n40을 보라.

2 대명사들만 보아서는 그 교환에서 '그'가 누구인지, 아브라함이 멜기세덱에게 십일조를 바쳤는지, 아니면 그 반대인지가 명확하지 않다. 그러나 거의 모든 이들이 십일조를 바친 자가 아브라함이라고 해석해 왔다. Mason, "Cosmology, Messianism, and Melchizedek," 69.

3 Gordon J. Wenham, *Genesis 1–15*, WBC 1 (Waco: Word, 1987), 301-307.

4 아트리지는 필론과 랍비 문학에 나오는 사례들을 언급한다(*Hebrews*, 190). 또한 Compton, *Psalm 110 and Hebrews*, 78-79를 보라.

5 Epiphanius of Salamis, *Panarion* 4, Against Melchizedekians 7.3 (ACCS 10:100).

6 Eric F. Mason, "Hebrews 7:3 and the Relationship between Melchizedek and Jesus," *Biblical Research* 50 (2005): 41-62. 또한, Mason, "You Are a Priest Forever: Second Temple Jewish Messianism and the Priestly Christology of the Epistle to the Hebrews," *Studies on the Texts of the Desert of Judah 74* (Leiden: Brill, 2008)를 보라.

7 또한 Cockerill, *Hebrews*, 302-303를 보라.

8 이것은 파생적 소유격이다(Harris, *Hebrews*, 162).

9 Harris, *Hebrews*, 169.

10 Mary Schmitt, "Restructuring Views on Law in Hebrews 7:12," *JBL* 128 (2009): 189-201.

11 Novenson, *Grammar of Messianism*, 90.

12 Nehemiah Polen, "Leviticus and Hebrews……and Leviticus," in Bauckham et al., *Epistle to the Hebrews and Christian Theology*, 216를 보라.

13 *Julian of Norwich, Revelations of Divine Love*, trans. Barry Windeatt (Oxford: Oxford University Press, 2015), 57-58. 해설은 히 7:25, 9:14, 12:24와의 연결을 시사한다(184).

14 Koester, *Hebrews*, 366.

15 "Entynchanō," *LSJ*, 578.

16 더프(Justin Duff)의 논증에 감사한다("With Loud Cries and Tears"). 만일 그리스도가 죄 있는 육신을 가

졌다면, 그분은 자신이 기꺼이 취한 그 육신을 위해 제물을 드려야 했을 것이다. 저자가 이 단락에서 예수의 무죄함을 그토록 철저하게 강조했으므로, 그는 예수가 자신을 위한 제물과 다른 이들을 위한 제물, 곧 두 개의 제물을 드릴 필요가 없었고, 오직 죄 있는 다른 이들을 위해 '자신을' 드리는 한 번의 제물만 필요했다고 말하고 있는 것으로 보인다.

히브리서 8:1 – 10:18

1 Richard Bauckham, *Jesus and the God of Israel*, 250n38.

2 Pierce, *Divine Discourse; Docherty, Old Testament in Hebrews*, 157.

3 이 이형에 대한 논의는 Pierce, *Divine Discourse*, 79 – 81를 보라.

4 바울 역시 자신의 사역이 새 언약 아래 있다고 언급한다(고후 3:6). 신약성경의 이 주제에 대한 논의는 Scot McKnight, "Covenant and Spirit: The Origins of the New Covenant Hermeneutic," in *The Holy Spirit and Christian Origins: Essays in Honor of James D. G. Dunn*, ed. Graham N. Stanton, Bruce W. Longenecker, and Stephen C. Barton (Grand Rapids: Eerdmans, 2004)을 보라.

5 Christopher J. H. Wright, *The Message of Jeremiah: Against Wind and Tide, The Bible Speaks Today* (Downers Grove, IL: Inter Varsity Press, 2014), 323 – 339.

6 Desmond Alexander는 *Face to Face with God: A Biblical Theology of Christ as Priest and Mediator* (Downers Grove, IL: IVP Academic, 2022)에서 이 주제를 자주 강조한다.

7 70인역 민수기를 면밀하게 읽은 후, 아트리지는 다음과 같은 결론을 내린다. "70인역 민수기를 읽으면……안쪽 성소와 바깥쪽 성소의 통상적인 명칭을 뒤바꿀 충분한 근거가 발견된다"(*Hebrews*, 238). 나는 아트리지가 3절에서 '성소들'을 주장하는 근거는 덜 확실하며, 따라서 2절과 3절 모두 '지성소'를 최상의 읽기로 볼 충분한 이유가 있다는 엘링워스(*Hebrews*, 423)에 동의한다. 이 경우 난점은 구역들 사이의 언어적 대조가 없어진다는 점이다. 즉 저자가 안쪽과 바깥쪽 두 구역 모두를 같은 이름으로 지칭하는 것은 그다지 합리적이지 않을 것이다. 나로서는 가장 문제가 적어 보이는 번역을 채택했다.

8 Attridge, *Hebrews*, 234 – 235.

9 Lane, *Hebrews* 9 – 13, 221.

10 레게브(Eyal Regev)는 이처럼 세부 사항에 초점을 맞추는 것을, 이 저자가 토라의 희생 제사법을 대체하거나 무시하지 않는다는 증거로 본다. 만약 그렇다면, "저자는 레위기 시스템을 그렇게 자세히 검토할 필요가 없었을 것이다. 그가 대제사장직과 죄를 위해 드려진 희생 제사들, 그리고 그 이론적 근거와 관례들을 사용하는 것은 모두 성전 제의의 온전함과 능력을 인정하는 것이며, 제사장 제도에 대한 큰 존경을 보여준다." *The Temple in Early Christianity: Experiencing the Sacred* (New Haven: Yale University Press, 2019), 279.

11 Attridge, *Hebrews*, 239.

12 비록 이 단락에서 다루고 있지는 않지만, 나의 전제는 저자가 민 15:30의 고의적인 죄를, 광야에서 일어난 반역의 최종 사례이며 배교의 죄(히 6:4-6)와 동일선상에 있는 것으로 보리라는 것이다. 두 경우는 모두 범죄자를 공동체와 하나님의 임재로부터 배제시킨다.

13 저자가 무엇을 썼는지를 결정하기는 어렵지만, 필사자들은 현재 시제나 미래 시제 중 하나를 일관성 있는 읽기로 보았다. 10:1의 '톤 멜론톤 아가톤'(τῶν μελλόντων ἀγαθῶν)은 '장차 올 좋은 것들'로 서기관들에게 영향을 끼쳤을 가능성이 높다(Metzger, *Textual Commentary*, 598).

14 이것은 그의 들어감을 가능하게 하는 도구다(Harris, *Hebrews*, 223).

15 란스마(Jon Laansma)는 속량 언어에 대해 다음과 같이 지적한다. "이것은 70인역에서 속죄일과 함께 사용된 용어가 아니지만, 후자(속죄일)가 구원이라는 목표에 도달하는 수단으로 이해된다면 이미지들의 융합은 자연스러운 것이다"(*Letter to the Hebrews*, 209).

16 모핏은 *Atonement and the Logic of Resurrection in the Epistle to the Hebrews*와 *Rethinking the Atonement: New Perspectives on Jesus' Death, Resurrection, and Ascension* (Grand Rapids: Baker Academic, 2022)에서 이러한 해석의 논리를 제시한다.

17 예를 들어 크리소스토무스는 이것을 '성령'으로 읽고 주석한다(*Hebrews* 15.5 [NPNF¹ 14:440]).

18 Daniel B. Wallace, *Greek Grammar beyond the Basics: An Exegetical Syntax of the New Testament with Scripture, Subject, and Greek Word Indexes* (Grand Rapids: Zondervan, 1966), 166.

19 이러한 상호 연관된 믿음들에 대한 논의는 Kevin J. Madigan and Jon D. Levenson, *Resurrection: The Power of God for Christians and Jews* (New Haven: Yale University Press, 2008)를 보라.

20 히브리서의 초기 주석가들도 동일한 방식으로 접근하였다. 예를 들어 클레멘스 1서는 이스라엘 율법에 나타난 제물에 관한 상세한 지침을 계승하고 있다(1 Clem. 40–41; Regev, Temple in Early Christianity, 292–293).

21 이와 관련하여 롬 5:13에 나오는 바울의 논증을 참조할 수 있다.

22 만일 누군가가 그리스도와 부활하신 그분의 제사로부터 떠난다면, 죄와 죽음의 문제에 대한 해답에 접근할 길이 끊어질 것이다(6:4–6). 저자는 이 점을 광야 세대가 약속의 땅으로 인도하시는 하나님의 인도를 신뢰하지 않은 사건에 대한 유비로 보여준다(3:6–4:13; 8:9).

23 이 구절 출 24:3에서 헬라어 사본들은 하나님의 '말씀들과 규례들'(δικαιώματα)이라고 말하지만, 나중에 출 24:12에는 히브리서 저자가 9:19에서 사용하는 용어들, 곧 계명을 뜻하는 '엔톨레'(ἐντολή)와 율법을 뜻하는 '노모스'(νόμος)가 나타난다. 그가 전체 구절에 익숙했기 때문에 자신의 재진술에서 이 용어를 사용했을 수 있다.

24 이 주장에 대한 더 자세한 설명은 Amy Peeler, "Desiring God: The Blood of the Covenant in Exodus 24," *Bulletin of Biblical Research* 23 (2013): 187–205를 보라.

25 Mary Healy, *Hebrews, Catholic Commentary on Sacred Scripture* (Grand Rapids: Baker Academic, 2016), 185–87.

26 가장 좋은 사본들에 따르면 저자는 여기서 다시 안쪽 성소에 대해 '타 하기아'(τὰ ἅγια)를 사용하고 있다.

27 클라이니히(John W. Kleinig)는 다음과 같이 진술한다. "그 동물은……거세되거나 상처 입거나, 불구여서는 안 된다. 그것은 건강한 동물이어야 했다." *Leviticus, Concordia Commentary* (St. Louis: Concordia, 2003), 61.

28 Attridge, *Hebrews*, 265; Johnson, *Hebrews*, 245의 논의를 보라.

29 사후 구원의 성경적, 신학적 평가에 대한 통찰력 있는 논의는 James Beilby, *Postmortem Opportunity: A Biblical and Theological Assessment of Salvation after Death* (Downers Grove, IL: IVP Academic, 2021)를 보라.

30 Attridge, *Hebrews*, 269–71; James W. Thompson, *Hebrews, Paideia* (Grand Rapids: Baker Academic, 2008), 194.

31 Harris, *Hebrews*, 253.

32 예를 들면 히브리서에서는 '요구'를 뜻하는 '아이티아'(αἰτία, 70인역 시 39:7) 대신 '기뻐하다'라는 뜻을 가진 '유도케오'(εὐδοκέω, 히 10:6)를 사용하고 1인칭 주격 대명사 '무'(μου)는 생략되며, '하나님'을 뜻하는 '테오스'(θεός)가 문장 앞으로 옮겨 간다.

33 흥미롭게도 시편 기자는 자신의 '내장'(κοιλία) 깊은 곳에서 우러나온 소망으로 하나님의 뜻을 행하기를 원하며, 바로 그 장소는 아들이 하나님의 뜻을 이루기 위해 세상에 들어오신 장소이기도 하다(눅 1:42; 2:11; 11:27).

34 Harris, *Hebrews*, 265.

35 이 인용은 또한, 헬라어 소사(小詞)인 'ἄν'(ever)을 포함하지는 않지만, 가정법을 통해 진술의 미래성은 전달된다.

36 그러나 솔로몬 자신은 그 기준에 이르지 못했고(왕상 11:4; 15:3), 아사 왕만이 마음으로는 그 온전함을 성취한 자로 평가된다(왕상 15:14).

37 Kyle Hughes, *The Trinitarian Testimony of the Spirit: Prosopological Exegesis and the Development of Pre-Nicene Pneumatology* (Leiden: Brill, 2018), 92–94.

38 Jack Levison, "The Theology of the Spirit in the Epistle to the Hebrews," *CBQ* 78 (2016): 90–110를

보라.

히브리서 10:19-39

1 명사 '에이스호돈'(εἴσοδον')은 '들어감'의 뜻으로 동사적 측면을 가지며, 뒤따르는 '톤 하기온'(τῶν ἁγίων)은 목적격적 속격으로서 첫 번째 명사의 동사적 양상에 따르는 목적어이다.

2 Johnson의 다음의 읽기는 적절해 보인다. "흔들리지 않는"을 마치 부사처럼 해석하여 마치 성도가 확신에사 흔들리지 않는다고 번역하고 싶은 자연스러운 유혹이 생긴다. 그럼에도 불구하고, 여기서 강조점은 고백 자체의 확고함에 있으며, 다음 구절이 분명히 보여주듯이, 그들은 약속하신 분이 '신실하시기'(πιστός) 때문에 굳게 잡을 수 있다"(*Hebrews*, 259).

3 "παροξυσμός", *LSJ*, 1343.

4 Amy Peeler, "Church", in *Life Questions Every Student Asks*, ed. Gary Burge and David Lauber (Downers Grove, IL: IVP Academic, 2020), 81-96를 보라.

5 Julian of Norwich, *Revelations of Divine Love*, 75.

6 Francis I. Andersen, *Habakkuk*, AB 25 (New York: Doubleday, 2001), 207.

7 나는 Matthew Bates가 상술한 제안처럼 '충성'(allegiance)이라는 용어가 '믿음'(faith)보다 더 적합하다는 주장에 동의한다(Bates, *Salvation by Allegiance Alone*와 *Gospel Allegiance*를 보라). 그럼에도 불구하고, 이 장에 대한 일반적인 이해와의 조화를 위해, 나는 '믿음'이라는 용어를 유지하기로 선택했다. 이 결정은 히브리서 저자가 '믿음'이 단순히 일련의 명제들에 대한 지적 동의로 축소될 수 없다고 명시적으로 분명히 밝힌 점을 충분히 고려하며 내린 것이다. 오히려, 저자의 믿음 개념은 하나님의 주도하심에 근거하며 그에 상응하는 행동을 통해 증명된다.

히브리서 11:1-40

1 Chrysostom, *Hebrews* 21.5 (NPNF1, 14:463).

2 Calvin, *Hebrews*, 157.

3 Calvin, *Hebrews*, 221.

4 Cyril of Jerusalem, *Catechetical Lectures* 5.1-2 (ACCS 10:174).

5 Calvin, *Hebrews*, 224.

6 Diogenes Laertius, *Lives of Eminent Philosophers* 9.1.9, trans. R. D. Hicks (Cambridge, MA: Harvard University Press, 1972).

7 Diogenes Laertius, *Lives of Eminent Philosophers* 9.6.30.

8 David Sedley, "Creationism in Antiquity," in *The Cambridge Companion to Ancient Greek and Roman Science*, ed. Liba Taub (Cambridge: Cambridge University Press, 2020), 122.

9 아트리지는 지혜서 9:1; 바룩2서 14.17; Philo, *On the Sacrifices of Cain and Abel* AC 65; 요 1:3; 클레멘스1서 17.4; 솔로몬의 찬가 16.19 (*Hebrews*, 315n117); 존슨은 집회서 42:15; 벧후 3:5을 추가한다 (*Hebrews*, 280).

10 그리피스(Jonathan Griffiths)는 다음과 같이 지적한다: "이 믿음의 목록 안에서 11:3의 위치는 주목할 만한데, 왜냐하면 여기서 모범으로 여겨지는 믿음은 성경 인물이 아니라 동시대의 믿음의 공동체가 가진 믿음이기 때문이다"(*Hebrews and Divine Speech*, 126).

11 저자는 이 용어를 시간에 대한 표현으로 가장 자주 사용하지만, 여기서는 그가 감지할 수 있는 것들을 언급하게 될 것이므로, 1:2과 매우 유사하게 더 포괄적인 의미를 지닌다.

12 Ben Witherington III, *Letters and Homilies for Jewish Christians: A Socio-rhetorical Commentary on Hebrews, James and Jude* (Downers Grove, IL: IVP Academic, 2007), 304.

13 Bruce, *Hebrews*, 285-86; deSilva, *Perseverance in Gratitude*, 388.

14 Luther, *Lectures on Hebrews*, on 11:4 (LW 29:232).

15 Bruce, *Hebrews*, 281.

16 Chrysostom, *Hebrews* 22.5 (NPNF¹ 14:467).

17 Luther, *Lectures on Hebrews*, on 11:5 (LW 29:234–35; RCS 13:161).

18 D. Stephen Long, *Hebrews, Belief: A Theological Commentary on the Bible* (Louisville: Westminster John Knox, 2011), 192.

19 이 특별한 번역에 관해서는 아래의 주해를 보라.

20 브라운(Raymond Brown)은 다음과 같이 주해한다: 상황이 자신에게 불리하게 보일 때조차, 그분은 자신을 지키며 상 주겠다거 약속하신 하나님을 바라보았다. *The Message of Hebrews: Christ above All, The Bible Speaks Today* (Downers Grove, IL: InterVarsity Press, 1984), 205.

21 Bullinger, *Commentary on Hebrews*, 11:9–10 120v (RCS 13:163).

22 Koester, *Hebrews*, 484–85. 그가 1세기의 사람들이 장막을 싫어하고 도시를 좋아했던 것에 대해 논의한 내용을 보라.

23 Pamela Michelle Eisenbaum, *The Jewish Heroes of Christian History: Hebrews 11 in Literary Context*, *SBLDS 156* (Atlanta: Scholars Press, 1997), 157. 그는 아브라함에 대한 필론의 눈에 띄는 인용문을 제시한다. 그는 기꺼이 순종했으며, 낯선 땅으로 떠나는 나그네처럼이 아니라, 낯선 사람들 가운데 머물다 마침내 집으로 돌아가는 사람처럼 서둘렀다(On the Life of Abraham 62).

24 이 통찰에 대해서는 우리의 박사 과정 공동체의 일원인 리우(Jason Liu)에게 고마움을 표한다.

25 Gk. Apoc. *Ezra* 5:12; Philo, *Creation of the World* 132; Epictetus, *Discourses* 1.13.3; Marcus Aurelius, *Meditations* 4.36.

26 Ellingworth, *Hebrews*, 587.

27 두 가지 가능성은 Metzger, *Textual Commentary*, 602에서 논의된다.

28 이런 입장의 지지자로서는 Ephrem the Syrian, Augustine, Lucas Osiander, 그리고 Johannes Oecolampadius가 있다. 다음의 논의들을 보라. Bruce, *Hebrews*, 294; Johnson, *Hebrews*, 291; Thomas R. Schreiner, *Hebrews, Evangelical Biblical Theology Commentary* (Bellingham, WA: Lexham Academic, 2020), 352.

29 Alicia *Myers, Blessed Among Women? Mothers and Motherhood in the New Testament* (New York: Oxford University Press, 2017), 51를 보라.

30 P. W. van der Horst, "Sarah's Seminal Emission: Hebrews 11:11 in Light of Ancient Embryology," in *Greeks, Romans and Christians: Essays in Honor of Abraham J. Malherbe*, ed. D. L. Balch, E. Ferguson, and W. A. Meeks (Minneapolis: Fortress, 1990), 287–302.

31 Cockerill, *Hebrews*, 544; Johnson, *Hebrews*, 292. 힐리는 다음과 같이 지적한다. "사라는 리브가, 라헬, 한나, 엘리사벳을 포함하여 불임의 낙인으로 고통받았던 성경 속 여성들의 긴 계보에서 선두에 서 있다. 그러나 이들 각각의 경우마다 하나님은 기적적으로 개입하셔서 구원 계획에서 중추적인 역할을 하게 될 아이들의 출생을 가능하게 하셨다"(*Hebrews*, 236).

32 Cyril of Jerusalem, *Catechetical Lectures* 5.1–2 (ACCS 10:174).

33 Theodoret of Cyr, *Interpretation of Hebrews* 11 (ACCS 10:187).

34 Johnson, *Hebrews*, 292.

35 Harris, *Hebrews*, 319.

36 Thompson, *Hebrews*, 238.

37 Chrysostom, *Hebrews* 24.4 (NPNF1 14:474).

38 Witherington, *Letters and Homilies*, 295.

39 흥미롭게도, 이야기 속에서 하나님이 부르셨던 이들 중에는 아브라함(창 13:4; 21:33), 이삭(창 26:25), 야곱(창 33:20)뿐 아니라 하갈도 있다(창 16:13). 하나님은 또한 하갈에게도 약속을 주셨으며, 그녀에 의해 불리는 것을 부끄러워하지 않으신다(창 16:10; 17:20; 21:13, 18).

40 Ellingworth, *Hebrews*, 594.

41 Koester, *Hebrews*, 491. Josephus 또한 이삭에 대해 이 용어를 사용한다(*Jewish Antiquities* 1.13.1 par. 222; Attridge, *Hebrews*, 334).

42 "To the Suffering Women" in *Church Mother*, 51, Schroeder and Taylor, Voices Long Silenced, 71 – 72에서 재인용.

43 Augustine, *City of God* 16.32 (ACCS 14:191).

44 Athanasius, *Festal Letters* 6.8 (ACCS 14:192).

45 Harris, *Hebrews*, 333.

46 Bowens, *African American Readings of Paul*, 124, 128.

47 Koester, *Hebrews*, 503.

48 Ellingworth, *Hebrews*, 617.

49 Chrysostom, *Hebrews* 27.3 (NPNF1 14:487).

50 특히 Mosser, "Rahab Outside the Camp," 383 – 404를 보라.

51 DeSilva, *Perseverance in Gratitude*, 416.

52 Chrysostom, *Hebrews* 27.4 (NPNF1 14:488).

53 서론의 저작성에 관한 논의를 보라.

54 Ellingworth, *Hebrews*, 624; Koester, Hebrews, 516.

55 Ingvild Saelid Gilhus, *Animals, Gods, and Humans: Changing Attitudes to Animals in Greek, Roman and Early Christian Thought* (London: Routledge, 2006), 183 – 87.

56 Cockerill, *Hebrews*, 590.

57 Koester, *Hebrews*, 515.

58 Augustine, *On the Merits and Forgiveness of Sins and on Infant Baptism* 2.50 (ACCS 14:207).

59 Bullinger, *Commentary on Hebrews*, 11:39 – 40 126r (RCS 13:169).

60 Chrysostom, *Hebrews* 28.2 (NPNF1 14:492).

히브리서 12:1 – 29

1 아트리지는 동일한 비교를 제안한다(*Hebrews*, 355). 쾨스터는 마라톤이 고대 세계에서 예외적인 경주였지만, 더 짧은 거리조차도 인내를 요구했다는 유익한 지적을 한다(*Hebrews*, 523).

2 홀링거(Zoe Hollinger)는 그리스-로마 문헌에 나타나는 병행구들이 저자가 격렬한 투쟁을 염두에 두고 있음을 시사한다고 주장한다. "Rethinking the Translation of Τρέχωμεν τὸν……Ἀγῶνα in Hebrews 12.1 in Light of Ancient Graeco-Roman Literature," *Bible Translator* 70.1 (April 2019): 94 – 111를 보라. 히브리서 저자는 독자들에게 몸을 단련하라고 권면하기 위해서가 아니라, 그들이 이 믿음의 싸움을 마음속에 생생히 그려볼 수 있도록 하기 위해 운동 경기의 이미지를 사용한다. 이 부분이 지니는 시각적 힘에 대한 설명은 Scott D. Mackie, "Visually Oriented Rhetoric and Visionary Experience in Hebrews 12:1 – 4," *CBQ* 79.3 (July 2017): 476 – 497를 보라.

3 이 운동 경기에 참여한 신실한 증인들의 목록에 여성들(사라, 라합, 그들의 죽은 자들을 돌려받은 여인들)이 포함된 것은 고대 독자들의 흥미를 끌었을 것이다. 당시의 일부 논의들은 여성들이 스포츠 경기에 참석하는 것에 대해 불편감을 가졌다는 증거를 제공한다[Paul Christesen and Donald G. Kyle, eds., *A Companion to Sport and Spectacle in Greek and Roman Antiquity* (Chichester: Wiley-Blackwell 2014), 487 – 488를 보라]. 이 '관중석'에 그들이 포함된 것은 이 신실한 이들의 가족 안에 남성과 여성이 포함됨을 가리키는 또 다른 표시다.

4 『성공회 기도서』 (BCP, 1979), *Holy Eucharist, Rite* II, 362.

5 Herodotus, *Histories* 8.109; Homer, Iliad 4.274; Vergil, *Aeneid* 7.793; Philo, *On the Embassy to Gaius* 226, Bruce, *Hebrews*, 333와 Attridge, *Hebrews*, 354에서 재인용.

6 Jobes, *Letters to the Church*, 142

7   김-크래이그(HyeRan Kim-Cragg)는 아시아의 조상 공경을 연구한 학자들의 연구를 언급하며 그 것이 이 본문의 성인들에 대한 가치 부여와 어떻게 상호작용할 수 있는지를 조명한다. Mary Ann Beavis and HyeRan Kim-Cragg, *Hebrews*, ed. Linda M. Maloney and Barbara E. Reid, Wisdom Commentary 54 (Collegeville, MN: Liturgical Press, 2015), 157–60.

8   예를 들어, Ellingworth, *Hebrews*, 638.

9   P46은 '에우페리스타토스'(εὐπερίστατος)는 "쉽게 주의를 흩트리는"의 뜻이다. P46이 초기 사본이 기는 하지만, 더 중요한 증거가 '에우페리스타토스'를 뒷받침한다. 후자는 단순히 주의를 흩트리는 것 을 넘어 제약과 방해 등 좀 더 부정적인 함의를 지닌다.

10   Theodoret of Cyr, *Interpretation of Hebrews* 12 (ACCS 10:209).

11   플레이아우스트(Catherine Playoust)는 저자가 계속해서 증인들이 아닌 예수에 주의를 집중하게 만 든다고 강조한다. 증인들도 그분만이 가져다줄 수 있는 온전하게 됨이 필요하기 때문이다. "The Location of the Cloud of Witnesses (Heb 12:1): Complexities of Time and Space in Hebrews," *Australian Biblical Review* 64 (2016): 1–13를 보라.

12   『콥트어 베드로의 묵시록』(the Coptic Apocalypse of Peter). "구원자가 [베드로에게] 말씀하셨다. '네가 보는, 십자가 위에서 기뻐하고 웃는 자가 바로 살아 있는 예수다. 그들이 손과 발에 못을 박고 있는 자는 그 분의 육체적인 부분이며, 그분을 대리한 존재다. 그들은 그분을 닮은 형상에게 수치를 가하고 있다.'" James Brashler and Roger A. Bullard in *Nag Hammadi Codex* VII, ed. Birger Pearson, Nag Hammadi Studies 30 (Leiden: Brill, 1996), cited in Bart D. Ehrman, *Lost Scriptures: Books That Did Not Make It into the New Testament* (New York: Oxford University Press, 2005), 78.

13   코커릴은 이 점을 다음과 같이 유익하게 진술한다. "당신은 정말로 하나님으로부터 온 이 메시지를 고 려하지 않고 살아왔는가?"(*Hebrews*, 620).

14   피어스(Madison Pierce)는 하나님이 3인칭으로 언급된다는 사실에 비추어 볼 때, 잠언의 저자/구절을 본문의 화자로 보는 것이 더 낫다고 주장한다(*Divine Discourse*, 187–188). 주님을 3인칭으로 언급하는 것은 그들에게 이 격려의 말을 하는 화자가 저자임을 나타낼 수 있다. 그러나 그들이 하나님의 자녀임 을 상기시키는 것이 두드러지는 점 때문에 내가 보기에는 이 말씀은 하나님의 말씀인 것처럼 보인다.

15   "Dialegomai," *BDAG*, 232.

16   Carol A. Newsom, Sharon H. Ringe, and Jacqueline E. Lapsley, eds., *Women's Bible Commentary*, 3rd ed. (Louisville: Westminster John Knox, 2012), 611.

17   Stephen Finlan, *Sacrifice and Atonement: Psychological Motives and Biblical Patterns* (Minneapolis: Fortress, 2016), 111.

18   Don Capps, *The Child's Song: The Religious Abuse of Children* (Louisville: Westminster John Knox, 1995), 64, 68.

19   Peeler, *You Are My Son*, 144–151; Peeler, "Leading Many Sons to Glory.'"

20   이러한 읽기는 잠 3:11의 현존하는 다른 어떤 헬라어 사본에도 나타나지 않으므로, 저자의 창안일 수 있다. 대안적으로는, 학자들이 더 이상 이용할 수 없는 헬라어 본문의 인용일 수도 있다. 도커티(Susan Docherty)는 히브리 성경의 헬라어 본문과 유대교적 해석 기법에 대한 최근의 연구 성과들이, 히브리 서 저자가 성경 본문을 신실하게 따랐음을 시사한다고 주장했다. Susan Docherty, *The Use of the Old Testament in Hebrews: A Case Study in Early Jewish Bible Interpretation* (Burlington, VT: Ashgate, 2009)를 보라. 그가 이 대명사를 추가했든 단순히 자기 앞에 가지고 있었든, 히 1:5과 12:5의 공명은 여전히 유 효하다.

21   Bryan Dyer, *Suffering in the Face of Death: The Epistle to the Hebrews and Its Context of Situation*, LNTS (London: Bloomsbury, 2017)를 보라. James Thompson은 히브리서의 일반적인 해석이 "지배적인 관계 속에서 고통받는 이들로 하여금 수동적 인내를 요구한다고 지적한다(*Hebrews*, 256).

22   원주민 그리스도인의 관점에서 자녀 양육을 탐구하는 머로우는, 하나님 아버지와 인간 부모의 차이 점 때문에 히 12장을 자녀 양육에서 체벌을 지지하는 근거로 삼을 수 없다고 결론을 내린다. William S. Morrow, "What to Do with Proverbs?," in *Decolonizing Discipline: Children, Corporal Punishment,*

Christian Theologies, and Reconciliation, ed. Valerie E. Michealson and Joan E. Durrant (Winnipeg: University of Manitoba Press, 2020), 102.

23 롬 8:28-29의 바울의 진술은 유익한 공동 본문의 역할을 한다.

24 Sabine R. Hübner and David M. Ratzan, "Fatherless Antiquity: Perspectives on 'Fatherlessness' in the Ancient Mediterranean," in *Growing Up Fatherless in Antiquity*, ed. Sabine R. Hübner and David M. Ratzan (Cambridge: Cambridge University Press, 2009), 20.

25 Jane Gardner, *Family and Familia in Roman Law and Life* (Oxford: Clarendon, 1998), 252.

26 예수 그리스도의 아버지이신 하나님과의 유비를 고려할 때, 아버지'와 어머니'가 아닌 아버지에게만 초점을 맞추는 것은 이해가 된다. 이는 아버지가 어머니보다 더 하나님을 닮았다는 의미가 아니라, 예수 그리스도라는 인격과의 관계 안에서 계시된 하나님의 이름이 아버지라는 의미다(Peeler, *Women and the Gender of God*, 특히 89 – 117를 보라). 어머니들도 이 구절에서 교훈을 얻을 수 있다.

27 Oecumenius, *Fragments on the Epistle to the Hebrews* 12.9 (ACCS 10:215).

28 Chrysostom, *Hebrews* 29.3 (NPNF1 14:500).

29 Martin C. Albl, "Hebrews and the General Epistles," in *The Bible and Disability: A Commentary*, ed. Sarah J. Melcher, Mikeal C. Parsons, and Amos Yong (Waco: Baylor University Press, 2017)를 보라.

30 Chrysostom, *Hebrews* 30.2, NPNF¹ 14:503

31 아수망(Annang Asumang)은 이 구절에 나타나는 야곱 이야기로부터 다음과 같은 통찰을 이끌어 낸다. "Strive for Peace and Holiness: The Intertextual Journey of the Jacob Traditions from Genesis to Hebrews, via the Prophets," *Conspectus* 17 (March 2014): 29를 보라.

32 헬라어 본문들은 쓴 뿌리가 "쓸개와 함께"(ἐν χολῇ) 돋아난다고 말하지만, 히브리서는 이 두 단어를 하나로 결합하여 enochleō('괴롭게 하다') 현재 능동태 가정법 형태로 만들었다.

33 라시(Rashi)는 에스겔 주석에서, 에서가 자신의 장자권을 경멸한 행위를 하나님에 대한 예배를 거부한 것으로 보았다. Malachi Haim Hacohen, *Jacob and Esau: Jewish European History between Nation and Empire* (Cambridge: Cambridge University Press, 2019), 97.

34 Chrysostom, *Hebrews* 31.4 (NPNF1 14:507); Thomas Aquinas, *Hebrews* 12.3.694, 282; Calvin, Hebrews, 198.

35 이 구절의 표현은 출 19 – 20장과 신 4장에서 시내산에 대한 묘사를 가져온 것으로 보이며, 일부 후대 사본에서는 독자의 이해를 돕기 위해 이 대상이 '산'임을 명시적으로 덧붙이기도 한다.

36 Michael Kibbe, "Requesting and Rejecting: Παραιτέομαι in Heb 12,18 – 29," *Biblica* 96.2 (2015): 282 – 286, 인용은 286.

37 Gareth Lee Cockerill, "Hebrews 12:18 – 24: Apocalyptic Typology or Platonic Dualism?," *Tyndale Bulletin* 69.2 (2018): 231.

38 이 예언자들의 말에는 종종 그 축제에 대한 좌절감이 묻어난다. 그 이유는 이스라엘 가운데 불순종이 가득한데도 축제는 계속되었기 때문이다. 하지만 하나님의 영역에서는 그러한 부조화가 존재하지 않을 것이다.

39 Philip *Church, Hebrews and the Temple: Attitudes to the Temple in Second Temple Judaism and in Hebrews*, *NovTSup 171* (Leiden: Brill, 2017), 348.

40 드 실바는 에녹1서 22:9을 언급하는데, 거기에도 "의인들의 영들"이라는 문구가 "세상을 떠난 의로운 인간의 영혼들"에 대한 묘사로 나온다(*Hebrews*, 467n57).

41 Athanasius, *Festal Letter* 1.9.

42 Kevin B. McCruden, "The Eloquent Blood of Jesus: The Neglected Theme of the Fidelity of Jesus in Hebrews 12:24," *CBQ* 75 (July 2013): 504 – 520.

43 크리스토퍼 홀메스(Christopher Holmes)는 '너희가 이르렀다'의 뜻인 '프로에르코마이'(προερχομαι) 의 직설법 형태가 듣는 이들이 지금 도착한 장소를 강조하며, 그들의 마음에 자신들이 이 장소에 있게 된 것에 대한 응답으로 건전한 진지함을 가지게 한다고 주장한다. *The Function of Sublime Rhetoric in Hebrews: A Study in Hebrews 12:18–29*, WUNT II.465 (Tübingen: Mohr Siebeck, 2018), 125를 보라.

44 히브리서에 나타나는 하나님 위격들의 말씀하심에 대한 피어스의 뛰어난 연구인 *Divine Discourse in the Epistle to the Hebrews*를 보라. 몇몇 종교개혁가들은 그 구별이 하나님의 율법을 전달한 모세와 이 공동체에게 말씀하시는 예수 사이의 구별이라고 제안했다(RCS 13:185).

45 Attridge, *Hebrews*, 382.

46 휘튼 대학의 박사 과정 졸업생 스티븐 위스로(Stephen Wuthrow)는 이러한 관점을 이해하는 데 도움을 주었다.

47 이 본문을 새롭게 된 창조의 관점에서 읽는 것을 지지하는 주장에 대해서는 Jihye Lee, "The Unshakable Kingdom through the Shaking of Heaven and Earth in Heb 12:26 – 29," *Novum Testamentum* 62 (2020): 257 – 272를 보라.

48 Joshua Caleb Hutchens, "Christian Worship in Hebrews 12:28 as Ethical and Exclusive," *Journal of the Evangelical Theological Society* 59 (September 2016): 507 – 522.

49 Origen, *On First Principles* 2.8.3 (ANF 4:287 – 88).

히브리서 13:1 – 25

1 맥크루든(Kevin B. McCruden)은 고대 세계에서 '필란쓰로피아'($\varphi\iota\lambda\alpha\nu\theta\rho\omega\pi\acute{\iota}\alpha$)가 얼마나 두드러진 덕목이었는지 추적한다. *Solidarity Perfected: Beneficent Christology in the Epistle to the Hebrews* (New York: de Gruyter, 2008), 70 – 97를 보라.

2 Chrysostom, *Hebrews* 33.1 (NPNF1 14:514).

3 Bowens, *African American Readings of Paul*, 26.

4 Alfred R. Brunson and Christopher Magezi, "Fostering Embracement, Inclusion and Integration of Migrants in Complex Migration Situations: A Perspective from Matthew 25:31 – 46 and Hebrews 13:1 – 2," *Hervormde teologiese studies* 76 (2020): 1 – 10.

5 "장차 신이나 여신이 될지도 모르는 존재들의 사회에서 산다는 것은 참으로 엄중한 일이다. 당신이 대화하는 가장 평범하고 지루한 사람조차 언젠가는 당신이 경배하고 싶은 강한 유혹을 느낄 만큼 찬란한 존재가 되거나, 반대로 지금으로서는 오직 악몽 속에서나 마주할 법한 끔찍한 타락과 공포의 존재 자체가 될 수도 있기 때문이다." C. S. Lewis, *The Weight of Glory: And Other Addresses* (New York: HarperCollins, 2000), 45.

6 Bowens, *African American Readings of Paul*, 116를 보라.

7 예를 들어, 국제정의선교회(International Justice Mission)는 현대판 노예제와 성매매로부터 사람들을 해방시키기 위해 사역하고 있다. "Trafficking and Slavery," IJM, 2023년 4월 30일 접속, https://www.ijm.org/our-work/trafficking-slavery.

8 Emily Hunter McGowin, "The End of the Christian Family: Repentance, Renewal, and Resistance" (presentation, Center for Pastor Theologians Conference, "Reconstructing Evangelicalism," *Oak Park*, IL, October 24 – 26, 2022).

9 피어스 역시 그렇게 해석한다. 히 13:5은 저자가 "하나님에 대한 더 통합된 논의"를 사용하는 단락의 일부이며, 거기서는 "성부, 성자, 그리고 성령, 곧 본문에서 '하나님'으로 나오는 모든 위격들이 말씀하신다.……저자는 세 위격 모두를 가리킬 수 있는 칭호를 사용하여 그 세 분이 한목소리로 말씀하는 것처럼 묘사한다." Pierce, *Divine Discourse*, 195 – 196.

10 Augustine, *Sermons* 177.3 (ACCS 10:231).

11 Cyril of Alexandria, *Easter Homily* 1.6 (ACCS 10:233).

12 Chrysostom, *Hebrews*, 33.6 (NPNF1 14:517).

13 *RCS* 13:191에 나타난 히 18:8의 확장.

14 죄로 인한 타락이 없었더라도 "어쨌든 성육신"이 일어나고 아들이 인간이 되셨을 것이라는 논의에 관해서는 Cortez, *ReSourcing Theological Anthropology*, 85 – 97를 보라.

15 쾨스터는 성찬과 제단을 관련짓는 것이 2세기까지는 나타나지 않는다고 지적한다(*Hebrews*, 569).

16 크리소스토무스는 다음과 같이 말한다. "그분은 밖에서 [고난받으셨으나], 그분의 피는 하늘로 올려졌다." *Hebrews* 33.7 (NPNF1 14:517).

17 DeSilva, *Perseverance in Gratitude*, 501 – 502.

18 이 주제에 관한 논의는 David A. deSilva, Honor, Patronage, Kinship, and Purity: Unlocking New Testament Culture, 2nd ed. (Downers Grove, IL: IVP Academic, 2022)를 보라.

19 Mi Sun Kim, "What Is the Meaning of the Book of Hebrews' Call to 'Suffer Outside the Camp' Both Then and Now?," *Journal of Korean Christian Theology* 97 (2015): 127 – 145.

20 Jennifer Kaalund, *Reading Hebrews and 1 Peter with the African American Great Migration* (London: T&T Clark, 2019), 104.

21 쾨스터는 이런 읽기를 다음과 같이 설명한다. "히브리서는 장막을 율법보다는 '진영'과 더 동일시 한다. 즉 그것은 예수를 따르는 사람들을 비방하고 있는 지상의 '도성'이다(13:13 – 14)"(*Hebrews*, 569 – 70).

22 Jason A. Whitlark, "'Here We Do Not Have a City That Remains': A Figured Critique of Roman Imperial Propaganda in Hebrews 13:14," *JBL* 131.1 (2012): 161 – 179.

23 Peeler, "'Leading Many Sons to Glory,'" 844.

24 Chrysostom, *Hebrews* 33.8 (NPNF1 14:517).

25 Chrysostom, *Hebrews* 34.1 (NPNF1 14:237).

26 Augustine, *Sermons* 305A.10 (ACCS 10:238).

27 이것은 하관식에서 마지막으로 드리는 축도다. 『성공회 기도서』(BCP, 1979), 486.

28 Moffitt, *Atonement*의 전반에서 이런 주장이 제시되었다.

29 Witherington, *Letters and Homilies*, 366.

30 Harris, *Hebrews*, 424.

31 C D2 K P 등(NA28, 684).

32 Bullinger, *Commentary on Hebrews*, 13:20 – 21 137v (RCS 13:197).

33 Koester, *Hebrews*, 580.

34 *RCS* 13:197.

35 Rothschild, Hebrews as Psuedepigraphon, 79, 160.

결론

1 히브리 성경은 하나님에 관한 중요한 교훈들을 담고 있으므로, 모든 경우에 그리스도론적 해석으로 즉시 넘어가지 말고 그 교훈들 자체를 듣는 것이 필요하다. 다른 한편, 비록 그 본문들이 그들의 상황 속에서 이해되고 그들에게 필요한 진리를 가르친다 할지라도, 그 전체는 그리스도론적 귀결($\tau\acute{\epsilon}\lambda o\varsigma$)을 지닌다.

2 자세한 논의는 Patrick Gray, "Brotherly Love and the High Priest Christology of Hebrews," *JBL* 122 (2003): 335 – 351를 보라.

3 Abeneazer G. Urga, Edward L. Smither, and Linda P. Saunders, *Reading Hebrews Missiologically: The Missionary Motive, Message, and Methods of Hebrews* (Littleton, CO: William Carey, 2023), 309 – 310.

4 이러한 체계들은 단지 공부를 위한 제안일 뿐이다. 히브리서의 복잡한 체계에 대한 뛰어난 이론들을 추적하려면, George Guthrie, *The Structure of Hebrews: A Text-Linguistic Analysis* (Grand Rapids: Baker, 1998); Cynthia Westfall, *Discourse Analysis of the Letter to the Hebrews: The Relationship between Form and Meaning*, LNTS 297 (New York: T&T Clark, 2006); Jason A. Whitlark and Michael Wade Martin, *Inventing Hebrews: Design and Purpose in Ancient Rhetoric*, SNTSMS 171 (Cambridge: Cambridge University Press, 2018)을 보라.

참고 문헌

Attridge, Harold W. *The Epistle to the Hebrews: A Commentary on the Epistle to the Hebrews*. Edited by Helmut Koester. Hermeneia. Philadelphia: Fortress, 1989.

Bauckham, Richard, Daniel R. Driver, Trevor A. Hart, and Nathan MacDonald, eds. *The Epistle to the Hebrews and Christian Theology*. Grand Rapids: Eerdmans, 2009.

──────. *Jesus and the God of Israel: "God Crucified" and Other Studies on the New Testament's Christology of Divine Identity*. Grand Rapids: Eerdmans, 2009.

Beavis, Mary Ann, and HyeRan Kim-Cragg. *Hebrews*. Edited by Linda M. Maloney and Barbara E. Reid. Wisdom Commentary 54. Collegeville, MN: Liturgical Press, 2015.

Bowens, Lisa. *African American Readings of Paul: Reception, Resistance, and Transformation*. Grand Rapids: Eerdmans, 2020.

Brown, Raymond. *The Message of Hebrews: Christ above All*. The Bible Speaks Today. Downers Grove, IL: InterVarsity Press, 1984.

Bruce, F. F. *The Epistle to the Hebrews*. Rev. ed. NICNT. Grand Rapids: Eerdmans, 1990.

Calvin, John. *The Epistle of Paul the Apostle to the Hebrews; and the First and Second Epistles of St. Peter*. Translated by William B. Johnston. Edited by David W. Torrance and Thomas F. Torrance. Calvin's New Testament Commentaries 12. Grand Rapids: Eerdmans, 1963.

Charles, Elizabeth Rundle. *Within the Veil: Studies in the Epistle to the Hebrews*. London: SPCK, 1888.

Cockerill, Gareth Lee. *The Epistle to the Hebrews*. NICNT. Grand Rapids: Eerdmans, 2012.

Lane, William L. *Hebrews 1–8*. WBC 47A. Dallas: Word, 1991.

──────. *Hebrews 9–13*. WBC 47B. Dallas: Word, 1991.

Long, D. Stephen. *Hebrews*. Belief: A Theological Commentary on the Bible. Louisville: Westminster John Knox, 2011.

Mason, Eric F., and Kevin B. McCruden, eds. *Reading the Epistle to the Hebrews: A Resource for Students*. RBS 66. Atlanta: Society of Biblical Literature, 2011.

Moffitt, David M. *Atonement and the Logic of Resurrection in the Epistle to the Hebrews*. NovTSup 141. Boston: Brill, 2011.

Peeler, Amy. "Leading Many Sons to Glory: Historical Implications of Exclusive Language in the Epistle to the Hebrews." Religions 12 (2021): 844–57.

──────. *You Are My Son: The Family of God in the Epistle to the Hebrews*. LNTS 486. London: Bloomsbury T&T Clark, 2014.

Perrin, Nicholas. *Jesus the Priest*. Grand Rapids: Baker Academic, 2018.

Pierce, Madison N. *Divine Discourse in the Epistle to the Hebrews: The Recontextualization of Spoken Quotations in Scripture*. SNTSMS 178. Cambridge: Cambridge University Press, 2020.

Regev, Eyal. *The Temple in Early Christianity: Experiencing the Sacred*. New Haven: Yale University Press, 2019.

Rittgers, Ronald K., ed. *Hebrews, James*. Reformation Commentary on Scripture, New Testament 13. Downers Grove, IL: IVP Academic, 2017.

Rothschild, Clare K. *Hebrews as Pseudepigraphon: The History and Significance of the Pauline Attribution of Hebrews*. WUNT 235. Tübingen: Mohr Siebeck, 2009.

Schenck, Kenneth L. *Cosmology and Eschatology in Hebrews: The Settings of the Sacrifice*. SNTSMS 143. Cambridge: Cambridge University Press, 2008.

⸻. *Explanatory Notes on the Sermon of Hebrews*. Eugene, OR: Cascade, 2023.

⸻. *A New Perspective on Hebrews: Rethinking the Parting of the Ways*. Lanham, MD: Lexington Books/ Fortress Academic, 2019.

⸻. *Understanding the Book of Hebrews: The Story Behind the Sermon*. Louisville: Westminster John Knox, 2003.

Schreiner, Thomas R. *Hebrews*. Evangelical Biblical Theology Commentary. Bellingham, WA: Lexham Academic, 2020.

Thomas Aquinas. *Commentary on the Letter of Saint Paul to the Hebrews*. Edited by John Mortensen and Enrique Alarcón. Translated by Fabian R. Larcher. Latin/English Edition of the Works of St. Thomas Aquinas 41. Lander, WY: Aquinas Institute, 2012.

Thompson, James W. *Hebrews*. Paideia. Grand Rapids: Baker Academic, 2008.

Urga, Abeneazer G., Edward L. Smither, and Linda P. Saunders. *Reading Hebrews Missiologically: The Missionary Motive, Message, and Methods of Hebrews*. Littleton, CO: William Carey, 2023.

Walton, John D., and D. Brent Sandy. *The Lost World of Scripture: Ancient Literary Culture and Biblical Authority*. Downers Grove, IL: IVP Academic, 2013.

Witherington, Ben, III. *Letters and Homilies for Jewish Christians: A Socio-rhetorical Commentary on Hebrews, James and Jude*. Downers Grove, IL: IVP Academic, 2007.

deSilva, David A. *Perseverance in Gratitude: A Socio-rhetorical Commentary on the Epistle "to the Hebrews"*. Grand Rapids: Eerdmans, 2000.

Docherty, Susan E. *The Use of the Old Testament in Hebrews: A Case Study in Early Jewish Bible Interpretation*. WUNT II.260. Tübingen: Mohr Siebeck, 2009.

Ellingworth, Paul. *The Epistle to the Hebrews: A Commentary on the Greek Text*. NIGTC. Grand Rapids: Eerdmans, 1993.

Griffiths, Jonathan I. *Hebrews and Divine Speech*. LNTS 507. London: Bloomsbury, 2014.

Harris, Dana M. *Hebrews*. Exegetical Guide to the Greek New Testament. Nashville: B&H Academic, 2019.

Healy, Mary. *Hebrews*. Catholic Commentary on Sacred Scripture. Grand Rapids: Baker Academic, 2016.

Heen, Erik M., and Philip D. W. Krey, eds. *Hebrews*. Ancient Christian Commentary on Scripture, New Testament 10. Downers Grove, IL: InterVarsity Press, 2005.

Jamieson, R. B. *The Paradox of Sonship: Christology in the Epistle to the Hebrews*. Studies in Christian Doctrine and Scripture. Downers Grove, IL: IVP Academic, 2021.

John Chrysostom. *Saint Chrysostom: Homilies on the Gospel of St. John and the Epistle to the Hebrews*. Vol. 14 of The Nicene and Post-Nicene Fathers, Series 1. Edited by Philip Schaff. 14 vols. New York: Christian Literature Company, 1886–1889.

Jobes, Karen H. *Letters to the Church: A Survey of Hebrews and the General Epistles*. Grand Rapids: Zondervan, 2011.

Johnson, Luke Timothy. *Hebrews: A Commentary*. New Testament Library. Louisville: Westminster John Knox, 2006.

Kleinig, John. *Hebrews*. Concordia Commentary. Saint Louis: Concordia, 2017.

Koester, Craig R. *Hebrews: A New Translation with Introduction and Commentary*. AB 36. New York: Doubleday, 2001.

Laansma, Jon. *The Letter to the Hebrews: A Commentary for Preaching, Teaching, and Bible Study*. Eugene, OR: Cascade, 2017.

Laansma, Jon, George H. Guthrie, and Cynthia Long Westfall, eds. *So Great a Salvation: A Dialogue on the Atonement in Hebrews*. LNTS 516. London: T&T Clark, 2019.

요한복음

사도행전

로마서

9:28 65, 126, 281, 362, 407, 529
10:1 294
10:5 437, 556
10:5, 10 556
10:6 625
10:7 151, 509
10:9 376
10:12 294
10:15 321
10:16 347, 362, 383
10:16 − 17 289, 542
10:16 − 25 612
10:17 387, 618, 626
10:18 407
10:19 419, 596
10:20 164, 524, 539
10:21 303, 475
10:22 172, 282, 324
10:23 398, 405, 427, 432
10:24 337, 405, 408
10:25 413, 551, 573
10:26 16, 62, 171, 329, 603
10:27 413, 421, 487
10:28 358, 387
10:29 16, 117, 127, 207, 334
10:30 188, 518, 607
10:31 395, 491, 539
10:32 − 34 53, 62, 63, 87, 243, 252
10:33 420, 490
10:33 − 34 514
10:35 207, 392
10:36 467, 494, 507
10:37 422
10:38 541, 553
10:39 427, 428, 433, 473
11:1 472, 478
11:2 493 − 494, 533, 538
11:3 211
11:3 − 7 434

11:4 446, 227 − 228
11:5 382, 548
11:6 206, 575, 584
11:7 526, 543
11:8 449, 464, 469, 491
11:9 245, 342
11:10 451, 464, 478
11:11 33, 245, 398, 594
11:12 160, 247, 454, 466
11:13 494, 496, 529
11:14 443, 573
11:14 − 16 343
11:16 234, 418
11:17 − 19 247, 430
11:17 − 21 464
11:19 494
11:20 533, 617
11:22 471, 479
11:23 178, 476, 477
11:24 − 29 157
11:25 374
11:26 417, 419, 444
11:29 278
11:31 488, 580
11:32
11:32 − 38 503
11:33 494
11:34 491
11:35 514, 598
11:37 417
11:38 211
11:39 464, 467
11:40 418, 472
12:1 481
12:3 106, 112, 490
12:4 − 11 499, 538
12:5 554, 585
12:6 242
12:8 102, 150
12:9 541

12:11 528, 541, 577
12:12 160, 403
12:13 401
12:14 499, 525, 526
12:15 533, 544
12:16 540, 557
12:17 300, 443
12:18 − 24 499
12:19 544
12:21 178
12:22 248, 395, 398
12:23 422, 441, 444, 472
12:24 251, 544, 600
12:25 488, 500, 538
12:26 62, 66, 308, 327, 401
12:26 − 27 104
12:26 − 28 166
12:27 169, 493, 504, 553
12:28 60, 98, 102, 278, 584
12:29 163, 487, 571
13:2 485, 539
13:3 56, 112, 417
13:4 284, 481, 541
13:6 406, 474, 477
13:7 564, 588
13:8 44, 48, 104, 125, 274, 547
13:9 172, 207
13:11 295
13:12 130, 492, 528
13:13 24, 62, 148, 417
13:14 419, 443, 451, 469
13:15 201, 507, 596
13:16 424, 441
13:17 509, 600
13:18 48, 552
13:19 52, 402, 585
13:20 422, 467, 489
13:21 118, 214, 420, 548
13:22 52, 177, 554
13:23 48, 126